Sartorius – Schnellübersicht

Stand November 2022
(E = Ergänzungsband)

Sart

Sartorius – Schnellübersicht

Stand November 2022
(E = Ergänzungsband)

Sartorius – Schnellübersicht

Stand November 2022
(E = Ergänzungsband)

Sartorius aktuell 136. EL

„Sartorius aktuell“ ist ein Service der Sartorius-Redaktion, der zum einen den Inhalt der jeweiligen Ergänzungslieferung beschreibt und zum anderen in einer Vorschau wichtige gesetzgeberische Vorhaben darstellt, um bereits sehr frühzeitig eine Orientierungshilfe für die Praxis zu geben.

Inhalt der Ergänzungslieferung

Die vorliegende 136. Ergänzungslieferung bringt die Textsammlung auf den aktuellen Stand vom 11. November 2022. Sie beinhaltet alle seit der letzten Lieferung mit Stand vom 12. August 2022 bis einschließlich 14. November 2022 verkündeten Änderungen sowie bereits früher verkündete Änderungen, die bis einschließlich 1. Januar 2023 in Kraft treten.

Umfangreich **geändert** wurde das Energiewirtschaftsgesetz (Nr. **830**) und das Wasserhaushaltsgesetz (Nr. **845**) durch das **Gesetz zu Sofortmaßnahmen für einen beschleunigten Ausbau der erneuerbaren Energien und weiteren Maßnahmen im Stromsektor** v. 20.7.2022 (BGBl. I S. 1237) und durch das **Zweite Gesetz zur Änderung des Windenergie-auf-See-Gesetzes und anderer Vorschriften** v. 20.7.2022 (BGBl. I S. 1325). Da das geltende Erneuerbare-Energien-Gesetz („EEG 2021“) einen Anstieg des Anteils der erneuerbaren Energien am deutschen Bruttostromverbrauch auf nur 65 Prozent im Jahr 2030 und eine treibhausgasneutrale Stromerzeugung erst vor dem Jahr 2050 anstrebt, soll nun die deutsche Stromversorgung deutlich schneller auf erneuerbare Energien umgestellt werden: Im Jahr 2030 sollen mindestens 80 Prozent des verbrauchten Stroms aus erneuerbaren Energien stammen, und bereits im Jahr 2035 soll die Stromversorgung fast vollständig aus erneuerbaren Energien gedeckt werden.
Durch das **Gesetz zur Änderung des Energiesicherungsgesetzes und anderer energiewirtschaftlicher Vorschriften** v. 8.10.2022 (BGBl. I S. 1726) wird das Energiewirtschaftsgesetz um Regelungen ergänzt, die insbesondere die Rahmenbedingungen für die Nutzung von Biogas und Photovoltaik sowie von LNG-Anlagen (Flüssigerdgas-Anlagen) verbessern, zur Beschleunigung des Stromnetzausbaus sowie zur Erhöhung der Transportkapazitäten des bestehenden Stromnetzes beitragen, die Möglichkeiten zur Lastflexibilität industrieller Großverbraucher verbessern und eine bessere Auslastung der Offshore-Anbindungsleitungen erleichtern.
Des Weiteren gab es Änderungen im Bundes-Immissionsschutzgesetz (Nr. **296**), die verfahrensrechtlichen Erleichterungen bei Änderungen von Windenergieanlagen an Land beinhalten sowie rechtliche Abweichungen von bisherigen Vorgaben zu Schattenwurf und nächtlichen Geräuschwerten zulassen.

Änderungen gab es zudem

- in der Bundeslaufbahnverordnung (Nr. **180**) durch die Verordnung zur Änderung der Sonderurlaubsverordnung und der Bundeslaufbahnverordnung v. 9.8.2022 (BGBl. I S. 1381),
- im Bundesmeldegesetz (Nr. **256**) durch das Gesetz zur Durchführung der Verordnung (EU) 2021/784 des Europäischen Parlaments und des Rates vom 29. April 2021 zur Bekämpfung der Verbreitung terroristischer Online-Inhalte und zur Änderung weiterer Gesetze v. 21.7.2022 (BGBl. I S. 1182) und

- im Personenstandsgesetz (Nr. **260**) und in der Personenstandsverordnung (Nr. **261**) durch das Dritte Gesetz zur Änderung personenstandsrechtlicher Vorschriften (3. Personenstandsrechts-Änderungsgesetz – 3. PStRÄndG) v. 19.10.2022 (BGBl. I S. 1744).

Kleinere Änderungen gab es

- in der Sonderurlaubsverordnung (Nr. **173**) durch die Verordnung zur Änderung der Sonderurlaubsverordnung und der Bundeslaufbahnverordnung v. 9.8.2022 (BGBl. I S. 1381) und durch die Zweite Verordnung zur Änderung der Sonderurlaubsverordnung v. 22.12.2021 (BGBl. I S. 5257),
- im Bundes-Immissionsschutzgesetz (Nr. **296**) durch das Gesetz zur Änderung des Energiesicherungsgesetzes und anderer energiewirtschaftlicher Vorschriften v. 8.10.2022 (BGBl. I S. 1726) und durch Vierzehntes Gesetz zur Änderung des Bundes-Immissionsschutzgesetzes v. 19.10.2022 (BGBl. I S. 1792),
- im Bundesausbildungsförderungsgesetz (Nr. **420**) durch Achtundzwanzigstes Gesetz zur Änderung des Bundesausbildungsförderungsgesetzes (28. BAföGÄndG) v. 19.10.2022 (BGBl. I S. 1796),
- im Wasserhaushaltsgesetz (Nr. **845**) durch das Gesetz zu Sofortmaßnahmen für einen beschleunigten Ausbau der erneuerbaren Energien und weiteren Maßnahmen im Stromsektor v. 20.7.2022 (BGBl. I S. 1237).

Kleine Änderungen bzw. Korrekturen gab es

- in der Geschäftsordnung des Deutschen Bundestages (Nr. **35**),
- in der Geschäftsordnung des Bundesrates; (Nr. **37**),
- im Verwaltungsverfahrensgesetz (Nr. **100**),
- im Verwaltungszustellungsgesetz (Nr. **110**),
- im Beamtenversorgungsgesetz (Nr. **155**),
- im Bundesbesoldungsgesetz (Nr. **230**),
- im Namensänderungsgesetz (Nr. **265**),
- in der Verordnung über genehmigungsbedürftige Anlagen (Nr. **296a**),
- im Baugesetzbuch (Nr. **300**),
- im Hochschulrahmengesetz (Nr. **500**),
- in der Aufenthaltsverordnung (Nr. **566**),
- in der Verwaltungsgerichtsordnung (Nr. **600**),
- im Bundesnaturschutzgesetz (Nr. **880**).

Vorschau

Die kommende 137. Ergänzungslieferung wird sämtliche Änderungen enthalten, die nach dem 11. November 2022 verkündet und bis zum Erscheinungstermin der 137. EL in Kraft treten werden.

Bei dieser Gelegenheit wollen wir uns für die Anregungen und Fehlerhinweise durch unsere Bezieher bedanken, die uns auf diese Weise eine wertvolle Hilfestellung bei der Gestaltung der Textsammlung leisten. Zudem möchten wir darauf aufmerksam machen, dass wir unter der eigens für diese Textsammlung eingerichteten E-Mail-Adresse sartorius.redaktion@beck.de erreichbar sind; die Adresse ist auch auf der Rückseite des Titelblattes vermerkt.

München, im November 2022 **Verlag C. H. Beck**

Sartorius

Verfassungs– und Verwaltungsgesetze

Einordnungsanweisung für die 136. Ergänzungslieferung November 2022

Herauszunehmen:		Zahl der Blätter:	Einzufügen:		Zahl der Blätter:
Titelblatt		1	Titelblatt		1
Geleitwort zur 135. EL „Sartorius aktuell“		2	Geleitwort zur 136. EL „Sartorius aktuell“*		2
Inhalt I	9/10	1	**Inhalt I**	9/10	1
	13–16	2		13–16	2
Inhalt II	3–8	3	**Inhalt II**	3–8	3
Abkürzungen	7/8	1	**Abkürzungen**	7/8	1
35	1/2	1	**35**	1/2	1
	32/33	1		32/33	1
37	1/2	1	**37**	1–2a	2
	11/12	1		11–12a	2
100	1/2	1	**100**	1–2a	2
	9/10	1		9/10	1
110	1–4	2	**110**	1–4	2
155	74–81	6	**155**	74–81	4
173	1–10	6	**173**	1–10	5
180	1–8	4	**180**	1–8	4
230	57–60a	3	**230**	57–60	2
256	1–12	6	**256**	1–12	6
	27/28	1		27/28	1
260	1–18	9	**260**	1–18	9
	23–**261** 20	18		23–**261** 20	18
261	33–**265** 2	5	**261**	33–**265** 2	4
296	1–6	3	**296**	1–6	3
	21–22a	2		21–22a	2
	32–32c	2		32–32g	4
296a	1/2	1	**296a**	1/2	1
	27/28	1		27/28	1
300	1–4	2	**300**	1–4a	3
	9/10	1		9/10	1
	158/158a	1		158/158a	1
Übertrag		89	Übertrag		90

* Aus technischen Gründen liegt das Geleitwort zur 136. EL „Sartorius aktuell“ am Anfang der Lieferung, bitte ordnen Sie es wie gewohnt anstelle des Geleitworts zur 135. EL hinter dem Vorwort in die Textsammlung ein.

Herauszunehmen:		Zahl der Blätter:	Einzufügen:		Zahl der Blätter:
Übertrag		89	Übertrag		90
420	1–4	2	**420**	1–4a	3
	15–20	3		15–20	3
420	45–48	2	**420**	45–50	3
500	1/2	1	**500**	1/2	1
566	1/2	1	**566**	1/2	1
	49/49a	1		49/49a	1
600	1/2	1	**600**	1/2	1
	22/22a	1		22/22a	1
830	1–12	6	**830**	1–12a	7
	17/18	1		17/18	1
	51–66	8		51–66a	9
	79–108	15		79–108a	16
	115–118	2		115–118	2
	149–178	15		149–178a	17
	183–188	3		183–188a	5
	225–228	2		225–228	2
	237–252	8		237–252a	9
845	1/2	1	**845**	1/2	1
	21–24	3		21–24a	3
880	1/2	1	**880**	1/2	1
	59/60	1		59/60	1
	73–76	2		73–76	2
Insgesamt herauszunehmen:		169	Insgesamt einzufügen:		180

SARTORIUS

Verfassungs- und Verwaltungsgesetze

Textausgabe

Begründet von Dr. Carl Sartorius

Stand: 11. November 2022
(136. Ergänzungslieferung)

C.H.BECK

Dieses Titelblatt entstammt der 136. Ergänzungslieferung November 2022
(Anschluss an die 135. Ergänzungslieferung August 2022)
ISBN 978 3 406 78880 2

Redaktioneller Hinweis:

Paragraphenüberschriften in eckigen Klammern sind nicht amtlich.
Sie sind ebenso wie die Fußnoten urheber- und wettbewerbsgeschützt.
Die Angaben zum Stand der Sammlung auf dem Titelblatt beziehen sich auf das Verkündungsdatum der maßgebenden Gesetzes-, Verordnungs- und Amtsblätter.
Anregungen und Hinweise zur Gestaltung der Textsammlung bitte an den Verlag oder an

sartorius.redaktion@beck.de

www.beck.de

ISBN 978 3 406 45645 9 (Grundwerk zur Fortsetzung für 12 Monate)
ISBN 978 3 406 63600 4 (Grundwerk ohne Fortsetzung)

Wilhelmstraße 9, 80801 München
Satz, Druck und Bindung: Druckerei C. H. Beck Nördlingen
(Adresse wie Verlag)

CO_2 neutral
chbeck.de/nachhaltig

Gedruckt auf säurefreiem, alterungsbeständigem Papier
(hergestellt aus chlorfrei gebleichtem Zellstoff)

Luftverkehr, Fluglärm

Europarecht

HeimatlAuslG .... Gesetz über die Rechtsstellung heimatloser Ausländer im Bundesgebiet (Nr. **563**)
HeimG .... Heimgesetz (Nr. **E 419**)
HeimMindBauV .... Heimmindestbauverordnung (Nr. **E 419a**)
HeimPersV .... Heimpersonalverordnung (Nr. **E 419b**)
HeizkostenV .... Verordnung über Heizkostenabrechnung (Nr. **E 832b**)
HGB .... Handelsgesetzbuch
HGrG .... Haushaltsgrundsätzegesetz (Nr. **699**)
HmbGVBl. .... Hamburgisches Gesetz- und Verordnungsblatt Teil I
HRG .... Hochschulrahmengesetz (Nr. **500**)
HWG .... Heilmittelwerbegesetz (Nr. **E 277**)
HWO .... Handwerksordnung (Nr. **815**)

idF .... in der Fassung
IFG .... Informationsfreiheitsgesetz (Nr. **113**)
IfSG .... Infektionsschutzgesetz (Nr. **E 285**)
IHK-G .... Gesetz zur vorläufigen Regelung des Rechts der Industrie- und Handelskammern (Nr. **818**)
ImmoWertV .... Immobilienwertermittlungsverordnung (Nr. **E 310**)
IntVG .... Integrationsverantwortungsgesetz (Nr. **98**)
iVm .... in Verbindung mit

JFDG .... Jugendfreiwilligendienstgesetz (Nr. **390**)
JuSchG .... Jugendschutzgesetz (Nr. **400**)

KDVG .... Kriegsdienstverweigerungsgesetz (Nr. **626**)
KrWaffG .... Gesetz über die Kontrolle von Kriegswaffen (Nr. **823**)
KrWG .... Kreislaufwirtschaftsgesetz (Nr. **298**)
KWG .... Kreditwesengesetz (Nr. **E 856**)
KWKG .... Kraft-Wärme-Kopplungsgesetz (Nr. **E 834**)

LadSchlG .... Gesetz über den Ladenschluss (Nr. **805**)
LFGB .... Lebensmittel- und Futtermittelgesetzbuch (Nr. **E 862**)
LKonV .... Lebensmittelkontrolleur-Verordnung (Nr. **E 861c**)
LMHV .... Lebensmittelhygiene-Verordnung (Nr. **E 861b**)
LMIDV .... Lebensmittelinformations-Durchführungsverordnung (Nr. **E 861a**)
LuftSiG .... Luftsicherheitsgesetz (Nr. **E 976**)
LuftVG .... Luftverkehrsgesetz (Nr. **E 975**)

MABl. .... Ministerialamtsblatt
MaßStG .... Maßstäbegesetz (Nr. **E 750**)
MBl. .... Ministerialblatt
MessEG .... Mess- und Eichgesetz (Nr. **E 825**)

MOG	Gesetz zur Durchführung der gemeinsamen Marktorganisation und der Direktzahlungen (Nr. **E 867**)
MüG	Marktüberwachungsgesetz (Nr. **E 869**)
MuSchEltZV	Mutterschutz- und Elternzeitverordnung (Nr. **171**)
mWv	mit Wirkung vom
NamÄndG	Gesetz über die Änderung von Familiennamen und Vornamen (Nr. **265**)
NAV	Niederspannungsanschlussverordnung (Nr. **E 830b**)
NDAV	Niederdruckanschlussverordnung (Nr. **E 830c**)
Nds. GVBl.	Niedersächsisches Gesetz- und Verordnungsblatt
neu gef.	neu gefasst
Nipperdey I	Nipperdey I, Arbeitsrecht. Loseblatt-Textsammlung
NMV 1970	Neubaumietenverordnung 1970 (Nr. **E 353**)
Nr.	Nummer
Öffentliches Wirtschaftsrecht	Öffentliches Wirtschaftsrecht. Loseblatt-Textsammlung
OrdenG	Gesetz über Titel, Orden und Ehrenzeichen (Nr. **60**)
ParteiG	Parteiengesetz (Nr. **58**)
PaßG	Paßgesetz (Nr. **250**)
PassV	Passverordnung (Nr. **251**)
PAuswG	Personalausweisgesetz (Nr. **255**)
PBefG	Personenbeförderungsgesetz (Nr. **950**)
PetAG	Gesetz über die Befugnisse des Petitionsausschusses des Deutschen Bundestages (Nr. **5**)
PflSchG	Pflanzenschutzgesetz (Nr. **863**)
PKGrG	Kontrollgremiumgesetz (Nr. **81**)
PlanZV	Planzeichenverordnung (Nr. **E 312**)
PostG	Gesetz über das Postwesen (Nr. **E 910**)
ProdSG	Produktsicherheitsgesetz (Nr. **E 803**)
ProdSV	Verordnung zum Produktsicherheitsgesetz
PStG	Personenstandsgesetz (Nr. **260**)
PStV	Personenstandsverordnung (Nr. **261**)
PTSG	Post- und Telekommunikationssicherstellungsgesetz (Nr. **E 905**)
PUAG	UntersuchungsausschussG (Nr. **6**)
PUDLV	Post-Universaldienstleistungsverordnung (Nr. **E 910a**)
RBEG	Regelbedarf-Ermittlungsgesetz (Nr. **E 412a**)
RBHG	Gesetz über die Haftung des Reichs für seine Beamten (Nr. **210**)
RdErl.	Runderlass
RdSchr.	Rundschreiben
RGBl.	Reichsgesetzblatt

35. Geschäftsordnung des Deutschen Bundestages

In der Fassung der Bekanntmachung vom 2. Juli 1980[1)]
(BGBl. I S. 1237)

FNA 1101-1

geänd. durch Bek. v. 17.3.1982 (BGBl. I S. 400), Bek. v. 18.12.1986 (BGBl. 1987 I S. 147), Bek. v. 9.12.1987 (BGBl. I S. 2677), Bek. v. 28.6.1988 (BGBl. I S. 1009), Bek. v. 18.12.1989 (BGBl. I S. 2442), Bek. v. 12.11.1990 (BGBl. I S. 2555), Bek. v. 16.12.1994 (BGBl. 1995 I S. 11), Bek. v. 30.9.1995 (BGBl. I S. 1246), Bek. v. 17.3.1997 (BGBl. I S. 747), Bek. v. 12.2.1998 (BGBl. I S. 428), Bek. v. 30.5.2001 (BGBl. I S. 1203), Bek. v. 15.7.2002 (BGBl. I S. 3012), Bek. v. 17.9.2002 (BGBl. I S. 3759), Bek. v. 28.2.2005 (BGBl. I S. 668), Bek. v. 21.4.2005 (BGBl. I S. 1230), Bek. v. 12.7.2005 (BGBl. I S. 2512), Bek. v. 21.10.2005 (BGBl. I S. 3094), Bek. v. 26.9.2006 (BGBl. I S. 2210), Bek. v. 29.7.2008 (BGBl. I S. 1712), Bek. v. 6.7.2009 (BGBl. I S. 2128), Bek. v. 16.7.2010 (BGBl. I S. 1041), Bek. v. 17.12.2010 (BGBl. I S. 2199), Bek. v. 24.11.2011 (BGBl. I S. 2454), Bek. v. 7.5.2012 (BGBl. I S. 1119), Bek. v. 12.3.2013 (BGBl. I S. 548), Bek. v. 18.6.2013 (BGBl. I S. 1644), Beschl. v. 6.6.2013 (BGBl. I S. 2167), Beschl. v. 3.4.2014 (BGBl. I S. 534), Beschl. v. 1.6.2017 (BGBl. I S. 1877), Beschl. v. 1.3.2019 (BGBl. I S. 197), Beschl. v. 25.3.2020 (BGBl. I S. 764), Beschl. v. 17.9.2020 (BGBl. I S. 2067), Beschl. v. 7.10.2020 (BGBl. I S. 2563 iVm Bek. v. 1.12.2020, BGBl. I S. 2988), Beschl. v. 17.12.2020 (BGBl. 2021 I S. 97), Beschl. v. 25.3.2021 (BGBl. I S. 734), Beschl. v. 24.6.2021 (BGBl. I S. 2868), Beschl. v. 26.10.2021 (BGBl. I S. 4830), Beschl. v. 10.12.2021 (BGBl. I S. 5203), Beschl. v. 18.3.2022 (BGBl. I S. 562) und Beschl. v. 8.7.2022 (BGBl. I S. 1383)

Nichtamtliche Gliederungsübersicht

I. Wahl des Präsidenten, der Stellvertreter und Schriftführer

§ 1[2)] Konstituierung (1) Der neugewählte Bundestag wird zu seiner ersten Sitzung vom bisherigen Präsidenten spätestens zum dreißigsten Tage nach der Wahl (Artikel 39 des Grundgesetzes[3)]) einberufen.

[1)] Neubekanntmachung der GeschäftsO des Deutschen Bundestages idF der Bek. v. 22.5.1970 (BGBl. I S. 628) in der ab 1.10.1980 geltenden Fassung.
[2)] § 1 Abs. 2 neu gef. mWv 1.6.2017 durch Beschl. v. 1.6.2017 (BGBl. I S. 1877).

(2) Bis der neugewählte Präsident oder einer seiner Stellvertreter das Amt übernimmt, führt das am längsten dem Bundestag angehörende Mitglied, das hierzu bereit ist, den Vorsitz (Alterspräsident); bei gleicher Dauer der Zugehörigkeit zum Bundestag entscheidet das höhere Lebensalter.

(3) [1] Der Alterspräsident ernennt Mitglieder des Bundestages zu vorläufigen Schriftführern. [2] Hierauf erfolgt der Namensaufruf der Mitglieder des Bundestages.

(4) Nach Feststellung der Beschlußfähigkeit wird die Wahl des Präsidenten, der Stellvertreter und der Schriftführer vorgenommen.

§ 2[1)] Wahl des Präsidenten und der Stellvertreter. (1) [1] Der Bundestag wählt mit verdeckten Stimmzetteln (§ 49) in besonderen Wahlhandlungen den Präsidenten und seine Stellvertreter für die Dauer der Wahlperiode. [2] Jede Fraktion des Deutschen Bundestages ist durch mindestens einen Vizepräsidenten oder eine Vizepräsidentin im Präsidium vertreten.

(2) [1] Gewählt ist, wer die Stimmen der Mehrheit der Mitglieder des Bundestages erhält. [2] Ergibt sich im ersten Wahlgang keine Mehrheit, so können für einen zweiten Wahlgang neue Bewerber vorgeschlagen werden. [3] Ergibt sich auch dann keine Mehrheit der Stimmen der Mitglieder des Bundestages, findet ein dritter Wahlgang statt. [4] Bei nur einem Bewerber ist dieser gewählt, wenn er die Mehrheit der abgegebenen Stimmen auf sich vereinigt. [5] Bei mehreren Bewerbern kommen die beiden Bewerber mit den höchsten Stimmenzahlen in die engere Wahl; gewählt ist, wer die meisten Stimmen auf sich vereinigt. [6] Bei Stimmengleichheit entscheidet das Los durch die Hand des amtierenden Präsidenten.

(3) [1] Weitere Wahlgänge mit einem im dritten Wahlgang erfolglosen Bewerber sind nur nach Vereinbarung im Ältestenrat zulässig. [2] Werden nach erfolglosem Ablauf des Verfahrens nach Absatz 2 neue Bewerber vorgeschlagen, ist neu in das Wahlverfahren gemäß Absatz 2 einzutreten.

§ 3 Wahl der Schriftführer. [1] Der Bundestag beschließt die Zahl der Schriftführer. [2] Sie können gemeinsam auf Grund eines Vorschlages der Fraktionen gewählt werden. [3] Bei der Festlegung der Zahl der Schriftführer und ihrer Verteilung auf die Fraktionen ist § 12 zu beachten.

II. Wahl des Bundeskanzlers

§ 4 Wahl des Bundeskanzlers. [1] Die Wahl des Bundeskanzlers (Artikel 63 des Grundgesetzes[2)]) erfolgt mit verdeckten Stimmzetteln (§ 49). [2] Wahlvorschläge zu den Wahlgängen gemäß Artikel 63 Abs. 3 und 4 des Grundgesetzes sind von einem Viertel der Mitglieder des Bundestages oder einer Fraktion, die mindestens ein Viertel der Mitglieder des Bundestages umfaßt, zu unterzeichnen.

III. Präsident, Präsidium und Ältestenrat

§ 5 Präsidium. Der Präsident und die stellvertretenden Präsidenten bilden das Präsidium.

[3)] Nr. **1**.

[1)] § 2 Abs. 1 Satz 2 angef. durch Bek. v. 16.12.1994 (BGBl. 1995 I S. 11); Abs. 2 neu gef. und Abs. 3 angef. mWv 26.9.2006 durch Bek. v. 26.9.2006 (BGBl. I S. 2210).

[2)] Nr. **1**.

§ 122 Übersendung beschlossener Gesetze. (1) Der Präsident des Bundestages übersendet das beschlossene Gesetz unverzüglich dem Bundesrat (Artikel 77 Abs. 1 Satz 2 des Grundgesetzes[1)]).

(2) Je einen Abdruck des Gesetzesbeschlusses übersendet der Präsident an den Bundeskanzler und an den federführenden Minister und teilt dabei mit, wann die Zuleitung des beschlossenen Gesetzes an den Bundesrat nach Artikel 77 Abs. 1 Satz 2 des Grundgesetzes erfolgt ist.

(3) [1]Werden vor Übersendung nach Absatz 1 in der vom Bundestag in der Schlußabstimmung angenommenen Fassung des Gesetzes Druckfehler oder andere offenbare Unrichtigkeiten festgestellt, kann der Präsident im Einvernehmen mit dem federführenden Ausschuß eine Berichtigung veranlassen. [2]Ist das Gesetz gemäß Absatz 1 bereits übersandt, macht der Präsident nach Einwilligung des federführenden Ausschusses den Präsidenten des Bundesrates auf die Druckfehler oder andere offenbare Unrichtigkeiten mit der Bitte aufmerksam, sie im weiteren Gesetzgebungsverfahren zu berichtigen. [3]Von dieser Bitte ist dem Bundeskanzler und dem federführenden Minister Mitteilung zu machen.

§ 122a[2)] Elektronische Dokumente. (1) Soweit für die Einbringung von Vorlagen Schriftform vorgesehen ist, genügt dieser Form die Aufzeichnung als elektronisches Dokument, wenn dieses für die weitere Bearbeitung geeignet ist.

(2) [1]Das Dokument muss mit einer elektronischen Signatur nach der Verordnung (EU) Nr. 910/2014[3)] des Europäischen Parlaments und des Rates vom 23. Juli 2014 über elektronische Identifizierung und Vertrauensdienste für elektronische Transaktionen im Binnenmarkt und zur Aufhebung der Richtlinie 1999/93/EG (ABl. L 257 vom 28.8.2014, S. 73; L 23 vom 29.1.2015, S. 19; L 155 vom 14.6.2016, S. 44) versehen sein. [2]Das Nähere regeln Ausführungsbestimmungen, die vom Ältestenrat zu erlassen sind.

§ 123[4)] Fristberechnung. (1) Bei Fristen wird der Tag der Verteilung der Drucksache nicht eingerechnet; sie gilt als verteilt, wenn sie für die Mitglieder des Bundestages elektronisch abrufbar oder in ihre Fächer verteilt worden ist.

(2) Die Fristen gelten auch dann als gewahrt, wenn infolge technischer Schwierigkeiten oder aus zufälligen Gründen für einzelne Mitglieder des Bundestages eine Drucksache erst nach der allgemeinen Verteilung elektronisch abrufbar oder in ihre Fächer verteilt worden ist.

§ 124 Wahrung der Frist. [1]Bei Berechnung einer Frist, innerhalb der eine Erklärung gegenüber dem Bundestag abzugeben oder eine Leistung zu bewirken ist, wird der Tag, an dem die Erklärung oder Leistung erfolgt, nicht mitgerechnet. [2]Ist danach die Erklärung oder Leistung an einem Sonnabend, Sonntag oder einem am Sitz des Bundestages gesetzlich anerkannten Feiertag zu bewirken, so tritt an dessen Stelle der nächstfolgende Werktag. [3]Die Erklärung oder Leistung ist während der üblichen Dienststunden, spätestens aber um 18 Uhr, zu bewirken.

[1)] Nr. **1**.

[2)] § 122a eingef. mWv 28.2.2005 durch Bek. v. 28.2.2005 (BGBl. I S. 668); Abs. 2 Satz 1 geänd. mWv 24.6.2021 durch Beschl. v. 24.6.2021 (BGBl. I S. 2868).

[3)] **Sartorius III Nr. 741.**

[4)] § 123 neu gef. mWv 22.10.2013 durch Beschl. v. 6.6.2013 (BGBl. I S. 2167).

§ 125 Unerledigte Gegenstände. [1] Am Ende der Wahlperiode des Bundestages gelten alle Vorlagen als erledigt. [2] Dies gilt nicht für Petitionen und für Vorlagen, die keiner Beschlußfassung bedürfen.

XII. Abweichungen und Auslegung dieser Geschäftsordnung

§ 126 Abweichungen von dieser Geschäftsordnung. Abweichungen von den Vorschriften dieser Geschäftsordnung können im einzelnen Fall mit Zweidrittelmehrheit der anwesenden Mitglieder des Bundestages beschlossen werden, wenn die Bestimmungen des Grundgesetzes[1] dem nicht entgegenstehen.

§ 126a[2] Digitale Ausschusssitzungen und Umlaufverfahren. (1) *(aufgehoben)*

(2) Anwesend im Sinne des § 67 Satz 1 sind auch diejenigen Mitglieder, die über elektronische Kommunikationsmittel an der Sitzung teilnehmen.

(3) Die Ausschüsse, einschließlich des Ausschusses für Wahlprüfung, Immunität und Geschäftsordnung, können ihren Vorsitzenden auch in Sitzungswochen entsprechend § 72 zu Abstimmungen außerhalb einer Sitzung ermächtigen, für Abstimmungen und Beschlussfassungen können in Abweichung von § 48 Absatz 1 Satz 1 auch elektronische Kommunikationsmittel genutzt werden.

(4) Öffentliche Ausschussberatungen und öffentliche Anhörungssitzungen können auch so durchgeführt werden, dass der Öffentlichkeit Zugang ausschließlich durch elektronische Übermittlungswege gewährt wird.

(5) [1] § 126a findet ab 31. Dezember 2022 keine Anwendung mehr. [2] Vor diesem Datum kann die Regelung jederzeit durch Beschluss des Bundestages aufgehoben werden.

§ 127 Auslegung dieser Geschäftsordnung. (1) [1] Während einer Sitzung des Bundestages auftretende Zweifel über die Auslegung dieser Geschäftsordnung entscheidet der Präsident für den Einzelfall. [2] Im übrigen obliegt die Auslegung dieser Geschäftsordnung dem Ausschuß für Wahlprüfung, Immunität und Geschäftsordnung; der Präsident, ein Ausschuß, eine Fraktion, ein Viertel der Mitglieder des Ausschusses für Wahlprüfung, Immunität und Geschäftsordnung oder fünf vom Hundert der Mitglieder des Bundestages können verlangen, daß die Auslegung dem Bundestag zur Entscheidung vorgelegt wird.

(2) Wird ein entsprechendes Verlangen gemäß Absatz 1 Satz 2 nicht vorgebracht, entscheidet der Ausschuß für Wahlprüfung, Immunität und Geschäftsordnung, in welcher Form seine Auslegung bekanntzumachen ist.

§ 128 Rechte des Ausschusses für Wahlprüfung, Immunität und Geschäftsordnung. Der Ausschuß für Wahlprüfung, Immunität und Geschäftsordnung kann Fragen aus seinem Geschäftsbereich beraten und dem Bundestag Empfehlungen unterbreiten (§ 75 Abs. 1 Buchstabe h).

---

[1] Nr. 1.

[2] § 126a neu gef. mWv 10.12.2021 durch Beschl. v. 10.12.2021 (BGBl. I S. 5203); Abs. 1 aufgeh., Abs. 5 Satz 1 geänd. mWv 18.3.2022 durch Beschl. v. 18.3.2022 (BGBl. I S. 562); Überschrift neu gef., Abs. 5 Satz 1 geänd. mWv 8.7.2022 durch Beschl. v. 8.7.2022 (BGBl. I S. 1383).

37. Geschäftsordnung des Bundesrates[1) 2)]

In der Fassung der Bekanntmachung vom 26. November 1993[3)]

(BGBl. I S. 2007)

FNA 1102-1

geänd. durch Bek. v. 25.11.1994 (BGBl. I S. 3736), Bek. v. 31.5.2002 (BGBl. I S. 1908), Bek. v. 22.9. 2006 (BGBl. I S. 2176), Bek. v. 8.6.2007 (BGBl. I S. 1057), Bek. v. 26.3.2021 (BGBl. I S. 797) und Bek. v. 16.9.2022 (BGBl. I S. 1513)

Inhaltsübersicht[4)]

---

1) Die kursiven Textteile wurden mit der Neufassung der Geschäftsordnung im Bundesgesetzblatt bekannt gemacht.

2) Die Verweise/Bezugnahmen auf Vorschriften den EGV betreffend sind bereits gemäß Art. 12 des Amsterdamer Vertrages in Verbindung mit der Übereinstimmungstabelle an die neue Nummerierung angepasst worden.

3) Neubekanntmachung der GeschäftsO des Bundesrates idF der Bek. v. 10.6.1988 (BGBl. I S. 857) in der ab 26.11.1993 geltenden Fassung.

4) Inhaltsübersicht geänd. mWv 22.9.2006 durch Bek. v. 22.9.2006 (BGBl. I S. 2176); geänd. mWv 26.3.2021 durch Bek. v. 26.3.2021 (BGBl. I S. 797); geänd. mWv 16.9.2022 durch Bek. v. 16.9.2022 (BGBl. I S. 1513).

I. Allgemeine Bestimmungen

Artikel 50 GG[1]

Durch den Bundesrat wirken die Länder bei der Gesetzgebung und Verwaltung des Bundes und in Angelegenheiten der Europäischen Union mit.

Artikel 51 GG[1]

Der Bundesrat besteht aus Mitgliedern der Regierungen der Länder, die sie bestellen und abberufen. Sie können durch andere Mitglieder ihrer Regierungen vertreten werden.

---

[1] Nr. 1.

Jedes Land hat mindestens drei Stimmen, Länder mit mehr als zwei Millionen Einwohnern haben vier, Länder mit mehr als sechs Millionen Einwohnern fünf, Länder mit mehr als sieben Millionen Einwohnern sechs Stimmen.

Jedes Land kann so viele Mitglieder entsenden, wie es Stimmen hat. Die Stimmen eines Landes können nur einheitlich und nur durch anwesende Mitglieder oder deren Vertreter abgegeben werden.

§ 1 Mitglieder. Die Regierungen der Länder teilen dem Präsidenten des Bundesrates die Namen der Mitglieder des Bundesrates, den Zeitpunkt ihrer Bestel-

(Fortsetzung nächstes Blatt)

erteilt. [3]Mit der Abstimmung über die Erteilung der Zustimmung wird über Anträge, die Zustimmung zu verweigern, mitentschieden.

(2) [1]Sind zu demselben Gegenstand mehrere Anträge gestellt, so ist über den weitestgehenden Antrag zuerst abzustimmen. [2]Entscheidend ist der Grad der Abweichung von der Vorlage. [3]In Zweifelsfällen entscheidet der Bundesrat. [4]Bei zustimmungsbedürftigen Gesetzen ist über einen Antrag gemäß Artikel 77 Abs. 2 Satz 1 des Grundgesetzes vor der Beschlußfassung über die Zustimmung abzustimmen.

(3) Absatz 1 Satz 3 und Absatz 2 gelten für die Empfehlungen der Ausschüsse entsprechend.

§ 31 Verfahren bei Beschlüssen nach Artikel 77 Abs. 2 Satz 1 des Grundgesetzes. [1]Im Verfahren nach Artikel 77 Abs. 2 Satz 1 des Grundgesetzes[1)] stellt der Präsident, sofern über mehrere Anrufungsgründe zu einem Gesetz abzustimmen ist, zunächst allgemein fest, ob eine Mehrheit für die Anrufung des Vermittlungsausschusses vorhanden ist. [2]Ist dies der Fall, so läßt er über die Einzelanträge beraten und abstimmen. [3]Anschließend kann er nach erneuter Beratung darüber abstimmen lassen, ob der Vermittlungsausschuß unter Zugrundelegung aller gefaßten Einzelbeschlüsse angerufen werden soll; er hat abstimmen zu lassen, wenn ein Land es verlangt.

§ 32 Wirksamwerden der Beschlüsse. [1]Die Beschlüsse des Bundesrates werden mit dem Ende der Sitzung wirksam. [2]Über Gegenstände, deren Behandlung abgeschlossen ist, darf nicht erneut beraten und abgestimmt werden, wenn ein Land widerspricht.

Artikel 43 Abs. 2 GG[1)]

Die Mitglieder des Bundesrates und der Bundesregierung sowie ihre Beauftragten haben zu allen Sitzungen des Bundestages und seiner Ausschüsse Zutritt. Sie müssen jederzeit gehört werden.

§ 33 Teilnahme an den Verhandlungen des Bundestages. [1]Der Bundesrat kann seine Mitglieder beauftragen, seine Beschlüsse im Bundestag und in dessen Ausschüssen zu vertreten. [2]Die Ausschüsse können Vorschläge hierzu machen.

§ 34 Sitzungsbericht. (1) Über die Sitzungen des Bundesrates wird ein wörtlicher Bericht aufgenommen.

(2) [1]Der Bericht ist vertraulich, soweit die Verhandlungen vertraulich sind (§ 17 Abs. 2). [2]Der Bundesrat kann bestimmen, daß über eine nichtöffentliche Sitzung ein Bericht nicht aufgenommen wird.

(3) [1]Der Bericht gilt als genehmigt, wenn nicht innerhalb von zwei Wochen nach seiner Ausgabe Einspruch beim Präsidenten eingelegt wird. [2]Gibt der Präsident dem Einspruch nicht statt, so entscheidet der Bundesrat.

§ 35 Vereinfachtes Verfahren. Bei Vorlagen, die dem Bundesrat lediglich zur Kenntnisnahme zugeleitet werden, gelten die Empfehlungen der zuständigen Ausschüsse, der Bundesrat möge von der Vorlage Kenntnis nehmen oder gegen die Vorlage keine Bedenken erheben, als Stellungnahme des Bundesrates, sofern bis zur nächsten Sitzung des Bundesrates kein Land den Antrag auf Behandlung dieser Vorlage stellt.

[1)] Nr. **1**.

IV. Das Verfahren in den Ausschüssen

§ 36 Zuweisung der Vorlagen. (1) [1]Der Präsident weist die Vorlagen den zuständigen Ausschüssen zu und bestimmt den federführenden Ausschuß. [2]Die Beteiligung mehrerer Ausschüsse an der Beratung einer Vorlage soll möglichst beschränkt werden. [3]Der Präsident kann den Direktor des Bundesrates mit der Zuweisung der Vorlagen und der Bestimmung des federführenden Ausschusses beauftragen.

(2) Der Präsident hat Vorlagen eines Landes auf dessen Verlangen unmittelbar auf die vorläufige Tagesordnung des Bundesrates zu setzen.

§ 37[1)] Tagungsort, Öffentlichkeit, Anwesenheitsliste. (1) [1]Die Ausschüsse tagen am Sitz des Bundesrates. [2]Ausnahmen bedürfen der vorherigen Zustimmung des Präsidenten. [3]Für die Bekanntgabe der Sitzungen gilt § 15 Absatz 4 entsprechend.

(2) [1]Die Sitzungen der Ausschüsse sind nicht öffentlich. [2]Die Verhandlungen sind vertraulich, soweit der Ausschuß nichts anderes beschließt.

(3) Für jede Ausschußsitzung wird eine Anwesenheitsliste ausgelegt, in die sich die Teilnehmer der Sitzung eintragen.

§ 37a[2)] Zulässigkeit von Ausschusssitzungen als Videokonferenz aus wichtigem Grund. (1) [1]Ausschusssitzungen finden grundsätzlich in Präsenz statt. [2]Aus wichtigem Grund kann die Präsidentin oder der Präsident nach Befassung des Ständigen Beirats entscheiden, dass Ausschusssitzungen ausnahmsweise für einen bestimmten Zeitraum als Videokonferenz stattfinden dürfen.

(2) Die Anwesenheit ist zu Beginn der Sitzung festzustellen.

(3) § 37 Absatz 1 Satz 3 und Absatz 2 und §§ 38 bis 45 sind entsprechend anzuwenden.

§ 38 Einberufung, Leitung, Tagesordnung. (1) [1]Der Vorsitzende beruft den Ausschuß ein. [2]Er hat ihn unverzüglich einzuberufen, wenn ein Ausschußmitglied es verlangt. [3]Der Vorsitzende bereitet die Sitzungen des Ausschusses vor und leitet sie.

(2) [1]Die Tagesordnung wird den Vertretungen der Länder so früh wie möglich, spätestens am sechsten Tag vor der Sitzung zugestellt. [2]Kann diese Frist nicht eingehalten werden, so ist die Tagesordnung den Vertretungen der Länder und gleichzeitig fernschriftlich den Mitgliedern des Ausschusses mitzuteilen.

(3) Soweit der Ausschuß nicht federführend ist, soll die Tagesordnung den Zweck der Beratung der einzelnen Gegenstände angeben.

§ 39 Beratung. (1) Die Ausschüsse bereiten die Beschlußfassung des Bundesrates vor.

(2) Der Präsident kann die Ausschüsse mit der Ausarbeitung gutachtlicher Stellungnahmen beauftragen.

(3) [1]Mehrere Ausschüsse können gemeinsam beraten. [2]Ist ein Beratungsgegenstand für die Fachgebiete mehrerer Ausschüsse von gleicher Bedeutung, so kann der Präsident gemeinsame Beratung anordnen.

---

1) § 37 Abs. 1 Satz 3 geänd. mWv 26.3.2021 durch Bek. v. 26.3.2021 (BGBl. I S. 797).
2) § 37a eingef. mWv 16.9.2022 durch Bek. v. 16.9.2022 (BGBl. I S. 1513).

(4) Die Ausschüsse können Unterausschüsse einsetzen.

(5) Die Ausschüsse sollen ihre Beratungen am achten Tag vor der nächsten Sitzung des Bundesrates abgeschlossen haben.

***Artikel 53 Satz 1 und 2 GG*[1]**

Die Mitglieder der Bundesregierung haben das Recht und auf Verlangen die Pflicht, an den Verhandlungen des Bundesrates und seiner Ausschüsse teilzunehmen. Sie müssen jederzeit gehört werden.

(Fortsetzung nächstes Blatt)

[1] Nr. **1**.

100. Verwaltungsverfahrensgesetz (VwVfG)[1) 2)]

In der Fassung der Bekanntmachung vom 23. Januar 2003[3)]

(BGBl. I S. 102)

FNA 201-6

geänd. durch Art. 4 Abs. 8 KostenrechtsmodernisierungsG v. 5.5.2004 (BGBl. I S. 718), Art. 1 Viertes G zur Änd. verwaltungsverfahrensrechtlicher Vorschriften v. 11.12.2008 (BGBl. I S. 2418), Art. 10 FGG-ReformG v. 17.12.2008 (BGBl. I S. 2586), Art. 4a G zur Umsetzung der DienstleistungsRL im Gewerberecht und in weiteren Rechtsvorschriften v. 17.7.2009 (BGBl. I S. 2091), Art. 4 G zur Modernisierung von Verfahren im anwaltlichen und notariellen Berufsrecht, zur Errichtung einer Schlichtungsstelle der Rechtsanwaltschaft sowie zur Änd. sonstiger Vorschriften v. 30.7.2009 (BGBl. I S. 2449), Art. 2 Abs. 1 G zur Modernisierung von Verfahren im patentanwaltlichen Berufsrecht v. 14.8. 2009 (BGBl. I S. 2827), Art. 1 Planfeststellungsverfahren-VereinheitlichungsG v. 31.5.2013 (BGBl. I S. 1388), Art. 3 G zur Förderung der elektronischen Verwaltung sowie zur Änd. weiterer Vorschriften v. 25.7.2013 (BGBl. I S. 2749), Art. 1 G zur Bereinigung des Rechts der Lebenspartner v. 20.11.2015 (BGBl. I S. 2010), Art. 20 G zur Modernisierung des Besteuerungsverfahrens v. 18.7.2016 (BGBl. I S. 1679), Art. 5 G zum Abbau verzichtbarer Anordnungen der Schriftform im Verwaltungsrecht des Bundes v. 29.3.2017 (BGBl. I S. 626), Art. 11 Abs. 2 eIDAS-DurchführungsG v. 18.7.2017 (BGBl. I S. 2745), Art. 7 G zur Umsetzung des G zur Einführung des Rechts auf Eheschließung für Personen gleichen Geschlechts v. 18.12.2018 (BGBl. I S. 2639), Art. 5 Abs. 25 G zur Einführung einer Karte für

---

[1)] Siehe zum Verwaltungsverfahren auch die folgenden Vorschriften der Länder:
- **Baden-Württemberg:** LandesverwaltungsverfahrensG – LVwVfG idF der Bek. v. 12.4.2005 (GBl. S. 350), zuletzt geänd. durch G v. 4.2.2021 (GBl. S. 181)
- **Bayern:** Bayerisches VerwaltungsverfahrensG – BayVwVfG v. 23.12.1976 (BayRS II S. 213), zuletzt geänd. durch G v. 25.3.2020 (GVBl. S. 174)
- **Berlin:** G über das Verfahren der Berliner Verwaltung v. 21.4.2016 (GVBl. S. 218), zuletzt geänd. durch G v. 27.9.2021 (GVBl. S. 1117)
- **Brandenburg:** VerwaltungsverfahrensG für das Land Brandenburg – VwVfGBbg v. 7.7.2009 (GVBl. I S. 262, 264), zuletzt geänd. durch G v. 8.5.2018 (GVBl. I Nr. 8)
- **Bremen:** Bremisches VerwaltungsverfahrensG – BremVwVfG idF der Bek. v. 9.5.2003 (Brem.GBl. S. 219), zuletzt geänd. durch G v. 27.1.2015 (Brem.GBl. S. 15)
- **Hamburg:** Hamburgisches VerwaltungsverfahrensG – HmbVwVfG v. 9.11.1977 (HmbGVBl. S. 333, ber. 1977 S. 402), zuletzt geänd. durch G v. 18.3.2020 (HmbGVBl. S. 171)
- **Hessen:** Hessisches VerwaltungsverfahrensG – HVwVfG idF der Bek. v. 15.1.2010 (GVBl. I S. 18), zuletzt geänd. durch G v. 12.9.2018 (GVBl. S. 570)
- **Mecklenburg-Vorpommern:** LandesverwaltungsverfahrensG – VwVfG M-V idF der Bek. v. 6.5. 2020 (GVOBl. M-V S. 410)
- **Niedersachsen:** Niedersächsisches VerwaltungsverfahrensG – NVwVfG v. 3.12.1976 (Nds. GVBl. S. 311), zuletzt geänd. durch G v. 22.9.2022 (Nds. GVBl. S. 589)
- **Nordrhein-Westfalen:** VerwaltungsverfahrensG für das Land Nordrhein-Westfalen – VwVfG. NRW. idF der Bek. v. 12.11.1999 (GV. NRW. S. 602), zuletzt geänd. durch G v. 1.2.2022 (GV. NRW. S. 122)
- **Rheinland-Pfalz:** LandesverwaltungsverfahrensG – LVwVfG v. 23.12.1976 (GVBl. S. 308), zuletzt geänd. durch G v. 22.12.2015 (GVBl. S. 487)
- **Saarland:** Saarländisches VerwaltungsverfahrensG – SVwVfG v. 15.12.1976 (Amtsbl. S. 1151), zuletzt geänd. durch G v. 26.8.2020 (Amtsbl. I S. 1058)
- **Sachsen:** Gesetz zur Regelung des Verwaltungsverfahrens- und des Verwaltungszustellungsrechts für den Freistaat Sachsen – SächsVwVfZG v. 19.5.2010 (SächsGVBl. S. 142), geänd. durch G v. 12.7.2013 (SächsGVBl. S. 503)
- **Sachsen-Anhalt:** VerwaltungsverfahrensG Sachsen-Anhalt – VwVfG LSA v. 18.11.2005 (GVBl. LSA S. 698), zuletzt geänd. durch G v. 8.4.2020 (GVBl. LSA S. 134)
- **Schleswig-Holstein:** Allgemeines VerwaltungsG für das Land Schleswig-Holstein – LVwG idF der Bek. v. 2.6.1992 (GVOBl. Schl.-H. S. 243, ber. S. 534), zuletzt geänd. durch G v. 29.4.2022 (GVOBl. Schl.-H. S. 549)
- **Thüringen:** Thüringer VerwaltungsverfahrensG – ThürVwVfG idF der Bek. v. 1.12.2014 (GVBl. S. 685), zuletzt geänd. durch G v. 10.5.2018 (GVBl. S. 212).

[2)] Siehe hierzu ua die Belehrung über Rechtsbehelfe nach dem VwVfG v. 12.8.2013 (GMBl S. 1150), geänd. durch Rundschreiben v. 14.3.2018 (GMBl S. 600).

[3)] Neubekanntmachung des VwVfG idF der Bek. v. 21.9.1998 (BGBl. I S. 3050) in der ab 1.2.2003 geltenden Fassung.

Unionsbürger und Angehörige des Europäischen Wirtschaftsraums mit Funktion zum elektronischen Identitätsnachweis sowie zur Änd. des PersonalausweisG und weiterer Vorschriften[1] v. 21.6.2019 (BGBl. I S. 846, geänd. durch G v. 20.11.2019, BGBl. I S. 1626), Art. 15 Abs. 1 Vormundschafts- und Betreuungsrechts-ReformG v. 4.5.2021 (BGBl. I S. 882) und Art. 24 Abs. 3 G zur Modernisierung des notariellen Berufsrechts und zur Änd. weiterer Vorschriften v. 25.6.2021 (BGBl. I S. 2154)

Inhaltsübersicht[2]

---

[1] Die Änd. des Inkrafttretens dieses G durch Art. 154a G v. 20.11.2019 (BGBl. I S. 1626) ist unbeachtlich, da das G bei Erlass des ÄndG bereits in Kraft getreten war.

[2] Inhaltsübersicht geänd. mWv 18.12.2008 durch G v. 11.12.2008 (BGBl. I S. 2418); geänd. mWv 28.12.2009 durch G v. 17.7.2009 (BGBl. I S. 2091); geänd. mWv 7.6.2013 durch G v. 31.5.2013 (BGBl. I S. 1388); geänd. mWv 1.1.2017 durch G v. 18.7.2016 (BGBl. I S. 1679).

(Fortsetzung nächstes Blatt)

gerichtet ist; es schließt den Erlass des Verwaltungsaktes oder den Abschluss des öffentlich-rechtlichen Vertrags ein.

§ 10 Nichtförmlichkeit des Verwaltungsverfahrens. [1]Das Verwaltungsverfahren ist an bestimmte Formen nicht gebunden, soweit keine besonderen Rechtsvorschriften für die Form des Verfahrens bestehen. [2]Es ist einfach, zweckmäßig und zügig durchzuführen.

§ 11 Beteiligungsfähigkeit. Fähig, am Verfahren beteiligt zu sein, sind

1. natürliche und juristische Personen,
2. Vereinigungen, soweit ihnen ein Recht zustehen kann,
3. Behörden.

§ 12[1)] Handlungsfähigkeit. (1) Fähig zur Vornahme von Verfahrenshandlungen sind

1. natürliche Personen, die nach bürgerlichem Recht geschäftsfähig sind,
2. natürliche Personen, die nach bürgerlichem Recht in der Geschäftsfähigkeit beschränkt sind, soweit sie für den Gegenstand des Verfahrens durch Vorschriften des bürgerlichen Rechts als geschäftsfähig oder durch Vorschriften des öffentlichen Rechts als handlungsfähig anerkannt sind,
3. juristische Personen und Vereinigungen (§ 11 Nr. 2) durch ihre gesetzlichen Vertreter oder durch besonders Beauftragte,
4. Behörden durch ihre Leiter, deren Vertreter oder Beauftragte.

(2) Betrifft ein Einwilligungsvorbehalt nach § 1825 des Bürgerlichen Gesetzbuchs[2)] den Gegenstand des Verfahrens, so ist ein geschäftsfähiger Betreuter nur insoweit zur Vornahme von Verfahrenshandlungen fähig, als er nach den Vorschriften des bürgerlichen Rechts ohne Einwilligung des Betreuers handeln kann oder durch Vorschriften des öffentlichen Rechts als handlungsfähig anerkannt ist.

(3) Die §§ 53 und 55 der Zivilprozessordnung[3)] gelten entsprechend.

§ 13 Beteiligte. (1) Beteiligte sind

1. Antragsteller und Antragsgegner,
2. diejenigen, an die die Behörde den Verwaltungsakt richten will oder gerichtet hat,
3. diejenigen, mit denen die Behörde einen öffentlich-rechtlichen Vertrag schließen will oder geschlossen hat,
4. diejenigen, die nach Absatz 2 von der Behörde zu dem Verfahren hinzugezogen worden sind.

(2) [1]Die Behörde kann von Amts wegen oder auf Antrag diejenigen, deren rechtliche Interessen durch den Ausgang des Verfahrens berührt werden können, als Beteiligte hinzuziehen. [2]Hat der Ausgang des Verfahrens rechtsgestaltende Wirkung für einen Dritten, so ist dieser auf Antrag als Beteiligter zu dem Verfahren hinzuzuziehen; soweit er der Behörde bekannt ist, hat diese ihn von der Einleitung des Verfahrens zu benachrichtigen.

---

1) § 12 Abs. 2 geänd. mWv 1.1.2023 durch G v. 4.5.2021 (BGBl. I S. 882).
2) **Habersack Nr. 20.**
3) **Habersack Nr. 100.**

(3) Wer anzuhören ist, ohne dass die Voraussetzungen des Absatzes 1 vorliegen, wird dadurch nicht Beteiligter.

§ 14[1)] Bevollmächtigte und Beistände. (1) [1]Ein Beteiligter kann sich durch einen Bevollmächtigten vertreten lassen. [2]Die Vollmacht ermächtigt zu allen das Verwaltungsverfahren betreffenden Verfahrenshandlungen, sofern sich aus ihrem Inhalt nicht etwas anderes ergibt. [3]Der Bevollmächtigte hat auf Verlangen seine Vollmacht schriftlich nachzuweisen. [4]Ein Widerruf der Vollmacht wird der Behörde gegenüber erst wirksam, wenn er ihr zugeht.

(2) Die Vollmacht wird weder durch den Tod des Vollmachtgebers noch durch eine Veränderung in seiner Handlungsfähigkeit oder seiner gesetzlichen Vertretung aufgehoben; der Bevollmächtigte hat jedoch, wenn er für den Rechtsnachfolger im Verwaltungsverfahren auftritt, dessen Vollmacht auf Verlangen schriftlich beizubringen.

(3) [1]Ist für das Verfahren ein Bevollmächtigter bestellt, so soll sich die Behörde an ihn wenden. [2]Sie kann sich an den Beteiligten selbst wenden, soweit er zur Mitwirkung verpflichtet ist. [3]Wendet sich die Behörde an den Beteiligten, so soll der Bevollmächtigte verständigt werden. [4]Vorschriften über die Zustellung an Bevollmächtigte bleiben unberührt.

(4) [1]Ein Beteiligter kann zu Verhandlungen und Besprechungen mit einem Beistand erscheinen. [2]Das von dem Beistand Vorgetragene gilt als von dem Beteiligten vorgebracht, soweit dieser nicht unverzüglich widerspricht.

(5) Bevollmächtigte und Beistände sind zurückzuweisen, wenn sie entgegen § 3 des Rechtsdienstleistungsgesetzes[2)] Rechtsdienstleistungen erbringen.

(6) [1]Bevollmächtigte und Beistände können vom Vortrag zurückgewiesen werden, wenn sie hierzu ungeeignet sind; vom mündlichen Vortrag können sie nur zurückgewiesen werden, wenn sie zum sachgemäßen Vortrag nicht fähig sind. [2]Nicht zurückgewiesen werden können Personen, die nach § 67 Abs. 2 Satz 1 und 2 Nr. 3 bis 7 der Verwaltungsgerichtsordnung[3)] zur Vertretung im verwaltungsgerichtlichen Verfahren befugt sind.

(7) [1]Die Zurückweisung nach den Absätzen 5 und 6 ist auch dem Beteiligten, dessen Bevollmächtigter oder Beistand zurückgewiesen wird, mitzuteilen. [2]Verfahrenshandlungen des zurückgewiesenen Bevollmächtigten oder Beistands, die dieser nach der Zurückweisung vornimmt, sind unwirksam.

§ 15 Bestellung eines Empfangsbevollmächtigten. [1]Ein Beteiligter ohne Wohnsitz oder gewöhnlichen Aufenthalt, Sitz oder Geschäftsleitung im Inland hat der Behörde auf Verlangen innerhalb einer angemessenen Frist einen Empfangsbevollmächtigten im Inland zu benennen. [2]Unterlässt er dies, gilt ein an ihn gerichtetes Schriftstück am siebenten Tage nach der Aufgabe zur Post und ein elektronisch übermitteltes Dokument am dritten Tage nach

(Fortsetzung nächstes Blatt)

[1)] § 14 Abs. 5, Abs. 6 Satz 2 neu gef. mWv 18.12.2008 durch G v. 11.12.2008 (BGBl. I S. 2418).
[2)] **Habersack ErgBd. Nr. 99.**
[3)] Nr. **600**.

110. Verwaltungszustellungsgesetz (VwZG)[1) 2) 3)]

Vom 12. August 2005
(BGBl. I S. 2354)

FNA 201-9

geänd. durch Art. 6b G zur Modernisierung des GmbH-Rechts und zur Bekämpfung von Missbräuchen v. 23.10.2008 (BGBl. I S. 2026), Art. 9a Viertes G zur Änd. verwaltungsverfahrensrechtl. Vorschriften v. 11.12. 2008 (BGBl. I S. 2418), Art. 3 G zur Regelung von De-Mail-Diensten und zur Änd. weiterer Vorschriften v. 28.4.2011 (BGBl. I S. 666), Art. 2 Abs. 2 G zur Änd. von Vorschriften über Verkündung und Bekanntmachungen sowie der ZPO, des EGZPO und der AO v. 22.12.2011 (BGBl. I S. 3044), Art. 17 G zur Förderung des elektronischen Rechtsverkehrs mit den Gerichten v. 10.10.2013 (BGBl. I S. 3786), Art. 11 Abs. 3 eIDAS-Durchführungsgesetz v. 18.7.2017 (BGBl. I S. 2745), Art. 15 Abs. 2 Vormundschafts- und Betreuungsrechts-Reformgesetz v. 4.5.2021 (BGBl. I S. 882), Art. 7 G zur Neuregelung des Berufsrechts der anwaltlichen und steuerberatenden Berufsausübungsgesellschaften sowie zur Änd. weiterer Vorschriften im Bereich der rechtsberatenden Berufe v. 7.7.2021 (BGBl. I S. 2363) und Art. 6 Personengesellschaftsrechtsmodernisierungsgesetz (MoPeG) v. 10.8.2021 (BGBl. I S. 3436)

§ 1 Anwendungsbereich. (1) Die Vorschriften dieses Gesetzes gelten für das Zustellungsverfahren der Bundesbehörden, der bundesunmittelbaren Körperschaften, Anstalten und Stiftungen des öffentlichen Rechts und der Landesfinanzbehörden.

[1)] Verkündet als Art. 1 G zur Novellierung des Verwaltungszustellungsrechts v. 12.8.2005 (BGBl. I S. 2354); Inkrafttreten gem. Art. 4 Abs. 1 Satz 2 dieses G am 1.2.2006.

[2)] Siehe zur Verwaltungszustellung u.a. auch die folgenden Vorschriften der Länder:

- **Baden-Württemberg:** Verwaltungszustellungsgesetz für Baden-Württemberg – LVwZG v. 3.7.2007 (GBl. S. 293), zuletzt geänd. durch G v. 4.2.2021 (GBl. S. 181)
- **Bayern:** Bayerisches Verwaltungszustellungs- und Vollstreckungsgesetz (VwZVG) v. 11.11.1970 (BayRS II S. 232), zuletzt geänd. durch V v. 26.3.2019 (GVBl. S. 98)
- **Berlin:** Gesetz über das Verfahren der Berliner Verwaltung v. 21.4.2016 (GVBl. S. 218), zuletzt geänd. durch G v. 27.9.2021 (GVBl. S. 1117)
- **Brandenburg:** Verwaltungszustellungsgesetz für das Land Brandenburg (BbgVwZG) v. 18.10.1991 (GVBl. S. 457), zuletzt geänd. durch G v. 28.6.2006 (GVBl. I S. 74)
- **Bremen:** Bremisches Verwaltungszustellungsgesetz (BremVwZG) v. 26.1.2006 (Brem.GBl. S. 49)
- **Hamburg:** Hamburgisches Verwaltungszustellungsgesetz (HmbVwZG) v. 21.6.1954 (BS Hbg I), zuletzt geänd. durch G v. 25.11.2010 (HmbGVBl. S. 614)
- **Hessen:** Hessisches Verwaltungszustellungsgesetz (HessVwZG) v. 14.2.1957 (GVBl. I S. 9), zuletzt geänd. durch G v. 13.12.2012 (GVBl. S. 622)
- **Mecklenburg-Vorpommern:** Verwaltungsverfahrens-, Zustellungs- und Vollstreckungsgesetz des Landes Mecklenburg-Vorpommern (Landesverwaltungsverfahrensgesetz – VwVfG M-V) idF der Bek. v. 6.5.2020 (GVOBl. M-V S. 410)
- **Niedersachsen:** Niedersächsisches Verwaltungszustellungsgesetz (NVwZG) v. 23.2.2006 (Nds. GVBl. S. 72)
- **Nordrhein-Westfalen:** Verwaltungszustellungsgesetz für das Land Nordrhein-Westfalen (Landeszustellungsgesetz – LZG NRW) v. 7.3.2006 (GV. NRW. S. 94), zuletzt geänd. durch G v. 23.6.2021 (GV. NRW. S. 762)
- **Rheinland-Pfalz:** Landesverwaltungszustellungsgesetz (LVwZG) v. 2.3.2006 (GVBl. S. 56), geänd. durch G v. 3.4.2014 (GVBl. S. 34)
- **Saarland:** Saarländisches Verwaltungszustellungsgesetz (SVwZG) v. 13.12.2005 (Amtsbl. 2006 S. 214)
- **Sachsen:** Gesetz zur Regelung des Verwaltungsverfahrens- und des Verwaltungszustellungsrechts für den Freistaat Sachsen (SächsVwVfZG) v. 19.5.2010 (SächsGVBl. S. 142), geänd. durch G v. 12.7.2013 (SächsGVBl. S. 503)
- **Sachsen-Anhalt:** Verwaltungszustellungsgesetz des Landes Sachsen-Anhalt (VwZG-LSA) v. 9.10.1992 (GVBl. LSA S. 715), zuletzt geänd. durch G v. 17.1.2008 (GVBl. LSA S. 2)
- **Schleswig-Holstein:** Allgemeines Verwaltungsgesetz für das Land Schleswig-Holstein (LVwG) idF der Bek. v. 2.6.1992 (GVOBl. Schl.-H. S. 243, ber. S. 534), zuletzt geänd. durch G v. 29.4.2022 (GVOBl. Schl.-H. S. 549)
- **Thüringen:** Thüringer Verwaltungszustellungs- und Vollstreckungsgesetz (ThürVwZVG) idF der Bek. v. 5.2. 2009 (GVBl. S. 24), zuletzt geänd. durch G v. 23.9.2015 (GVBl. S. 131)

[3)] Die Änderung durch G v. 10.8.2021 (BGBl. I S. 3436) tritt erst **mWv 1.1.2024** in Kraft und ist im Text noch nicht berücksichtigt.

(2) Zugestellt wird, soweit dies durch Rechtsvorschrift oder behördliche Anordnung bestimmt ist.

§ 2[1] Allgemeines. (1) Zustellung ist die Bekanntgabe eines schriftlichen oder elektronischen Dokuments in der in diesem Gesetz bestimmten Form.

(2) [1] Die Zustellung wird durch einen Erbringer von Postdienstleistungen (Post), einen nach § 17 des De-Mail-Gesetzes[2] akkreditierten Diensteanbieter oder durch die Behörde ausgeführt. [2] Daneben gelten die in den §§ 9 und 10 geregelten Sonderarten der Zustellung.

(3) [1] Die Behörde hat die Wahl zwischen den einzelnen Zustellungsarten. [2] § 5 Absatz 5 Satz 2 bleibt unberührt.

§ 3 Zustellung durch die Post mit Zustellungsurkunde. (1) Soll durch die Post mit Zustellungsurkunde zugestellt werden, übergibt die Behörde der Post den Zustellungsauftrag, das zuzustellende Dokument in einem verschlossenen Umschlag und einen vorbereiteten Vordruck einer Zustellungsurkunde.

(2) [1] Für die Ausführung der Zustellung gelten die §§ 177 bis 182 der Zivilprozessordnung[3] entsprechend. [2] Im Fall des § 181 Abs. 1 der Zivilprozessordnung kann das zuzustellende Dokument bei einer von der Post dafür bestimmten Stelle am Ort der Zustellung oder am Ort des Amtsgerichts, in dessen Bezirk der Ort der Zustellung liegt, niedergelegt werden oder bei der Behörde, die den Zustellungsauftrag erteilt hat, wenn sie ihren Sitz an einem der vorbezeichneten Orte hat. [3] Für die Zustellungsurkunde, den Zustellungsauftrag, den verschlossenen Umschlag nach Absatz 1 und die schriftliche Mitteilung nach § 181 Abs. 1 Satz 3 der Zivilprozessordnung sind die Vordrucke nach der Zustellungsvordruckverordnung zu verwenden.

§ 4 Zustellung durch die Post mittels Einschreiben. (1) Ein Dokument kann durch die Post mittels Einschreiben durch Übergabe oder mittels Einschreiben mit Rückschein zugestellt werden.

(2) [1] Zum Nachweis der Zustellung genügt der Rückschein. [2] Im Übrigen gilt das Dokument am dritten Tag nach der Aufgabe zur Post als zugestellt, es sei denn, dass es nicht oder zu einem späteren Zeitpunkt zugegangen ist. [3] Im Zweifel hat die Behörde den Zugang und dessen Zeitpunkt nachzuweisen. [4] Der Tag der Aufgabe zur Post ist in den Akten zu vermerken.

§ 5[4] Zustellung durch die Behörde gegen Empfangsbekenntnis; elektronische Zustellung. (1) [1] Bei der Zustellung durch die Behörde händigt der zustellende Bedienstete das Dokument dem Empfänger in einem verschlossenen Umschlag aus. [2] Das Dokument kann auch offen ausgehändigt werden, wenn keine schutzwürdigen Interessen des Empfängers entgegenstehen. [3] Der Empfänger hat ein mit dem Datum der Aushändigung versehenes Empfangsbekenntnis zu unterschreiben. [4] Der Bedienstete vermerkt das Datum der Zustellung auf dem Umschlag des auszuhändigenden Dokuments oder bei offener Aushändigung auf dem Dokument selbst.

---

[1] § 2 Abs. 3 Satz 2 angef. mWv 18.12.2008 durch G v. 11.12.2008 (BGBl. I S. 2418); Abs. 2 Satz 1 geänd., Abs. 3 Satz 2 neu gef. mWv 3.5.2011 durch G v. 28.4.2011 (BGBl. I S. 666).

[2] **Sartorius III Nr. 730.**

[3] **Habersack Nr. 100.**

[4] § 5 Abs. 4 Satz 2 aufgeh., Abs. 5 neu gef., Abs. 6 und 7 angef. mWv 18.12.2008 durch G v. 11.12.2008 (BGBl. I S. 2418); Überschrift, Abs. 5 und 7 Satz 2 und 4 neu gef., Abs. 7 Satz 3 geänd. mWv 3.5.2011 durch G v. 28.4.2011 (BGBl. I S. 666); Abs. 5 Satz 3 geänd. mWv 29.7.2017 durch G v. 18.7.2017 (BGBl. I S. 2745); Abs. 4 geänd. mWv 1.8.2022 durch G v. 7.7.2021 (BGBl. I S. 2363).

(2) [1]Die §§ 177 bis 181 der Zivilprozessordnung[1)] sind anzuwenden. [2]Zum Nachweis der Zustellung ist in den Akten zu vermerken:

1. im Fall der Ersatzzustellung in der Wohnung, in Geschäftsräumen und Einrichtungen nach § 178 der Zivilprozessordnung der Grund, der diese Art der Zustellung rechtfertigt,
2. im Fall der Zustellung bei verweigerter Annahme nach § 179 der Zivilprozessordnung, wer die Annahme verweigert hat und dass das Dokument am Ort der Zustellung zurückgelassen oder an den Absender zurückgesandt wurde sowie der Zeitpunkt und der Ort der verweigerten Annahme,
3. in den Fällen der Ersatzzustellung nach den §§ 180 und 181 der Zivilprozessordnung der Grund der Ersatzzustellung sowie wann und wo das Dokument in einen Briefkasten eingelegt oder sonst niedergelegt und in welcher Weise die Niederlegung schriftlich mitgeteilt wurde.

[3]Im Fall des § 181 Abs. 1 der Zivilprozessordnung kann das zuzustellende Dokument bei der Behörde, die den Zustellungsauftrag erteilt hat, niedergelegt werden, wenn diese Behörde ihren Sitz am Ort der Zustellung oder am Ort des Amtsgerichts hat, in dessen Bezirk der Ort der Zustellung liegt.

(3) [1]Zur Nachtzeit, an Sonntagen und allgemeinen Feiertagen darf nach den Absätzen 1 und 2 im Inland nur mit schriftlicher oder elektronischer Erlaubnis des Behördenleiters zugestellt werden. [2]Die Nachtzeit umfasst die Stunden von 21 bis 6 Uhr. [3]Die Erlaubnis ist bei der Zustellung abschriftlich mitzuteilen. [4]Eine Zustellung, bei der diese Vorschriften nicht beachtet sind, ist wirksam, wenn die Annahme nicht verweigert wird.

(4) Das Dokument kann an Behörden, Körperschaften, Anstalten und Stiftungen des öffentlichen Rechts, an Rechtsanwälte, Patentanwälte, Notare, Steuerberater, Steuerbevollmächtigte, Wirtschaftsprüfer, vereidigte Buchprüfer, Berufsausübungsgesellschaften im Sinne der Bundesrechtsanwaltsordnung[2)], der Patentanwaltsordnung und des Steuerberatungsgesetzes, Wirtschaftsprüfungsgesellschaften und Buchprüfungsgesellschaften auch auf andere Weise, auch elektronisch, gegen Empfangsbekenntnis zugestellt werden.

(5) [1]Ein elektronisches Dokument kann im Übrigen unbeschadet des Absatzes 4 elektronisch zugestellt werden, soweit der Empfänger hierfür einen Zugang eröffnet. [2]Es ist elektronisch zuzustellen, wenn auf Grund einer Rechtsvorschrift ein Verfahren auf Verlangen des Empfängers in elektronischer Form abgewickelt wird. [3]Für die Übermittlung ist das Dokument mit einer qualifizierten elektronischen Signatur zu versehen und gegen unbefugte Kenntnisnahme Dritter zu schützen.

(6) [1]Bei der elektronischen Zustellung ist die Übermittlung mit dem Hinweis „Zustellung gegen Empfangsbekenntnis“ einzuleiten. [2]Die Übermittlung muss die absendende Behörde, den Namen und die Anschrift des Zustellungsadressaten sowie den Namen des Bediensteten erkennen lassen, der das Dokument zur Übermittlung aufgegeben hat.

(7) [1]Zum Nachweis der Zustellung nach den Absätzen 4 und 5 genügt das mit Datum und Unterschrift versehene Empfangsbekenntnis, das an die Behörde durch die Post oder elektronisch zurückzusenden ist. [2]Ein elektronisches Dokument gilt in den Fällen des Absatzes 5 Satz 2 am dritten Tag nach der Absendung an den vom Empfänger hierfür eröffneten Zugang als zugestellt, wenn der Behörde nicht spätestens an diesem

[1)] **Habersack Nr. 100.**
[2)] **Habersack ErgBd. Nr. 98.**

Tag ein Empfangsbekenntnis nach Satz 1 zugeht. [3] Satz 2 gilt nicht, wenn der Empfänger nachweist, dass das Dokument nicht oder zu einem späteren Zeitpunkt zugegangen ist. [4] Der Empfänger ist in den Fällen des Absatzes 5 Satz 2 vor der Übermittlung über die Rechtsfolgen nach den Sätzen 2 und 3 zu belehren. [5] Zum Nachweis der Zustellung ist von der absendenden Behörde in den Akten zu vermerken, zu welchem Zeitpunkt und an welchen Zugang das Dokument gesendet wurde. [6] Der Empfänger ist über den Eintritt der Zustellungsfiktion nach Satz 2 zu benachrichtigen.

§ 5a[1)] Elektronische Zustellung gegen Abholbestätigung über De-Mail-Dienste. (1) [1] Die elektronische Zustellung kann unbeschadet des § 5 Absatz 4 und 5 Satz 1 und 2 durch Übermittlung der nach § 17 des De-Mail-Gesetzes[2)] akkreditierten Diensteanbieter gegen Abholbestätigung nach § 5 Absatz 9 des De-Mail-Gesetzes an das De-Mail-Postfach des Empfängers erfolgen. [2] Für die Zustellung nach Satz 1 ist § 5 Absatz 4 und 6 mit der Maßgabe anzuwenden, dass an die Stelle des Empfangsbekenntnisses die Abholbestätigung tritt.

(2) [1] Der nach § 17 des De-Mail-Gesetzes akkreditierte Diensteanbieter hat eine Versandbestätigung nach § 5 Absatz 7 des De-Mail-Gesetzes und eine Abholbestätigung nach § 5 Absatz 9 des De-Mail-Gesetzes zu erzeugen. [2] Er hat diese Bestätigungen unverzüglich der absendenden Behörde zu übermitteln.

(3) [1] Zum Nachweis der elektronischen Zustellung genügt die Abholbestätigung nach § 5 Absatz 9 des De-Mail-Gesetzes. [2] Für diese gelten § 371 Absatz 1 Satz 2 und § 371a Absatz 3 der Zivilprozessordnung[3)].

(4) [1] Ein elektronisches Dokument gilt in den Fällen des § 5 Absatz 5 Satz 2 am dritten Tag nach der Absendung an das De-Mail-Postfach des Empfängers als zugestellt, wenn er dieses Postfach als Zugang eröffnet hat und der Behörde nicht spätestens an diesem Tag eine elektronische Abholbestätigung nach § 5 Absatz 9 des De-Mail-Gesetzes zugeht. [2] Satz 1 gilt nicht, wenn der Empfänger nachweist, dass das Dokument nicht oder zu einem späteren Zeitpunkt zugegangen ist. [3] Der Empfänger ist in den Fällen des § 5 Absatz 5 Satz 2 vor der Übermittlung über die Rechtsfolgen nach den Sätzen 1 und 2 zu belehren. [4] Als Nachweis der Zustellung nach Satz 1 dient die Versandbestätigung nach § 5 Absatz 7 des De-Mail-Gesetzes oder ein Vermerk der absendenden Behörde in den Akten, zu welchem Zeitpunkt und an welches De-Mail-Postfach das Dokument gesendet wurde. [5] Der Empfänger ist über den Eintritt der Zustellungsfiktion nach Satz 1 elektronisch zu benachrichtigen.

§ 6[4)] Zustellung an gesetzliche Vertreter. (1) [1] Bei Geschäftsunfähigen oder beschränkt Geschäftsfähigen ist an ihre gesetzlichen Vertreter zuzustellen. [2] Gleiches gilt bei Personen, für die ein Betreuer bestellt ist, soweit der Aufgabenkreis des Betreuers reicht. [3] Das zugestellte Dokument ist der betreuten Person nach Wahl der Behörde abschriftlich mitzuteilen oder elektronisch zu übermitteln.

(2) [1] Bei Behörden wird an den Behördenleiter, bei juristischen Personen, nicht rechtsfähigen Personenvereinigungen und Zweckvermögen an ihre gesetzlichen Vertreter zugestellt. [2] § 34 Abs. 2 der Abgabenordnung bleibt unberührt.

[1)] § 5a eingef. mWv 3.5.2011 durch G v. 28.4.2011 (BGBl. I S. 666); Abs. 3 Satz 2 geänd. mWv 1.7.2014 durch G v. 10.10.2013 (BGBl. I S. 3786).

[2)] **Sartorius III Nr. 730.**

[3)] **Habersack Nr. 100.**

[4)] § 6 Abs. 1 Satz 3 angef. mWv 1.1.2023 durch G v. 4.5.2021 (BGBl. I S. 882).

(4) [1]Der sich nach Absatz 1, 2 oder 3 ergebende Ruhegehaltssatz wird der Berechnung des Ruhegehalts zugrunde gelegt, wenn er höher ist als der Ruhegehaltssatz, der sich nach diesem Gesetz für die gesamte ruhegehaltfähige Dienstzeit ergibt. [2]Der sich nach Absatz 1 ergebende Ruhegehaltssatz darf den Ruhegehaltssatz, der sich nach dem bis zum 31. Dezember 1991 geltenden Recht ergäbe, nicht übersteigen.

(5) Hat das Beamtenverhältnis, aus dem der Beamte in den Ruhestand tritt, oder ein unmittelbar vorangehendes anderes öffentlich-rechtliches Dienstverhältnis bereits am 31. Dezember 1991 bestanden, ist § 14 Absatz 3 mit folgenden Maßgaben anzuwenden:

Bei Erreichen der Altersgrenze nach § 42 Absatz 4 Satz 1 Nummer 2 des Bundesbeamtengesetzes oder entsprechendem Landesrecht		beträgt der Prozentsatz der Minderung für jedes Jahr
vor dem	1. Januar 1998	0,0,
nach dem	31. Dezember 1997	0,6,
nach dem	31. Dezember 1998	1,2,
nach dem	31. Dezember 1999	1,8,
nach dem	31. Dezember 2000	2,4,
nach dem	31. Dezember 2001	3,0,
nach dem	31. Dezember 2002	3,6.

(6) [1]Errechnet sich der Ruhegehaltssatz nach Absatz 1 in Verbindung mit Absatz 4 Satz 2, Absatz 2 oder 3, ist entsprechend diesen Vorschriften auch der Ruhegehaltssatz für die Höchstgrenze nach § 54 Absatz 2 und § 55 Absatz 2 zu berechnen. [2]§ 14 Absatz 1 Satz 2 bis 4 gilt entsprechend.

(7) *(aufgehoben)*

(8) Auf die am 31. Dezember 1991 vorhandenen Beamten, denen auf Grund eines bis zu diesem Zeitpunkt erlittenen Dienstunfalles ein Unfallausgleich gewährt wird, findet § 35 in der bis zum 31. Dezember 1991 geltenden Fassung Anwendung.

(9) Bei der Anwendung der Absätze 1 und 3 bleibt der am 31. Dezember 1991 erreichte Ruhegehaltssatz auch dann gewahrt, wenn dem Beamtenverhältnis, aus dem der Beamte in den Ruhestand tritt, mehrere öffentlich-rechtliche Dienstverhältnisse in unmittelbarem zeitlichen Zusammenhang mit dem am 31. Dezember 1991 bestehenden öffentlich-rechtlichen Dienstverhältnis vorangegangen sind.

(10) Einem öffentlich-rechtlichen Dienstverhältnis steht ein Beschäftigungsverhältnis im Sinne des § 5 Absatz 1 Nummer 2 und des § 6 Absatz 1 Nummer 2 des Sechsten Buches Sozialgesetzbuch[1)] gleich.

(11) Für den nach den Absätzen 1 bis 4 ermittelten Ruhegehaltssatz gilt § 69e Absatz 4 entsprechend.

(12) Die §§ 12a und 12b sind anzuwenden.

§ 85a Erneute Berufung in das Beamtenverhältnis. [1]Bei einem nach § 46 oder § 57 des Bundesbeamtengesetzes[2)] erneut in das Beamtenverhältnis berufenen Beamten bleibt der am Tag vor der erneuten Berufung in das Beamtenverhältnis vor Anwendung von Ruhens-, Kürzungs- und Anrechnungsvorschriften zuste-

[1)] **Aichberger, SGB Nr. 6.**
[2)] Nr. **160**.

hende Betrag des Ruhegehalts gewahrt. [2] Tritt der Beamte erneut in den Ruhestand, wird die ruhgehaltfähige Dienstzeit und das Ruhegehalt nach dem im Zeitpunkt der Zurruhesetzung geltenden Recht berechnet. [3] Bei der Anwendung des § 85 Absatz 1 und 3 gilt die Zeit des Ruhestandes nicht als Unterbrechung des Beamtenverhältnisses; die Zeit im Ruhestand ist nicht ruhegehaltfähig. [4] Das höhere Ruhegehalt wird gezahlt.

§ 86 Hinterbliebenenversorgung. (1) Die Gewährung von Unterhaltsbeiträgen an geschiedene Ehegatten richtet sich nach den bis zum 31. Dezember 1976 geltenden beamtenrechtlichen Vorschriften, wenn die Ehe vor dem 1. Juli 1977 geschieden, aufgehoben oder für nichtig erklärt worden ist.

(2) [1] Die Vorschrift des § 19 Absatz 1 Satz 2 Nummer 2 über den Ausschluss von Witwengeld findet keine Anwendung, wenn die Ehe am 1. Januar 1977 bestanden und das bis zu diesem Zeitpunkt geltende Landesrecht den Ausschlussgrund nicht enthalten hat. [2] An die Stelle des fünfundsechzigsten Lebensjahres in § 19 Absatz 1 Satz 2 Nummer 2 tritt ein in der bis zum 31. Dezember 1976 geltenden landesrechtlichen Vorschrift vorgesehenes höheres Lebensalter, wenn die Ehe am 1. Januar 1977 bestanden hat.

(3) Die Vorschriften über die Kürzung des Witwengeldes bei großem Altersunterschied der Ehegatten (§ 20 Absatz 2) finden keine Anwendung, wenn die Ehe am 1. Januar 1977 bestanden und das bis zu diesem Zeitpunkt für den Beamten oder Ruhestandsbeamten geltende Landesrecht entsprechende Kürzungsvorschriften nicht enthalten hat.

(4) Die Vorschrift des § 22 Absatz 2 in der bis zum 31. Juli 1989 geltenden Fassung findet Anwendung, wenn ein Scheidungsverfahren bis zum 31. Juli 1989 rechtshängig geworden ist oder die Parteien bis zum 31. Juli 1989 eine Vereinbarung nach § 1587o des Bürgerlichen Gesetzbuchs[1] in der bis zum 31. August 2009 geltenden Fassung getroffen haben.

§ 87[2] Unfallfürsorge. (1) Für die am 1. Januar 1977 vorhandenen Beamten steht ein vor diesem Zeitpunkt erlittener Dienstunfall im Sinne des bisherigen Bundes- oder Landesrechts dem Dienstunfall im Sinne dieses Gesetzes gleich.

(2) *(aufgehoben)*

(3) Eine Entschädigung aus einer Unfallversicherung, für die der Dienstherr die Beiträge gezahlt hat, ist auf die Unfallentschädigung nach § 43 Absatz 3 anzurechnen.

§ 88 Abfindung. (1) Bei der Entlassung einer verheirateten Beamtin bis zum 31. August 1977 finden die bisherigen Vorschriften über die Abfindung nach § 152 des Bundesbeamtengesetzes[3] oder dem entsprechenden bisherigen Landesrecht weiter Anwendung.

(2) [1] Eine erneut in das Beamtenverhältnis berufene Beamtin kann eine früher erhaltene Abfindung an ihren neuen Dienstherrn zurückzahlen. [2] Hierbei sind anstelle der Dienstbezüge, die der Abfindung zugrunde lagen, die Dienstbezüge nach § 1 Absatz 2 Nummer 1 bis 4 des Bundesbesoldungsgesetzes[4] nach der Besoldungsgruppe des vor der Abfindung innegehabten Amtes zugrunde zu legen,

[1] **Habersack Nr. 20.**
[2] § 87 Abs. 2 aufgeh. mWv 1.8.2021 durch G v. 28.6.2021 (BGBl. I S. 2250).
[3] Nr. **160**.
[4] Nr. **230**.

die sich ergeben würden, wenn die im Zeitpunkt der erneuten Berufung in das Beamtenverhältnis maßgebenden Grundgehalts- und Familienzuschlagssätze im Monat vor der Entlassung gegolten hätten. [3]Der Antrag auf Rückzahlung ist innerhalb einer Ausschlussfrist von zwei Jahren nach Inkrafttreten dieses Gesetzes, bei erneuter Berufung in das Beamtenverhältnis auf Lebenszeit nach dem Inkrafttreten dieses Gesetzes innerhalb einer Ausschlussfrist von zwei Jahren nach der Berufung in das Beamtenverhältnis auf Lebenszeit zu stellen. [4]Eine teilweise Rückzahlung der Abfindung ist nicht zulässig. [5]Nach der Rückzahlung werden die Zeiten vor der Entlassung aus dem früheren Dienstverhältnis besoldungs- und versorgungsrechtlich so behandelt, als wäre eine Abfindung nicht gewährt worden. [6]Satz 5 gilt entsprechend, wenn eine Beamtin bei erneuter Berufung in das Beamtenverhältnis innerhalb der Ausschlussfrist nach Satz 3 auf eine zugesicherte aber noch nicht gezahlte Abfindungsrente verzichtet.

§ 89 (weggefallen)

§ 90[1)] Zusammentreffen von Versorgungsbezügen mit Versorgung aus zwischenstaatlicher und überstaatlicher Verwendung. (1) Bei der Anwendung des § 56 Absatz 1 bleibt die Zeit, die ein Beamter oder Ruhestandsbeamter vor dem 1. Juli 1968 im Dienst einer zwischenstaatlichen oder überstaatlichen Einrichtung tätig war, bis zu sechs Jahren außer Betracht.

(2) Auf die am 1. Juli 1968 vorhandenen Versorgungsempfänger findet § 56 Absatz 1 Satz 3 mit der Maßgabe Anwendung, dass ihnen zwölf Prozent der ruhegehaltfähigen Dienstbezüge als Versorgung verbleiben.

(3) Hat ein Beamter oder Versorgungsempfänger vor dem 1. Juli 1968 bei seinem Ausscheiden aus dem öffentlichen Dienst einer zwischenstaatlichen oder überstaatlichen Einrichtung anstelle einer Versorgung einen Kapitalbetrag als Abfindung oder Zahlung aus einem Versorgungsfonds erhalten, sind Absatz 1, § 56 Absatz 3 und § 69c Absatz 5 anzuwenden.

§ 91 Hochschullehrer, Wissenschaftliche Assistenten und Lektoren.

(1) [1]Auf die Versorgung der Hochschullehrer, Wissenschaftlichen Assistenten und Lektoren im Sinne des Kapitels I Abschnitt V, 3. Titel des Beamtenrechtsrahmengesetzes[2)] in der vor dem Inkrafttreten des Hochschulrahmengesetzes[3)] geltenden Fassung, die nicht als Professoren oder als Hochschulassistenten übernommen worden sind, und ihrer Hinterbliebenen finden die für Beamte auf Lebenszeit, auf Probe oder auf Widerruf geltenden Vorschriften dieses Gesetzes nach Maßgabe der bis zum 31. Dezember 1976 geltenden landesrechtlichen Vorschriften Anwendung. [2]§ 67 Absatz 2 Satz 1 gilt entsprechend.

(2) Für Professoren, die nach dem 31. Dezember 1976 von ihren amtlichen Pflichten entbunden werden (Entpflichtung), und ihre Hinterbliebenen gilt Folgendes:

1. [1]Die §§ 53 bis 58, 62 und 65 finden Anwendung; hierbei gelten die Bezüge der entpflichteten Professoren als Ruhegehalt, die Empfänger als Ruhestandsbeamte. [2]§ 65 gilt nicht für entpflichtete Hochschullehrer, die die Aufgaben der von ihnen bis zur Entpflichtung innegehabten Stelle vertretungsweise wahrnehmen.

---

1) § 90 Abs. 2 geänd. mWv 1.1.2020 durch G v. 9.12.2019 (BGBl. I S. 2053).
2) Nr. **150a**.
3) Nr. **500**.

2. Die Bezüge der entpflichteten Professoren gelten unter Hinzurechnung des dem Entpflichteten zustehenden, mindestens des zuletzt vor einer Überleitung nach dem nach § 72 des Hochschulrahmengesetzes erlassenen Landesgesetz zugesicherten Vorlesungsgeldes (Kolleggeldpauschale) als Höchstgrenze im Sinne des § 53 Absatz 2 Nummer 1 und 3 dieses Gesetzes sowie als ruhegehaltfähige Dienstbezüge im Sinne des § 53a Absatz 2 in der bis zum 31. Dezember 1998 geltenden Fassung.
3. [1] Für die Versorgung der Hinterbliebenen eines entpflichteten Hochschullehrers gilt dieses Gesetz mit der Maßgabe, dass sich die Bemessung des den Hinterbliebenenbezügen zugrunde zu legenden Ruhegehalts sowie die Bemessung des Sterbe-, Witwen- und Waisengeldes der Hinterbliebenen nach dem vor dem 1. Januar 1977 geltenden Landesrecht bestimmt. [2] Für die Anwendung des § 19 Absatz 1 Satz 2 Nummer 2 und des § 23 Absatz 2 gelten die entpflichteten Professoren als Ruhestandsbeamte.
4. [1] Für Professoren, die unter § 76 Absatz 4 des Hochschulrahmengesetzes fallen, wird abweichend von Nummer 2 das Vorlesungsgeld (Kolleggeldpauschale), das ihnen beim Fortbestand ihres letzten Beamtenverhältnisses als Professor im Landesdienst vor der Annahme des Beamtenverhältnisses an einer Hochschule der Bundeswehr zuletzt zugesichert worden wäre, der Höchstgrenze im Sinne des § 53 Absatz 2 Nummer 1 und 3 dieses Gesetzes sowie den ruhegehaltfähigen Dienstbezügen im Sinne des § 53a Absatz 2 in der bis zum 31. Dezember 1998 geltenden Fassung hinzugerechnet. [2] Für ihre Hinterbliebenen gilt in den Fällen der Nummer 3 das Landesrecht, das für das Beamtenverhältnis als Professor im Landesdienst maßgebend war.

(3) Die Versorgung der Hinterbliebenen eines nach dem nach § 72 des Hochschulrahmengesetzes erlassenen Landesgesetz übergeleiteten Professors, der einen Antrag nach § 76 Absatz 2 des Hochschulrahmengesetzes nicht gestellt hat, regelt sich nach § 67 dieses Gesetzes, wenn der Professor vor der Entpflichtung verstorben ist.

§§ 92–104 (weggefallen)

Abschnitt 14.[1] Schlussvorschriften

§ 105 Außerkrafttreten. [1] Soweit Rechtsvorschriften den Vorschriften dieses Gesetzes entsprechen oder widersprechen, treten sie mit dem Inkrafttreten dieses Gesetzes außer Kraft. [2] Dies gilt nicht für die nachstehenden Vorschriften in der beim Inkrafttreten dieses Gesetzes geltenden Fassung:
1. § 27 Absatz 2 des Landesbesoldungsgesetzes Baden-Württemberg,
2. Artikel 77 Absatz 2, Artikel 77a, 123 des Gesetzes über kommunale Wahlbeamte des Landes Bayern,
3. § 191 des Landesbeamtengesetzes Berlin,
4. § 209 des Hamburgischen Beamtengesetzes,
5. Landesgesetze und Verwaltungsvereinbarungen über die Anwendung der Ruhensvorschriften bei Verwendung im Dienst öffentlich-rechtlicher Religionsgesellschaften und ihrer Verbände oder bei Ersatzschulen,

---

[1] Bish. 15. Abschnitt (§§ 105–109) wird 14. Abschnitt mWv 1.1.2020 durch G v. 9.12.2019 (BGBl. I S. 2053).

6. Vorschriften über die Rechtsstellung der in den Bundestag oder den Landtag gewählten Beamten und Richter; solche Vorschriften können auch nach Inkrafttreten dieses Gesetzes noch erlassen werden.

§ 106 Verweisung auf aufgehobene Vorschriften. Soweit in Gesetzen und Verordnungen auf Vorschriften oder Bezeichnungen verwiesen wird, die durch dieses Gesetz außer Kraft treten oder aufgehoben werden, treten an ihre Stelle die entsprechenden Vorschriften oder die Bezeichnungen dieses Gesetzes.

§ 107[1] Ermächtigung zum Erlass von Rechtsverordnungen und Verwaltungsvorschriften. [1] Rechtsverordnungen nach diesem Gesetz bedürfen nicht der Zustimmung des Bundesrates. [2] Die zur Durchführung dieses Gesetzes erforderlichen allgemeinen Verwaltungsvorschriften erlässt das Bundesministerium des Innern, für Bau und Heimat im Einvernehmen mit dem Bundesministerium der Finanzen.[2]

§ 107a Überleitungsregelungen aus Anlass der Herstellung der Einheit Deutschlands. [1] Die Bundesregierung wird ermächtigt, durch Rechtsverordnung[3], die bis zum 31. Dezember 2009 zu erlassen ist, für die Beamtenversorgung Übergangsregelungen zu bestimmen, die den besonderen Verhältnissen in dem in Artikel 3 des Einigungsvertrages[4] genannten Gebiet Rechnung tragen. [2] Diese Verordnungsermächtigung erstreckt sich insbesondere auf Berechnungsgrundlagen, Höhe von Versorgungsleistungen und Ruhensregelungen abweichend von diesem Gesetz.

§ 107b[5] Verteilung der Versorgungslasten. (1) [1] Wird ein Beamter oder Richter im Einvernehmen mit seinem Dienstherrn in den Dienst eines anderen Dienstherrn übernommen, so tragen der aufnehmende Dienstherr und der abgebende Dienstherr bei Eintritt des Versorgungsfalles die Versorgungsbezüge anteilig nach Maßgabe der Absätze 2 bis 5, wenn der Beamte oder Richter bereits auf Lebenszeit ernannt worden ist und dem abgebenden Dienstherrn nach Ablegung der Laufbahnprüfung oder Feststellung der Befähigung mindestens fünf Jahre zur Dienstleistung zur Verfügung stand; dies gilt nicht für Beamte auf Zeit sowie für Beamte, die beim aufnehmenden Dienstherrn in ein Beamtenverhältnis auf Zeit berufen werden. [2] Bei einem bundesübergreifenden Dienstherrenwechsel gilt Satz 1 nur, wenn der Versorgungsfall vor dem Inkrafttreten des Versorgungslastenteilungs-Staatsvertrags für den Bund eingetreten ist. [3] In diesem Fall ist § 10 des Versorgungslastenteilungs-Staatsvertrags anzuwenden.

(2) [1] Versorgungsbezüge im Sinne des Absatzes 1 Satz 1 sind alle regelmäßig wiederkehrenden Leistungen aus dem Beamten- oder Richterverhältnis, die mit oder nach Eintritt des Versorgungsfalles fällig werden. [2] Ist dem Beamten oder Richter aus Anlass oder nach der Übernahme vom aufnehmenden Dienstherrn ein höherwertiges Amt verliehen worden, so bemisst sich der Anteil des abge-

---

[1] § 107 Satz 2 geänd. mWv 1.1.2020 durch G v. 9.12.2019 (BGBl. I S. 2053).

[2] Siehe die BeamtenversorgungsG-VwV v. 11.2.2021 (GMBl S. 234).

[3] Siehe die Beamtenversorgungs-ÜbergangsVO v. 19.3.1993 (BGBl. I S. 369, ber. 1998 S. 3128), zuletzt geänd. durch VO v. 8.1.2020 (BGBl. I S. 27).

[4] **Sartorius III Nr. 2.**

[5] § 107b Abs. 1 Sätze 2 und 3 angef., Abs. 2 Satz 1 geänd. mWv 1.1.2011 durch G v. 5.9.2010 (BGBl. I S. 1288 iVm Bek. v. 8.10.2010, BGBl. I S. 1404); Abs. 3 geänd. mWv 4.9.2013 durch G v. 28.8.2013 (BGBl. I S. 3386); Abs. 6 angef. mWv 1.1.2011 durch G v. 5.1.2017 (BGBl. I S. 17); Abs. 1 Satz 1 geänd. mWv 1.1.2020 durch G v. 9.12.2019 (BGBl. I S. 2053).

benden Dienstherrn so, wie wenn der Beamte oder Richter in dem beim abgebenden Dienstherrn zuletzt bekleideten Amt verblieben wäre. [3] Entsprechendes gilt für Berufungsgewinne im Hochschulbereich und für Zulagen für die Wahrnehmung einer höherwertigen Funktion.

(3) Wird der übernommene Beamte oder Richter vom aufnehmenden Dienstherrn in den einstweiligen Ruhestand versetzt, beginnt die Versorgungslastenbeteiligung des abgebenden Dienstherrn erst mit der Antragsaltersgrenze (§ 52 Absatz 3 des Bundesbeamtengesetzes[1)]) des Beamten oder Richters, spätestens jedoch mit Einsetzen der Hinterbliebenenversorgung.

(4) [1] Die Versorgungsbezüge werden in dem Verhältnis der beim abgebenden Dienstherrn abgeleisteten ruhegehaltfähigen Dienstzeiten zu den beim aufnehmenden Dienstherrn abgeleisteten ruhegehaltfähigen Dienstzeiten aufgeteilt, dabei bleiben Ausbildungszeiten (z.B. Studium, Vorbereitungsdienst) unberücksichtigt; Zeiten einer Beurlaubung, für die der beurlaubende Dienstherr die Ruhegehaltfähigkeit anerkannt oder zugesichert hat, stehen den bei ihm abgeleisteten ruhegehaltfähigen Dienstzeiten gleich. [2] Im Falle des Absatzes 3 wird die Zeit im einstweiligen Ruhestand, soweit sie ruhegehaltfähig ist, zu Lasten des aufnehmenden Dienstherrn berücksichtigt. [3] Zeiten, für die der Beamte oder Richter vor der Übernahme bereits zum aufnehmenden Dienstherrn abgeordnet war, gelten als beim abgebenden Dienstherrn abgeleistete Dienstzeiten.

(5) [1] Der aufnehmende Dienstherr hat die vollen Versorgungsbezüge auszuzahlen. [2] Ihm steht gegen den abgebenden Dienstherrn ein Anspruch auf die in den Absätzen 2 und 4 genannten Versorgungsanteile zu. [3] Zahlt an Stelle des aufnehmenden Dienstherrn eine Versorgungskasse die Versorgungsbezüge aus, hat der aufnehmende Dienstherr den ihm nach Satz 2 erstatteten Betrag an die Versorgungskasse abzuführen.

(6)[2)] [1] Ist ein Dienstherr zur Zahlung einer Abfindung nach Abschnitt 2 des Versorgungslastenteilungs-Staatsvertrages[3)] verpflichtet und hat zuvor bereits ein Dienstherrenwechsel im Sinne von Absatz 1 Satz 1 von einem anderen Dienstherrn nach § 2 des Bundesbeamtengesetzes stattgefunden, so hat der frühere Dienstherr dem abgebenden Dienstherrn die zu zahlende Abfindung vorbehaltlich des § 17 des Versorgungsrücklagegesetzes anteilig nach den bei ihm zurückgelegten Dienstzeiten zu erstatten. [2] Absatz 2 Satz 2 sowie § 6 Absatz 1 des Versorgungslastenteilungs-Staatsvertrages gelten entsprechend.

§ 107c Verteilung der Versorgungslasten bei erneuter Berufung in ein öffentlich-rechtliches Dienstverhältnis in dem in Artikel 3 des Einigungsvertrages genannten Gebiet. Erwirbt ein Ruhestandsbeamter oder Richter im Ruhestand eines Dienstherrn im Gebiet der Bundesrepublik Deutschland nach dem Stand vom 2. Oktober 1990 auf Grund einer zwischen dem 3. Oktober 1990 und dem 31. Dezember 1999 erfolgten Berufung in ein öffentlich-rechtliches Dienstverhältnis bei einem Dienstherrn in dem in Artikel 3 des Einigungsvertrages[4)] genannten Gebiet gegen diesen einen weiteren Versorgungsanspruch, so erstattet der frühere Dienstherr dem neuen Dienstherrn die Versorgungsbezüge in dem Umfang, in dem die beim früheren Dienstherrn entstandenen Versorgungs-

---

[1)] Nr. **160**.

[2)] Siehe hierzu Art. 14 Abs. 2 Satz 2 G v. 5.1.2017 (BGBl. I S. 17): „Bereits abgeschlossene Vereinbarungen zur Verteilung der Versorgungslasten bleiben unberührt.“.

[3)] **Sartorius III Nr. 867.**

[4)] **Sartorius III Nr. 2.**

ansprüche infolge der Ruhensvorschrift des § 54 nicht zur Auszahlung gelangen, sofern der Ruhestandsbeamte oder Richter im Ruhestand im Zeitpunkt der Berufung in das neue öffentlich-rechtliche Dienstverhältnis das fünfzigste Lebensjahr vollendet hatte.

§ 107d[1] Befristete Ausnahme für Verwendungseinkommen. [1]Für Ruhestandsbeamte, die ein Verwendungseinkommen aus einer Beschäftigung erzielen, die unmittelbar oder mittelbar

1. im Zusammenhang steht mit der Aufnahme, Betreuung oder Rückführung von Flüchtlingen und ihren Angehörigen oder
2. der Durchführung von migrationsspezifischen Sicherheitsaufgaben im Ausland dient,

beträgt die Höchstgrenze nach § 53 Absatz 2 Nummer 1 erste Alternative bis zum 31. Dezember 2023 120 Prozent der ruhegehaltfähigen Dienstbezüge aus der Endstufe der Besoldungsgruppe, aus der sich das Ruhegehalt berechnet, zuzüglich des jeweils zustehenden Unterschiedsbetrages nach § 50 Absatz 1. [2]Satz 1 gilt für Beamte, die wegen Dienstunfähigkeit oder nach § 52 des Bundesbeamtengesetzes[2] in den Ruhestand versetzt worden sind, erst nach Ablauf des Monats, in dem sie die Regelaltersgrenze nach § 51 Absatz 1 und 2 des Bundesbeamtengesetzes erreicht haben.

§ 107e[3] Sonderregelungen zur Bewältigung der COVID-19-Pandemie.

(1) [1]Für Ruhestandsbeamte, die ein Erwerbseinkommen aus einer Beschäftigung erzielen, die in unmittelbarem Zusammenhang mit der Bewältigung der Auswirkungen der COVID-19-Pandemie steht, beträgt die Höchstgrenze nach § 53 Absatz 2 Nummer 1 erste Alternative bis zum 31. Dezember 2022 150 Prozent der ruhegehaltfähigen Dienstbezüge aus der Endstufe der Besoldungsgruppe, aus der sich das Ruhegehalt berechnet, zuzüglich des jeweils zustehenden Unterschiedsbetrages nach § 50 Absatz 1. [2]§ 53 Absatz 5 Satz 2 und 3 ist nicht anzuwenden. [3]Die Sätze 1 und 2 gelten nicht für Beamte, die wegen Dienstunfähigkeit oder nach § 52 Absatz 1 oder 2 des Bundesbeamtengesetzes[2] in den Ruhestand versetzt worden sind.

(2) Anspruch auf Waisengeld besteht auch dann, wenn wegen der Auswirkungen der COVID-19-Pandemie

1. eine Schul- oder Berufsausbildung oder ein freiwilliger Dienst im Sinne des § 61 Absatz 2 Satz 1 Nummer 1 Buchstabe a oder Buchstabe c nicht angetreten werden kann oder
2. die Übergangszeit nach § 61 Absatz 2 Satz 1 Nummer 1 Buchstabe b überschritten wird.

(3) Eine in der Zeit vom 1. März 2020 bis 31. März 2022 gewährte Leistung, die nach § 3 Nummer 11a des Einkommensteuergesetzes steuerfrei ist, gilt bis zu einem Betrag von 1500 Euro nicht als Erwerbseinkommen.

---

[1] § 107d neu gef. mWv 1.1.2019 durch G v. 29.11.2018 (BGBl. I S. 2232).
[2] Nr. **160**.
[3] § 107e eingef. mWv 1.1.2020 und aufgeh. mWv 1.1.2021 durch G v. 25.5.2020 (BGBl. I S. 1063); erneut eingef. mWv 1.1.2020, Abs. 2 aufgeh., bish. Abs. 3 wird Abs. 2 mWv 1.7.2021 durch G v. 28.6. 2021 (BGBl. I S. 2250); Abs. 1 Satz 1 und Abs. 2 einl. Satzteil geänd., Abs. 3 angef. mWv 24.11.2021 durch G v. 22.11.2021 (BGBl. I S. 4906).

§ 108 Anwendungsbereich in den Ländern. (1) Für die Beamten der Länder, der Gemeinden, der Gemeindeverbände sowie der sonstigen der Aufsicht eines Landes unterstehenden Körperschaften, Anstalten und Stiftungen des öffentlichen Rechts gilt das Beamtenversorgungsgesetz in der bis zum 31. August 2006 geltenden Fassung, soweit es nicht durch Landesrecht ersetzt wurde.[1]

(2) Nach Maßgabe des Deutschen Richtergesetzes[2] ist auf die Versorgung der Richter der Länder das Beamtenversorgungsgesetz in der bis zum 31. August 2006 geltenden Fassung entsprechend anzuwenden, soweit nichts anderes bestimmt ist.

§ 109 (Inkrafttreten)

---

[1] Siehe die versorgungsrechtlichen Regelungen der Länder:
- **Baden-Württemberg:** LandesbeamtenversorgungsG v. 9.11.2010 (GBl. S. 793, 911), zuletzt geänd. durch G v. 10.5.2022 (GBl. S. 274)
- **Bayern:** Bayerisches BeamtenversorgungsG v. 5.8.2010 (GVBl. S. 410, 528, 764), zuletzt geänd. durch G v. 5.8.2022 (GVBl. S. 488)
- **Berlin:** Beamtenversorgungs-ÜberleitungsG v. 21.6.2011 (GVBl. S. 266)
- **Brandenburg:** Brandenburgisches BeamtenversorgungsG v. 20.11.2013 (GVBl. I Nr. 32, 77), zuletzt geänd. durch G v. 14.10.2022 (GVBl. I Nr. 23)
- **Bremen:** Bremisches BeamtenversorgungsG v. 4.11.2014 (Brem.GBl. S. 458), zuletzt geänd. durch G v. 18.10.2022 (Brem.GBl. S. 728)
- **Hamburg:** Hamburgisches BeamtenversorgungsG v. 26.1.2010 (HmbGVBl. S. 23, 72), zuletzt geänd. durch G v. 11.10.2022 (HmbGVBl. S. 533)
- **Hessen:** Hessisches BeamtenversorgungsG v. 27.5.2013 (GVBl. S. 218, 312), zuletzt geänd. durch G v. 14.12.2021 (GVBl. S. 931)
- **Mecklenburg-Vorpommern:** LandesbeamtenversorgungsG idF der Bek. v. 22.2.2022 (GVOBl. M-V S. 102)
- **Niedersachsen:** Niedersächsisches BeamtenversorgungsG idF der Bek. v. 2.4.2013 (Nds. GVBl. S. 73), zuletzt geänd. durch G v. 23.9.2022 (Nds. GVBl. S. 611)
- **Nordrhein-Westfalen:** Beamtenversorgungs-ÜberleitungsG v. 16.5.2013 (GV. NRW. S. 234, 238), geänd. durch G v. 16.5.2013 (GV. NRW. S. 234)
- **Rheinland-Pfalz:** LandesbeamtenversorgungsG v. 18.6.2013 (GVBl. S. 157, 208), zuletzt geänd. durch G v. 8.4.2022 (GVBl. S. 120)
- **Saarland:** vgl. § 2 Saarländisches BeamtenversorgungsG v. 13.10.2021 (Amtsbl. I S. 2547, 2582)
- **Sachsen:** Sächsisches BeamtenversorgungsG v. 18.12.2013 (SächsGVBl. S. 970, 1045), zuletzt geänd. durch G v. 9.2.2022 (SächsGVBl. S. 142)
- **Sachsen-Anhalt:** LandesbeamtenversorgungsG v. 13.6.2018 (GVBl. LSA S. 72, 78), zuletzt geänd. durch G v. 7.2.2022 (GVBl. LSA S. 12)
- **Schleswig-Holstein:** BeamtenversorgungsG Schleswig-Holstein v. 26.1.2012 (GVOBl. Schl.-H. S. 153), zuletzt geänd. durch G v. 27.4.2022 (GVOBl. Schl.-H. S. 526)
- **Thüringen:** Thüringer BeamtenversorgungsG idF der Bek. v. 17.2.2022 (GVBl. S. 39, ber. S. 313)

[2] **Habersack ErgBd. Nr. 97.**

173. Verordnung über den Sonderurlaub für Bundesbeamtinnen und Bundesbeamte sowie für Richterinnen und Richter des Bundes (Sonderurlaubsverordnung – SUrlV)[1]

Vom 1. Juni 2016
(BGBl. I S. 1284)

FNA 2030-2-30-5

geänd. durch Art. 44 G zur Regelung des Sozialen Entschädigungsrechts v. 12.12.2019 (BGBl. I S. 2652), Art. 51 Elfte ZuständigkeitsanpassungsVO v. 19.6.2020 (BGBl. I S. 1328), Art. 3, 4 VO zur Weiterentwicklung dienstrechtl. Regelungen zu Arbeitszeit und Sonderurlaub v. 17.12.2020 (BGBl. I S. 3011), Art. 1–3 Erste ÄndVO v. 3.6.2021 (BGBl. I S. 1367), Art. 7, 8 VO zur Fortentwicklung laufbahnrechtlicher und weiterer dienstrechtlicher Vorschriften v. 16.8.2021 (BGBl. I S. 3582), Art. 1–4 Zweite ÄndVO v. 22.12.2021 (BGBl. I S. 5257) und Art. 1–4 VO zur Änd. der SonderurlaubsVO und der BundeslaufbahnVO v. 9.8.2022 (BGBl. I S. 1381)

Auf Grund des § 90 Absatz 1 des Bundesbeamtengesetzes[2] vom 5. Februar 2009 (BGBl. I S. 160) verordnet die Bundesregierung:

Inhaltsübersicht

---

[1] Die Änderung durch G v. 12.12.2019 (BGBl. I S. 2652) tritt erst **mWv 1.1.2024** in Kraft und ist im Text noch nicht berücksichtigt.

[2] Nr. **160**.

§ 1 Geltungsbereich. (1) [1] Diese Verordnung gilt für die Beamtinnen und Beamten des Bundes. [2] Für die Richterinnen und Richter im Bundesdienst gilt diese Verordnung nach § 46 des Deutschen Richtergesetzes[1)] entsprechend.

(2) Ansprüche auf Sonderurlaub für Beamtinnen und Beamte des Bundes sowie Richterinnen und Richter des Bundes, die sich aus anderen Rechtsvorschriften ergeben, bleiben unberührt.

§ 2 Zuständigkeit. Die Entscheidung über die Gewährung von Sonderurlaub trifft – außer in den Fällen des § 22 Absatz 1 Satz 2 und Absatz 3 Satz 2 – die personalverwaltende Dienstbehörde.

§ 3 Voraussetzungen. Sonderurlaub wird nur gewährt, wenn

1. der Anlass, für den Sonderurlaub beantragt wurde, nicht außerhalb der Arbeitszeit wahrgenommen oder erledigt werden kann,
2. dienstliche Gründe nicht entgegenstehen und
3. die jeweiligen Voraussetzungen der §§ 5 bis 22 erfüllt sind.

§ 4 Dauer. Die in den folgenden Vorschriften bestimmte Urlaubsdauer verlängert sich um erforderliche Reisezeiten.

§ 5 Sonderurlaub zur Ausübung staatsbürgerlicher Rechte und zur Erfüllung staatsbürgerlicher Pflichten. Sonderurlaub unter Fortzahlung der Besoldung ist zu gewähren

1. für die Teilnahme an öffentlichen Wahlen und Abstimmungen,
2. zur Wahrnehmung amtlicher, insbesondere gerichtlicher, staatsanwaltschaftlicher oder polizeilicher Termine, sofern sie nicht durch private Angelegenheiten der Beamtin oder des Beamten veranlasst sind, oder
3. zur Ausübung einer ehrenamtlichen Tätigkeit oder eines öffentlichen Ehrenamtes, wenn die Übernahme der Tätigkeit auf einer gesetzlichen Vorschrift beruht.

§ 6 Sonderurlaub zur Ausübung einer Tätigkeit in öffentlichen zwischenstaatlichen oder überstaatlichen Einrichtungen oder in einer öffentlichen Einrichtung eines Mitgliedstaates der Europäischen Union. (1) [1] Sonderurlaub unter Wegfall der Besoldung ist zu gewähren bei Entsendung für eine hauptberufliche Tätigkeit

1. in einer öffentlichen zwischenstaatlichen oder überstaatlichen Einrichtung,
2. in der Verwaltung eines Mitgliedstaates der Europäischen Union oder
3. in einer öffentlichen Einrichtung eines Mitgliedstaates der Europäischen Union.

[2] Die Dauer des Sonderurlaubs richtet sich nach der Dauer der Entsendung.

(2) Sonderurlaub von bis zu einem Jahr unter Wegfall der Besoldung ist auch für die Wahrnehmung einer hauptberuflichen Tätigkeit nach Absatz 1 Satz 1 zu gewähren, wenn die Beamtin oder der Beamte zu dieser hauptberuflichen Tätigkeit nicht entsandt wird.

§ 7 Sonderurlaub zur Wahrnehmung von Aufgaben der Entwicklungszusammenarbeit. Zur Wahrnehmung von Aufgaben der Entwicklungszusam-

---

[1)] **Habersack ErgBd. Nr. 97.**

menarbeit sind bis zu fünf Jahre Sonderurlaub unter Wegfall der Besoldung zu gewähren.

§ 8[1] **Sonderurlaub im Rahmen des Aufstiegs in eine Laufbahn des gehobenen oder höheren Dienstes.** Mit Zustimmung des Bundesministeriums des Innern und für Heimat ist Sonderurlaub unter Fortzahlung der Besoldung zu gewähren, wenn Beamtinnen oder Beamte im Rahmen eines Aufstiegs in eine Laufbahn des gehobenen oder des höheren Dienstes nach § 39 Absatz 1 der Bundeslaufbahnverordnung[2] an Studiengängen außerhalb der Hochschulen des Bundes teilnehmen.

§ 9[3] **Sonderurlaub für Aus- oder Fortbildung.** (1) Je Kalenderjahr sind insgesamt jeweils bis zu fünf Arbeitstage Sonderurlaub unter Fortzahlung der Besoldung zu gewähren

1. für die Teilnahme an wissenschaftlichen Tagungen sowie an beruflichen Aus- und Fortbildungsveranstaltungen, die von staatlichen oder kommunalen Stellen durchgeführt werden, wenn die Teilnahme für die dienstliche Tätigkeit von Nutzen ist,
2. zum Ablegen von Abschlussprüfungen nach einer Aus- oder Fortbildung im Sinne der Nummer 1 und bei Verwaltungs- und Wirtschaftsakademien zum Ablegen von Abschlussprüfungen,
3. für die Teilnahme an Lehrgängen, die der Ausbildung zur Jugendgruppenleiterin oder zum Jugendgruppenleiter dienen, oder
4. für die Tätigkeit als ehrenamtliche Jugendgruppenleiterin oder ehrenamtlicher Jugendgruppenleiter bei Lehrgängen oder Veranstaltungen, wenn diese von Trägern der öffentlichen Jugendhilfe oder anerkannten Trägern der freien Jugendhilfe (§ 75 des Achten Buches Sozialgesetzbuch[4]) durchgeführt werden.

(2) [1] Für die Teilnahme an förderungswürdigen staatspolitischen Bildungsveranstaltungen sind bis zu zehn Arbeitstage Sonderurlaub unter Fortzahlung der Besoldung zu gewähren. [2] Wird die Bildungsveranstaltung nicht von einer staatlichen Stelle durchgeführt, so gilt dies nur, wenn die Bundeszentrale für politische Bildung die Förderungswürdigkeit anerkannt hat; das Nähere regelt das Bundesministerium des Innern und für Heimat.

(3) Weiterer Sonderurlaub nach Absatz 2 darf frühestens zwei Jahre nach Beendigung des letzten Sonderurlaubs nach Absatz 2 gewährt werden.

§ 10 Sonderurlaub für fremdsprachliche Aus- oder Fortbildung.

(1) [1] Für eine fremdsprachliche Aus- oder Fortbildung in einem Land, in dem die zu erlernende Sprache gesprochen wird, sind bis zu drei Monate Sonderurlaub unter Fortzahlung der Besoldung zu gewähren. [2] Die Aus- oder Fortbildung muss im dienstlichen Interesse liegen.

(2) Weiterer Sonderurlaub nach Absatz 1 darf frühestens zwei Jahre nach Beendigung des letzten Sonderurlaubs nach Absatz 1 gewährt werden.

---

[1] § 8 geänd. mWv 27.6.2020 durch VO v. 19.6.2020 (BGBl. I S. 1328); geänd. mWv 20.3.2022 durch VO v. 9.8.2022 (BGBl. I S. 1381).

[2] Nr. **180**.

[3] § 9 Abs. 2 Satz 2 geänd. mWv 27.6.2020 durch VO v. 19.6.2020 (BGBl. I S. 1328); Abs. 2 Satz 2 geänd. mWv 20.3.2022 durch VO v. 9.8.2022 (BGBl. I S. 1381).

[4] **Habersack ErgBd. Nr. 46.**

§ 11 Sonderurlaub für Zwecke der militärischen und zivilen Verteidigung. (1) Für die Teilnahme an Ausbildungsveranstaltungen von Organisationen der zivilen Verteidigung ist je Kalenderjahr bis zu zehn Arbeitstage Sonderurlaub unter Fortzahlung der Besoldung zu gewähren.

(2) Für die Teilnahme an dienstlichen Veranstaltungen im Sinne des § 81 Absatz 1 des Soldatengesetzes[1] oder für die Dauer eines Einsatzes als Mitglied einer Organisation der zivilen Verteidigung ist Sonderurlaub unter Fortzahlung der Besoldung zu gewähren.

(3) Sonderurlaub unter Fortzahlung der Besoldung ist bei Vorliegen eines dringenden öffentlichen Interesses zu gewähren, für die Dauer der Heranziehung

1. zum Feuerlöschdienst einschließlich der von den örtlichen Wehrleitungen angeordneten Übungen,
2. zum Wasserwehr- oder Deichdienst einschließlich der von den örtlichen Wehrleitungen angeordneten Übungen oder
3. zum Bergwacht- oder Seenotrettungsdienst zwecks Rettung von Menschenleben und zum freiwilligen Sanitätsdienst.

§ 12 Sonderurlaub für vereinspolitische Zwecke. (1) Einer Beamtin oder einem Beamten, die oder der als Mitglied des Vorstandes einer überörtlichen Selbsthilfeorganisation zur Betreuung behinderter oder suchtkranker Personen an auf Bundes- oder Landesebene stattfindenden Arbeitstagungen solcher Organisationen teilnimmt, sind je Kalenderjahr bis zu fünf Arbeitstage Sonderurlaub unter Fortzahlung der Besoldung zu gewähren.

(2) Je Kalenderjahr sind bis zu fünf Arbeitstage Sonderurlaub unter Fortzahlung der Besoldung auch zu gewähren für die Teilnahme

1. an Sitzungen eines überörtlichen Parteivorstandes, dem die Beamtin oder der Beamte angehört, oder
2. an Bundes-, Landes- oder Bezirksparteitagen, wenn die Beamtin oder der Beamte als Mitglied eines Parteivorstandes oder als Delegierte oder Delegierter teilnimmt.

§ 13 Sonderurlaub zur Ableistung von Freiwilligendiensten. Bis zu zwei Jahre Sonderurlaub unter Wegfall der Besoldung sind zu gewähren, wenn eine Beamtin oder ein Beamter

1. ein freiwilliges soziales Jahr nach § 3 oder § 6 des Jugendfreiwilligendienstegesetzes[2],
2. ein freiwilliges ökologisches Jahr nach § 4 oder § 6 des Jugendfreiwilligendienstegesetzes oder
3. einen Bundesfreiwilligendienst nach dem Bundesfreiwilligendienstgesetz[3]

ableistet.

§ 14 Sonderurlaub für eine Ausbildung zur Schwesternhelferin oder zum Pflegediensthelfer. Für eine Ausbildung zur Schwesternhelferin oder zum Pflegediensthelfer ist Sonderurlaub unter Fortzahlung der Besoldung für die Dauer eines geschlossenen Lehrganges, höchstens jedoch für 20 Arbeitstage im Kalenderjahr, zu gewähren.

---

[1] **Sartorius III Nr. 850.**
[2] Nr. **390**.
[3] Nr. **627**.

(2) [1]Für die im Bereich der Deutschen Bahn Aktiengesellschaft sowie einer nach § 2 Absatz 1 und § 3 Absatz 3 des Deutsche Bahn Gründungsgesetzes ausgegliederten Gesellschaft beschäftigten Beamtinnen und Beamten kann die oberste Dienstbehörde im Einvernehmen mit dem Bundesministerium des Innern und für Heimat von Absatz 1 abweichende Regelungen treffen. [2]Für die bei den Postnachfolgeunternehmen beschäftigten Beamtinnen und Beamten kann die oberste Dienstbehörde im Einvernehmen mit dem Bundesministerium der Finanzen von Absatz 1 abweichende Regelungen treffen.

§ 20 Sonderurlaub aus medizinischen Anlässen. (1) Sonderurlaub unter Fortzahlung der Besoldung ist zu gewähren für die Dauer der notwendigen Abwesenheit

1. einer amts-, vertrauens- oder versorgungsärztlich angeordneten Untersuchung,
2. einer kurzfristigen Behandlung einschließlich der Anpassung, Wiederherstellung oder Erneuerung von Körperersatzstücken oder
3. einer ärztlich verordneten sonstigen Behandlung.

(2) Sonderurlaub unter Fortzahlung der Besoldung ist zu gewähren

1. für eine stationäre oder ambulante Rehabilitationsmaßnahme,
2. für eine Maßnahme der medizinischen Rehabilitation für Mütter und Väter nach § 41 des Fünften Buches Sozialgesetzbuch[1)],
3. für die Betreuung eines Kindes unter zwölf Jahren während einer Rehabilitationsmaßnahme als medizinisch notwendig anerkannte Begleitperson,
4. für eine ärztlich verordnete familienorientierte Rehabilitation im Fall einer Krebs-, Herz- oder Mukoviszidoseerkrankung eines Kindes oder für ein Kind, dessen Zustand im Fall einer Operation am Herzen oder einer Organtransplantation eine solche Maßnahme erfordert,
5. für ärztlich verordneten Rehabilitationssport oder Funktionstraining in Gruppen nach § 44 Absatz 1 Nummer 3 und 4 des Neunten Buches Sozialgesetzbuch[2)] oder
6. für die Durchführung einer Badekur nach § 11 Absatz 2 des Bundesversorgungsgesetzes[3)].

(3) [1]Sonderurlaub nach Absatz 2 Nummer 1 bis 3 wird nur bei Vorlage des Anerkennungsbescheids der Beihilfefestsetzungsstelle oder des Bescheids der Krankenkasse über die Gewährung der Rehabilitationsleistung gewährt. [2]Die Maßnahmen müssen entsprechend den darin genannten Festlegungen zur Behandlung und zum Behandlungsort durchgeführt werden.

(4) [1]Die Notwendigkeit der Maßnahmen nach Absatz 2 Nummer 1 bis 3 muss durch eine ärztliche Bescheinigung nachgewiesen werden. [2]Die Notwendigkeit der Maßnahme nach Absatz 2 Nummer 4 muss durch ein Zeugnis des behandelnden Arztes in der Klinik nachgewiesen werden.

(5) Dauer und Häufigkeit des Sonderurlaubs nach Absatz 2 Nummer 1 bis 4 und 6 bestimmen sich nach § 35 Absatz 2 Satz 2 Nummer 5 und § 36 Absatz 2 der Bundesbeihilfeverordnung.

[1)] **Aichberger, SGB Nr. 5.**
[2)] **Aichberger, SGB Nr. 9.**
[3)] **Sartorius III Nr. 590.**

§ 21[1)] Sonderurlaub aus persönlichen Anlässen. (1) Sonderurlaub unter Fortzahlung der Besoldung ist wie folgt zu gewähren:

	Anlass	Urlaubsdauer
1.	Niederkunft der Ehefrau, der Lebenspartnerin oder der mit der Beamtin oder dem Beamten in ehe- oder lebenspartnerschaftsähnlicher Gemeinschaft lebenden Lebensgefährtin	ein Arbeitstag
2.	Tod der Ehefrau oder des Ehemanns, der Lebenspartnerin oder des Lebenspartners, eines Kindes oder eines Elternteils der Beamtin oder des Beamten	zwei Arbeitstage
3.	bei ärztlich bescheinigter Erkrankung und bei ärztlicher Bescheinigung über die Notwendigkeit zur Pflege, Beaufsichtigung oder Betreuung einer oder eines im Haushalt der Beamtin oder des Beamten lebenden Angehörigen im Sinne des § 20 Absatz 5 Satz 1 des Verwaltungsverfahrensgesetzes	ein Arbeitstag im Urlaubsjahr
4.	bei ärztlich bescheinigter Erkrankung und bei ärztlicher Bescheinigung über die Notwendigkeit zur Pflege, Beaufsichtigung oder Betreuung eines Kindes der Beamtin oder des Beamten, das noch nicht zwölf Jahre alt ist, oder eines behinderten und auf Hilfe angewiesenen Kindes	für jedes Kind bis zu vier Arbeitstage im Urlaubsjahr
5.	Erkrankung der Betreuungsperson eines Kindes der Beamtin oder des Beamten, das noch nicht acht Jahre alt ist oder wegen körperlicher, geistiger oder seelischer Behinderung auf Hilfe angewiesen ist	bis zu vier Arbeitstage im Urlaubsjahr
6.	Fälle, in denen für eine nahe Angehörige oder einen nahen Angehörigen im Sinne des § 7 Absatz 3 des Pflegezeitgesetzes in einer akut auftretenden Pflegesituation eine bedarfsgerechte Pflege organisiert oder eine pflegerische Versorgung sichergestellt werden muss, nach Verlangen unter Vorlage einer ärztlichen Bescheinigung über die Pflegebedürftigkeit im Sinne des § 14 Absatz 1 des Elften Buches Sozialgesetzbuch	für jede pflegebedürftige Person bis zu neun Arbeitstage
7.	Spende von Organen und Geweben, die nach § 8 des Transplantationsgesetzes erfolgt, oder für eine Blutspende zur Separation von Blutstammzellen oder anderer Blutbestandteile im Sinne von § 1 des Transfusionsgesetzes, soweit eine ärztliche Bescheinigung vorgelegt wird	Dauer der notwendigen Abwesenheit

(2) In den Fällen des Absatzes 1 Nummer 4 darf die Dauer des gewährten Sonderurlaubs bei Beamtinnen und Beamten, deren Dienstbezüge oder Anwärterbezüge nicht die Jahresarbeitsentgeltgrenze nach § 6 Absatz 6 des Fünften Buches Sozialgesetzbuch[2)] überschreiten, bis zu 75 Prozent der Arbeitstage betragen, die in § 45 Absatz 2 Satz 1 und 2 des Fünften Buches Sozialgesetzbuch für eine Freistellung von der Arbeitsleistung vorgesehen sind.

(3) [1]In den Fällen des Absatzes 1 Nummer 3 bis 5 können auch halbe Sonderurlaubstage gewährt werden. [2]Ein halber Sonderurlaubstag entspricht der Hälfte der für den jeweiligen Arbeitstag festgesetzten regelmäßigen Arbeitszeit.

(4) Die oberste Dienstbehörde kann im Einvernehmen mit dem Bundesministerium des Innern und für Heimat von den Absätzen 1 bis 3 abweichende Regelungen treffen für Beamtinnen und Beamte, die beschäftigt sind

1. im Bereich der Deutschen Bahn Aktiengesellschaft,

[1)] § 21 Abs. 4 einl. Satzteil und Abs. 5 geänd. mWv 27.6.2020 durch VO v. 19.6.2020 (BGBl. I S. 1328); Abs. 1 Nr. 6a und Abs. 2a–2c eingef. mWv 15.10.2020 und aufgeh. mWv 1.1.2021 durch VO v. 17.12. 2020 (BGBl. I S. 3011); Abs. 1 Nr. 6a eingef. mWv 1.1.2021, Abs. 2a, 2b eingef. mWv 5.1.2021, Abs. 1 Nr. 6a aufgeh. mWv 1.7.2021 und Abs. 2a, 2b aufgeh. mWv 1.1.2022 durch VO v. 3.6.2021 (BGBl. I S. 1367); Abs. 1 Nr. 6a eingef. mWv 1.7.2021; Abs. 1 Nr. 6a aufgeh. mWv 1.1.2022 durch VO v. 16.8. 2021 (BGBl. I S. 3582); Abs. 1 Nr. 6 geänd., Nr. 6a und Abs. 2a–2c eingef. mWv 1.1.2022, Abs. 2b, 2c aufgeh. mWv 20.3.2022, Abs. 1 Nr. 6a aufgeh. mWv 1.4.2022 und Abs. 2a aufgeh. mWv 1.1.2023 durch VO v. 22.12.2021 (BGBl. I S. 5257); Abs. 2b, 2c eingef., Abs. 4 und 5 geänd. mWv 20.3.2022, Abs. 1 Nr. 6a eingef. mWv 1.4.2022, Abs. 2b, 2c aufgeh. mWv 24.9.2022, Abs. 1 Nr. 6a aufgeh. mWv 1.1.2023 durch VO v. 9.8.2022 (BGBl. I S. 1381).

[2)] **Aichberger, SGB Nr. 5.**

2. bei einer Gesellschaft, die nach § 2 Absatz 1 und § 3 Absatz 3 Satz 2 des Deutsche Bahn Gründungsgesetzes ausgegliedert worden ist.

(5) Für die bei den Postnachfolgeunternehmen beschäftigten Beamtinnen und Beamten kann die oberste Dienstbehörde im Einvernehmen mit dem Bundesministerium der Finanzen und dem Bundesministerium des Innern und für Heimat von den Absätzen 1 bis 3 abweichende Regelungen treffen.

§ 22[1] Sonderurlaub in anderen Fällen. (1) [1]Sonderurlaub unter Wegfall der Besoldung kann gewährt werden, wenn ein wichtiger Grund vorliegt. [2]Für mehr als drei Monate kann Sonderurlaub unter Wegfall der Besoldung nur in besonders begründeten Fällen und nur durch die oberste Dienstbehörde oder die von ihr bestimmte unmittelbar nachgeordnete Behörde genehmigt werden.

(2) Mit Zustimmung des Bundesministeriums des Innern und für Heimat kann Sonderurlaub aus wichtigen persönlichen Gründen auch unter Fortzahlung der Besoldung gewährt werden.

(3) [1]Für einen in den §§ 5 bis 21 nicht genannten Zweck kann Beamtinnen und Beamten Sonderurlaub unter Fortzahlung der Besoldung gewährt werden, wenn der Sonderurlaub auch dienstlichen Zwecken dient. [2]Sonderurlaub unter Fortzahlung der Besoldung für mehr als zwei Wochen bedarf der Zustimmung der obersten Dienstbehörde oder der von ihr bestimmten unmittelbar nachgeordneten Behörde. [3]Sonderurlaub für mehr als sechs Monate bedarf der Zustimmung des Bundesministeriums des Innern und für Heimat.

§ 23 Verfahren. [1]Der Sonderurlaub ist unverzüglich nach Bekanntwerden des Anlasses zu beantragen. [2]Sonderurlaub nach § 21 ist zeitnah zu beantragen.

§ 24 Widerruf. Die Genehmigung von Sonderurlaub ist zu widerrufen, wenn

1. zwingende dienstliche Gründe dies erfordern,
2. der Sonderurlaub zu einem anderen als dem genehmigten Zweck verwendet wird,
3. andere Gründe, die die Beamtin oder der Beamte zu vertreten hat, den Widerruf erfordern.

§ 25 Ersatz von Mehraufwendungen. (1) Folgende Mehraufwendungen werden der Beamtin oder dem Beamten nach den Bestimmungen des Reisekostenrechts ersetzt:

1. Mehraufwendungen, die durch den Widerruf der Genehmigung von Sonderurlaub nach § 24 Nummer 1 entstehen,
2. Mehraufwendungen, die anlässlich der Wiederaufnahme des Dienstes nach einem Sonderurlaub zur Ausübung einer Tätigkeit in öffentlichen zwischenstaatlichen oder überstaatlichen Einrichtungen (§ 6 Absatz 1 Satz 1) oder nach einem Sonderurlaub zur Wahrnehmung von Aufgaben der Entwicklungszusammenarbeit (§ 7) entstehen, wenn die oberste Dienstbehörde oder die von ihr bestimmte Stelle spätestens bei Beendigung des Sonderurlaubs schriftlich anerkannt hat, dass der Sonderurlaub dienstlichen Interessen oder öffentlichen Belangen diente.

---

[1] § 22 Abs. 2 und Abs. 3 Satz 3 geänd. mWv 27.6.2020 durch VO v. 19.6.2020 (BGBl. I S. 1328); Abs. 2 und Abs. 3 Satz 3 geänd. mWv 20.3.2022 durch VO v. 9.8.2022 (BGBl. I S. 1381).

(2) Zuwendungen, die die Beamtin oder der Beamte von anderer Seite zur Deckung der Aufwendungen erhalten hat, sind anzurechnen.

§ 26 Besoldung. (1) Zur Besoldung im Sinne dieser Verordnung gehören die in § 1 Absatz 2 und 3 des Bundesbesoldungsgesetzes[1)] genannten Bezüge.

(2) [1] Erhält die Beamtin oder der Beamte in den Fällen des § 10 oder des § 22 Absatz 3 Zuwendungen von anderer Seite, so ist die Besoldung entsprechend zu kürzen. [2] Das gilt nicht, wenn der Wert der Zuwendungen gering ist.

(3) Dauert der Sonderurlaub unter Wegfall der Besoldung nicht länger als einen Monat, bleibt der Anspruch auf Beihilfe oder auf Heilfürsorge nach § 70 Absatz 2 des Bundesbesoldungsgesetzes unberührt.

§ 27 Inkrafttreten, Außerkrafttreten. [1] Diese Verordnung tritt am Tag nach der Verkündung[2)] in Kraft. [2] Gleichzeitig tritt die Sonderurlaubsverordnung in der Fassung der Bekanntmachung vom 11. November 2004 (BGBl. I S. 2836), die zuletzt durch Artikel 15 Absatz 22 des Gesetzes vom 5. Februar 2009 (BGBl. I S. 160) geändert worden ist, außer Kraft.

[1)] Nr. **230**.
[2)] Verkündet am 8.6.2016.

180. Verordnung über die Laufbahnen der Bundesbeamtinnen und Bundesbeamten (Bundeslaufbahnverordnung – BLV)[1]

Vom 12. Februar 2009

(BGBl. I S. 284)

FNA 2030-7-3-1

geänd. durch Art. 1 Erste ÄndVO v. 20.2.2013 (BGBl. I S. 316), Art. 16 Abs. 16 Bundesunfallkassen-NeuorganisationsG v. 19.10.2013 (BGBl. I S. 3836), Art. 3 HaushaltsbegleitG 2014 v. 11.8.2014 (BGBl. I S. 1346), Art. 38 Zehnte ZuständigkeitsanpassungsVO v. 31.8.2015 (BGBl. I S. 1474), Art. 1 WSV-ZuständigkeitsanpassungsVO v. 2.6.2016 (BGBl. I S. 1257), Art. 1 Zweite ÄndVO v. 15.8.2016 (BGBl. I S. 1981), Art. 7 G zur besseren Vereinbarkeit von Familie, Pflege und Beruf für Beamtinnen und Beamte des Bundes und Soldatinnen und Soldaten sowie zur Änd. weiterer dienstrechtlicher Vorschriften v. 19.10. 2016 (BGBl. I S. 2362), Art. 1 VO zur Änd. der BundeslaufbahnVO und anderer laufbahnrechtlicher Vorschriften v. 18.1.2017 (BGBl. I S. 89, ber. S. 406), Art. 2 VO zur Änd. dienstrechtl. Verordnungen aus Anlass des BesoldungsstrukturenmodernisierungsG v. 8.1.2020 (BGBl. I S. 27), Art. 56 Elfte ZuständigkeitsanpassungsVO v. 19.6.2020 (BGBl. I S. 1328), Art. 1 Dritte ÄndVO v. 15.9.2020 (BGBl. I S. 1990), Art. 1 Vierte ÄndVO v. 3.2.2021 (BGBl. I S. 148), Art. 14 Abs. 7 G zur Regelung des Erscheinungsbilds von Beamtinnen und Beamten sowie zur Änd. weiterer dienstrechtl. Vorschriften v. 28.6.2021 (BGBl. I S. 2250), Art. 1 VO zur Fortentwicklung laufbahnrechtl. und weiterer dienstrechtl. Vorschriften v. 16.8. 2021 (BGBl. I S. 3582) und Art. 5 VO zur Änd. der SonderurlaubsVO und der BundeslaufbahnVO v. 9.8. 2022 (BGBl. I S. 1381)

Auf Grund des § 8 Absatz 1 Satz 3, § 11 Absatz 1 Satz 5, § 17 Absatz 7, § 20 Satz 2, § 21 Satz 2, § 22 Absatz 5 Satz 2 und des § 26 des Bundesbeamtengesetzes[2] vom 5. Februar 2009 (BGBl. I S. 160) verordnet die Bundesregierung:

Inhaltsübersicht[3]

Abschnitt 1. Allgemeines

Abschnitt 2. Einstellung von Bewerberinnen und Bewerbern

Unterabschnitt 1. Gemeinsame Vorschriften

Unterabschnitt 2. Vorbereitungsdienste

[1] Siehe hierzu auch die Allgemeine Verwaltungsvorschrift des BMI v. 1.12.2017 (GMBl S. 986).

[2] Nr. **160**.

[3] Inhaltsübersicht geänd. mWv 23.8.2016 durch VO v. 15.8.2016 (BGBl. I S. 1981); mWv 27.1.2017 durch VO v. 18.1.2017 (BGBl. I S. 89); mWv 7.7.2021 durch G v. 28.6.2021 (BGBl. I S. 2250); mWv 20.8.2021 durch VO v. 16.8.2021 (BGBl. I S. 3582).

Abschnitt 1. Allgemeines

§ 1 Geltungsbereich. Diese Verordnung gilt für die Beamtinnen und Beamten des Bundes, soweit nicht gesetzlich etwas anderes bestimmt ist.

§ 2 Begriffsbestimmungen. (1) Einstellung ist eine Ernennung unter Begründung eines Beamtenverhältnisses.

(2) Eignung erfasst insbesondere Persönlichkeit und charakterliche Eigenschaften, die für ein bestimmtes Amt von Bedeutung sind.

(3) Befähigung umfasst die Fähigkeiten, Kenntnisse, Fertigkeiten und sonstigen Eigenschaften, die für die dienstliche Verwendung wesentlich sind.

(4) Die fachliche Leistung ist insbesondere nach den Arbeitsergebnissen, der praktischen Arbeitsweise, dem Arbeitsverhalten und für Beamtinnen oder Beamte, die bereits Vorgesetzte sind, nach dem Führungsverhalten zu beurteilen.

(5) Hauptberuflich ist eine Tätigkeit, wenn sie entgeltlich ist, gewolltermaßen den Schwerpunkt der beruflichen Tätigkeit darstellt, in der Regel den überwiegenden Teil der Arbeitskraft beansprucht und dem durch Ausbildung und Berufswahl geprägten Berufsbild entspricht oder nahekommt.

(6) Probezeit ist die Zeit in einem Beamtenverhältnis auf Probe, in der sich die Beamtinnen und Beamten nach Erwerb der Laufbahnbefähigung zur späteren Verwendung auf Lebenszeit oder zur Übertragung eines Amtes mit leitender Funktion bewähren sollen.

(7) Erprobungszeit ist die Zeit, in der die Beamtin oder der Beamte die Eignung für einen höher bewerteten Dienstposten nachzuweisen hat.

(8) [1] Beförderung ist die Verleihung eines anderen Amtes mit höherem Endgrundgehalt. [2] Sie erfolgt in den Fällen, in denen die Amtsbezeichnung wechselt, durch Ernennung.

§ 3[1)] Mutterschutz. [1] Zeiten des Mutterschutzes sind auf Zeiten anzurechnen, die nach dieser Verordnung Voraussetzung für eine Einstellung oder für die berufliche Entwicklung sind. [2] Die Verlängerung eines Vorbereitungsdienstes nach § 15 Absatz 1 Satz 1 Nummer 2 bleibt unberührt.

§ 4[2)] Stellenausschreibungspflicht. (1) [1] Zu besetzende Stellen sind außer in den Fällen des Absatzes 2 auszuschreiben. [2] Der Einstellung von Bewerberinnen und Bewerbern muss eine öffentliche Ausschreibung vorausgehen.

(2) Die Pflicht zur Stellenausschreibung nach Absatz 1 gilt nicht

1. für Stellen der Staatssekretärinnen und Staatssekretäre, Abteilungsleiterinnen und Abteilungsleiter in den Bundesministerien und im Bundestag, sonstigen politischen Beamtinnen und Beamten, Leitungen der anderen obersten Bundesbehörden und Leiterinnen und Leiter der den Bundesministerien unmittelbar nachgeordneten Behörden sowie der bundesunmittelbaren Körperschaften, Anstalten und Stiftungen des öffentlichen Rechts,
2. für Stellen der persönlichen Referentinnen und Referenten der Leiterinnen und Leiter der obersten Bundesbehörden sowie der beamteten und Parlamentarischen Staatssekretärinnen und Staatssekretäre,

---

1) § 3 neu gef. mWv 20.8.2021 durch VO v. 16.8.2021 (BGBl. I S. 3582).

2) § 4 Abs. 1 Satz 3 aufgeh., Abs. 2 Nr. 4 geänd. mWv 20.8.2021 durch VO v. 16.8.2021 (BGBl. I S. 3582).

3. für Stellen, die mit Beamtinnen und Beamten unmittelbar nach Abschluss ihres Vorbereitungsdienstes oder eines Aufstiegsverfahrens besetzt werden,
4. für Stellen, die durch Versetzung nach vorangegangener Abordnung, nach Übertritt oder nach Übernahme von Beamtinnen und Beamten besetzt werden,
5. für Stellen, die zur Vermeidung der Versetzung in den Ruhestand wegen Dienstunfähigkeit oder zur erneuten Berufung in das Beamtenverhältnis nach Wiederherstellung der Dienstfähigkeit besetzt werden,
6. für Stellen des einfachen Dienstes, für die Bewerberinnen und Bewerber von der Bundesagentur für Arbeit vermittelt werden können.

(3) Von einer Stellenausschreibung kann abgesehen werden

1. allgemein oder in Einzelfällen, wenn Gründe der Personalplanung oder des Personaleinsatzes entgegenstehen und es sich nicht um Einstellungen handelt,
2. in besonderen Einzelfällen auch bei einer Einstellung aus den in Nummer 1 genannten Gründen.

§ 5[1)] Schwerbehinderte Menschen. (1) Von schwerbehinderten Menschen darf nur das Mindestmaß an körperlicher Eignung verlangt werden.

(2) In Auswahlverfahren und in Prüfungsverfahren im Sinne dieser Verordnung sind für schwerbehinderte Menschen Erleichterungen vorzusehen, die ihrer Behinderung angemessen sind.

(3) Bei der Beurteilung der Leistung schwerbehinderter Menschen ist eine etwaige Einschränkung der Arbeits- und Verwendungsfähigkeit wegen der Behinderung zu berücksichtigen.

Abschnitt 2. Einstellung von Bewerberinnen und Bewerbern

Unterabschnitt 1. Gemeinsame Vorschriften

§ 6[2)] Gestaltung der Laufbahnen. (1) [1]Die Laufbahnen sind den Laufbahngruppen des einfachen, mittleren, gehobenen und höheren Dienstes zugeordnet. [2]Die Zugehörigkeit einer Laufbahn zu einer Laufbahngruppe richtet sich nach dem im Bundesbesoldungsgesetz[3)] bestimmten Eingangsamt.

(2) In den Laufbahngruppen können folgende Laufbahnen eingerichtet werden:

1. der nichttechnische Verwaltungsdienst,
2. der technische Verwaltungsdienst,
3. der sprach- und kulturwissenschaftliche Dienst,
4. der naturwissenschaftliche Dienst,
5. der agrar-, forst- und ernährungswissenschaftliche sowie tierärztliche Dienst,
6. der ärztliche und gesundheitswissenschaftliche Dienst,
7. der sportwissenschaftliche Dienst und
8. der kunstwissenschaftliche Dienst.

§ 7[4)] Laufbahnbefähigung. Bewerberinnen und Bewerber erlangen die Laufbahnbefähigung

---

[1)] § 5 Abs. 2 geänd. mWv 20.8.2021 durch VO v. 16.8.2021 (BGBl. I S. 3582).

[2)] § 6 Abs. 2 Nr. 5 neu gef., Nr. 7 und 8 geänd., Nr. 9 aufgeh. mWv 27.1.2017 durch VO v. 18.1.2017 (BGBl. I S. 89).

[3)] Nr. **230**.

[4)] § 7 neu gef. mWv 20.8.2021 durch VO v. 16.8.2021 (BGBl. I S. 3582).

1. durch den erfolgreichen Abschluss eines fachspezifischen Vorbereitungsdienstes des Bundes oder eines Aufstiegsverfahrens des Bundes oder
2. durch Anerkennung, wenn sie außerhalb eines Vorbereitungsdienstes des Bundes oder eines Aufstiegsverfahrens des Bundes Folgendes erworben haben:
   a) die für die entsprechende Laufbahn vorgeschriebene Vorbildung oder
   b) die erforderliche Befähigung durch Lebens- und Berufserfahrung.

§ 8 Feststellung der Laufbahnbefähigung. (1) [1]Besitzen Bewerberinnen oder Bewerber die für die entsprechende Laufbahn vorgeschriebene Vorbildung, erkennt die zuständige oberste Dienstbehörde die Laufbahnbefähigung an. [2]Sie kann diese Befugnis auf andere Behörden übertragen.

(2) Haben Bewerberinnen oder Bewerber die erforderliche Befähigung durch Lebens- und Berufserfahrung erworben, erkennt der Bundespersonalausschuss oder ein von ihm zu bestimmender unabhängiger Ausschuss die Laufbahnbefähigung an.

(3) [1]Im Anschluss an das Anerkennungsverfahren nach Absatz 1 oder 2 teilt die zuständige oberste Dienstbehörde der Bewerberin oder dem Bewerber die Feststellung der Laufbahnbefähigung schriftlich mit. [2]Sie kann diese Befugnis auf andere Behörden übertragen. [3]Die Laufbahn und das Datum des Befähigungserwerbs sind in der Mitteilung zu bezeichnen.

§ 9[1)] Ämter der Laufbahnen. (1) [1]Die zu den Laufbahnen gehörenden Ämter sowie die dazugehörigen Amtsbezeichnungen ergeben sich aus Anlage 1. [2]Für die Dauer einer Tätigkeit im Auswärtigen Dienst können die Amtsbezeichnungen des Auswärtigen Dienstes verliehen werden.

(2) Die Ämter der Bundesbesoldungsordnung A sind regelmäßig zu durchlaufen.

Unterabschnitt 2. Vorbereitungsdienste

§ 10[2)] Einrichtung von Vorbereitungsdiensten. (1) Die Befugnis nach § 26 Absatz 2 des Bundesbeamtengesetzes[3)] wird für die in Anlage 2 genannten fachspezifischen Vorbereitungsdienste den dort genannten obersten Dienstbehörden übertragen.

(2) [1]Die Rechtsverordnungen nach Absatz 1 müssen insbesondere Inhalt und Dauer der Vorbereitungsdienste sowie die Prüfung und das Prüfungsverfahren regeln. [2]Die vorzusehenden Prüfungsnoten ergeben sich aus Anlage 3.

(3) Die Rechtsverordnungen nach Absatz 1 können vorsehen, dass mit erfolgreichem Abschluss eines Vorbereitungsdienstes für den mittleren Dienst eine Berufsbezeichnung verliehen wird.

§ 10a[4)] Auswahlverfahren für die Einstellung in den Vorbereitungsdienst.
(1) [1]Voraussetzung für die Einstellung in den Vorbereitungsdienst ist die erfolgreiche Teilnahme an einem Auswahlverfahren. [2]In dem Auswahlverfahren wird

---

[1)] § 9 Abs. 1 Satz 2 angef. mWv 26.2.2013 durch VO v. 20.2.2013 (BGBl. I S. 316).

[2)] § 10 Abs. 1 neu gef. mWv 26.2.2013 durch VO v. 20.2.2013 (BGBl. I S. 316); Abs. 3 angef. mWv 20.8.2021 durch VO v. 16.8.2021 (BGBl. I S. 3582).

[3)] Nr. **160**.

[4)] § 10a eingef. mWv 27.1.2017 durch VO v. 18.1.2017 (BGBl. I S. 89); Abs. 5 Satz 4 angef., Abs. 6a eingef., Abs. 7 Satz 1 und Abs. 8 einl. Satzteil geänd. mWv 20.8.2021 durch VO v. 16.8.2021 (BGBl. I S. 3582); Abs. 6a geänd. mWv 1.1.2023 durch VO v. 9.8.2022 (BGBl. I S. 1381).

die Eignung und Befähigung der Bewerberinnen und Bewerber festgestellt. [3] Dafür können Allgemeinwissen, kognitive, methodische und soziale Fähigkeiten, Intelligenz, Persönlichkeitsmerkmale, Motivation sowie Fachwissen, Sprachkenntnisse, körperliche Fähigkeiten und praktische Fertigkeiten geprüft werden. [4] Die Anforderungen an die Eignung und Befähigung der Bewerberinnen und Bewerber sowie die Auswahlkriterien richten sich nach den Anforderungen des Vorbereitungsdienstes.

(2) [1] Zum Auswahlverfahren wird zugelassen, wer die Voraussetzungen erfüllt, die in der Ausschreibung für die Einstellung in den Vorbereitungsdienst bestimmt sind. [2] Ob diese Voraussetzungen erfüllt werden, wird durch eine Auswertung der Bewerbungsunterlagen festgestellt, insbesondere von Zeugnisnoten, Studienleistungen oder Arbeitszeugnissen. [3] Ferner können Tests zur Erfassung von kognitiver Leistungsfähigkeit, sozialen Fähigkeiten, Persönlichkeitsmerkmalen, Motivation oder Sprachkenntnissen durchgeführt werden. [4] Die Tests können unterstützt durch Informationstechnologie durchgeführt werden.

(3) [1] Übersteigt die Zahl der Bewerberinnen und Bewerber, die die in der Ausschreibung bestimmten Voraussetzungen erfüllen, das Dreifache der für den Vorbereitungsdienst angebotenen Plätze, so kann die Zahl der am Auswahlverfahren Teilnehmenden beschränkt werden. [2] Dabei sind jedoch mindestens dreimal so viele Bewerberinnen und Bewerber zuzulassen, wie Plätze für den Vorbereitungsdienst angeboten werden. [3] Zum Auswahlverfahren wird in diesem Fall zugelassen, wer nach den Bewerbungsunterlagen und etwaigen Tests nach Absatz 2 Satz 3 am besten geeignet ist.

(4) [1] Das Auswahlverfahren besteht aus einem schriftlichen Teil und einem mündlichen Teil, die jeweils aus mehreren Abschnitten bestehen können. [2] Wenn es für die Laufbahn erforderlich ist, können in einem weiteren Teil die körperliche Tauglichkeit oder praktische Fertigkeiten geprüft werden. [3] Ist ein abgeschlossenes Hochschulstudium Voraussetzung für die Einstellung in den Vorbereitungsdienst, kann das Auswahlverfahren nur aus einem mündlichen Teil bestehen. [4] Von den in einem Teil oder in einem Abschnitt erbrachten Leistungen kann die Teilnahme am weiteren Auswahlverfahren abhängig gemacht werden.

(5) [1] Für den schriftlichen Teil ist eines oder eine Kombination der folgenden Auswahlinstrumente anzuwenden:

1. Aufsatz,
2. Leistungstest,
3. Persönlichkeitstest,
4. Simulationsaufgaben,
5. biographischer Fragebogen.

[2] Bei besonderen Anforderungen einer Laufbahn kann der schriftliche Teil durch weitere Auswahlinstrumente ergänzt werden. [3] Der schriftliche Teil kann unterstützt durch Informationstechnologie durchgeführt werden. [4] Bei Unterstützung durch Informationstechnologie ist für den Zeitraum bis zum Ablauf der Aufbewahrungsfrist sicherzustellen, dass die dabei anfallenden Daten unverwechselbar und dauerhaft der Bewerberin oder dem Bewerber zugeordnet werden können.

(6) [1] Für den mündlichen Teil ist eines oder eine Kombination der folgenden Auswahlinstrumente anzuwenden:

1. strukturiertes oder halbstrukturiertes Interview,
2. Referat,
3. Präsentation,

4. Simulationsaufgaben,
5. Gruppenaufgaben,
6. Gruppendiskussion,
7. Fachkolloquium.

[2]Bei besonderen Anforderungen einer Laufbahn kann der mündliche Teil durch weitere Auswahlinstrumente ergänzt werden. [3]Der mündliche Teil kann in einer Fremdsprache durchgeführt werden.

(6a) Bis zum 31. Dezember 2024 kann der mündliche Teil des Auswahlverfahrens unter Nutzung von Videokonferenztechnik durchgeführt werden, wenn dies wegen der zur Bewältigung der COVID-19-Pandemie getroffenen Maßnahmen geboten ist und wenn geeignete technische Einrichtungen zur Verfügung stehen.

(7) [1]Die im Auswahlverfahren erbrachten Leistungen sind mit Punkten oder Noten zu bewerten. [2]Es ist eine Rangfolge der geeigneten Bewerberinnen und Bewerber festzulegen. [3]Die Rangfolge ist für die Einstellung in den Vorbereitungsdienst maßgeblich.

(8) In den Rechtsverordnungen nach § 26 Absatz 2 Satz 1 des Bundesbeamtengesetzes[1)] ist zu regeln,

1. welche wesentlichen Anforderungen an die Eignung und Befähigung der Bewerberinnen und Bewerber dem Auswahlverfahren zu Grunde liegen,
2. aus welchen Teilen und Abschnitten das Auswahlverfahren besteht,
3. welche Auswahlinstrumente angewendet werden können,
4. wie die Teile und Abschnitte bei der Gesamtbewertung der im Auswahlverfahren erbrachten Leistungen gewichtet werden,
5. wenn von der Möglichkeit nach Absatz 4 Satz 4 Gebrauch gemacht wird: wovon die weitere Teilnahme abhängig gemacht werden soll,
6. wenn von der Möglichkeit nach Absatz 6 Satz 3 Gebrauch gemacht wird: in welcher Fremdsprache der mündliche Teil durchgeführt werden kann.

§ 11[2)] Einstellung in den Vorbereitungsdienst. [1]Die Bewerberinnen und Bewerber werden als Beamtinnen und Beamte auf Widerruf in den Vorbereitungsdienst eingestellt. [2]Sie führen als Dienstbezeichnung die Amtsbezeichnung des Eingangsamts ihrer Laufbahn mit dem Zusatz „Anwärterin“ oder „Anwärter“, in Laufbahnen des höheren Dienstes die Dienstbezeichnung „Referendarin“ oder „Referendar“. [3]Die für die Gestaltung des Vorbereitungsdienstes zuständige oberste Dienstbehörde kann im Einvernehmen mit dem Bundesministerium des Innern, für Bau und Heimat andere Dienstbezeichnungen festsetzen.

§ 11a[3)] Einfacher Dienst. Ein Vorbereitungsdienst für den einfachen Dienst dauert mindestens sechs Monate.

§ 12 Mittlerer Dienst. [1]Ein Vorbereitungsdienst für den mittleren Dienst dauert mindestens ein Jahr, in der Regel jedoch zwei Jahre. [2]Er besteht aus einer fachtheoretischen und einer berufspraktischen Ausbildung.

[1)] Nr. **160**.
[2)] § 11 Satz 3 geänd. mWv 27.6.2020 durch VO v. 19.6.2020 (BGBl. I S. 1328).
[3)] § 11a eingef. mWv 20.8.2021 durch VO v. 16.8.2021 (BGBl. I S. 3582).

§ 13[1] Gehobener Dienst. (1) [1]Ein Vorbereitungsdienst für den gehobenen Dienst dauert in der Regel drei Jahre und besteht aus Fachstudien und berufspraktischen Studienzeiten. [2]Der Vorbereitungsdienst wird als Hochschulstudiengang, der mit einem Bachelor oder einem Diplomgrad mit dem Zusatz „Fachhochschule" abschließt, durchgeführt.

(2) [1]Der Vorbereitungsdienst kann bis auf ein Jahr verkürzt werden, wenn die für die Laufbahnaufgaben erforderlichen wissenschaftlichen und methodischen Grundkenntnisse durch ein mit einem Bachelor abgeschlossenes Hochschulstudium oder durch einen gleichwertigen Abschluss nachgewiesen werden. [2]Zum Erwerb erforderlicher Spezialkenntnisse sind Fachstudien oder Lehrgänge, zum Erwerb erforderlicher berufspraktischer Fähigkeiten und Kenntnisse berufspraktische Studienzeiten und ergänzende Lehrveranstaltungen vorzusehen. [3]Eine Verkürzung lediglich auf Fachstudien oder Lehrgänge ist nicht zulässig.

§ 14 Höherer Dienst. [1]Ein Vorbereitungsdienst für den höheren Dienst dauert mindestens 18 Monate, in der Regel jedoch zwei Jahre. [2]Er vermittelt die für die Laufbahn erforderlichen berufspraktischen Fähigkeiten und Kenntnisse.

§ 15[2] Verlängerung der Vorbereitungsdienste. (1) [1]Der Vorbereitungsdienst ist nach Anhörung der Referendarinnen, Referendare, Anwärterinnen und Anwärter im Einzelfall zu verlängern, wenn er wegen

1. einer Erkrankung,
2. des Mutterschutzes,
3. einer Elternzeit,
4. der Ableistung eines Wehr-, Zivil-, Bundesfreiwilligen- oder Entwicklungsdienstes, freiwilligen sozialen oder ökologischen Jahres, anderen Dienstes im Ausland, Internationalen Jugendfreiwilligendienstes, Europäischen Freiwilligendienstes, Freiwilligendienstes „weltwärts" des Bundesministeriums für wirtschaftliche Zusammenarbeit und Entwicklung oder Zivilen Friedensdienstes,
5. anderer zwingender Gründe

unterbrochen wurde und durch die Verkürzung von Ausbildungsabschnitten die zielgerechte Fortsetzung des Vorbereitungsdienstes nicht gewährleistet ist. [2]Dabei können Abweichungen vom Ausbildungs-, Lehr- oder Studienplan zugelassen werden.

(2) Bei Teilzeitbeschäftigung gilt Absatz 1 entsprechend.

(3) Der Vorbereitungsdienst kann in den Fällen des Absatzes 1 Satz 1 Nummer 1 und 5 und bei Teilzeitbeschäftigung höchstens zweimal, insgesamt jedoch nicht mehr als 24 Monate verlängert werden.

§ 16[3] Verkürzung der Vorbereitungsdienste. (1) Der Vorbereitungsdienst kann verkürzt werden, wenn

1. das Erreichen des Ausbildungsziels nicht gefährdet ist und

(Fortsetzung nächstes Blatt)

---

[1] § 13 Abs. 2 neu gef. mWv 26.2.2013 durch VO v. 20.2.2013 (BGBl. I S. 316); Abs. 1 Satz 2 und Abs. 2 Satz 1 geänd. mWv 23.8.2016 durch VO v. 15.8.2016 (BGBl. I S. 1981); Abs. 1 Satz 2 neu gef. mWv 20.8.2021 durch VO v. 16.8.2021 (BGBl. I S. 3582).

[2] § 15 Abs. 1 Satz 1 Nr. 2 und 4 neu gef., Nr. 5 aufgeh., bish. Nr. 6 wird Nr. 5 mWv 26.2.2013 durch VO v. 20.2.2013 (BGBl. I S. 316); Abs. 3 geänd. mWv 23.8.2016 durch VO v. 15.8.2016 (BGBl. I S. 1981).

[3] § 16 neu gef. mWv 20.8.2021 durch VO v. 16.8.2021 (BGBl. I S. 3582).

§ 80[1)] Übergangsregelung für beihilfeberechtigte Polizeivollzugsbeamte des Bundes. (1) [1] Polizeivollzugsbeamten der Bundespolizei, die am 1. Januar 1993 Beihilfe nach den Beihilfevorschriften des Bundes erhalten, wird diese weiterhin gewährt. [2] Auf Antrag erhalten sie an Stelle der Beihilfe Heilfürsorge nach § 70 Absatz 2. [3] Der Antrag ist unwiderruflich.

(2) [1] Polizeivollzugsbeamten beim Deutschen Bundestag, die am 31. Dezember 2021 Beihilfe erhalten, wird diese weiterhin gewährt. [2] Auf Antrag erhalten sie anstelle der Beihilfe Heilfürsorge nach § 70 Absatz 2. [3] Der Antrag ist unwiderruflich.

§ 80a[2)] Übergangsregelung für Verpflichtungsprämien für Soldaten auf Zeit aus Anlass des Bundeswehrreform-Begleitgesetzes. § 85a Absatz 4 in der bis zum 31. Dezember 2012 geltenden Fassung ist auf Verpflichtungsprämien, die nach § 85a in der Zeit vom 1. Januar 2011 bis zum 31. Dezember 2012 gewährt wurden, weiterhin anzuwenden.

§ 80b[3)] Übergangsregelung zum Auslandsverwendungszuschlag. Beamten und Soldaten, die am 31. Mai 2017 eine Vergütung nach § 50a oder Auslandsdienstbezüge nach § 52 beziehen, werden diese bis zur Beendigung ihrer jeweiligen Verwendung weitergewährt, soweit dies für die Betroffenen günstiger ist als die Gewährung des Auslandsverwendungszuschlags nach § 56 in der ab dem 1. Juni 2017 geltenden Fassung.

§ 81 Übergangsregelungen bei Zulagenänderungen aus Anlass des Versorgungsreformgesetzes 1998. [1] Soweit durch das Versorgungsreformgesetz 1998 die Ruhegehaltfähigkeit von Zulagen wegfällt oder Zulagen, die der Berechtigte bezogen hat, nicht mehr zu den ruhegehaltfähigen Dienstbezügen gehören, sind für Empfänger von Dienstbezügen, die bis zum 31. Dezember 2007 in den Ruhestand treten oder versetzt werden, die bisherigen Vorschriften über die Ruhegehaltfähigkeit in der bis zum 31. Dezember 1998 geltenden Fassung weiter anzuwenden, für Empfänger von Dienstbezügen der Besoldungsgruppen A 1 bis A 9 bei einer Zurruhesetzung bis zum 31. Dezember 2010. [2] Dies gilt nicht, wenn die Zulage nach dem 1. Januar 1999 erstmals gewährt wird.

§ 82[4)] *(aufgehoben)*

§ 83[5)] Übergangsregelung für Ausgleichszulagen. § 19a gilt entsprechend, wenn ein Anspruch auf eine ruhegehaltfähige Ausgleichszulage wegen der Verringerung oder des Verlustes einer Amtszulage während eines Dienstverhältnisses nach § 1 Absatz 1 bis zum 30. Juni 2009 entstanden ist, und in den Fällen des § 2 Absatz 6 des Besoldungsüberleitungsgesetzes.

§ 83a[6)] Übergangsregelung für die Besoldung bei Verleihung eines anderen Amtes oder bei Wechsel in den Dienst des Bundes. (1) Der Anspruch nach § 19a Satz 2 besteht ab dem 1. März 2012 auch für Wechsel in der Zeit vom 1. Juli 2009 bis zum 21. März 2012.

[1)] § 80 Überschrift geänd. und Abs. 2 angef. mWv 1.1.2022 durch G v. 9.7.2021 (BGBl. I S. 2444).

[2)] § 80a eingef. mWv 1.1.2013 durch G v. 21.7.2012 (BGBl. I S. 1583).

[3)] § 80b eingef. mWv 1.6.2017 durch G v. 8.6.2017 (BGBl. I S. 1570).

[4)] § 82 aufgeh. mWv 1.8.2021 durch G v. 28.6.2021 (BGBl. I S. 2250).

[5)] § 83 Abs. 3 geänd. mWv 1.1.2011 durch G v. 5.2.2009 (BGBl. I S. 160, insoweit geänd. durch G v. 19.11.2010, BGBl. I S. 1552); Überschrift und Abs. 3 geänd. mWv 1.1.2012 durch G v. 20.12.2011 (BGBl. I S. 2842); Abs. 2 und 3 aufgeh. mWv 11.1.2017 durch G v. 5.1.2017 (BGBl. I S. 17).

[6)] § 83a eingef. mWv 22.3.2012 durch G v. 15.3.2012 (BGBl. I S. 462).

(2) [1] Für Beamte, Richter und Soldaten, die in der Zeit vom 1. Juli 2009 bis zum 21. März 2012 auf Grund einer Versetzung, einer Übernahme oder eines Übertritts in den Dienst des Bundes gewechselt sind, ist § 19b mit der Maßgabe anzuwenden, dass eine Ausgleichszulage ab dem 1. März 2012 gewährt wird. [2] Sie wird in der Höhe gewährt, die sich am 22. März 2012 ergäbe, wenn die Zulage bereits seit dem Wechsel in den Dienst des Bundes zugestanden hätte.

§ 84 Anpassung von Bezügen nach fortgeltendem Recht. Die Anpassung nach § 14 Absatz 2 gilt entsprechend für

1. die Grundgehaltssätze (Gehaltssätze) in den Regelungen über künftig wegfallende Ämter,
2. die Amtszulagen in Überleitungsvorschriften oder Regelungen über künftig wegfallende Ämter,
3. die in festen Beträgen ausgewiesenen Zuschüsse zum Grundgehalt nach den Vorbemerkungen Nummer 1 und 2 sowie die allgemeine Stellenzulage nach Vorbemerkung Nummer 2b der Anlage II in der bis zum 22. Februar 2002 geltenden Fassung,
4. die Beträge der Amtszulagen nach Anlage 2 der Verordnung zur Überleitung in die im Zweiten Gesetz zur Vereinheitlichung und Neuregelung des Besoldungsrechts in Bund und Ländern geregelten Ämter und über die künftig wegfallenden Ämter vom 1. Oktober 1975 (BGBl. I S. 2608), geändert durch Artikel 9 des Gesetzes vom 24. März 1997 (BGBl. I S. 590).

§ 85[1] Anwendungsbereich in den Ländern. Für die Beamten und Richter der Länder, der Gemeinden, der Gemeindeverbände sowie der sonstigen der Aufsicht eines Landes unterstehenden Körperschaften, Anstalten und Stiftungen des öffentlichen Rechts gilt das Bundesbesoldungsgesetz in der bis zum 31. August 2006 geltenden Fassung, soweit nichts Anderes bestimmt ist.[2]

---

[1] § 85 aufgeh., bish. § 86 wird § 85 mWv 1.8.2013 durch G v. 11.6.2013 (BGBl. I S. 1514).

[2] Siehe die besoldungsrechtlichen Regelungen der Länder:
- **Baden-Württemberg:** LandesbesoldungsG v. 9.11.2010 (GBl. S. 793, 826), zuletzt geänd. durch G v. 22.12.2021 (GBl. S. 1009)
- **Bayern:** Bayerisches BesoldungsG v. 5.8.2010 (GVBl. S. 410, 764), zuletzt geänd. durch G v. 5.8.2022 (GVBl. S. 414)
- **Berlin:** vgl. § 1b LandesbesoldungsG v. 9.4.1996 (GVBl. S. 160, ber. S. 463), zuletzt geänd. durch G v. 27.9. 2021 (GVBl. S. 1117)
- **Brandenburg:** Brandenburgisches BesoldungsG v. 20.11.2013 (GVBl. I Nr. 32, 2, ber. Nr. 34), zuletzt geänd. durch G v. 14.10.2022 (GVBl. I Nr. 23)
- **Bremen:** Bremisches BesoldungsG v. 20.12.2016 (Brem.GBl. S. 924), zuletzt geänd. durch G v. 23.11.2021 (Brem.GBl. S. 772)
- **Hamburg:** Hamburgisches BesoldungsG v. 26.1.2010 (HmbGVBl. S. 23), zuletzt geänd. durch G v. 11.10. 2022 (HmbGVBl. S. 533)
- **Hessen:** Hessisches BesoldungsG v. 27.5.2013 (GVBl. S. 218, 256, ber. S. 508), zuletzt geänd. durch G v. 22.9.2022 (GVBl. S. 460)
- **Mecklenburg-Vorpommern:** LandesbesoldungsG v. 11.5.2021 (GVOBl. M-V S. 600)
- **Niedersachsen:** Niedersächsisches BesoldungsG v. 20.12.2016 (Nds. GVBl. S. 308, ber. 2017 S. 64), zuletzt geänd. durch G v. 23.9.2022 (Nds. GVBl. S. 611)
- **Nordrhein-Westfalen:** LandesbesoldungsG v. 14.6.2016 (GV. NRW. S. 310, 339), zuletzt geänd. durch G v. 13.4.2022 (GV. NRW. S. 524)
- **Rheinland-Pfalz:** LandesbesoldungsG v. 18.6.2013 (GVBl. S. 157, 158), zuletzt geänd. durch G v. 8.4. 2022 (GVBl. S. 120)
- **Saarland:** Saarländisches BesoldungsG v. 13.10.2021 (Amtsbl. I S. 2547), geänd. durch G v. 13.7.2022 (Amtsbl. I S. 1046)
- **Sachsen:** Sächsisches BesoldungsG v. 18.12.2013 (SächsGVBl. S. 970, 1005), zuletzt geänd. durch G v. 30.6.2022 (SächsGVBl. S. 450)

→

Anlage I[1)]
(zu § 20 Absatz 2 Satz 1)

Bundesbesoldungsordnungen A und B

Vorbemerkungen[2)]

I. Allgemeine Vorbemerkungen

1.[3)] Amtsbezeichnungen

(1) Weibliche Beamte führen die Amtsbezeichnung soweit möglich in der weiblichen Form.

(2) [1] Die in den Bundesbesoldungsordnungen A und B gesperrt gedruckten Amtsbezeichnungen sind Grundamtsbezeichnungen. [2] Den Grundamtsbezeichnungen können Zusätze beigefügt werden, die hinweisen auf

1. den Dienstherrn oder den Verwaltungsbereich,
2. die Laufbahn,
3. die Fachrichtung.

[3] Die Grundamtsbezeichnungen „Rat", „Oberrat", „Direktor", „Leitender Direktor", „Direktor und Professor", „Erster Direktor", „Oberdirektor", „Präsident" und „Präsident und Professor" dürfen nur in Verbindung mit einem Zusatz nach Satz 2 verliehen werden.

(3) [1] Über die Beifügung der Zusätze zu den Grundamtsbezeichnungen der Bundesbesoldungsordnung B entscheidet das Bundesministerium des Innern, für Bau und Heimat im Einvernehmen mit dem Bundesministerium der Finanzen. [2] Das Bundesministerium des Innern, für Bau und Heimat macht die Zusätze zu den Grundamtsbezeichnungen der Bundesbesoldungsordnung B jährlich zum 1. März im Gemeinsamen Ministerialblatt bekannt.

(4) [1] Die Regelungen in der Bundesbesoldungsordnung A für Ämter des mittleren, gehobenen und höheren Polizeivollzugsdienstes – mit Ausnahme des kriminalpolizeilichen Vollzugsdienstes – gelten auch für die Polizeivollzugsbeamten beim Deutschen Bundestag. [2] Diese führen die Amtsbezeichnungen des Polizeivollzugsdienstes mit dem Zusatz „beim Deutschen Bundestag".

2. „Direktor und Professor" in den Besoldungsgruppen B 1, B 2 und B 3

[1] Die Ämter „Direktor und Professor" in den Besoldungsgruppen B 1, B 2 und B 3 dürfen nur an Beamte verliehen werden, denen in wissenschaftlichen Forschungs-

---

(Fortsetzung der Anm. von voriger Seite)

– **Sachsen-Anhalt:** LandesbesoldungsG v. 8.2.2011 (GVBl. LSA S. 68), zuletzt geänd. durch G v. 7.2.2022 (GVBl. LSA S. 12)

– **Schleswig-Holstein:** BesoldungsG Schleswig-Holstein v. 26.1.2012 (GVOBl. Schl.-H. S. 153), zuletzt geänd. durch G v. 3.5.2022 (GVOBl. Schl.-H. S. 551)

– **Thüringen:** Thüringer BesoldungsG idF der Bek. v. 18.1.2016 (GVBl. S. 1, ber. S. 166, 202), zuletzt geänd. durch G v. 21.12.2021 (GVBl. S. 590)

[1)] Anl. I neu gef. mWv 1.8.2013 durch G v. 11.6.2013 (BGBl. I S. 1514).

[2)] Vorbemerkung Nr. 6 und Nr. 11 geänd. mWv 1.1.2015, Nr. 4 neu gef. mWv 1.6.2015 durch G v. 13.5.2015 (BGBl. I S. 706); Nr. 5, 6, 6a, 8a, 9, 9a und 11 geänd., Nr. 8c eingef. mWv 1.1.2016 durch G v. 3.12.2015 (BGBl. I S. 2163); Nr. 6a geänd. mWv 11.1.2017 durch G v. 5.1.2017 (BGBl. I S. 17); Nr. 13 geänd. mWv 26.6.2017 durch G v. 23.6.2017 (BGBl. I S. 1822); Nr. 8c geänd. mWv 1.1.2019 durch G v. 29.11.2018 (BGBl. I S. 2232); Nr. 1, 2, 2a, 5a, 6, 6a, 7, 8, 8a, 8b, 9, 10, 13 geänd., Nr. 4, 9a, 11, 15–17 neu gef., Nr. 18 und 19 angef., Nr. 3a aufgeh. mWv 1.1.2020 durch G v. 9.12.2019 (BGBl. I S. 2053); Nr. 1, 4, 9a und 11 geänd. mWv 1.1.2020 durch G v. 28.6.2021 (BGBl. I S. 2250).

[3)] Siehe hierzu das BMI-RdSchr. D3 – 30200/101#6 v. 14.9.2020 (GMBl S. 798) und das BMI-RdSchr. D3 – 30200/183#5 v. 1.3.2022 (GMBl S. 366).

einrichtungen oder in Dienststellen und Einrichtungen mit eigenen wissenschaftlichen Forschungsbereichen überwiegend wissenschaftliche Forschungsaufgaben obliegen. [2] Dienststellen und Einrichtungen mit eigenen wissenschaftlichen Forschungsbereichen sind:

Bundesagentur für Arbeit
Bundesamt für Bauwesen und Raumordnung
Bundesamt für Naturschutz
Bundesamt für Seeschifffahrt und Hydrographie
Bundesamt für Strahlenschutz
Bundesamt für Verbraucherschutz und Lebensmittelsicherheit
Bundesanstalt für Arbeitsschutz und Arbeitsmedizin
Bundesanstalt für Geowissenschaften und Rohstoffe
Bundesanstalt für Materialforschung und -prüfung
Bundesanstalt für Straßenwesen
Bundesinstitut für Arzneimittel und Medizinprodukte
Bundesinstitut für Risikobewertung
Bundesinstitut für Sportwissenschaft
Bundeskriminalamt
Deutscher Wetterdienst
Eisenbahn-Bundesamt
Friedrich-Loeffler-Institut, Bundesforschungsinstitut für Tiergesundheit
Johann Heinrich von Thünen-Institut, Bundesforschungsinstitut für Ländliche Räume, Wald und Fischerei
Julius Kühn-Institut, Bundesforschungsinstitut für Kulturpflanzen
Max Rubner-Institut, Bundesforschungsinstitut für Ernährung und Lebensmittel
Paul-Ehrlich-Institut
Physikalisch-Technische Bundesanstalt
Robert Koch-Institut
Umweltbundesamt
Wehrtechnische Dienststelle für Schiffe und Marinewaffen, Maritime Technologie und Forschung
Wehrwissenschaftliches Institut für Werk- und Betriebsstoffe.

2a. Leiter von unteren Verwaltungsbehörden und Leiter von allgemeinbildenden oder beruflichen Schulen

[1] Die Ämter der Leiter von unteren Verwaltungsbehörden mit einem beim jeweiligen Dienstherrn örtlich begrenzten Zuständigkeitsbereich sowie die Ämter der Leiter von allgemeinbildenden oder beruflichen Schulen dürfen nur in Besoldungsgruppen der Bundesbesoldungsordnung A eingestuft werden. [2] Die Ämter der Leiter besonders bedeutender und zugleich besonders großer unterer Verwaltungsbehörden der Zollverwaltung dürfen auch in Besoldungsgruppen der Bundesbesoldungsordnung B eingestuft werden.

3. Zuordnung von Funktionen zu den Ämtern

Den Grundamtsbezeichnungen beigefügte Zusätze bezeichnen die Funktionen, die diesen Ämtern zugeordnet werden können, nicht abschließend.

(Fortsetzung nächstes Blatt)

256. Bundesmeldegesetz (BMG)[1)] [2)] [3)] [4)]

Vom 3. Mai 2013
(BGBl. I S. 1084)

FNA 210-7

geänd. durch Art. 1 Nr. 1 G zur Änd. des G zur Fortentwicklung des Meldewesens v. 20.11.2014 (BGBl. I S. 1738), Art. 3a Bundeswehr-AttraktivitätssteigerungsG v. 13.5.2015 (BGBl. I S. 706), Art. 2a G zur Änd. des PersonalausweisG zur Einführung eines Ersatz-Personalausweises und zur Änd. des PassG v. 20.6.2015 (BGBl. I S. 970), Art. 4 AsylverfahrensbeschleunigungsG v. 20.10.2015 (BGBl. I S. 1722), Art. 8, 9 Datenaustauschverbesserungs G v. 2.2.2016 (BGBl. I S. 130), Art. 1, 2 Erstes G zur Änd. des BundesmeldeG und weiterer Vorschriften v. 11.10.2016 (BGBl. I S. 2218), Art. 11 Abs. 4 eIDAS-DurchführungsG v. 18.7.2017 (BGBl. I S. 2745), Art. 5 Abs. 2 G zur Einführung einer Karte für Unionsbürger und Angehörige des Europäischen Wirtschaftsraums mit Funktion zum elektronischen Identitätsnachweis sowie zur Änd. des PersonalausweisG und weiterer Vorschriften[5)] v. 21.6.2019 (BGBl. I S. 846), Art. 8 Zweites DatenaustauschverbesserungsG v. 4.8.2019 (BGBl. I S. 1131), Art. 16 Zweites Datenschutz-Anpassungs- und UmsetzungsG EU v. 20.11.2019 (BGBl. I S. 1626), Art. 1 Drittes BürokratieentlastungsG v. 22.11.2019 (BGBl. I S. 1746), Art. 4 Drittes WaffenrechtsänderungsG v. 17.2.2020 (BGBl. I S. 166), Art. 82 Elfte ZuständigkeitsanpassungsVO v. 19.6.2020 (BGBl. I S. 1328), Art. 3, 9 G zur Stärkung der Sicherheit im Pass-, Ausweis- und ausländerrechtlichen Dokumentenwesen v. 3.12.2020 (BGBl. I S. 2744), Art. 5 ArbeitsschutzkontrollG v. 22.12.2020 (BGBl. I S. 3334), Art. 1 G zur Erprobung weiterer elektronischer Verfahren zur Erfüllung der besonderen Meldepflicht in Beherbergungsstätten v. 10.3.2021 (BGBl. I S. 332), Art. 4 Rechtsextremis-

---

[1)] Verkündet als Art. 1 G v. 3.5.2013 (BGBl. I S. 1084, geänd. durch G v. 20.11.2014, BGBl. I S. 1738); Inkrafttreten gem. Art. 4 Satz 1 dieses G am 1.11.2015, mit Ausnahme der §§ 55–57, die gem. Art. 4 Satz 2 dieses G bereits am 26.11.2014 in Kraft getreten sind.

[2)] Die Änderungen durch G v. 15.1.2021 (BGBl. I S. 530) treten teilweise erst **mWv 1.5.2023**, die Änderungen durch G v. 28.3.2021 (BGBl. I S. 591) treten teilweise erst **mit noch unbestimmtem Datum** in Kraft und sind insoweit im Text noch nicht berücksichtigt.

[3)] Zu abweichendem Landesrecht siehe ua:
– **Hessen:** Abweichungen in der Verwaltungskostenordnung für den Geschäftsbereich des Ministeriums des Innern und für Sport (VwKostO-MdIS) mWv 1.11.2015; vgl. Hinweis v. 22.12.2017 (BGBl. I S. 4016).

[4)] Zur Ausführung und Durchführung des BMG haben die Länder ua folgende Vorschriften erlassen:
– **Baden-Württemberg:** Bundesmeldegesetz-AusführungsG v. 12.5.2015 (GBl. S. 320), zuletzt geänd. durch G v. 28.6.2022 (GBl. S. 345)
– **Bayern:** Bundesmeldegesetz-AusführungsG v. 23.6.2015 (GVBl. S. 178), zuletzt geänd. durch G v. 5.7. 2022 (GVBl. S. 306)
– **Berlin:** Bundesmeldegesetz-AusführungsG v. 7.7.2016 (GVBl. S. 430), geänd. durch G v. 12.10.2020 (GVBl. S. 807)
– **Bremen:** Bundesmeldegesetz-AusführungsG v. 24.3.2015 (Brem.GBl. S. 135), zuletzt geänd. durch G v. 8.5.2018 (Brem.GBl. S. 149)
– **Hamburg:** Bundesmeldegesetz-AusführungsG v. 15.7.2015 (HmbGVBl. S. 193), zuletzt geänd. durch G v. 26.10.2021 (HmbGVBl. S. 723)
– **Hessen:** Bundesmeldegesetz-AusführungsG v. 28.9.2015 (GVBl. S. 346), geänd. durch G v. 12.11.2020 (GVBl. S. 762)
– **Niedersachsen:** Bundesmeldegesetz-AusführungsG v. 17.9.2015 (Nds. GVBl. S. 186), zuletzt geänd. durch G v. 23.3.2022 (Nds. GVBl. S. 193)
– **Rheinland-Pfalz:** Bundesmeldegesetz-AusführungsG v. 21.10.2015 (GVBl. S. 365), geänd. durch G v. 19.12.2018 (GVBl. S. 448)
– **Saarland:** Bundesmeldegesetz-AusführungsG v. 13.10.2015 (Amtsbl. I S. 712), geänd. durch G v. 22.8. 2018 (Amtsbl. I S. 674)
– **Sachsen:** Bundesmeldegesetz-AusführungsG v. 9.7.2014 (SächsGVBl. S. 376), zuletzt geänd. durch G v. 5.4.2019 (SächsGVBl. S. 245)
– **Sachsen-Anhalt:** Bundesmeldegesetz-AusführungsG v. 21.7.2015 (GVBl. LSA S. 369), zuletzt geänd. durch G v. 18.2.2020 (GVBl. LSA S. 25)
– **Schleswig-Holstein:** LandesmeldeG v. 20.10.2015 (GVOBl. Schl.-H. S. 344), zuletzt geänd. durch G v. 4.3.2022 (GVOBl. Schl.-H. S. 154)
– **Thüringen:** Bundesmeldegesetz-AusführungsG v. 23.9.2015 (GVBl. S. 131), geänd. durch G v. 30.3. 2022 (GVBl. S. 201)

[5)] Die Änd. des Inkrafttretens dieses G durch Art. 154a G v. 20.11.2019 (BGBl. I S. 1626) ist unbeachtlich, da das G bei Erlass des ÄndG bereits in Kraft getreten war.

mus-BekämpfungsG v. 30.3.2021 (BGBl. I S. 441, geänd. durch G v. 30.3.2021 BGBl. I S. 448), Art. 1, 5, 7 Zweites G zur Änd. des BundesmeldeG v. 15.1.2021 (BGBl. I S. 530), Art. 4 RegistermodernisierungsG[1] v. 28.3.2021 (BGBl. I S. 591) und Art. 4 G zur Durchführung der VO (EU) 2021/784 und zur Änd. weiterer Gesetze v. 21.7.2022 (BGBl. I S. 1182)

Inhaltsübersicht[2]

---

[1] Die Änderungen durch Art. 4 Nr. 1, 2, 3, 4, 5 Buchst. b, Nr. 6 und 7 RegistermodernisierungsG treten gem. Art. 22 Satz 3 dieses Gesetzes „an dem Tag in Kraft, an dem das Bundesministerium des Innern, für Bau und Heimat im Bundesgesetzblatt [...] bekannt gibt, dass die technischen Voraussetzungen für die Verarbeitung der Identifikationsnummer nach § 139b der Abgabenordnung [...] vorliegen".

[2] Inhaltsübersicht geänd. mWv 26.11.2019 durch G v. 20.11.2019 (BGBl. I S. 1626); geänd. mWv 7.4. 2021, geänd. mWv 1.5.2022 durch G v. 15.1.2021 (BGBl. I S. 530); geänd. mWv 27.7.2022 durch G v. 21.7.2022 (BGBl. I S. 1182).

Abschnitt 1. Allgemeine Bestimmungen

§ 1 Meldebehörden. Meldebehörden sind die durch Landesrecht dazu bestimmten Behörden.

§ 2[1] Aufgaben und Befugnisse der Meldebehörden. (1) Die Meldebehörden haben die in ihrem Zuständigkeitsbereich wohnhaften Personen (Einwohner) zu registrieren, um deren Identität und deren Wohnungen feststellen und nachweisen zu können.

(2) [1] Die Meldebehörden führen zur Erfüllung ihrer Aufgaben Melderegister. [2] Diese enthalten Daten, die bei der betroffenen Person erhoben, von öffentlichen Stellen übermittelt oder sonst amtlich bekannt werden.

(3) Die Meldebehörden erteilen Melderegisterauskünfte, wirken nach Maßgabe dieses Gesetzes oder sonstiger Rechtsvorschriften bei der Durchführung von Aufgaben anderer öffentlicher Stellen mit und übermitteln Daten.

(4) [1] Die Meldebehörden dürfen personenbezogene Daten, die im Melderegister gespeichert werden, nur nach Maßgabe dieses Gesetzes oder sonstiger Rechtsvorschriften verarbeiten. [2] Daten nicht meldepflichtiger Personen dürfen nur verarbeitet werden, wenn die betroffene Person in die Datenverarbeitung eingewilligt hat.

§ 3[2] Speicherung von Daten. (1) Zur Erfüllung ihrer Aufgaben nach § 2 Absatz 1 und 3 speichern die Meldebehörden folgende Daten sowie die zum Nachweis ihrer Richtigkeit erforderlichen Hinweise im Melderegister:

---

[1] § 2 Abs. 4 Satz 1 geänd., Satz 2 neu gef. mWv 26.11.2019 durch G v. 20.11.2019 (BGBl. I S. 1626).

[2] § 3 Abs. 2 Nr. 2 Buchst. c und d Doppelbuchst. aa geänd. durch G v. 20.11.2014 (BGBl. I S. 1738); Abs. 1 Nr. 17 geänd., Abs. 2 Nr. 4 neu gef. durch G v. 20.6.2015 (BGBl. I S. 970); Abs. 1 Nr. 17a eingef. →

1. Familienname,
2. frühere Namen,
3. Vornamen unter Kennzeichnung des gebräuchlichen Vornamens,
4. Doktorgrad,
5. Ordensname, Künstlername,
6. Geburtsdatum und Geburtsort sowie bei Geburt im Ausland auch den Staat,
7. Geschlecht,
8. keine Eintragung,
9. zum gesetzlichen Vertreter
   a) Familienname,
   b) Vornamen,
   c) Doktorgrad,
   d) Anschrift,
   e) Geburtsdatum,
   f) Geschlecht,
   g) Sterbedatum sowie
   h) Auskunftssperren nach § 51 und bedingte Sperrvermerke nach § 52,
10. derzeitige Staatsangehörigkeiten,
11. rechtliche Zugehörigkeit zu einer öffentlich-rechtlichen Religionsgesellschaft,
12. derzeitige Anschriften, frühere Anschriften im Zuständigkeitsbereich der Meldebehörde sowie Anschrift der letzten alleinigen Wohnung oder Hauptwohnung und der letzten Nebenwohnungen außerhalb des Zuständigkeitsbereichs der Meldebehörde, gekennzeichnet nach Haupt- und Nebenwohnung, bei Zuzug aus dem Ausland auch den Staat und die letzte Anschrift im Inland, bei Wegzug in das Ausland auch die Zuzugsanschrift im Ausland und den Staat,
13. Einzugsdatum, Auszugsdatum, Datum des letzten Wegzugs aus einer Wohnung im Inland sowie Datum des letzten Zuzugs aus dem Ausland,
14. Familienstand, bei Verheirateten oder Lebenspartnern zusätzlich Datum und Ort der Eheschließung oder der Begründung der Lebenspartnerschaft sowie bei Eheschließung oder Begründung der Lebenspartnerschaft im Ausland auch den Staat,
15. zum Ehegatten oder Lebenspartner
    a) Familienname,
    b) Vornamen,
    c) Geburtsname,
    d) Doktorgrad,
    e) Geburtsdatum,
    f) Geschlecht,

(Fortsetzung der Anm. von voriger Seite)
mWv 5.2.2016 durch G v. 2.2.2016 (BGBl. I S. 130); Abs. 1 Nr. 9 Buchst. h, Nr. 15 Buchst. i, Nr. 16 Buchst. g geänd., Abs. 2 Nr. 5 neu gef., Nr. 10 geänd. mWv 1.11.2016 durch G v. 11.10.2016 (BGBl. I S. 2218); Abs. 1 Nr. 17a neu gef. mWv 1.11.2019 durch G v. 4.8.2019 (BGBl. I S. 1131); Abs. 2 Nr. 7 neu gef. mWv 1.5.2020 durch G v. 17.2.2020 (BGBl. I S. 166); Abs. 1 Nr. 17 geänd. mWv 12.12.2020 und mWv 1.5.2021 durch G v. 3.12.2020 (BGBl. I S. 2744); Abs. 1 Nr. 14 geänd., Abs. 2 Nr. 1 Buchst. c aufgeh. mWv 7.4.2021 durch G v. 15.1.2021 (BGBl. I S. 530); Abs. 2 Nr. 6 aufgeh. mWv 27.7.2022, Abs. 1 Nr. 17a geänd. mWv 1.11.2022 durch G v. 21.7.2022 (BGBl. I S. 1182).

g) derzeitige Anschriften im Zuständigkeitsbereich der Meldebehörde sowie Anschrift der letzten alleinigen Wohnung oder Hauptwohnung außerhalb des Zuständigkeitsbereichs der Meldebehörde,

h) Sterbedatum sowie

i) Auskunftssperren nach § 51 und bedingte Sperrvermerke nach § 52,

16. zu minderjährigen Kindern

a) Familienname,

b) Vornamen,

c) Geburtsdatum,

d) Geschlecht,

e) Anschrift im Inland,

f) Sterbedatum,

g) Auskunftssperren nach § 51 und bedingte Sperrvermerke nach § 52,

17. Ausstellungsbehörde, Ausstellungsdatum, letzter Tag der Gültigkeitsdauer und Seriennummer des Personalausweises, vorläufigen Personalausweises oder Ersatz-Personalausweises, des anerkannten Passes oder Passersatzpapiers, Ausstellungsbehörde, letzter Tag der Gültigkeitsdauer und Seriennummer der eID-Karte sowie Sperrkennwort und Sperrsumme des Personalausweises und der eID-Karte,

17a. die AZR-Nummer in den Fällen und nach Maßgabe des § 10 Absatz 4 Satz 1 und 2 Nummer 4 des AZR-Gesetzes[1)],

18. Auskunfts- und Übermittlungssperren,

19. Sterbedatum und Sterbeort sowie bei Versterben im Ausland auch den Staat.

(2) Über die in Absatz 1 genannten Daten hinaus speichern die Meldebehörden folgende Daten sowie die zum Nachweis ihrer Richtigkeit erforderlichen Hinweise im Melderegister:

1. für die Vorbereitung und Durchführung von Wahlen und Abstimmungen auf staatlicher und kommunaler Ebene die Tatsache, dass die betroffene Person

a) von der Wahlberechtigung oder der Wählbarkeit ausgeschlossen ist,

b) als Unionsbürger (§ 6 Absatz 3 Satz 1 des Europawahlgesetzes) bei der Wahl des Europäischen Parlaments von Amts wegen in ein Wählerverzeichnis im Inland einzutragen ist; ebenfalls zu speichern ist die Gebietskörperschaft oder der Wahlkreis im Herkunftsmitgliedstaat, wo die betroffene Person zuletzt in ein Wählerverzeichnis eingetragen war,

2. für das Verfahren zur Bildung und Anwendung der elektronischen Lohnsteuerabzugsmerkmale nach § 39e Absatz 2 Satz 2 und 3 des Einkommensteuergesetzes

a) die Zugehörigkeit zu einer steuererhebenden Religionsgesellschaft sowie das Datum des Eintritts und Austritts,

b) den Familienstand,

c) das Datum der Begründung oder Auflösung der Ehe oder Lebenspartnerschaft sowie

d) die Identifikationsnummern oder die Vorläufigen Bearbeitungsmerkmale

aa) des Ehegatten oder Lebenspartners,

[1)] **Sartorius ErgBd. Nr. 569.**

bb) der minderjährigen Kinder, die ihre alleinige Wohnung oder ihre Hauptwohnung im Zuständigkeitsbereich derselben Meldebehörde haben,

3. für Zwecke nach § 139b Absatz 2 der Abgabenordnung
die Identifikationsnummer nach § 139b der Abgabenordnung und bis zu deren Speicherung im Melderegister das Vorläufige Bearbeitungsmerkmal nach § 139b Absatz 6 Satz 2 der Abgabenordnung,
4. für die Ausstellung von Pässen und Ausweisen
die Tatsache, dass Passversagungsgründe vorliegen, ein Pass versagt oder entzogen oder eine Anordnung nach § 6 Absatz 7, § 6a Absatz 1 oder § 6a Absatz 2 des Personalausweisgesetzes[1] getroffen worden ist,
5. für staatsangehörigkeitsrechtliche Verfahren
die Tatsache, dass die deutsche Staatsangehörigkeit nach § 4 Absatz 3 oder § 40b des Staatsangehörigkeitsgesetzes[2] erworben wurde und nach § 29 des Staatsangehörigkeitsgesetzes ein Verlust der deutschen Staatsangehörigkeit eintreten kann,
6. *(aufgehoben)*
7. für waffenrechtliche Verfahren
die Tatsache, dass eine waffenrechtliche Erlaubnis erteilt oder ein Waffenbesitzverbot erlassen worden ist, sowie die jeweilige Behörde, die diese Tatsache mitteilt, mit Angabe des Datums, an dem die waffenrechtliche Erlaubnis erstmals erteilt oder das Waffenbesitzverbot erlassen worden ist,
8. für sprengstoffrechtliche Verfahren
die Tatsache, dass eine sprengstoffrechtliche Erlaubnis oder ein Befähigungsschein nach § 20 des Sprengstoffgesetzes[3] erteilt worden ist, sowie die Behörde, die diese Tatsache mitteilt, mit Angabe des Datums der erstmaligen Erteilung,
9. zur Beantwortung von Aufenthaltsanfragen anderer Behörden und sonstiger öffentlicher Stellen, wenn der Einwohner die Wohnung aufgegeben hat und der Meldebehörde eine neue Wohnung nicht bekannt ist,
das Ersuchen um Datenübermittlung mit dem Datum der Anfrage und der Angabe der anfragenden Stelle für die Dauer von bis zu zwei Jahren,
10. für die Prüfung, ob die von der meldepflichtigen Person gemachten Angaben richtig sind, und zur Gewährleistung der Auskunftsrechte in § 19 Absatz 1 Satz 3 und § 50 Absatz 4
den Namen und die Anschrift des Eigentümers der Wohnung und, wenn dieser nicht selbst Wohnungsgeber ist, den Namen des Eigentümers der Wohnung sowie den Namen und die Anschrift des Wohnungsgebers,
11. im Spannungs- oder Verteidigungsfall für die Wehrerfassung
die Tatsache, dass ein Einwohner bereits vor der Erfassung seines Jahrganges erfasst worden ist.

§ 4[4] Ordnungsmerkmale. (1) [1]Die Meldebehörden dürfen ihre Register mit Hilfe von Ordnungsmerkmalen führen. [2]Die Ordnungsmerkmale können aus den in § 3 Absatz 1 Nummer 6 und 7 genannten Daten gebildet werden. [3]Durch geeignete technische Maßnahmen nach den Artikeln 24, 25 und 32 der Verordnung (EU) 2016/679[5] des Europäischen Parlaments und des Rates vom 27. April 2016

[1] Nr. **255**.
[2] Nr. **15**.
[3] **Sartorius ErgBd. Nr. 822.**
[4] § 4 Abs. 1 Satz 3, Abs. 2, 3 Satz 2 geänd. mWv 26.11.2019 durch G v. 20.11.2019 (BGBl. I S. 1626).
[5] Nr. **246**.

zum Schutz natürlicher Personen bei der Verarbeitung personenbezogener Daten, zum freien Datenverkehr und zur Aufhebung der Richtlinie 95/46/EG (Datenschutz-Grundverordnung) (ABl. L 119 vom 4.5.2016, S. 1; L 314 vom 22.11.2016, S. 72; L 127 vom 23.5.2018, S. 2) in der jeweils geltenden Fassung sind die Ordnungsmerkmale vor Verwechslungen zu schützen.

(2) Soweit von den Meldebehörden bereits Ordnungsmerkmale verarbeitet werden, die andere als die in § 3 Absatz 1 Nummer 6 und 7 genannten Daten enthalten, dürfen diese noch für eine Übergangsfrist von sechs Jahren nach Inkrafttreten dieses Gesetzes verarbeitet werden.

(3) [1] Ordnungsmerkmale dürfen im Rahmen von Datenübermittlungen an öffentliche Stellen und öffentlich-rechtliche Religionsgesellschaften übermittelt werden. [2] Der Empfänger der Daten darf die Ordnungsmerkmale nur im Verkehr mit der jeweiligen Meldebehörde verarbeiten, eine Weiterübermittlung ist unzulässig. [3] Soweit Ordnungsmerkmale personenbezogene Daten enthalten, dürfen sie nur übermittelt werden, wenn dem Empfänger auch die im Ordnungsmerkmal enthaltenen personenbezogenen Daten übermittelt werden dürfen.

(4) Absatz 3 Satz 2 und 3 gilt entsprechend für die Weitergabe von Ordnungsmerkmalen innerhalb der Verwaltungseinheit, der die Meldebehörde angehört.

§ 5[1)] Zweckbindung der Daten. (1) Die Meldebehörde darf die Daten, die nach § 3 Absatz 1 Nummer 17a[2)] gespeichert sind, nur noch im Verkehr mit der Registerbehörde für das Ausländerzentralregister nutzen, sobald sie von der Ausländerbehörde nach § 90a Absatz 1 Satz 3 des Aufenthaltsgesetzes[3)] unterrichtet wurde.

(2) [1] Die Meldebehörden dürfen die in § 3 Absatz 2 bezeichneten Daten nur für die dort genannten Zwecke verarbeiten. [2] Sie haben durch technische und organisatorische Maßnahmen nach den Artikeln 24, 25 und 32 der Verordnung (EU) 2016/679[4)] sicherzustellen, dass diese Daten nur nach Maßgabe des Satzes 1 verarbeitet werden.

(3) [1] Die in § 3 Absatz 2 bezeichneten Daten dürfen nur insoweit zusammen mit den in § 3 Absatz 1 bezeichneten Daten verarbeitet werden, als dies zur Erfüllung der jeweiligen Aufgabe erforderlich ist. [2] § 34 Absatz 3 und 4 bleibt unberührt mit der Maßgabe, dass

1. die in § 3 Absatz 2 Nummer 1 genannten Daten nur an die Stellen übermittelt werden dürfen, die für die Vorbereitung und Durchführung der dort genannten Wahlen und Abstimmungen zuständig sind, und
2. die in § 3 Absatz 2 Nummer 2 und 3 genannten Daten nur an das Bundeszentralamt für Steuern übermittelt werden dürfen. Das in § 3 Absatz 2 Nummer 2 Buchstabe c genannte Datum zur Auflösung der Ehe oder Lebenspartnerschaft darf auch an die amtliche Statistik übermittelt werden.

[3] Die in Satz 2 Nummer 1 und 2 genannten Daten dürfen nach § 33 auch an die Meldebehörden übermittelt werden.

[1)] § 5 Abs. 2 Satz 2 Nr. 2 Satz 2 angef. mWv 1.11.2016 durch G v. 11.10.2016 (BGBl. I S. 2218); Abs. 1 Sätze 1, 2, Abs. 2 Satz 1 geänd. mWv 26.11.2019 durch G v. 20.11.2019 (BGBl. I S. 1626); Abs. 1 eingef., bish. Abs. 1, 2 werden Abs. 2, 3 mWv 1.11.2022 durch G v. 21.7.2022 (BGBl. I S. 1182).

[2)] Nr. **256**.

[3)] Nr. **565**.

[4)] Nr. **246**.

§ 6[1)] Richtigkeit und Vollständigkeit des Melderegisters. (1) [1] Ist das Melderegister unrichtig oder unvollständig, hat es die Meldebehörde nach Artikel 5 Absatz 1 Buchstabe d der Verordnung (EU) 2016/679[2)] zu berichtigen oder zu vervollständigen (Fortschreibung). [2] Über die Fortschreibung sind unverzüglich diejenigen öffentlichen Stellen zu unterrichten, denen im Rahmen regelmäßiger Datenübermittlungen die unrichtigen oder unvollständigen Daten übermittelt worden sind.

(2) [1] Soweit die in Absatz 1 Satz 2 genannten öffentlichen Stellen nicht Aufgaben der amtlichen Statistik wahrnehmen oder öffentlich-rechtliche Religionsgesellschaften sind, haben sie die Meldebehörden unverzüglich zu unterrichten, wenn ihnen konkrete Anhaltspunkte für die Unrichtigkeit oder Unvollständigkeit der übermittelten Daten vorliegen. [2] Öffentliche Stellen, denen auf ihr Ersuchen hin Meldedaten übermittelt worden sind, haben die Meldebehörden zu unterrichten, wenn ihnen solche Anhaltspunkte vorliegen. [3] Gesetzliche Geheimhaltungspflichten, insbesondere das Steuergeheimnis nach § 30 der Abgabenordnung, sowie Berufs- oder besondere Amtsgeheimnisse stehen der Unterrichtung nicht entgegen, soweit sie sich auf die Angabe beschränkt, dass konkrete Anhaltspunkte für die Unrichtigkeit oder Unvollständigkeit übermittelter Daten vorliegen.

(3) Liegen der Meldebehörde konkrete Anhaltspunkte für die Unrichtigkeit oder Unvollständigkeit des Melderegisters vor, hat sie den Sachverhalt von Amts wegen zu ermitteln.

(4) Bei der Weitergabe von Daten und Hinweisen nach § 37 sind Absatz 1 Satz 2 und Absatz 2 entsprechend anzuwenden.

§ 7[3)] Meldegeheimnis. (1) Personen, die bei Meldebehörden oder anderen Stellen, die im Auftrag der Meldebehörden handeln, beschäftigt sind, ist es verboten, personenbezogene Daten unbefugt zu verarbeiten.

(2) [1] Die in Absatz 1 genannten Personen sind bei Aufnahme ihrer Tätigkeit von ihrem Arbeitgeber über ihre Pflichten nach Absatz 1 zu belehren und schriftlich auf die Einhaltung des Meldegeheimnisses zu verpflichten. [2] Ihre Pflichten bestehen auch nach Beendigung ihrer Tätigkeit fort.

Abschnitt 2. Schutzrechte

§ 8[4)] Schutzwürdige Interessen der betroffenen Person. [1] Schutzwürdige Interessen der betroffenen Person dürfen durch die Verarbeitung personenbezogener Daten nicht beeinträchtigt werden. [2] Schutzwürdige Interessen werden insbesondere beeinträchtigt, wenn die Verarbeitung, gemessen an ihrer Eignung und ihrer Erforderlichkeit zu dem vorgesehenen Zweck, die betroffene Person unverhältnismäßig belastet. [3] Die Prüfung, ob schutzwürdige Interessen der betroffenen Person beeinträchtigt werden, entfällt, falls die Verarbeitung durch Rechtsvorschrift vorgeschrieben ist.

§ 9[5)] *(aufgehoben)*

[1)] § 6 Abs. 1 Satz 1 geänd. mWv 26.11.2019 durch G v. 20.11.2019 (BGBl. I S. 1626); Abs. 3 geänd. mWv 7.4.2021 durch G v. 15.1.2021 (BGBl. I S. 530).

[2)] Nr. **246**.

[3)] § 7 Abs. 1 geänd. mWv 26.11.2019 durch G v. 20.11.2019 (BGBl. I S. 1626).

[4)] § 8 Sätze 1, 2, 3 geänd. mWv 26.11.2019 durch G v. 20.11.2019 (BGBl. I S. 1626).

[5)] § 9 aufgeh. mWv 26.11.2019 durch G v. 20.11.2019 (BGBl. I S. 1626).

§ 10[1] **Auskunftsrecht der betroffenen Person.** (1) Vor der Erteilung der Auskunft an die betroffene Person nach Artikel 15 der Verordnung (EU) 2016/679[2] hat die Meldebehörde die Identität der betroffenen Person zu überprüfen.

(2) Sofern die Auskunft elektronisch erteilt wird, ist sicherzustellen, dass Maßnahmen nach den Artikeln 24, 25 und 32 der Verordnung (EU) 2016/679 auch im Bereich der Verschlüsselungstechnik und der Authentifizierung getroffen werden, um den Datenschutz und die Datensicherheit zu gewährleisten, insbesondere im Hinblick auf die Vertraulichkeit und die Unversehrtheit der Daten, die im Melderegister gespeichert sind und an die betroffene Person übermittelt werden.

(3) Das bei einer elektronischen Antragstellung erforderliche Vertrauensniveau zum Nachweis der Identität des Antragstellers wird durch Rechtsverordnung nach § 56 Absatz 1 Nummer 6 festgelegt.

§ 11[3] **Auskunftsbeschränkungen.** (1) [1] Das Recht auf Auskunft der betroffenen Person über die Kategorien der übermittelten Daten und über die Empfänger der Daten nach Artikel 15 Absatz 1 Buchstabe b und c der Verordnung (EU) 2016/679[2] besteht nicht, wenn

1. eine nicht automatisierte Melderegisterauskunft nach den §§ 46 und 50 Absatz 1 bis 3 erfolgt ist,
2. eine nicht automatisierte Datenübermittlung nach § 34 oder eine nicht automatisierte Datenweitergabe nach § 37 Absatz 1 erfolgt ist oder
3. die abrufende Stelle eine der in § 34 Absatz 4 Satz 1 genannten Behörden ist.

[2] Auskunft über automatisierte Melderegisterauskünfte und über Datenübermittlungen im automatisierten Abrufverfahren durch öffentliche Stellen wird nur innerhalb der Frist zur Aufbewahrung der Protokolldaten nach § 40 Absatz 5 erteilt.

(2) Das Recht auf Auskunft der betroffenen Person nach Artikel 15 der Verordnung (EU) 2016/679 besteht nicht,

1. soweit der betroffenen Person die Einsicht in ein Personenstandsregister nach § 63 Absatz 1 und 3 des Personenstandsgesetzes[4] nicht gestattet werden darf,
2. wenn Fälle des § 1758 des Bürgerlichen Gesetzbuches[5] vorliegen,
3. soweit es sich um Daten zum gesetzlichen Vertreter, Ehegatten, Lebenspartner oder zu minderjährigen Kindern handelt und für diesen Personenkreis eine Auskunftssperre nach § 51 oder ein bedingter Sperrvermerk nach § 52 gespeichert ist oder
4. wenn das Interesse der betroffenen Person an der Auskunftserteilung zurücktreten muss, weil
   a) die Auskunft die ordnungsgemäße Erfüllung der Aufgaben im Sinne des Artikels 23 Absatz 1 Buchstabe e der Verordnung (EU) 2016/679, die in der Zuständigkeit der Meldebehörde liegen, gefährden würde,

---

[1] § 10 Abs. 1 Satz 2 geänd. durch G v. 20.11.2014 (BGBl. I S. 1738); Abs. 3 Satz 2 geänd. mWv 29.7. 2017 durch G v. 18.7.2017 (BGBl. I S. 2745); Abs. 3 Satz 1 geänd. mWv 1.11.2019 durch G v. 21.6.2019 (BGBl. I S. 846); Überschrift, Abs. 1, 2 neu gef. mWv 26.11.2019 durch G v. 20.11.2019 (BGBl. I S. 1626); Abs. 2 geänd. mWv 7.4.2021, Abs. 3 neu gef. mWv 1.5.2022 durch G v. 15.1.2021 (BGBl. I S. 530).

[2] Nr. **246**.

[3] § 11 Abs. 2 Nr. 3 geänd. mWv 1.11.2016 durch G v. 11.10.2016 (BGBl. I S. 2218); Abs. 1, 2 neu gef., Abs. 4 Satz 3 geänd. mWv 26.11.2019 durch G v. 20.11.2019 (BGBl. I S. 1626); Abs. 1 Satz 2 geänd. mWv 1.5.2022 durch G v. 15.1.2021 (BGBl. I S. 530).

[4] Nr. **260**.

[5] **Habersack Nr. 20.**

b) die Auskunft die öffentliche Sicherheit oder Ordnung gefährden oder sich sonst nachteilig auf das Wohl des Bundes oder eines Landes auswirken würde,

c) die Auskunft strafrechtliche Ermittlungen gefährden würde oder

d) die Daten oder die Tatsache ihrer Speicherung nach einer Rechtsvorschrift oder ihrem Wesen nach, insbesondere wegen der überwiegenden berechtigten Interessen eines Dritten, geheim gehalten werden müssen.

(3) [1] Die Auskunft über die Herkunft von Daten ist nur mit Zustimmung der übermittelnden Stellen zulässig, wenn diese der Meldebehörde übermittelt worden sind von

1. den Polizeibehörden des Bundes und der Länder,
2. den Staatsanwaltschaften,
3. den Amtsanwaltschaften,
4. den Verfassungsschutzbehörden des Bundes und der Länder,
5. dem Bundesnachrichtendienst,
6. dem Militärischen Abschirmdienst,
7. dem Zollfahndungsdienst,
8. den Hauptzollämtern oder
9. den Finanzbehörden, soweit sie strafverfolgend tätig sind.

[2] Dies gilt entsprechend für die Auskunft über den Empfänger der Daten, soweit sie an die in Satz 1 genannten Behörden übermittelt worden sind. [3] Die Zustimmung darf nur unter den in den Absätzen 1 und 2 bezeichneten Voraussetzungen versagt werden.

(4) [1] Die Ablehnung der Auskunftserteilung bedarf einer Begründung nicht, soweit durch die Mitteilung der tatsächlichen und rechtlichen Gründe, auf die die Entscheidung gestützt wird, der mit der Auskunftsverweigerung verfolgte Zweck gefährdet würde. [2] In diesem Fall ist die betroffene Person darauf hinzuweisen, dass sie sich an die Stelle wenden kann, die für die Kontrolle der Einhaltung der Datenschutzbestimmungen bei der Meldebehörde zuständig ist. [3] Die Mitteilung dieser Stelle an die betroffene Person darf keine Rückschlüsse auf den Erkenntnisstand des Verantwortlichen zulassen, sofern dieser nicht einer weitergehenden Auskunft zustimmt.

(5) [1] Wird der betroffenen Person keine Auskunft erteilt, so ist die Auskunft auf ihr Verlangen der in Absatz 4 Satz 2 bezeichneten Stelle zu erteilen. [2] Stellt die jeweils zuständige oberste Landesbehörde im Einzelfall fest, dass dadurch die Sicherheit des Bundes oder eines Landes gefährdet würde, erhält der Landesbeauftragte für den Datenschutz persönlich Auskunft.

§ 12[1)] Recht auf Berichtigung. [1] Hat die Meldebehörde die Daten auf Antrag der betroffenen Person nach Artikel 16 der Verordnung (EU) 2016/679[2)] berichtigt oder vervollständigt, so gilt § 6 Absatz 1 Satz 2 entsprechend. [2] Für die Dauer der Prüfung der Richtigkeit ist die Verarbeitung der Daten nicht nach Artikel 18 Absatz 1 Buchstabe a der Verordnung (EU) 2016/679 eingeschränkt.

[1)] § 12 neu gef. mWv 26.11.2019 durch G v. 20.11.2019 (BGBl. I S. 1626).

[2)] Nr. **246**.

§ 13[1)] Aufbewahrung von Daten. (1) [1]Nach dem Wegzug oder dem Tod eines Einwohners hat die Meldebehörde für die Erfüllung ihrer Aufgaben weiterhin die in § 3 Absatz 1 Nummer 1 bis 10,12 bis 16, 17a, 18 und 19 genannten Daten zu speichern. [2]Sie darf in diesen Fällen auch die Daten nach § 3 Absatz 2 Nummer 1 und 2 im Melderegister speichern. [3]Bei Wegzug eines Einwohners speichert die Meldebehörde außerdem die Daten nach § 3 Absatz 1 Nummer 17 und die Feststellung der Tatsachen nach § 3 Absatz 2 Nummer 4, 5, 7 und 8.

(2) [1]Nach Ablauf von fünf Jahren nach dem Ende des Kalenderjahres, in dem ein Einwohner weggezogen oder verstorben ist, sind die nach Absatz 1 weiterhin gespeicherten Daten für die Dauer von 50 Jahren aufzubewahren und durch technische und organisatorische Maßnahmen nach Artikel 24, 25 und 32 der Verordnung (EU) 2016/679[2)] zu sichern, es sei denn, § 14 sieht eine frühere Löschung vor. [2]Während dieser Zeit dürfen die Daten nicht mehr verarbeitet werden. [3]Davon ausgenommen sind Familienname und Vornamen sowie frühere Namen, Geburtsdatum, Geburtsort sowie bei Geburt im Ausland auch der Staat, derzeitige und frühere Anschriften, Auszugsdatum, Auskunftssperren nach § 51 Absatz 1 sowie Sterbedatum, Sterbeort sowie bei Versterben im Ausland auch der Staat. [4]Satz 2 gilt nicht, wenn

1. die betroffene Person in die Verarbeitung der Daten eingewilligt hat,
2. die Verarbeitung der Daten unerlässlich ist
   a) zu wissenschaftlichen Zwecken,
   b) zur Behebung einer bestehenden Beweisnot,
   c) zur Erfüllung der Aufgaben der in § 34 Absatz 4 Satz 1 genannten Behörden,
   d) für Wahlzwecke nach § 3 Absatz 2 Nummer 1,
   e) zur Durchführung des staatsangehörigkeitsrechtlichen Verfahrens nach § 3 Absatz 2 Nummer 5 dieses Gesetzes sowie nach § 29 Absatz 6 und § 30 des Staatsangehörigkeitsgesetzes[3)] oder
3. die Daten nach Absatz 1 mit Ausnahme der Daten nach § 3 Absatz 1 Nummer 18 als Auswahldaten nach Maßgabe des § 38 Absatz 1 bis 3 verarbeitet werden.

§ 14[4)] Löschung von Daten. (1) [1]Die Meldebehörde hat gespeicherte Daten zu löschen, wenn sie zur Erfüllung ihrer Aufgaben nicht mehr erforderlich sind. [2]Das Gleiche gilt, wenn bereits die Speicherung der Daten unzulässig war.

(2) [1]Die Daten nach § 3 Absatz 1 Nummer 11 und Absatz 2 Nummer 2 sind nach Ablauf des auf den Wegzug oder den Tod des Einwohners folgenden Kalenderjahres zu löschen. [2]Die Daten nach § 3 Absatz 1 Nummer 17 sind fünf Jahre nach dem Ablauf der Gültigkeit des Ausweisdokuments, auf das sie sich beziehen, zu löschen. [3]Die weiteren Daten weggezogener oder verstorbener Einwohner, die nicht nach

---

[1)] § 13 Abs. 1 Satz 1 geänd. mWv 9.8.2019 durch G v. 4.8.2019 (BGBl. I S. 1131); Abs. 2 Sätze 1, 2, 4 Nr. 2 einl. Satzteil geänd., Satz 4 Nr. 1 neu gef. mWv 26.11.2019 durch G v. 20.11.2019 (BGBl. I S. 1626); Abs. 1 Satz 3, Abs. 2 Satz 1 geänd. mWv 12.12.2020 durch G v. 3.12.2020 (BGBl. I S. 2744); Abs. 1 Satz 3, Abs. 2 Sätze 3 und 4 Nr. 1, 2 Buchst. e geänd., Nr. 3 angef. mWv 1.5.2022 durch G v. 15.1.2021 (BGBl. I S. 530).

[2)] Nr. **246**.

[3)] Nr. **15**.

[4)] § 14 Abs. 4 angef. mWv 5.2.2016 durch G v. 2.2.2016 (BGBl. I S. 130); Abs. 4 geänd. mWv 9.8.2019 durch G v. 4.8.2019 (BGBl. I S. 1131); Abs. 3 neu gef. mWv 26.11.2019 durch G v. 20.11.2019 (BGBl. I S. 1626); Abs. 2 Satz 3 eingef., bish. Satz 3 wird Satz 4 mWv 12.12.2020 durch G v. 3.12.2020 (BGBl. I S. 2744); Abs. 2 Satz 1 aufgeh., bish. Sätze 2–4 werden Sätze 1–3 mWv 27.7.2022; Abs. 4 aufgeh. mWv 1.11.2022 durch G v. 21.7.2022 (BGBl. I S. 1182).

§ 13 Absatz 1 aufbewahrt werden, sind 30 Tage nach dem Wegzug und der Auswertung der Rückmeldung oder nach dem Tod des Einwohners zu löschen.

(3) [1] Ist eine Löschung im Fall nicht automatisierter Datenverarbeitung wegen der besonderen Art der Speicherung nicht oder nur mit unverhältnismäßig hohem Aufwand möglich und ist das Interesse der betroffenen Person an der Löschung als gering anzusehen, besteht das Recht der betroffenen Person auf Löschung personenbezogener Daten und die Pflicht der Meldebehörde zur Löschung personenbezogener Daten nach Artikel 17 Absatz 1 der Verordnung (EU) 2016/679[1)] ergänzend zu den in Artikel 17 Absatz 3 der Verordnung (EU) 2016/679 genannten Ausnahmen nicht. [2] In diesem Fall tritt an die Stelle einer Löschung die Einschränkung der Verarbeitung nach Artikel 18 der Verordnung (EU) 2016/679.

§ 15 Aufbewahrung und Löschung von Hinweisen. Die §§ 13 und 14 gelten entsprechend für Hinweise, die gespeichert werden, um die Richtigkeit der jeweiligen Daten nachzuweisen.

§ 16[2)] Anbieten von Daten an Archive. (1) Nach Ablauf der in § 13 Absatz 2 Satz 1 für die Aufbewahrung bestimmten Frist hat die Meldebehörde die Daten und die zum Nachweis ihrer Richtigkeit gespeicherten Hinweise vor der Löschung den durch Landesrecht bestimmten Archiven nach den jeweiligen archivrechtlichen Vorschriften zur Übernahme anzubieten.

(2) [1] Innerhalb der in § 13 Absatz 2 Satz 1 für die Aufbewahrung bestimmten Frist kann die Meldebehörde die Daten und Hinweise den durch Landesrecht bestimmten Archiven zur Übernahme anbieten, sofern die Erfüllung der Aufgaben der Meldebehörde im Rahmen des § 13 Absatz 2 Satz 2 und 3 gewährleistet bleibt. [2] Bis zum Ablauf dieser Frist darf das Archiv die übernommenen Daten und Hinweise nur nach Maßgabe des § 13 Absatz 2 Satz 2 bis 4 verarbeiten.

Abschnitt 3. Allgemeine Meldepflichten

§ 17 Anmeldung, Abmeldung. (1) Wer eine Wohnung bezieht, hat sich innerhalb von zwei Wochen nach dem Einzug bei der Meldebehörde anzumelden.

(2) [1] Wer aus einer Wohnung auszieht und keine neue Wohnung im Inland bezieht, hat sich innerhalb von zwei Wochen nach dem Auszug bei der Meldebehörde abzumelden. [2] Eine Abmeldung ist frühestens eine Woche vor Auszug möglich; die Fortschreibung des Melderegisters erfolgt zum Datum des Auszugs.

(3) [1] Die An- oder Abmeldung für Personen unter 16 Jahren obliegt denjenigen, in deren Wohnung die Personen unter 16 Jahren einziehen oder aus deren Wohnung sie ausziehen. [2] Neugeborene, die im Inland geboren wurden, sind nur anzumelden, wenn sie in eine andere Wohnung als die der Eltern oder der Mutter aufgenommen werden. [3] Ist für eine volljährige Person ein Pfleger oder ein Betreuer bestellt, der den Aufenthalt bestimmen kann, obliegt diesem die An- oder Abmeldung.

[1)] Nr. **246**.

[2)] § 16 Abs. 2 Satz 2 geänd. mWv 26.11.2019 durch G v. 20.11.2019 (BGBl. I S. 1626).

mittelt, wenn für diesen Personenkreis eine Auskunftssperre nach § 51 gespeichert ist.

§ 35 Datenübermittlungen an ausländische Stellen. Im Rahmen von Tätigkeiten, die ganz oder teilweise in den Anwendungsbereich des Rechts der Europäischen Union fallen, gilt § 34 Absatz 1 Satz 1 nach Maßgabe der dafür geltenden Gesetze und Vereinbarungen, wenn Daten übermittelt werden an

1. öffentliche Stellen in anderen Mitgliedstaaten der Europäischen Union,
2. öffentliche Stellen in anderen Vertragsstaaten des Abkommens über den Europäischen Wirtschaftsraum,
3. Organe und Einrichtungen der Europäischen Union oder
4. Organe und Einrichtungen der Europäischen Atomgemeinschaft.

§ 36[1] Regelmäßige Datenübermittlungen. (1) Datenübermittlungen an andere öffentliche Stellen, die ohne Ersuchen in allgemein bestimmten Fällen regelmäßig wiederkehrend durchgeführt werden (regelmäßige Datenübermittlungen), sind zulässig, soweit dies durch Bundes- oder Landesrecht bestimmt ist, in dem Anlass und Zweck der Übermittlungen, der Empfänger und die zu übermittelnden Daten festgelegt sind.

(2) [1] Eine Datenübermittlung nach § 58c Absatz 1 Satz 1 des Soldatengesetzes[2] ist nur zulässig, soweit die betroffene Person nicht widersprochen hat. [2] Bei einem Widerspruch hat die betroffene Person gegenüber der Meldebehörde ein Recht auf unentgeltliche Einrichtung einer Übermittlungssperre. [3] Die betroffene Person ist auf ihr Widerspruchsrecht bei der Anmeldung und spätestens im Oktober eines jeden Jahres durch ortsübliche Bekanntmachung hinzuweisen.

§ 37[3] Datenweitergabe. (1) [1] Innerhalb der Verwaltungseinheit, der die Meldebehörde angehört, dürfen unter den in § 34 Absatz 1 genannten Voraussetzungen sämtliche der in § 3 Absatz 1 aufgeführten Daten und Hinweise weitergegeben werden. [2] Für die Einsichtnahme und Weitergabe von Daten und Hinweisen nach § 3 Absatz 2 gilt § 34 Absatz 3 entsprechend.

(2) [1] Die Einrichtung automatisierter Verfahren zur Datenübertragung an andere Stellen innerhalb der Verwaltungseinheit, der die Meldebehörde angehört, bedarf der Zulassung durch den Leiter der Verwaltungseinheit; dabei hat er die abrufberechtigten Stellen sowie die erforderlichen technischen und organisatorischen Maßnahmen nach den Artikeln 24, 25 und 32 der Verordnung (EU) 2016/679[4] schriftlich festzulegen. [2] Die abrufberechtigte Stelle darf von der Möglichkeit des Datenabrufs nur Gebrauch machen, wenn dies im Einzelfall zur Erfüllung ihrer Aufgaben erforderlich ist. [3] § 34a Absatz 5 gilt entsprechend.

§ 38[5] Auswahldaten für automatisierte Abrufe und für Datenübermittlungen über Personengruppen. (1)[6] [1] Für automatisierte Abrufe von Daten mittels

---

[1] § 36 Abs. 2 Satz 1 geänd. durch G v. 20.11.2014 (BGBl. I S. 1738); Abs. 1 geänd., Abs. 2 Satz 2 eingef., bish. Satz 2 wird Satz 3 mWv 26.11.2019 durch G v. 20.11.2019 (BGBl. I S. 1626).

[2] **Sartorius III Nr. 850.**

[3] § 37 Abs. 2 Satz 1 geänd. mWv 26.11.2019 durch G v. 20.11.2019 (BGBl. I S. 1626); Abs. 2 Satz 3 angef. mWv 1.5.2022 durch G v. 15.1.2021 (BGBl. I S. 530).

[4] Nr. **246**.

[5] § 38 neu gef. mWv 1.5.2022 durch G v. 15.1.2021 (BGBl. I S. 530); Abs. 1 Satz 3 eingef., bish. Satz 3 wird Satz 4 mit unbestimmtem Inkrafttreten durch G v. 28.3.2021 (BGBl. I S. 591); Abs. 1 Satz 2 geänd. mWv 1.11.2022 durch G v. 21.7.2022 (BGBl. I S. 1182).

[6] Gem. Art. 4 Nr. 7 G v. 28.3.2021 (BGBl. I S. 591) wird nach Satz 2 mit noch unbestimmtem Inkrafttreten folgender Satz eingefügt: „Die Identifikationsnummer nach § 139b der Abgabenordnung darf in den Fällen des § 34a Absatz 2 Satz 3 zusätzlich als Auswahldatum verwendet werden."

Personensuche sind aus dem Datenkatalog nach § 34 Absatz 1 Satz 1 folgende Auswahldaten zu verwenden:

1. hinsichtlich des Namens
   a) der Familienname und mindestens ein Vorname,
   b) ein früherer Name und mindestens ein Vorname,
   c) der Ordensname oder
   d) der Künstlername sowie
2. zusätzlich zu den Angaben nach Nummer 1
   a) eine Anschrift oder
   b) ein Wohnort und mindestens eines der folgenden Daten:
      aa) Straße,
      bb) Geburtsdatum,
      cc) Geburtsort sowie bei Geburt im Ausland auch den Staat,
      dd) Geschlecht,
      ee) Sterbedatum,
      ff) Sterbeort sowie bei Versterben im Ausland auch den Staat.

[2] Die AZR-Nummer darf in den Fällen und nach Maßgabe des § 10 Absatz 4 Satz 1 und 2 Nummer 4 des AZR-Gesetzes[1)] nur zum Zweck der eindeutigen Zuordnung als zusätzliches Auswahldatum verwendet werden. [3] Für Familiennamen, frühere Namen und Vornamen sowie für Ordens- und Künstlernamen ist eine phonetische Suche zulässig.

(2) [1] Für automatisierte Abrufe und für Ersuchen um Übermittlung von Daten mittels freier Suche sollen vorbehaltlich des Satzes 2 verwenden:

1. die in § 34 Absatz 4 Satz 1 genannten Behörden alle verfügbaren Daten nach § 34 Absatz 1 Satz 1 und die Daten nach § 34 Absatz 1 Satz 2 Nummer 3,
2. alle übrigen öffentlichen Stellen nur die verfügbaren Daten nach § 34 Absatz 1 Satz 1.

[2] Die Daten beigeschriebener Personen nach § 34 Absatz 1 Satz 1 Nummer 11, 13 und 14, das Datum des letzten Wegzugs aus einer Wohnung im Inland und das Datum des letzten Zuzugs aus dem Ausland nach § 34 Absatz 1 Satz 1 Nummer 10 sowie Auskunftssperren nach § 51 und bedingte Sperrvermerke nach § 52 sind als Auswahldaten nicht zulässig. [3] Für Familiennamen, frühere Namen und Vornamen sowie für Ordens- und Künstlernamen ist eine phonetische Suche zulässig.

(3) Die Verwendung von weiteren Auswahldaten nach den Absätzen 1 und 2 ist zulässig, soweit dies durch Bundes- oder Landesrecht bestimmt ist, in dem auch Anlass und Zweck des Abrufs festgelegt sind.

(4) [1] Werden auf Grund eines automatisierten Abrufs die Datensätze mehrerer Personen angezeigt, darf die abrufberechtigte Stelle diese Daten nur in dem Umfang verwenden, der zur Erfüllung der ihr durch Rechtsvorschrift übertrage-

(Fortsetzung nächstes Blatt)

[1)] **Sartorius ErgBd. Nr. 569.**

260. Personenstandsgesetz (PStG)[1) 2) 3) 4)]

Vom 19. Februar 2007

(BGBl. I S. 122)

FNA 211-9

geänd. durch Art. 2 Abs. 2 G zur Ergänzung des Rechts zur Anfechtung der Vaterschaft v. 13.3.2008 (BGBl. I S. 313), Art. 3 Viertes G zur Änd. verwaltungsverfahrensrechtlicher Vorschriften v. 11.12.2008 (BGBl. I S. 2418), Art. 12 FGG-ReformG v. 17.12.2008 (BGBl. I S. 2586), Art. 4 G zur Modernisierung des Benachrichtigungswesens in Nachlasssachen durch Schaffung des Zentralen Testamentsregisters bei der Bundesnotarkammer und zur Fristverlängerung nach der HofraumVO v. 22.12.2010 (BGBl. I S. 2255), Art. 2 G zur Anpassung der Vorschriften des Internationalen Privatrechts an die Verordnung (EU) Nr. 1259/2010 und zur Änd. anderer Vorschriften des Internationalen Privatrechts v. 23.1.2013 (BGBl. I S. 101), Art. 1 Personenstandsrechts-ÄnderungsG v. 7.5.2013 (BGBl. I S. 1122), Art. 2 Abs. 14 G zur Strukturreform des Gebührenrechts des Bundes v. 7.8.2013 (BGBl. I S. 3154), Art. 3 G zum Ausbau der Hilfen für Schwangere und zur Regelung der vertraulichen Geburt v. 28.8.2013 (BGBl. I S. 3458), Art. 49 Zehnte ZuständigkeitsanpassungsVO v. 31.8.2015 (BGBl. I S. 1474), Art. 2 G zur Bereinigung des Rechts der Lebenspartner v. 20.11.2015 (BGBl. I S. 2010), Art. 3 G zur Bekämpfung von Kinderehen v. 17.7.2017 (BGBl. I S. 2429), Art. 1 2. Personenstandsrechts-ÄnderungsG v. 17.7.2017 (BGBl. I S. 2522), Art. 2 Abs. 2 G zur Einführung des Rechts auf Eheschließung für Personen gleichen Geschlechts v. 20.7.2017 (BGBl. I S. 2787), Beschl. des BVerfG – 1 BvR 2019/16 – v. 10.10.2017 (BGBl. I S. 3783), Art. 3 Abs. 1 G zum Erlass und zur Änd. bundesrechtlicher Vorschriften in Bezug auf die Übernahme der Angehörigenbenachrichtigungs-Aufgabenübertragung[5)] v. 4.12.2018 (BGBl. I S. 2257 iVm Bek. v. 12.4.2019,

---

[1)] Verkündet als Art. 1 PersonenstandsrechtsreformG v. 19.2.2007 (BGBl. I S. 122); Inkrafttreten gem. Art. 5 Abs. 2 Satz 1 dieses G am 1.1.2009 mit Ausnahme von § 67 Abs. 4, §§ 73, 74 und § 77 Abs. 1, die gem. Art. 5 Abs. 1 bereits am 24.2.2007 in Kraft getreten sind.

[2)] Die Änderungen durch G v. 28.3.2021 (BGBl. I S. 591) treten teilweise erst **mit noch unbestimmtem Datum** in Kraft und sind insoweit im Text noch nicht berücksichtigt.

[3)] Die Änderungen durch G v. 19.10.2022 (BGBl. I S. 1744) treten teilweise erst **mWv 1.11.2024** in Kraft und sind insoweit im Text noch nicht berücksichtigt.

[4)] Zur Ausführung und Durchführung des PStG haben die Länder ua folgende Vorschriften erlassen:
- **Baden-Württemberg:** PersonenstandsG-AusführungsG v. 3.12.2008 (GBl. S. 434), zuletzt geänd. durch G v. 15.12.2015 (GBl. S. 1147); PersonenstandsG-DurchführungsVO v. 10.6.2013 (GBl. S. 209), zuletzt geänd. durch VO v. 17.10.2018 (GBl. S. 371)
- **Bayern:** PersonenstandsausführungsG v. 8.7.2008 (GVBl. S. 344), zuletzt geänd. durch V v. 26.3.2019 (GVBl. S. 98)
- **Berlin:** Personenstands-AusführungsVO v. 2.7.2019 (GVBl. S. 454)
- **Brandenburg:** PersonenstandsausführungsG v. 9.10.2003 (GVBl. I S. 270), zuletzt geänd. durch G v. 10.7.2014 (GVBl. I Nr. 32)
- **Bremen:** Bremisches AusführungsG zum PersonenstandsG v. 16.12.2008 (Brem.GBl. S. 418), zuletzt geänd. durch G v. 27.9.2016 (Brem.GBl. S. 590)
- **Hessen:** PersonenstandsG-AusführungsG v. 19.11.2008 (GVBl. I S. 964), zuletzt geänd. durch G v. 22.3.2018 (GVBl. S. 31)
- **Mecklenburg-Vorpommern:** LandespersonenstandsausführungsG v. 1.12.2008 (GVOBl. M-V S. 461), zuletzt geänd. durch G v. 30.6.2022 (GVOBl. M-V S. 400)
- **Niedersachsen:** PersonenstandsG-AusführungsG v. 11.12.2008 (Nds. GVBl. S. 413)
- **Nordrhein-Westfalen:** PersonenstandsVO NRW v. 16.12.2008 (GV. NRW. S. 859, ber. S. 879), zuletzt geänd. durch VO v. 13.11.2018 (GV. NRW. S. 587)
- **Rheinland-Pfalz:** PersonenstandsVO v. 10.12.2008 (GVBl. S. 321), zuletzt geänd. durch VO v. 29.4.2014 (GVBl. S. 51)
- **Sachsen:** Personenstands-AusführungsG v. 11.12.2008 (SächsGVBl. S. 938), zuletzt geänd. durch G v. 5.4.2019 (SächsGVBl. S. 245)
- **Sachsen-Anhalt:** Personenstands-AusführungsG v. 5.12.2008 (GVBl. LSA S. 406), geänd. durch G v. 14.2.2019 (GVBl. LSA S. 32)
- **Schleswig-Holstein:** PersonenstandsG-DurchführungsVO v. 8.12.2008 (GVOBl. Schl.-H. S. 752), zuletzt geänd. durch VO v. 11.5.2015 (GVOBl. Schl.-H. S. 126)
- **Thüringen:** PersonenstandsG-AusführungsG v. 18.9.2008 (GVBl. S. 313), geänd. durch G v. 9.9.2010 (GVBl. S. 291)

[5)] In Kraft getreten am 1.1.2019, vgl. Art. 4 Abs. 2 G v. 4.12.2018 (BGBl. I S. 2257) iVm Bek. v. 12.4.2019 (BGBl. I S. 496).

BGBl. I S. 496), Art. 3 G zum Internationalen Güterrecht und zur Änd. von Vorschriften des Internationalen Privatrechts v. 17.12.2018 (BGBl. I S. 2573), Art. 1 G zur Änd. der in das Geburtenregister einzutragenden Angaben v. 18.12.2018 (BGBl. I S. 2635), Art. 4 G zur Umsetzung des G zur Einführung des Rechts auf Eheschließung für Personen gleichen Geschlechts v. 18.12.2018 (BGBl. I S. 2639), Art. 17 Zweites Datenschutz-Anpassungs- und UmsetzungsG EU v. 20.11.2019 (BGBl. I S. 1626), Art. 88 Elfte ZuständigkeitsanpassungsVO v. 19.6.2020 (BGBl. I S. 1328), Art. 5 RegistermodernisierungsG[1] v. 28.3. 2021 (BGBl. I S. 591), Art. 3 Vormundschafts- und Betreuungsrechts-ReformG v. 4.5.2021 (BGBl. I S. 882, aufgeh. durch G v. 19.10.2022, BGBl. I S. 1744) und Art. 1 3. Personenstandsrechts-ÄndG v. 19.10.2022 (BGBl. I S. 1744)

Inhaltsübersicht[2]

---

[1] Die Änderung des § 3 PStG durch Art. 5 Nr. 1 RegistermodernisierungsG tritt gem. Art. 22 Satz 3 dieses Gesetzes „an dem Tag in Kraft, an dem das Bundesministerium des Innern, für Bau und Heimat im Bundesgesetzblatt [...] bekannt gibt, dass die technischen Voraussetzungen für die Verarbeitung der Identifikationsnummer nach § 139b der Abgabenordnung [...] vorliegen".

[2] Inhaltsübersicht geänd. mWv 1.9.2009 durch G v. 17.12.2008 (BGBl. I S. 2586); mWv 1.11.2013 durch G v. 7.5.2013 (BGBl. I S. 1122); mWv 15.8.2013 durch G v. 7.8.2013 (BGBl. I S. 3154); geänd. mWv 26.11.2015 durch G v. 20.11.2015 (BGBl. I S. 2010); geänd. mWv 22.7.2017 durch G v. 17.7.2017 (BGBl. I S. 2429); geänd. mWv 1.11.2017 durch G v. 17.7.2017 (BGBl. I S. 2522); geänd. mWv 1.10. 2017 durch G v. 20.7.2017 (BGBl. I S. 2787); geänd. mWv 22.12.2018 durch G v. 18.12.2018 (BGBl. I S. 2635); geänd. mWv 22.12.2018 durch G v. 18.12.2018 (BGBl. I S. 2639); geänd. mWv 26.11.2019 durch G v. 20.11.2019 (BGBl. I S. 1626); geänd. mWv 1.11.2022 durch G v. 19.10.2022 (BGBl. I S. 1744).

Kapitel 1. Allgemeine Bestimmungen

§ 1[1)] Personenstand, Aufgaben des Standesamts (1) [1]Personenstand im Sinne dieses Gesetzes ist die sich aus den Merkmalen des Familienrechts ergebende Stellung einer Person innerhalb der Rechtsordnung einschließlich ihres Namens. [2]Der Personenstand umfasst Daten über Geburt, Eheschließung, Begründung einer Lebenspartnerschaft und Tod sowie damit in Verbindung stehende familien- und namensrechtliche Tatsachen.

(2) Die nach Landesrecht für das Personenstandswesen zuständigen Behörden (Standesämter) beurkunden den Personenstand nach Maßgabe dieses Gesetzes; sie wirken bei der Schließung von Ehen mit.

(3) Die Standesämter erfüllen weitere Aufgaben, die ihnen durch Bundesrecht oder Landesrecht zugewiesen werden.

§ 2 Standesbeamte. (1) [1]Beurkundungen und Beglaubigungen für Zwecke des Personenstandswesens werden im Standesamt nur von hierzu bestellten Urkundspersonen (Standesbeamten) vorgenommen. [2]Gleiches gilt für die Ausstellung von Personenstandsurkunden und sonstigen öffentlichen Urkunden. [3]Die Zuständigkeit der Notare, anderer Urkundspersonen oder sonstiger Stellen für öffentliche Beurkundungen und Beglaubigungen bleibt unberührt.

(2) Bei der Wahrnehmung ihrer Aufgaben als Urkundspersonen sind die Standesbeamten nicht an Weisungen gebunden.

(3) Zu Standesbeamten dürfen nur nach Ausbildung und Persönlichkeit geeignete Beamte und Angestellte bestellt werden.

(4) Die Funktionsbezeichnung Standesbeamter wird in weiblicher oder männlicher Form geführt.

Kapitel 2. Führung der Personenstandsregister

§ 3[2)] Personenstandsregister. (1) [1]Das Standesamt führt für seinen Zuständigkeitsbereich

---

[1)] § 1 Abs. 2 geänd. mWv 22.12.2018 durch G v. 18.12.2018 (BGBl. I S. 2639).
[2)] § 3 Abs. 1 Satz 1 Nr. 2 neu gef. mWv 26.11.2015 durch G v. 20.11.2015 (BGBl. I S. 2010).

1. ein Eheregister (§ 15),
2. ein Lebenspartnerschaftsregister (§ 17),
3. ein Geburtenregister (§ 21),
4. ein Sterberegister (§ 31).

[2]Die Registereinträge bestehen aus einem urkundlichen Teil (Haupteintrag und Folgebeurkundungen) und einem Hinweisteil.

(2) [1]Die Personenstandsregister werden elektronisch geführt. [2]Die Beurkundungen in den Personenstandsregistern sind jährlich fortlaufend zu nummerieren und mit der Angabe des Familiennamens des zugriffsberechtigten Standesbeamten abzuschließen. [3]Die Identität der Person, die die Eintragung vornimmt, muss jederzeit erkennbar sein. [4]Das Programm muss eine automatisierte Suche anhand der in die Personenstandsregister aufzunehmenden Angaben zulassen; die Register müssen jederzeit nach Jahreseinträgen ausgewertet werden können.

§ 4 Sicherungsregister. (1) Die Beurkundungen in einem Personenstandsregister sind nach ihrem Abschluss (§ 3 Abs. 2) in einem weiteren elektronischen Register (Sicherungsregister) zu speichern.

(2) [1]Das Sicherungsregister ist wie das Personenstandsregister am Ende des Jahres abzuschließen. [2]Es ist nach Fortführung des Personenstandsregisters zu aktualisieren.

§ 5[1)] Fortführung der Personenstandsregister. (1) Die Registereinträge sind nach den Vorschriften dieses Gesetzes durch Folgebeurkundungen und Hinweise zu ergänzen und zu berichtigen (Fortführung).

(2) Folgebeurkundungen sind Einträge, die den Beurkundungsinhalt verändern.

(3) Hinweise stellen den Zusammenhang zwischen verschiedenen Beurkundungen her, die dieselbe Person, deren Ehegatten, Lebenspartner, Eltern oder Kinder betreffen.

(4) [1]Die Fortführung obliegt dem für die Führung des Personenstandsregisters (§ 3 Abs. 1) zuständigen Standesamt. [2]Öffentliche Stellen haben diesem Standesamt Anlässe, die zu einer Folgebeurkundung oder zu einem Hinweis führen, mitzuteilen.

(5) Für die Fortführung der Personenstandsregister und der Sicherungsregister gelten folgende Fristen:

1. für Eheregister und Lebenspartnerschaftsregister 80 Jahre;
2. für Geburtenregister 110 Jahre;
3. für Sterberegister 30 Jahre; für Sterberegister des Sonderstandesamts in Bad Arolsen 80 Jahre.

§ 6 Aktenführung. Dokumente, die einzelne Beurkundungen in den Personenstandsregistern betreffen, werden in besonderen Akten (Sammelakten) aufbewahrt.

§ 7[2)] Aufbewahrung. (1) [1]Die Personenstandsregister und die Sicherungsregister sind räumlich getrennt voneinander und vor unberechtigtem Zugriff geschützt aufzubewahren. [2]Zum Schutz vor physischer Vernichtung beider Register durch Naturkatastrophen und Großschadenslagen soll die räumliche Trennung zwischen

---

[1)] § 5 Abs. 5 neu gef. mWv 1.11.2017 durch G v. 17.7.2017 (BGBl. I S. 2522).

[2)] § 7 neu gef. mWv 1.11.2017 durch G v. 17.7.2017 (BGBl. I S. 2522); Abs. 1 Satz 2 angef., Abs. 3 neu gef. mWv 1.11.2022 durch G v. 19.10.2022 (BGBl. I S. 1744).

elektronischem Register und Sicherungsregister mindestens 20 Kilometer betragen.

(2) [1] Die Personenstandsregister sind dauernd aufzubewahren. [2] Für die Sicherungsregister und die Sammelakten endet die Pflicht zur Aufbewahrung mit Ablauf der in § 5 Absatz 5 für das jeweilige Register genannten Frist.

(3) [1] Nach Ablauf der in § 5 Absatz 5 genannten Fristen sind die entsprechenden Teile der Personenstandsregister, Sicherungsregister und Sammelakten nach den jeweiligen archivrechtlichen Vorschriften den zuständigen öffentlichen Archiven zur Übernahme anzubieten. [2] Die entsprechenden Registereinträge und Sammelakten sind nach der Übernahme oder Ablehnung der Übernahme durch die Archive im Standesamt zu löschen; dies gilt nicht bei Ablehnung der Übernahme von Personenstandsregistern. [3] Soweit es sich um elektronische Daten handelt, sind die entsprechenden Registereinträge und Sammelakten nach Übernahme oder Ablehnung der Übernahme durch die Archive im Standesamt zu löschen; Papiereinträge sind zu vernichten.

§ 8[1)] Verlust eines Personenstandsregisters. (1) [1] Gerät ein Ehe-, Lebenspartnerschafts-, Geburten- oder Sterberegister ganz oder teilweise in Verlust, so ist es auf Grund des Sicherungsregisters wiederherzustellen. [2] Ein Verlust ist auch dann gegeben, wenn die Daten eines Registereintrags wegen eines nicht zu behebenden technischen Fehlers nicht mehr zu verwenden sind.

(2) [1] Gerät das Sicherungsregister ganz oder teilweise in Verlust, so ist es auf Grund des Personenstandsregisters wiederherzustellen. [2] Sind sowohl das Personenstandsregister als auch das Sicherungsregister in Verlust geraten, so sind beide Register durch Neubeurkundung wiederherzustellen. [3] Die Beurkundungen werden nach amtlicher Ermittlung des Sachverhalts vorgenommen.

(3) [1] Sind Eheschließung, Begründung der Lebenspartnerschaft, Geburt oder Tod einer Person mit hinreichender Sicherheit festgestellt, so ist die Neubeurkundung auch dann zulässig, wenn der Inhalt des früheren Eintrags nicht mehr zweifelsfrei festgestellt werden kann. [2] Der Zeitpunkt der Eheschließung, der Begründung der Lebenspartnerschaft, der Geburt oder des Todes ist hierbei so genau zu bestimmen, wie es nach dem Ergebnis der Ermittlungen möglich ist.

(4) War ein Eintrag berichtigt worden, so kann die Neubeurkundung in der Form einer einheitlichen Eintragung, in der die Berichtigungen berücksichtigt sind, vorgenommen werden.

§ 9 Beurkundungsgrundlagen. (1) Eintragungen in den Personenstandsregistern werden auf Grund von Anzeigen, Anordnungen, Erklärungen, Mitteilungen und eigenen Ermittlungen des Standesamts sowie von Einträgen in anderen Personenstandsregistern, Personenstandsurkunden oder sonstigen öffentlichen Urkunden vorgenommen.

(2) [1] Ist den zur Beibringung von Nachweisen Verpflichteten die Beschaffung öffentlicher Urkunden nicht oder nur mit erheblichen Schwierigkeiten oder unverhältnismäßig hohen Kosten möglich, so können auch andere Urkunden als Beurkundungsgrundlage dienen. [2] Sind auch diese nicht einfacher zu beschaffen als die erforderlichen öffentlichen Urkunden oder können die für die Beurkundung erheblichen tatsächlichen Behauptungen der Betroffenen weder durch öffentliche noch durch andere Urkunden nachgewiesen werden, so kann der Standesbeamte

---

[1)] § 8 Überschrift und Abs. 1 und 2 neu gef., Abs. 4 geänd. mWv 1.11.2017 durch G v. 17.7.2017 (BGBl. I S. 2522).

zum Nachweis dieser Tatsachen Versicherungen an Eides statt der Betroffenen oder anderer Personen verlangen und abnehmen.

§ 10[1)] Auskunfts- und Nachweispflicht. (1) [1] Die nach diesem Gesetz zur Anzeige Verpflichteten haben die für die Beurkundung des Personenstandsfalls erforderlichen Angaben zu machen und die erforderlichen Nachweise zu erbringen. [2] Das Standesamt soll auf die Vorlage von Nachweisen verzichten, soweit diese aus Personenstandsregistern oder aus Registern anderer Behörden elektronisch abgerufen werden können.

(2) Auskunftspflichtig unter den Voraussetzungen des Absatzes 1 sind weitere Personen, die Angaben zu Tatsachen machen können, die für Beurkundungen in den Personenstandsregistern benötigt werden.

(3) Werden dem Standesamt mit einer qualifizierten elektronischen Signatur oder einem qualifizierten elektronischen Siegel versehene elektronische Dokumente übermittelt, so ist die Gültigkeit der Signatur oder des Siegels unter Berücksichtigung des aktuellen Standes der Technik zu prüfen und zu dokumentieren sowie der Beweiswert im Bedarfsfall gemäß § 15 des Vertrauensdienstegesetzes[2)] vom 18. Juli 2017 (BGBl. I S. 2745) sicherzustellen.

(4) Eine Auskunfts- und Nachweispflicht besteht nicht bei einer vertraulichen Geburt nach § 25 Absatz 1 des Schwangerschaftskonfliktgesetzes[3)].

Kapitel 3. Eheschließung

Abschnitt 1. Zuständigkeit, Anmeldung und Eheschließung

§ 11[4)] Zuständigkeit und Standesamtsvorbehalt. (1) Zuständig für die Eheschließung ist jedes deutsche Standesamt.

(2) [1] Eine religiöse oder traditionelle Handlung, die darauf gerichtet ist, eine der Ehe vergleichbare dauerhafte Bindung zweier Personen zu begründen, von denen eine das 18. Lebensjahr noch nicht vollendet hat, ist verboten. [2] Das Gleiche gilt für den Abschluss eines Vertrags, der nach den traditionellen oder religiösen Vorstellungen der Partner an die Stelle der Eheschließung tritt. [3] Die Verbote richten sich gegen Personen, die

1. als Geistliche eine solche Handlung vornehmen oder hieran mitwirken,
2. als Sorgeberechtigte eines Minderjährigen eine solche Handlung veranlassen,
3. als Volljährige oder Beauftragte einem Vertrag zustimmen, der eine der Ehe vergleichbare dauerhafte Bindung begründet, oder
4. als anwesende Personen eine solche Handlung bezeugen, soweit ihre Mitwirkung für die Gültigkeit der Handlung nach religiösen Vorschriften, den traditionellen Vorstellungen oder dem Heimatrecht eines der Bindungswilligen als erforderlich angesehen wird.

§ 12 Anmeldung der Eheschließung. (1) [1] Die Eheschließenden haben die beabsichtigte Eheschließung mündlich oder schriftlich bei einem Standesamt, in dessen Zuständigkeitsbereich einer der Eheschließenden seinen Wohnsitz oder

---

[1)] § 10 Abs. 4 angef. mWv 1.5.2014 durch G v. 28.8.2013 (BGBl. I S. 3458); Abs. 1 und 3 neu gef. mWv 1.11.2022 durch G v. 19.10.2022 (BGBl. I S. 1744).

[2)] **Sartorius ErgBd. Nr. 924.**

[3)] **Habersack ErgBd. Nr. 85e.**

[4)] § 11 neu gef. mWv 22.7.2017 durch G v. 17.7.2017 (BGBl. I S. 2429).

seinen gewöhnlichen Aufenthalt hat, anzumelden. [2] Hat keiner der Eheschließenden Wohnsitz oder gewöhnlichen Aufenthalt im Inland, so ist das Standesamt, vor dem die Ehe geschlossen werden soll, für die Entgegennahme der Anmeldung zuständig.

(2) Die Eheschließenden haben bei der Anmeldung der Eheschließung durch öffentliche Urkunden nachzuweisen

1. ihren Personenstand,
2. ihren Wohnsitz oder gewöhnlichen Aufenthalt,
3. ihre Staatsangehörigkeit,
4. wenn sie schon verheiratet waren oder eine Lebenspartnerschaft begründet hatten, die letzte Eheschließung oder Begründung der Lebenspartnerschaft sowie die Auflösung dieser Ehe oder Lebenspartnerschaft. Ist die letzte Ehe oder Lebenspartnerschaft nicht bei einem deutschen Standesamt geschlossen worden, so ist auch die Auflösung etwaiger weiterer Vorehen oder Lebenspartnerschaften nachzuweisen, wenn eine entsprechende Prüfung nicht bereits von einem deutschen Standesamt bei einer früheren Eheschließung oder Begründung einer Lebenspartnerschaft durchgeführt worden ist.

(3) [1] Das Standesamt hat einen Antrag auf Befreiung von der Beibringung des Ehefähigkeitszeugnisses aufzunehmen und die Entscheidung vorzubereiten; hierfür haben die Eheschließenden auch die Nachweise zu erbringen, die für die Prüfung der Zulässigkeit der Ehe nach anzuwendendem ausländischen Recht erforderlich sind. [2] § 9 gilt entsprechend.

§ 13 Prüfung der Ehevoraussetzungen. (1) [1] Das Standesamt, bei dem die Eheschließung angemeldet ist, hat zu prüfen, ob der Eheschließung ein Hindernis entgegensteht. [2] Reichen die nach § 12 Abs. 2 vorgelegten Urkunden nicht aus, so haben die Eheschließenden weitere Urkunden oder sonstige Nachweise vorzulegen.

(2) [1] Bestehen konkrete Anhaltspunkte dafür, dass die zu schließende Ehe nach § 1314 Abs. 2 des Bürgerlichen Gesetzbuchs[1)] aufhebbar wäre, so können die Eheschließenden in dem hierzu erforderlichen Umfang einzeln oder gemeinsam befragt werden; zum Beleg der Angaben kann ihnen die Beibringung geeigneter Nachweise aufgegeben werden. [2] Wenn diese Mittel nicht zur Aufklärung des Sachverhalts führen, so kann auch eine Versicherung an Eides statt über Tatsachen verlangt werden, die für das Vorliegen oder Nichtvorliegen von Aufhebungsgründen von Bedeutung sind.

(3) [1] Soll die Ehe wegen lebensgefährlicher Erkrankung eines Eheschließenden ohne abschließende Prüfung nach Absatz 1 geschlossen werden, so muss durch ärztliches Zeugnis oder auf andere Weise nachgewiesen werden, dass die Eheschließung nicht aufgeschoben werden kann. [2] In diesem Fall muss glaubhaft gemacht werden, dass kein Ehehindernis besteht.

(4) [1] Wird bei der Prüfung der Ehevoraussetzungen ein Ehehindernis nicht festgestellt, so teilt das Standesamt den Eheschließenden mit, dass die Eheschließung vorgenommen werden kann; die Mitteilung ist für das Standesamt, das die Eheschließung vornimmt, verbindlich. [2] Die Eheschließenden sind verpflichtet, Änderungen in ihren die Ehevoraussetzungen betreffenden tatsächlichen Verhältnissen unverzüglich anzuzeigen; die Mitteilung nach Satz 1 wird entsprechend geändert oder aufgehoben. [3] Sind seit der Mitteilung an die Eheschließenden mehr als sechs

---

[1)] **Habersack Nr. 20.**

Monate vergangen, ohne dass die Ehe geschlossen wurde, so bedarf die Eheschließung erneut der Anmeldung und der Prüfung der Voraussetzungen für die Eheschließung.

§ 14 Eheschließung. (1) Vor der Eheschließung sind die Eheschließenden zu befragen, ob sich seit der Anmeldung ihrer Eheschließung Änderungen in ihren die Ehevoraussetzungen betreffenden tatsächlichen Verhältnissen ergeben haben und ob sie einen Ehenamen bestimmen wollen.

(2) Die Eheschließung soll in einer der Bedeutung der Ehe entsprechenden würdigen Form, die dem Standesbeamten eine ordnungsgemäße Vornahme seiner Amtshandlung ermöglicht, vorgenommen werden.

(3) [1]Die Erklärungen der Eheschließenden, die Ehe miteinander eingehen zu wollen, sind von dem Standesbeamten im Anschluss an die Eheschließung in einer Niederschrift zu beurkunden. [2]Die Niederschrift muss alle im Eheregister zu beurkundenden Angaben enthalten; sie ist von den Ehegatten, den Zeugen und dem Standesbeamten zu unterschreiben. [3]Die Niederschrift wird zu den Sammelakten des Eheeintrags genommen.

§ 15[1)] Eintragung in das Eheregister. (1) Im Eheregister werden im Anschluss an die Eheschließung beurkundet

1. Tag und Ort der Eheschließung,
2. die Vornamen und die Familiennamen der Ehegatten, Ort und Tag ihrer Geburt, ihr Geschlecht,
3. die nach der Eheschließung geführten Vornamen und Familiennamen der Ehegatten.

(2) Zum Eheeintrag wird hingewiesen

1. auf die Beurkundung der Geburt der Ehegatten,
2. auf die Staatsangehörigkeit der Ehegatten, wenn sie nicht Deutsche sind und ihre ausländische Staatsangehörigkeit nachgewiesen ist,
3. auf die Bestimmung eines Ehenamens,
4. auf das Sachrecht, dem die Namensführung der Ehegatten unterliegt.

Abschnitt 2. Fortführung des Eheregisters

§ 16[2)] Fortführung. (1) [1]Zum Eheeintrag werden Folgebeurkundungen aufgenommen über

1. den Tod des erstverstorbenen Ehegatten,
2. die Todeserklärung oder die gerichtliche Feststellung der Todeszeit eines Ehegatten und die Aufhebung solcher Beschlüsse sowie die Auflösung der Ehe durch Eheschließung des anderen Ehegatten,
3. die Aufhebung oder die Scheidung der Ehe,
4. die Feststellung des Nichtbestehens der Ehe,
5. jede Änderung des Namens der Ehegatten,

[1)] § 15 Abs. 1 Nr. 2 geänd., Nr. 3 neu gef., Abs. 2 Nr. 3 geänd., Nr. 4 angef. mWv 1.11.2013 durch G v. 7.5.2013 (BGBl. I S. 1122); Abs. 1 Nr. 2 geänd. mWv 1.11.2022 durch G v. 19.10.2022 (BGBl. I S. 1744).

[2)] § 16 Abs. 1 neu gef. mWv 1.11.2013 durch G v. 7.5.2013 (BGBl. I S. 1122); Abs. 2 neu gef. mWv 1.11.2017 durch G v. 17.7.2017 (BGBl. I S. 2522); Abs. 1 Satz 1 Nr. 7 aufgeh., bish. Nr. 8 wird Nr. 7, Abs. 2 Satz 3 neu gef., Satz 4 geänd. mWv 1.11.2022 durch G v. 19.10.2022 (BGBl. I S. 1744).

6. jede sonstige Änderung des Personenstandes, soweit sie Angaben im Eheeintrag betrifft,
7. Berichtigungen.

[2] Auf die Wiederverheiratung oder die Begründung einer Lebenspartnerschaft wird hingewiesen.

(2) [1] Der Eheeintrag wird nicht mehr fortgeführt, wenn nach Absatz 1 Nummer 4 eine Folgebeurkundung über das Nichtbestehen der Ehe eingetragen worden ist. [2] Wurde zum Eheeintrag eine Folgebeurkundung über die Auflösung der Ehe oder die Todeserklärung oder die gerichtliche Feststellung der Todeszeit eines Ehegatten nach Absatz 1 Nummer 1 bis 3 aufgenommen, ist eine weitere Folgebeurkundung nur über die Änderung des Namens, Berichtigungen sowie in den Fällen des Absatzes 1 Nummer 2 über die Aufhebung eines Beschlusses und die Auflösung der Ehe durch Eheschließung des anderen Ehegatten einzutragen. [3] Die Änderung der Vornamen oder des Geschlechts ist nicht einzutragen, wenn die Änderung auf Grund des Transsexuellengesetzes, durch Erklärung nach § 45b oder in einem Adoptionsverfahren erfolgt ist. [4] Für einen Ehegatten, der wieder geheiratet oder eine Lebenspartnerschaft begründet hat, ist nur eine Folgebeurkundung über Berichtigungen nach Absatz 1 Nummer 7 einzutragen.

Kapitel 4.[1)] Lebenspartnerschaft

§ 17[2)] Fortführung des Lebenspartnerschaftsregisters. [1] Für die Fortführung des Lebenspartnerschaftsregisters gilt § 16 entsprechend. [2] Zusätzlich ist im Fall der Umwandlung der Lebenspartnerschaft in eine Ehe eine Folgebeurkundung aufzunehmen. [3] Nach Eintragung dieser Folgebeurkundung wird das Lebenspartnerschaftsregister nicht fortgeführt.

§ 17a[3) 4)] Umwandlung einer Lebenspartnerschaft in eine Ehe und ihre Beurkundung. (1) Die Lebenspartner haben bei der Umwandlung ihrer Lebenspartnerschaft in eine Ehe das Bestehen der Lebenspartnerschaft durch öffentliche Urkunden nachzuweisen.

(2) Für die Umwandlung einer Lebenspartnerschaft in eine Ehe gelten die §§ 11 und 12 Absatz 1 und 2 Nummer 1 bis 3 sowie die §§ 14 bis 16 entsprechend.

(3) Im Eheregister ist zusätzlich der Tag der Begründung der Lebenspartnerschaft zu beurkunden und sind Hinweise darüber aufzunehmen.

Kapitel 5. Geburt

Abschnitt 1. Anzeige und Beurkundung

§ 18[5)] Anzeige. (1) [1] Die Geburt eines Kindes ist dem Standesamt, in dessen Zuständigkeitsbereich es geboren ist, binnen einer Woche anzuzeigen, und zwar

---

[1)] Kapitel 4 Überschrift geänd. mWv 1.10.2017 durch G v. 20.7.2017 (BGBl. I S. 2787); Überschrift neu gef. mWv 22.12.2018 durch G v. 18.12.2018 (BGBl. I S. 2639).

[2)] § 17 neu gef. mWv 22.12.2018 durch G v. 18.12.2018 (BGBl. I S. 2639).

[3)] Beachte hierzu Art. 3 Abs. 2 und 3 G zur Einführung des Rechts auf Eheschließung für Personen gleichen Geschlechts v. 20.7.2017 (BGBl. I S. 2787).

[4)] § 17a eingef. mWv 1.10.2017 durch G v. 20.7.2017 (BGBl. I S. 2787); Abs. 3 angef. mWv 22.12. 2018 durch G v. 18.12.2018 (BGBl. I S. 2639).

[5)] § 18 Abs. 2 angef. mWv 1.5.2014 durch G v. 28.8.2013 (BGBl. I S. 3458); Abs. 1 neu gef. mWv 1.11.2022 durch G v. 19.10.2022 (BGBl. I S. 1744).

1. von den in § 19 Satz 1 genannten Personen mündlich oder schriftlich, oder
2. von den in § 20 Satz 1 und 2 genannten Einrichtungen schriftlich.

[2] Ist ein Kind tot geboren, so muss die Anzeige spätestens am dritten auf die Geburt folgenden Werktag erstattet werden. [3] In den Fällen des Satzes 1 Nummer 1 haben die anzeigenden Personen die Geburt des Kindes glaubhaft zu machen.

(2) Bei einer vertraulichen Geburt nach § 25 Absatz 1 des Schwangerschaftskonfliktgesetzes[1)] sind in der Anzeige auch das Pseudonym der Mutter und die für das Kind gewünschten Vornamen anzugeben.

§ 19[2)] Anzeige durch Personen. [1] Zur Anzeige sind verpflichtet

1. jeder Elternteil des Kindes, wenn er sorgeberechtigt ist,
2. jede andere Person, die bei der Geburt zugegen war oder von der Geburt aus eigenem Wissen unterrichtet ist.

[2] Eine Anzeigepflicht nach Nummer 2 besteht nur, wenn die sorgeberechtigten Eltern an der Anzeige gehindert oder unbekannten Aufenthalts sind.

§ 20 Anzeige durch Einrichtungen. [1] Bei Geburten in Krankenhäusern und sonstigen Einrichtungen, in denen Geburtshilfe geleistet wird, ist der Träger der Einrichtung zur Anzeige verpflichtet. [2] Das Gleiche gilt für Geburten in Einrichtungen, die der Unterbringung psychisch Kranker dienen, in Einrichtungen der Träger der Jugendhilfe sowie in Anstalten, in denen eine Freiheitsstrafe, ein Jugendarrest oder eine freiheitsentziehende Maßregel der Besserung und Sicherung vollzogen wird. [3] Die Anzeigeberechtigung der in § 19 genannten Personen und ihre Auskunftspflicht zu Angaben, die der nach Satz 1 oder 2 zur Anzeige Verpflichtete nicht machen kann, bleiben hiervon unberührt.

§ 21[3)] Eintragung in das Geburtenregister. (1) Im Geburtenregister werden beurkundet

1. die Vornamen und der Geburtsname des Kindes,
2. Ort sowie Tag, Stunde und Minute der Geburt,
3.[4)] das Geschlecht des Kindes,
4. die Vornamen und die Familiennamen der Eltern, ihr Geschlecht.

(2) [1] Ist ein Kind tot geboren, so werden nur die in Absatz 1 Nr. 2 bis 4 vorgeschriebenen Angaben mit dem Zusatz aufgenommen, dass das Kind tot geboren ist. [2] Auf Wunsch einer Person, der bei Lebendgeburt des Kindes die Personensorge zugestanden hätte, sind auch Angaben nach Absatz 1 Nr. 1 ein-

---

[1)] **Habersack ErgBd. Nr. 85e.**

[2)] § 19 Satz 2 geänd. mWv 1.11.2022 durch G v. 19.10.2022 (BGBl. I S. 1744).

[3)] § 21 Abs. 1 Nr. 1 geänd., Abs. 3 neu gef. mWv 1.11.2013 durch G v. 7.5.2013 (BGBl. I S. 1122); Abs. 2a eingef. mWv 1.5.2014 durch G v. 28.8.2013 (BGBl. I S. 3458); Abs. 1 Nr. 4 neu gef. mWv 22.12. 2018 durch G v. 18.12.2018 (BGBl. I S. 2639); Abs. 1 Nr. 4 geänd. mWv 1.11.2022 durch G v. 19.10. 2022 (BGBl. I S. 1744).

[4)] Gemäß Beschl. des BVerfG – 1 BvR 2019/16 – v. 10.10.2017 (BGBl. I S. 3783) ist § 21 Abs. 1 Nr. 3 PStG idF von Art. 1 PStRG v. 19.2.2007 (BGBl. I S. 122) iVm § 22 Abs. 3 PStG idF von Art. 1 Nr. 6 Buchst. b PStRÄndG v. 7.5.2013 (BGBl. I S. 1122) mit Art. 2 Abs. 1 iVm Art. 1 Abs. 1 und mit Art. 3 Abs. 3 Satz 1 GG unvereinbar, soweit sie eine Pflicht zur Angabe des Geschlechts begründen und dabei Personen, deren Geschlechtsentwicklung gegenüber einer weiblichen oder männlichen Geschlechtsentwicklung Varianten aufweist und die sich selbst dauerhaft weder dem männlichen noch dem weiblichen Geschlecht zuordnen, keinen positiven Geschlechtseintrag ermöglichen, der nicht „weiblich“ oder „männlich“ lautet. Der Gesetzgeber ist verpflichtet, bis zum 31.12.2018 eine verfassungsgemäße Regelung herbeizuführen.

zutragen. [3] Hätte die Personensorge bei Lebendgeburt des Kindes beiden Elternteilen zugestanden und führen sie keinen gemeinsamen Familiennamen, so kann ein Familienname für das Kind nur eingetragen werden, wenn sich die Eltern auf den Namen eines Elternteils einigen.

(2a) [1] Bei einer vertraulichen Geburt nach § 25 Absatz 1 des Schwangerschaftskonfliktgesetzes[1)] werden nur die in Absatz 1 Nummer 1 bis 3 vorgeschriebenen Angaben aufgenommen. [2] Die zuständige Verwaltungsbehörde bestimmt die Vornamen und den Familiennamen des Kindes.

(3) Zum Geburtseintrag wird hingewiesen

1. auf die Staatsangehörigkeit der Eltern, wenn sie nicht Deutsche sind und ihre ausländische Staatsangehörigkeit nachgewiesen ist,
2. bei einem Kind, dessen Eltern miteinander verheiratet sind, auf deren Eheschließung,
3. auf die Beurkundung der Geburt der Mutter und des Vaters,
4. auf den Erwerb der deutschen Staatsangehörigkeit des Kindes nach § 4 Absatz 3 des Staatsangehörigkeitsgesetzes[2)],
5. auf das Sachrecht, dem die Namensführung des Kindes unterliegt.

Abschnitt 2. Besonderheiten

§ 22[3)] Fehlende Angaben. (1) [1] Kann der Anzeigende die Vornamen des Kindes nicht angeben, so müssen sie binnen eines Monats mündlich oder schriftlich angezeigt werden. [2] Sie werden alsdann bei dem Geburtseintrag beurkundet.

(2) Die Vornamen des Kindes können nachträglich auch bei einem anderen Standesamt als dem, das die Geburt des Kindes beurkundet hat, angezeigt werden.

(3) Kann das Kind weder dem weiblichen noch dem männlichen Geschlecht zugeordnet werden, so kann der Personenstandsfall auch ohne eine solche Angabe oder mit der Angabe „divers“ in das Geburtenregister eingetragen werden.

§ 23 Zwillings- oder Mehrgeburten. [1] Bei Zwillings- oder Mehrgeburten ist jede Geburt gesondert einzutragen. [2] Die Eintragungen müssen erkennen lassen, in welcher Zeitfolge die Kinder geboren sind.

§ 24 Findelkind. (1) [1] Wer ein neugeborenes Kind findet, muss dies spätestens am folgenden Tag der Gemeindebehörde anzeigen. [2] Diese stellt die erforderlichen Ermittlungen an und benachrichtigt von dem Ergebnis alsbald die zuständige Verwaltungsbehörde.

(2) [1] Die zuständige Verwaltungsbehörde setzt nach Anhörung des Gesundheitsamts den vermutlichen Ort und Tag der Geburt fest und bestimmt die Vornamen und den Familiennamen des Kindes. [2] Auf ihre schriftliche Anordnung wird die Geburt in dem Geburtenregister des für den festgesetzten Geburtsort zuständigen Standesamts beurkundet. [3] Liegt der Geburtsort im Ausland, so ist das Standesamt, in dessen Bezirk das Kind aufgefunden worden ist, für die Beurkundung zuständig.

§ 25 Person mit ungewissem Personenstand. [1] Wird im Inland eine Person angetroffen, deren Personenstand nicht festgestellt werden kann, so bestimmt die

---

[1)] **Habersack ErgBd. Nr. 85e.**

[2)] Nr. **15.**

[3)] § 22 Überschrift neu gef., Abs. 3 angef. mWv 1.11.2013 durch G v. 7.5.2013 (BGBl. I S. 1122); Abs. 3 neu gef. mWv 22.12.2018 durch G v. 18.12.2018 (BGBl. I S. 2635).

zuständige Verwaltungsbehörde, welcher Geburtsort und Geburtstag für sie einzutragen ist; sie bestimmt ferner die Vornamen und den Familiennamen. [2] Auf ihre schriftliche Anordnung wird die Geburt in dem Geburtenregister des für den bestimmten Geburtsort zuständigen Standesamts beurkundet. [3] Liegt der Geburtsort im Ausland, so ist das Standesamt, in dessen Bezirk die Person angetroffen worden ist, für die Beurkundung zuständig.

§ 26 Nachträgliche Ermittlung des Personenstandes. Wird in den Fällen der §§ 24 und 25 der Personenstand später ermittelt, so wird der Eintrag auf schriftliche Anordnung der Behörde berichtigt, die ihn veranlasst hat.

Abschnitt 3. Fortführung des Geburtenregisters

§ 27[1)] Feststellung und Änderung des Personenstandes, sonstige Fortführung. (1) [1] Wird die Vaterschaft nach der Beurkundung der Geburt des Kindes anerkannt oder gerichtlich festgestellt, so ist dies beim Geburtseintrag zu beurkunden. [2] Über den Vater werden die in § 21 Abs. 1 Nr. 4 genannten Angaben eingetragen; auf die Beurkundung seiner Geburt wird hingewiesen.

(2) Die Anerkennung der Mutterschaft zu einem Kinde wird auf mündlichen oder schriftlichen Antrag der Mutter oder des Kindes beim Geburtseintrag beurkundet, wenn geltend gemacht wird, dass die Mutter oder der Mann, dessen Vaterschaft anerkannt oder rechtskräftig festgestellt ist oder von dem das Kind nach Angabe der Mutter stammt, eine fremde Staatsangehörigkeit besitzt und das Heimatrecht dieses Elternteils eine Anerkennung der Mutterschaft vorsieht.

(3) Außerdem sind Folgebeurkundungen zum Geburtseintrag aufzunehmen über

1. jede sonstige Änderung des Personenstandes des Kindes; bei einer Annahme als Kind gilt § 21 Abs. 1 Nr. 4 entsprechend,
2. die Änderung der Namensführung der Eltern oder eines Elternteils, wenn auch das Kind den geänderten Namen führt,
3. die Feststellung des Namens des Kindes mit allgemein verbindlicher Wirkung,
4. die nachträgliche Angabe oder die Änderung des Geschlechts des Kindes,
5. die Berichtigung des Eintrags.

(4) [1] Für die aus Anlass der Beurkundungen nach den Absätzen 1 und 3 aufzunehmenden Hinweise gilt § 21 Abs. 3 entsprechend. [2] Im Übrigen wird hingewiesen

1. auf die Ehe oder die Lebenspartnerschaft des Kindes,
2. auf die Geburt eines Kindes,
3. auf den Tod des Kindes oder eine das Kind betreffende Todeserklärung oder gerichtliche Feststellung der Todeszeit.

[1)] § 27 Abs. 4 Satz 2 Nr. 3 geänd., Nr. 4 aufgeh. mWv 1.1.2012 durch G v. 22.12.2010 (BGBl. I S. 2255); Abs. 3 Nr. 4 und 5 neu gef., Abs. 4 Satz 2 Nr. 1 und 3 geänd. mWv 1.11.2013 durch G v. 7.5. 2013 (BGBl. I S. 1122); Abs. 3 Nr. 5 aufgeh., bish. Nr. 6 wird Nr. 5 mWv 1.11.2022 durch G v. 19.10. 2022 (BGBl. I S. 1744).

Kapitel 6. Sterbefall

Abschnitt 1. Anzeige und Beurkundung

§ 28[1)] **Anzeige.** Der Tod eines Menschen muss dem Standesamt, in dessen Zuständigkeitsbereich er gestorben ist,

1. von den in § 29 genannten Personen mündlich oder schriftlich, oder
2. von den in § 30 Abs. 1 genannten Einrichtungen schriftlich

spätestens am dritten auf den Tod folgenden Werktag angezeigt werden.

§ 29[2)] **Anzeige durch Personen.** [1] Zur Anzeige sind verpflichtet

1. jede Person, die mit dem Verstorbenen in häuslicher Gemeinschaft gelebt hat,
2. die Person, in deren Wohnung sich der Sterbefall ereignet hat,
3. jede andere Person, die bei dem Tod zugegen war oder von dem Sterbefall aus eigenem Wissen unterrichtet ist.

[2] Eine Anzeigepflicht besteht nur, wenn eine in der Reihenfolge früher genannte Person nicht vorhanden oder an der Anzeige gehindert ist.

§ 30 Anzeige durch Einrichtungen und Behörden. (1) Bei Sterbefällen in Krankenhäusern, Alten- und Pflegeheimen sowie sonstigen Einrichtungen gilt § 20 entsprechend.

(2) Ist ein Anzeigepflichtiger nicht vorhanden oder ist sein Aufenthaltsort unbekannt und erlangt die für den Sterbeort zuständige Gemeindebehörde Kenntnis von dem Sterbefall, so hat sie die Anzeige zu erstatten.

(3) Findet über den Tod einer Person eine amtliche Ermittlung statt, so wird der Sterbefall auf schriftliche Anzeige der zuständigen Behörde eingetragen.

§ 31[3)] **Eintragung in das Sterberegister.** (1) Im Sterberegister werden beurkundet

1. die Vornamen und der Familienname des Verstorbenen, Ort und Tag seiner Geburt, das Geschlecht,
2. der letzte Wohnsitz und der Familienstand des Verstorbenen,
3. die Vornamen und der Familienname sowie das Geschlecht des Ehegatten oder Lebenspartners, wenn der Verstorbene im Zeitpunkt seines Todes verheiratet war oder eine Lebenspartnerschaft führte; war die Ehe oder Lebenspartnerschaft durch Tod aufgelöst oder war der Ehegatte oder Lebenspartner für tot erklärt oder war seine Todeszeit gerichtlich festgestellt worden, sind die Angaben für den letzten Ehegatten oder Lebenspartner aufzunehmen,
4. Ort sowie Tag, Stunde und Minute des Todes.

(2) Zum Sterbeeintrag wird hingewiesen

1. auf die Beurkundung der Geburt des Verstorbenen,
2. bei verheiratet gewesenen Verstorbenen auf die Eheschließung,

---

1) § 28 Nr. 1 geänd. mWv 1.11.2022 durch G v. 19.10.2022 (BGBl. I S. 1744).

2) § 29 Abs. 2 aufgeh. mWv 1.11.2022 durch G v. 19.10.2022 (BGBl. I S. 1744).

3) § 31 Abs. 1 neu gef. mWv 1.11.2013 durch G v. 7.5.2013 (BGBl. I S. 1122); Abs. 1 Nr. 3 neu gef. mWv 1.11.2017 durch G v. 17.7.2017 (BGBl. I S. 2522); Abs. 1 Nr. 3 geänd. mWv 22.12.2018 durch G v. 18.12.2018 (BGBl. I S. 2639); Abs. 1 Nr. 1 geänd. mWv 1.11.2022 durch G v. 19.10.2022 (BGBl. I S. 1744).

3. bei Verstorbenen, die eine Lebenspartnerschaft führten, auf die Begründung der Lebenspartnerschaft.

Abschnitt 2. Fortführung des Sterberegisters; Todeserklärungen

§ 32 Fortführung. [1] Zum Sterbeeintrag werden Folgebeurkundungen über Berichtigungen aufgenommen. [2] Auf die Todeserklärung und die gerichtliche Feststellung der Todeszeit wird hingewiesen.

§ 33 Todeserklärungen. Ausfertigungen der Beschlüsse über Todeserklärungen und gerichtliche Feststellungen der Todeszeit werden von dem Standesamt I in Berlin in einer Sammlung dauernd aufbewahrt.

Kapitel 7. Besondere Beurkundungen

Abschnitt 1. Beurkundungen mit Auslandsbezug; besondere Beurkundungsfälle

§ 34[1] Eheschließungen im Ausland oder vor ermächtigten Personen im Inland. (1) [1] Hat ein Deutscher im Ausland die Ehe geschlossen, so kann die Eheschließung auf Antrag im Eheregister beurkundet werden; für den Besitz der deutschen Staatsangehörigkeit ist der Zeitpunkt der Antragstellung maßgebend. [2] Die §§ 3 bis 7, 9, 10, 15 und 16 gelten entsprechend. [3] Gleiches gilt für Staatenlose, heimatlose Ausländer und ausländische Flüchtlinge im Sinne des Abkommens über die Rechtsstellung der Flüchtlinge vom 28. Juli 1951 (BGBl. 1953 II S. 559) mit gewöhnlichem Aufenthalt im Inland. [4] Antragsberechtigt sind die Ehegatten, sind beide verstorben, deren Eltern und Kinder.

(2) Die Beurkundung der Eheschließung nach Absatz 1 erfolgt auch dann, wenn die Ehe im Inland zwischen Eheschließenden, von denen keiner Deutscher ist, vor einer von der Regierung des Staates, dem einer der Eheschließenden angehört, ordnungsgemäß ermächtigten Person in der nach dem Recht dieses Staates vorgeschriebenen Form geschlossen worden ist.

(3) Personen, die eine Erklärung nach § 94 des Bundesvertriebenengesetzes[2] abgegeben haben, sind nur mit den nach dieser Erklärung geführten Vornamen und Familiennamen einzutragen; dies gilt entsprechend für Vertriebene und Spätaussiedler, deren Name nach den Vorschiften des Gesetzes über die Änderung von Familiennamen und Vornamen[3] geändert worden ist.

(4) [1] Zuständig für die Beurkundung ist das Standesamt, in dessen Zuständigkeitsbereich die antragsberechtigte Person ihren Wohnsitz hat oder zuletzt hatte oder ihren gewöhnlichen Aufenthalt hat. [2] Ergibt sich danach keine Zuständigkeit, so beurkundet das Standesamt I in Berlin die Eheschließung.

(5) Das Standesamt I in Berlin führt ein Verzeichnis der nach den Absätzen 1 und 2 beurkundeten Eheschließungen.

---

[1] § 34 Abs. 3 eingef., bish. Abs. 3 und 4 werden Abs. 4 und 5 mWv 1.11.2013 durch G v. 7.5.2013 (BGBl. I S. 1122); Abs. 1 Satz 4 neu gef., Abs. 4 Satz 1 geänd. mWv 1.11.2017 durch G v. 17.7.2017 (BGBl. I S. 2522).

[2] **Sartorius III Nr. 955.**

[3] Nr. **265.**

§ 35[1)] **Begründung von Lebenspartnerschaften im Ausland.** (1) [1] Hat ein Deutscher im Ausland eine Lebenspartnerschaft im Sinne des § 1 des Lebenspartnerschaftsgesetzes[2)] in der bis einschließlich 21. Dezember 2018 geltenden Fassung begründet, so kann die Begründung der Lebenspartnerschaft auf Antrag im Lebenspartnerschaftsregister beurkundet werden; für den Besitz der deutschen Staatsangehörigkeit ist der Zeitpunkt der Antragstellung maßgebend. [2] Die §§ 3 bis 7, 9, 10 und 17 gelten entsprechend. [3] Deutschen gleichgestellt sind Staatenlose, heimatlose Ausländer und ausländische Flüchtlinge im Sinne des Abkommens über die Rechtsstellung der Flüchtlinge mit gewöhnlichem Aufenthalt im Inland. [4] Antragsberechtigt sind die Lebenspartner, sind beide verstorben, deren Eltern und Kinder.

(2) § 34 Absatz 3 gilt entsprechend.

(3) [1] Zuständig für die Beurkundung ist das Standesamt, in dessen Zuständigkeitsbereich die antragsberechtigte Person ihren Wohnsitz hat oder zuletzt hatte oder ihren gewöhnlichen Aufenthalt hat. [2] Ergibt sich danach keine Zuständigkeit, so beurkundet das Standesamt I in Berlin die Begründung der Lebenspartnerschaft.

(4) Das Standesamt I in Berlin führt ein Verzeichnis der nach Absatz 1 beurkundeten Begründungen von Lebenspartnerschaften.

§ 36[3)] **Geburten und Sterbefälle im Ausland.** (1) [1] Ist ein Deutscher im Ausland geboren oder gestorben, so kann der Personenstandsfall auf Antrag im Geburtenregister oder im Sterberegister beurkundet werden; für den Besitz der deutschen Staatsangehörigkeit ist der Zeitpunkt der Antragstellung maßgebend. [2] Die §§ 3 bis 7, 9, 10, 21, 27, 31 und 32 gelten entsprechend. [3] Gleiches gilt für Staatenlose, heimatlose Ausländer und ausländische Flüchtlinge im Sinne des Abkommens über die Rechtsstellung der Flüchtlinge mit gewöhnlichem Aufenthalt im Inland. [4] Antragsberechtigt sind

1. bei einer Geburt die Eltern des Kindes sowie das Kind, dessen Ehegatte, Lebenspartner oder Kinder,
2. bei einem Sterbefall die Eltern, die Kinder und der Ehegatte oder Lebenspartner des Verstorbenen, jede andere Person, die ein rechtliches Interesse an der Beurkundung geltend machen kann, sowie die deutsche Auslandsvertretung, in deren Zuständigkeitsbereich der Sterbefall eingetreten ist.

(2) [1] Zuständig für die Beurkundung ist das Standesamt, in dessen Zuständigkeitsbereich die im Ausland geborene Person ihren Wohnsitz hat oder zuletzt hatte oder ihren gewöhnlichen Aufenthalt hat; hatte die verstorbene Person ihren letzten Wohnsitz oder gewöhnlichen Aufenthalt im Inland, so beurkundet das für diesen Ort zuständige Standesamt den Sterbefall. [2] Ergibt sich danach keine Zuständigkeit, so beurkundet das Standesamt den Personenstandsfall, in dessen Zuständigkeitsbereich die antragstellende Person ihren Wohnsitz hat oder zuletzt hatte oder ihren gewöhnlichen Aufenthalt hat. [3] Ergibt sich danach keine Zuständigkeit, so beurkundet das Standesamt I in Berlin den Personenstandsfall.

[1)] § 35 Abs. 1 Satz 4 neu gef., Abs. 2 eingef., bish. Abs. 2–4 werden Abs. 3–5 mWv 1.11.2013 durch G v. 7.5.2013 (BGBl. I S. 1122); Abs. 5 aufgeh. mWv 26.11.2015 durch G v. 20.11.2015 (BGBl. I S. 2010); Abs. 1 Satz 4 neu gef., Abs. 3 Satz 1 geänd. mWv 1.11.2017 durch G v. 17.7.2017 (BGBl. I S. 2522); Abs. 1 Satz 1 geänd. mWv 22.12.2018 durch G v. 18.12.2018 (BGBl. I S. 2639).

[2)] **Habersack ErgBd. Nr. 43.**

[3)] § 36 Abs. 1 Satz 4 Nr. 2 neu gef., Abs. 2 Satz 2 geänd. mWv 1.11.2013 durch G v. 7.5.2013 (BGBl. I S. 1122); Abs. 2 neu gef. mWv 1.11.2017 durch G v. 17.7.2017 (BGBl. I S. 2522).

(3) Das Standesamt I in Berlin führt Verzeichnisse der nach Absatz 1 beurkundeten Personenstandsfälle.

§ 37[1)] Geburten und Sterbefälle auf Seeschiffen. (1) [1] Die Geburt oder der Tod eines Menschen während der Reise auf einem Seeschiff, das die Bundesflagge führt, wird von dem Standesamt I in Berlin beurkundet. [2] Dies gilt auch, wenn sich der Sterbefall während der Seereise außerhalb des Seeschiffes, jedoch nicht an Land oder in einem Hafen im Inland, ereignet hat und der Verstorbene von einem Seeschiff, das die Bundesflagge führt, aufgenommen wurde.

(2) Die Geburt oder der Tod muss von dem nach § 19 oder § 29 Verpflichteten dem Schiffsführer unverzüglich mündlich angezeigt werden.

(3) [1] Der Schiffsführer hat über die Anzeige der Geburt oder des Todes eine Niederschrift aufzunehmen, die von ihm und von dem Anzeigenden zu unterschreiben ist. [2] In die Niederschrift sind auch die Angaben aufzunehmen, die nach § 21 oder § 31 in dem Geburten- oder Sterberegister zu beurkunden sind. [3] Der Schiffsführer hat die Niederschrift dem Standesamt I in Berlin zu übersenden.

(4) [1] Für die Beurkundung der Geburt oder des Todes eines Deutschen auf einem Seeschiff, das keine Bundesflagge führt, gilt § 36. [2] Gleiches gilt, wenn der Verstorbene im Falle des Absatzes 1 Satz 2 von einem solchen Seeschiff aufgenommen wurde.

§ 38[2)] Sterbefälle in ehemaligen Konzentrationslagern. (1) Für die Beurkundung der Sterbefälle von Häftlingen der ehemaligen deutschen Konzentrationslager ist im Inland das Sonderstandesamt in Bad Arolsen ausschließlich zuständig.

(2) [1] Die Beurkundung der Sterbefälle erfolgt auf schriftliche Anzeige der Urkundenprüfstelle beim Sonderstandesamt in Bad Arolsen oder des Bundesarchivs. [2] Die Anzeige kann auch von jeder Person erstattet werden, die bei dem Tode zugegen war oder von dem Sterbefall aus eigenem Wissen unterrichtet ist. [3] § 3 Abs. 2 Satz 1 und 4 und § 4 Abs. 1 gelten nicht.

(3) [1] Die Beurkundung erfolgt nicht, wenn der Sterbefall bereits von einem anderen Standesamt beurkundet worden ist. [2] Sind von diesem Standesamt Urkunden nicht zu erhalten, so ist der Sterbefall erneut zu beurkunden.

§ 39[3)] Ehefähigkeitszeugnis. (1) [1] Zur Ausstellung eines Ehefähigkeitszeugnisses, dessen ein Deutscher zur Eheschließung im Ausland bedarf, ist das Standesamt zuständig, in dessen Zuständigkeitsbereich der Eheschließende seinen Wohnsitz oder seinen gewöhnlichen Aufenthalt hat. [2] Hat der Eheschließende im Inland weder Wohnsitz noch gewöhnlichen Aufenthalt, so ist der Ort des letzten gewöhnlichen Aufenthalts maßgebend; hat er sich niemals oder nur vorübergehend im Inland aufgehalten, so ist das Standesamt I in Berlin zuständig. [3] Der Antrag auf Erteilung eines Ehefähigkeitszeugnisses kann mündlich oder schriftlich gestellt werden.

(Fortsetzung nächstes Blatt)

[1)] § 37 Abs. 3 Satz 3 neu gef., Satz 4 aufgeh. mWv 1.11.2017 durch G v. 17.7.2017 (BGBl. I S. 2522).

[2)] § 38 Abs. 3 Satz 2 angef. mWv 1.11.2013 durch G v. 7.5.2013 (BGBl. I S. 1122); Abs. 2 Satz 1 geänd. mWv 1.1.2019 durch G v. 4.12.2018 (BGBl. I S. 2257 iVm Bek. v. 12.4.2019, BGBl. I S. 496).

[3)] § 39 Abs. 4 angef. mWv 22.12.2018 durch G v. 18.12.2018 (BGBl. I S. 2639); Abs. 1 Satz 3 angef. mWv 1.11.2022 durch G v. 19.10.2022 (BGBl. I S. 1744).

(3) [1]Zur Entgegennahme der Erklärung ist das Standesamt zuständig, das das Geburtenregister für die Person führt, deren Vornamen neu sortiert werden sollen. [2]Ist die Geburt nicht in einem deutschen Geburtenregister beurkundet, so ist das Standesamt zuständig, das das Eheregister oder Lebenspartnerschaftsregister der Person führt. [3]Ergibt sich danach keine Zuständigkeit, so ist das Standesamt zuständig, in dessen Zuständigkeitsbereich die Person ihren Wohnsitz hat oder zuletzt hatte oder ihren gewöhnlichen Aufenthalt hat. [4]Ergibt sich auch danach keine Zuständigkeit, so ist das Standesamt I in Berlin zuständig.

§ 45b[1)] Erklärung zur Geschlechtsangabe und Vornamensführung bei Personen mit Varianten der Geschlechtsentwicklung. (1) [1]Personen mit Varianten der Geschlechtsentwicklung können gegenüber dem Standesamt erklären, dass die Angabe zu ihrem Geschlecht in einem deutschen Personenstandseintrag durch eine andere in § 22 Absatz 3 vorgesehene Bezeichnung ersetzt oder gestrichen werden soll. [2]Liegt kein deutscher Personenstandseintrag vor, können sie gegenüber dem Standesamt erklären, welche der in § 22 Absatz 3 vorgesehenen Bezeichnungen für sie maßgeblich ist, oder auf die Angabe einer Geschlechtsbezeichnung verzichten, wenn sie

1. Deutsche im Sinne des Grundgesetzes[2)] sind,
2. als Staatenlose oder heimatlose Ausländer ihren gewöhnlichen Aufenthalt im Inland haben,
3. als Asylberechtigte oder ausländische Flüchtlinge ihren Wohnsitz im Inland haben oder
4. als Ausländer, deren Heimatrecht keine vergleichbare Regelung kennt,
   a) ein unbefristetes Aufenthaltsrecht besitzen,
   b) eine verlängerbare Aufenthaltserlaubnis besitzen und sich dauerhaft rechtmäßig im Inland aufhalten oder
   c) eine Blaue Karte EU besitzen.

[3]Mit der Erklärung können auch neue Vornamen bestimmt werden. [4]Die Erklärungen müssen öffentlich beglaubigt werden; sie können auch von den Standesbeamten beglaubigt oder beurkundet werden.

(2) [1]Für ein Kind, das geschäftsunfähig oder noch nicht 14 Jahre alt ist, kann nur sein gesetzlicher Vertreter die Erklärung abgeben. [2]Im Übrigen kann ein Kind die Erklärung nur selbst abgeben; es bedarf hierzu der Zustimmung seines gesetzlichen Vertreters. [3]Stimmt der gesetzliche Vertreter nicht zu, so ersetzt das Familiengericht die Zustimmung, wenn die Änderung der Angabe zum Geschlecht oder der Vornamen dem Kindeswohl nicht widerspricht; das Verfahren vor dem Familiengericht ist eine Kindschaftssache nach Buch 2 Abschnitt 3 des Gesetzes über das Verfahren in Familiensachen und in den Angelegenheiten der freiwilligen Gerichtsbarkeit[3)].

(3) [1]Durch Vorlage einer ärztlichen Bescheinigung ist nachzuweisen, dass eine Variante der Geschlechtsentwicklung vorliegt. [2]Dies gilt nicht für Personen, die über keine ärztliche Bescheinigung einer erfolgten medizinischen Behandlung verfügen und bei denen das Vorliegen der Variante der Geschlechtsentwicklung wegen der Behandlung nicht mehr oder nur durch eine unzumutbare Untersuchung nachgewiesen werden kann, sofern sie dies an Eides statt versichern.

[1)] § 45b eingef. mWv 22.12.2018 durch G v. 18.12.2018 (BGBl. I S. 2635).

[2)] Nr. **1**.

[3)] **Habersack Nr. 112.**

(4) [1] Für die Entgegennahme der Erklärung ist das Standesamt zuständig, das das Geburtenregister für die betroffene Person führt. [2] Ist die Geburt nicht in einem deutschen Geburtenregister beurkundet, so ist das Standesamt zuständig, das das Eheregister oder Lebenspartnerschaftsregister der Person führt. [3] Ergibt sich danach keine Zuständigkeit, so ist das Standesamt zuständig, in dessen Zuständigkeitsbereich die Person ihren Wohnsitz hat oder zuletzt hatte oder ihren gewöhnlichen Aufenthalt hat. [4] Ergibt sich auch danach keine Zuständigkeit, so ist das Standesamt I in Berlin zuständig. [5] Das Standesamt I in Berlin führt ein Verzeichnis der nach den Sätzen 3 und 4 entgegengenommenen Erklärungen.

Kapitel 8. Berichtigungen und gerichtliches Verfahren

Abschnitt 1. Berichtigungen ohne Mitwirkung des Gerichts

§ 46 Änderung einer Anzeige. Sind in der schriftlichen Anzeige einer Geburt oder eines Sterbefalls Angaben unrichtig oder unvollständig und ist der richtige oder vollständige Sachverhalt durch öffentliche Urkunden oder auf Grund eigener Ermittlungen des Standesamts festgestellt, so sind die entsprechenden Angaben unter Hinweis auf die Grundlagen zu ändern.

§ 47[1)] Berichtigung nach Abschluss der Beurkundung. (1) [1] In einem abgeschlossenen Registereintrag sind offenkundige Schreibfehler zu berichtigen. [2] Auf Grund öffentlicher Urkunden oder eigener Ermittlungen des Standesamts sind außerdem zu berichtigen

1. die in den Personenstandsregistern eingetragenen Hinweise,
2. fehlerhafte Übertragungen aus Urkunden, die der Eintragung zugrunde gelegen haben,
3. im Sterberegister die Angaben über den letzten Wohnsitz des Verstorbenen,
4. in allen Personenstandsregistern die Registrierungsdaten eines Personenstandseintrags,
5. in allen Personenstandsregistern die Elementbezeichnungen und Leittextangaben.

[3] Ferner können sonstige unrichtige oder unvollständige Eintragungen berichtigt werden, wenn der richtige oder vollständige Sachverhalt festgestellt wird durch

1. Personenstandsurkunden,
2. Dokumente des Heimatstaates, die zum Grenzübertritt berechtigen, soweit dadurch ein erläuternder Zusatz zur Identität oder zur Namensführung im Personenstandsregister gestrichen werden soll.

(2) Gehen dem Standesamt berichtigende Mitteilungen oder Anzeigen zu, so sind außerdem zu berichtigen

1. im Geburtenregister die Angaben über Zeitpunkt und Ort der Geburt sowie das Geschlecht des Kindes, wenn die Geburt schriftlich angezeigt worden ist,
2. im Sterberegister die Angaben über Zeitpunkt und Ort des Todes, wenn der Sterbefall schriftlich angezeigt worden ist,

---

1) § 47 Abs. 1 Nr. 3 angef. mWv 1.1.2009 durch G v. 11.12.2008 (BGBl. I S. 2418); Abs. 1 Satz 2 neu gef., Abs. 3 Satz 2 und Abs. 4 angef. mWv 1.11.2013 durch G v. 7.5.2013 (BGBl. I S. 1122); Abs. 1 Nr. 4 geänd., Nr. 5 angef., Abs. 3 Satz 2 geänd. mWv 22.12.2018 durch G v. 18.12.2018 (BGBl. I S. 2639); Abs. 1 Satz 3, Abs. 3 Satz 2 neu gef. mWv 7.4.2021 durch G v. 28.3.2021 (BGBl. I S. 591); Abs. 2 Nr. 3 geänd. mWv 1.11.2022 durch G v. 19.10.2022 (BGBl. I S. 1744).

3. in allen Personenstandsregistern die Angaben über die Rechtskraft gerichtlicher Entscheidungen.

(3) [1]Bei Berichtigungen sind die Beteiligten vor der Änderung zu hören. [2]Eine Anhörung unterbleibt in den Fällen des Absatzes 1 Satz 2 Nummer 1, 4 und 5 sowie des Absatzes 1 Satz 3 Nummer 2.

(4) [1]Die Berichtigung fehlerhafter Registrierungsdaten eines Eintrags erfolgt durch Kennzeichnung des entsprechenden Registereintrags und erneute Beurkundung. [2]Die nach Satz 1 gekennzeichneten Registereinträge gelten als stillgelegt und dürfen nicht mehr verarbeitet werden. [3]Die Registrierungsdaten eines stillgelegten Eintrags können wieder verwendet werden.

Abschnitt 2. Gerichtliches Verfahren

§ 48[1)] Berichtigung auf Anordnung des Gerichts. (1) [1]Außer in den Fällen des § 47 darf ein abgeschlossener Registereintrag nur auf Anordnung des Gerichts berichtigt werden. [2]Die Anordnung kann auch Fälle des § 47 umfassen.

(2) [1]Den Antrag auf Anordnung der Berichtigung können alle Beteiligten, das Standesamt und die Aufsichtsbehörde stellen. [2]Sie sind vor der Entscheidung zu hören.

§ 49 Anweisung durch das Gericht. (1) Lehnt das Standesamt die Vornahme einer Amtshandlung ab, so kann es auf Antrag der Beteiligten oder der Aufsichtsbehörde durch das Gericht dazu angewiesen werden.

(2) [1]Das Standesamt kann in Zweifelsfällen auch von sich aus die Entscheidung des Gerichts darüber herbeiführen, ob eine Amtshandlung vorzunehmen ist. [2]Für das weitere Verfahren gilt dies als Ablehnung der Amtshandlung.

§ 50 Sachliche und örtliche Zuständigkeit der Gerichte. (1) [1]Für die in den §§ 48 und 49 vorgesehenen Entscheidungen sind ausschließlich die Amtsgerichte zuständig, die ihren Sitz am Ort eines Landgerichts haben. [2]Ihr Bezirk umfasst den Bezirk des Landgerichts.

(2) Die örtliche Zuständigkeit wird durch den Sitz des Standesamts bestimmt, das die Sache dem Gericht zur Entscheidung vorgelegt hat oder das die Amtshandlung vornehmen oder dessen Personenstandsregister berichtigt werden soll.

§ 51[2)] Gerichtliches Verfahren. (1) [1]Auf das gerichtliche Verfahren sind die Vorschriften des Gesetzes über das Verfahren in Familiensachen und in den Angelegenheiten der freiwilligen Gerichtsbarkeit[3)] anzuwenden. [2]Standesämter und Aufsichtsbehörden sind von Gerichtskosten befreit.

(2) Die Aufsichtsbehörde, das Standesamt und die Beteiligten können in jeder Lage des Verfahrens diesem beitreten; sie können ihren Beitritt auch durch Einlegung eines Rechtsmittels erklären.

§ 52[4)] Öffentliche Bekanntmachung der Entscheidung. (1) [1]Das Gericht kann die öffentliche Bekanntmachung einer Entscheidung anordnen, wenn es Zweifel hat, ob ihm alle Beteiligten bekannt geworden sind. [2]An Beteiligte, die ihm bekannt sind, soll außerdem eine besondere Bekanntmachung erfolgen.

[1)] § 48 Abs. 1 Satz 1 geänd. mWv 1.11.2013 durch G v. 7.5.2013 (BGBl. I S. 1122).
[2)] § 51 Abs. 1 Satz 1 geänd. mWv 1.9.2009 durch G v. 17.12.2008 (BGBl. I S. 2586).
[3)] **Habersack Nr. 112.**
[4)] § 52 Abs. 1 Satz 3 geänd. mWv 1.11.2013 durch G v. 7.5.2013 (BGBl. I S. 1122).

[3]Dem Antragsteller, dem Beschwerdeführer, dem Standesamt und der Aufsichtsbehörde muss die Entscheidung stets besonders bekannt gemacht werden.

(2) Die Entscheidung gilt allen Beteiligten mit Ausnahme der Beteiligten, denen die Entscheidung besonders bekannt gemacht worden ist oder bekannt gemacht werden muss, als zugestellt, wenn seit der öffentlichen Bekanntmachung zwei Wochen verstrichen sind.

(3) [1]Die Art der öffentlichen Bekanntmachung bestimmt das Gericht. [2]Es genügt die Anheftung einer Ausfertigung oder einer beglaubigten Abschrift der Entscheidung oder eines Auszugs davon an der Gerichtstafel. [3]Das Schriftstück soll zwei Wochen, und wenn durch die Bekanntmachung der Entscheidung eine Frist in Gang gesetzt wird, bis zum Ablauf der Frist an der Tafel angeheftet bleiben. [4]Auf die Gültigkeit der öffentlichen Bekanntmachung ist es ohne Einfluss, wenn das Schriftstück zu früh von der Tafel entfernt wird. [5]Der Zeitpunkt der Anheftung und der Zeitpunkt der Abnahme sind auf dem Schriftstück zu vermerken.

§ 53[1)] Wirksamwerden gerichtlicher Entscheidungen; Beschwerde.

(1) Der Beschluss, durch den das Standesamt zur Vornahme einer Amtshandlung angehalten oder durch den die Berichtigung eines Personenstandsregisters angeordnet wird, wird mit Rechtskraft wirksam.

(2) Gegen den Beschluss steht dem Standesamt und der Aufsichtsbehörde die Beschwerde in jedem Fall zu.

Kapitel 9. Beweiskraft und Benutzung der Personenstandsregister

Abschnitt 1. Beweiskraft; Personenstandsurkunden

§ 54 Beweiskraft der Personenstandsregister und -urkunden. (1) [1]Die Beurkundungen in den Personenstandsregistern beweisen Eheschließung, Begründung der Lebenspartnerschaft, Geburt und Tod und die darüber gemachten näheren Angaben sowie die sonstigen Angaben über den Personenstand der Personen, auf die sich der Eintrag bezieht. [2]Hinweise haben diese Beweiskraft nicht.

(2) Die Personenstandsurkunden (§ 55 Abs. 1) haben dieselbe Beweiskraft wie die Beurkundungen in den Personenstandsregistern.

(3) [1]Der Nachweis der Unrichtigkeit der beurkundeten Tatsachen ist zulässig. [2]Der Nachweis der Unrichtigkeit einer Personenstandsurkunde kann auch durch Vorlage einer beglaubigten Abschrift aus dem entsprechenden Personenstandsregister geführt werden.

§ 55[2)] Personenstandsurkunden. (1) Das Standesamt stellt folgende Personenstandsurkunden aus:

1. aus allen Personenstandsregistern beglaubigte Registerausdrucke,
2. aus dem Eheregister Eheurkunden (§ 57); bis zu der Beurkundung der Eheschließung im Eheregister können Eheurkunden auch aus der Niederschrift über die Eheschließung ausgestellt werden,
3. aus dem Lebenspartnerschaftsregister Lebenspartnerschaftsurkunden (§ 58),
4. aus dem Geburtenregister Geburtsurkunden (§ 59),

[1)] § 53 neu gef. mWv 1.9.2009 durch G v. 17.12.2008 (BGBl. I S. 2586); Abs. 2 neu gef. mWv 1.11.2013 durch G v. 7.5.2013 (BGBl. I S. 1122).

[2)] § 55 Abs. 2 Satz 1 neu gef. mWv 1.11.2013 durch G v. 7.5.2013 (BGBl. I S. 1122); Abs. 1 Nr. 3 neu gef. mWv 22.12.2018 durch G v. 18.12.2018 (BGBl. I S. 2639).

5. aus dem Sterberegister Sterbeurkunden (§ 60),
6. aus der Sammlung der Todeserklärungen beglaubigte Abschriften.

(2) [1] Für die Ausstellung der Personenstandsurkunde ist vorbehaltlich des § 67 Absatz 3 das Standesamt zuständig, bei dem der entsprechende Registereintrag geführt wird. [2] Die Personenstandsurkunde kann auch bei einem anderen Standesamt beantragt werden, wenn diesem die hierfür erforderlichen Daten elektronisch übermittelt werden können. [3] Voraussetzung für die elektronische Übermittlung ist, dass das empfangende Standesamt und das den betreffenden Registereintrag führende Standesamt über technische Einrichtungen zur Versendung und zum Empfang elektronischer Daten verfügen und hierfür einen Zugang eröffnet haben.

(3) Nach Ablauf der in § 5 Abs. 5 festgelegten Fristen für die Führung der Personenstandsregister werden keine Personenstandsurkunden mehr ausgestellt; für die Erteilung von Nachweisen aus diesen Personenstandsregistern sind die archivrechtlichen Vorschriften maßgebend.

§ 56[1)] Allgemeine Vorschriften für die Ausstellung von Personenstandsurkunden. (1) [1] In der Ehe-, der Lebenspartnerschafts-, der Geburts- und der Sterbeurkunde werden das Standesamt, bei dem der Personenstandsfall beurkundet worden ist, und der Jahrgang sowie die Nummer des Registereintrags angegeben. [2] Bei der Ausstellung der Eheurkunde aus der Niederschrift über die Eheschließung ist an Stelle der Nummer des Registereintrags ein Hinweis auf die Niederschrift aufzunehmen.

(2) Ist ein Registereintrag durch Folgebeurkundungen fortgeführt worden, so werden nur die geänderten Tatsachen in die Personenstandsurkunden aufgenommen.

(3) [1] Am Schluss der Personenstandsurkunden werden der Tag und der Ort ihrer Ausstellung sowie der Familienname des ausstellenden Standesbeamten angegeben. [2] Die Personenstandsurkunden werden von dem Standesbeamten unterschrieben und mit dem Abdruck des Dienstsiegels versehen.

(4) [1] Wird die Personenstandsurkunde bei einem anderen als dem für die Ausstellung zuständigen Standesamt beantragt (§ 55 Abs. 2 Satz 2), so übermittelt der das Register führende Standesbeamte die für den Ausdruck der Urkunde erforderlichen Daten und versieht diese mit seiner dauerhaft überprüfbaren qualifizierten elektronischen Signatur. [2] Der empfangende Standesbeamte druckt die Personenstandsurkunde auf Grund der übermittelten Daten aus und beglaubigt, dass die Angaben in der Urkunde mit den ihm übermittelten Daten übereinstimmen; der Beglaubigungsvermerk ist unter Angabe des Tages und des Ortes von ihm zu unterschreiben und mit dem Abdruck des Dienstsiegels zu versehen.

§ 57[2)] Eheurkunde. (1) [1] In die Eheurkunde werden aufgenommen
1. die Vornamen und Familiennamen der Ehegatten zum Zeitpunkt der Eheschließung sowie die sich aus dem Registereintrag zum Zeitpunkt der Ausstellung der Eheurkunde ergebenden Vornamen und Familiennamen,
2. Ort und Tag der Geburt der Ehegatten,
3. Ort und Tag der Eheschließung.

[1)] § 56 Abs. 1 Satz 2 geänd. mWv 1.11.2022 durch G v. 19.10.2022 (BGBl. I S. 1744).

[2)] § 57 neu gef. mWv 1.11.2013 durch G v. 7.5.2013 (BGBl. I S. 1122); Abs. 2 angef. mWv 1.11.2018 durch G v. 17.7.2017 (BGBl. I S. 2522); Abs. 1 Satz 2 neu gef. mWv 22.12.2018 durch G v. 18.12.2018 (BGBl. I S. 2639); Abs. 1 Satz 1 Nr. 3 geänd., Nr. 4 aufgeh. mWv 1.11.2022 durch G v. 19.10.2022 (BGBl. I S. 1744).

[2] In dem Feld „Weitere Angaben aus dem Register" sind anzugeben
1. die Auflösung der Ehe,
2. das Nichtbestehen der Ehe,
3. die Nichtigerklärung der Ehe,
4. die Todeserklärung oder gerichtliche Feststellung der Todeszeit eines Ehegatten,
5. die Umwandlung der Lebenspartnerschaft in eine Ehe.

(2) In die Eheurkunde wird außerhalb des Beurkundungstextes ein Hinweis auf die Beurkundung der Geburt der Ehegatten aufgenommen.

§ 58[1)] Lebenspartnerschaftsurkunde. (1) [1] In die Lebenspartnerschaftsurkunde werden aufgenommen
1. die Vornamen und Familiennamen der Lebenspartner zum Zeitpunkt der Begründung der Lebenspartnerschaft sowie die sich aus dem Registereintrag zum Zeitpunkt der Ausstellung der Lebenspartnerschaftsurkunde ergebenden Vornamen und Familiennamen,
2. Ort und Tag der Geburt der Lebenspartner,
3. Ort und Tag der Begründung der Lebenspartnerschaft.

[2] In dem Feld „Weitere Angaben aus dem Register" sind anzugeben
1. die Auflösung der Lebenspartnerschaft,
2. das Nichtbestehen der Lebenspartnerschaft,
3. die Todeserklärung oder gerichtliche Feststellung der Todeszeit eines Lebenspartners,
4. die Umwandlung der Lebenspartnerschaft in eine Ehe.

(2) In die Lebenspartnerschaftsurkunde wird außerhalb des Beurkundungstextes ein Hinweis auf die Beurkundung der Geburt der Lebenspartner aufgenommen.

§ 59[2)] Geburtsurkunde. (1) In die Geburtsurkunde werden aufgenommen
1. die Vornamen und der Geburtsname des Kindes,
2. das Geschlecht des Kindes,
3. Ort sowie Tag, Stunde und Minute der Geburt,
4. die Vornamen und die Familiennamen der Eltern des Kindes.

(2) Auf Verlangen werden in die Geburtsurkunde Angaben nach Absatz 1 Nummer 2 und 4 nicht aufgenommen.

§ 60[3)] Sterbeurkunde. In die Sterbeurkunde werden aufgenommen
1. die Vornamen und der Familienname des Verstorbenen, Ort und Tag seiner Geburt,
2. der letzte Wohnsitz und der Familienstand des Verstorbenen,

---

[1)] § 58 neu gef. mWv 1.11.2013 durch G v. 7.5.2013 (BGBl. I S. 1122); Abs. 1 Satz 2 geänd., Abs. 2 angef. mWv 1.11.2018 durch G v. 17.7.2017 (BGBl. I S. 2522); Abs. 1 Satz 2 neu gef. mWv 22.12.2018 durch G v. 18.12.2018 (BGBl. I S. 2639); Abs. 1 Satz 1 Nr. 3 geänd., Nr. 4 aufgeh. mWv 1.11.2022 durch G v. 19.10.2022 (BGBl. I S. 1744).

[2)] § 59 Abs. 1 Nr. 3 neu gef., Nr. 4 geänd., Nr. 5 aufgeh., Abs. 2 geänd. mWv 1.11.2022 durch G v. 19.10.2022 (BGBl. I S. 1744).

[3)] § 60 Nr. 3 eingef., bish. Nr. 3 wird Nr. 4 mWv 1.11.2013 durch G v. 7.5.2013 (BGBl. I S. 1122); Nr. 3 neu gef. mWv 1.11.2017 durch G v. 17.7.2017 (BGBl. I S. 2522); Nr. 1 geänd. mWv 1.11.2022 durch G v. 19.10.2022 (BGBl. I S. 1744).

3. die Vornamen und der Familienname des Ehegatten oder Lebenspartners, wenn der Verstorbene im Zeitpunkt seines Todes verheiratet war oder eine Lebenspartnerschaft führte; war die Ehe oder Lebenspartnerschaft durch Tod aufgelöst oder war der Ehegatte oder Lebenspartner für tot erklärt oder war seine Todeszeit gerichtlich festgestellt worden, sind die Vornamen und der Familienname des letzten Ehegatten oder Lebenspartners anzugeben,
4. Sterbeort und Zeitpunkt des Todes.

Abschnitt 2. Benutzung der Personenstandsregister

§ 61 Allgemeine Vorschriften für die Benutzung. (1) [1] Die §§ 62 bis 66 gelten für die Benutzung der bei den Standesämtern geführten Personenstandsregister und Sammelakten bis zum Ablauf der in § 5 Abs. 5 festgelegten Fristen. [2] Benutzung ist die Erteilung von Personenstandsurkunden aus einem Registereintrag, die Auskunft aus einem und die Einsicht in einen Registereintrag sowie die Durchsicht mehrerer Registereinträge; hierzu gehört auch eine entsprechende Verwendung der Sammelakten.

(2) Nach Ablauf der in § 5 Abs. 5 festgelegten Fristen für die Führung der Personenstandsregister und Sammelakten sind die archivrechtlichen Vorschriften für die Benutzung maßgebend.

§ 62 Urkundenerteilung, Auskunft, Einsicht. (1) [1] Personenstandsurkunden sind auf Antrag den Personen zu erteilen, auf die sich der Registereintrag bezieht, sowie deren Ehegatten, Lebenspartnern, Vorfahren und Abkömmlingen. [2] Andere Personen haben ein Recht auf Erteilung von Personenstandsurkunden, wenn sie ein rechtliches Interesse glaubhaft machen; beim Geburtenregister oder Sterberegister reicht die Glaubhaftmachung eines berechtigten Interesses aus, wenn der Antrag von einem Geschwister des Kindes oder des Verstorbenen gestellt wird. [3] Antragsbefugt sind über 16 Jahre alte Personen.

(2) Absatz 1 gilt entsprechend für Auskunft aus einem und Einsicht in einen Registereintrag sowie Auskunft aus den und Einsicht in die Sammelakten.

(3) Vor Ablauf der für die Führung der Personenstandsregister festgelegten Fristen ist die Benutzung nach den Absätzen 1 und 2 bereits bei Glaubhaftmachung eines berechtigten Interesses zuzulassen, wenn seit dem Tod des zuletzt verstorbenen Beteiligten 30 Jahre vergangen sind; Beteiligte sind beim Geburtenregister die Eltern und das Kind, beim Eheregister die Ehegatten und beim Lebenspartnerschaftsregister die Lebenspartner.

§ 63[1)] Benutzung in besonderen Fällen. (1) [1] Ist ein Kind angenommen, so darf abweichend von § 62 ein beglaubigter Registerausdruck aus dem Geburtseintrag nur den Annehmenden, deren Eltern, dem gesetzlichen Vertreter des Kindes und dem über 16 Jahre alten Kind selbst erteilt werden. [2] Diese Beschränkung entfällt mit dem Tod des Kindes; § 1758 des Bürgerlichen Gesetzbuchs[2)] bleibt unberührt.

(2) [1] Sind die Vornamen einer Person auf Grund des Transsexuellengesetzes vom 10. September 1980 (BGBl. I S. 1654) geändert oder ist festgestellt worden, dass diese Person dem anderen als dem in ihrem Geburtseintrag angegebenen Geschlecht angehört, so darf abweichend von § 62 eine Personenstandsurkunde aus

---

[1)] § 63 Abs. 2 neu gef. mWv 15.5.2013 durch G v. 7.5.2013 (BGBl. I S. 1122).
[2)] **Habersack Nr. 20.**

dem Geburtseintrag nur der betroffenen Person selbst und eine Personenstandsurkunde aus dem Ehe- oder Lebenspartnerschaftseintrag nur der betroffenen Person selbst sowie ihrem Ehegatten oder Lebenspartner erteilt werden. [2]Diese Beschränkungen entfallen mit dem Tod der transsexuellen Person; § 5 Absatz 1 und § 10 Absatz 2 in Verbindung mit § 5 Absatz 1 des Transsexuellengesetzes bleiben unberührt.

(3) Die Absätze 1 und 2 gelten entsprechend für Auskunft aus einem und Einsicht in einen Registereintrag sowie Auskunft aus den und Einsicht in die Sammelakten.

§ 64 Sperrvermerke. (1) [1]Sind dem Standesamt Tatsachen bekannt, die die Annahme rechtfertigen, dass einer Person durch die Ausstellung einer Personenstandsurkunde oder durch Auskunft aus einem oder Einsicht in einen Personenstandseintrag eine Gefahr für Leben, Gesundheit, persönliche Freiheit oder ähnliche schutzwürdige Belange erwachsen kann, so wird auf ihren Antrag zu diesem Eintrag für die Dauer von drei Jahren ein Sperrvermerk eingetragen. [2]Der Sperrvermerk wird unter den Voraussetzungen des Satzes 1 erneuert; seine Wirkung erlischt mit dem Tod des Betroffenen. [3]Ist ein Sperrvermerk eingetragen, so dürfen ohne Einwilligung des Betroffenen auf Anordnung des Gerichts Personenstandsurkunden erteilt sowie Auskunft aus einem oder Einsicht in einen Personenstandseintrag gewährt werden, wenn es zur Behebung einer bestehenden Beweisnot oder aus sonstigen im überwiegenden Interesse eines Dritten liegenden Gründen unerlässlich ist; die §§ 50 bis 53 gelten entsprechend.

(2) [1]Geht dem Standesamt ein Ersuchen der Zeugenschutzdienststelle nach § 4 Abs. 2 des Zeugenschutz-Harmonisierungsgesetzes[1)] vom 11. Dezember 2001 (BGBl. I S. 3510) zu, personenbezogene Daten einer zu schützenden Person zu sperren, so wird zu dem betreffenden Personenstandseintrag ein Sperrvermerk eingetragen. [2]Die Erteilung von Personenstandsurkunden aus diesem Eintrag ist nur in begründeten Ausnahmefällen mit Zustimmung der Zeugenschutzdienststelle zulässig. [3]Jedes Ersuchen um Benutzung ist der Zeugenschutzdienststelle unverzüglich mitzuteilen. [4]Teilt die Zeugenschutzdienststelle dem Standesamt mit, dass die Sperrung des Personenstandseintrags nicht mehr erforderlich ist, so ist der Sperrvermerk zu streichen.

(3) Die Absätze 1 und 2 gelten entsprechend für Auskunft aus dem und Einsicht in den Eintrag sowie Auskunft aus den und Einsicht in die Sammelakten.

§ 65[2)] Benutzung durch Behörden und Gerichte. (1) [1]Behörden und Gerichten sind auf Ersuchen Personenstandsurkunden zu erteilen, Auskunft aus einem oder Einsicht in einen Registereintrag sowie die Durchsicht mehrerer Registereinträge zu gewähren, soweit dies zur Erfüllung der in ihrer Zuständigkeit liegenden Aufgaben erforderlich ist. [2]Gleiches gilt für Auskunft aus den und Einsicht in die Sammelakten. [3]Die Behörden und die Gerichte haben den Zweck anzugeben. [4]Sie tragen die Verantwortung für die Zulässigkeit der Übermittlung.

(2) *(aufgehoben)*

(3) [1]Ausländischen diplomatischen oder konsularischen Vertretungen im Inland können unter den Voraussetzungen des Absatzes 1 Personenstandsurkunden und Auskünfte aus einem Personenstandsregister erteilt werden, soweit das Ersuchen

---

[1)] **Habersack ErgBd. Nr. 90b.**

[2)] § 65 Abs. 1 Satz 1 neu gef. mWv 15.5.2013 durch G v. 7.5.2013 (BGBl. I S. 1122); Abs. 2 aufgeh. mWv 1.11.2022 durch G v. 19.10.2022 (BGBl. I S. 1744).

Angehörige des von ihnen vertretenen Staates betrifft. [2] Ist dem Standesbeamten bekannt, dass es sich bei der betreffenden Person um einen heimatlosen Ausländer oder ausländischen Flüchtling im Sinne des Abkommens über die Rechtsstellung der Flüchtlinge handelt, so ist die Benutzung der Register zu versagen.

§ 66[1)] Benutzung für wissenschaftliche Zwecke. (1) [1] Hochschulen, anderen Einrichtungen, die wissenschaftliche Forschung betreiben, und öffentlichen Stellen kann Auskunft aus einem oder Einsicht in ein Personenstandsregister sowie Durchsicht von Personenstandsregistern gewährt werden, wenn

1. dies für die Durchführung bestimmter wissenschaftlicher Forschungsvorhaben erforderlich ist,
2. eine Nutzung anonymisierter Daten zu diesem Zweck nicht möglich oder die Anonymisierung mit einem unverhältnismäßigen Aufwand verbunden ist und
3. das öffentliche Interesse an der Durchführung des Forschungsvorhabens die schutzwürdigen Belange des Betroffenen an dem Ausschluss der Benutzung erheblich überwiegt.

[2] Gleiches gilt für Auskunft aus den und Einsicht in die Sammelakten.

(2) [1] Die Benutzung der Personenstandsregister nach Absatz 1 setzt voraus, dass die empfangende Stelle technische und organisatorische Maßnahmen trifft, die nach den anzuwendenden datenschutzrechtlichen Vorschriften zum Schutz der Daten erforderlich und angemessen sind. [2] Die Benutzung bedarf der Zustimmung der für den Fachbereich des Forschungsvorhabens zuständigen obersten Bundes- oder Landesbehörde oder einer von dieser bestimmten Stelle; die Zuständigkeit der obersten Landesbehörde richtet sich nach dem Sitz der Forschungseinrichtung. [3] Die Zustimmung muss den Empfänger, die Art der Nutzung der Personenstandseinträge, den Kreis der Betroffenen und das Forschungsvorhaben bezeichnen; sie ist dem zuständigen Datenschutzbeauftragten mitzuteilen.

(3) Mit Zustimmung der zuständigen obersten Bundes- oder Landesbehörde oder der von dieser bestimmten Stelle dürfen die nach Absatz 1 genutzten Daten unter gleichen Voraussetzungen auch für andere Forschungsvorhaben verwendet oder weiter übermittelt werden.

(4) [1] Wenn und sobald der Forschungszweck es erlaubt, sind die nach den Absätzen 1 und 3 erlangten Daten zu anonymisieren. [2] Bis zu einer Anonymisierung sind die Merkmale gesondert zu speichern, mit denen Einzelangaben über persönliche und sachliche Verhältnisse einer bestimmten oder bestimmbaren Person zugeordnet werden können; sie dürfen mit den Einzelangaben nur zusammengeführt werden, soweit der Forschungszweck es erfordert. [3] Die Merkmale sind zu löschen, sobald der Forschungszweck erreicht ist.

(5) Eine Veröffentlichung der nach den Absätzen 1 und 3 erlangten Daten ist nur zulässig, wenn

1. die Betroffenen, im Falle ihres Todes deren Ehegatten und Abkömmlinge, eingewilligt haben oder
2. dies für die Darstellung von Forschungsergebnissen über Ereignisse der Zeitgeschichte unerlässlich ist; in diesem Fall bedarf die Veröffentlichung der Zustimmung der obersten Bundes- oder Landesbehörde, die der Benutzung nach Absatz 2 zugestimmt hat.

---

1) § 66 Abs. 2 Satz 2 neu gef. mWv 15.5.2013 durch G v. 7.5.2013 (BGBl. I S. 1122).

§ 67[1)] Zentrale Register. (1) Die Länder dürfen zentrale Register einrichten zu dem Zweck, die Registereinträge der angeschlossenen Standesämter zu erfassen, ihre Benutzung nach Absatz 3 sowie ihre Fortführung nach Absatz 4 zu ermöglichen.

(2) [1]Die Standesämter dürfen bei ihnen gespeicherte Registereinträge an das zentrale Register übermitteln. [2]Die Länder können zulassen, dass die elektronische Erfassung eines Altregisters nach § 76 Absatz 5 auch durch ein angeschlossenes Standesamt erfolgt, das den Haupteintrag nicht selbst errichtet hat. [3]Die Verantwortung für die Richtigkeit und Vollständigkeit der Daten trägt die übermittelnde Stelle. [4]Das zentrale Register darf die Daten speichern zum Zweck der Übermittlung nach Absatz 3.

(3) Die Standesämter dürfen zur Erfüllung der ihnen obliegenden Aufgaben bei dem zentralen Register Registereinträge nutzen, wenn die Angaben benötigt werden zur Erteilung von Personenstandsurkunden, elektronischen Personenstandsbescheinigungen und Auskünften sowie zur Gewährung von Einsicht in die Personenstandsregister und Durchsicht dieser Register nach den §§ 55, 61 bis 66; die Benutzung der Personenstandsregister kann allen an das zentrale Register angeschlossenen Standesämtern gewährt werden.

(4) Die Länder können zulassen, dass an das zentrale Register übermittelte Registereinträge abweichend von § 5 Absatz 4 von jedem angeschlossenen Standesamt fortgeführt werden dürfen.

§ 68[2)] Datenaustausch zwischen Standesämtern, Behörden und Gerichten. (1) Das Standesamt, das in einem Personenstandsregister eine Beurkundung vornimmt (§§ 3, 5), übermittelt Angaben hierüber von Amts wegen einer anderen Behörde oder einem Gericht, wenn sich die Mitteilungspflicht aus einer Rechtsvorschrift ergibt.

(2) [1]Die Übermittlung von Daten zwischen Standesämtern durch automatisierte Abrufverfahren ist zulässig, soweit diese Daten zur Erfüllung der Aufgaben der abrufenden Stelle erforderlich sind. [2]Bei Datenabrufen in automatisierten Abrufverfahren ist durch technische Maßnahmen sicherzustellen, dass die Berechtigung der abrufenden Stelle beim angefragten Standesamt erkannt und protokolliert wird. [3]Ein Datenabruf im automatisierten Abrufverfahren darf nur die Einsicht in das Suchverzeichnis und in den der Abfrage zugehörigen Registereintrag ermöglichen. [4]Bei Verfahren nach § 67 sind ergänzend landesrechtliche Regelungen zu beachten. [5]Eine Datenübermittlung im automatisierten Abrufverfahren ist nicht zulässig, wenn

1. die Benutzung eines Eintrags nach Ablauf der Fortführungsfristen nach § 5 Absatz 5 archivrechtlichen Vorschriften unterliegt,
2. die Daten im Übermittlungsersuchen nicht mit den gespeicherten Daten korrespondieren,
3. zu einem Registereintrag ein Sperrvermerk nach § 64 eingetragen ist oder
4. ein Registereintrag nach § 47 Absatz 4 Satz 2 stillgelegt worden ist.

[6]Datenübermittlungen und Auskünfte zwischen den Standesämtern sind gebührenfrei.

[1)] § 67 neu gef. mWv 1.11.2022 durch G v. 19.10.2022 (BGBl. I S. 1744).
[2)] § 68 Überschrift und Abs. 2 neu gef. mWv 1.11.2022 durch G v. 19.10.2022 (BGBl. I S. 1744).

§ 68a[1] **Rechte der betroffenen Person.** (1) [1]Das Auskunftsrecht nach Artikel 15 Absatz 1 und das Recht auf Erhalt einer Kopie nach Artikel 15 Absatz 3 der Verordnung (EU) 2016/679 des Europäischen Parlaments und des Rates vom 27. April 2016 zum Schutz natürlicher Personen bei der Verarbeitung personenbezogener Daten, zum freien Datenverkehr und zur Aufhebung der Richtlinie 95/46/EG (Datenschutz-Grundverordnung)[2] (ABl. L 119 vom 4.5.2016, S. 1; L 314 vom 22.11.2016, S. 72; L 127 vom 23.5.2018, S. 2) in der jeweils geltenden Fassung werden dadurch gewährleistet, dass die betroffene Person nach § 62 Einsicht in das Personenstandsregister und in die zum Personenstandseintrag geführten Sammelakten nehmen sowie eine Auskunft aus dem Personenstandseintrag oder der Sammelakte erhalten kann. [2]Soweit die Auskunft zu den verarbeiteten personenbezogenen Daten nach Artikel 15 Absatz 3 der Verordnung (EU) 2016/679 durch eine gebührenfreie Kopie des amtlichen Formulars einer Personenstandsurkunde erfolgt, ist dieses nicht vom Standesbeamten zu unterschreiben, zu siegeln oder zu beglaubigen. [3]Das Recht auf Auskunft der betroffenen Person gemäß Artikel 15 Absatz 1 Buchstabe c der Verordnung (EU) 2016/679 ist beschränkt auf die Kategorien von Empfängern, gegenüber denen die im Personenstandsregister oder in den zum Registereintrag geführten Sammelakten enthaltenen personenbezogenen Daten offengelegt worden sind oder noch offengelegt werden.

(2) Hinsichtlich der in den Personenstandsregistern enthaltenen personenbezogenen Daten kann das Recht auf Berichtigung nach Artikel 16 der Verordnung (EU) 2016/679 nur unter den Voraussetzungen der §§ 47 bis 53 ausgeübt werden.

(3) Das Widerspruchsrecht gemäß Artikel 21 der Verordnung (EU) 2016/679 findet in Bezug auf die im Personenstandsregister beurkundeten Daten und die in den Sammelakten enthaltenen Dokumente keine Anwendung.

Kapitel 10.[3] Zwangsmittel, Bußgeldvorschriften, Besonderheiten

§ 69 Erzwingung von Anzeigen. [1]Wer auf Grund dieses Gesetzes zu Anzeigen oder zu sonstigen Handlungen verpflichtet ist, kann hierzu von dem Standesamt durch Festsetzung eines Zwangsgeldes angehalten werden. [2]Das Zwangsgeld darf für den Einzelfall den Betrag von eintausend Euro nicht überschreiten; es ist vor der Festsetzung schriftlich anzudrohen.

§ 70[4] **Bußgeldvorschriften.** (1) Ordnungswidrig handelt, wer entgegen § 11 Absatz 2, auch in Verbindung mit § 17 Satz 1, eine dort genannte Handlung begeht oder einen dort genannten Vertrag abschließt.

(2) Ordnungswidrig handelt, wer vorsätzlich oder fahrlässig

1. als Person nach § 19 Satz 1 Nummer 1 entgegen § 18 Absatz 1 Satz 1 Nummer 1 oder Satz 2,
2. als Träger einer Einrichtung nach § 20 Satz 1 entgegen § 18 Absatz 1 Satz 1 Nummer 2 oder Satz 2,
3. entgegen § 24 Abs. 1 Satz 1,
4. als Person nach § 29 Abs. 1 Satz 1 Nr. 1 oder 2 entgegen § 28 Nr. 1 oder

---

[1] § 68a eingef. mWv 26.11.2019 durch G v. 20.11.2019 (BGBl. I S. 1626).

[2] Nr. **246**.

[3] Kapitel 10 Überschrift neu gef. mWv 1.11.2017 durch G v. 17.7.2017 (BGBl. I S. 2522).

[4] § 70 Abs. 1 einl. Satzteil geänd. mWv 15.5.2013 durch G v. 7.5.2013 (BGBl. I S. 1122); Abs. 1 Nr. 1 und 2 neu gef. mWv 1.5.2014 durch G v. 28.8.2013 (BGBl. I S. 3458); Abs. 1 eingef., bish. Abs. 1 wird Abs. 2, bish. Abs. 2 wird Abs. 3 und neu gef. mWv 22.7.2017 durch G v. 17.7.2017 (BGBl. I S. 2429).

5. als Träger einer Einrichtung nach § 30 Abs. 1 in Verbindung mit § 20 Satz 1 entgegen § 28 Nr. 2

eine Anzeige nicht, nicht richtig, nicht vollständig, nicht in der vorgeschriebenen Weise oder nicht rechtzeitig erstattet.

(3) Die Ordnungswidrigkeit kann in den Fällen des Absatzes 1 mit einer Geldbuße bis zu fünftausend Euro und in den übrigen Fällen mit einer Geldbuße bis zu eintausend Euro geahndet werden.

§ 71 Personenstandsbücher aus Grenzgebieten. [1] Die aus Anlass des deutsch-belgischen Vertrags vom 24. September 1956 (BGBl. 1958 II S. 262, 353) und auf Grund des deutsch-niederländischen Ausgleichsvertrags vom 8. April 1960 (BGBl. 1963 II S. 458, 1078) übergebenen Personenstandsbücher stehen Personenstandsregistern im Sinne dieses Gesetzes gleich. [2] Soweit lediglich beglaubigte Abschriften übergeben worden sind, stehen diese einem Eintrag in einem Personenstandsregister gleich.

§ 72[1)] *(aufgehoben)*

Kapitel 11. Verordnungsermächtigungen

§ 73[2)] [3)] **Ermächtigungen zum Erlass von Rechtsverordnungen.** Das Bundesministerium des Innern, für Bau und Heimat wird ermächtigt, im Benehmen mit dem Bundesministerium der Justiz und für Verbraucherschutz und mit Zustimmung des Bundesrates zur Durchführung dieses Gesetzes Rechtsverordnungen[4)] zu erlassen über

1. die Führung, Fortführung, Benutzung und Aufbewahrung der von deutschen Standesbeamten errichteten Personenstandsregister, Personenstandsbücher und Standesregister sowie die Führung und Fortführung der Sicherungsregister, Zweitbücher und standesamtlichen Nebenregister,
2. die Führung, Fortführung, Benutzung und Aufbewahrung der von deutschen Konsularbeamten errichteten Personenstandseinträge,
3. die Anforderungen an elektronische Verfahren
   a) zur Führung der Personenstandsregister und Sicherungsregister sowie die Aufbewahrung dieser Register einschließlich der Anforderungen an Anlagen und Programme sowie deren Sicherung (§§ 3, 4),
   b) mittels derer die Identität der Person, die die Eintragung vorgenommen hat, erkennbar ist (§ 3 Abs. 2 Satz 3),
4. den Aufbau und die Darstellung der elektronischen Register am Bildschirm und die Formulare für die Personenstandsurkunden (§§ 3 bis 5, 55),

---

[1)] § 72 aufgeh. mWv 15.8.2013 durch G v. 7.8.2013 (BGBl. I S. 3154).

[2)] § 73 Nr. 25 und 26 geänd. mWv 1.6.2008 durch G v. 13.3.2008 (BGBl. I S. 313); Nr. 24 neu gef. mWv 15.5.2013, Nr. 16 neu gef. mWv 1.11.2013 durch G v. 7.5.2013 (BGBl. I S. 1122); einl. Satzteil geänd. mWv 8.9.2015 durch VO v. 31.8.2015 (BGBl. I S. 1474); Nr. 23 aufgeh., bish. Nr. 24 wird Nr. 23 und neu gef., Nr. 25 aufgeh., bish. Nr. 26 wird Nr. 24 und neu gef. mWv 1.11.2017 durch G v. 17.7. 2017 (BGBl. I S. 2522); Nr. 10 neu gef. mWv 22.12.2018 durch G v. 18.12.2018 (BGBl. I S. 2639); einl. Satzteil geänd. mWv 27.6.2020 durch VO v. 19.6.2020 (BGBl. I S. 1328); Nr. 24 geänd., Nr. 25–27 angef. mWv 1.11.2022 durch G v. 19.10.2022 (BGBl. I S. 1744).

[3)] § 73 ist gem. Art. 5 Abs. 1 G v. 19.2.2007 (BGBl. I S. 122) bereits am 24.2.2007 in Kraft getreten.

[4)] Verordnung zur Ausführung des Personenstandsgesetzes (Personenstandsverordnung – PStV) (Nr. **261**).

5. die Ausstellung von Personenstandsurkunden durch ein anderes als das registerführende Standesamt (§ 55 Abs. 2, § 56 Abs. 4),
6. die technischen Verfahren zur Neubeurkundung nach Verlust eines Registers (§ 8),
7. die Führung der Sammelakten (§ 6),
8. die Mitteilungen an Behörden und sonstige öffentliche Stellen auf Grund von Rechtsvorschriften, insbesondere die Bezeichnung der empfangenden Stelle sowie die im Einzelnen zu übermittelnden Angaben und das Verfahren der Übermittlung,
9. die Übertragung von besonderen Aufgaben auf das Standesamt I in Berlin, die sich daraus ergeben, dass diesem im Rahmen der ihm durch dieses Gesetz übertragenen Zuständigkeiten Mitteilungen oder Erklärungen über Vorgänge zugehen, die in einem Personenstandsregister zu beurkunden wären, sowie die Organisation und Nutzung der nach diesem Gesetz beim Standesamt I in Berlin zu führenden Verzeichnisse, insbesondere im Rahmen der Zusammenarbeit mit den Standesämtern,
10. die Anmeldung der Eheschließung, die Eheschließung und die Umwandlung der Lebenspartnerschaft in eine Ehe sowie die Erteilung einer Bescheinigung hierüber,
11. die Anzeige einer Geburt oder eines Sterbefalls,
12. die Erteilung von Personenstandsurkunden sowie einer Bescheinigung über die Entgegennahme einer namensrechtlichen Erklärung,
13. die Beurkundung von Personenstandsfällen, bei denen besondere Umstände zu berücksichtigen sind, weil sie sich in der Luft, auf Binnenschiffen, in Landfahrzeugen oder in Bergwerken ereignet haben oder einzelne Angaben für die Beurkundung fehlen oder urkundlich nicht belegt werden können,
14. die Beurkundung von Personenstandsfällen, falls eine Person beteiligt ist, die taub oder stumm oder sonst am Sprechen gehindert ist, die die deutsche Sprache nicht versteht oder nicht schreiben kann,
15. die Beurkundung der Sterbefälle von Angehörigen der ehemaligen deutschen Wehrmacht sowie das Verfahren zur Beurkundung von Sterbefällen in ehemaligen deutschen Konzentrationslagern (§ 38),
16. weitere Angaben zum Familienstand des Verstorbenen sowie zum Ort und Zeitpunkt des Todes im Sterbeeintrag (§ 31 Absatz 1 Nummer 2 und 4) und in der Sterbeurkunde (§ 60 Nummer 2 und 4),
17. die Eintragung der Staatsangehörigkeit in die Personenstandsregister,
18. die Begriffsbestimmungen für tot geborene Kinder und Fehlgeburten,
19. die Angabe von Namen, wenn Vor- und Familiennamen nicht geführt werden,
20. die Bezeichnung der Behörden und sonstigen öffentlichen Stellen, die nach gesetzlichen Vorschriften dem Standesamt eine Mitteilung zur Fortführung der Personenstandsregister zu machen haben, sowie die jeweils zu übermittelnden Angaben,
21. die Besonderheiten für die in § 71 genannten Personenstandsbücher und beglaubigten Abschriften, die darauf beruhen, dass Zweitbücher nicht vorhanden sind oder Einträge von den im inländischen Recht vorgesehenen Einträgen abweichen,
22. die Führung der Sammlung der Todeserklärungen, die damit zusammenhängenden Mitteilungspflichten und die Benutzung dieser Sammlung (§ 33),

23. die elektronische Erfassung und Fortführung der Übergangsbeurkundungen (§ 75) und Altregister (§ 76),
24. die Benutzung der als Heiratseinträge fortgeführten Familienbücher (§ 77),
25. die technischen Standards, die zu übermittelnden Daten, ihre Form sowie das Nähere über das Verfahren der Übermittlung bei Datenübermittlungen zwischen Standesämtern und einem Verwaltungsportal nach § 3 Absatz 2 des Onlinezugangsgesetzes[1] vom 14. August 2017 (BGBl. I. S. 3122, 3138), das zuletzt durch Artikel 16 des Gesetzes vom 28. Juni 2021 (BGBl. I S. 2250) geändert worden ist (OZG),
26. die Festlegung des Vertrauensniveaus im Sinne des Artikel 8 der Verordnung (EU) Nr. 910/2014 des Europäischen Parlaments und des Rates vom 23. Juli 2014 über elektronische Identifizierung und Vertrauensdienste für elektronische Transaktionen im Binnenmarkt und zur Aufhebung der Richtlinie 1999/93/EG[2] (ABl. L 257 vom 28.8.2014, S. 73; L 23 vom 29.1.2015, S. 19; L 155 vom 14.6.2016, S. 44), das bei einer elektronischen Erbringung von Verwaltungsleistungen nach diesem Gesetz jeweils erforderlich ist,
27. automatisierte Abrufverfahren und technische Benutzer nach § 68 sowie die im Einzelnen zu übermittelnden Angaben, die Protokollierung der Abrufe und die Verfahren der Übermittlung.

§ 74[3] [4] Rechtsverordnungen der Landesregierungen. (1) Die Landesregierungen werden ermächtigt, durch Rechtsverordnung

1. die Bestellung der Standesbeamten und die fachlichen Anforderungen an diese Personen zu regeln,
2. die Aufbewahrung der Zweitbücher und Sicherungsregister zu regeln,
3. ein zentrales elektronisches Personenstandsregister einzurichten und nähere Bestimmungen zu dessen Führung zu treffen,
4. die Aufbewahrung der Sammelakten zu regeln,
5. die elektronische Erfassung und Fortführung der Übergangsbeurkundungen (§ 75) und Altregister (§ 76) zu regeln,
6. das zuständige Amtsgericht zu bestimmen, wenn im Falle des § 50 Abs. 1 am Ort des Landgerichts mehrere Amtsgerichte ihren Sitz haben,
7. zu bestimmen, dass auch anderen als den auf Grund des § 73 Nr. 8 bezeichneten öffentlichen Stellen Angaben mitzuteilen sind, die diese zur Erfüllung ihrer Aufgaben benötigen.

(2) Die Landesregierungen können durch Rechtsverordnung die Ermächtigungen nach Absatz 1 auf oberste Landesbehörden übertragen.

Kapitel 12. Übergangsvorschriften

§ 75[5] Übergangsbeurkundung. Die zwischen dem 1. Januar 2009 und dem 31. Dezember 2013 in einem Papierregister beurkundeten Personenstandseinträge

[1] **Sartorius III Nr. 718.**
[2] **Sartorius III Nr. 741.**
[3] § 74 ist gem. Art. 5 Abs. 1 G v. 19.2.2007 (BGBl. I S. 122) bereits am 24.2.2007 in Kraft getreten.
[4] § 74 Abs. 1 Nr. 5 neu gef. mWv 15.5.2013 durch G v. 7.5.2013 (BGBl. I S. 1122); Abs. 1 Nr. 5 neu gef., Abs. 2 geänd. mWv 1.11.2017 durch G v. 17.7.2017 (BGBl. I S. 2522).
[5] § 75 neu gef. mWv 1.11.2017 durch G v. 17.7.2017 (BGBl. I S. 2522); geänd. mWv 1.11.2022 durch G v. 19.10.2022 (BGBl. I S. 1744).

(Übergangsbeurkundungen) sollen in elektronische Register übernommen werden; in diesem Fall gelten die §§ 3 bis 5 entsprechend.

§ 76[1] Fortführung, Benutzung und Aufbewahrung der Altregister.

(1) [1] Altregister sind die bis zum 31. Dezember 2008 angelegten Personenstandsbücher sowie die seit dem 1. Januar 1876 geführten Standesregister und standesamtlichen Nebenregister und die davor geführten Zivilstandsregister (Standesbücher). [2] Für ihre Fortführung und Beweiskraft gelten die §§ 5, 16, 17, 27, 32 und 54 entsprechend, die Folgebeurkundungen sind von dem Standesbeamten zu unterschreiben.

(2) Für die Fortführung der Zweitbücher gilt § 4 Absatz 2 entsprechend mit der Maßgabe, dass Hinweise nicht einzutragen sind.

(3) Für die Benutzung der Altregister und der dazu geführten Sammelakten gelten die §§ 61 bis 66 entsprechend.

(4) Für die Aufbewahrung und das Anbieten der Altregister, der Zweitbücher und der Sammelakten gegenüber den Archiven gilt § 7 Absatz 1 Satz 1, Absatz 2 und 3 entsprechend.

(5) [1] Einträge aus Altregistern werden elektronisch erfasst und fortgeführt, wenn

1. ein Anlass zur Fortführung des Registereintrags im Geburten-, Ehe- und Lebenspartnerschaftsregister besteht,
2. die Ausstellung einer Personenstandsurkunde aus einem der in Nummer 1 genannten Register beantragt wird oder
3. durch eine automatisierte Datenabfrage Daten aus einem papiergebundenen Altregister nach Nummer 1 abgefragt werden.

[2] Im Übrigen sollen sie elektronisch erfasst werden. [3] Eine Nacherfassung im elektronischen Personenstandsregister nach den Sätzen 1 und 2 ist nicht erforderlich, wenn bereits die Hälfte der nach § 5 Absatz 5 für den entsprechenden Personenstandseintrag geltenden Fortführungsfrist abgelaufen ist oder die elektronische Nacherfassung aufgrund der in dem papiergebundenen Registereintrag beurkundeten Daten aus anderen Gründen nicht angezeigt ist.

§ 77[2] Fortführung, Aufbewahrung und Benutzung der Familienbücher.

(1) [1] Die Familienbücher werden als Heiratseinträge fortgeführt; die bisherigen Heiratseinträge in den Heiratsbüchern werden nicht fortgeführt. [2] § 16 gilt entsprechend.

(2) [1] Zuständig für die Fortführung des Familienbuchs ist das Standesamt, das den Heiratseintrag für die Ehe führt. [2] Ist die Ehe nicht in einem deutschen Heiratsbuch beurkundet, so ist das Standesamt zuständig, das am 24. Februar 2007 das Familienbuch führte.

(3) Aus den Familienbüchern, die als Heiratseinträge fortgeführt werden, werden als Personenstandsurkunden nur Eheurkunden (§ 57) ausgestellt.

§ 78[3] *(aufgehoben)*

---

[1] § 76 neu gef. mWv 1.11.2017 durch G v. 17.7.2017 (BGBl. I S. 2522); Abs. 4 geänd., Abs. 5 neu gef. mWv 1.11.2022 durch G v. 19.10.2022 (BGBl. I S. 1744).

[2] § 77 neu gef. mWv 1.11.2017 durch G v. 17.7.2017 (BGBl. I S. 2522).

[3] § 78 aufgeh. mWv 1.11.2017 durch G v. 17.7.2017 (BGBl. I S. 2522).

§ 79[1] Altfallregelung. Für die Bearbeitung von Anträgen auf Beurkundung von Auslandspersonenstandsfällen und von namensrechtlichen Erklärungen, die vor dem 1. November 2017 beim Standesamt I in Berlin gestellt oder dort eingegangen sind, bleibt abweichend von der in § 34 Absatz 4 Satz 1, § 35 Absatz 3 Satz 1, § 36 Absatz 2, § 41 Absatz 2 Satz 2, § 42 Absatz 2 Satz 2, § 43 Absatz 2 Satz 3 und § 45 Absatz 2 Satz 2 getroffenen Zuständigkeitsreglung bei lediglich früherem Wohnsitz im Inland das Standesamt I in Berlin zuständig.

[1] § 79 angef. mWv 1.11.2017 durch G v. 17.7.2017 (BGBl. I S. 2522).

261. Verordnung zur Ausführung des Personenstandsgesetzes (Personenstandsverordnung – PStV)[1]

Vom 22. November 2008
(BGBl. I S. 2263)

FNA 211-9-1

geänd. durch Art. 5 G zur Modernisierung des Benachrichtigungswesens in Nachlasssachen durch Schaffung des Zentralen Testamentsregisters bei der Bundesnotarkammer und zur Fristverlängerung nach der HofraumVO v. 22.12.2010 (BGBl. I S. 2255), Art. 2 Abs. 8 G zur Änd. von Vorschriften über Verkündung und Bekanntmachungen sowie der ZPO, des EGZPO und der AO v. 22.12.2011 (BGBl. I S. 3044), Art. 2 Personenstandsrechts-ÄnderungsG v. 7.5.2013 (BGBl. I S. 1122, ber. S. 2440), Art. 4 G zum Ausbau der Hilfen für Schwangere und zur Regelung der vertraulichen Geburt v. 28.8.2013 (BGBl. I S. 3458), Art. 6 G zur Umsetzung der Richtlinie 2011/95/EU v. 28.8.2013 (BGBl. I S. 3474), Art. 14 Nr. 6 AsylverfahrensbeschleunigungsG v. 20.10.2015 (BGBl. I S. 1722), Art. 2 2. Personenstandsrechts-ÄnderungsG v. 17.7.2017 (BGBl. I S. 2522), Art. 1 Erste ÄndVO v. 24.10.2018 (BGBl. I S. 1768), Art. 3 Abs. 5 G zum Erlass und zur Änd. bundesrechtlicher Vorschriften in Bezug auf die Übernahme der Angehörigenbenachrichtigungs-Aufgabenübertragung[2] v. 4.12.2018 (BGBl. I S. 2257 iVm Bek. v. 12.4. 2019, BGBl. I S. 496), Art. 5 G zur Umsetzung des G zur Einführung des Rechts auf Eheschließung für Personen gleichen Geschlechts v. 18.12.2018 (BGBl. I S. 2639), Art. 89 Elfte ZuständigkeitsanpassungsVO v. 19.6.2020 (BGBl. I S. 1328), Art. 3 G zur Digitalisierung von Verwaltungsverfahren bei der Gewährung von Familienleistungen v. 3.12.2020 (BGBl. I S. 2668), Art. 19 RegistermodernisierungsG[3] v. 28.3.2021 (BGBl. I S. 591) und Art. 2 3. Personenstandsrechts-ÄndG v. 19.10.2022 (BGBl. I S. 1744)

Auf Grund des § 73 des Personenstandsgesetzes[4] vom 19. Februar 2007 (BGBl. I S. 122), der durch Artikel 2 Abs. 2 Nr. 2 des Gesetzes vom 13. März 2008 (BGBl. I S. 313) geändert worden ist, des § 4 Abs. 3 Satz 3 des Staatsangehörigkeitsgesetzes[5], der zuletzt durch Artikel 5 des Gesetzes vom 19. August 2007 (BGBl. I S. 1970) geändert worden ist, Artikel 2 Abs. 1 des Gesetzes zu dem Übereinkommen vom 8. September 1976 über die Ausstellung mehrsprachiger Auszüge aus Personenstandsbüchern vom 16. April 1997 (BGBl. 1997 II S. 774) und des Artikels 2 Abs. 1 des Gesetzes zu dem Übereinkommen vom 5. September 1980 über die Ausstellung von Ehefähigkeitszeugnissen vom 5. Juni 1997 (BGBl. 1997 II S. 1086) verordnet das Bundesministerium des Innern im Benehmen mit dem Bundesministerium der Justiz:

Inhaltsübersicht[6]

Kapitel 1. Allgemeine Bestimmungen

---

[1] Die Änderungen durch G v. 28.3.2021 (BGBl. I S. 591) treten teilweise erst **mit noch unbestimmtem Datum**, die Änderungen durch G v. 19.10.2022 (BGBl. I S. 1744) treten teilweise erst **mWv 1.11.2024** in Kraft und sind insoweit im Text noch nicht berücksichtigt.

[2] In Kraft getreten am 1.1.2019, vgl. Art. 4 Abs. 2 G v. 4.12.2018 (BGBl. I S. 2257) iVm Bek. v. 12.4. 2019 (BGBl. I S. 496).

[3] Die Änderungen durch Art. 19 RegistermodernisierungsG treten, mit Ausnahme des Art. 19 Nr. 2 Buchst. b, gem. Art. 22 Satz 3 dieses Gesetzes „an dem Tag in Kraft, an dem das Bundesministerium des Innern, für Bau und Heimat im Bundesgesetzblatt [...] bekannt gibt, dass die technischen Voraussetzungen für die Verarbeitung der Identifikationsnummer nach § 139b der Abgabenordnung [...] vorliegen."

[4] Nr. **260**.

[5] Nr. **15**.

[6] Inhaltsübersicht geänd. mWv 15.5.2013 und mWv 1.11.2013 durch G v. 7.5.2013 (BGBl. I S. 1122); geänd. mWv 1.11.2017 durch G v. 17.7.2017 (BGBl. I S. 2522); geänd. mWv 1.11.2018 durch VO v. →

(Fortsetzung der Anm. von voriger Seite)
24.10.2018 (BGBl. I S. 1768); geänd. mWv 22.12.2018 durch G v. 18.12.2018 (BGBl. I S. 2639); geänd. mWv 1.11.2022 durch G v. 19.10.2022 (BGBl. I S. 1744).

Kapitel 1. Allgemeine Bestimmungen

§ 1 Standesamt (1) [1]Jedes Standesamt führt eine Bezeichnung. [2]Bei gleichnamigen Standesämtern ist ein unterscheidender Zusatz hinzuzufügen.

(2) Amtssitz sind die Diensträume des Standesamts.

§ 2 Übersetzung in die deutsche Sprache. (1) Werden einem Standesamt fremdsprachige Urkunden vorgelegt, so soll eine Übersetzung in die deutsche Sprache gefordert werden.

(2) [1]Versteht ein Beteiligter die deutsche Sprache nicht, ist ein Dolmetscher hinzuzuziehen, wenn der Standesbeamte oder der mit der Amtshandlung befasste Mitarbeiter des Standesamts die fremde Sprache nicht selbst beherrscht. [2]Der Dolmetscher hat gegenüber dem Standesbeamten eine Versicherung an Eides statt darüber abzugeben, dass er treu und gewissenhaft übertragen werde. [3]Ist der Dolmetscher für Übertragungen der betreffenden Art in einem Land nach den landesrechtlichen Vorschriften allgemein beeidigt, genügt die Berufung auf diesen Eid.

(3) [1]Eine Niederschrift soll auch in der fremden Sprache vorgelesen werden. [2]Dass dies geschehen ist, ist am Schluss der Niederschrift anzugeben. [3]Die Niederschrift ist auch vom Dolmetscher zu unterschreiben.

§ 3 Behinderung, Verweigerung der Unterschrift. (1) [1]Ist ein Beteiligter hör- oder sprachbehindert und ist eine schriftliche Verständigung mit ihm nicht möglich, so ist ein Gebärdendolmetscher hinzuzuziehen. [2]§ 2 gilt entsprechend.

(2) [1]Kann ein Beteiligter nicht schreiben oder ist er am Schreiben gehindert, soll er ein Handzeichen machen. [2]Ist das nicht möglich oder weigert sich ein Beteiligter zu unterschreiben, so ist dies mit Angabe des Grundes zu vermerken.

§ 4 Rückgabe von Urkunden. (1) [1]Von den Beteiligten vorgelegte Urkunden, die nicht ausdrücklich zur Vorlage beim Standesamt ausgestellt worden sind, sollen ihnen zurückgegeben werden. [2]Von Urkunden, die nicht jederzeit wieder beschafft werden können, soll das Standesamt eine Abschrift oder Ablichtung zurückbehalten, die zu beglaubigen ist; bei Übertragung in ein elektronisches Dokument genügt ein Vermerk, der angibt, wann und durch wen die Übertragung vorgenommen worden ist.

(2) Bei in fremder Sprache abgefassten Urkunden, denen eine Übersetzung beigefügt ist, soll eine beglaubigte Abschrift oder Ablichtung der Urkunde und der Übersetzung beim Standesamt verbleiben.

§ 5 Prüfungspflicht des Standesbeamten. Eintragungen im Personenstandsregister und sonstige Beurkundungen dürfen erst vorgenommen werden, wenn der zugrunde liegende Sachverhalt ermittelt und abschließend geprüft worden ist.

§ 6[1)] Anzeige eines Personenstandsfalls. (1) [1]Über die mündliche Anzeige eines Personenstandsfalls ist vom Standesamt eine Niederschrift aufzunehmen. [2]Die Niederschrift muss alle zur ordnungsgemäßen Beurkundung im Personenstandsregister erforderlichen Angaben enthalten.

(2) [1]Werden die nach dem Gesetz elektronisch zugelassenen Anzeigen, Anmeldungen und Anträge dem Standesamt über ein von einer Behörde bereitgestelltes Verwaltungsportal übermittelt, so soll für die elektronische Kommunikation zwischen dem Portal und dem Standesamt das Datenaustauschformat XPersonenstand und das Übertragungsprotokoll OSCI-Transport in der im Bundesanzeiger bekannt gemachten jeweils gültigen Fassung verwendet werden. [2]§ 63 Absatz 4 gilt entsprechend.

(3) Die nach dem Gesetz gegenüber dem Standesamt zugelassenen elektronischen Anzeige-, Anmelde- und Antragsverfahren müssen dem Vertrauensniveau

---

[1)] § 6 Abs. 2 Halbs. 2 geänd. mWv 1.4.2012 durch G v. 22.12.2011 (BGBl. I S. 3044); Abs. 2 Halbs. 2 geänd. mWv 1.11.2013 durch G v. 7.5.2013 (BGBl. I S. 1122); Abs. 2 neu gef., Abs. 3 angef. mWv 1.11.2022 durch G v. 19.10.2022 (BGBl. I S. 1744).

„hoch" nach Artikel 8 der Verordnung (EU) Nr. 910/2014[1] des Europäischen Parlaments und des Rates vom 23. Juli 2014 über elektronische Identifizierung und Vertrauensdienste für elektronische Transaktionen im Binnenmarkt und zur Aufhebung der Richtlinie 1999/93/EG (ABl. L 257 vom 28.8.2014, S. 73; L 23 vom 29.1.2015, S. 19; L 155 vom 14.6.2016, S. 44) entsprechen.

§ 7 Zurückstellen der Beurkundung. (1) [1] Fehlen Angaben oder Nachweise für die Beurkundung eines Personenstandsfalls, kann das Standesamt die Beurkundung zurückstellen. [2] Die Beurkundung des Personenstandsfalls ist in diesem Fall in angemessener Frist nachzuholen.

(2) Dem Anzeigenden ist auf Antrag eine Bescheinigung darüber auszustellen, dass der Personenstandsfall angezeigt wurde, aber noch nicht beurkundet werden konnte.

§ 8[2] Prüfung der Staatsangehörigkeit. (1) [1] Zur Prüfung der deutschen Staatsangehörigkeit ist Folgendes vorzulegen:

1. der Personalausweis oder der Reisepass oder
2. eine Bescheinigung der Meldebehörde, aus der sich die Staatsangehörigkeit ergibt.

[2] Bestehen danach Zweifel an der deutschen Staatsangehörigkeit, ist eine Staatsangehörigkeitsurkunde vorzulegen.

(2) Wer nicht Deutscher ist, muss seine Staatsangehörigkeit durch Vorlage eines der folgenden Dokumente nachweisen:

1. Reisepass oder Passersatz,
2. amtlicher Personalausweis mit Angabe der Staatsangehörigkeit eines Mitgliedstaates der Europäischen Union, eines anderen Vertragsstaates des Abkommens über den Europäischen Wirtschaftsraum und der Schweiz oder
3. Bescheinigung der zuständigen Behörde seines Heimatstaates.

Kapitel 2. Personenstandsregister

Abschnitt 1. Betrieb elektronischer Personenstandsregister

§ 9 Personenstandsregister, Registerinhalt. (1) Die nach § 3 Abs. 1 des Gesetzes[3] zu führenden Personenstandsregister bestehen aus Registereinträgen, die auf Dauer lesbar und unveränderbar zu speichern sind.

(2) Die Registereinträge enthalten die für die Beurkundung der Personenstandsfälle nach dem Gesetz erforderlichen Daten einschließlich der dauerhaft überprüfbaren qualifizierten elektronischen Signatur des beurkundenden Standesbeamten sowie die Hinweise und die entsprechenden Registrierungsdaten nach § 16 Abs. 2 Satz 1.

(3) Die Beurkundungsdaten werden vom Standesamt in strukturierter Form im Format Extensible Markup Language (XML) und zusätzlich als Dokument im Format Portable Document-Format (PDF/A) in dem entsprechenden Personenstandsregister gespeichert.

---

[1] **Sartorius III Nr. 741.**

[2] § 8 Abs. 1 neu gef. mWv 1.11.2017 durch G v. 17.7.2017 (BGBl. I S. 2522); Abs. 1 Satz 1 Nr. 2 geänd. mWv 1.11.2022 durch G v. 19.10.2022 (BGBl. I S. 1744).

[3] Nr. **260**.

(4) Beurkundungen im Sinne des § 54 des Gesetzes sind die im Format XML gespeicherten Haupteinträge und Folgebeurkundungen.

§ 10[1)] Anforderungen an den Betrieb von Personenstandsregistern und Sicherungsregistern. (1) [1]Für den Betrieb von Personenstandsregistern und Sicherungsregistern sind die erforderlichen und angemessenen technischen und organisatorischen Maßnahmen zu treffen, um die Verfügbarkeit, Integrität, Authentizität und Vertraulichkeit der gespeicherten Daten entsprechend dem jeweiligen Stand der Technik sicherzustellen. [2]Es dürfen nur Anlagen und Programme verwendet werden, die den anerkannten technischen Anforderungen an die maschinell geführte Verarbeitung von Daten mit hohem Schutzbedarf entsprechen; sämtliche technischen und organisatorischen Maßnahmen müssen dem mit der dauerhaften Speicherung der Registerdaten verfolgten Zweck angemessen Rechnung tragen. [3]Die zu treffenden Maßnahmen sind im Betriebs- und Sicherheitskonzept (§ 13) zu dokumentieren.

(2) Insbesondere ist sicherzustellen, dass

1. Unbefugten der Zutritt zu Datenverarbeitungsanlagen, mit denen die Personenstandsdaten verarbeitet oder genutzt werden können, verwehrt wird (Zutrittskontrolle),
2. die unbefugte Nutzung der für die Personenstandsbeurkundung eingesetzten Datenverarbeitungssysteme verhindert wird (Zugangskontrolle),
3. die eingeräumten Zugriffsbefugnisse im Datenverarbeitungssystem verwaltet werden und der Zugriff auf die Daten oder Systemfunktionen nur innerhalb der jeweils eingeräumten Zugriffsbefugnis möglich ist, nachdem sich der Benutzer dem System gegenüber in einer automatisierten Prüfung als zugriffsbefugt erwiesen hat (Zugriffskontrolle),
4. die beurkundeten Daten nachvollziehbar und unveränderbar gespeichert werden und die chronologische Dokumentation von Veränderungen der Einträge im Personenstandsregister und im Sicherungsregister gewährleistet wird (Revisionssicherheit),
5. die Vornahme von Veränderungen und Ergänzungen der Einträge im Personenstandsregister und im Sicherungsregister im Datenverarbeitungssystem protokolliert wird (Beweissicherung),
6. eingesetzte Systemkomponenten ohne Sicherheitsrisiken wiederhergestellt werden können (Wiederaufbereitung),
7. etwaige Verfälschungen der gespeicherten Daten durch geeignete technische Prüfmechanismen rechtzeitig bemerkt werden können (Unverfälschtheit),
8. die Funktionen des Datenverarbeitungssystems fehlerfrei ablaufen und auftretende Fehlfunktionen unverzüglich gemeldet werden (Verlässlichkeit),
9. bei Verarbeitung der Daten im System und im Falle der Nutzung allgemein zugänglicher Netze Verschlüsselungsverfahren angewendet werden, die dem jeweiligen Stand der Technik entsprechen (Übertragungssicherheit).

[1)] § 10 Abs. 1 Satz 3 aufgeh., bish. Satz 4 wird Satz 3 mWv 1.11.2018 durch VO v. 24.10.2018 (BGBl. I S. 1768).

§ 11[1]) Anforderungen an Datenverarbeitungsverfahren. (1) Datenverarbeitungsverfahren für die Personenstandsregister (Registerverfahren) müssen gewährleisten, dass

1. die Beurkundungsdaten und Hinweise in den dafür vorgesehenen Datenfeldern (Anlage 1) gespeichert werden,
2. eine Zusammenstellung aller Beurkundungsdaten als Personenstandseintrag nach den Mustern der Anlagen 2 bis 5 auf Dauer unveränderbar gespeichert wird,
3. der Personenstandseintrag mit den Registrierungsdaten nach § 16 Abs. 2 Satz 1 versehen wird,
4. die erforderliche dauerhaft überprüfbare qualifizierte elektronische Signatur und die Daten, die zur Sicherung der dauerhaften Überprüfbarkeit erforderlich sind, beim Personenstandseintrag gespeichert werden,
5. jede Änderung oder Ergänzung eines bestehenden Registereintrags (Folgebeurkundung) gespeichert und mit dem Eintrag der Erstbeurkundung (Haupteintrag) und hierzu bereits vorhandener Folgebeurkundungen elektronisch verknüpft wird, ohne die bereits im Personenstandsregister gespeicherten Eintragsdaten zu überschreiben oder zu löschen,
6. die Beurkundungsdaten, gegliedert in Erstbeurkundung und Folgebeurkundungen für eine weitere Folgebeurkundung unter automatischer Vergabe der nach § 17 Satz 1 vorgesehenen Folgenummer bereitgestellt werden und der entsprechende Eintrag für die Dauer der Bearbeitung im Personenstandsregister gesperrt wird,
7. die Authentizität des Eintrags sichergestellt und eine systemunabhängige Prüfung möglich ist,
8. Registereinträge, die nach Ablauf der Aufbewahrungsfristen von den zuständigen öffentlichen Archiven übernommen werden, auf externe Datenträger übertragen und aus dem Personenstandsregister gelöscht werden können.

(2) Datenverarbeitungsverfahren für die Erstellung, Fortführung, Suche und Anzeige der Personenstandseinträge (Fachverfahren) müssen gewährleisten, dass die nach dieser Verordnung erforderliche dauerhaft überprüfbare qualifizierte elektronische Signatur vor einer Speicherung im Personenstandsregister angebracht wird und bei jeder Bereitstellung eines Registereintrags zur Bearbeitung im Fachverfahren die Signatur überprüft wird.

(3) [1] Fachverfahren dürfen mit einem Registerverfahren nur über eine Schnittstelle verbunden sein, die eine direkte Änderung der im Personenstandsregister gespeicherten Daten ausschließt. [2] Diese Schnittstelle muss gewährleisten, dass

1. eine system- und programmiersprachenunabhängige Zusammenarbeit von Fach- und Registerverfahren möglich ist,
2. die in einem Fachverfahren bearbeiteten Daten in das Personenstandsregister übernommen werden und die zugehörige dauerhaft überprüfbare qualifizierte elektronische Signatur übergeben wird,
3. die im Personenstandsregister vorhandenen Daten für eine Bearbeitung in das Fachverfahren übernommen werden,
4. die in einem Fachverfahren für eine Übernahme in das Personenstandsregister bearbeiteten Daten den festgelegten Strukturen und Formatbeschreibungen der Daten im Personenstandsregister angepasst werden,

---

[1]) § 11 Abs. 4 angef. mWv 1.11.2013 durch G v. 7.5.2013 (BGBl. I S. 1122); Abs. 4 geänd. mWv 27.6. 2020 durch VO v. 19.6.2020 (BGBl. I S. 1328).

5. die zur systemunabhängigen Prüfung der Authentizität des Personenstandseintrags notwendigen Informationen bereitgestellt werden können.

(4) Das Bundesministerium des Innern, für Bau und Heimat kann eine den Voraussetzungen des Absatzes 3 genügende Schnittstellenbeschreibung durch Veröffentlichung im Bundesanzeiger für verbindlich anwendbar erklären.

§ 12[1] Herstellererklärung. Für die Verarbeitung der nach dem Gesetz und dieser Verordnung zu registrierenden Daten dürfen nur Programme eingesetzt werden, für die die Hersteller gegenüber dem Verwender bestätigen, dass die für die Registerführung maßgebenden Vorgaben des Gesetzes und dieser Verordnung erfüllt werden.

§ 13 Betriebs- und Sicherheitskonzept, Datenverarbeitungssysteme. (1) Für den Betrieb der Personenstandsregister ist ein Betriebs- und Sicherheitskonzept zu erstellen, das festlegt, mit welchen technischen und organisatorischen Maßnahmen die Vorgaben des Gesetzes und dieser Verordnung unter Beachtung der Fortführungsfristen nach § 5 Abs. 5 des Gesetzes[2] gewährleistet werden.

(2) [1]Die für die Register verwendeten Datenverarbeitungssysteme sind regelmäßig auf Funktionalität zu überprüfen. [2]Die Registereinträge sind bei Bedarf auf Datenträger und Anlagen zu übertragen, die dem Stand der Technik entsprechen. [3]Bei dieser Übertragung muss die Integrität der übertragenen Einträge überprüft und die Überprüfung dokumentiert werden. [4]Es ist sicherzustellen, dass die in ausgesonderten Datenverarbeitungssystemen gespeicherten Daten spurenlos gelöscht werden.

§ 14[3] Berechtigungskonzept. (1) [1]Der Zugriff auf die Daten im Personenstandsregister erfolgt innerhalb eines Standesamts mit folgenden Berechtigungsstufen:

1. Stufe A erlaubt, einen Eintrag abzuschließen und in das Personenstandsregister einzufügen, Einträge durch Folgebeurkundungen fortzuführen und Sperrvermerke sowie Hinweise aufzunehmen,
2. Stufe B erlaubt, Hinweise aufzunehmen oder zu ändern,
3. Stufe C erlaubt, einen Eintrag einzusehen,
4. Stufe D erlaubt die Einsicht in das Suchverzeichnis, um festzustellen, ob der Eintrag bei dem betreffenden Standesamt geführt wird,
5. Stufe T erlaubt, einen automatisierten Datenabruf durch einen technischen Benutzer nach § 68 Absatz 2 des Gesetzes auszulösen.

[2]Eine höhere Berechtigung schließt eine niedrigere ein.

(2) [1]Die Berechtigung und die jeweiligen Berechtigungsstufen nach Absatz 1 werden durch einen von dem Aufgabenträger des Standesamts dafür bestimmten Standesbeamten erteilt. [2]Die Zugriffsberechtigung für ein nach § 67 des Gesetzes[2] eingerichtetes zentrales Personenstandsregister wird durch Rechtsverordnung der Landesregierung geregelt. [3]Die Ermächtigung kann durch Rechtsverordnung auf oberste Landesbehörden übertragen werden.

---

[1] § 12 geänd. mWv 1.11.2018 durch VO v. 24.10.2018 (BGBl. I S. 1768).

[2] Nr. **260**.

[3] § 14 Abs. 2 Satz 3 angef. mWv 1.11.2017 durch G v. 17.7.2017 (BGBl. I S. 2522); Abs. 1 Satz 1 Nr. 4 geänd., Nr. 5 angef., Abs. 2 Satz 1 mWv 1.11.2022 durch G v. 19.10.2022 (BGBl. I S. 1744).

(3) [1]Das Löschen eines Registereintrags nach § 7 Absatz 3 und 4 des Gesetzes erfolgt durch einen von dem Aufgabenträger des Standesamts dafür bestimmten Standesbeamten. [2]Durch technische Maßnahmen ist zu gewährleisten, dass nur Registereinträge, einschließlich der zugehörigen elektronischen Sammelakten, gelöscht werden können, deren Fortführungsfrist nach § 5 Absatz 5 des Gesetzes abgelaufen ist.

Abschnitt 2. Führung der Personenstandsregister

§ 15 Personenstandsregister. (1) [1]Die Personenstandsregister fassen die Registereinträge mit Haupteintrag, etwaigen Folgebeurkundungen sowie Hinweisen eines Standesamts für gleichartige Personenstandsfälle (Geburt, Eheschließung, Begründung der Lebenspartnerschaft, Tod) zusammen. [2]Bei elektronischer Führung werden auch die zu den jeweiligen Einträgen und Fortführungen angebrachten Sperrvermerke nach § 64 des Gesetzes[1)], Signaturen und Suchdaten zur eindeutigen Identifizierung der Einträge und für die Suche über Namen im Personenstandsregister gespeichert.

(2) Die Personenstandsregister werden im elektronischen Verfahren mit der Kennzeichnung „E“ für Eheregister, „G“ für Geburtenregister, „L“ für Lebenspartnerschaftsregister und „S“ für Sterberegister unterschieden.

(3) [1]Die Beurkundungsdaten sind in lateinischer Schrift zu erfassen; diakritische Zeichen sind unverändert wiederzugeben. [2]Dabei ist der Zeichensatz nach ISO/IEC 10646:2003 in der UTF-8-Kodierung zu verwenden.

§ 16[2)] Haupteintrag. (1) [1]Der Personenstandsfall wird mit dem Haupteintrag erstmals beurkundet. [2]Der Standesbeamte schließt den Eintrag mit der Angabe seines Familiennamens und seiner dauerhaft überprüfbaren qualifizierten elektronischen Signatur ab und speichert ihn in dem entsprechenden Personenstandsregister.

(2) [1]Der Haupteintrag ist mit der Bezeichnung und der Nummer des Standesamts, der Kennzeichnung des jeweiligen Personenstandsregisters nach § 15 Abs. 2, der laufenden Eintragsnummer und dem Jahr der Erstbeurkundung (Registrierungsdaten) zu versehen. [2]Die Kennzeichnung des Personenstandsregisters, die Eintragsnummer und das Jahr der Erstbeurkundung bilden die Registernummer. [3]Der Registernummer wird für die Darstellung des Haupteintrags im elektronischen Personenstandsregister die Folgenummer „0“ angefügt.

(3) Im Fall der Verwendung der Eintragsnummer eines nach § 47 Absatz 4 des Gesetzes[1)] stillgelegten Eintrags sind der Eintragsnummer ein Bindestrich und eine fortlaufende Nummer, beginnend mit der Nummer 1, anzufügen.

(4) Die Nummer des Standesamts ergibt sich aus dem Verzeichnis der statistischen Ämter des Bundes und der Länder.

§ 17[3)] Folgebeurkundungen. [1]Der Registernummer wird für die Darstellung von Folgebeurkundungen im elektronischen Personenstandsregister eine Folgenummer, beginnend mit der laufenden Nummer 1 angefügt. [2]Für die Eintragung, Kennzeichnung, Signierung und Speicherung gilt § 16 entsprechend.

[1)] Nr. **260**.

[2)] § 16 Abs. 3 eingef., bish. Abs. 3 wird Abs. 4 mWv 1.11.2017 durch G v. 17.7.2017 (BGBl. I S. 2522); Abs. 2 Satz 3 neu gef. mWv 1.11.2018 durch VO v. 24.10.2018 (BGBl. I S. 1768).

[3)] § 17 Satz 1 neu gef. mWv 1.11.2018 durch VO v. 24.10.2018 (BGBl. I S. 1768).

§ 18 Hinweise. (1) In den Personenstandsregistern ist auf Registereinträge in anderen Personenstandsregistern mit der Bezeichnung des Standesamts, der Registernummer nach § 16 Abs. 2 Satz 2 sowie Tag und Ort des Personenstandsfalls hinzuweisen; im Hinweis auf die Geburt eines Kindes ist auch dessen Vor- und Familienname anzugeben.

(2) Einer elektronischen Signatur und einer Nummerierung bedarf es nicht.

§ 19 Aufbau und Gestaltung der Registereinträge. Die Registereinträge müssen auf dem Bildschirm so dargestellt werden können, wie es den Mustern der Anlagen 2 bis 5 entspricht; die Darstellung ist dem Beurkundungssachverhalt anzupassen und kann programmgerecht eingerichtet werden, soweit dies im Einzelfall notwendig ist.

§ 20[1] Sicherungsregister. (1) [1]Für den Aufbau des Sicherungsregisters gilt § 15 entsprechend. [2]Registereinträge sind mit Abschluss der Beurkundung in das entsprechende Sicherungsregister zu übernehmen.

(2) [1]Die Übertragung vom Personenstandsregister in das Sicherungsregister ist gegen jede unbefugte Benutzung sowie gegen Datenverlust zu sichern. [2]Das Sicherungsregister ist so einzurichten, dass es bei Beschädigung der Anlagen oder der Daten des Personenstandsregisters nicht in Mitleidenschaft gezogen wird; die §§ 11 und 12 gelten entsprechend.

§ 21[2] Abschluss der Personenstandsregister. [1]Die Personenstands- und Sicherungsregister sind vom Standesbeamten nach dem letzten Eintrag eines jeden Kalenderjahres mit einem Vermerk über die Anzahl der Haupteinträge abzuschließen, der mit seiner dauerhaft überprüfbaren qualifizierten elektronischen Signatur zu versehen ist. [2]In dem Abschlussvermerk sind die im Kalenderjahr nach § 47 Absatz 4 des Gesetzes[3] stillgelegten Einträge mit der jeweiligen Eintragsnummer aufzulisten.

§ 22 Sammelakten. [1]Die Sammelakten (§ 6 des Gesetzes[3]) können auch elektronisch geführt oder auf Mikrofilm oder einem anderen vergleichbar sicheren Medium gespeichert werden; in diesem Fall gilt § 13 entsprechend. [2]Bei Übertragung in ein elektronisches Dokument genügt ein Vermerk, der angibt, wann und durch wen die Übertragung vorgenommen worden ist.

§ 23 Namensangabe. (1) Bei Personen, die auf Grund Eheschließung oder Begründung einer Lebenspartnerschaft einen vom Geburtsnamen abweichenden Familiennamen führen, ist zusätzlich auch der Geburtsname einzutragen.

(2) Bei Personen, die keinen Vor- und Familiennamen oder die neben Vor- und Familiennamen weitere Namensbestandteile führen, ist der sich aus Urkunden ergebende Name mit allen Namensbestandteilen in die Personenstandsregister einzutragen.

(3) Namen und Namensbestandteile nach Absatz 2 sollen in den Personenstandsregistern unter Hinweis auf die jeweilige Art der ausländischen Namensform bezeichnet werden.

(4) Für die Angabe von Namen in familienrechtlichen Beurkundungen gelten die Absätze 1 bis 3 und § 35 entsprechend.

---

[1] § 20 Abs. 2 Satz 1 Halbs. 2 aufgeh. mWv 1.11.2013 durch G v. 7.5.2013 (BGBl. I S. 1122).
[2] § 21 Satz 2 angef. mWv 1.11.2017 durch G v. 17.7.2017 (BGBl. I S. 2522).
[3] Nr. **260**.

§ 24[1] Neubeurkundung nach Verlust eines Personenstandsregisters.

(1) Über die vollständige oder teilweise Wiederherstellung eines Personenstandsregisters ist vom Standesamt ein Protokoll zu erstellen, aus dem hervorgeht, dass das Personenstandsregister anhand des Datenbestandes des Sicherungsregisters ordnungsgemäß wiederhergestellt wurde.

(2) [1]Die Wiederherstellung eines ganz oder teilweise in Verlust geratenen Papierregisters kann dadurch erfolgen, dass das Sicherungsregister zum Personenstandsregister bestimmt wird. [2]Handelt es sich bei dem Papierregister um ein als Heiratseintrag fortgeführtes Familienbuch, so ist bei dessen Verlust der Heiratseintrag im Heiratsbuch zu aktualisieren und fortzuführen.

§ 25 Übergabe der Register und Sammelakten an Archive. Bei der Übergabe eines Personenstandsregisters, eines Sicherungsregisters und von Sammelakten an ein Archiv ist durch eine Übergabeniederschrift aktenkundig zu machen, welchem Archiv es übergeben worden ist.

§ 26[2] Suchfunktion. (1) [1]Die nach § 3 Absatz 1 des Gesetzes[3] zu führenden Personenstandsregister sind mit einer Suchfunktion zu versehen, die anderen Standesämtern die Feststellung ermöglicht, ob ein Personenstandseintrag geführt wird. [2]Suchkriterien sind Daten aus den Datenfeldern, die in Anlage 1 zur Verwendung als Suchfeld ausgewiesen sind. [3]Als Suchergebnis dürfen nur das Standesamt und die Registernummer (§ 16 Absatz 2 Satz 2) des gesuchten Eintrags mitgeteilt werden.

(2) Für Altregister und Übergangsbeurkundungen, die nicht elektronisch nacherfasst worden sind, ist ein Suchverzeichnis zu führen, aus dem die Suchanfragen beantwortet werden können; für die Benutzung gilt Absatz 1 entsprechend.

§ 27[4] Verzeichnisse beim Standesamt I in Berlin. (1) Für die beim Standesamt I in Berlin geführten elektronischen Verzeichnisse nach § 41 Absatz 2 Satz 4, § 42 Absatz 2 Satz 4, § 43 Absatz 2 Satz 5 und § 45 Absatz 2 Satz 4 des Gesetzes[3] sowie für die Verzeichnisse über Personenstandsfälle im Ausland ist ein elektronisches Auskunftssystem einzurichten, das das Auffinden eines Personenstandseintrags oder einer namensrechtlichen Erklärung ermöglicht.

(2) [1]Die Standesämter und die deutschen Auslandsvertretungen dürfen die nach Absatz 1 eingerichteten Verzeichnisse einsehen, soweit dies für ihre Aufgabenerfüllung erforderlich ist. [2]Zulässige Suchkriterien und Ergebnisdaten sind Standesamt, Registernummer, Familiennamen, Geburtsname, Vornamen, Tag der Geburt, Tag der Eheschließung, Tag der Begründung einer Lebenspartnerschaft, Todestag und Ereignisort des Personenstandsfalls.

(3) Für die Suche in dem elektronischen Auskunftssystem wird die vom Land Berlin hierfür entwickelte Online-Datenbank des Standesamts I in Berlin verwendet.

---

[1] § 24 Abs. 2 aufgeh., bish. Abs. 3 wird Abs. 2 mWv 1.11.2017 durch G v. 17.7.2017 (BGBl. I S. 2522).

[2] § 26 neu gef. mWv 1.11.2013 durch G v. 7.5.2013 (BGBl. I S. 1122).

[3] Nr. **260**.

[4] § 27 neu gef. mWv 1.11.2013 durch G v. 7.5.2013 (BGBl. I S. 1122); Abs. 2 Satz 1 geänd. mWv 1.11.2017 durch G v. 17.7.2017 (BGBl. I S. 2522).

Kapitel 3. Eheschließung

§ 28[1]) Anmeldung. (1) [1]Die Eheschließenden sollen die beabsichtigte Eheschließung persönlich beim Standesamt anmelden. [2]Ist einer der Eheschließenden hieran verhindert, kann er den anderen Eheschließenden schriftlich bevollmächtigen. [3]Sind beide Eheschließenden aus wichtigen Gründen am Erscheinen in dem Standesamt verhindert, können sie die Eheschließung auch schriftlich oder durch einen Bevollmächtigten anmelden.

(2) [1]Über die mündliche Anmeldung ist eine Niederschrift aufzunehmen. [2]Bei schriftlicher Anmeldung der Eheschließung reicht es aus, in der Niederschrift auf die elektronisch oder schriftlich übersandten Anmeldedaten zu verweisen.

(3) [1]Soll die Ehe nicht in dem Standesamt geschlossen werden, bei dem sie angemeldet worden ist, so prüft das Standesamt, das die Anmeldung entgegengenommen hat, ob ein Ehehindernis vorliegt. [2]Liegt ein Ehehindernis nicht vor, sind die vollständigen Anmeldeunterlagen mit einem Vermerk über das Ergebnis der Prüfung an das Standesamt zu senden, bei dem die Ehe geschlossen werden soll. [3]Zusätzlich sollen diesem Standesamt die Anmeldedaten der Eheschließenden elektronisch übermittelt werden; für die Übermittlung gilt § 63.

§ 29 Eheschließung. (1) Ist die Eheschließung durch einen Bevollmächtigten angemeldet worden, hat der Vertretene die bei der Anmeldung abgegebenen Erklärungen persönlich zu bestätigen.

(2) [1]Eine erneute Prüfung der Ehevoraussetzungen soll nur dann erfolgen, wenn die Befragung der Eheschließenden ergibt, dass seit der Anmeldung der Eheschließung Änderungen der für die Beurteilung der Ehefähigkeit erheblichen Tatsachen eingetreten sind oder dem Standesamt ein sonstiger Anlass für eine erneute Prüfung bekannt geworden ist. [2]Wenn die Eheschließung nicht bei dem Standesamt erfolgen soll, bei dem sie angemeldet wurde, sind die Anmeldeunterlagen zur erneuten Prüfung zurückzusenden.

(3) Die Niederschrift über die Eheschließung ist mit einem Formular nach dem Muster der Anlage 10 zu fertigen; das Formular ist dem Beurkundungssachverhalt anzupassen und kann programmgerecht eingerichtet werden, soweit dies im Einzelfall notwendig ist.

Kapitel 4. Lebenspartnerschaft

§ 30[2]) Umwandlung einer Lebenspartnerschaft in eine Ehe. [1]Für die Umwandlung einer Lebenspartnerschaft in eine Ehe gelten die §§ 28 und 29 entsprechend. [2]Die Niederschrift über die Umwandlung einer Lebenspartnerschaft in eine Ehe ist mit einem Formular nach dem Muster der Anlage 10 zu fertigen; das Formular ist dem Beurkundungssachverhalt anzupassen und kann programmgerecht eingerichtet werden, soweit dies im Einzelfall notwendig ist.

---

[1]) § 28 Abs. 3 Satz 3 angef. mWv 1.11.2017 durch G v. 17.7.2017 (BGBl. I S. 2522); Abs. 2 Satz 2 angef. mWv 1.11.2022 durch G v. 19.10.2022 (BGBl. I S. 1744).

[2]) § 30 neu gef. mWv 1.11.2018 durch VO v. 24.10.2018 (BGBl. I S. 1768).

Kapitel 5. Geburt

§ 31[1] Lebendgeburt, Totgeburt, Fehlgeburt. (1) Eine Lebendgeburt liegt vor, wenn bei einem Kind nach der Scheidung vom Mutterleib entweder das Herz geschlagen oder die Nabelschnur pulsiert oder die natürliche Lungenatmung eingesetzt hat.

(2) [1] Hat sich keines der in Absatz 1 genannten Merkmale des Lebens gezeigt, gilt die Leibesfrucht als ein tot geborenes Kind im Sinne des § 21 Absatz 2 des Gesetzes, wenn

1. das Gewicht des Kindes mindestens 500 Gramm beträgt oder
2. das Gewicht des Kindes unter 500 Gramm beträgt, aber die 24. Schwangerschaftswoche erreicht wurde,

im Übrigen als Fehlgeburt. [2] Eine Fehlgeburt wird nicht im Personenstandsregister beurkundet. [3] Sie kann von einer Person, der bei Lebendgeburt die Personensorge zugestanden hätte, dem Standesamt, in dessen Zuständigkeitsbereich die Fehlgeburt erfolgte, angezeigt werden. [4] In diesem Fall erteilt das Standesamt dem Anzeigenden auf Wunsch eine Bescheinigung mit einem Formular nach dem Muster der Anlage 11.

(3) Eine Fehlgeburt ist abweichend von Absatz 2 Satz 2 als ein tot geborenes Kind zu beurkunden, wenn sie Teil einer Mehrlingsgeburt ist, bei der mindestens ein Kind nach Absatz 1 oder 2 zu beurkunden ist; § 21 Absatz 2 des Gesetzes gilt entsprechend.

§ 32 Geburten in Fahrzeugen. (1) [1] Eine Geburt in einem Land- oder Luftfahrzeug beurkundet das Standesamt, in dessen Bezirk die Mutter das Fahrzeug verlässt. [2] Eine Geburt auf einem Binnenschiff beurkundet das Standesamt, in dessen Bezirk das Schiff zuerst vor Anker geht oder anlegt.

(2) [1] Ist bei einer Geburt nach Absatz 1 der Ort bekannt, an dem das Kind geboren wurde, so ist dieser Ort in die Personenstandsregister einzutragen; ist der Ort nicht bekannt, so ist der für die Zuständigkeit maßgebende Ort als Geburtsort einzutragen. [2] Wird später festgestellt, dass das Kind in einem anderen Standesamtsbezirk geboren wurde, entfällt eine erneute Beurkundung; die Angabe des Geburtsortes ist zu berichtigen.

(3) Das Übereinkommen der Bodenseeuferstaaten über die Beurkundung der auf dem Bodensee eingetretenen Geburten und Sterbefälle vom 16. März 1880 (Badisches Gesetz- und Verordnungsblatt S. 102, Württembergisches Regierungsblatt S. 171, Bayerisches Gesetz- und Verordnungsblatt S. 133) bleibt unberührt.

§ 33[2] Nachweise bei Anzeige der Geburt. [1] Wird die Geburt eines Kindes angezeigt, soll das Standesamt verlangen, dass ihm folgende Unterlagen vorgelegt werden:

1. bei miteinander verheirateten Eltern ihre Eheurkunde oder ein beglaubigter Ausdruck aus dem Eheregister sowie ihre Geburtsurkunden, wenn sich die Registrierungsdaten der Geburt der Eltern nicht aus der Eheurkunde ergeben,

---

[1] § 31 Abs. 3 neu gef. mWv 15.5.2013 durch G v. 7.5.2013 (BGBl. I S. 1122); Abs. 2 neu gef., Abs. 3 aufgeh., bish. Abs. 4 wird Abs. 3 und neu gef. mWv 1.11.2018 durch VO v. 24.10.2018 (BGBl. I S. 1768).

[2] § 33 Satz 1 Nr. 1 neu gef. mWv 1.11.2018 durch G v. 17.7.2017 (BGBl. I S. 2522).

2. bei nicht miteinander verheirateten Eltern die Geburtsurkunde der Mutter und, falls die Vaterschaft bereits anerkannt wurde, die Erklärungen hierüber und die Geburtsurkunde des Vaters sowie gegebenenfalls die Sorgeerklärungen,
3. ein Personalausweis, Reisepass oder ein anderes anerkanntes Passersatzpapier der Eltern und
4. bei mündlicher Anzeige eine von einer Ärztin oder einem Arzt oder einer Hebamme oder einem Entbindungspfleger ausgestellte Bescheinigung über die Geburt, soweit sie bei der Geburt zugegen waren.

²Die nach Nummer 1 erforderliche Eheurkunde ist auch vorzulegen, wenn die Ehe aufgelöst ist. ³Das Standesamt kann die Vorlage weiterer Urkunden verlangen, wenn dies zum Nachweis von Angaben erforderlich ist.

§ 34[1] Erwerb der deutschen Staatsangehörigkeit. (1) Zur Prüfung, ob ein Kind ausländischer Eltern durch die Geburt die deutsche Staatsangehörigkeit nach § 4 Abs. 3 des Staatsangehörigkeitsgesetzes[2] erworben hat, verlangt das Standesamt bei der Anzeige der Geburt Angaben darüber, ob ein Elternteil ein unbefristetes Aufenthaltsrecht oder als Staatsangehöriger der Schweiz oder dessen Familienangehöriger eine Aufenthaltserlaubnis auf Grund des Abkommens vom 21. Juni 1999 zwischen der Europäischen Gemeinschaft und ihren Mitgliedstaaten einerseits und der Schweizerischen Eidgenossenschaft andererseits über die Freizügigkeit (BGBl. 2001 II S. 810) besitzt.

(2) ¹Sind nach den Angaben die Voraussetzungen hinsichtlich der Rechtsstellung oder des Aufenthaltstitels nach Absatz 1 erfüllt, holt das Standesamt mit einem Formular nach dem Muster der Anlage 12 eine schriftliche Auskunft der Ausländerbehörde darüber ein, ob die Angaben zutreffen und der Elternteil zum Zeitpunkt der Geburt des Kindes seit acht Jahren rechtmäßig seinen gewöhnlichen Aufenthalt im Inland hatte. ²Die Auskunft ist auch dann einzuholen, wenn die Eltern keine Angaben über ihre Rechtsstellung oder ihren Aufenthaltstitel machen oder das Standesamt Zweifel an der Richtigkeit der Angaben hat; in diesem Fall sind die Angaben für beide Elternteile abzufragen.

(3) ¹Das Standesamt prüft, ob das Kind durch die Geburt die deutsche Staatsangehörigkeit erworben hat, und vermerkt das Ergebnis der Prüfung auf dem Formular nach dem Muster der Anlage 12 oder in einem gesonderten Vermerk. ²Das Formular oder der gesonderte Vermerk über das Ergebnis der Prüfung sind zu den Sammelakten des Geburtseintrags zu nehmen.

(4) Die Absätze 1 bis 3 gelten entsprechend für den Fall, dass zum Geburtseintrag des Kindes eine Folgebeurkundung über die Anerkennung oder Feststellung der Vaterschaft oder über die Feststellung des Nichtbestehens eines Eltern-Kindverhältnisses nach § 27 Absatz 1 und Absatz 3 Nummer 1 des Gesetzes beurkundet wird.

(5) ¹Das Formular nach dem Muster der Anlage 12 ist dem Sachverhalt entsprechend anzupassen und kann programmgerecht eingerichtet werden, soweit dies im Einzelfall notwendig ist. ²Soweit die technischen Voraussetzungen vorliegen, gilt für die Übermittlung § 63.

---

[1] § 34 Abs. 4 geänd. mWv 1.11.2013 durch G v. 7.5.2013 (BGBl. I S. 1122); Abs. 3 neu gef. mWv 1.11.2017 durch G v. 17.7.2017 (BGBl. I S. 2522).

[2] Nr. **15**.

§ 35[1] **Besonderheiten bei der Beurkundung.** (1) [1]Liegen dem Standesamt bei der Beurkundung der Geburt keine geeigneten Nachweise zu Angaben über die Eltern des Kindes vor, ist hierüber im Geburtseintrag ein erläuternder Zusatz aufzunehmen; § 7 bleibt unberührt. [2]Als Personenstandsurkunde darf bis zur Eintragung einer ergänzenden Folgebeurkundung zu den Angaben über die Eltern nur ein beglaubigter Registerausdruck ausgestellt werden.

(2) Bei Geburt im Inland sind personenstandsrechtliche Änderungen, die nach der Geburt, aber vor der Beurkundung wirksam geworden sind, in den Haupteintrag aufzunehmen.

§ 36[2] **Fortführung des Geburtenregisters.** (1) Die Änderung des Familiennamens eines Kindes ist nur dann als Folgebeurkundung einzutragen, wenn sie den Geburtsnamen betrifft.

(2) Bei einer Namensänderung der Eltern und des Kindes ist die Namensänderung der Eltern auch dann als Folgebeurkundung einzutragen, wenn sie nicht zu einer übereinstimmenden Namensführung von Eltern und Kind geführt hat, aber durch Erklärungen nach Artikel 47 des Einführungsgesetzes zum Bürgerlichen Gesetzbuche[3] oder § 94 des Bundesvertriebenengesetzes[4] erfolgt ist.

(3) *(aufgehoben)*

Kapitel 6. Sterbefall

§ 37[5] **Sterbefälle in Fahrzeugen, Bergwerken und Gewässern; unbekannter Sterbeort.** (1) Einen Sterbefall in einem Landfahrzeug, auf einem Binnenschiff oder in einem Luftfahrzeug beurkundet das Standesamt, in dessen Bezirk der Verstorbene aus dem Fahrzeug herausgenommen wird.

(2) Einen Sterbefall in einem Bergwerk beurkundet das Standesamt, in dessen Bezirk die Schachteinfahrt des Bergwerkes liegt.

(3) Einen Sterbefall in einem Gewässer beurkundet das Standesamt, in dessen Bezirk der Verstorbene an Land gebracht wird.

(4) Ist ein Sterbeort nicht feststellbar, so beurkundet das Standesamt den Sterbefall, in dessen Bezirk der Verstorbene gefunden wurde.

(5) [1]Ist der Sterbeort bekannt, so ist dieser Ort in die Personenstandsregister einzutragen; ist der Sterbeort nicht bekannt, so ist der für die Zuständigkeit maßgebende Ort als Sterbeort einzutragen. [2]§ 32 Abs. 2 Satz 2 gilt entsprechend.

(6) Das Übereinkommen der Bodenseeuferstaaten über die Beurkundung der auf dem Bodensee eintretenden Geburten und Sterbefälle vom 16. März 1880 (Badisches Gesetz- und Verordnungsblatt S. 102, Württembergisches Regierungsblatt S. 171, Bayerisches Gesetz- und Verordnungsblatt S. 133) bleibt unberührt.

§ 38[6] **Nachweise bei Anzeige des Sterbefalls.** [1]Wird ein Sterbefall angezeigt, so soll das Standesamt verlangen, dass ihm

---

[1] § 35 Abs. 2 angef. mWv 1.11.2013 durch G v. 7.5.2013 (BGBl. I S. 1122).
[2] § 36 Abs. 3 aufgeh. mWv 1.11.2022 durch G v. 19.10.2022 (BGBl. I S. 1744).
[3] **Habersack Nr. 21.**
[4] **Sartorius III Nr. 955.**
[5] § 37 Überschr. neu gef., Abs. 5 Satz 1 geänd. mWv 1.11.2013 durch G v. 7.5.2013 (BGBl. I S. 1122).
[6] § 38 Satz 1 Nr. 2 geänd. mWv 1.11.2013 durch G v. 7.5.2013 (BGBl. I S. 1122); Satz 2 eingef., bish. Satz 2 wird Satz 3 mWv 1.11.2018 durch G v. 17.7.2017 (BGBl. I S. 2522).

1. die Ehe- oder Lebenspartnerschaftsurkunde der letzten Ehe oder Lebenspartnerschaft und gegebenenfalls ein Nachweis über die Auflösung,
2. die Geburtsurkunde,
3. ein Nachweis über den letzten Wohnsitz,
4. eine ärztliche Bescheinigung über den Tod

des Verstorbenen vorgelegt wird. [2] Auf die Vorlage der nach Nummer 2 erforderlichen Geburtsurkunde kann verzichtet werden, wenn sich die Registrierungsdaten der Geburt des Verstorbenen aus einer Ehe- oder Lebenspartnerschaftsurkunde ergeben. [3] Das Standesamt kann die Vorlage weiterer Urkunden verlangen, wenn dies zum Nachweis von Angaben erforderlich ist.

§ 39[1)] *(aufgehoben)*

§ 40[2)] **Besonderheiten bei der Beurkundung.** (1) [1] Kann der Personenstand eines Verstorbenen nicht ermittelt werden, ist der Verstorbene in dem Eintrag als unbekannte Person zu bezeichnen. [2] Wird der Personenstand des Verstorbenen nach der Beurkundung ermittelt, ist der Eintrag zu berichtigen.

(2) Liegen dem Standesamt bei der Beurkundung des Sterbefalls keine geeigneten Nachweise zu Angaben über den Verstorbenen vor, gilt § 35 entsprechend.

(3) Ist der Zeitpunkt des Todes nicht genau festzustellen, so ist entweder der ungefähre Zeitpunkt des Todes oder der Zeitraum anzugeben, in dem der Tod eingetreten ist.

§ 41[3)] **Sammlung der Beschlüsse über Todeserklärungen.** (1) [1] In die Sammlung der Beschlüsse über Todeserklärungen und gerichtliche Feststellung der Todeszeit sind nur Ausfertigungen von rechtskräftigen gerichtlichen Entscheidungen aufzunehmen. [2] Wurde eine in der Sammlung enthaltene gerichtliche Entscheidung geändert oder aufgehoben, ist auch eine Ausfertigung des Änderungs- oder Aufhebungsbeschlusses aufzunehmen.

(2) [1] Die Sammlung nach Absatz 1 kann elektronisch geführt werden. [2] Die elektronische Führung erfolgt durch eine ersetzende Digitalisierung der Beschlüsse als Bilddatei. [3] Aus den Beschlüssen können Daten, die zur eindeutigen Identifizierung, zum Auffinden eines Beschlusses und zur Erstellung einer Bescheinigung nach Absatz 3 erforderlich sind, in das elektronische Suchverzeichnis des Standesamts I in Berlin übernommen werden.

(3) Aus der Sammlung der Beschlüsse über Todeserklärungen und gerichtliche Feststellung der Todeszeit erteilt das Standesamt I in Berlin den nach den §§ 62 bis 66 des Gesetzes[4)] Berechtigten auf Antrag Bescheinigungen oder beglaubigte Abschriften der Ausfertigung der gerichtlichen Entscheidung oder beglaubigte Ausdrucke der elektronisch gespeicherten gerichtlichen Entscheidung; die Glaubhaftmachung eines berechtigten Interesses ist ausreichend.

(4) Die Absätze 2 und 3 sind entsprechend für das bis zum 31. Dezember 2008 geführte Buch für Todeserklärungen anzuwenden.

---

1) § 39 aufgeh. mWv 1.11.2013 durch G v. 7.5.2013 (BGBl. I S. 1122).
2) § 40 Abs. 1 Satz 1 neu gef. mWv 1.11.2013 durch G v. 7.5.2013 (BGBl. I S. 1122).
3) § 41 neu gef. mWv 1.11.2018 durch VO v. 24.10.2018 (BGBl. I S. 1768).
4) Nr. **260**.

Kapitel 7. Besondere Beurkundungs- und Registervorschriften

§ 42[1)] Familienrechtliche Zuordnung im Personenstandseintrag.

(1) [1] In den Personenstandseinträgen wird den Ehegatten und Lebenspartnern, den Eltern des Kindes und dem letzten Ehegatten oder Lebenspartner der verstorbenen Person ein Datenfeld für die familienrechtliche Bezeichnung zugeordnet. [2] Die Felder erhalten fortlaufende Nummern, beginnend mit der Nummer 1. und stellen die Verbindung zu den Hinweisen des Registereintrags her.

(2) [1] Im Geburtenregister wird bei der Erstbeurkundung der Geburt der Person, die das Kind geboren hat, die Nummer „1." zugeordnet und sie wird in dem Datenfeld für die familienrechtliche Bezeichnung als „Mutter" eingetragen. [2] Der Person, deren Vaterschaft zu dem Kind nach § 1592 des Bürgerlichen Gesetzbuches[2)] besteht, wird die Nummer „2." zugeordnet und sie wird in dem Datenfeld für die familienrechtliche Bezeichnung als „Vater" eingetragen. [3] Satz 1 gilt auch für Personen, die weder dem männlichen noch dem weiblichen Geschlecht zugeordnet sind. [4] Satz 2 gilt für Personen, die weder dem männlichen noch dem weiblichen Geschlecht zugeordnet sind, nur dann, wenn sich die Vaterschaft aus § 1592 Nummer 3 BGB ergibt.

(3) [1] Die Annahme eines Kindes wird im Geburtenregister ausschließlich in einer Folgebeurkundung dokumentiert, wobei weibliche Annehmende als „Mutter" und männliche Annehmende als „Vater" in dem Datenfeld für die familienrechtliche Bezeichnung eingetragen werden. [2] Soweit annehmende Personen weder dem männlichen noch dem weiblichen Geschlecht angehören, sind sie als „Elternteil" zu bezeichnen.

(4) [1] Im Eheregister werden den Ehegatten die Nummern „1." und „2." zugeordnet und männliche Personen als „Ehemann", weibliche Personen als „Ehefrau" in dem Datenfeld für die familienrechtliche Bezeichnung eingetragen. [2] Soweit Personen weder dem männlichen noch dem weiblichen Geschlecht angehören, sind sie als „Ehepartner" zu bezeichnen.

(5) [1] Im Lebenspartnerschaftsregister werden den Partnern die Nummern „1." und „2." zugeordnet und männliche Personen als „Lebenspartner", weibliche Personen als „Lebenspartnerin" in dem Datenfeld für die familienrechtliche Bezeichnung eingetragen. [2] Soweit Personen weder dem männlichen noch dem weiblichen Geschlecht angehören, sind sie als „Lebenspartner" zu bezeichnen.

(6) [1] Im Sterberegister wird der letzte männliche Ehegatte der verstorbenen Person als „Ehemann" und der letzte weibliche Ehegatte als „Ehefrau" in dem Datenfeld für die familienrechtliche Bezeichnung eingetragen. [2] Der letzte männliche Lebenspartner der verstorbenen Person wird als „Lebenspartner" und der letzte weibliche Lebenspartner als „Lebenspartnerin" in dem Datenfeld für die familienrechtliche Bezeichnung eingetragen. [3] Soweit Personen weder dem männlichen noch dem weiblichen Geschlecht angehören, sind sie als „Ehepartner" oder „Lebenspartner" zu bezeichnen.

§ 43 Sterbefälle in ehemaligen deutschen Konzentrationslagern.

(1) Zur Entgegennahme der Anzeige für die Beurkundung des Sterbefalls eines Häftlings der ehemaligen deutschen Konzentrationslager ist außer dem Sonder-

---

[1)] § 42 eingef. mWv 1.11.2018 durch VO v. 24.10.2018 (BGBl. I S. 1768).

[2)] **Habersack Nr. 20.**

standesamt in Bad Arolsen auch das Standesamt zuständig, in dessen Bezirk der Anzeigende seinen Wohnsitz oder gewöhnlichen Aufenthalt hat.

(2) [1]Das Standesamt, das die Anzeige entgegennimmt, hat die Angaben nachzuprüfen und den Sachverhalt, soweit erforderlich, durch Ermittlungen aufzuklären. [2]Es kann von dem Anzeigenden und anderen Personen die Versicherung der Richtigkeit ihrer Angaben an Eides statt verlangen.

(3) [1]Über die Anzeige ist vom Standesamt eine Niederschrift aufzunehmen. [2]Dies gilt entsprechend für mündliche Erklärungen anderer Personen. [3]Die Niederschrift über die Anzeige und die mündlichen Erklärungen anderer Personen übersendet das Standesamt dem Sonderstandesamt in Bad Arolsen. [4]Gleichzeitig teilt es dem Sonderstandesamt in Bad Arolsen das Ergebnis der sonstigen Ermittlungen mit.

(4) [1]Ist der Sterbefall im Inland mehrfach beurkundet worden, bleibt die erste Beurkundung auch dann bestehen, wenn sie nicht vom Sonderstandesamt in Bad Arolsen vorgenommen wurde. [2]Das Sonderstandesamt in Bad Arolsen macht den zu Unrecht bestehenden Eintrag durch eine entsprechende Folgebeurkundung gegenstandslos.

§ 44[1)] Sterbefälle von Angehörigen der ehemaligen deutschen Wehrmacht. (1) [1]Sterbefälle von Angehörigen der ehemaligen deutschen Wehrmacht oder diesen in personenstandsrechtlicher Hinsicht gleichgestellten Personen aus Anlass des Zweiten Weltkrieges sind von dem Standesamt zu beurkunden, in dessen Bezirk der Verstorbene seinen letzten Wohnsitz oder gewöhnlichen Aufenthalt hatte; dies gilt für Sterbefälle im Inland und im Ausland. [2]Liegt der letzte Wohnsitz oder gewöhnliche Aufenthalt des Verstorbenen nicht im Inland, so beurkundet das Standesamt I in Berlin den Sterbefall; Gleiches gilt, wenn der letzte Wohnsitz oder gewöhnliche Aufenthalt nicht bekannt ist.

(2) [1]Die Anzeige der Sterbefälle obliegt dem Bundesarchiv. [2]Geht dem Bundesarchiv gleichzeitig eine Vielzahl von Daten Verstorbener zu, reicht die Weitergabe dieser Daten als Anzeige aus. [3]In diesem Fall erfolgt eine Beurkundung nur dann, wenn der Ehegatte des Verstorbenen, ein Vorfahre oder ein Abkömmling des Verstorbenen dies beantragt; antragsberechtigt ist auch jede andere Person, die ein berechtigtes Interesse an der Beurkundung geltend macht.

(3) [1]Ist der Sterbefall im Inland eingetreten, kann die Anzeige auch von jeder Person erstattet werden, die bei dem Tod zugegen war oder von dem Sterbefall aus eigenem Wissen unterrichtet ist; in diesem Fall ist der Sterbefall bei dem Standesamt anzuzeigen, in dessen Bezirk der Tod eingetreten ist. [2]Das Standesamt des Sterbeortes hat den Sterbefall zu beurkunden.

§ 45 Angleichung von Namen. (1) [1]Eine Namensbestimmung nach Artikel 47 des Einführungsgesetzes zum Bürgerlichen Gesetzbuche[2)] kann durch Personen erfolgen, die ihren Namen nach ausländischem Recht erworben haben und deren Name nach Statutenwechsel oder Rechtswahl fortan deutschem Recht unterliegt. [2]Gleiches gilt für die Bestimmung des Namens eines Kindes nach deutschem Recht, wenn dieser aus einem nach ausländischem Recht erworbenen Namen eines Elternteils abgeleitet werden soll.

[1)] § 44 Abs. 2 Sätze 1 und 2 geänd. mWv 1.1.2019 durch G v. 4.12.2018 (BGBl. I S. 2257 iVm Bek. v. 12.4.2019, BGBl. I S. 496).

[2)] **Habersack Nr. 21.**

(2) [1] Bei der Namensbestimmung nach Artikel 47 des Einführungsgesetzes zum Bürgerlichen Gesetzbuche sind die allgemeinen Grundsätze des deutschen Namensrechts zu beachten. [2] Insbesondere soll der zum Familiennamen bestimmte Namensteil grundsätzlich nur aus einem Namen bestehen und sich als solcher von dem gewählten Vornamen unterscheiden.

§ 46[1)] Familienrechtliche Erklärungen. (1) Einer Person deren Name oder Geschlechtseintrag geändert worden ist, wird auf Wunsch eine Bescheinigung von dem Standesamt erteilt, das

1. eine Erklärung, Einwilligung oder Zustimmung zur Namensführung auf Grund familienrechtlicher Vorschriften entgegengenommen hat,
2. eine Erklärung nach § 94 des Bundesvertriebenengesetzes[2)], § 1 des Minderheiten-Namensänderungsgesetzes oder Artikel 47, 48 des Einführungsgesetzes zum Bürgerlichen Gesetzbuche[3)] entgegengenommen hat,
3. eine Erklärung nach § 45a oder nach § 45b des Gesetzes entgegengenommen hat oder
4. ein Personenstandsregister führt, aus dem sich eine Namensänderung oder die Änderung des Geschlechtseintrags nach den Nummern 1 bis 3 ergibt.

(2) Wird eine Erklärung zur Namensführung oder eine andere familienrechtliche Erklärung nach den §§ 41 bis 45b des Gesetzes gegenüber einem Standesamt abgegeben, das für die Entgegennahme nicht zuständig ist, sollen dem für die Entgegennahme zuständigen Standesamt die Erklärungsdaten mit dem Wortlaut der Erklärung bei Vorliegen der technischen Voraussetzungen nach § 63 elektronisch übermittelt werden.

Kapitel 8. Berichtigungen

§ 47[4)] Berichtigungen. (1) [1] Das Standesamt, das selbst oder auf Anordnung des Gerichts einen abgeschlossenen Registereintrag berichtigt, hat zu prüfen, ob auch in anderen Personenstandsregistern eine Berichtigung vorgenommen werden muss. [2] Es teilt dem in Betracht kommenden Standesamt die Berichtigung mit. [3] Eine Berichtigung auf Grund von Dokumenten des Heimatstaates (§ 47 Absatz 1 Satz 3 Nummer 2 des Gesetzes[5)]) ist nur zulässig, wenn zuvor die zuständige Ausländerbehörde beteiligt wurde und diese den Zusammenhang zwischen den vorgelegten Dokumenten und der Rückführung des betreffenden Ausländers bestätigt hat.

(2) Hat das Standesamt von Amts wegen auf Grund eines Registereintrags eine Mitteilung an eine Behörde, ein Gericht oder eine sonstige öffentliche Stelle gemacht und wird dieser Eintrag berichtigt, ist dem Empfänger die Berichtigung mitzuteilen.

(3) Die Mitteilung erfolgt durch Übersendung eines beglaubigten Registerausdrucks oder durch Datenübermittlung nach § 63.

(4) [1] Bei unrichtigen und fehlenden Elementbezeichnungen oder familienrechtlichen Bezeichnungen kann die Eintragung nach § 47 Absatz 1 des Gesetzes durch

---

[1)] § 46 neu gef. mWv 1.11.2022 durch G v. 19.10.2022 (BGBl. I S. 1744).

[2)] **Sartorius III Nr. 955.**

[3)] **Habersack Nr. 21.**

[4)] § 47 Abs. 4 angef. mWv 1.11.2018 durch VO v. 24.10.2018 (BGBl. I S. 1768); Abs. 1 Satz 3 angef. mWv 7.4.2021 durch G v. 28.3.2021 (BGBl. I S. 591).

[5)] Nr. **260.**

eine Folgebeurkundung richtig gestellt werden. [2] Gleiches gilt auch bei der Fortführung von Hinweisen. [3] Derartige Richtigstellungen bedürfen keiner Mitteilung nach den Absätzen 1 und 2.

Kapitel 9. Personenstandsurkunden, Benutzung der Personenstandsregister, Mitteilungen

Abschnitt 1. Personenstandsurkunden

§ 48[1)] Personenstandsurkunden. (1) [1] Das Standesamt hat für die nach § 55 Abs. 1 des Gesetzes[2)] auszustellenden Personenstandsurkunden die Formulare nach den Mustern der Anlagen 2 bis 9 im Format DIN A4 zu verwenden. [2] Die Formulare sind dem Beurkundungssachverhalt anzupassen und können programmgerecht eingerichtet werden, soweit dies im Einzelfall notwendig ist. [3] Die Formulare nach den Mustern der Anlagen 2 bis 5 sind zusätzlich mit einem Vermerk über die Übereinstimmung des Ausdrucks mit dem Registerinhalt zu versehen. [4] Die Formulare nach den Mustern der Anlagen 6 bis 9 können auch in einem kleineren Format hergestellt werden; dabei kann die Zeilengestaltung formatgerecht angepasst werden.

(2) Wird bei der Beantragung einer Geburtsurkunde verlangt, Angaben nach § 59 Absatz 1 Nummer 2 oder 4 des Gesetzes nicht aufzunehmen, entfällt in dem Urkundenformular auch das entsprechende Angabenfeld.

(3) [1] In den beglaubigten Registerausdruck sind die Hinweise nur auf Verlangen aufzunehmen. [2] Der Hinweis auf eine in das Testamentsverzeichnis aufgenommene Mitteilung ist nur dann in den Registerausdruck aufzunehmen, wenn die Person, auf die sich der Geburtseintrag bezieht, dies verlangt.

(Fortsetzung nächstes Blatt)

[1)] § 48 Abs. 2 geänd. mWv 1.11.2022 durch G v. 19.10.2022 (BGBl. I S. 1744).
[2)] Nr. **260**.

lungen an ausländische Behörden auf Grund internationaler Übereinkommen und Mitteilungspflichten nach landesrechtlichen Vorschriften bleiben unberührt.

§ 63[1] **Datenübermittlung.** (1) [1]Die elektronische Übermittlung von Daten zwischen den Standesämtern und zwischen Standesämtern und anderen Behörden, Gerichten und sonstigen öffentlichen Stellen erfolgt unmittelbar oder über Vermittlungsstellen in gesicherten Verfahren, die Verschlüsselungen nach dem Stand der Technik beinhalten. [2]Bei der Übermittlung von Daten über Vermittlungsstellen bedarf es keiner weitergehenden Signatur des absendenden Standesamts.

(2) [1]Die elektronische Übermittlung von Daten zwischen den Standesämtern erfolgt durch strukturierte Datensätze. [2]Hierfür sind das Datenaustauschformat XPersonenstand und das Übertragungsprotokoll OSCI-Transport in der vom Bundesministerium des Innern, für Bau und Heimat im Bundesanzeiger bekannt gemachten jeweils gültigen Fassung zugrunde zu legen.

(3) [1]Zur Erfüllung gesetzlicher Mitteilungspflichten erfolgt die elektronische Datenübermittlung zwischen Standesämtern und anderen Behörden, Gerichten und sonstigen öffentlichen Stellen durch strukturierte Datensätze in standardisierten Datenaustauschformaten. [2]Soweit die technischen Voraussetzungen vorliegen, sind hierfür das Datenaustauschformat XPersonenstand und das Übertragungsprotokoll OSCI-Transport in der vom Bundesministerium des Innern, für Bau und Heimat im Bundesanzeiger bekannt gemachten jeweils gültigen Fassung zu verwenden.

(4) [1]Innerhalb von Rechenzentren und in besonders gesicherten verwaltungseigenen Netzen kann auf die Verwendung von OSCI-Transport verzichtet werden, wenn durch technische und organisatorische Maßnahmen sichergestellt wird, dass die durch die Verwendung von OSCI-Transport erzielten Sicherheitseigenschaften anderweitig in gleicher Qualität gewährleistet werden. [2]Die getroffenen Maßnahmen sind im Betriebs- und Sicherheitskonzept (§ 13) zu dokumentieren.

§ 64[2] **Abrufverfahren.** (1) [1]Für Datenübermittlungen und Datenabrufe im automatisierten Abrufverfahren nach § 68 des Gesetzes gilt § 63. [2]Die eingesetzten technischen Verfahren für den automatisierten Datenabruf müssen sicherstellen, dass nur die zur Aufgabenerfüllung der abrufenden Stelle erforderlichen Daten übermittelt werden können. [3]Wird beim automatisierten Abruf kein zugehöriger Registereintrag im elektronischen Personenstandsregister feststellt, wird die Abfragenachricht dem Standesamt zur manuellen Suche im Altregister weitergeleitet. [4]Bei einem papiergebundenen Eintrag erfolgt die Antwort im teilautomatisierten Verfahren durch das registerführende Standesamt. [5]Sofern zu einem Registereintrag ein Sperrvermerk nach § 64 des Gesetzes eingetragen ist und eine Auskunft nicht erteilt wird, erhält die ersuchende Stelle eine automatisierte Mitteilung, die keine Rückschlüsse darauf zulassen darf, ob zu der betroffenen Person keine Daten vorhanden sind oder ein Sperrvermerk vorliegt.

(2) Datenabrufe im automatisierten Abrufverfahren sollen für die Suche des Datensatzes im Personenstandsregister als Auswahldaten die Registrierungsdaten des betroffenen Personenstandseintrags nach § 16 Absatz 2 Satz 1 oder mindestens die Namen der beurkundeten Person, das Ereignisdatum und den Ereignisort des

[1] § 63 Abs. 2 Satz 2 geänd. mWv 1.4.2012 durch G v. 22.12.2011 (BGBl. I S. 3044); Abs. 1 Satz 2 angef. mWv 1.11.2013 durch G v. 7.5.2013 (BGBl. I S. 1122); Abs. 2 Satz 3 aufgeh., Abs. 3 neu gef. mWv 1.11.2017 durch G v. 17.7.2017 (BGBl. I S. 2522); Abs. 2 Satz 2, Abs. 3 Satz 2 geänd. mWv 27.6. 2020 durch VO v. 19.6.2020 (BGBl. I S. 1328).

[2] § 64 neu gef. mWv 1.11.2022 durch G v. 19.10.2022 (BGBl. I S. 1744).

personenstandsrechtlichen Ereignisses enthalten. Weitere Auswahldaten sind Daten, die in Anlage 1 zur Verwendung als Suchfeld ausgewiesen sind.

(3) [1] Zur Sicherung der ordnungsgemäßen Datenverarbeitung werden alle Abrufe durch das registerführende Standesamt protokolliert. [2] Für jeden automatisierten Datenabruf ist Folgendes zu protokollieren:

1. die Registrierungsdaten des abgerufenen Eintrags nach § 16 Absatz 2 Satz 1,
2. die abrufende Person und Stelle,
3. die in der Anfragenachricht angegebenen Auswahldaten,
4. die abgerufenen Daten, soweit diese nicht über den Zeitpunkt des Abrufs festgestellt werden können,
5. der Zeitpunkt des Abrufs,
6. das Aktenzeichen oder eine sonstige Kennung der abrufenden Behörde,
7. der Anlass des Abrufs,
8. bei einem automatisierten Abruf die Bezeichnung des Verfahrens.

[3] Die nach Satz 1 gefertigten Protokolle werden vier Jahre nach Ablauf des Kalenderjahres vernichtet, in dem der Abruf erfolgt ist.

(4) Die Verantwortung für die Zulässigkeit des einzelnen Abrufs trägt die abrufende Stelle.

Kapitel 10. Übergangs- und Schlussvorschriften

§ 65[1)] *(aufgehoben)*

§ 66 Fortführung von Altregistern. (1) [1] Eine Folgebeurkundung zu einem Personenstandseintrag in einem bis zum 31. Dezember 2008 angelegten Personenstandsbuch oder Standesregister (Altregister) ist am Rand des Eintrags vorzunehmen. [2] Hinweise sind unterhalb des Eintrags einzutragen; eine Nacherhebung fehlender Daten ist nicht erforderlich.

(2) [1] Folgebeurkundungen zu Personenstandseinträgen, die vor dem 3. Oktober 1990 in dem in Artikel 3 des Einigungsvertrages[2)] genannten Gebiet im Format DIN A5 quer angelegt worden sind, werden auf der Rückseite des Eintrags aufgenommen. [2] Hinweise zu diesen Einträgen werden auf der Vorderseite unterhalb der Beurkundung eingetragen oder in die Folgebeurkundung einbezogen.

(3) [1] Reicht der in den amtlichen Vordrucken der Papierregister vorgesehene Raum für die Folgebeurkundungen und Hinweise nicht aus, so erfolgt die Fortführung auf Allongen. [2] Diese sind fest mit dem jeweiligen Eintrag zu verbinden; die Verbindungsstelle ist mit dem Siegel des Standesamts zu sichern.

§ 67[3)] **Fortführung des Familienbuchs als Heiratseintrag.** (1) In das als Heiratseintrag fortzuführende Familienbuch sind Folgebeurkundungen einzutragen

1. in Spalte 8 über den Tod der Ehegatten, die Todeserklärung oder die gerichtliche Feststellung der Todeszeit und die Aufhebung solcher Beschlüsse, die Aufhebung oder Scheidung der Ehe sowie die Feststellung des Nichtbestehens der Ehe (§ 16 Absatz 1 Nummer 1 bis 4 des Gesetzes[4)]),

---

[1)] § 65 aufgeh. mWv 1.11.2022 durch G v. 19.10.2022 (BGBl. I S. 1744).
[2)] **Sartorius III Nr. 2.**
[3)] § 67 Abs. 1 Nr. 1 und 2 geänd. mWv 1.11.2017 durch G v. 17.7.2017 (BGBl. I S. 2522).
[4)] Nr. **260**.

2. in Spalte 10 jede Änderung des Namens der Ehegatten und jede sonstige Änderung des Personenstands oder der Religionszugehörigkeit, die in das Eheregister einzutragen wäre, sowie Berichtigungen (§ 16 Absatz 1 Nummer 5 bis 8 des Gesetzes) ersetzt.

(2) [1]In Spalte 10 ist auf die Wiederverheiratung oder die Begründung einer Lebenspartnerschaft hinzuweisen. [2]Im Übrigen gilt § 16 Abs. 2 des Gesetzes entsprechend.

(3) Für das als Heiratseintrag fortzuführende Familienbuch wird kein Sicherungsregister geführt.

§ 68 Fortführung des Heiratseintrags. Ein Heiratseintrag wird vom 1. Januar 2009 an nur dann fortgeführt, wenn kein als Heiratseintrag fortzuführendes Familienbuch angelegt worden ist oder der Verbleib des Familienbuchs nicht festgestellt werden kann.

§ 69[1)] Übernahme in elektronische Personenstandsregister. (1) [1]Bei der elektronischen Erfassung von Altregistern werden Registereinträge nach den Mustern der Anlagen 2 bis 5 erstellt. [2]Der Sachverhalt ist in die elektronischen Register so zu übernehmen, dass der personenstandsrechtliche Verlauf nachvollziehbar ist und die durch die ursprüngliche Beurkundung verlautbarten Rechtsverhältnisse auch aus dem elektronisch nacherfassten Personenstandseintrag hervorgehen. [3]Daten, die in den elektronischen Registern nicht vorgesehen sind, werden nicht übernommen. [4]Daten, die im Papierregister nicht vorhanden sind, sind sorgfältig unter Beachtung des im Zeitpunkt der Beurkundung geltenden Rechts nachzuerheben, wenn sie zur Führung des elektronischen Registers erforderlich sind. [5]Die Nacherhebung fehlender Daten, die zur Eintragung eines Hinweises führen würden, ist nicht erforderlich.

(2) [1]Für die elektronisch zu erfassenden Einträge sind Registrierungsdaten nach § 16 Absatz 2 zu bilden. [2]Der vorhandenen Eintragsnummer sind die Kurzbezeichnung des jeweiligen Personenstandsregisters nach § 15 Absatz 2 und das Jahr der Erstbeurkundung hinzuzufügen. [3]Weicht die Bezeichnung des Standesamts, das die zu erfassende Beurkundung vorgenommen hat, von der Bezeichnung des Standesamts ab, das jetzt die elektronische Erfassung vornimmt, werden die ursprüngliche Bezeichnung und die Standesamtsnummer übernommen; bei nicht vorhandener oder nicht verwendbarer Standesamtsnummer wird die Nummer des erfassenden Standesamts um eine fortlaufende dreistellige Ziffernfolge (Suffix) ergänzt, die das Standesamt einmalig vergibt; sofern für ein Standesamt trotz unterschiedlicher Bezeichnungen die gleiche Standesamtsnummer vergeben war, erfolgt die Nacherfassung unter der neuen Bezeichnung des Standesamtes. [4]Weicht bei zusammengelegten Standesämtern mit neuer Bezeichnung und unveränderter Standesamtsnummer der Name des neugebildeten Standesamts von dem Namen des erfassten Standesamts ab, so sind die Einträge elektronisch unter der neuen Bezeichnung zu fassen. [5]Der Name des Standesbeamten aus dem ursprünglichen Eintrag wird ohne Funktionsbezeichnung übernommen. [6]Als Heiratseinträge fortgeführte Familienbücher im Sinne des § 77 Absatz 2 Satz 2 des Personenstandsgesetzes[2)] werden mit einer nicht belegten Eintragsnummer im Eheregister des Jahres nacherfasst, in dem sie angelegt wurden.

[1)] § 69 neu gef. mWv 1.11.2013 durch G v. 7.5.2013 (BGBl. I S. 1122); Abs. 2 Satz 5 und Abs. 6 Satz 1 geänd. mWv 1.11.2017 durch G v. 17.7.2017 (BGBl. I S. 2522); Abs. 2 Satz 3 geänd., Satz 4 eingef., bish. Sätze 4, 5 werden Sätze 5, 6 mWv 1.11.2022 durch G v. 19.10.2022 (BGBl. I S. 1744).

[2)] Nr. **260**.

(3) [1] Der Standesbeamte, der die elektronische Erfassung durchführt, schließt den Eintrag mit seiner dauerhaft überprüfbaren qualifizierten elektronischen Signatur ab und speichert ihn in dem entsprechenden Personenstandsregister. [2] Beurkundung im Sinne des § 54 des Gesetzes ist ab diesem Zeitpunkt ausschließlich der im elektronischen Personenstandsregister gespeicherte Eintrag.

(4) Im Übrigen gelten die §§ 9 und 15 bis 20 entsprechend.

(5) [1] Einträge in Altregistern, die in elektronische Register übernommen wurden, sind mit einem entsprechenden Vermerk zu versehen; sie sind danach wie Sammelakten zu behandeln. [2] Ist der gesamte Band nacherfasst, so ist das hierzu geführte Zweitbuch zu vernichten.

(6) Für die Übernahme von Übergangsbeurkundungen nach § 75 des Gesetzes in elektronische Register und für die Neubeurkundung von in Verlust geratenen Einträgen nach § 8 Absatz 1 des Gesetzes gelten die Absätze 1 bis 5 entsprechend.

§ 70[1)] Personenstandsurkunden aus Altregistern und Übergangsbeurkundungen. (1) [1] Für die Ausstellung von Personenstandsurkunden aus Altregistern und Übergangsbeurkundungen gilt § 48 entsprechend. [2] An Stelle beglaubigter Registerausdrucke nach § 55 Abs. 1 Nr. 1 des Gesetzes werden beglaubigte Abschriften der Personenstandseinträge erteilt.

(2) Personenstandsurkunden aus Altregistern und Übergangsbeurkundungen werden nicht mehr ausgestellt, wenn die Einträge nach § 69 in elektronische Register übernommen worden sind.

§ 71[2)] Fortführung, Benutzung und Aufbewahrung der Konsularregister.

(1) Für die Fortführung, Benutzung und Aufbewahrung

1. der von den Konsularbeamten errichteten Heiratseinträge,
2. der auf Grund der unter Nummer 1 genannten Einträge angelegten und als Heiratseinträge fortgeführten Familienbücher,
3. der auf Grund des Gesetzes betreffend die Eheschließung und die Beurkundung des Personenstandes von Bundesangehörigen im Auslande vom 4. Mai 1870 (Bundes-Gesetzblatt des Norddeutschen Bundes S. 599) angelegten Personenstandsregister (Konsularregister)

gelten die Vorschriften des Gesetzes und dieser Verordnung nach Maßgabe der Absätze 2 und 3.

(2) [1] Für die Fortführung der Konsularregister und für die Ausstellung von Personenstandsurkunden aus diesen Registern ist das Standesamt I in Berlin zuständig. [2] Dabei gelten folgende Besonderheiten:

1. Die Konsularregister können vom Standesamt I in Berlin in ein elektronisch geführtes Register übernommen werden. Für die Übernahme der Registerdaten und die Führung und Fortführung des elektronischen Konsularregisters gelten die Vorschriften für Altregister (§ 69) entsprechend. Die ersten Stücke der papiergeführten Konsularregister werden in diesem Fall als Sammelakten im Sinne von § 6 des Gesetzes aufbewahrt, Zweitstücke sind zu vernichten.
2. Soweit kein elektronisches Konsularregister angelegt wird, stehen die ersten Stücke den Personenstandsregistern, die Zweitstücke den Sicherungsregistern

---

1) § 70 Abs. 1 Satz 3 aufgeh. mWv 15.5.2013 durch G v. 7.5.2013 (BGBl. I S. 1122).

2) § 71 Abs. 3 Halbs. 1 geänd. mWv 15.5.2013 durch G v. 7.5.2013 (BGBl. I S. 1122); Abs. 3 geänd. mWv 1.11.2022 durch G v. 19.10.2022 (BGBl. I S. 1744).

im Sinne des Gesetzes und dieser Verordnung gleich. Ist von einem Konsularregister nur ein Stück vorhanden, ist kein Sicherungsregister anzulegen.

3. Soweit die Einträge in den Konsularregistern die in den §§ 15, 21 und 31 des Gesetzes vorgeschriebenen Angaben nicht enthalten, ist keine Berichtigung oder Ergänzung vorzunehmen.
4. Für die Ausstellung von Personenstandsurkunden sind die in § 48 Abs. 1 bezeichneten Formulare zu benutzen; dabei können diese Formulare den jeweiligen Erfordernissen angepasst werden. In diese Urkunden dürfen nur Angaben aufgenommen werden, die sich aus dem Eintrag ergeben. In den Ehe- und Sterbeurkunden ist das Alter anzugeben, soweit der Eintrag den Tag der Geburt nicht enthält.

(3) Urkunden, Entscheidungen und Mitteilungen zu den in Absatz 1 Nummer 1 und 3 genannten Einträgen und Registern sind dem Standesamt I in Berlin zu übersenden.

§ 72 Besondere Aufgaben des Standesamts I in Berlin. (1) Personenstandsbücher und Standesregister aus Gebieten, in denen ein deutscher Standesbeamter nicht mehr tätig ist, werden von dem Standesamt I in Berlin geführt.

(2) Falls das Standesamt I in Berlin nur einzelne Personenstandsurkunden aufbewahrt, die aus den in Absatz 1 bezeichneten Büchern oder Registern ausgestellt sind, so stehen diese Urkunden einem Eintrag in einem Personenstandsbuch oder Standesregister gleich.

(3) Urkunden, Entscheidungen oder Mitteilungen, die einem Standesamt in dem in Absatz 1 bezeichneten Gebiet zu übermitteln wären, sind dem Standesamt I in Berlin zu übersenden; die Übersendung unterbleibt, wenn die Mitteilungen nur zur Eintragung von Hinweisen dienen würden.

(4) Das Standesamt I in Berlin sammelt die Urkunden, die Entscheidungen und die Mitteilungen, auf Grund derer nach Absatz 1 oder Absatz 2 eine Eintragung in einem Personenstandsbuch, Standesregister oder auf einer Urkunde vorgenommen werden muss; es führt hierüber ein Verzeichnis.

§ 73 Personenstandsbücher aus Grenzgebieten. (1) Die Vorschriften dieser Verordnung gelten sinngemäß für die aus Anlass des deutsch-belgischen Vertrages vom 24. September 1956 (BGBl. 1958 II S. 262, 353) und auf Grund des deutsch-niederländischen Ausgleichsvertrages vom 8. April 1960 (BGBl. 1963 II S. 458, 1078) übergebenen Personenstandsbücher und beglaubigten Abschriften.

(2) Soweit in diesen Registern die in den §§ 15, 21 und 31 des Gesetzes vorgeschriebenen Angaben nicht enthalten sind, ist eine Berichtigung oder Ergänzung nicht vorzunehmen.

§ 74 Personenstandsbücher des ehemaligen Standesamts I in Berlin (Ost)
Die Vorschriften dieser Verordnung gelten sinngemäß für die nach der Anlage 1 Kapitel II Sachgebiet B Abschnitt III Nr. 2 Buchstabe d Doppelbuchstabe bb Dreifachbuchstabe aaa und bbb des Einigungsvertrages[1] an den Standesbeamten des Standesamts I in Berlin abgegebenen Personenstandsbücher.

§ 75 Inkrafttreten, Außerkrafttreten. [1] Diese Verordnung tritt am 1. Januar 2009 in Kraft. [2] Gleichzeitig treten außer Kraft:

---

[1] **Sartorius III Nr. 2.**

1. die Verordnung zur Ausführung des Personenstandsgesetzes[1] in der Fassung der Bekanntmachung vom 25. Februar 1977 (BGBl. I S. 377), zuletzt geändert durch Artikel 7 Abs. 1 des Gesetzes vom 19. August 2007 (BGBl. I S. 1970),
2. die Personenstandsverordnung der Wehrmacht in der im Bundesgesetzblatt Teil III, Gliederungsnummer 211-1-2, veröffentlichten bereinigten Fassung.

Anlagen 1-13
(Anl. hier nicht abgedruckt)

[1] Nr. **260**.

265. Gesetz über die Änderung von Familiennamen und Vornamen (Namensänderungsgesetz – NamÄndG)

in der Fassung der Bekanntmachung vom 26. März 2021[1)]

(BGBl. I S. 738, 739)

FNA 401-1

geänd. durch Art. 15 Abs. 17 Vormundschafts- und Betreuungsrechts-ReformG v. 4.5.2021 (BGBl. I S. 882)

§ 1 [Anwendungsbereich] Der Familienname eines Deutschen im Sinne des Grundgesetzes[2)], eines Staatenlosen oder heimatlosen Ausländers mit gewöhnlichem Aufenthalt im Inland oder eines Asylberechtigten oder ausländischen Flüchtlings mit Wohnsitz im Inland kann auf Antrag geändert werden.

§ 2[3)] [Antragstellung] (1) [1] Für eine beschränkt geschäftsfähige oder geschäftsunfähige Person stellt der gesetzliche Vertreter den Antrag; ein Vormund oder Pfleger bedarf hierzu der Genehmigung des Familiengerichts, ein Betreuer der Genehmigung des Betreuungsgerichts. [2] Für eine geschäftsfähige Person, für die in dieser Angelegenheit ein Betreuer bestellt und ein Einwilligungsvorbehalt nach § 1825 des Bürgerlichen Gesetzbuchs[4)] angeordnet ist, stellt der Betreuer den Antrag; er bedarf hierzu der Genehmigung des Betreuungsgerichts.

(2) Das Gericht hat den Antragsteller in den Fällen des Absatzes 1 Satz 1, wenn er als beschränkt Geschäftsfähiger das sechzehnte Lebensjahr vollendet hat, sowie in den Fällen des Absatzes 1 Satz 2 zu dem Antrag zu hören.

§ 3 [Rechtfertigung] (1) Ein Familienname darf nur geändert werden, wenn ein wichtiger Grund die Änderung rechtfertigt.

(2) Die für die Entscheidung erheblichen Umstände sind von Amts wegen festzustellen; dabei sollen insbesondere außer den unmittelbar Beteiligten die zuständige Ortspolizeibehörde und solche Personen gehört werden, deren Rechte durch die Namensänderung berührt werden.

§ 3a [Eingebürgerte Staatsangehörige] (1) Ist ein deutscher Staatsangehöriger, der die deutsche Staatsangehörigkeit nach dem 1. Januar 1919 erworben hat, daran gehindert, seinen früheren Familiennamen oder Vornamen zu führen, weil ihm dies vor seiner Einbürgerung durch ein Gesetz oder eine Verwaltungsmaßnahme seines früheren Heimatstaates verboten war, so liegt ein wichtiger Grund zur Änderung im Sinne des § 3 Absatz 1 vor, wenn durch das Gesetz oder die Verwaltungsmaßnahmen des früheren Heimatstaates überwiegend Angehörige einer deutschen Minderheit betroffen waren.

(2) Absatz 1 gilt auch für deutsche Staatsangehörige, auf die der frühere Name durch Ableitung übergegangen wäre.

---

1) Neubekanntmachung des Namensänderungsgesetzes in der im Bundesgesetzblatt Teil III, Gliederungsnummer 401-1, veröffentlichten bereinigten Fassung in der ab 18.3.2021 geltenden Fassung.

2) Nr. **1**.

3) § 2 Abs. 1 Satz 2 geänd. mWv 1.1.2023 durch G v. 4.5.2021 (BGBl. I S. 882).

4) **Habersack Nr. 20.**

§ 4 [Kinder] Die Änderung des Familiennamens erstreckt sich, soweit nicht bei der Entscheidung etwas anderes bestimmt wird, auf Kinder der Person, deren Name geändert wird, sofern die Kinder bislang den Namen dieser Person getragen haben und für die Kinder die elterliche Sorge dieser Person besteht.

§ 5 [Zuständige Behörde] (1) [1]Der Antrag auf Änderung eines Familiennamens ist schriftlich oder zu Protokoll bei der nach Landesrecht zuständigen Verwaltungsbehörde zu stellen, in deren Bezirk der Antragsteller oder einer seiner Vorfahren seinen Wohnsitz oder beim Fehlen eines Wohnsitzes seinen Aufenthalt hat oder zuletzt hatte. [2]Das Bundesministerium des Innern, für Bau und Heimat entscheidet, welches Land für die Bearbeitung des Antrags zuständig ist, wenn keine örtliche Zuständigkeit nach Satz 1 begründet wird.

(2) Beantragen mehrere Angehörige einer Familie dieselbe Namensänderung und sind verschiedene Verwaltungsbehörden zuständig, so kann eine der beteiligten Behörden im Einvernehmen mit den anderen Behörden und mit dem Einverständnis der Antragsteller das Verfahren für alle Antragsteller durchführen.

§§ 6, 7 (weggefallen)

§ 8 [Namensfeststellung] (1) [1]Ist zweifelhaft, welchen Familiennamen ein Deutscher im Sinne des Grundgesetzes[1)], ein Staatenloser oder heimatloser Ausländer mit gewöhnlichem Aufenthalt im Inland oder ein Asylberechtigter oder ausländischer Flüchtling mit Wohnsitz im Inland zu führen berechtigt ist, kann die nach Landesrecht zuständige Behörde den zu führenden Namen auf Antrag eines Beteiligten oder von Amts wegen mit allgemein verbindlicher Wirkung feststellen. [2]Die Vorschriften der §§ 2, 3 Absatz 2, der §§ 4 und 5 finden entsprechende Anwendung.

(2) Ist in einem auf Antrag eines Beteiligten eingeleiteten Verfahren die Entscheidung von der Beurteilung einer familienrechtlichen Vorfrage abhängig, so kann die nach Landesrecht zuständige Behörde das Verfahren auf Antrag oder von Amts wegen aussetzen und den Antragsteller zur Herbeiführung einer Entscheidung über diese Vorfrage auf den Rechtsweg verweisen.

§ 9 [Registereintragung] [1]Die nach Landesrecht zuständige Verwaltungsbehörde veranlasst die Folgebeurkundung über die Namensänderung oder die Namensfeststellung im Geburtenregister und im Eheregister oder Lebenspartnerschaftsregister. [2]Sie benachrichtigt die für die Wohnung, bei mehreren Wohnungen die für die Hauptwohnung des Betroffenen zuständige Meldebehörde von der Änderung oder Feststellung des Namens. [3]Die Mitteilungen nach den Sätzen 1 und 2 bedürfen der Schriftform.

§ 10 [Namensrechtliche Vorschriften des BGB] Die namensrechtlichen Vorschriften des Bürgerlichen Gesetzbuchs[2)] bleiben unberührt.

§ 11 [Änderung von Vornamen] Die §§ 1 bis 3, 5 und 9 finden auch auf die Änderung von Vornamen Anwendung.

§§ 12, 13 (weggefallen)

[1)] Nr. 1.
[2)] **Habersack Nr. 20.**

296. Gesetz zum Schutz vor schädlichen Umwelteinwirkungen durch Luftverunreinigungen, Geräusche, Erschütterungen und ähnliche Vorgänge (Bundes-Immissionsschutzgesetz – BImSchG)[1) 2)]

In der Fassung der Bekanntmachung vom 17. Mai 2013[3)]
(BGBl. I S. 1274, ber. 2021 I S. 123)

FNA 2129-8

geänd. durch Art. 1 Elftes ÄndG v. 2.7.2013 (BGBl. I S. 1943), Art. 1 Zwölftes ÄndG v. 20.11.2014 (BGBl. I S. 1740), Art. 76 Zehnte ZuständigkeitsanpassungsVO v. 31.8.2015 (BGBl. I S. 1474), Art. 3 G zur Änd. des UmweltstatistikG, des HochbaustatistikG sowie bestimmter immissionsschutz- und wasser-

---

[1)] **Amtl. Anm.:** Dieses Gesetz dient der Umsetzung folgender Richtlinien:
– Richtlinie 96/82/EG des Rates vom 9. Dezember 1996 zur Beherrschung der Gefahren bei schweren Unfällen mit gefährlichen Stoffen (ABl. L 345 vom 31.12.2003, S. 97), die zuletzt durch die Richtlinie 2012/18/EU (ABl. L 197 vom 24.7.2012, S. 1) geändert worden ist;
– Richtlinie 97/68/EG des Europäischen Parlaments und des Rates vom 16. Dezember 1997 zur Angleichung der Rechtsvorschriften der Mitgliedstaaten über Maßnahmen zur Bekämpfung der Emission von gasförmigen Schadstoffen und luftverunreinigenden Partikeln aus Verbrennungsmotoren für mobile Maschinen und Geräte (ABl. L 59 vom 27.2.1998, S. 1), die zuletzt durch die Richtlinie 2012/46/EU (ABl. L 353 vom 21.12.2012, S. 80) geändert worden ist;
– Richtlinie 98/70/EG des Europäischen Parlaments und des Rates vom 13. Oktober 1998 über die Qualität von Otto- und Dieselkraftstoffen und zur Änderung der Richtlinie 93/12/EWG des Rates (ABl. L 350 vom 28.12.1998, S. 58), die zuletzt durch die Richtlinie 2009/30/EG (ABl. L 140 vom 5.6.2009, S. 88) geändert worden ist;
– Richtlinie 1999/32/EG des Rates vom 26. April 1999 über eine Verringerung des Schwefelgehalts bestimmter flüssiger Kraft- oder Brennstoffe und zur Änderung der Richtlinie 93/12/EWG (ABl. L 121 vom 11.5.1999, S. 13), die zuletzt durch die Richtlinie 2009/30/EG (ABl. L 140 vom 5.6.2009, S. 88) geändert worden ist;
– Richtlinie 2000/25/EG des Europäischen Parlaments und des Rates vom 22. Mai 2000 über Maßnahmen zur Bekämpfung der Emission gasförmiger Schadstoffe und luftverunreinigender Partikel aus Motoren, die für den Antrieb von land- und forstwirtschaftlichen Zugmaschinen bestimmt sind, und zur Änderung der Richtlinie 74/150/EWG des Rates (ABl. L 173 vom 12.7.2000, S. 1), die zuletzt durch die Richtlinie 2011/87/EU (ABl. L 301 vom 18.11.2011, S. 1) geändert worden ist;
– Richtlinie 2002/49/EG des Europäischen Parlaments und des Rates vom 25. Juni 2002 über die Bewertung und Bekämpfung von Umgebungslärm (ABl. L 189 vom 18.7.2002, S. 12);
– Richtlinie 2003/35/EG des Europäischen Parlaments und des Rates vom 26. Mai 2003 über die Beteiligung der Öffentlichkeit bei der Ausarbeitung bestimmter umweltbezogener Pläne und Programme und zur Änderung der Richtlinien 85/337/EWG und 96/61/EG des Rates in Bezug auf die Öffentlichkeitsbeteiligung und den Zugang zu Gerichten (ABl. L 156 vom 25.6.2003, S. 17), die zuletzt durch die Richtlinie 2011/92/EU (ABl. L 26 vom 28.1.2012, S. 1) geändert worden ist;
– Richtlinie 2008/50/EG des Europäischen Parlaments und des Rates vom 21. Mai 2008 über Luftqualität und saubere Luft für Europa (ABl. L 152 vom 11.6.2008, S. 1);
– Richtlinie 2008/98/EG des Europäischen Parlaments und des Rates vom 19. November 2008 über Abfälle und zur Aufhebung bestimmter Richtlinien (ABl. L 312 vom 22.11.2008, S. 3, L 127 vom 26.5.2009, S. 24);
– Richtlinie 2009/28/EG des Europäischen Parlaments und des Rates vom 23. April 2009 zur Förderung der Nutzung von Energie aus erneuerbaren Quellen und zur Änderung und anschließenden Aufhebung der Richtlinien 2001/77/EG und 2003/30/EG (ABl. L 140 vom 5.6.2009, S. 16);
– Richtlinie 2010/75/EU des Europäischen Parlaments und des Rates vom 24. November 2010 über Industrieemissionen (integrierte Vermeidung und Verminderung der Umweltverschmutzung) (Neufassung) (ABl. L 334 vom 17.12.2010, S. 17).

[2)] Die Änderung durch G v. 10.8.2021 (BGBl. I S. 3436) tritt erst **mWv 1.1.2024**, die Änderungen durch G v. 19.10.2022 (BGBl. I S. 1792) treten teilweise erst **mWv 27.10.2024** bzw. **27.10.2026** in Kraft und sind insoweit im Text noch nicht berücksichtigt.

[3)] Neubekanntmachung des BImSchG idF der Bek. v. 26.9.2002 (BGBl. I S. 3830) in der ab 2.5.2013 geltenden Fassung.

rechtlicher Vorschriften v. 26.7.2016 (BGBl. I S. 1839), Art. 1 G zur Umsetzung der RL 2012/18/EU zur Beherrschung der Gefahren schwerer Unfälle mit gefährlichen Stoffen, zur Änd. und anschließenden Aufh. der RL 96/82/EG des Rates v. 30.11.2016 (BGBl. I S. 2749), Art. 55 G zum Abbau verzichtbarer Anordnungen der Schriftform im Verwaltungsrecht des Bundes v. 29.3.2017 (BGBl. I S. 626), Art. 3 G zur Anpassung des Umwelt-RechtsbehelfsG und anderer Vorschriften an europa- und völkerrechtliche Vorgaben v. 29.5.2017 (BGBl. I S. 1298), Art. 3 G zur Einführung einer wasserrechtlichen Genehmigung für Behandlungsanlagen für Deponiesickerwasser, zur Änd. der Vorschriften zur Eignungsfeststellung für Anlagen zum Lagern, Abfüllen oder Umschlagen wassergefährdender Stoffe und zur Änd. des Bundes-ImmissionsschutzG v. 18.7.2017 (BGBl. I S. 2771), Art. 1 13. ÄndG v. 8.4.2019 (BGBl. I S. 432), Art. 103 Elfte ZuständigkeitsanpassungsVO v. 19.6.2020 (BGBl. I S. 1328), Art. 3 Investitionen-BeschleunigungsG v. 3.12.2020 (BGBl. I S. 2694), Art. 2 Abs. 1 Erstes G zur Änd. des G zur Ausführung des Protokolls über Schadstofffreisetzungs- und -verbringungsregister vom 21. Mai 2003 sowie zur Durchführung der VO (EG) Nr. 166/2006 v. 9.12.2020 (BGBl. I S. 2873), Art. 10 G zur Anpassung des ProduktsicherheitsG und zur Neuordnung des Rechts der überwachungsbedürftigen Anlagen v. 27.7.2021 (BGBl. I S. 3146), Art. 14 PersonengesellschaftsrechtsmodernisierungsG (MoPeG) v. 10.8.2021 (BGBl. I S. 3436), Art. 1 G zur Umsetzung von Vorgaben der RL (EU) 2018/2001 für Zulassungsverfahren nach dem Bundes-ImmissionsschutzG, dem WasserhaushaltsG und dem BundeswasserstraßenG v. 18.8.2021 (BGBl. I S. 3901), Art. 1 G zur Weiterentwicklung der Treibhausgasminderungs-Quote v. 24.9.2021 (BGBl. I S. 4458, ber. 2022 I S. 1024), Art. 3 G zur Bereithaltung von Ersatzkraftwerken zur Reduzierung des Gasverbrauchs im Stromsektor im Fall einer drohenden Gasmangellage durch Änd. des EnergiewirtschaftsG und weiterer energiewirtschaftlicher Vorschriften v. 8.7.2022 (BGBl. I S. 1054), Art. 2 Viertes G zur Änd. des BundesnaturschutzG v. 20.7.2022 (BGBl. I S. 1362), Art. 2, 12 Abs. 3 G zur Änd. des EnergiesicherungsG und anderer energiewirtschaftlicher Vorschriften v. 8.10.2022 (BGBl. I S. 1726) und Art. 1, Art. 2 Abs. 2, 3 14. G zur Änd. des Bundes-ImmissionsschutzG v. 19.10.2022 (BGBl. I S. 1792)

Zum BImSchG wurden ua folgende Durchführungsvorschriften erlassen:

– VO über kleine und mittlere Feuerungsanlagen – 1. BImSchV **(Sartorius ErgBd. Nr. 296/1)**
– VO zur zur Emissionsbegrenzung von leichtflüchtigen halogenierten organischen Verbindungen – 2. BImSchV v. 10.12.1990 (BGBl. I S. 2694), zuletzt geänd. durch VO v. 19.6.2020 (BGBl. I S. 1328)
– VO über genehmigungsbedürftige Anlagen – 4. BImSchV (Nr. **296a**)
– VO über Immissionsschutz- und Störfallbeauftragte – 5. BImSchV **(Sartorius ErgBd. Nr. 296/5)**
– VO zur Auswurfbegrenzung von Holzstaub – 7. BImSchV v. 18.12.1975 (BGBl. I S. 3133)
– VO über das Genehmigungsverfahren – 9. BImSchV (Nr. **296b**)
– VO über die Beschaffenheit und die Auszeichnung der Qualitäten von Kraft- und Brennstoffen – 10. BImSchV **(Sartorius ErgBd. Nr. 296/10)**
– VO über Emissionserklärungen – 11. BImSchV **(Sartorius ErgBd. Nr. 296/11)**
– Störfall-VO – 12. BImSchV **(Sartorius ErgBd. Nr. 296/12)**
– VO über Großfeuerungs-, Gasturbinen- und Verbrennungsmotoranlagen – 13. BImSchV **(Sartorius ErgBd. Nr. 296/13)**
– VO über Anlagen der Landesverteidigung – 14. BImSchV v. 9.4.1986 (BGBl. I S. 380)
– VerkehrslärmschutzVO – 16. BImSchV **(Sartorius ErgBd. Nr. 296/16)**
– VO über die Verbrennung und die Mitverbrennung von Abfällen – 17. BImSchV **(Sartorius ErgBd. Nr. 296/17)**
– SportanlagenlärmschutzVO – 18. BImSchV **(Sartorius ErgBd. Nr. 296/18)**
– VO zur Begrenzung der Emissionen flüchtiger organischer Verbindungen beim Umfüllen und Lagern von Ottokraftstoffen – 20. BImSchV idF der Bek. v. 18.8.2014 (BGBl. I S. 1447), zuletzt geänd. durch G v. 27.7.2021 (BGBl. I S. 3146)
– VO zur Begrenzung der Kohlenwasserstoffemissionen bei der Betankung von Kraftfahrzeugen – 21. BImSchV idF der Bek. v. 18.8.2014 (BGBl. I S. 1453), zuletzt geänd. durch G v. 27.7.2021 (BGBl. I S. 3146)
– Verkehrswege-SchallschutzmaßnahmenVO – 24. BImSchV **(Sartorius ErgBd. Nr. 296/24)**
– VO zur Begrenzung von Emissionen aus der Titandioxid-Industrie – 25. BImSchV idF der Bek. v. 30.7. 2014 (BGBl. I S. 1316), zuletzt geänd. durch VO v. 24.3.2017 (BGBl. I S. 656)
– VO über elektromagnetische Felder – 26. BImSchV **(Sartorius ErgBd. Nr. 296/26)**
– VO über Anlagen zur Feuerbestattung – 27. BImSchV v. 19.3.1997 (BGBl. I S. 545), zuletzt geänd. durch VO v. 2.5.2013 (BGBl. I S. 973)
– VO zur Durchführung der unionsrechtlichen Verordnung über Emissionsgrenzwerte und die Typgenehmigung für Verbrennungsmotoren für nicht für den Straßenverkehr bestimmte mobile Maschinen und Geräte – 28. BImSchV **(Sartorius ErgBd. Nr. 296/28)**
– GebührenO für Maßnahmen bei Typprüfungen von Verbrennungsmotoren – 29. BImSchV v. 22.5.2000 (BGBl. I S. 735), zuletzt geänd. durch VO v. 14.8.2012 (BGBl. I S. 1712)
– VO über Anlagen zur biologischen Behandlung von Abfällen – 30. BImSchV **(Sartorius ErgBd. Nr. 296/30)**

– VO zur Begrenzung der Emissionen flüchtiger organischer Verbindungen bei der Verwendung organischer Lösemittel in bestimmten Anlagen – 31. BImSchV v. 21.8.2001 (BGBl. I S. 2180), zuletzt geänd. durch G v. 27.7.2021 (BGBl. I S. 3146)
– Geräte- und MaschinenlärmschutzVO – 32. BImSchV **(Sartorius ErgBd. Nr. 296/32)**
– VO über die Lärmkartierung – 34. BImSchV **(Sartorius ErgBd. Nr. 296/34)**
– VO zur Kennzeichnung der Kraftfahrzeuge mit geringem Beitrag zur Schadstoffbelastung – 35. BImSchV **(Sartorius ErgBd. Nr. 296/35)**
– VO zur Durchführung der Regelungen der Biokraftstoffquote – 36. BImSchV v. 29.1.2007 (BGBl. I S. 60), zuletzt geänd. durch VO v. 12.11.2021 (BGBl. I S. 4932)
– VO zur Anrechnung von strombasierten Kraftstoffen und mitverarbeiteten biogenen Ölen auf die Treibhausgasquote – 37. BImSchV v. 15.5.2017 (BGBl. I S. 1195), geänd. durch G v. 21.12.2020 (BGBl. I S. 3138)
– VO über Luftqualitätsstandards und Emissionshöchstmengen – 39. BImSchV **(Sartorius ErgBd. Nr. 296/39)**
– BekanntgabeVO – 41. BImSchV v. 2.5.2013 (BGBl. I S. 973, 1001, ber. S. 3756), zuletzt geänd. durch G v. 10.8.2021 (BGBl. I S. 3436)
– VO über Verdunstungskühlanlagen, Kühltürme und Nassabscheider – 42. BImSchV v. 12.7.2017 (BGBl. I S. 2379, ber. 2018 S. 202)
– VO über nationale Verpflichtungen zur Reduktion der Emissionen bestimmter Luftschadstoffe – 43. BImSchV v. 18.7.2018 (BGBl. I S. 1222)
– VO über mittelgroße Feuerungs-, Gasturbinen- und Verbrennungsmotoranlagen – 44. BImSchV v. 13.6.2019 (BGBl. I S. 804), geänd. durch VO v. 12.10.2022 (BGBl. I S. 1801)
– AltholzVO – AltholzV v. 15.8.2002 (BGBl. I S. 3302), zuletzt geänd. durch VO v. 19.6.2020 (BGBl. I S. 1328)
– AltölVO – AltölV idF der Bek. v. 16.4.2002 (BGBl. I S. 1368), zuletzt geänd. durch VO v. 5.10.2020 (BGBl. I S. 2091)
– Biokraftstoff-NachhaltigkeitsVO – Biokraft-NachV v. 2.12.2021 (BGBl. I S. 5126, 5143)
– DeponieVO – DepV **(Sartorius ErgBd. Nr. 298h)**
– EMAS-Privilegierungs-VO – EMASPrivilegV **(Sartorius ErgBd. Nr. 297)**
– VO über die Entsorgung gebrauchter halogenierter Lösemittel – HKWAbfV v. 23.10.1989 (BGBl. I S. 1918), geänd. durch VO v. 20.10.2006 (BGBl. I S. 2298)
– GefahrstoffVO – GefStoffV v. 26.11.2010 (BGBl. I S. 1643, 1644), zuletzt geänd. durch VO v. 21.7. 2021 (BGBl. I S. 3115)
– KWK-Kosten-Nutzen-Vergleich-VO – KNV-V v. 28.4.2015 (BGBl. I S. 670), zuletzt geänd. durch VO v. 6.7.2021 (BGBl. I S. 2514)
– Magnetschwebebahn-Bau- und Betriebsordnung – MbBO v. 23.9.1997 (BGBl. I S. 2329)
– Technische Anleitung zur Reinhaltung der Luft – TA Luft v. 18.8.2021 (GMBl S. 1050)
– Technische Anleitung zum Schutz gegen Lärm – TA Lärm v. 26.8.1998 (GMBl S. 503), geänd. durch VwV v. 1.6.2017 (BAnz AT 08.06.2017 B5)
– Upstream-Emissionsminderungs-VO – UERV v. 22.1.2018 (BGBl. I S. 169), zuletzt geänd. durch VO v. 12.11.2021 (BGBl. I S. 4932)
– UVP-Portale-VO – UVPPortV v. 11.11.2020 (BGBl. I S. 2428)

Zur Ausführung und Durchführung des BImSchG haben die **Länder** ua folgende Vorschriften erlassen:
– **Baden-Württemberg:** Immissionsschutz-ZuständigkeitsVO v. 11.5.2010 (GBl. S. 406), zuletzt geänd. durch G v. 17.12.2020 (GBl. S. 1233)
– **Bayern:** Bayerisches ImmissionsschutzG v. 10.12.2019 (GVBl. S. 686), zuletzt geänd. durch G v. 9.11. 2021 (GVBl. S. 608)
– **Berlin:** Landes-ImmissionsschutzG Berlin v. 5.12.2005 (GVBl. S. 735, ber. S. 42), zuletzt geänd. durch G v. 3.2.2010 (GVBl. S. 38)
– **Brandenburg:** LandesimmissionsschutzG idF der Bek. v. 22.7.1999 (GVBl. I S. 386), zuletzt geänd. durch G v. 8.5.2018 (GVBl. I Nr. 8); ImmissionsschutzzuständigkeitsVO v. 31.3.2008 (GVBl. II S. 122), zuletzt geänd. durch VO v. 25.7.2022 (GVBl. II Nr. 49)
– **Bremen:** Bremisches ImmissionsschutzG v. 14.5.2019 (Brem.GBl. S. 316); VO über die Zuständigkeit für die Verfolgung und Ahndung von Ordnungswidrigkeiten nach dem Bundes-ImmissionsschutzG v. 20.11.2007 (Brem.GBl. S. 493), zuletzt geänd. durch Bek. v. 20.10.2020 (Brem.GBl. S. 1172)
– **Hamburg:** Hamburgisches KlimaschutzG v. 20.2.2020 (HmbGVBl. S. 148), geänd. durch G v. 12.5. 2020 (HmbGVBl. S. 280)
– **Hessen:** VO über immissionsschutzrechtliche Zuständigkeiten, zur Bestimmung der federführenden Behörde nach dem G über die Umweltverträglichkeitsprüfung und über Zuständigkeiten nach dem BenzinbleiG v. 26.11.2014 (GVBl. S. 331), geänd. durch VO v. 13.3.2019 (GVBl. S. 42)
– **Mecklenburg-Vorpommern:** Immissionsschutz-ZuständigkeitslandesVO v. 12.2.2015 (GVOBl. M-V S. 70), geänd. durch VO v. 1.6.2017 (GVOBl. M-V S. 114); Immissionsschutz-KostenVO v. 12.12.2018 (GVOBl. M-V S. 430), zuletzt geänd. durch VO v. 2.5.2022 (GVOBl. M-V S. 286)

– **Niedersachsen:** ZustVO-Umwelt-Arbeitsschutz v. 27.10.2009 (Nds. GVBl. S. 374), zuletzt geänd. durch VO v. 26.8.2021 (Nds. GVBl. S. 618)
– **Nordrhein-Westfalen:** Landes-ImmissionsschutzG v. 18.3.1975 (GV. NRW. S. 232), zuletzt geänd. durch G v. 1.2.2022 (GV. NRW. S. 122)
– **Rheinland-Pfalz:** Landes-ImmissionsschutzG v. 20.12.2000 (GVBl. S. 578), zuletzt geänd. durch G v. 3.9.2018 (GVBl. S. 372); LandesVO über Zuständigkeiten auf dem Gebiet des Immissionsschutzes v. 14.6.2002 (GVBl. S. 280), zuletzt geänd. durch VO v. 1.12.2020 (GVBl. S. 672)
– **Saarland:** VO über die Zuständigkeiten nach dem Bundes-ImmissionsschutzG und nach dem Treibhausgas-EmissionshandelsG v. 17.2.2014 (Amtsbl. I S. 64)
– **Sachsen:** Immissionsschutz-AusführungsG v. 4.7.1994 (SächsGVBl. S. 1281), zuletzt geänd. durch G v. 23.3.2022 (SächsGVBl. S. 256); Immissionsschutz-ZuständigkeitsVO idF der Bek. v. 14.12.2018 (SächsGVBl. S. 831), zuletzt geänd. durch G v. 9.2.2022 (SächsGVBl. S. 144)
– **Sachsen-Anhalt:** Immissionsschutz-, Gewerbe- und Arbeitsschutzrecht-ZuständigkeitsVO v. 14.6.1994 (GVBl. LSA S. 636, ber. 889), zuletzt geänd. durch VO v. 10.12.2019 (GVBl. LSA S. 988); Immissionsschutz-ZuständigkeitsVO v. 8.10.2015 (GVBl. LSA S. 518), geänd. durch VO v. 18.12.2018 (GVBl. LSA S. 430)
– **Schleswig-Holstein:** Landes-ImmissionsschutzG v. 6.1.2009 (GVOBl. Schl.-H. S. 2), zuletzt geänd. durch VO v. 16.1.2019 (GVOBl. Schl.-H. S. 30); LandesVO über die zuständigen Behörden nach dem Bundes-ImmissionsschutzG v. 20.10.2008 (GVOBl. Schl.-H. S. 540), zuletzt geänd. durch VO v. 16.1.2020 (GVOBl. Schl.-H. S. 33)
– **Thüringen:** Thüringer VO zur Regelung von Zuständigkeiten und zur Übertragung von Ermächtigungen auf den Gebieten des Immissionsschutzes und des Treibhausgas-Emissionshandels v. 6.4.2008 (GVBl. S. 78), zuletzt geänd. durch VO v. 7.7.2021 (GVBl. S. 355)

Inhaltsübersicht[1)]

[1)] Inhaltsübersicht geänd. mWv 1.1.2015 durch G v. 20.11.2014 (BGBl. I S. 1740); sie wurde nichtamtlich an weitere Änderungen durch dieses Gesetz angepasst; geänd. mWv 7.12.2016 durch G v. 30.11.2016 (BGBl. I S. 2749); geänd. mWv 10.12.2020 durch G v. 3.12.2020 (BGBl. I S. 2694); geänd. mWv 31.8.2021 durch G v. 18.8.2021 (BGBl. I S. 3901); geänd. mWv 1.10.2021 durch G v. 24.9.2021 (BGBl. I S. 4458); geänd. mWv 12.7.2022 durch G v. 8.7.2022 (BGBl. I S. 1054); geänd. mWv 13.10.2022 durch G v. 8.10.2022 (BGBl. I S. 1726); geänd. mWv 26.10.2022 durch G v. 19.10.2022 (BGBl. I S. 1792).

---

[1] Die erkennbar auf dem erst später verkündeten G v. 19.10.2022 (BGBl. I S. 1792) aufbauenden Änderungsbefehle in Art. 2 Nr. 1 Buchst. b und c, Nr. 4 und 5 des G v. 8.10.2022 (BGBl. I S. 1726) wurden so eingearbeitet, als seien sie ***nach*** diesem Gesetz verkündet worden.

zuständige Behörde unverzüglich, spätestens innerhalb von zwei Monaten nach Eingang der Anzeige und der nach Absatz 1 Satz 2 erforderlichen Unterlagen zu prüfen, ob diese Änderung einer Genehmigung bedarf. [2] Soweit es zur Ermittlung des angemessenen Sicherheitsabstands erforderlich ist, kann die zuständige Behörde ein Gutachten zu den Auswirkungen verlangen, die bei schweren Unfällen durch die Anlage hervorgerufen werden können. [3] Der Träger des Vorhabens darf die störfallrelevante Änderung vornehmen, sobald ihm die zuständige Behörde mitteilt, dass sie keiner Genehmigung bedarf.

(3) [1] Beabsichtigt der Betreiber, den Betrieb einer genehmigungsbedürftigen Anlage einzustellen, so hat er dies unter Angabe des Zeitpunktes der Einstellung der zuständigen Behörde unverzüglich anzuzeigen. [2] Der Anzeige sind Unterlagen über die vom Betreiber vorgesehenen Maßnahmen zur Erfüllung der sich aus § 5 Absatz 3 und 4 ergebenden Pflichten beizufügen. [3] Die Sätze 1 und 2 gelten für die in Absatz 1 Satz 5 bezeichneten Anlagen entsprechend.

(4) In der Rechtsverordnung nach § 10 Absatz 10 können die näheren Einzelheiten für das Verfahren nach den Absätzen 1 bis 3 geregelt werden.

§ 16 Wesentliche Änderung genehmigungsbedürftiger Anlagen.

(1) [1] Die Änderung der Lage, der Beschaffenheit oder des Betriebs einer genehmigungsbedürftigen Anlage bedarf der Genehmigung, wenn durch die Änderung nachteilige Auswirkungen hervorgerufen werden können und diese für die Prüfung nach § 6 Absatz 1 Nummer 1 erheblich sein können (wesentliche Änderung); eine Genehmigung ist stets erforderlich, wenn die Änderung oder Erweiterung des Betriebs einer genehmigungsbedürftigen Anlage für sich genommen die Leistungsgrenzen oder Anlagengrößen des Anhangs zur Verordnung über genehmigungsbedürftige Anlagen[1)] erreichen. [2] Eine Genehmigung ist nicht erforderlich, wenn durch die Änderung hervorgerufene nachteilige Auswirkungen offensichtlich gering sind und die Erfüllung der sich aus § 6 Absatz 1 Nummer 1 ergebenden Anforderungen sichergestellt ist.

(2) [1] Die zuständige Behörde soll von der öffentlichen Bekanntmachung des Vorhabens sowie der Auslegung des Antrags und der Unterlagen absehen, wenn der Träger des Vorhabens dies beantragt und erhebliche nachteilige Auswirkungen auf in § 1 genannte Schutzgüter nicht zu besorgen sind. [2] Dies ist insbesondere dann der Fall, wenn erkennbar ist, dass die Auswirkungen durch die getroffenen oder vom Träger des Vorhabens vorgesehenen Maßnahmen ausgeschlossen werden oder die Nachteile im Verhältnis zu den jeweils vergleichbaren Vorteilen gering sind. [3] Betrifft die wesentliche Änderung eine in einem vereinfachten Verfahren zu genehmigende Anlage, ist auch die wesentliche Änderung im vereinfachten Verfahren zu genehmigen. [4] § 19 Absatz 3 gilt entsprechend.

(3) [1] Über den Genehmigungsantrag ist innerhalb einer Frist von sechs Monaten, im Falle des Absatzes 2 in drei Monaten zu entscheiden. [2] Im Übrigen gilt § 10 Absatz 6a Satz 2 und 3 entsprechend.

(4) [1] Für nach § 15 Absatz 1 anzeigebedürftige Änderungen kann der Träger des Vorhabens eine Genehmigung beantragen. [2] Diese ist im vereinfachten Verfahren zu erteilen; Absatz 3 und § 19 Absatz 3 gelten entsprechend.

(5) Einer Genehmigung bedarf es nicht, wenn eine genehmigte Anlage oder Teile einer genehmigten Anlage im Rahmen der erteilten Genehmigung ersetzt oder ausgetauscht werden sollen.

[1)] Nr. **296a**.

§ 16a[1)] Störfallrelevante Änderung genehmigungsbedürftiger Anlagen. [1]Die störfallrelevante Änderung einer genehmigungsbedürftigen Anlage, die Betriebsbereich oder Bestandteil eines Betriebsbereichs ist, bedarf der Genehmigung, wenn durch die störfallrelevante Änderung der angemessene Sicherheitsabstand zu benachbarten Schutzobjekten erstmalig unterschritten wird, der bereits unterschrittene Sicherheitsabstand räumlich noch weiter unterschritten wird oder eine erhebliche Gefahrenerhöhung ausgelöst wird und die Änderung nicht bereits durch § 16 Absatz 1 Satz 1 erfasst ist. [2]Einer Genehmigung bedarf es nicht, soweit dem Gebot, den angemessenen Sicherheitsabstand zu wahren, bereits auf Ebene einer raumbedeutsamen Planung oder Maßnahme durch verbindliche Vorgaben Rechnung getragen worden ist.

§ 16b[2)] Repowering von Anlagen zur Erzeugung von Strom aus erneuerbaren Energien, Sondervorschriften für Windenergieanlagen. (1) Wird eine Anlage zur Erzeugung von Strom aus erneuerbaren Energien modernisiert (Repowering), müssen auf Antrag des Vorhabenträgers im Rahmen des Änderungsgenehmigungsverfahrens nur Anforderungen geprüft werden, soweit durch das Repowering im Verhältnis zum gegenwärtigen Zustand unter Berücksichtigung der auszutauschenden Anlage nachteilige Auswirkungen hervorgerufen werden und diese für die Prüfung nach § 6 erheblich sein können.

(2) [1]Die Modernisierung umfasst den vollständigen oder teilweisen Austausch von Anlagen oder Betriebssystemen und -geräten zum Austausch von Kapazität oder zur Steigerung der Effizienz oder der Kapazität der Anlage. [2]Bei einem vollständigen Austausch der Anlage sind zusätzlich folgende Anforderungen einzuhalten:

1. Die neue Anlage wird innerhalb von 24 Monaten nach dem Rückbau der Bestandsanlage errichtet und
2. der Abstand zwischen der Bestandsanlage und der neuen Anlage beträgt höchstens das Zweifache der Gesamthöhe der neuen Anlage.

(3) Die Genehmigung einer Windenergieanlage im Rahmen einer Modernisierung nach Absatz 2 darf nicht versagt werden, wenn nach der Modernisierung nicht alle Immissionsrichtwerte der technischen Anleitung zum Schutz gegen Lärm eingehalten werden, wenn aber

1. der Immissionsbeitrag der Windenergieanlage nach der Modernisierung niedriger ist als der Immissionsbeitrag der durch sie ersetzten Windenergieanlagen und
2. die Windenergieanlage dem Stand der Technik entspricht.

(4) Die Prüfung anderer öffentlich-rechtlicher Vorschriften, insbesondere des Raumordnungs-, Bauplanungs- und Bauordnungsrechts, und der Belange des Arbeitsschutzes nach § 6 Absatz 1 Nummer 2 bleibt unberührt.

(5) Auf einen Erörterungstermin soll verzichtet werden, wenn nicht der Antragsteller diesen beantragt.

(6) [1]§ 19 findet auf Genehmigungsverfahren im Sinne von Absatz 1 für das Repowering von bis zu 19 Windenergieanlagen Anwendung. [2]§ 2 Absatz 1 Satz 1

[1)] § 16a eingef. mWv 7.12.2016 durch G v. 30.11.2016 (BGBl. I S. 2749); Satz 1 geänd. mWv 29.7. 2017 durch G v. 18.7.2017 (BGBl. I S. 2771).

[2)] § 16b eingef. mWv 31.8.2021 durch G v. 18.8.2021 (BGBl. I S. 3901); Abs. 4 aufgeh., bish. Abs. 5–7 werden Abs. 4–6 mWv 29.7.2022 durch G v. 20.7.2022 (BGBl. I S. 1362); Überschrift geänd., Abs. 7 und 8 angef. mWv 13.10.2022 durch G v. 8.10.2022 (BGBl. I S. 1726).

Nummer 1 Buchstabe c der Verordnung über genehmigungsbedürftige Anlagen[1] bleibt unberührt. [3] Im vereinfachten Verfahren ist die Genehmigung auf Antrag des Trägers des Vorhabens öffentlich bekannt zu machen. [4] In diesem Fall gilt § 10 Absatz 8 Satz 2 bis 6 entsprechend.

(7) [1] Werden bei einer genehmigten Windenergieanlage vor der Errichtung Änderungen am Anlagentyp vorgenommen oder wird er gewechselt, müssen im Rahmen des Änderungsgenehmigungsverfahrens nur dann Anforderungen geprüft werden, soweit durch die Änderung des Anlagentyps im Verhältnis zur genehmigten Anlage nachteilige Auswirkungen hervorgerufen werden und diese für die Prüfung nach § 6 erheblich sein können. [2] Die Absätze 5 und 6 sind entsprechend anzuwenden.

(8) [1] Wird die Leistung einer Windenergieanlage an Land ohne bauliche Veränderungen oder ohne den Austausch von Teilen und ohne eine Änderung der genehmigten Betriebszeiten erhöht, sind ausschließlich die Standsicherheit sowie die schädlichen Umwelteinwirkungen durch Geräusche und nachteilige Auswirkungen durch Turbulenzen zu prüfen. [2] Die Absätze 5 und 6 sind entsprechend anzuwenden.

§ 17[2] Nachträgliche Anordnungen. (1) [1] Zur Erfüllung der sich aus diesem Gesetz und der auf Grund dieses Gesetzes erlassenen Rechtsverordnungen ergebenden Pflichten können nach Erteilung der Genehmigung sowie nach einer nach § 15 Absatz 1 angezeigten Änderung Anordnungen getroffen werden. [2] Wird nach Erteilung der Genehmigung sowie nach einer nach § 15 Absatz 1 angezeigten Änderung festgestellt, dass die Allgemeinheit oder die Nachbarschaft nicht ausreichend vor schädlichen Umwelteinwirkungen oder sonstigen Gefahren, erheblichen Nachteilen oder erheblichen Belästigungen geschützt ist, soll die zuständige Behörde nachträgliche Anordnungen treffen.

(1a) [1] Bei Anlagen nach der Industrieemissions-Richtlinie ist vor dem Erlass einer nachträglichen Anordnung nach Absatz 1 Satz 2, durch welche Emissionsbegrenzungen neu festgelegt werden sollen, der Entwurf der Anordnung öffentlich bekannt zu machen. [2] § 10 Absatz 3 und 4 Nummer 1 und 2 gilt für die Bekanntmachung entsprechend. [3] Einwendungsbefugt sind Personen, deren Belange durch die nachträgliche Anordnung berührt werden, sowie Vereinigungen, welche die Anforderungen von § 3 Absatz 1 oder § 2 Absatz 2 des Umwelt-Rechtsbehelfsgesetzes[3] erfüllen. [4] Für die Entscheidung über den Erlass der nachträglichen Anordnung gilt § 10 Absatz 7 bis 8a entsprechend.

(1b) Absatz 1a gilt für den Erlass einer nachträglichen Anordnung entsprechend, bei der von der Behörde auf Grundlage einer Verordnung nach § 7 Absatz 1b oder einer Verwaltungsvorschrift nach § 48 Absatz 1b weniger strenge Emissionsbegrenzungen festgelegt werden sollen.

(2) [1] Die zuständige Behörde darf eine nachträgliche Anordnung nicht treffen, wenn sie unverhältnismäßig ist, vor allem wenn der mit der Erfüllung der Anordnung verbundene Aufwand außer Verhältnis zu dem mit der Anordnung angestrebten Erfolg steht; dabei sind insbesondere Art, Menge und Gefährlichkeit der von der Anlage ausgehenden Emissionen und der von ihr verursachten Immissionen sowie die Nutzungsdauer und technische Besonderheiten der Anlage zu berücksichtigen. [2] Darf eine nachträgliche Anordnung wegen Unverhältnismäßig-

[1] Nr. **296a**.
[2] § 17 Abs. 1b eingef., Abs. 4 Satz 2 angef. mWv 7.12.2016 durch G v. 30.11.2016 (BGBl. I S. 2749).
[3] Nr. **293**.

keit nicht getroffen werden, soll die zuständige Behörde die Genehmigung unter den Voraussetzungen des § 21 Absatz 1 Nummer 3 bis 5 ganz oder teilweise widerrufen; § 21 Absatz 3 bis 6 sind anzuwenden.

(2a) § 12 Absatz 1a gilt für Anlagen nach der Industrieemissions-Richtlinie entsprechend.

(2b) [1] Abweichend von Absatz 2a kann die zuständige Behörde weniger strenge Emissionsbegrenzungen festlegen, wenn

1. wegen technischer Merkmale der Anlage die Anwendung der in den BVT-Schlussfolgerungen genannten Emissionsbandbreiten unverhältnismäßig wäre und die Behörde dies begründet oder
2. in Anlagen Zukunftstechniken für einen Gesamtzeitraum von höchstens neun Monaten erprobt oder angewendet werden sollen, sofern nach dem festgelegten Zeitraum die Anwendung der betreffenden Technik beendet wird oder in der Anlage mindestens die mit den besten verfügbaren Techniken assoziierten Emissionsbandbreiten erreicht werden.

[2] § 12 Absatz 1b Satz 2 und 3 gilt entsprechend. [3] Absatz 1a gilt entsprechend.

(Fortsetzung nächstes Blatt)

1. Anforderungen an die Gleichwertigkeit nicht inländischer Anerkennungen und Nachweise bestimmt werden,
2. Anforderungen an das Verfahren der Bekanntgabe und ihrer Aufhebung bestimmt werden,
3. Anforderungen an den Inhalt der Bekanntgabe bestimmt werden, insbesondere, dass sie mit Nebenbestimmungen versehen und für das gesamte Bundesgebiet erteilt werden kann,
4. Anforderungen an die Organisationsform der bekannt zu gebenden Stellen bestimmt werden,
5. Anforderungen an die Struktur bestimmt werden, die die Sachverständigen der Erfüllung ihrer Aufgaben zugrunde legen,
6. Anforderungen an die Fachkunde, Zuverlässigkeit, Unabhängigkeit und gerätetechnische Ausstattung der bekannt zu gebenden Stellen und Sachverständigen bestimmt werden,
7. Pflichten der bekannt gegebenen Stellen und Sachverständigen festgelegt werden.

§ 30 Kosten der Messungen und sicherheitstechnischen Prüfungen.

[1] Die Kosten für die Ermittlungen der Emissionen und Immissionen sowie für die sicherheitstechnischen Prüfungen trägt der Betreiber der Anlage. [2] Bei nicht genehmigungsbedürftigen Anlagen trägt der Betreiber die Kosten für Ermittlungen nach § 26 oder § 29 Absatz 2 nur, wenn die Ermittlungen ergeben, dass

1. Auflagen oder Anordnungen nach den Vorschriften dieses Gesetzes oder der auf dieses Gesetz gestützten Rechtsverordnungen nicht erfüllt worden sind oder
2. Anordnungen oder Auflagen nach den Vorschriften dieses Gesetzes oder der auf dieses Gesetz gestützten Rechtsverordnungen geboten sind.

§ 31[1)] **Auskunftspflichten des Betreibers.** (1) [1] Der Betreiber einer Anlage nach der Industrieemissions-Richtlinie hat nach Maßgabe der Nebenbestimmungen der Genehmigung oder auf Grund von Rechtsverordnungen der zuständigen Behörde jährlich Folgendes vorzulegen:

1. eine Zusammenfassung der Ergebnisse der Emissionsüberwachung,
2. sonstige Daten, die erforderlich sind, um die Einhaltung der Genehmigungsanforderungen gemäß § 6 Absatz 1 Nummer 1 zu überprüfen.

[2] Die Pflicht nach Satz 1 besteht nicht, soweit die erforderlichen Angaben der zuständigen Behörde bereits auf Grund anderer Vorschriften vorzulegen sind. [3] Wird in einer Rechtsverordnung nach § 7 ein Emissionsgrenzwert nach § 7 Absatz 1a, in einer Verwaltungsvorschrift nach § 48 ein Emissionswert nach § 48 Absatz 1a oder in einer Genehmigung nach § 12 Absatz 1 oder einer nachträglichen Anordnung nach § 17 Absatz 2a eine Emissionsbegrenzung nach § 12 Absatz 1a oder § 17 Absatz 2a oberhalb der in den BVT-Schlussfolgerungen genannten Emissionsbandbreiten bestimmt, so hat die Zusammenfassung nach Satz 1 Nummer 1 einen Vergleich mit den in den BVT-Schlussfolgerungen genannten Emissionsbandbreiten zu ermöglichen.

(2) [1] Der Betreiber einer Anlage nach der Industrieemissions-Richtlinie kann von der zuständigen Behörde verpflichtet werden, diejenigen Daten zu übermit-

---

[1)] § 31 Abs. 2 Satz 1 geänd., Abs. 2a eingef. mWv 7.12.2016 durch G v. 30.11.2016 (BGBl. I S. 2749); Abs. 2 Satz 2 neu gef. mWv 15.12.2020 durch G v. 9.12.2020 (BGBl. I S. 2873).

teln, deren Übermittlung nach einem Durchführungsrechtsakt nach Artikel 72 Absatz 2 der Richtlinie 2010/75/EU vorgeschrieben ist und die zur Erfüllung der Berichtspflicht nach § 61 Absatz 1 erforderlich sind, soweit solche Daten nicht bereits auf Grund anderer Vorschriften bei der zuständigen Behörde vorhanden sind. [2] § 3 Absatz 1 Satz 2 und § 5 Absatz 2 bis 6 des Gesetzes zur Ausführung des Protokolls über Schadstofffreisetzungs- und -verbringungsregister vom 21. Mai 2003 sowie zur Durchführung der Verordnung (EG) Nr. 166/2006 vom 6. Juni 2007 (BGBl. I S. 1002), das durch Artikel 1 des Gesetzes vom 9. Dezember 2020 (BGBl. I S. 2873) geändert worden ist, gelten entsprechend.

(2a) [1] Der Betreiber von Anlagen, die Betriebsbereich oder Bestandteil eines Betriebsbereichs sind, kann von der zuständigen Behörde verpflichtet werden, diejenigen Daten zu übermitteln, deren Übermittlung nach einem Durchführungsrechtsakt nach Artikel 21 Absatz 5 der Richtlinie 2012/18/EU vorgeschrieben ist und die zur Erfüllung der Berichtspflicht nach § 61 Absatz 2 erforderlich sind, soweit solche Daten nicht bereits auf Grund anderer Vorschriften bei der zuständigen Behörde vorhanden sind. [2] Absatz 2 Satz 2 gilt entsprechend.

(3) Wird bei einer Anlage nach der Industrieemissions-Richtlinie festgestellt, dass Anforderungen gemäß § 6 Absatz 1 Nummer 1 nicht eingehalten werden, hat der Betreiber dies der zuständigen Behörde unverzüglich mitzuteilen.

(4) Der Betreiber einer Anlage nach der Industrieemissions-Richtlinie hat bei allen Ereignissen mit schädlichen Umwelteinwirkungen die zuständige Behörde unverzüglich zu unterrichten, soweit er hierzu nicht bereits nach § 4 des Umweltschadensgesetzes[1)] oder nach § 19 der Störfall-Verordnung[2)] verpflichtet ist.

(5) [1] Der Betreiber der Anlage hat das Ergebnis der auf Grund einer Anordnung nach § 26, § 28 oder § 29 getroffenen Ermittlungen der zuständigen Behörde auf Verlangen mitzuteilen und die Aufzeichnungen der Messgeräte nach § 29 fünf Jahre lang aufzubewahren. [2] Die zuständige Behörde kann die Art der Übermittlung der Messergebnisse vorschreiben. [3] Die Ergebnisse der Überwachung der Emissionen, die bei der Behörde vorliegen, sind für die Öffentlichkeit nach den Bestimmungen des Umweltinformationsgesetzes mit Ausnahme des § 12 zugänglich; für Landesbehörden gelten die landesrechtlichen Vorschriften.

Vierter Abschnitt.[3)] Sonderregelungen zur Bewältigung einer Gasmangellage

§ 31a[4)] Abweichungen nach Artikel 30 Absatz 5 der Richtlinie 2010/75/EU. (1) Die zuständige Behörde kann eine Abweichung von der Verpflichtung zur Einhaltung der in der Verordnung über Großfeuerungs-, Gasturbinen- und Verbrennungsmotoranlagen[5)] vom 6. Juli 2021 (BGBl. I S. 2514), in der jeweils geltenden Fassung, vorgesehenen Emissionsgrenzwerte für Schwefeldioxid für eine Dauer von bis zu sechs Monaten bei Feuerungsanlagen zulassen, in denen zu diesem Zweck normalerweise ein schwefelarmer Brennstoff verfeuert wird, wenn der Betreiber aufgrund einer sich aus einer ernsten Mangellage ergebenden Unterbrechung der Versorgung mit schwefelarmem Brennstoff nicht in der Lage ist, diese Grenzwerte einzuhalten.

[1)] **Sartorius III Nr. 310.**

[2)] **Sartorius ErgBd. Nr. 296/12.**

[3)] Vierter Abschnitt (§§ 31a-31d) eingef. mWv 12.7.2022 durch G v. 8.7.2022 (BGBl. I S. 1054); Überschrift neu gef. mWv 26.10.2022 durch G v. 19.10.2022 (BGBl. I S. 1792).

[4)] Vierter Abschnitt (§§ 31a-31d) eingef. mWv 12.7.2022 durch G v. 8.7.2022 (BGBl. I S. 1054).

[5)] **Sartorius ErgBd. Nr. 296/13.**

(2) [1]Die zuständige Behörde hat unverzüglich eine Ausfertigung der Zulassung der Abweichung nach Absatz 1 dem Bundesministerium für Umwelt, Naturschutz, nukleare Sicherheit und Verbraucherschutz zur Weiterleitung an die Europäische Kommission zuzuleiten. [2]Das Bundesministerium für Umwelt, Naturschutz, nukleare Sicherheit und Verbraucherschutz unterrichtet die Europäische Kommission unverzüglich über jede nach Absatz 1 gewährte Abweichung.

§ 31b[1)] Abweichungen nach Artikel 30 Absatz 6 der Richtlinie 2010/75/EU. (1) [1]Die zuständige Behörde kann eine Abweichung von der Verpflichtung zur Einhaltung der in der Verordnung über Großfeuerungs-, Gasturbinen- und Verbrennungsmotoranlagen[2)] vom 6. Juli 2021 (BGBl. I S. 2514), in der jeweils geltenden Fassung, vorgesehenen Emissionsgrenzwerte in den Fällen zulassen, in denen eine Feuerungsanlage, in der nur gasförmiger Brennstoff verfeuert wird, wegen einer plötzlichen Unterbrechung der Gasversorgung ausnahmsweise auf andere Brennstoffe ausweichen muss und aus diesem Grund mit einer Abgasreinigungsanlage ausgestattet werden müsste. [2]Eine solche Abweichung darf nur für einen Zeitraum von nicht mehr als zehn Tagen zugelassen werden, es sei denn, es ist ein vorrangiges Bedürfnis für einen längeren Zeitraum im Hinblick auf die Aufrechterhaltung der Energieversorgung gegeben.

(2) Der Betreiber unterrichtet die zuständige Behörde umgehend über jeden einzelnen Fall im Sinne des Absatzes 1.

(3) § 31a Absatz 2 ist entsprechend anzuwenden.

§ 31c[1)] Abweichungen nach Artikel 6 Absatz 11 der Richtlinie (EU) 2015/2193. (1) Die zuständige Behörde kann für eine Dauer von bis zu sechs Monaten eine Abweichung von der Verpflichtung zur Einhaltung der in den §§ 10 bis 16 und 18 der Verordnung über mittelgroße Feuerungs-, Gasturbinen- und Verbrennungsmotoranlagen vom 13. Juni 2019 (BGBl. I S. 804), die durch Artikel 3 Absatz 1 der Verordnung vom 6. Juli 2021 (BGBl. I S. 2514), geändert worden ist, in der jeweils geltenden Fassung, vorgesehenen Emissionsgrenzwerte für Schwefeldioxid bei mittelgroßen Feuerungsanlagen zulassen, in denen normalerweise ein schwefelarmer Brennstoff verfeuert wird, wenn der Betreiber aufgrund einer sich aus einer erheblichen Mangellage ergebenden Unterbrechung der Versorgung mit schwefelarmem Brennstoff nicht in der Lage ist, diese Emissionsgrenzwerte einzuhalten.

(2) [1]Die zuständige Behörde hat unverzüglich eine Ausfertigung der Zulassung der Abweichung nach Absatz 1 dem Bundesministerium für Umwelt, Naturschutz, nukleare Sicherheit und Verbraucherschutz zur Weiterleitung an die Europäische Kommission zuzuleiten. [2]Das Bundesministerium für Umwelt, Naturschutz, nukleare Sicherheit und Verbraucherschutz unterrichtet die Europäische Kommission innerhalb eines Monats über jede nach Absatz 1 gewährte Abweichung.

§ 31d[1)] Abweichungen nach Artikel 6 Absatz 12 der Richtlinie (EU) 2015/2193. (1) [1]Die zuständige Behörde kann eine Abweichung von der Verpflichtung zur Einhaltung der in den §§ 10 bis 16 und 18 der Verordnung über mittelgroße Feuerungs-, Gasturbinen- und Verbrennungsmotoranlagen vom 13. Juni 2019 (BGBl. I S. 804), die durch Artikel 3 Absatz 1 der Verordnung vom 6. Juli 2021 (BGBl. I S. 2514) geändert worden ist, in der jeweils geltenden

[1)] Vierter Abschnitt (§§ 31a-31d) eingef. mWv 12.7.2022 durch G v. 8.7.2022 (BGBl. I S. 1054).
[2)] **Sartorius ErgBd. Nr. 296/13.**

Fassung, vorgesehenen Emissionsgrenzwerte in den Fällen zulassen, in denen eine mittelgroße Feuerungsanlage, in der nur gasförmiger Brennstoff verfeuert wird, wegen einer plötzlichen Unterbrechung der Gasversorgung ausnahmsweise auf andere Brennstoffe ausweichen muss und aus diesem Grund mit einer sekundären Emissionsminderungsvorrichtung ausgestattet werden müsste. [2] Eine solche Abweichung darf nur für einen Zeitraum von nicht mehr als zehn Tagen zugelassen werden, es sei denn, der Betreiber weist der zuständigen Behörde nach, dass ein längerer Zeitraum gerechtfertigt ist.

(2) § 31c Absatz 2 ist entsprechend anzuwenden.

§ 31e[1)] Zulassung vorzeitigen Beginns bei einer Gasmangellage.

(1) § 8a ist nach Maßgabe der Absätze 2 bis 5 anzuwenden, wenn eine Genehmigung beantragt wird

1. im Zusammenhang mit einem Brennstoffwechsel wegen einer ernsten oder erheblichen Gasmangellage,
2. weil wegen einer ernsten oder erheblichen Gasmangellage notwendige Betriebsmittel für Abgaseinrichtungen nicht ausreichend zur Verfügung stehen oder
3. wegen einer anderen durch die ernste oder erhebliche Gasmangellage ausgelösten Notwendigkeit.

(2) [1] § 8a Absatz 1 Nummer 1 findet mit der Maßgabe Anwendung, dass die Genehmigungsbehörde den vorzeitigen Beginn bereits vor dem Vorliegen vollständiger Antragsunterlagen zulassen kann, wenn

1. die Erstellung der fehlenden Unterlagen im Hinblick auf die Eilbedürftigkeit des Vorhabens bislang nicht möglich war und
2. auch ohne Berücksichtigung der fehlenden Unterlagen mit einer Entscheidung zugunsten des Antragstellers gerechnet werden kann.

[2] In diesem Fall hat der Antragsteller das Vorhaben, die voraussichtlichen Auswirkungen des Vorhabens und den Grund für die nicht rechtzeitige Erstellung der vollständigen Unterlagen darzulegen. [3] Der Antragsteller hat die fehlenden Unterlagen unverzüglich nachzureichen.

(3) § 8a Absatz 1 Nummer 1 findet mit der Maßgabe Anwendung, dass die Genehmigungsbehörde den vorzeitigen Beginn bereits vor der Beteiligung der Öffentlichkeit zulassen soll.

(4) In den in Absatz 1 genannten Fällen besteht ein öffentliches Interesse oder ein berechtigtes Interesse des Antragstellers an dem vorzeitigen Beginn im Sinne des § 8a Absatz 1 Nummer 2.

(5) [1] In einem Verfahren zur Erteilung einer Genehmigung kann die Genehmigungsbehörde unter den in § 8a Absatz 1 genannten Voraussetzungen auch den Betrieb der Anlage vorläufig zulassen. [2] Die Absätze 1 bis 4 gelten entsprechend. [3] Satz 1 ist nicht anzuwenden, soweit die Richtlinie 2010/75/EU oder die Richtlinie 2012/18/EU entgegenstehen.

§ 31f[2)] Beteiligung der Öffentlichkeit in Genehmigungsverfahren.

(1) [1] § 10 ist nach Maßgabe der Absätze 2 bis 4 anzuwenden, wenn ein Genehmigungsverfahren nach § 10, auch in Verbindung mit § 16 oder § 16a, durchzuführen ist

---

[1)] § 31e eingef. mWv 26.10.2022–26.10.2024 durch G v. 19.10.2022 (BGBl. I S. 1792).

[2)] § 31f eingef. mWv 26.10.2022–26.10.2024 durch G v. 19.10.2022 (BGBl. I S. 1792).

1. im Zusammenhang mit einem Brennstoffwechsel wegen einer ernsten oder erheblichen Gasmangellage,
2. weil wegen einer ernsten oder erheblichen Gasmangellage notwendige Betriebsmittel für Abgaseinrichtungen nicht ausreichend zur Verfügung stehen oder
3. wegen einer anderen durch die ernste oder erhebliche Gasmangellage ausgelösten Notwendigkeit.

[2] § 16 Absatz 2 Satz 1 und 2 sowie § 19 Absatz 4 Satz 2 bis 4 bleiben unberührt.

(2) Abweichend von § 10 Absatz 3 Satz 2 sind der Antrag und die vom Antragsteller vorgelegten Unterlagen, mit Ausnahme der Unterlagen nach § 10 Absatz 2 Satz 1, sowie die entscheidungserheblichen Berichte und Empfehlungen, die der Behörde im Zeitpunkt der Bekanntmachung vorliegen, nach der Bekanntmachung eine Woche zur Einsicht auszulegen.

(3) Abweichend von § 10 Absatz 3 Satz 4 kann die Öffentlichkeit bis eine Woche nach Ablauf der Auslegungsfrist gegenüber der zuständigen Behörde schriftlich oder elektronisch Einwendungen erheben; diese Frist gilt auch bei Anlagen nach der Richtlinie 2010/75/EU.

(4) Die Genehmigungsbehörde soll auf die Durchführung eines Erörterungstermins nach § 10 Absatz 6 verzichten

§ 31g[1)] Entbehrlichkeit einer Änderungsanzeige oder Änderungsgenehmigung. (1) [1] Es bedarf weder einer Anzeige nach § 15 noch einer Änderungsgenehmigung nach § 16, wenn der Betreiber einer Anlage bei der zuständigen Behörde die Zulassung einer Ausnahme nach einer der in Absatz 2 genannten Vorschriften beantragt

1. im Zusammenhang mit einem Brennstoffwechsel wegen einer ernsten oder erheblichen Gasmangellage,
2. weil wegen einer ernsten oder erheblichen Gasmangellage notwendige Betriebsmittel für Abgaseinrichtungen nicht ausreichend zur Verfügung stehen oder
3. wegen einer anderen durch die ernste oder erhebliche Gasmangellage ausgelösten Notwendigkeit.

[2] Ausnahmen nach den in Absatz 2 genannten Vorschriften sollen erteilt werden, wenn die Voraussetzungen hierfür vorliegen.

(2) Ausnahmevorschriften im Sinne des Absatzes 1 sind

1. die §§ 31a bis 31d,
2. § 23 der Verordnung über Großfeuerungs-, Gasturbinen- und Verbrennungsmotoranlagen[2)] in der jeweils geltenden Fassung,
3. § 6 Absatz 6 und § 24 der Verordnung über die Verbrennung und die Mitverbrennung von Abfällen[3)] vom 2. Mai 2013 (BGBl. I S. 1021, 1044, 3754), die durch Artikel 2 der Verordnung vom 6. Juli 2021 (BGBl. I S. 2514) geändert worden ist, in der jeweils geltenden Fassung,
4. § 16 der Verordnung über Anlagen zur biologischen Behandlung von Abfällen[4)] vom 20. Februar 2001 (BGBl. I S. 305, 317), die zuletzt durch Artikel 2 der Verordnung vom 13. Dezember 2019 (BGBl. I S. 2739) geändert worden ist, in der jeweils geltenden Fassung,

---

[1)] § 31g eingef. mWv 26.10.2022–26.10.2024 durch G v. 19.10.2022 (BGBl. I S. 1792).
[2)] **Sartorius ErgBd. Nr. 296/13.**
[3)] **Sartorius ErgBd. Nr. 296/17.**
[4)] **Sartorius ErgBd. Nr. 296/30.**

5. § 11 der Verordnung zur Begrenzung der Emissionen flüchtiger organischer Verbindungen bei der Verwendung organischer Lösemittel in bestimmten Anlagen vom 21. August 2001 (BGBl. I S. 2180), die zuletzt durch Artikel 13 des Gesetzes vom 27. Juli 2021 (BGBl. I S. 3146) geändert worden ist, in der jeweils geltenden Fassung und
6. § 32 der Verordnung über mittelgroße Feuerungs-, Gasturbinen- und Verbrennungsmotoranlagen in der jeweils geltenden Fassung.

§ 31h[1)] Abweichungen von der Vierten Verordnung zum Bundes-Immissionsschutzgesetz. [1]Anlagen nach Nummer 9.1.1 des Anhangs 1 der Verordnung über genehmigungsbedürftige Anlagen[2)] in der Fassung der Bekanntmachung vom 31. Mai 2017 (BGBl. I S. 1440), die durch Artikel 1 der Verordnung vom 12. Januar 2021 (BGBl. I S. 69) geändert worden ist, in der jeweils geltenden Fassung, die nicht länger als zwei Jahre betrieben werden und ein Fassungsvermögen von nicht mehr als 200 Tonnen haben, sind
1. im Zusammenhang mit einem Brennstoffwechsel wegen einer ernsten oder erheblichen Gasmangellage,
2. weil wegen einer ernsten oder erheblichen Gasmangellage notwendige Betriebsmittel für Abgaseinrichtungen nicht ausreichend zur Verfügung stehen oder
3. wegen einer anderen durch die ernste oder erhebliche Gasmangellage ausgelösten Notwendigkeit

im vereinfachten Verfahren nach § 19 des Bundes-Immissionsschutzgesetzes zu genehmigen. [2]Die Genehmigung ist entsprechend zu befristen. [3]§ 19 Absatz 4 des Bundes-Immissionsschutzgesetzes bleibt von dieser Vorschrift unberührt.

§ 31i[3)] Abweichungen von der Technischen Anleitung zur Reinhaltung der Luft. (1) [1]Die zuständige Behörde soll auf Antrag des Betreibers nach der Nummer 5.1.1 der Neufassung der Ersten Allgemeinen Verwaltungsvorschrift zum Bundes-Immissionsschutzgesetz (Technische Anleitung zur Reinhaltung der Luft – TA Luft) vom 18. August 2021 (GMBl S. 1050) Abweichungen von den Anforderungen der Nummer 5 der Ersten Allgemeinen Verwaltungsvorschrift zum Bundes-Immissionsschutzgesetz (Technische Anleitung zur Reinhaltung der Luft – TA Luft) vom 18. August 2021 (GMBl S. 1050) oder den Anforderungen der Nummer 5 der Ersten Allgemeinen Verwaltungsvorschrift zum Bundes-Immissionsschutzgesetz (Technische Anleitung zur Reinhaltung der Luft – TA Luft) vom 24. Juli 2002 (GMBl S. 511) zulassen, solange und soweit diese Abweichungen erforderlich sind
1. im Zusammenhang mit einem Brennstoffwechsel wegen einer ernsten oder erheblichen Gasmangellage,
2. weil wegen einer ernsten oder erheblichen Gasmangellage notwendige Betriebsmittel für Abgaseinrichtungen nicht ausreichend zur Verfügung stehen oder
3. wegen einer anderen durch die ernste oder erhebliche Gasmangellage ausgelösten Notwendigkeit.

[2]Bei Anlagen, die von der Richtlinie 2010/75/EU erfasst werden, müssen die Anforderungen der Richtlinie 2010/75/EU eingehalten werden.

---

1) § 31h eingef. mWv 26.10.2022–26.10.2024 durch G v. 19.10.2022 (BGBl. I S. 1792).
2) Nr. **296a**.
3) § 31i eingef. mWv 26.10.2022–26.10.2024 durch G v. 19.10.2022 (BGBl. I S. 1792).

(2) Es bedarf weder einer Anzeige nach § 15 noch einer Änderungsgenehmigung nach § 16, wenn der Betreiber einer Anlage bei der zuständigen Behörde Abweichungen nach Absatz 1 beantragt.

§ 31j[1] Überschreitung von Immissionsrichtwerten der Technischen Anleitung zum Schutz gegen Lärm. (1) Die zuständige Behörde soll auf Antrag des Betreibers nach der Nummer 7.1 der Sechsten Allgemeinen Verwaltungsvorschrift zum Bundes-Immissionsschutzgesetz (Technische Anleitung zum Schutz gegen Lärm – TA Lärm) vom 26. August 1998 (GMBl S. 503), geändert durch die Allgemeine Verwaltungsvorschrift vom 1. Juni 2017 (BAnz AT 08.06.2017 B5) die Überschreitung von Immissionsrichtwerten zulassen, solange und soweit diese Überschreitung erforderlich ist

1. im Zusammenhang mit einem Brennstoffwechsel wegen einer ernsten oder erheblichen Gasmangellage,
2. weil wegen einer ernsten oder erheblichen Gasmangellage notwendige Betriebsmittel für Abgaseinrichtungen nicht ausreichend zur Verfügung stehen oder
3. wegen einer anderen durch die ernste oder erhebliche Gasmangellage ausgelösten Notwendigkeit.

(2) Es bedarf weder einer Anzeige nach § 15 noch einer Änderungsgenehmigung nach § 16, wenn der Betreiber einer Anlage bei der zuständigen Behörde eine Überschreitung nach Absatz 1 beantragt.

§ 31k[2] [3] Abweichungen von Vorgaben zu nächtlichen Geräuschwerten und zur Vermeidung von Schattenwurf bei Windenergieanlagen.

(1) Bei Vorliegen der Alarmstufe oder der Notfallstufe nach Artikel 8 Absatz 2 Buchstabe b und Artikel 11 Absatz 1 der Verordnung (EU) 2017/1938 des Europäischen Parlaments und des Rates vom 25. Oktober 2017 über Maßnahmen zur Gewährleistung der sicheren Gasversorgung und zur Aufhebung der Verordnung (EU) Nr. 994/2010 (ABl. L 280 vom 28.10.2017, S. 1), die durch die Delegierte Verordnung (EU) 2022/517 (ABl. L 104 vom 1.4.2022, S. 53) geändert worden ist, in Verbindung mit dem Notfallplan Gas des Bundesministeriums für Wirtschaft und Energie vom September 2019, der auf der Internetseite des Bundesministeriums für Wirtschaft und Klimaschutz veröffentlicht ist, soll die zuständige Behörde auf Antrag des Betreibers Abweichungen von einzelnen in der Genehmigung enthaltenen Anforderungen an die Geräusche zur Nachtzeit unter Abweichung von den Immissionsrichtwerten der Technischen Anleitung zum Schutz gegen Lärm und an die optischen Immissionen der Windenergieanlage zulassen,

1. um die Strommenge einer Windenergieanlage zu erhöhen, deren Betriebszeit zur Verminderung oder Vermeidung von Schattenwurf beschränkt ist, oder
2. um die Leistung oder die Strommenge einer Windenergieanlage in der Nachtzeit zu erhöhen, soweit sich der Schallpegel der Anlage in dieser Zeit um maximal 4 Dezibel gegenüber dem bisher genehmigten Wert erhöht.

---

[1] § 31j eingef. mWv 26.10.2022–26.10.2024 durch G v. 19.10.2022 (BGBl. I S. 1792).

[2] § 31k eingef. mWv *13.10.2022*–15.4.2023 durch G v. 8.10.2022 (BGBl. I S. 1726).

[3] Die erkennbar auf dem erst später verkündeten G v. 19.10.2022 (BGBl. I S. 1792) aufbauenden Änderungsbefehle in Art. 2 Nr. 1 Buchst. b und c, Nr. 4 und 5 des G v. 8.10.2022 (BGBl. I S. 1726) wurden so eingearbeitet, als seien sie ***nach*** diesem Gesetz verkündet worden.

(2) [1]Dem Antrag sind die zur Beurteilung erforderlichen Unterlagen beizufügen. [2]Die zuständige Behörde hat dem Betreiber den Eingang des Antrags unverzüglich zu bestätigen.

(3) Eine beantragte Abweichung gilt nach Ablauf eines Monats nach Eingang des Antrags als zugelassen, wenn der Antrag hinreichend bestimmt ist, sich die beantragte Abweichung auf Anforderungen an die Geräusche zur Nachtzeit oder die optische Immission beschränkt und alle weiteren Anforderungen des Absatzes 1 eingehalten sind.

(4) [1]Über die Zulassung der Abweichungen nach Absatz 1 hinaus bedarf es weder einer Änderungsgenehmigung nach § 16 noch einer Anzeige nach § 15. [2]Nach Absatz 1 zugelassene Abweichungen sind bis zum 15. April 2023 befristet. [3]Hebt das Bundesministerium für Wirtschaft und Klimaschutz die Alarmstufe oder Notfallstufe im Sinne des Absatzes 1 vor dem 15. April 2023 auf, endet die Zulassung der Abweichungen bereits zum Ablauf des letzten Tages des auf die Aufhebung folgenden Quartals.

§ 31l[1) 2)] Übergangsregelungen zu den §§ 31e bis 31k. (1) [1]Die Regelungen der §§ 31e bis 31k sind auf bereits vor ihrem Inkrafttreten begonnene, aber noch nicht abgeschlossene Verfahren anzuwenden. [2]Ein Verfahrensschritt, der bereits begonnen, aber noch nicht abgeschlossen wurde, ist neu zu beginnen, wenn er nach den §§ 31e bis 31k durchgeführt wird. [3]Ein Verfahrensschritt nach Satz 2 muss nicht beendet werden, wenn er nach den §§ 31e bis 31k entfallen kann.

(2) Abweichend von Absatz 1 soll ein Verfahrensschritt, der bereits begonnen, aber noch nicht abgeschlossen wurde, nach den Vorschriften, die zum Zeitpunkt des Beginns des Verfahrens galten, beendet werden, wenn der Verfahrensschritt hiernach schneller abgeschlossen werden kann.

(3) Für Verfahrensschritte, bei denen von einer Regelung nach den §§ 31e bis 31k Gebrauch gemacht worden ist und die bei Außerkrafttreten der §§ 31e bis 31k noch nicht abgeschlossen sind, gelten die Bestimmungen der §§ 31e bis 31k bis zum Abschluss des jeweiligen Verfahrensschrittes weiter.

Dritter Teil.[3)] Beschaffenheit von Anlagen, Stoffen, Erzeugnissen, Brennstoffen, Treibstoffen und Schmierstoffen; Treibhausgasminderung bei Kraftstoffen

Erster Abschnitt. Beschaffenheit von Anlagen, Stoffen, Erzeugnissen, Brennstoffen, Treibstoffen und Schmierstoffen

§ 32 Beschaffenheit von Anlagen. (1) [1]Die Bundesregierung wird ermächtigt, nach Anhörung der beteiligten Kreise (§ 51) durch Rechtsverordnung[4)] mit Zustimmung des Bundesrates vorzuschreiben, dass serienmäßig

(Fortsetzung nächstes Blatt)

[1)] § 31k eingef. mWv 26.10.2022–26.10.2026 durch G v. 19.10.2022 (BGBl. I S. 1792); bish. § 31k wird § 31l und neu gef. *mWv 13.10.2022* durch G v. 8.10.2022 (BGBl. I S. 1726).

[2)] Die erkennbar auf dem erst später verkündeten G v. 19.10.2022 (BGBl. I S. 1792) aufbauenden Änderungsbefehle in Art. 2 Nr. 1 Buchst. b und c, Nr. 4 und 5 des G v. 8.10.2022 (BGBl. I S. 1726) wurden so eingearbeitet, als seien sie ***nach*** diesem Gesetz verkündet worden.

[3)] Dritter Teil Überschrift neu gef. mWv 1.1.2015 durch G v. 20.11.2014 (BGBl. I S. 1740).

[4)] Siehe die Geräte- und MaschinenlärmschutzVO – 32. BImSchV **(Sartorius ErgBd. Nr. 296/32)**.

296a. Vierte Verordnung zur Durchführung des Bundes-Immissionsschutzgesetzes (Verordnung über genehmigungsbedürftige Anlagen – 4. BImSchV)

In der Fassung der Bekanntmachung vom 31. Mai 2017[1)]
(BGBl. I S. 1440)

FNA 2129-8-4-3

geänd. durch Art. 1 Erste ÄndVO v. 12.1.2021 (BGBl. I S. 69) und Art. 1 Zweite ÄndVO v. 12.10.2022 (BGBl. I S. 1799)

§ 1 Genehmigungsbedürftige Anlagen. (1) [1]Die Errichtung und der Betrieb der im Anhang 1 genannten Anlagen bedürfen einer Genehmigung, soweit den Umständen nach zu erwarten ist, dass sie länger als während der zwölf Monate, die auf die Inbetriebnahme folgen, an demselben Ort betrieben werden. [2]Für die in Nummer 8 des Anhangs 1 genannten Anlagen, ausgenommen Anlagen zur Behandlung am Entstehungsort, gilt Satz 1 auch, soweit sie weniger als während der zwölf Monate, die auf die Inbetriebnahme folgen, an demselben Ort betrieben werden sollen. [3]Für die in den Nummern 2.10.2, 7.4, 7.5, 7.25, 7.28, 9.1, 9.3 und 9.11 des Anhangs 1 genannten Anlagen gilt Satz 1 nur, soweit sie gewerblichen Zwecken dienen oder im Rahmen wirtschaftlicher Unternehmungen verwendet werden. [4]Hängt die Genehmigungsbedürftigkeit der im Anhang 1 genannten Anlagen vom Erreichen oder Überschreiten einer bestimmten Leistungsgrenze oder Anlagengröße ab, ist jeweils auf den rechtlich und tatsächlich möglichen Betriebsumfang der durch denselben Betreiber betriebenen Anlage abzustellen.

(2) Das Genehmigungserfordernis erstreckt sich auf alle vorgesehenen

1. Anlagenteile und Verfahrensschritte, die zum Betrieb notwendig sind, und
2. Nebeneinrichtungen, die mit den Anlagenteilen und Verfahrensschritten nach Nummer 1 in einem räumlichen und betriebstechnischen Zusammenhang stehen und die von Bedeutung sein können für
   a) das Entstehen schädlicher Umwelteinwirkungen,
   b) die Vorsorge gegen schädliche Umwelteinwirkungen oder
   c) das Entstehen sonstiger Gefahren, erheblicher Nachteile oder erheblicher Belästigungen.

(3) [1]Die im Anhang 1 bestimmten Voraussetzungen sind auch erfüllt, wenn mehrere Anlagen derselben Art in einem engen räumlichen und betrieblichen Zusammenhang stehen (gemeinsame Anlage) und zusammen die maßgebenden Leistungsgrenzen oder Anlagengrößen erreichen oder überschreiten werden. [2]Ein enger räumlicher und betrieblicher Zusammenhang ist gegeben, wenn die Anlagen

1. auf demselben Betriebsgelände liegen,
2. mit gemeinsamen Betriebseinrichtungen verbunden sind und
3. einem vergleichbaren technischen Zweck dienen.

[1)] Neubekanntmachung der 4. BImSchV v. 2.5.2013 (BGBl. I S. 973, ber. S. 3756) in der ab 14.1.2017 geltenden Fassung.

(4) Gehören zu einer Anlage Teile oder Nebeneinrichtungen, die je gesondert genehmigungsbedürftig wären, so bedarf es lediglich einer Genehmigung.

(5) Soll die für die Genehmigungsbedürftigkeit maßgebende Leistungsgrenze oder Anlagengröße durch die Erweiterung einer bestehenden Anlage erstmals überschritten werden, bedarf die gesamte Anlage der Genehmigung.

(6) Keiner Genehmigung bedürfen Anlagen, soweit sie der Forschung, Entwicklung oder Erprobung neuer Einsatzstoffe, Brennstoffe, Erzeugnisse oder Verfahren im Labor- oder Technikumsmaßstab dienen; hierunter fallen auch solche Anlagen im Labor- oder Technikumsmaßstab, in denen neue Erzeugnisse in der für die Erprobung ihrer Eigenschaften durch Dritte erforderlichen Menge vor der Markteinführung hergestellt werden, soweit die neuen Erzeugnisse noch weiter erforscht oder entwickelt werden.

(7) Keiner Genehmigung bedürfen Anlagen zur Lagerung von Stoffen, die eine Behörde in Erfüllung ihrer gesetzlichen Aufgabe zur Gefahrenabwehr sichergestellt hat.

§ 2 Zuordnung zu den Verfahrensarten. (1) [1] Das Genehmigungsverfahren wird durchgeführt nach

1. § 10 des Bundes-Immissionsschutzgesetzes[1)] für
   a) Anlagen, die in Spalte c des Anhangs 1 mit dem Buchstaben G gekennzeichnet sind,
   b) Anlagen, die sich aus in Spalte c des Anhangs 1 mit dem Buchstaben G und dem Buchstaben V gekennzeichneten Anlagen zusammensetzen,
   c) Anlagen, die in Spalte c des Anhangs 1 mit dem Buchstaben V gekennzeichnet sind und zu deren Genehmigung nach den *§§ 3a bis 3f*[2)] des Gesetzes über die Umweltverträglichkeitsprüfung[3)] eine Umweltverträglichkeitsprüfung durchzuführen ist,
2. § 19 des Bundes-Immissionsschutzgesetzes im vereinfachten Verfahren für in Spalte c des Anhangs 1 mit dem Buchstaben V gekennzeichnete Anlagen.

[2] Soweit die Zuordnung zu den Genehmigungsverfahren von der Leistungsgrenze oder Anlagengröße abhängt, gilt § 1 Absatz 1 Satz 4 entsprechend.

(2) Kann eine Anlage vollständig verschiedenen Anlagenbezeichnungen im Anhang 1 zugeordnet werden, so ist die speziellere Anlagenbezeichnung maßgebend.

(3) [1] Für in Spalte c des Anhangs 1 mit dem Buchstaben G gekennzeichnete Anlagen, die ausschließlich oder überwiegend der Entwicklung und Erprobung neuer Verfahren, Einsatzstoffe, Brennstoffe oder Erzeugnisse dienen (Versuchsanlagen), wird das vereinfachte Verfahren durchgeführt, wenn die Genehmigung für einen Zeitraum von höchstens drei Jahren nach Inbetriebnahme der Anlage erteilt werden soll; dieser Zeitraum kann auf Antrag um höchstens ein Jahr verlängert werden. [2] Satz 1 ist auf Anlagen der Anlage 1 (Liste „UVP-pflichtige Vorhaben") zum Gesetz über die Umweltverträglichkeitsprüfung nur anzuwenden, soweit nach den Vorschriften dieses Gesetzes

(Fortsetzung nächstes Blatt)

[1)] Nr. **296**.

[2)] Der Verweis wurde amtlich noch nicht an die Änderung des UVPG durch G v. 20.7.2017 (BGBl. I S. 2808, ber. 2018 S. 472) angepasst.

[3)] Nr. **295**.

Nr.	Anlagenbeschreibung	Verfahrensart	Anlage gemäß Art. 10 der RL 2010/75/EU
a	b	c	d
8.14.1	einer Gesamtlagerkapazität von mehr als 50 Tonnen, soweit die Lagerung untertägig erfolgt,	**G**	**E**
8.14.2	einer Aufnahmekapazität von 10 Tonnen oder mehr je Tag oder einer Gesamtlagerkapazität von 25 000 Tonnen oder mehr,		
8.14.2.1	für andere Abfälle als Inertabfälle,	**G**	**E**
8.14.2.2	für Inertabfälle,	**G**	
8.14.3	einer Aufnahmekapazität von weniger als 10 Tonnen je Tag und einer Gesamtlagerkapazität von		
8.14.3.1	weniger als 25 000 Tonnen, soweit es sich um gefährliche Abfälle handelt,	**G**	
8.14.3.2	150 Tonnen bis weniger als 25 000 Tonnen, soweit es sich um nicht gefährliche Abfälle handelt,	**G**	
8.14.3.3	weniger als 150 Tonnen, soweit es sich um nicht gefährliche Abfälle handelt;	**V**	
8.15	Anlagen zum Umschlagen von Abfällen, ausgenommen Anlagen zum Umschlagen von Erdaushub oder von Gestein, das bei der Gewinnung oder Aufbereitung von Bodenschätzen anfällt, soweit nicht von Nummer 8.12 oder 8.14 erfasst, mit einer Kapazität von		
8.15.1	10 Tonnen oder mehr gefährlichen Abfällen je Tag,	**G**	
8.15.2	1 Tonne bis weniger als 10 Tonnen gefährlichen Abfällen je Tag,	**V**	
8.15.3	100 Tonnen oder mehr nicht gefährlichen Abfällen je Tag;	**V**	
9.	**Lagerung, Be- und Entladen von Stoffen und Gemischen**		
9.1	Anlagen, die der Lagerung von Stoffen oder Gemischen, die bei einer Temperatur von 293,15 Kelvin und einem Standarddruck von 101,3 Kilopascal vollständig gasförmig vorliegen und dabei einen Explosionsbereich in Luft haben (entzündbare Gase), in Behältern oder von Erzeugnissen, die diese Stoffe oder Gemische z.B. als Treibmittel oder Brenngas enthalten, dienen, ausgenommen Erdgasröhrenspeicher und Anlagen, die von Nummer 9.3 erfasst werden,		
9.1.1	soweit es sich nicht ausschließlich um Einzelbehältnisse mit einem Volumen von jeweils nicht mehr als 1000 Kubikzentimeter handelt, mit einem Fassungsvermögen von		
9.1.1.1	50 Tonnen oder mehr,	**G**	
9.1.1.2	3 Tonnen bis weniger als 50 Tonnen,	**V**	
9.1.2	soweit es sich ausschließlich um Einzelbehältnisse mit einem Volumen von jeweils nicht mehr als 1 000 Kubikzentimeter handelt, mit einem Fassungsvermögen entzündbarer Gase von 30 Tonnen oder mehr;	**V**	
9.2	Anlagen, die der Lagerung von Flüssigkeiten dienen, ausgenommen Anlagen, die von Nummer 9.3 erfasst werden, mit einem Fassungsvermögen von		
9.2.1	10 000 Tonnen oder mehr, soweit die Flüssigkeiten einen Flammpunkt von 373,15 Kelvin oder weniger haben,	**G**	
9.2.2	5 000 Tonnen bis weniger als 10 000 Tonnen, soweit die Flüssigkeiten einen Flammpunkt unter 294,15 Kelvin haben und deren Siedepunkt bei Normaldruck (101,3 Kilopascal) über 293,15 Kelvin liegt;	**V**	

Nr.	Anlagenbeschreibung	Verfahrensart	Anlage gemäß Art. 10 der RL 2010/75/EU
a	b	c	d
9.3	Anlagen, die der Lagerung von in der Stoffliste zu Nummer 9.3 (Anhang 2) genannten Stoffen dienen, mit einer Lagerkapazität von		
9.3.1	den in Spalte 4 der Stoffliste (Anhang 2) ausgewiesenen Mengen oder mehr,	**G**	
9.3.2	den in Spalte 3 der Stoffliste (Anhang 2) bis weniger als den in Spalte 4 der Anlage ausgewiesenen Mengen;	**V**	
9.4 – 9.10	(nicht besetzt)		
9.11	Offene oder unvollständig geschlossene Anlagen, ausgenommen Anlagen, die von Nummer 9.3 erfasst werden,		
9.11.1	zum Be- oder Entladen von Schüttgütern, die im trockenen Zustand stauben können, durch Kippen von Wagen oder Behältern oder unter Verwendung von Baggern, Schaufelladegeräten, Greifern, Saughebern oder ähnlichen Einrichtungen, soweit 400 Tonnen Schüttgüter oder mehr je Tag bewegt werden können, ausgenommen Anlagen zum Be- oder Entladen von Erdaushub oder von Gestein, das bei der Gewinnung oder Aufbereitung von Bodenschätzen anfällt, sowie Anlagen zur Erfassung von Getreide, Ölsaaten oder Hülsenfrüchten,	**V**	
9.11.2	zur Erfassung von Getreide, Ölsaaten oder Hülsenfrüchten, soweit 400 Tonnen oder mehr je Tag bewegt werden können und 25 000 Tonnen oder mehr je Kalenderjahr umgeschlagen werden können;	**V**	
9.12 – 9.35	(nicht besetzt)		
9.36	Anlagen zur Lagerung von Gülle oder Gärresten mit einer Lagerkapazität von 6 500 Kubikmetern oder mehr;	**V**	
9.37	Anlagen, die der Lagerung von Erdöl, petrochemischen oder chemischen Stoffen oder Erzeugnissen dienen, ausgenommen Anlagen, die von den Nummern 9.1, 9.2 oder 9.3 erfasst werden, mit einem Fassungsvermögen von 25 000 Tonnen oder mehr;	**G**	
10.	**Sonstige Anlagen**		
10.1	Anlagen, in denen mit explosionsgefährlichen oder explosionsfähigen Stoffen im Sinne des Sprengstoffgesetzes[1] umgegangen wird zur 1. Herstellung, Bearbeitung oder Verarbeitung dieser Stoffe, zur Verwendung als Sprengstoffe, Zündstoffe,	**G**	

(Fortsetzung nächstes Blatt)

[1] **Sartorius ErgBd. Nr. 822.**

300. Baugesetzbuch (BauGB)[1) 2) 3)]

In der Fassung der Bekanntmachung vom 3. November 2017[4)]

(BGBl. I S. 3634)

FNA 213-1

geänd. durch Art. 2 HochwasserschutzG II v. 30.6.2017 (BGBl. I S. 2193), Art. 6 G zum Schutz der Bevölkerung bei einer epidemischen Lage von nationaler Tragweite v. 27.3.2020 (BGBl. I S. 587), Art. 2 G zur Vereinheitlichung des Energieeinsparrechts für Gebäude und zur Änd. weiterer Gesetze v. 8.8.2020 (BGBl. I S. 1728), Art. 1 BaulandmobilisierungsG v. 14.6.2021 (BGBl. I S. 1802), Art. 1 G zur baulichen Anpassung von Anlagen der Jungsauen- und Sauenhaltung v. 16.7.2021 (BGBl. I S. 2939), Art. 9 AufbauhilfeG 2021 v. 10.9.2021 (BGBl. I S. 4147), Art. 2 G zur Änd. des EnergiewirtschaftsG zur Einführung von Füllstandsvorgaben für Gasspeicheranlagen sowie zur Änd. von § 246 des BauGB v. 26.4.2022 (BGBl. I S. 674), Art. 2 G zur Erhöhung und Beschleunigung des Ausbaus von Windenergieanlagen an Land v. 20.7.2022 (BGBl. I S. 1353) und Art. 11 G zur Änd. des EnergiesicherungsG und anderer energiewirtschaftlicher Vorschriften v. 8.10.2022 (BGBl. I S. 1726)

Zum BauGB haben die **Länder** ua folgende Vorschriften erlassen:

- **Baden-Württemberg:** AusführungsG zum BauGB v. 23.6.2009 (GBl. S. 251); GutachterausschußVO v. 11.12.1989 (GBl. S. 541), zuletzt geänd. durch VO v. 21.12.2021 (GBl. 2022 S. 1); DurchführungsVO zum BauGB v. 2.3.1998 (GBl. S. 185), zuletzt geänd. durch VO v. 21.12.2021 (GBl. 2022 S. 1);
- **Bayern:** AusführungsG zum Bau- und RaumordnungsG 1998 v. 9.5.1998 (GVBl. S. 242); UmlegungsausschussVO v. 18.1.1961 (BayRS III S. 483), zuletzt geänd. durch V v. 30.9.2014 (GVBl S. 411); Gerichtliche ZuständigkeitsVO Justiz v. 11.6.2012 (GVBl. S. 295), zuletzt geänd. durch V v. 12.9.2022 (GVBl. S. 633); GutachterausschussVO v. 5.4.2005 (GVBl. S. 88), zuletzt geänd. durch V v. 24.5.2022 (GVBl. S. 246); Bauwesen-ZuständigkeitsVO v. 5.7.1994 (GVBl. S. 573), zuletzt geänd. durch V v. 16.6.2020 (GVBl. S. 310);
- **Berlin:** BauGB-AusführungsG idF der Bek. v. 7.11.1999 (GVBl. S. 578), zuletzt geänd. durch G v. 14.10.2022 (GVBl. S. 578); BauGB-DurchführungsVO v. 5.6.2018 (GVBl. S. 407), zuletzt geänd. durch G v. 27.9.2021 (GVBl. S. 1119); ErschließungsbeitragsG v. 12.7.1995 (GVBl. S. 444), zuletzt geänd. durch G v. 12.10.2020 (GVBl. S. 807);
- **Brandenburg:** UmlegungsausschussVO v. 23.2.2009 (GVBl. II S. 101); GutachterausschussVO v. 12.5.2010 (GVBl. II Nr. 27), geänd. durch VO v. 21.9.2017 (GVBl. II Nr. 52); Gutachterausschuss-GebührenO v. 30.7.2010 (GVBl. II Nr. 51), zuletzt geänd. durch VO v. 29.8.2022 (GVBl. II Nr. 61);
- **Bremen:** BauGB-DurchführungsVO v. 22.6.1993 (Brem.GBl. S. 234), zuletzt geänd. durch Bek. v. 20.10.2020 (Brem.GBl. S. 1172); Erschließungsanlagen-BeitragserhebungsG v. 12.6.1973 (Brem.GBl. S. 127), zuletzt geänd. durch G v. 25.5.2010 (Brem.GBl. S. 365); ErschließungsbeitragsG v. 20.12.1982 (Brem.GBl. S. 405), zuletzt geänd. durch G v. 25.5.2010 (Brem.GBl. S. 365); GutachterausschussVO v. 2.9.2008 (Brem.GBl. S. 321), geänd. durch VO v. 17.6.2014 (Brem.GBl. S. 314); BauGB-Genehmi-

[1)] **Amtl. Anm.:** Dieses Gesetz dient der Umsetzung folgender Richtlinien:
1. Richtlinie 92/43/EWG des Rates vom 21. Mai 1992 zur Erhaltung der natürlichen Lebensräume sowie der wild lebenden Tiere und Pflanzen (ABl. L 206 vom 22.7.1992, S. 7), die zuletzt durch die Richtlinie 2013/17/EU (ABl. L 158 vom 10.6.2013, S. 193) geändert worden ist,
2. Richtlinie 2001/42/EG des Europäischen Parlaments und des Rates vom 27. Juni 2001 über die Prüfung der Umweltauswirkungen bestimmter Pläne und Programme (ABl. L 197 vom 21.7.2001, S. 30),
3. Richtlinie 2009/147/EG des Europäischen Parlaments und des Rates vom 30. November 2009 über die Erhaltung der wildlebenden Vogelarten (ABl. L 20 vom 26.1.2010, S. 7), die zuletzt durch die Richtlinie 2013/17/EU (ABl. L 158 vom 10.6.2013, S. 193) geändert worden ist,
4. Richtlinie 2011/92/EU des Europäischen Parlaments und des Rates vom 13. Dezember 2011 über die Umweltverträglichkeitsprüfung bei bestimmten öffentlichen und privaten Projekten (ABl. L 26 vom 28.1.2012, S. 1), die zuletzt durch die Richtlinie 2014/52/EU (ABl. L 124 vom 25.4.2014, S. 1) geändert worden ist.

[2)] Beachte hierzu ua das Planungssicherstellungsgesetz v. 20.5.2020 (BGBl. I S. 1041).

[3)] Die Änderungen durch G v. 20.7.2022 (BGBl. I S. 1353) treten erst **mWv 1.2.2023**, die Änderungen durch G v. 8.10.2022 (BGBl. I S. 1726) treten teilweise erst **mWv 1.2.2023** in Kraft und sind insoweit im Text noch nicht berücksichtigt.

[4)] Neubekanntmachung des BauGB idF der Bek. v. 23.9.2004 (BGBl. I S. 2414) in der ab 1.10.2017 geltenden Fassung.

gungswegfallG idF der Bek. v. 7.7.1987 (Brem.GBl. S. 215), zuletzt geänd. durch G v. 26.5.1998 (Brem. GBl. S. 134);

- **Hamburg:** BauleitplanfeststellungsG idF der Bek. v. 30.11.1999 (HmbGVBl. S. 271), zuletzt geänd. durch G v. 9.2.2022 (HmbGVBl. S. 104); GutachterausschussVO v. 12.5.2009 (HmbGVBl. S. 124); Enteignungsverfahren-DurchführungsVO v. 18.2.2004 (HmbGVBl. S. 107), geänd. durch G v. 31.3. 2021 (HmbGVBl. S. 182); BodenordnungskommissionsG v. 29.4.1997 (HmbGVBl. S. 131), zuletzt geänd. durch G v. 18.12.2020 (HmbGVBl. S. 703);
- **Hessen:** BauGB-AusführungsVO v. 15.6.2018 (GVBl. S. 258), zuletzt geänd. durch G v. 30.9.2021 (GVBl. S. 602)
- **Mecklenburg-Vorpommern:** BaugesetzbuchausführungsG v. 30.1.1998 (GVOBl. M-V S. 110), zuletzt geänd. durch G v. 19.3.2021 (GVOBl. M-V S. 270); GutachterausschusslandesVO v. 29.6.2011 (GVOBl. M-V S. 441); Enteignungsverfahren-DurchführungsVO v. 4.5.1993 (GVOBl. M-V S. 515); AnzeigepflichtVO v. 5.2.1998 (GVOBl. M-V S. 124), geänd. durch VO v. 10.10.2000 (GVOBl. M-V S. 530);
- **Niedersachsen:** NBauGB-DurchführungsG v. 13.5.2009 (Nds. GVBl. S. 169); Baugesetzbuch-DVO idF der Bek. v. 24.5.2005 (Nds. GVBl. S. 183), zuletzt geänd. durch VO v. 11.10.2022 (Nds. GVBl. S. 634); Gutachterausschuss-GebührenO v. 25.6.2019 (Nds. GVBl. S. 156), geänd. durch VO v. 23.2. 2021 (Nds. GVBl. S. 77);
- **Nordrhein-Westfalen:** Baugesetzbuch-AusführungsG v. 3.2.2015 (GV. NRW. S. 211), zuletzt geänd. durch G v. 13.4.2022 (GV. NRW. S. 671); BauGB-DurchführungsVO v. 7.7.1987 (GV. NRW. S. 220), zuletzt geänd. durch VO v. 14.12.2021 (GV. NRW. S. 1473); GrundstückswertermittlungsVO v. 8.12. 2020 (GV. NRW. S. 1186), geänd. durch VO v. 9.6.2021 (GV. NRW. S. 751); BaulandsachenzusammenfassungsVO v. 21.10.1994 (GV. NRW. S. 961), zuletzt geänd. durch VO v. 24.9.2014 (GV. NRW. S. 647);
- **Rheinland-Pfalz:** BauGB-ZuständigkeitsVO v. 21.12.2007 (GVBl. 2008 S. 22); Umlegungsausschuss-VO v. 27.6.2007 (GVBl. S. 102); GutachterausschussVO v. 20.4.2005 (GVBl. S. 139), zuletzt geänd. durch G v. 19.12.2018 (GVBl. S. 448);
- **Saarland:** BauGB-ZuständigkeitsVO v. 13.12.2012 (Amtsbl. 2013 I S. 3), zuletzt geänd. durch VO v. 7.4.2020 (Amtsbl. I S. 249); GutachterausschußVO v. 21.8.1990 (Amtsbl. S. 957), zuletzt geänd. durch G v. 8.12.2021 (Amtsbl. I S. 2629); UmlegungsausschußV v. 11.9.1998 (Amtsbl. S. 950), zuletzt geänd. durch G v. 4.12.2019 (Amtsbl. 2020 I S. 211);
- **Sachsen:** GutachterausschussVO v. 15.11.2011 (SächsGVBl. S. 598), zuletzt geänd. durch VO v. 25.3. 2021 (SächsGVBl. S. 426);
- **Sachsen-Anhalt:** Durchführung des Baugesetzbuchs LSA v. 1.12.1999 (MBl. LSA 2000 S. 227); GutachterausschussVO v. 18.12.2013 (GVBl. LSA S. 555), geänd. durch G v. 7.7.2020 (GVBl. LSA S. 372); Bodenordnung-VO v. 31.10.1991 (GVBl. LSA S. 430), zuletzt geänd. durch G v. 19.3.2002 (GVBl. LSA S. 130); UntersagungsVO zur Bebauungsteilgenehmigung v. 2.1.1998 (GVBl. LSA S. 2);
- **Schleswig-Holstein:** Baugesetzbuch-AusführungsG v. 21.10.1998 (GVOBl. Schl.-H. S. 303), zuletzt geänd. durch G v. 8.10.2009 (GVOBl. Schl.-H. S. 640); Vierte BundesbauG-DurchführungsVO v. 30.3. 1961 (GVOBl. Schl.-H. S. 45), zuletzt geänd. durch VO v. 17.10.1980 (GVOBl. Schl.-H. S. 315); Sechste BundesbauG-DurchführungsVO v. 14.6.1961 (GVOBl. Schl.-H. S. 108); Gutachterausschuss-VO v. 27.4.2022 (GVOBl. Schl.-H. S. 588); BauGB-ZuständigkeitsVO v. 2.9.2021 (GVOBl. Schl.-H. S. 1057);
- **Thüringen:** Vorläufige BauGB-ZuständigkeitsVO v. 25.3.1991 (GVBl. S. 67); UmlegungsausschussVO v. 22.3.2005 (GVBl. S. 155), zuletzt geänd. durch G v. 18.12.2018 (GVBl. S. 731); Gutachterausschuss-VO v. 30.6.2021 (GVBl. S. 356).

Außerdem haben die Länder **Bauordnungen** und ua folgende zugehörige Vorschriften erlassen:

- **Baden-Württemberg:** LandesbauO idF der Bek. v. 5.3.2010 (GBl. S. 357, ber. S. 416), zuletzt geänd. durch VO v. 21.12.2021 (GBl. 2022 S. 1); Allgemeine LBO-AusführungsVO v. 5.2.2010 (GBl. S. 24), zuletzt geänd. durch VO v. 21.12.2021 (GBl. 2022 S. 1); VersammlungsstättenVO v. 28.4.2004 (GBl. S. 311, ber. S. 653), zuletzt geänd. durch VO v. 21.12.2021 (GBl. 2022 S. 1); Elektrische Betriebsräume-Bau-VO v. 8.12.2020 (GBl. S. 1182, 1192), geänd. durch VO v. 21.12.2021 (GBl. 2022 S. 1); CampingplatzVO v. 15.7.1984 (GBl. S. 545, ber. 1985 S. 20), zuletzt geänd. durch VO v. 21.12.2021 (GBl. 2022 S. 1); BauprüfVO v. 10.5.2010 (GBl. S. 446), zuletzt geänd. durch VO v. 21.12.2021 (GBl. 2022 S. 1); Verfahrensverordnung zur LBO v. 13.11.1995 (GBl. S. 794), zuletzt geänd. durch VO v. 21.12.2021 (GBl. 2022 S. 1); VerkaufsstättenVO v. 11.2.1997 (GBl. S. 84), zuletzt geänd. durch VO v. 21.12.2021 (GBl. 2022 S. 1); GaragenVO v. 7.7.1997 (GBl. S. 332), zuletzt geänd. durch VO v. 21.12.2021 (GBl. 2022 S. 1);
- **Bayern:** BauO idF der Bek. v. 14.8.2007 (GVBl. S. 588), zuletzt geänd. durch G v. 25.5.2021 (GVBl. S. 286); Elektrische Anlagen-BetriebsräumebauVO v. 13.4.1977 (BayRS III S. 575), zuletzt geänd. durch V v. 8.12.1997 (GVBl. S. 827); VersammlungsstättenVO v. 2.11.2007 (GVBl. S. 736), zuletzt geänd. durch V v. 7.8.2018 (GVBl. S. 694); Garagen- und Stellplatzverordnung v. 30.11.1993 (GVBl.

S. 910), zuletzt geänd. durch V v. 7.8.2018 (GVBl. S. 694); BauvorlagenVO v. 10.11.2007 (GVBl. S. 792), zuletzt geänd. durch G v. 23.12.2020 (GVBl. S. 663); FeuerungsVO v. 11.11.2007 (GVBl. S. 800), zuletzt geänd. durch V v. 7.8.2018 (GVBl. S. 694); FeuerbeschauVO v. 5.6.1999 (GVBl. S. 270), zuletzt geänd. durch V v. 16.5.2019 (GVBl. S. 315); PrüfsachverständigenVO v. 29.11.2007 (GVBl. S. 829), zuletzt geänd. durch G v. 23.12.2020 (GVBl. S. 663);

- **Berlin:** BauO v. 29.9.2005 (GVBl. S. 495), zuletzt geänd. durch G v. 12.10.2020 (GVBl. S. 807); Bautechnische PrüfungsVO v. 12.2.2010 (GVBl. S. 62), zuletzt geänd. durch VO v. 15.12.2020 (GVBl. S. 1506); BauverfahrensVO v. 15.11.2017 (GVBl. S. 636, ber. 2018 S. 147), zuletzt geänd. durch VO v. 20.9.2020 (GVBl. S. 742);
- **Brandenburg:** BauO idF der Bek. v. 15.11.2018 (GVBl. I Nr. 39), zuletzt geänd. durch G v. 9.2.2021 (GVBl. I Nr. 5); Garagen- und StellplatzVO v. 8.11.2017 (GVBl. II Nr. 61); Bautechnische PrüfungsVO v. 10.9.2008 (GVBl. II S. 374), zuletzt geänd. durch VO v. 24.8.2021 (GVBl. II Nr. 79); BauvorlagenVO v. 7.11.2016 (GVBl. II Nr. 60), zuletzt geänd. durch VO v. 31.3.2021 (GVBl. II Nr. 33); FeuerungsVO v. 13.1.2006 (GVBl. II S. 58), geänd. durch VO v. 13.9.2010 (GVBl. II Nr. 61 S. 1); Verkaufsstätten-BauVO v. 8.11.2017 (GVBl. II Nr. 60); BaugebührenO v. 20.8.2009 (GVBl. II S. 562), zuletzt geänd. durch VO v. 12.5.2021 (GVBl. II Nr. 50);
- **Bremen:** Landesbauordnung v. 4.9.2018 (Brem.GBl. S. 320), zuletzt geänd. durch G v. 22.9.2020 (Brem.GBl. S. 963); VO über die Prüfingenieure und Prüfsachverständigen (BremPPV) v. 7.1.2016 (Brem.GBl. S. 41); BauvorlagenVO v. 2.5.2019 (Brem.GBl. S. 368);
- **Hamburg:** BauO v. 14.12.2005 (HmbGVBl. S. 525, ber. S. 563), zuletzt geänd. durch G v. 20.2.2020 (HmbGVBl. S. 148); FeuerungsVO v. 25.9.2007 (HmbGVBl. S. 338), geänd. durch VO v. 2.11.2010 (HmbGVBl. S. 582); BauvorlagenVO v. 30.6.2020 (HmbGVBl. S. 391, ber. 2021 S. 280); Baugebühre nO v. 23.5.2006 (HmbGVBl. S. 261), zuletzt geänd. durch VO v. 7.12.2021 (HmbGVBl. S. 901); GaragenVO v. 17.1.2012 (HmbGVBl. S. 8);
- **Hessen:** BauO v. 28.5.2018 (GVBl. S. 198), zuletzt geänd. durch G v. 3.6.2020 (GVBl. S. 378); Bauprodukte- und Bauartenverordnung v. 20.1.2004 (GVBl. I S. 56), zuletzt geänd. durch VO v. 4.12. 2017 (GVBl. S. 396); FeuerungsVO v. 15.10.2020 (GVBl. S. 748); Prüfberechtigten- und Prüfsachverständigen VO v. 18.12.2006 (GVBl. I S. 745), zuletzt geänd. durch VO v. 2.12.2020 (GVBl. S. 854, ber. 927); GaragenVO v. 17.11.2014 (GVBl. S. 286);
- **Mecklenburg-Vorpommern:** LandesbauO idF der Bek. v. 15.10.2015 (GVOBl. M-V S. 334, ber. 2016 S. 28), zuletzt geänd. durch G v. 26.6.2021 (GVOBl. M-V S. 1033); BauvorlagenVO v. 10.7.2006 (GVOBl. M-V S. 612), geänd. durch VO v. 28.6.2016 (GVOBl. M-V S. 519); Bauprodukte- und BauartenVO v. 10.7.2006 (GVOBl. M-V S. 610), zuletzt geänd. durch VO v. 14.7.2015 (GVOBl. M-V S. 190); CampingplatzVO v. 9.1.1996 (GVOBl. M-V S. 84), zuletzt geänd. durch VO v. 7.12.2010 (GVOBl. M-V S. 771); BauprüfVO v. 14.4.2016 (GVOBl. M-V S. 171), geänd. durch VO v. 11.6.2021 (GVOBl. M-V S. 1019);
- **Niedersachsen:** NBauO v. 3.4.2012 (Nds. GVBl. S. 46), zuletzt geänd. durch G v. 22.9.2022 (Nds. GVBl. S. 578); NBauO-DurchführungsVO v. 26.9.2012 (Nds. GVBl. S. 382), zuletzt geänd. durch VO v. 18.5.2022 (Nds. GVBl. S. 357); Elektrische Anlagen-BetriebsräumebauVO v. 25.1.2011 (Nds. GVBl. S. 19); VersammlungsstättenVO v. 8.11.2004 (Nds. GVBl. S. 426), zuletzt geänd. durch VO v. 23.11. 2021 (Nds. GVBl. S. 758); CampingplatzVO v. 12.4.1984 (Nds. GVBl. S. 109), zuletzt geänd. durch VO v. 13.11.2012 (Nds. GVBl. S. 438); Bautechnische PrüfungsVO v. 24.7.1987 (Nds. GVBl. S. 129), zuletzt geänd. durch VO v. 23.11.2021 (Nds. GVBl. S. 758); BauvorlagenVO v. 23.11.2021 (Nds. GVBl. S. 760); Garagen- und StellplatzVO v. 4.9.1989 (Nds. GVBl. S. 327), zuletzt geänd. durch VO v. 18.5. 2022 (Nds. GVBl. S. 357); VerkaufsstättenVO v. 17.1.1997 (Nds. GVBl. S. 31), zuletzt geänd. durch VO v. 13.11.2012 (Nds. GVBl. S. 438); BaugebührenO v. 13.1.1998 (Nds. GVBl. S. 3), zuletzt geänd. durch VO v. 21.3.2022 (Nds. GVBl. S. 221); FeuerungsVO v. 27.3.2008 (Nds. GVBl. S. 96), zuletzt geänd. durch VO v. 30.6.2020 (Nds. GVBl. S. 199);
- **Nordrhein-Westfalen:** LandesbauO v. 21.7.2018 (GV. NRW. S. 421), zuletzt geänd. durch G v. 14.9. 2021 (GV. NRW. S. 1086); SonderbauvO v. 2.12.2016 (GV. NRW. 2017 S. 2, ber. 2020 S. 148, 2020 148); Camping- und WochenendplatzVO v. 24.3.2011 (GV. NRW. S. 197), zuletzt geänd. durch VO v. 10.12.2018 (GV. NRW. S. 680); Bautechnische PrüfungsVO v. 6.12.1995 (GV. NRW. S. 1241), zuletzt geänd. durch VO v. 2.7.2021 (GV. NRW. S. 845); FeuerungsVO v. 10.12.2018 (GV. NRW. S. 675);
- **Rheinland-Pfalz:** LandesbauO v. 24.11.1998 (GVBl. S. 365), zuletzt geänd. durch G v. 28.9.2021 (GVBl. S. 543); VersammlungsstättenVO v. 13.3.2018 (GVBl. S. 29), geänd. durch VO v. 15.11.2018 (GVBl. S. 388); LandesVO über Betriebsräume für elektrische Anlagen v. 6.7.1977 (GVBl. S. 254), geänd. durch G v. 16.12.2002 (GVBl. S. 481); Camping- und WochenendplatzVO v. 18.9.1984 (GVBl. S. 195), zuletzt geänd. durch VO v. 8.8.2017 (GVBl. S. 184); GaragenVO v. 13.7.1990 (GVBl. S. 243), geänd. durch G v. 16.12.2002 (GVBl. S. 481); VerkaufsstättenVO v. 8.7.1998 (GVBl. S. 229), zuletzt geänd. durch G v. 16.12.2002 (GVBl. S. 481); VO über die Gebühren für Amtshandlungen der Bauaufsichtsbehörden und über die Vergütung der Leistungen der Prüfingenieurinnen und Prüfingenieure für Baustatik v. 9.1.2007 (GVBl. S. 22), zuletzt geänd. durch VO v. 18.3.2021 (GVBl. S. 195);

– **Saarland:** LandesbauO v. 18.2.2004 (Amtsbl. S. 822), zuletzt geänd. durch G v. 16.3.2022 (Amtsbl. I S. 648); BauvorlagenVO v. 15.6.2011 (Amtsbl. I S. 254), zuletzt geänd. durch G v. 16.2.2022 (Amtsbl. I S. 456); GaragenVO idF der Bek. v. 30.8.1976 (Amtsbl. S. 951), geänd. durch VO v. 25.8.2008 (Amtsbl. S. 1470); Prüfberechtigten- und PrüfsachverständigenVO v. 26.1.2011 (Amtsbl. I S. 30), zuletzt geänd. durch G v. 16.2.2022 (Amtsbl. I S. 456); Technische PrüfVO v. 26.1.2011 (Amtsbl. I S. 30, 48), zuletzt geänd. durch VO v. 12.11.2015 (Amtsbl. I S. 888); VersammlungsstättenVO v. 21.6.2021 (Amtsbl. I S. 1684), geänd. durch G v. 16.3.2022 (Amtsbl. I S. 648); Elektrische Anlagen-BetriebsräumebauVO v. 27.1.2014 (Amtsbl. I S. 17); Camping- und WochenendplatzVO v. 22.6.1999 (Amtsbl. S. 1158), zuletzt geänd. durch G v. 15.7.2015 (Amtsbl. I S. 632); VerkaufsstättenVO v. 25.9.2000 (Amtsbl. S. 1934), zuletzt geänd. durch G v. 15.7.2015 (Amtsbl. I S. 632);
– **Sachsen:** BauO idF der Bek. v. 11.5.2016 (SächsGVBl. S. 186), zuletzt geänd. durch G v. 1.6.2022 (SächsGVBl. S. 366); BauO-DurchführungsVO v. 2.9.2004 (SächsGVBl. S. 427), zuletzt geänd. durch VO v. 12.4.2021 (SächsGVBl. S. 517); VwV zur BauO v. 18.3.2005 (SächsABl. SDr. S. 59, ber. S. 363), zuletzt geänd. durch VwV v. 9.5.2019 (SächsABl. S. 782); RLn für die Durchführung von Bauaufgaben des Freistaates Sachsen im Zuständigkeitsbereich des Staatshochbauverwaltung; VO über Bauvorlagen und bautechnische Prüfungen v. 2.9.1997 (SächsABl. S. 533);
– **Sachsen-Anhalt:** BauO idF der Bek. v. 10.9.2013 (GVBl. LSA S. 440), zuletzt geänd. durch G v. 18.11.2020 (GVBl. LSA S. 660); BaugebührenO v. 4.5.2006 (GVBl. LSA S. 315), zuletzt geänd. durch VO v. 17.8.2018 (GVBl. LSA S. 284); FeuerungsVO v. 27.3.2006 (GVBl. LSA S. 177), geänd. durch VO v. 20.10.2008 (GVBl. LSA S. 374)
– **Schleswig-Holstein:** LandesbauO v. 22.1.2009 (GVOBl. Schl.-H. S. 6), zuletzt geänd. durch G v. 6.12.2021 (GVOBl. Schl.-H. S. 1422); Allg. LandesVO zur Durchführung der LBO v. 25.4.1968 (GVOBl. Schl.-H. S. 105), zuletzt geänd. durch VO v. 10.7.1980 (GVOBl. Schl.-H. S. 263); VersammlungsstättenVO v. 6.9.2022 (GVOBl. Schl.-H. S. 810); Sch.-H. LandesVO über den Bau von Betriebsräumen für elektrische Anlagen v. 2.5.2022 (GVOBl. Schl.-H. S. 602); BauvorlagenVO 2022 v. 5.1.2022 (GVOBl. Schl.-H. S. 26); LandesVO über die Zuständigkeiten der Landesbauämter v. 19.5.1995 (GVOBl. Schl.-H. S. 227); Schl.-H. LandesVO über die Prüfingenieurinnen oder Prüfingenieure für Standsicherheit, Prüfingenieurinnen oder Prüfingenieure für Brandschutz sowie Prüfsachverständigen v. 26.7.2022 (GVOBl. Schl.-H. S. 747); GaragenVO v. 22.4.2020 (GVOBl. Schl.-H. S. 203); FeuerungsVO v. 2.9.2022 (GVOBl. Schl.-H. S. 803); BaugebührenVO v. 10.6.2022 (GVOBl. Schl.-H. S. 704); VerkaufsstättenVO v. 7.6.2022 (GVOBl. Schl.-H. S. 686); Camping- und WochenendplatzVO v. 13.7.2010 (GVOBl. Schl.-H. S. 522), geänd. durch VO v. 24.7.2015 (GVOBl. Schl.-H. S. 301);
– **Thüringen:** BauO v. 13.3.2014 (GVBl. S. 49), zuletzt geänd. durch G v. 29.7.2022 (GVBl. S. 321); BauvorlagenVO v. 23.3.2010 (GVBl. S. 129), geänd. durch VO v. 2.12.2015 (GVBl. S. 212); FeuerungsVO v. 10.8.2009 (GVBl. S. 745), zuletzt geänd. durch VO v. 16.6.2021 (GVBl. S. 274).

Inhaltsübersicht[1]

Erstes Kapitel. Allgemeines Städtebaurecht

Erster Teil. Bauleitplanung

Erster Abschnitt. Allgemeine Vorschriften

Zweiter Abschnitt. Vorbereitender Bauleitplan (Flächennutzungsplan)

---

[1] Inhaltsübersicht geänd. mWv 28.3.2020 durch G v. 27.3.2020 (BGBl. I S. 587); geänd. mWv 23.6.2021 durch G v. 14.6.2021 (BGBl. I S. 1802); geänd. mWv 23.7.2021 durch G v. 16.7.2021 (BGBl. I S. 2939); geänd. mWv 15.9.2021 durch G v. 10.9.2021 (BGBl. I S. 4147); geänd. mWv 13.10.2022 durch G v. 8.10.2022 (BGBl. I S. 1726).

(Fortsetzung nächstes Blatt)

Erstes Kapitel. Allgemeines Städtebaurecht

Erster Teil. Bauleitplanung

Erster Abschnitt. Allgemeine Vorschriften

§ 1[1)] Aufgabe, Begriff und Grundsätze der Bauleitplanung. (1) Aufgabe der Bauleitplanung ist es, die bauliche und sonstige Nutzung der Grundstücke in der Gemeinde nach Maßgabe dieses Gesetzbuchs vorzubereiten und zu leiten.

(2) Bauleitpläne sind der Flächennutzungsplan (vorbereitender Bauleitplan) und der Bebauungsplan (verbindlicher Bauleitplan).

(3) [1] Die Gemeinden haben die Bauleitpläne aufzustellen, sobald und soweit es für die städtebauliche Entwicklung und Ordnung erforderlich ist; die Aufstellung kann insbesondere bei der Ausweisung von Flächen für den Wohnungsbau in Betracht kommen. [2] Auf die Aufstellung von Bauleitplänen und städtebaulichen

(Fortsetzung nächstes Blatt)

[1)] § 1 Abs. 3 Satz 1, Abs. 6 Nr. 8 Buchst. d, Nr. 9, 13 geänd., Nr. 14 angef. mWv 23.6.2021 durch G v. 14.6.2021 (BGBl. I S. 1802).

sichtlichen Zulassungsverfahren von der Vorschrift Gebrauch gemacht werden kann.

§ 246c[1] Sonderregelungen für bestimmte mobile bauliche Anlagen und mobile Infrastruktureinrichtungen in von Hochwasserkatastrophen betroffenen Gemeinden. (1) [1] In Gemeinden, die von einer Hochwasserkatastrophe im Gemeindegebiet betroffen sind, kann bei der Zulassung von Vorhaben, die die Errichtung mobiler baulicher Anlagen zur Wohnnutzung, mobiler Infrastruktureinrichtungen oder mobiler baulicher Anlagen für Läden oder nicht störende Handwerksbetriebe zur Deckung des täglichen Bedarfs der Bewohner der Umgebung zum Inhalt haben, bis zum Ablauf des 31. Dezember 2022 von den Vorschriften dieses Gesetzbuchs oder den auf Grund dieses Gesetzbuchs erlassenen Vorschriften in erforderlichem Umfang auf längstens fünf Jahre befristet abgewichen werden, wenn diese dringend benötigten baulichen Anlagen oder dringend benötigten Infrastruktureinrichtungen im Gebiet der Gemeinde, in der sie entstehen sollen, als mobile oder nicht mobile Anlagen nicht oder nicht rechtzeitig zur Verfügung stehen. [2] Satz 1 ist entsprechend anwendbar, wenn das Vorhaben in einer Nachbargemeinde einer Gemeinde im Sinne des Satzes 1 ausgeführt werden soll und dringend benötigte in Satz 1 genannte bauliche Anlagen oder dringend benötigte Infrastruktureinrichtungen im Gebiet der betroffenen Gemeinde und in dieser Nachbargemeinde als mobile oder nicht mobile Anlagen nicht oder nicht rechtzeitig zur Verfügung stehen.

(2) Bei Vorhaben nach Absatz 1 im Außenbereich gilt § 18 Absatz 3 Satz 2 des Bundesnaturschutzgesetzes[2] bis zum Ablauf des 31. Dezember 2022 entsprechend.

(3) [1] Die Befristung in Absatz 1 auf den Ablauf des 31. Dezember 2022 bezieht sich auf den Zeitraum, bis zu dessen Ende im bauaufsichtlichen Zulassungsverfahren von der Vorschrift Gebrauch gemacht werden kann. [2] Die in Absatz 1 genannte Frist von fünf Jahren bezieht sich auf die Geltungsdauer der Genehmigung.

(4) Die Länder können durch Landesrecht ergänzende Bestimmungen zum Rückbau der in Absatz 1 genannten Vorhaben treffen.

(5) [1] § 36 findet mit der Maßgabe Anwendung, dass das Einvernehmen nur dann aus den sich aus den §§ 31, 33 bis 35 ergebenden Gründen versagt werden kann, wenn die städtebauliche Entwicklung des Gemeindegebiets der Gemeinde, in der das Vorhaben ausgeführt werden soll, beeinträchtigt würde. [2] Abweichend von § 36 Absatz 2 Satz 2 gilt bis zum Ablauf des 31. Dezember 2022 das Einvernehmen als erteilt, wenn es nicht innerhalb eines Monats verweigert wird.

§ 246d[3] Sonderregelung für Biogasanlagen. [1] Vor dem 1. September 2022 errichtete Anlagen zur Erzeugung von Biogas im Sinne des § 35 Absatz 1 Nummer 6 sind bis zum Ablauf des 31. Dezember 2024 abweichend von § 35 Absatz 1 Nummer 6 Buchstabe a, b und d auch dann bauplanungsrechtlich zulässig, wenn die Biogasproduktion erhöht wird und die Biomasse überwiegend aus dem Betrieb oder überwiegend aus diesem und aus weniger als 50 Kilometer entfernten Betrieben nach § 35 Absatz 1 Nummer 1, 2 oder 4 stammt, soweit Letzterer Tierhaltung betreibt. [2] Zu den in Satz 1 genannten Betrieben nach § 35 Absatz 1

---

[1] § 246c eingef. mWv 15.9.2021 durch G v. 10.9.2021 (BGBl. I S. 4147).
[2] Nr. **880**.
[3] § 246d eingef. mWv 13.10.2022 durch G v. 8.10.2022 (BGBl. I S. 1726).

Nummer 4 zählen auch solche, die dem Anwendungsbereich des § 245a Absatz 5 Satz 1 oder 2 unterfallen.

§ 247 Sonderregelungen für Berlin als Hauptstadt der Bundesrepublik Deutschland. (1) Bei der Aufstellung von Bauleitplänen und sonstigen Satzungen nach diesem Gesetzbuch soll in der Abwägung den Belangen, die sich aus der Entwicklung Berlins als Hauptstadt Deutschlands ergeben, und den Erfordernissen der Verfassungsorgane des Bundes für die Wahrnehmung ihrer Aufgabe besonders Rechnung getragen werden.

(2) Die Belange und Erfordernisse nach Absatz 1 werden zwischen Bund und Berlin in einem Gemeinsamen Ausschuss erörtert.

(3) [1]Kommt es in dem Ausschuss zu keiner Übereinstimmung, können die Verfassungsorgane des Bundes ihre Erfordernisse eigenständig feststellen; sie haben dabei eine geordnete städtebauliche Entwicklung Berlins zu berücksichtigen. [2]Die Bauleitpläne und sonstigen Satzungen nach diesem Gesetzbuch sind so anzupassen, dass den festgestellten Erfordernissen in geeigneter Weise Rechnung getragen wird.

(4) Haben die Verfassungsorgane des Bundes Erfordernisse nach Absatz 3 Satz 1 festgestellt und ist zu deren Verwirklichung die Aufstellung eines Bauleitplans oder einer sonstigen Satzung nach diesem Gesetzbuch geboten, soll der Bauleitplan oder die Satzung aufgestellt werden.

(5) (weggefallen)

(6) (weggefallen)

(7) Die Entwicklung der Parlaments- und Regierungsbereiche in Berlin entspricht den Zielen und Zwecken einer städtebaulichen Entwicklungsmaßnahme nach § 165 Absatz 2.

(8) [1]Ist im Rahmen von Genehmigungs-, Zustimmungs- oder sonstigen Verfahren für Vorhaben der Verfassungsorgane des Bundes Ermessen auszuüben oder sind Abwägungen oder Beurteilungen vorzunehmen, sind die von den Verfassungsorganen des Bundes entsprechend Absatz 3 festgestellten Erfordernisse mit dem ihnen nach dem Grundgesetz[1)] zukommenden Gewicht zu berücksichtigen. [2]Absatz 2 ist entsprechend anzuwenden.

(Fortsetzung nächstes Blatt)

[1)] Nr. 1.

420. Bundesgesetz über individuelle Förderung der Ausbildung (Bundesausbildungsförderungsgesetz – BAföG)[1) 2) 3)]

In der Fassung der Bekanntmachung vom 7. Dezember 2010[4)]
(BGBl. I S. 1952, ber. BGBl. 2012 I S. 197)

FNA 2212-2

geänd. durch Art. 11 Abs. 3 G zur Umsetzung aufenthaltsrechtlicher Richtlinien der EU und zur Anpassung nationaler Rechtsvorschriften an den EU-Visakodex v. 22.11.2011 (BGBl. I S. 2258), Art. 1 24. ÄndG v. 6.12.2011 (BGBl. I S. 2569), Art. 19 BeitreibungsRL-UmsetzungsG v. 7.12.2011 (BGBl. I S. 2592), Art. 31 G zur Verbesserung der Eingliederungschancen am Arbeitsmarkt v. 20.12.2011 (BGBl. I S. 2854), Art. 5 G zur Verbesserung der Rechte von international Schutzberechtigten und ausländischen Arbeitnehmern v. 29.8.2013 (BGBl. I S. 3484, ber. S. 3899), Art. 1 25. ÄndG v. 23.12.2014 (BGBl. I S. 2475, geänd durch G v. 21.12.2015, BGBl. I S. 2557), Art. 6 G zur Neubestimmung des Bleiberechts und der Aufenthaltsbeendigung v. 27.7.2015 (BGBl. I S. 1386), Art. 71 G zum Abbau verzichtbarer Anordnungen der Schriftform im Verwaltungsrecht des Bundes v. 29.3.2017 (BGBl. I S. 626), Art. 2 FamiliennachzugsneuregelungsG v. 12.7.2018 (BGBl. I S. 1147), Art. 2 G zu Übergangsregelungen in den

---

[1)] Die Änderungen durch G v. 8.4.2019 (BGBl. I S. 418) treten gem. Art. 4 dieses G an dem Tag in Kraft, an dem der Austritt des Vereinigten Königreichs Großbritannien und Nordirland aus der Europäischen Union wirksam wird, sofern bis zu diesem Zeitpunkt kein Austrittsabkommen im Sinne von Artikel 50 Absatz 2 Satz 2 des Vertrags über die Europäische Union in Kraft getreten ist. Der Tag des Inkrafttretens wird vom Bundesministerium für Arbeit und Soziales im Bundesgesetzblatt bekannt gegeben; sie sind im Text noch nicht berücksichtigt.

[2)] Die Änderungen durch G v. 12.12.2019 (BGBl. I S. 2652, geänd. durch G v. 20.8.2021, BGBl. 2021 I S. 3932) treten erst **mWv 1.1.2024**, die Änderungen durch G v. 20.8.2021 (BGBl. I S. 3932) treten erst **mWv 1.1.2024** bzw. **mWv 1.1.2025** in Kraft und sind im Text noch nicht berücksichtigt.

[3)] Zum BAföG haben fogende Länder Ausführungsvorschriften erlassen:
- **Baden-Württemberg:** AGBAföG idF der Bek. v. 15.5.1985 (GBl. S. 177), zuletzt geänd. durch VO v. 23.2.2017 (GBl. S. 99),
- **Bayern:** BayAGBAföG v. 27.6.1980 (BayRS IV S. 242), zuletzt geänd. durch G v. 5.8.2022 (GVBl. S. 414),
- **Berlin:** DVO-BAföG v. 28.9.1971 (GVBl. S. 1818), zuletzt geänd. durch G v. 25.2.2016 (GVBl. S. 58),
- **Brandenburg:** BAföGZV v. 30.1.1996 (GVBl. II S. 79), zuletzt geänd. durch VO v. 16.3.2004 (GVBl II S. 147),
- **Bremen:** BAföG-Zuständigkeits-Bekanntmachung v. 3.5.2022 (Brem.ABl. S. 244),
- **Hessen:** BAföG-HAG v. 23.5.1973 (GVBl. I S. 173), zuletzt geänd. durch G v. 13.12.2012 (GVBl. S. 622),
- **Mecklenburg-Vorpommern:** AGBAföG v. 15.12.1993 (GVOBl. M-V 1994 S. 15), zuletzt geänd. durch G v. 13.12.2013 (GVOBl. M-V S. 699),
- **Niedersachsen:** VO über die Ämter für Ausbildungsförderung bei den Hochschulen v. 9.8.2011 (Nds. GVBl. S. 277), zuletzt geänd. durch VO v. 23.1.2020 (Nds. GVBl. S. 25),
- **Nordrhein-Westfalen:** AG BAföG NRW v. 30.1.1973 (GV. NRW. S. 57), zuletzt geänd. durch G v. 23.1.2018 (GV. NRW. S. 90),
- **Rheinland-Pfalz:** AGBAföG v. 21.12.1978 (GVBl. S. 759), zuletzt geänd. durch G v. 15.10.2020 (GVBl. S. 573),
- **Saarland:** BAföG-AusführungsG v. 31.3.2004 (Amtsbl. S. 786), geänd. durch G v. 16.6.2021 (Amtsbl. I S. 1762),
- **Sachsen:** SächsAG-BAföG v. 7.1.1993 (SächsGVBl. S. 16), zuletzt geänd. durch G v. 27.1.2012 (SächsGVBl. S. 130),
- **Sachsen-Anhalt:** AGBAföG idF der Bek. v. 24.4.2007 (GVBl. LSA S. 150), zuletzt geänd. durch G v. 17.2.2017 (GVBl. LSA S. 14),
- **Schleswig-Holstein:** BAföGZustVO v. 22.12.1975 (GVOBl. Schl.-H. S. 340), zuletzt geänd. durch VO v. 16.1.2019 (GVOBl. Schl.-H. S. 30),
- **Thüringen:** ThürAGBAföG idF der Bek. v. 29.5.2002 (GVBl. S. 201), zuletzt geänd. durch G v. 2.7. 2016 (GVBl. S. 226).

[4)] Neubekanntmachung des BAföG idF der Bek. v. 6.6.1983 (BGBl. I S. 645, ber. S. 1680) in der ab 28.10.2010 geltenden Fassung.

Bereichen Arbeit, Bildung, Gesundheit, Soziales und Staatsangehörigkeit nach dem Austritt des Vereinigten Königreichs Großbritannien und Nordirland aus der EU v. 8.4.2019 (BGBl. I S. 418), Art. 1, 2 und 3 26. G zur Änd. des BundesausbildungsförderungsG v. 8.7.2019 (BGBl. I S. 1048), Art. 51 G zur Regelung des Sozialen Entschädigungsrechts v. 12.12.2019 (BGBl. I S. 2652, geänd. durch G v. 20.8. 2021, BGBl. 2021 I S. 3932), Art. 13 MDK-Reformgesetz v. 14.12.2019 (BGBl. I S. 2789), Art. 5 COVID-19-KrankenhausentlastungsG v. 27.3.2020 (BGBl. I S. 580), Art. 2 Wissenschafts- und StudierendenunterstützungsG v. 25.5.2020 (BGBl. I S. 1073), Art. 4 G zur aktuellen Anpassung des FreizügigkeitsG/EU und weiterer Vorschriften an das Unionsrecht v. 12.11.2020 (BGBl. I S. 2416), Art. 82 G über die Entschädigung der Soldatinnen und Soldaten und zur Neuordnung des Soldatenversorgungsrechts v. 20.8.2021 (BGBl. I S. 3932), Art. 15 G zur Änd. des InfektionsschutzG und weiterer Gesetze anlässlich der Aufhebung der Feststellung der epidemischen Lage von nationaler Tragweite v. 22.11.2021 (BGBl. I S. 4906), Art. 8 G zur Regelung eines Sofortzuschlages und einer Einmalzahlung in den sozialen Mindestsicherungssystemen sowie zur Änd. des FinanzausgleichsG und weiterer G v. 23.5.2022 (BGBl. I S. 760), Art. 1 27. ÄndG v. 15.7.2022 (BGBl. I S. 1150) und Art. 1 28. ÄndG v. 19.10.2022 (BGBl. I S. 1796)

Nichtamtliche Inhaltsübersicht

§ 1 Grundsatz. Auf individuelle Ausbildungsförderung besteht für eine der Neigung, Eignung und Leistung entsprechende Ausbildung ein Rechtsanspruch nach Maßgabe dieses Gesetzes, wenn dem Auszubildenden die für seinen Lebensunterhalt und seine Ausbildung erforderlichen Mittel anderweitig nicht zur Verfügung stehen.

Abschnitt I. Förderungsfähige Ausbildung

§ 2[1] Ausbildungsstätten. (1) [1] Ausbildungsförderung wird geleistet für den Besuch von

1. weiterführenden allgemeinbildenden Schulen und Berufsfachschulen, einschließlich der Klassen aller Formen der beruflichen Grundbildung, ab Klasse 10 sowie von Fach- und Fachoberschulklassen, deren Besuch eine abgeschlossene Berufsausbildung nicht voraussetzt, wenn der Auszubildende die Voraussetzungen des Absatzes 1a erfüllt,
2. Berufsfachschulklassen und Fachschulklassen, deren Besuch eine abgeschlossene Berufsausbildung nicht voraussetzt, sofern sie in einem zumindest zweijährigen Bildungsgang einen berufsqualifizierenden Abschluss vermitteln,
3. Fach- und Fachoberschulklassen, deren Besuch eine abgeschlossene Berufsausbildung voraussetzt,

[1] § 2 Abs. 1a Satz 2 und Abs. 3 einl. Satzteil geänd. mWv 1.1.2015 durch G v. 23.12.2014 (BGBl. I S. 2475); Abs. 1 Satz 1 Nr. 5 neu gef., Nr. 6 und Abs. 2 Satz 1 geänd. mWv 16.7.2019 durch G v. 8.7. 2019 (BGBl. I S. 1048); Abs. 6 Nr. 4 neu gef. mWv 22.7.2022 durch G v. 15.7.2022 (BGBl. I S. 1150); Abs. 5 Satz 1 neu gef. mWv 26.10.2022 durch G v. 19.10.2022 (BGBl. I S. 1796).

4. Abendhauptschulen, Berufsaufbauschulen, Abendrealschulen, Abendgymnasien und Kollegs,
5. Höheren Fachschulen sowie von Akademien, die Abschlüsse verleihen, die nicht nach Landesrecht Hochschulabschlüssen gleichgestellt sind,
6. Hochschulen sowie von Akademien, die Abschlüsse verleihen, die nach Landesrecht Hochschulabschlüssen gleichgestellt sind.

[2] Maßgebend für die Zuordnung sind Art und Inhalt der Ausbildung. [3] Ausbildungsförderung wird geleistet, wenn die Ausbildung an einer öffentlichen Einrichtung – mit Ausnahme nichtstaatlicher Hochschulen – oder einer genehmigten Ersatzschule durchgeführt wird.

(1a) [1] Für den Besuch der in Absatz 1 Nummer 1 bezeichneten Ausbildungsstätten wird Ausbildungsförderung nur geleistet, wenn der Auszubildende nicht bei seinen Eltern wohnt und

1. von der Wohnung der Eltern aus eine entsprechende zumutbare Ausbildungsstätte nicht erreichbar ist,
2. einen eigenen Haushalt führt und verheiratet oder in einer Lebenspartnerschaft verbunden ist oder war,
3. einen eigenen Haushalt führt und mit mindestens einem Kind zusammenlebt.

[2] Die Bundesregierung kann durch Rechtsverordnung ohne Zustimmung des Bundesrates bestimmen, dass über Satz 1 hinaus Ausbildungsförderung für den Besuch der in Absatz 1 Nummer 1 bezeichneten Ausbildungsstätten auch in Fällen geleistet wird, in denen die Verweisung des Auszubildenden auf die Wohnung der Eltern aus schwerwiegenden sozialen Gründen unzumutbar ist.

(2) [1] Für den Besuch von Ergänzungsschulen und nichtstaatlichen Hochschulen sowie von nichtstaatlichen Akademien im Sinne des Absatzes 1 Satz 1 Nummer 6 wird Ausbildungsförderung nur geleistet, wenn die zuständige Landesbehörde anerkennt, dass der Besuch der Ausbildungsstätte dem Besuch einer in Absatz 1 bezeichneten Ausbildungsstätte gleichwertig ist. [2] Die Prüfung der Gleichwertigkeit nach Satz 1 erfolgt von Amts wegen im Rahmen des Bewilligungsverfahrens oder auf Antrag der Ausbildungsstätte.

(3) Das Bundesministerium für Bildung und Forschung kann durch Rechtsverordnung ohne Zustimmung des Bundesrates bestimmen, dass Ausbildungsförderung geleistet wird für den Besuch von

1. Ausbildungsstätten, die nicht in den Absätzen 1 und 2 bezeichnet sind,
2. Ausbildungsstätten, an denen Schulversuche durchgeführt werden,

wenn er dem Besuch der in den Absätzen 1 und 2 bezeichneten Ausbildungsstätten gleichwertig ist.

(4) [1] Ausbildungsförderung wird auch für die Teilnahme an einem Praktikum geleistet, das in Zusammenhang mit dem Besuch einer der in den Absätzen 1 und 2 bezeichneten oder nach Absatz 3 bestimmten Ausbildungsstätten gefordert wird und dessen Inhalt in Ausbildungsbestimmungen geregelt ist. [2] Wird das Praktikum in Zusammenhang mit dem Besuch einer in Absatz 1 Nummer 1 bezeichneten Ausbildungsstätte gefordert, wird Ausbildungsförderung nur geleistet, wenn der Auszubildende nicht bei seinen Eltern wohnt.

(5) [1] Ausbildungsförderung wird nur geleistet, wenn

1. der Ausbildungsabschnitt mindestens ein Schul- oder Studienhalbjahr dauert und

2. die Ausbildung die Arbeitskraft des Auszubildenden im Allgemeinen voll in Anspruch nimmt.

[2] Ausbildungsabschnitt im Sinne dieses Gesetzes ist die Zeit, die an Ausbildungsstätten einer Ausbildungsstättenart einschließlich der im Zusammenhang hiermit geforderten Praktika bis zu einem Abschluss oder Abbruch verbracht wird. [3] Ein Masterstudiengang nach § 7 Absatz 1a gilt im Verhältnis zu dem Studiengang, auf den er aufbaut, in jedem Fall als eigener Ausbildungsabschnitt.

(6) Ausbildungsförderung wird nicht geleistet, wenn der Auszubildende

1. Unterhaltsgeld, Arbeitslosengeld bei beruflicher Weiterbildung nach dem Dritten Buch Sozialgesetzbuch[1)] oder Arbeitslosengeld II bei beruflicher Weiterbildung nach dem Zweiten Buch Sozialgesetzbuch[2)] erhält,
2. Leistungen von den Begabtenförderungswerken erhält,
3. als Beschäftigter im öffentlichen Dienst Anwärterbezüge oder ähnliche Leistungen aus öffentlichen Mitteln erhält oder
4. als Strafgefangener Anspruch auf Ausbildungsbeihilfe nach einer Landesvorschrift für den Strafvollzug hat.

§ 3 Fernunterricht. (1) Ausbildungsförderung wird für die Teilnahme an Fernunterrichtslehrgängen geleistet, soweit sie unter denselben Zugangsvoraussetzungen auf denselben Abschluss vorbereiten wie die in § 2 Absatz 1 bezeichneten oder nach § 2 Absatz 3 bestimmten Ausbildungsstätten.

(2) Ausbildungsförderung wird nur für die Teilnahme an Lehrgängen geleistet, die nach § 12 des Fernunterrichtsschutzgesetzes zugelassen sind oder, ohne unter die Bestimmungen des Fernunterrichtsschutzgesetzes zu fallen, von einem öffentlich-rechtlichen Träger veranstaltet werden.

(3) [1] Ausbildungsförderung wird nur geleistet, wenn

1. der Auszubildende in den sechs Monaten vor Beginn des Bewilligungszeitraumes erfolgreich an dem Lehrgang teilgenommen hat und er die Vorbereitung auf den Ausbildungsabschluss in längstens zwölf Monaten beenden kann,
2. die Teilnahme an dem Lehrgang die Arbeitskraft des Auszubildenden voll in Anspruch nimmt und diese Zeit zumindest drei aufeinanderfolgende Kalendermonate dauert.

[2] Das ist durch eine Bescheinigung des Fernlehrinstituts nachzuweisen.

(4) [1] Die zuständige Landesbehörde entscheidet, den Auszubildenden welcher Ausbildungsstättenart die Teilnehmer an dem jeweiligen Fernunterrichtslehrgang gleichzustellen sind. [2] Auszubildende, die an Lehrgängen teilnehmen, die

1. auf den Hauptschulabschluss vorbereiten, werden nach Vollendung des 17. Lebensjahres den Schülern von Abendhauptschulen,
2. auf den Realschulabschluss vorbereiten, werden nach Vollendung des 18. Lebensjahres den Schülern von Abendrealschulen,
3. auf die Fachhochschulreife vorbereiten, werden nach Vollendung des 19. Lebensjahres den Schülern von Fachoberschulklassen, deren Besuch eine abgeschlossene Berufsausbildung voraussetzt,
4. auf die allgemeine oder eine fachgebundene Hochschulreife vorbereiten, werden nach Vollendung des 21. Lebensjahres den Schülern von Abendgymnasien

---

[1)] **Aichberger, SGB Nr. 3.**
[2)] **Sartorius ErgBd. Nr. 402.**

gleichgestellt.

(5) § 2 Absatz 4 und 6 ist entsprechend anzuwenden.

§ 4 Ausbildung im Inland. Ausbildungsförderung wird vorbehaltlich der §§ 5 und 6 für die Ausbildung im Inland geleistet.

§ 5[1] Ausbildung im Ausland. (1) Der ständige Wohnsitz im Sinne dieses Gesetzes ist an dem Ort begründet, der nicht nur vorübergehend Mittelpunkt der Lebensbeziehungen ist, ohne dass es auf den Willen zur ständigen Niederlassung ankommt; wer sich lediglich zum Zwecke der Ausbildung an einem Ort aufhält, hat dort nicht seinen ständigen Wohnsitz begründet.

(2) [1] Auszubildenden, die ihren ständigen Wohnsitz im Inland haben, wird Ausbildungsförderung geleistet für den Besuch einer im Ausland gelegenen Ausbildungsstätte, wenn

(Fortsetzung nächstes Blatt)

[1] § 5 Abs. 2 Satz 2 aufgeh., bish. Satz 3 wird Satz 2, Satz 3 eingef., Abs. 4 Satz 1 einl. Satzteil und Nr. 4 geänd., Nr. 3 und Abs. 5 Satz 1 neu gef. mWv 1.1.2015 durch G v. 23.12.2014 (BGBl. I S. 2475); Abs. 2 Satz 1 Nr. 3 geänd., Nr. 4 angef., Satz 3 eingef., bish. Sätze 3 und 4 werden Sätze 4 und 5, Abs. 5 Satz 3 angef. mWv 22.7.2022 durch G v. 15.7.2022 (BGBl. I S. 1150).

§ 15[1)] Förderungsdauer. (1) Ausbildungsförderung wird vom Beginn des Monats an geleistet, in dem die Ausbildung aufgenommen wird, frühestens jedoch vom Beginn des Antragsmonats an.

(2) [1] Ausbildungsförderung wird für die Dauer der Ausbildung – einschließlich der unterrichts- und vorlesungsfreien Zeit – geleistet. [2] Abweichend von Satz 1 wird bei Studiengängen an Hochschulen und an Akademien im Sinne des § 2 Absatz 1 Satz 1 Nummer 6 Ausbildungsförderung jedoch grundsätzlich nur bis zum Ende der Förderungshöchstdauer nach § 15a geleistet. [3] Für die Teilnahme an Einrichtungen des Fernunterrichts wird Ausbildungsförderung höchstens für 12 Kalendermonate geleistet.

(2a) Ausbildungsförderung wird auch geleistet, solange die Auszubildenden infolge von Erkrankung oder Schwangerschaft gehindert sind, die Ausbildung durchzuführen, nicht jedoch über das Ende des dritten Kalendermonats hinaus.

(3) Über die Förderungshöchstdauer hinaus wird für eine angemessene Zeit Ausbildungsförderung geleistet, wenn sie

1. aus schwerwiegenden Gründen,
2. infolge der in häuslicher Umgebung erfolgenden Pflege eines oder einer pflegebedürftigen nahen Angehörigen im Sinne des § 7 Absatz 3 des Pflegezeitgesetzes[2)], der oder die nach den §§ 14 und 15 des Elften Buches Sozialgesetzbuch[3)] – Soziale Pflegeversicherung – mindestens in Pflegegrad 3 eingeordnet ist,
3. infolge einer Mitwirkung in gesetzlich oder satzungsmäßig vorgesehenen Gremien und Organen
   a) der Hochschulen und der Akademien im Sinne des § 2 Absatz 1 Satz 1 Nummer 6,
   b) der Selbstverwaltung der Studierenden an Ausbildungsstätten im Sinne des Buchstabens a,
   c) der Studentenwerke und
   d) der Länder,
4. infolge des erstmaligen Nichtbestehens der Abschlussprüfung,
5. infolge einer Behinderung, einer Schwangerschaft oder der Pflege und Erziehung eines Kindes bis zu 14 Jahren

überschritten worden ist.

(3a) [1] Auszubildenden an Hochschulen und an Akademien im Sinne des § 2 Absatz 1 Satz 1 Nummer 6, die sich in einem in sich selbständigen Studiengang befinden, wird als Hilfe zum Studienabschluss für höchstens zwölf Monate Ausbildungsförderung auch nach dem Ende der Förderungshöchstdauer oder der Förderungsdauer nach Absatz 3 Nummer 1, 2, 3 oder 5 geleistet, wenn die Auszubildenden spätestens innerhalb von vier Semestern nach diesem Zeitpunkt zur Abschlussprüfung zugelassen worden sind und die Prüfungsstelle bescheinigt, dass sie die Ausbildung innerhalb der Dauer der Hilfe zum Studienabschluss abschließen können. [2] Ist eine Abschlussprüfung nicht vorgesehen, gilt Satz 1 unter der Voraussetzung, dass die Auszubildenden eine Bestätigung der Ausbildungsstätte darüber

---

1) § 15 Abs. 2 Satz 1 geänd., Abs. 3 Nr. 2 eingef., Nr. 3 neu gef., Nr. 5 geänd., Abs. 3a neu gef. mWv 16.7.2019 durch G v. 8.7.2019 (BGBl. I S. 1048); Abs. 3a Satz 1 geänd. mWv 22.7.2022 durch G v. 15.7. 2022 (BGBl. I S. 1150); Abs. 2 Satz 1 neu gef., Satz 2 eingef., bish. Satz 2 wird Satz 3 mWv 26.10.2022 durch G v. 19.10.2022 (BGBl. I S. 1796).

2) **Aichberger, SGB Nr. 11/10.**

3) **Aichberger, SGB Nr. 11.**

vorlegen, dass sie die Ausbildung innerhalb der Dauer der Hilfe zum Studienabschluss abschließen können.

§ 15a[1] Förderungshöchstdauer, Verordnungsermächtigung. (1) Die Förderungshöchstdauer entspricht vorbehaltlich der Absätze 1a und 1b der Regelstudienzeit nach § 10 Absatz 2 des Hochschulrahmengesetzes[2] oder einer vergleichbaren Festsetzung.

(1a) Für die Bestimmung der Förderungshöchstdauer sind Verlängerungen der Regelstudienzeit nicht zu berücksichtigen, die als Ausnahme von hochschulrechtlichen Vorgaben zur Berücksichtigung vorübergehender außergewöhnlicher Beeinträchtigungen des Lehrbetriebs festgesetzt werden.

(1b) Die Bundesregierung darf abweichend von Absatz 1 durch Rechtsverordnung mit Zustimmung des Bundesrates bestimmen, dass die Förderungshöchstdauer über die Regelstudienzeit nach Absatz 1 hinaus um einen bestimmten Zeitraum verlängert wird, soweit der Studien- und Lehrbetrieb an Ausbildungsstätten gemäß § 2 Absatz 1 Nummer 6 erheblich beeinträchtigt ist.

(2) [1] Auf die Förderungshöchstdauer sind anzurechnen

1. Zeiten, die der Auszubildende vor Förderungsbeginn in der zu fördernden Ausbildung verbracht hat,
2. Zeiten, die durch die zuständige Stelle auf Grund einer vorangegangenen Ausbildung oder berufspraktischen Tätigkeit oder eines vorangegangenen Praktikums für die zu fördernde Ausbildung anerkannt werden,
3. in Fällen der Förderung eines nach dem 31. Dezember 2007 aufgenommenen Masterstudiengangs nach § 5 Absatz 2 Nummer 1 und 3 Zeiten, die der Auszubildende in einem gemäß § 7 Absatz 1a Nummer 1 als einem Bachelorabschluss entsprechend anerkannten einstufigen Studiengang über das achte Fachsemester hinaus verbracht hat.

[2] Zeiten, in denen der Auszubildende eine Teilzeitausbildung durchgeführt hat, sind in Vollzeitausbildungszeiten umzurechnen. [3] Legt der Auszubildende eine Anerkennungsentscheidung im Sinne des Satzes 1 Nummer 2 nicht vor, setzt das Amt für Ausbildungsförderung die anzurechnenden Zeiten unter Berücksichtigung der jeweiligen Studien- und Prüfungsordnungen sowie der Umstände des Einzelfalles fest. [4] Weicht eine spätere Anerkennungsentscheidung der zuständigen Stelle von der Festsetzung nach Satz 3 ab, so ist sie zu berücksichtigen, wenn der Auszubildende nachweist, dass er den Antrag auf Anerkennung zu dem für ihn frühestmöglichen Zeitpunkt gestellt hat.

(3) [1] Setzt ein Studiengang Sprachkenntnisse über die Sprachen Deutsch, Englisch, Französisch oder Latein hinaus voraus und werden diese Kenntnisse von dem Auszubildenden während des Besuchs der Hochschule erworben, verlängert sich die Förderungshöchstdauer für jede Sprache um ein Semester. [2] Satz 1 gilt für Auszubildende, die die Hochschulzugangsberechtigung vor dem 1. Oktober 2001 in dem in Artikel 3 des Einigungsvertrages[3] genannten Gebiet erworben haben, mit der Maßgabe, dass auch der Erwerb erforderlicher Lateinkenntnisse während des Besuchs der Hochschule zu einer Verlängerung der Förderungshöchstdauer führt.

---

[1] § 15a Überschr. neu gef., Abs. 1 geänd., Abs. 1a und 1b eingef. mWv 22.7.2022 durch G v. 15.7.2022 (BGBl. I S. 1150).

[2] Nr. **500**.

[3] **Sartorius III Nr. 2.**

§ 15b[1] Aufnahme und Beendigung der Ausbildung. (1) Die Ausbildung gilt im Sinne dieses Gesetzes als mit dem Anfang des Monats aufgenommen, in dem Unterricht oder Vorlesungen tatsächlich begonnen werden.

(2) [1] Liegt zwischen dem Ende eines Ausbildungsabschnitts und dem Beginn eines anderen nur ein Monat, so gilt die Ausbildung abweichend von Absatz 1 als bereits zu Beginn dieses Monats aufgenommen. [2] Der Kalendermonat ist in den ersten Bewilligungszeitraum des späteren Ausbildungsabschnitts einzubeziehen.

(2a) [1] Besucht ein Auszubildender zwischen dem Ende einer Ausbildung im Ausland und dem frühestmöglichen Beginn der anschließenden Ausbildung im Inland für längstens vier Monate keine Ausbildungsstätte, so wird ihm längstens für die Dauer der beiden Monate vor Beginn der anschließenden Ausbildung Ausbildungsförderung geleistet. [2] Die beiden Kalendermonate sind in den folgenden Bewilligungszeitraum einzubeziehen.

(3) [1] Die Ausbildung endet mit dem Ablauf des Monats, in dem die Abschlussprüfung des Ausbildungsabschnitts bestanden wurde, oder, wenn eine solche nicht vorgesehen ist, mit dem Ablauf des Monats, in dem der Ausbildungsabschnitt tatsächlich planmäßig geendet hat. [2] Abweichend von Satz 1 ist, sofern ein Prüfungs- oder Abgangszeugnis erteilt wird, das Datum dieses Zeugnisses maßgebend. [3] Eine Hochschulausbildung ist abweichend von den Sätzen 1 und 2 mit Ablauf des Monats beendet, in dem der erfolgreiche Abschluss des Ausbildungsabschnitts dem Auszubildenden erstmals bekanntgegeben ist, spätestens jedoch mit Ablauf des zweiten Monats nach dem Monat, in dem der letzte Prüfungsteil abgelegt wurde.

(4) Die Ausbildung ist ferner beendet, wenn der Auszubildende die Ausbildung abbricht (§ 7 Absatz 3 Satz 2) und sie nicht an einer Ausbildungsstätte einer anderen Ausbildungsstättenart weiterführt.

§ 16[2] Förderungsdauer im Ausland. (1) [1] Für eine Ausbildung im Ausland nach § 5 Absatz 2 Nummer 1 oder Absatz 5 wird Ausbildungsförderung längstens für die Dauer eines Jahres geleistet. [2] Innerhalb eines Ausbildungsabschnitts gilt Satz 1 nur für einen einzigen zusammenhängenden Zeitraum, soweit nicht der Besuch von Ausbildungsstätten in mehreren Ländern für die Ausbildung von besonderer Bedeutung ist.

(2) Darüber hinaus kann in den Fällen einer Ausbildung im Ausland im Sinne des § 5 Absatz 2 Satz 1 Nummer 1 während drei weiterer Semester Ausbildungsförderung geleistet werden für den Besuch einer Ausbildungsstätte, die den im Inland gelegenen Hochschulen gleichwertig ist, wenn er für die Ausbildung von besonderer Bedeutung ist.

(3) In den Fällen des § 5 Absatz 2 Nummer 2 und 3 wird Ausbildungsförderung ohne die zeitliche Begrenzung der Absätze 1 und 2 geleistet.

§ 17[3] Förderungsarten. (1) Ausbildungsförderung wird vorbehaltlich der Absätze 2 und 3 als Zuschuss geleistet.

(2) [1] Bei dem Besuch von Höheren Fachschulen, Akademien und Hochschulen sowie bei der Teilnahme an einem Praktikum, das im Zusammenhang mit dem

---

[1] § 15b Abs. 3 Satz 1 neu gef., Satz 2 geänd., Satz 3 angef. mWv 1.8.2016 durch G v. 23.12.2014 (BGBl. I S. 2475); Abs. 3 Satz 3 neu gef. mWv 22.7.2022 durch G v. 15.7.2022 (BGBl. I S. 1150).

[2] § 16 Abs. 3 geänd. mWv 1.1.2015 durch G v. 23.12.2014 (BGBl. I S. 2475); Abs. 2 geänd. mWv 22.7.2022 durch G v. 15.7.2022 (BGBl. I S. 1150).

[3] § 17 Abs. 2 Satz 1 und Abs. 3 Satz 1 einl. Satzteil geänd., Nr. 1 aufgeh. mWv 16.7.2019 durch G v. 8.7.2019 (BGBl. I S. 1048).

Besuch dieser Ausbildungsstätten steht, wird der monatliche Förderungsbetrag vorbehaltlich des Absatzes 3 zur Hälfte als Darlehen geleistet. [2] Satz 1 gilt nicht

1. für den Zuschlag zum Bedarf nach § 13 Absatz 4 für nachweisbar notwendige Studiengebühren,
2. für die Ausbildungsförderung, die nach § 15 Absatz 3 Nummer 5 über die Förderungshöchstdauer hinaus geleistet wird,
3. für den Kinderbetreuungszuschlag nach § 14b.

(3) [1] Bei dem Besuch von Höheren Fachschulen, Akademien und Hochschulen sowie bei der Teilnahme an einem Praktikum, das im Zusammenhang mit dem Besuch dieser Ausbildungsstätten steht, erhält der Auszubildende Ausbildungsförderung ausschließlich als Darlehen

1. *(aufgehoben)*
2. für eine andere Ausbildung nach § 7 Absatz 3, soweit die Semesterzahl der hierfür maßgeblichen Förderungshöchstdauer, die um die Fachsemester der vorangegangenen, nicht abgeschlossenen Ausbildung zu kürzen ist, überschritten wird,
3. nach Überschreiten der Förderungshöchstdauer in den Fällen des § 15 Absatz 3a.

[2] Nummer 2 gilt nicht, wenn der Auszubildende erstmalig aus wichtigem Grund oder aus unabweisbarem Grund die Ausbildung abgebrochen oder die Fachrichtung gewechselt hat. [3] Satz 1 gilt nicht für den Kinderbetreuungszuschlag nach § 14b und die Ausbildungsförderung, die nach § 15 Absatz 3 Nummer 5 über die Förderungshöchstdauer hinaus geleistet wird.

§ 18[1)] Darlehensbedingungen. (1) Für

1. nach § 17 Absatz 2 Satz 1 geleistete Darlehen gelten die Absätze 2 bis 14 und die §§ 18a und 18b,
2. nach § 17 Absatz 3 Satz 1 geleistete Darlehen oder für Ausbildungsförderung, die nach einer Rechtsverordnung nach § 59 ausschließlich als Darlehen geleistet wird, gelten die Absätze 2 bis 12, 14 und § 18a.

(2) [1] Die Darlehen sind nicht zu verzinsen. [2] Wenn Darlehensnehmende einen Zahlungstermin um mehr als 45 Tage überschritten haben, ist abweichend von Satz 1 jeweils der gesamte bis zu diesem Zeitpunkt noch nicht getilgte Betrag, höchstens jedoch der nach Maßgabe des Absatzes 13 Satz 1 zu tilgende Rückzahlungsbetrag – vorbehaltlich des Gleichbleibens der Rechtslage – mit 6 vom Hundert für das Jahr zu verzinsen. [3] Für nach § 17 Absatz 3 Satz 1 geleistete Darlehen gilt die Pflicht zur Verzinsung für den gesamten noch zu tilgenden Rückzahlungsbetrag. [4] Kosten für die Geltendmachung der Darlehensforderung sind durch die Verzinsung nicht abgegolten.

(3) [1] Die Darlehen sind – vorbehaltlich des Gleichbleibens der Rechtslage – in gleichbleibenden monatlichen Raten von mindestens 130 Euro innerhalb von 20 Jahren zurückzuzahlen. [2] Für die Rückzahlung gelten als ein Darlehen jeweils alle nach § 17 Absatz 2 Satz 1 und alle nach § 17 Absatz 3 Satz 1 geleisteten Darlehen. [3] Von der Verpflichtung zur Rückzahlung sind Darlehensnehmende auf Antrag freizustellen, solange sie Leistungen nach diesem Gesetz erhalten.

(4) [1] Für die Tilgung des nach § 17 Absatz 2 Satz 1 geleisteten Darlehens ist die erste Rate

---

[1)] § 18 neu gef. mWv 16.7.2019 durch G v. 8.7.2019 (BGBl. I S. 1048); Abs. 11 geänd., Abs. 12 Sätze 1, 3 und 4 neu gef. mWv 22.7.2022 durch G v. 15.7.2022 (BGBl. I S. 1150); Abs. 1 Nr. 2, Abs. 14 Nr. 2 und 3 geänd., Nr. 4 angef. mWv 26.10.2022 durch G v. 19.10.2022 (BGBl. I S. 1796).

1. bei einer Ausbildung an einer Hochschule oder an einer Akademie im Sinne des § 2 Absatz 1 Satz 1 Nummer 6 fünf Jahre nach dem Ende der Förderungshöchstdauer,
2. bei einer Ausbildung an einer Höheren Fachschule oder an einer Akademie im Sinne des § 2 Absatz 1 Satz 1 Nummer 5 fünf Jahre nach dem Ende der in der Ausbildungs- und Prüfungsordnung vorgesehenen Ausbildungszeit

zu zahlen. [2] Maßgeblich ist jeweils der zuletzt mit Darlehen geförderte Ausbildungs- oder Studiengang. [3] Wurden Darlehensbeträge nach § 17 Absatz 2 Satz 1 in mehreren Ausbildungsabschnitten geleistet, ist jeweils das Ende derjenigen Förderungshöchstdauer oder vorgesehenen Ausbildungszeit maßgeblich, die für den ersten Ausbildungsabschnitt zuletzt gegolten hat.

(5) Wurden ausschließlich nach § 17 Absatz 3 Satz 1 Darlehen geleistet, so ist die erste Rate drei Jahre nach dem Ende der Förderungshöchstdauer oder der vorgesehenen Ausbildungszeit zu zahlen.

(6) [1] Wurden sowohl nach § 17 Absatz 2 Satz 1 als auch nach § 17 Absatz 3 Satz 1 Darlehen geleistet, ist zunächst das nach § 17 Absatz 2 Satz 1 geleistete Darlehen zurückzuzahlen. [2] Die erste Rate des nach § 17 Absatz 3 Satz 1 geleisteten Darlehens ist in diesem Fall in dem Monat zu leisten, der auf die Fälligkeit der letzten Rate des nach § 17 Absatz 2 Satz 1 geleisteten Darlehens folgt.

(7) Nach Aufforderung durch das Bundesverwaltungsamt sind die Raten für jeweils drei aufeinanderfolgende Monate in einer Summe zu entrichten.

(8) Die Zinsen nach Absatz 2 sind sofort fällig.

(9) [1] Nach dem Ende der Förderungshöchstdauer erteilt das Bundesverwaltungsamt den Darlehensnehmenden – unbeschadet der Fälligkeit nach den Absätzen 4 bis 6 – jeweils einen Bescheid, in dem die Höhe der Darlehensschuld und die Förderungshöchstdauer festgestellt werden. [2] Nach Eintritt der Unanfechtbarkeit des Bescheides sind diese Feststellungen nicht mehr zu überprüfen; insbesondere gelten die Vorschriften des § 44 des Zehnten Buches Sozialgesetzbuch[1)] nicht. [3] Ist für ein Kalenderjahr ein Betrag geleistet worden, auf das sich die Feststellung der Höhe der Darlehensschuld nach Satz 1 nicht erstreckt, so wird diese insoweit durch einen ergänzenden Bescheid festgestellt; Satz 2 gilt entsprechend.

(10) [1] Die nach § 17 Absatz 2 Satz 1 oder Absatz 3 Satz 1 geleisteten Darlehen können jeweils ganz oder teilweise vorzeitig zurückgezahlt werden. [2] Auf Antrag ist ein Nachlass auf die verbleibende Darlehensschuld zu gewähren.

(11) Mit dem Tod der Darlehensnehmenden erlischt die verbliebene Darlehensschuld einschließlich damit verbundener Kosten und Zinsen.

(12) [1] Darlehensnehmenden, die während des Rückzahlungszeitraums nach Absatz 3 Satz 1 nicht oder nur in geringfügigem Umfang gegen ihre Zahlungs- oder Mitwirkungspflichten verstoßen haben, ist die verbleibende Darlehensschuld einschließlich damit verbundener Kosten und Zinsen zu erlassen. [2] Sind die Voraussetzungen des Satzes 1 nicht erfüllt, ist dies durch Bescheid festzustellen. [3] Die Sätze 1 und 2 gelten für Darlehensnehmende, denen Förderung mit Darlehen nach § 17 in einer vor dem 1. September 2019 geltenden Fassung, mit Ausnahme von Bankdarlehen nach § 18c, gewährt wurde, auch wenn sie eine Erklärung nach § 66a Absatz 7 Satz 1 abgegeben haben, mit der Maßgabe, dass ihnen die verbleibende Darlehensschuld einschließlich damit verbundener Kosten und Zinsen 20 Jahre nach Beginn des für sie geltenden Rückzahlungszeitraums erlassen wird. [4] Der Erlass nach

---

[1)] **Sartorius ErgBd. Nr. 410.**

Satz 3 erfolgt für Darlehensnehmende, die die 20 Jahre bereits vor dem 22. Juli 2022 überschritten haben, zum 1. Oktober 2022.

(13) [1]Bereits vor Ablauf der nach Absatz 3 je nach Höhe der Darlehensschuld planmäßigen Rückzahlungsdauer ist Darlehensnehmenden, die Tilgungsleistungen in 77 monatlichen Raten in jeweils der nach Absatz 3 geschuldeten Höhe erbracht haben, die noch verbleibende Darlehensschuld zu erlassen. [2]Für Zeiträume, in denen eine Freistellung nach § 18a Absatz 1 mit verminderter Ratenzahlung gewährt wurde, genügen für einen Erlass nach Satz 1 Tilgungsleistungen jeweils in Höhe der vom Bundesverwaltungsamt zugleich festgesetzten verminderten Rückzahlungsraten; Absatz 10 bleibt unberührt.

(14) Das Bundesministerium für Bildung und Forschung kann durch Rechtsverordnung ohne Zustimmung des Bundesrates für die Aufgaben gemäß § 39 Absatz 2 das Nähere bestimmen über

1. den Beginn und das Ende der Verzinsung sowie den Verzicht auf Zinsen aus besonderen Gründen,
2. das Verfahren zur Verwaltung und Einziehung der Darlehen – einschließlich der erforderlichen Nachweise oder der Zulässigkeit des Glaubhaftmachens mittels der Versicherung an Eides statt sowie der Maßnahmen zur Sicherung der Rückzahlungsansprüche – sowie zur Rückleitung der eingezogenen Beträge an Bund und Länder,
3. die Erhebung von Kostenpauschalen für die Ermittlung der jeweiligen Anschrift der Darlehensnehmenden und für das Mahnverfahren und
4. die Voraussetzungen für das Vorliegen eines geringfügigen Verstoßes gegen die Zahlungs- und Mitwirkungspflichten im Sinne des Absatzes 12 Satz 1.

§ 18a[1)] Einkommensabhängige Rückzahlung. (1) [1]Auf Antrag sind Darlehensnehmende während der Rückzahlungsfrist des § 18 Absatz 3 Satz 1 bis spätestens zu deren Ablauf von der Verpflichtung zur Rückzahlung freizustellen, soweit ihr Einkommen monatlich jeweils den Betrag von 1605 Euro nicht um mindestens 42 Euro übersteigt. [2]Der in Satz 1 bezeichnete Betrag erhöht sich für

1. Ehegattinnen, Ehegatten, Lebenspartnerinnen oder Lebenspartner um 805 Euro,
2. jedes Kind der Darlehensnehmenden um 730 Euro,

wenn sie nicht in einer Ausbildung stehen, die nach diesem Gesetz oder nach § 56 des Dritten Buches Sozialgesetzbuch[2)] gefördert werden kann. [3]Die Beträge nach Satz 2 mindern sich um das Einkommen der Ehegattinnen, Ehegatten, Lebenspartnerinnen oder Lebenspartner und Kinder. [4]Als Kinder gelten insoweit außer eigenen Kindern der Darlehensnehmenden die in § 25 Absatz 5 Nummer 1 bis 3 bezeichneten Personen. [5]§ 47 Absatz 4 und 5 gilt entsprechend.

(2) Auf besonderen Antrag erhöht sich der in Absatz 1 Satz 1 bezeichnete Betrag

---

[1)] § 18a Abs. 1 Satz 2 geänd. mWv 1.4.2012 durch G v. 20.12.2011 (BGBl. I S. 2854); Abs. 1 Satz 1, Satz 2 Nr. 1 und 2 sowie Satz 6 Nr. 1 geänd. mWv 1.8.2016 durch G v. 23.12.2014 (BGBl. I S. 2475); Abs. 1 neu gef., Abs. 2 eingef., bish. Abs. 2 wird Abs. 3 und Satz 2 geänd., Satz 3 neu gef., Satz 4 angef., bish. Abs. 3 wird Abs. 4, Abs. 5 aufgeh. mWv 16.7.2019, Abs. 1 Satz 1, Satz 2 Nr. 1 und 2 geänd. mWv 1.8.2020 und Abs. 1 Sätze 1 und 2 geänd. mWv 1.8.2021 durch G v. 8.7.2019 (BGBl. I S. 1048); Abs. 1 Satz 1, Satz 2 Nr. 1 und 2 geänd. mWv 22.7.2022 durch G v. 15.7.2022 (BGBl. I S. 1150).

[2)] **Aichberger, SGB Nr. 3.**

1. entgegen § 60 Absatz 1 des Ersten Buches Sozialgesetzbuch[1], jeweils auch in Verbindung mit § 47 Absatz 4, eine Angabe oder eine Änderungsmitteilung nicht, nicht richtig, nicht vollständig oder nicht rechtzeitig macht oder eine Beweisurkunde nicht, nicht richtig, nicht vollständig oder nicht rechtzeitig vorlegt;
2. entgegen § 47 Absatz 2 oder 5 Nummer 1 eine Auskunft nicht, nicht richtig, nicht vollständig oder nicht rechtzeitig erteilt oder eine Urkunde nicht oder nicht rechtzeitig vorlegt oder nicht oder nicht rechtzeitig ausstellt;

2a. entgegen § 47 Absatz 3 das Amt für Ausbildungsförderung nicht oder nicht rechtzeitig unterrichtet oder

3. einer Rechtsverordnung nach § 18 Absatz 14 Nummer 2 zuwiderhandelt, soweit sie für einen bestimmten Tatbestand auf diese Bußgeldvorschrift verweist.

(2) Die Ordnungswidrigkeit kann mit einer Geldbuße bis zu 2 500 Euro geahndet werden.

(3) Verwaltungsbehörde im Sinne des § 36 Absatz 1 Nummer 1 des Gesetzes über Ordnungswidrigkeiten[2] ist in den Fällen des Absatzes 1 Nummer 1, 2 und 2a das Amt für Ausbildungsförderung, in den Fällen des Absatzes 1 Nummer 3 das Bundesverwaltungsamt.

§ 59[3] Verordnungsermächtigung für Fälle bundesweiter Notlagen.

(1) [1] Die Bundesregierung wird ermächtigt, durch Rechtsverordnung ohne Zustimmung des Bundesrates im Fall einer vom Deutschen Bundestag auf Antrag der Bundesregierung durch Beschluss festgestellten bundesweiten Notlage für Auszubildende im Hinblick auf erhebliche Nachfrageeinbrüche auf dem Arbeitsmarkt für ausbildungsbegleitende Erwerbstätigkeiten (Notlage) den Kreis der Förderungsberechtigten nach diesem Gesetz vorübergehend auszuweiten. [2] Der Deutsche Bundestag hat die Feststellung der Notlage wieder aufzuheben, wenn die Voraussetzungen nach Satz 1 nicht mehr vorliegen. [3] Die Feststellung der Notlage gilt als aufgehoben, sofern der Deutsche Bundestag nicht spätestens drei Monate nach der Feststellung nach Satz 1 auf Antrag der Bundesregierung das Fortbestehen der Notlage feststellt.

(2) [1] Eine Rechtsverordnung nach Absatz 1 Satz 1 ist unverzüglich nach ihrer Verkündung dem Deutschen Bundestag mitzuteilen. [2] Die Rechtsverordnung ist unverzüglich aufzuheben oder zu ändern, soweit es der Deutsche Bundestag binnen vier Wochen nach Verkündung der Rechtsverordnung verlangt.

(3) In der Rechtsverordnung nach Absatz 1 Satz 1 kann insbesondere für Auszubildende, die an einer Ausbildungsstätte nach § 2 im Inland ausgebildet werden, bestimmt werden, dass Förderungsvoraussetzungen nach § 2 Absatz 5 Satz 1 Nummer 2 und den §§ 7, 10, 11 und 15 Absatz 2 Satz 1 und nach § 48 nicht anzuwenden sind.

(4) In der Rechtsverordnung nach Absatz 1 Satz 1 ist vorzusehen,

1. dass im Einzelfall nur unter der Voraussetzung des Nachweises einer individuellen Betroffenheit von der Notlage
   a) Ausbildungsförderung nach § 17 Absatz 1 oder

---

[1] **Sartorius ErgBd. Nr. 401.**
[2] **Habersack Nr. 94.**
[3] § 59 neu gef. mWv 26.10.2022 durch G v. 19.10.2022 (BGBl. I S. 1796).

b) m Fall des Besuchs höherer Fachschulen, Akademien oder Hochschulen sowie bei Praktika im Zusammenhang mit solchen Ausbildungen Ausbildungsförderung nach § 17 Absatz 2

geleistet wird, und

2. wie der nach Nummer 1 erforderliche Nachweis zu führen ist.

(5) [1] In der Rechtsverordnung nach Absatz 1 Satz 1 kann vorgesehen werden, dass ohne Nachweis einer individuellen Betroffenheit von der Notlage im Sinne des Absatzes 4 abweichend von § 17 Absatz 1 oder 2 Ausbildungsförderung ausschließlich als Darlehen geleistet wird. [2] Sobald der Deutsche Bundestag das Fortbestehen der Notlage in zwei aufeinander folgenden Beschlüssen festgestellt hat, kann in der Rechtsverordnung abweichend von Absatz 4 vorgesehen werden, dass Ausbildungsförderung nur nach Satz 1 geleistet wird.

(6) In der Rechtsverordnung nach Absatz 1 Satz 1 kann ferner vorgesehen werden,

1. dass kürzere Bewilligungszeiträume als nach § 50 Absatz 3 für den Regelfall bestimmt anzuwenden sind,
2. dass die Höhe der Förderung abweichend von § 11 Absatz 1 auf einen in der Rechtsverordnung festgesetzten monatlichen Höchstbetrag begrenzt ist,
3. dass die Antragstellenden im Fall der Förderung nach Absatz 5 die Höhe der monatlichen Auszahlungsrate bis zu einem in der Rechtsverordnung festgesetzten Höchstbetrag selbst bestimmen können.

(7) Eine Rechtsverordnung nach Absatz 1 Satz 1 tritt spätestens mit dem Ende des Monats außer Kraft, der auf die Aufhebung der Notlage durch den Deutschen Bundestag folgt.

(8) Eine Förderung auf Grundlage einer Rechtsverordnung nach Absatz 1 Satz 1 ist zusätzlich zu § 55 Absatz 2 als weiteres Erhebungsmerkmal zu erfassen.

§ 60[1] Opfer politischer Verfolgung durch SED-Unrecht. Verfolgten nach § 1 des Beruflichen Rehabilitierungsgesetzes[2] oder verfolgten Schülern nach § 3 des Beruflichen Rehabilitierungsgesetzes wird für Ausbildungsabschnitte, die vor dem 1. Januar 2003 beginnen,

1. Ausbildungsförderung ohne Anwendung der Altersgrenze des § 10 Absatz 3 Satz 1 geleistet, sofern sie eine Bescheinigung nach § 17 oder § 18 des Beruflichen Rehabilitierungsgesetzes erhalten haben; § 10 Absatz 3 Satz 2 Nummer 3 bleibt unberührt,
2. auf Antrag der nach dem 31. Dezember 1990 nach § 17 Absatz 2 geleistete Darlehensbetrag erlassen, sofern in der Bescheinigung nach § 17 des Beruflichen Rehabilitierungsgesetzes eine Verfolgungszeit oder verfolgungsbedingte Unterbrechung der Ausbildung vor dem 3. Oktober 1990 von insgesamt mehr als drei Jahren festgestellt wird; der Antrag ist innerhalb eines Monats nach Bekanntgabe des Bescheides nach § 18 Absatz 9 zu stellen,
3. auf Antrag der nach dem 31. Juli 1996 nach § 17 Absatz 3 in der am 31. Juli 2019 geltenden Fassung geleistete Darlehensbetrag unter den Voraussetzungen der Nummer 2 erlassen; der Antrag ist innerhalb eines Monats nach Erhalt der Mitteilung nach § 18c Absatz 8 an die Kreditanstalt für Wiederaufbau zu richten.

---

[1] § 60 einl. Satzteil, Nr. 2 und 3 geänd. mWv 16.7.2019 durch G v. 8.7.2019 (BGBl. I S. 1048).
[2] **Sartorius III Nr. 95.**

§ 61[1] Förderung von Ausländerinnen und Ausländern mit einer Aufenthaltserlaubnis oder einer entsprechenden Fiktionsbescheinigung.

(1) Ergänzend zu § 8 Absatz 2 Nummer 1 wird Ausländerinnen und Ausländern Ausbildungsförderung auch geleistet, die gemäß § 49 des Aufenthaltsgesetzes[2] erkennungsdienstlich behandelt worden sind, ihren ständigen Wohnsitz im Inland haben und

1. denen eine Aufenthaltserlaubnis nach § 24 Absatz 1 des Aufenthaltsgesetzes erteilt worden ist oder
2. die eine Aufenthaltserlaubnis nach § 24 Absatz 1 des Aufenthaltsgesetzes beantragt haben und denen ausgestellt worden ist
   a) eine entsprechende Fiktionsbescheinigung nach § 81 Absatz 5 in Verbindung mit Absatz 3 des Aufenthaltsgesetzes oder
   b) eine entsprechende Fiktionsbescheinigung nach § 81 Absatz 5 in Verbindung mit Absatz 4 des Aufenthaltsgesetzes.

(2) § 74 Absatz 3 und 4 des Zweiten Buches Sozialgesetzbuch[3] gilt entsprechend.

(3) § 5 Absatz 2 Satz 4 gilt entsprechend.

§§ 62 bis 64 (weggefallen)

§ 65 Weitergeltende Vorschriften. (1) Die Vorschriften über die Leistung individueller Förderung der Ausbildung nach

1. dem Bundesversorgungsgesetz[4],
2. den Gesetzen, die das Bundesversorgungsgesetz für anwendbar erklären,
3. (weggefallen)
4. dem Bundesentschädigungsgesetz[5] sowie
5. dem Häftlingshilfegesetz[6] in der Fassung der Bekanntmachung vom 2. Juni 1993 (BGBl. I S. 838), zuletzt geändert durch Artikel 4 des Gesetzes vom 17. Dezember 1999 (BGBl. I S. 2662)

werden durch dieses Gesetz nicht berührt.

(2) Die in Absatz 1 bezeichneten Vorschriften haben Vorrang vor diesem Gesetz.

§ 66 (weggefallen)

§ 66a[7] Übergangs- und Anwendungsvorschrift; Verordnungsermächtigung. (1) [1] Für Auszubildende, denen bis zum 31. Juli 2016 nach zuvor bereits erworbenem Hochschulabschluss die Leistung von Ausbildungsförderung nach § 7

---

[1] § 61 neu gef. mWv 1.6.2022 durch G v. 23.5.2022 (BGBl. I S. 760).
[2] Nr. **565**.
[3] **Sartorius ErgBd. Nr. 402.**
[4] **Sartorius III Nr. 590.**
[5] **Sartorius III Nr. 981.**
[6] **Sartorius III Nr. 965.**
[7] § 66a neu gef. mWv 16.7.2019, Abs. 9 angef. mWv 1.8.2020 und Abs. 10 angef. mWv 1.8.2021 durch G v. 8.7.2019 (BGBl. I S. 1048); Abs. 8a angef. mWv 1.3.2020 durch G v. 25.5.2020 (BGBl. I S. 1073); Überschr. und Abs. 8a neu gef., Abs. 8b eingef. mWv 24.11.2021 durch G v. 22.11.2021 (BGBl. I S. 4906); Abs. 2 und 3 neu gef., Abs. 4, Abs. 7 Satz 2, Abs. 8–10 aufgeh. mWv 22.7.2022 durch G v. 15.7.2022 (BGBl. I S. 1150); Abs. 6 Satz 2 angef. mWv 26.10.2022 durch G v. 19.10.2022 (BGBl. I S. 1796).

Absatz 1 bewilligt wurde, ist diese Vorschrift bis zum Ende des Ausbildungsabschnitts in der bis zum 31. Juli 2016 geltenden Fassung weiter anzuwenden. [2] Für Auszubildende, deren Bewilligungszeitraum vor dem 1. August 2016 begonnen hat, ist § 45 Absatz 1 Satz 2 Nummer 6 bis zum Ende des Ausbildungsabschnitts in der bis zum 31. Juli 2016 geltenden Fassung weiter anzuwenden.

(2) Die §§ 5, 10, 12, 13, 13a, 14b, 16, 18a, 21, 23, 25 und 29 in der durch Artikel 1 des Gesetzes vom 15. Juli 2022 (BGBl. I S. 1150) geänderten Fassung sind erst ab dem 1. August 2022 anzuwenden, soweit nachstehend nichts anderes bestimmt ist.

(3) [1] Für Bewilligungszeiträume, die vor dem 1. August 2022 begonnen haben, sind die §§ 12, 13, 13a, 14b, 21, 23, 25 und 29 in der bis zum 31. Juli 2022 geltenden Fassung vorbehaltlich des Satzes 2 weiter anzuwenden. [2] Ab dem 1. Oktober 2022 sind die in Satz 1 genannten Vorschriften in der ab dem 1. August 2022 anzuwendenden Fassung auch für Bewilligungszeiträume anzuwenden, die vor dem 1. August 2022 begonnen haben.

(4) *(aufgehoben)*

(5) [1] Für Auszubildende, denen für einen vor dem 1. August 2019 begonnenen Ausbildungsabschnitt Förderung geleistet wurde für den Besuch einer staatlichen Akademie, welche Abschlüsse verleiht, die nach Landesrecht Hochschulabschlüssen gleichgestellt sind, sind bis zum Ende dieses Ausbildungsabschnitts § 15 Absatz 2 Satz 1 und § 50 Absatz 2 Satz 4 in der am 31. Juli 2019 geltenden Fassung weiter anzuwenden. [2] § 18 Absatz 4 Satz 1 in der ab dem 1. September 2019 geltenden Fassung gilt für sie mit der Maßgabe, dass ausschließlich die Nummer 2 anzuwenden ist.

(6) [1] Für Darlehensnehmende, denen vor dem 1. September 2019 Förderung nach § 17 Absatz 2 Satz 1 in der am 31. August 2019 anzuwendenden Fassung geleistet wurde, sind diese Regelung, § 18 mit Ausnahme des Absatzes 3 Satz 1 und des Absatzes 5c sowie § 18a Absatz 5, die §§ 18b, 58 Absatz 1 Nummer 3 und § 60 Nummer 2 in der am 31. August 2019 geltenden Fassung weiter anzuwenden; dies gilt auch, soweit die Förderungsleistungen jeweils auch noch über den 31. August 2019 hinaus erbracht werden. [2] Abweichend von Satz 1 ist § 18 Absatz 14 in der ab dem 26. Oktober 2022 geltenden Fassung anzuwenden.

(7) Darlehensnehmende, denen Förderung mit Darlehen nach § 17 in einer vor dem 1. September 2019 geltenden Fassung geleistet wurde, mit Ausnahme von Bankdarlehen nach § 18c, können binnen einer Frist von sechs Monaten nach diesem Datum jeweils durch schriftliche oder elektronische Erklärung gegenüber dem Bundesverwaltungsamt verlangen, dass für die Rückzahlung des gesamten Darlehens § 18 Absatz 12 und § 18a in der am 1. September 2019 anzuwendenden Fassung anzuwenden sind.

(8) *(aufgehoben)*

(8a) § 21 Absatz 4 Nummer 5 ist ab dem 1. April 2022 nicht mehr anzuwenden.

(8b) Die Bundesregierung wird ermächtigt, die Anwendung des § 21 Absatz 4 Nummer 5 durch Rechtsverordnung ohne Zustimmung des Bundesrates längstens bis zum Ablauf des 31. Dezember 2022 zu verlängern, soweit dies auf Grund fortbestehender Auswirkungen der COVID-19-Pandemie in der Bundesrepublik Deutschland erforderlich ist.

§ 66b[1] **Übergangsvorschrift aus Anlass des Endes des Übergangszeitraums nach dem Abkommen über den Austritt des Vereinigten Königreichs Großbritannien und Nordirland aus der Europäischen Union und der Europäischen Atomgemeinschaft.** Auszubildenden, die bis zum Ende des Übergangszeitraums nach Teil Vier des Abkommens über den Austritt des Vereinigten Königreichs Großbritannien und Nordirland aus der Europäischen Union und der Europäischen Atomgemeinschaft vom 24. Januar 2020 (ABl. L 29 vom 31.1.2020, S. 7) einen Ausbildungsabschnitt an einer Ausbildungsstätte im Vereinigten Königreich Großbritannien und Nordirland beginnen oder fortsetzen, wird Ausbildungsförderung nach § 5 Absatz 2 Satz 1 Nummer 3 noch bis zum Abschluss oder Abbruch dieses Ausbildungsabschnitts an einer dortigen Ausbildungsstätte nach Maßgabe der im Übrigen unverändert geltenden sonstigen Förderungsvoraussetzungen dieses Gesetzes gewährt.

§ 67 (weggefallen)

§ 68 (Inkrafttreten)

[1] § 66b eingef. mWv 24.11.2020 durch G v. 12.11.2020 (BGBl. I S. 2416).

[1] § 66a eingef. mWv [illegible].12.2020 durch G v. 21.12.2020 (BGBl. I S. 3096).

500. Hochschulrahmengesetz (HRG)[1)]

In der Fassung der Bekanntmachung vom 19. Januar 1999[2)]
(BGBl. I S. 18)

FNA 2211-3

geänd. durch Art. 7 G zur Änd. des Begriffs „Erziehungsurlaub" v. 30.11.2000 (BGBl. I S. 1638), Art. 68 Siebente ZuständigkeitsanpassungsVO v. 29.10.2001 (BGBl. I S. 2785), Art. 1 Fünftes HochschulrahmenG-ÄndG v. 16.2.2002 (BGBl. I S. 693, nichtig gem. Urt. des BVerfG v. 27.7.2004 – 2 BvF 2/02 –), Art. 28 Behindertengleichstellungs-EinführungsG v. 27.4.2002 (BGBl. I S. 1467), Art. 1 Sechstes HochschulrahmenG-ÄndG v. 8.8.2002 (BGBl. I S. 3138, teilw. nichtig gem. Urt. des BVerfG v. 26.1.2005 – 2 BvF 1/03 –), Art. 1 Siebtes HochschulrahmenG-ÄndG v. 28.8.2004 (BGBl. I S. 2298), Art. 1 G zur Änd. dienst- und arbeitsrechtl. Vorschr. im Hochschulbereich v. 27.12.2004 (BGBl. I S. 3835), Art. 2 Abs. 3 Elterngeld- EinführungsG v. 5.12.2006 (BGBl. I S. 2748), Art. 2 G zur Änd. arbeitsrechtl. Vorschr. in der Wissenschaft v. 12.4.2007 (BGBl. I S. 506), Art. 6 Abs. 2 G zur Neuregelung des Mutterschutzrechts v. 23.5.2017 (BGBl. I S. 1228), Entsch. des BVerfG – 1 BvL 3/14, 1 BvL 4/14 – v. 19.12.2017 (BGBl. 2018 I S. 123) und Art. 1 Achtes ÄndG v. 15.11.2019 (BGBl. I S. 1622)

[1)] Zum HRG haben die Länder u.a. folgende Vorschriften erlassen:
- **Baden-Württemberg:** LandeshochschulG v. 1.1.2005 (GBl. S. 1), zuletzt geänd. durch VO v. 21.12. 2021 (GBl. 2022 S. 1); LandeshochschulgebührenG v. 1.1.2005 (GBl. S. 1, 56), zuletzt geänd. durch G v. 26.4.2022 (GBl. S. 251),
- **Bayern:** Bayerisches HochschulinnovationsG v. 5.8.2022 (GVBl. S. 414)
- **Berlin:** Berliner HochschulG idF der Bek. v. 26.7.2011 (GVBl. S. 378), zuletzt geänd. durch G v. 5.7. 2022 (GVBl. S. 450),
- **Brandenburg:** Brandenburgisches HochschulG v. 28.4.2014 (GVBl. I Nr. 18), zuletzt geänd. durch G v. 23.9.2020 (GVBl. I Nr. 26),
- **Bremen:** Bremisches HochschulG idF der Bek. v. 9.5.2007 (Brem.GBl. S. 339), zuletzt geänd. durch G v. 29.3.2022 (Brem.GBl. S. 159),
- **Hamburg:** Hamburgisches HochschulG v. 18.7.2001 (HmbGVBl. S. 171), zuletzt geänd. durch G v. 28.11.2017 (HmbGVBl. S. 365),
- **Hessen:** Hessisches HochschulG v. 14.12.2021 (GVBl. S. 931), geänd. durch G v. 1.4.2022 (GVBl. S. 184),
- **Mecklenburg-Vorpommern:** LandeshochschulG idF der Bek. v. 25.1.2011 (GVOBl. M-V S. 18), zuletzt geänd. durch G v. 21.6.2021 (GVOBl. M-V S. 1018),
- **Niedersachsen:** Niedersächsisches HochschulG idF der Bek. v. 26.2.2007 (Nds. GVBl. S. 69), zuletzt geänd. durch G v. 23.3.2022 (Nds. GVBl. S. 218),
- **Nordrhein-Westfalen:** HochschulG v. 16.9.2014 (GV. NRW. S. 547), zuletzt geänd. durch G v. 30.6. 2022 (GV. NRW. S. 780b),
- **Rheinland-Pfalz:** Hochschulgesetz Rheinland-Pfalz v. 23.9.2020 (GVBl. S. 461), zuletzt geänd. durch VO v. 22.7.2021 (GVBl. S. 453); LandesG über die Deutsche Universität für Verwaltungswissenschaften Speyer idF der Bek. v. 19.11.2010 (GVBl. S. 502), zuletzt geänd. durch G v. 19.12.2018 (GVBl. S. 448),
- **Saarland:** Saarländisches HochschulG v. 30.11.2016 (Amtsbl. I S. 1080), zuletzt geänd. durch G v. 8.12. 2021 (Amtsbl. I S. 2629),
- **Sachsen:** Sächsisches HochschulfreiheitsG idF der Bek. v. 15.1.2013 (SächsGVBl. S. 3), zuletzt geänd. durch G v. 1.6.2022 (SächsGVBl. S. 381),
- **Sachsen-Anhalt:** HochschulG des Landes Sachsen-Anhalt idF der Bek. v. 1.7.2021 (GVBl. LSA S. 368, 369),
- **Schleswig-Holstein:** HochschulG idF der Bek. v. 5.2.2016 (GVOBl. Schl.-H. S. 39), zuletzt geänd. durch G v. 3.2.2022 (GVOBl. Schl.-H. S. 102),
- **Thüringen:** Thüringer HochschulG v. 10.5.2018 (GVBl. S. 149), zuletzt geänd. durch v. 23.3.2021 (GVBl. S. 115); Thüringer VO zur Gründung von Fachhochschulen v. 17.9.1991 (GVBl. S. 414).

[2)] Neubekanntmachung des HRG idF der Bek. v. 9.4.1987 (BGBl. I S. 1170) in der ab 25.8.1998 geltenden Fassung.

Inhaltsübersicht[1)]

[1)] Inhaltsübersicht geänd. mWv 4.9.2004 durch G v. 28.8.2004 (BGBl. I S. 2298); geänd. mWv 31.12. 2004 durch G v. 27.12.2004 (BGBl. I S. 3835); geänd. mWv 18.4.2007 durch G v. 12.4.2007 (BGBl. I S. 506); geänd. mWv 23.11.2019 durch G v. 15.11.2019 (BGBl. I S. 1622); sie wurde nichtamtlich an die Änderungen durch G v. 8.8.2002 (BGBl. I S. 3138) angepasst.

566. Aufenthaltsverordnung (AufenthV)[1] [2]

Vom 25. November 2004
(BGBl. I S. 2945)

FNA 26-12-1

geänd. durch Art. 7 Nr. 1 G zur Änd. des AufenthaltsG und weiterer Gesetze v. 14.3.2005 (BGBl. I S. 721), Art. 77 G zur Umbenennung des Bundesgrenzschutzes in Bundespolizei v. 21.6.2005 (BGBl. I S. 1818), Art. 1 ÄndVO v. 14.10.2005 (BGBl. I S. 2982), Art. 1 Erste ÄndVO v. 18.12.2006 (BGBl. I S. 3221), Art. 7 Abs. 4 EU-Aufenthalts- und AsylrechtsRL UmsetzungsG v. 19.8.2007 (BGBl. I S. 1970, ber. 2008 S. 992), Art. 1 Zweite ÄndVO v. 22.2.2008 (BGBl. I S. 252), Art. 1 Dritte ÄndVO v. 8.5.2008 (BGBl. I S. 806), Art. 3 ArbeitsmigrationssteuerungsG v. 20.12.2008 (BGBl. I S. 2846), Art. 1 Vierte ÄndVO v. 15.6.2009 (BGBl. I S. 1287), Art. 1 Fünfte ÄndVO v. 2.8.2010 (BGBl. I S. 1134), Art. 1 Sechste ÄndVO v. 22.7.2011 (BGBl. I S. 1530, ber. S. 2080), Art. 12 Abs. 1 G zur Umsetzung aufenthaltsrechtlicher RL der EU und zur Anpassung nationaler Rechtsvorschriften an den EU-Visakodex v. 22.11. 2011 (BGBl. I S. 2258), Art. 1 Siebte ÄndVO v. 25.11.2011 (BGBl. I S. 2347), Art. 3 G zur Errichtung einer Visa-Warndatei und zur Änd. des AufenthaltsG v. 22.12.2011 (BGBl. I S. 3037), Art. 2 Abs. 26 G zur Änd. von Vorschriften über Verkündung und Bekanntmachungen sowie der ZPO, des EGZPO und der AO v. 22.12.2011 (BGBl. I S. 3044), Art. 5 Abs. 1 G zur Umsetzung der HochqualifiziertenRL der EU v. 1.6.2012 (BGBl. I S. 1224), Art. 3 G zur Änd. des FreizügigkeitsG/EU und weiterer aufenthaltsrechtlicher Vorschriften v. 21.1.2013 (BGBl. I S. 86), Art. 1 Achte ÄndVO v. 27.2.2013 (BGBl. I S. 351), Art. 2 VO zur Änd. des Ausländerbeschäftigungsrechts v. 6.6.2013 (BGBl. I S. 1499), Art. 5 G zur Umsetzung der RL 2011/95/EU v. 28.8.2013 (BGBl. I S. 3474), Art. 6 Abs. 1 G zur Verbesserung der Rechte von international Schutzberechtigten und ausländischen Arbeitnehmern v. 29.8.2013 (BGBl. I S. 3484, ber. S. 3899), Art. 1 Neunte ÄndVO v. 23.9.2013 (BGBl. I S. 3707), Art. 1 Zehnte ÄndVO v. 6.5.2014 (BGBl. I S. 451), Art. 2 VO zur Änd. der PassVO sowie zur Änd. der AufenthaltsVO v. 3.3. 2015 (BGBl. I S. 218, ber. S. 1110), Art. 1 Elfte ÄndVO v. 8.4.2015 (BGBl. I S. 599), Art. 14 Nr. 5 AsylverfahrensbeschleunigungsG v. 20.10.2015 (BGBl. I S. 1722), Art. 1 VO zur Änd. der AufenthaltsVO und der AZRG-DurchführungsVO v. 18.12.2015 (BGBl. I S. 2467), Art. 7 DatenaustauschverbesserungsG v. 2.2.2016 (BGBl. I S. 130), Art. 1 14. ÄndVO v. 20.12.2016 (BGBl. I S. 3074), Art. 2 Zweite VO zur Änd. der PassVO sowie zur Änd. der AufenthaltsVO v. 15.2.2017 (BGBl. I S. 162), Art. 83 G zum Abbau verzichtbarer Anordnungen der Schriftform im Verwaltungsrecht des Bundes v. 29.3.2017 (BGBl. I S. 626), Art. 1 15. ÄndVO v. 3.4.2017 (BGBl. I S. 690), Art. 2 G zur Änd. gebührenrechtlicher Regelungen im Aufenthaltsrecht v. 13.7.2017 (BGBl. I S. 2350), Art. 1 16. ÄndVO v. 14.7.2017 (BGBl. I S. 2650), Art. 1 VO zur Umsetzung aufenthaltsrechtlicher Richtlinien der EU zur Arbeitsmigration v. 1.8. 2017 (BGBl. I S. 3066), Art. 1 17. ÄndVO v. 14.1.2019 (BGBl. I S. 10), Art. 4 Zweites DatenaustauschverbesserungsG v. 4.8.2019 (BGBl. I S. 1131), Art. 50 FachkräfteeinwanderungsG v. 15.8.2019 (BGBl. I S. 1307), Art. 1 VO zur Anpassung von aufenthalts- und personalausweisrechtlichen Vorschriften v. 13.12. 2019 (BGBl. I S. 2585), Art. 3 VO zur Änd. der BeschäftigungsVO und der AufenthaltsVO v. 23.3.2020 (BGBl. I S. 655), Art. 4 G über die Errichtung eines Bundesamts für Auswärtige Angelegenheiten und zur Änd. des G über den Auswärtigen Dienst, des AufenthaltsG und zur Anpassung anderer Gesetze an die Errichtung des Bundesamts v. 12.6.2020 (BGBl. I S. 1241), Art. 170 Elfte ZuständigkeitsanpassungsVO v. 19.6.2020 (BGBl. I S. 1328), Art. 2 G zur aktuellen Anpassung des FreizügigkeitsG/EU und weiterer Vorschriften an das Unionsrecht v. 12.11.2020 (BGBl. I S. 2416), Art. 1 18. VO zur Änd. der AufenthaltsVO v. 26.11.2020 (BGBl. I S. 2606), Art. 8, 14 G zur Stärkung der Sicherheit im Pass-, Ausweis- und ausländerrechtlichen Dokumentenwesen v. 3.12.2020 (BGBl. I S. 2744), Art. 2 Zweite VO zur Änd. der BeschäftigungsVO und der AufenthaltsVO v. 18.12.2020 (BGBl. I S. 3046), Art. 20a RegistermodernisierungsG v. 28.3.2021 (BGBl. I S. 591), Art. 5, 10 G zur Weiterentwicklung des Ausländerzentralregisters v. 9.7.2021 (BGBl. I S. 2467), Art. 2 Viertes G zur Änd. des StaatsangehörigkeitsG v. 12.8.2021 (BGBl. I S. 3538) und Art. 4 VO zu automatisierten Datenabrufen aus den Pass- und Personalausweisregistern sowie zur Änd. der PassVO, der PersonalausweisVO und der AufenthaltsVO v. 20.8.2021 (BGBl. I S. 3682)

---

[1] Verkündet als Art. 1 VO zur Durchführung des ZuwanderungsG v. 25.11.2004 (BGBl. I S. 2945); Inkrafttreten gem. Art. 3 erster Halbs. dieser VO am 1.1.2005. Diese VO wurde ua erlassen auf Grund von § 69 Abs. 2, 3, 5 und 6 sowie § 99 Abs. 1 und 2 AufenthG iVm § 11 Abs. 1 FreizügG/EU.

[2] Die Änderungen durch VO v. 23.3.2020 (BGBl. I S. 655) treten teilweise erst **mWv 2.3.2025**, die Änderungen durch G v. 3.12.2020 (BGBl. I S. 2744) treten teilweise erst **mWv 1.5.2025**, die Änderungen durch G v. 9.7.2021 (BGBl. I S. 2467) treten teilweise erst **mWv 1.11.2024** in Kraft und sind insoweit im Text noch nicht berücksichtigt.

Inhaltsübersicht[1)]

[1)] Inhaltsübersicht geänd. mWv 18.3.2005 durch G v. 14.3.2005 (BGBl. I S. 721); geänd. mWv 28.8. 2007 durch G v. 19.8.2007 (BGBl. I S. 1970); geänd. mWv 29.6.2009 durch VO v. 15.6.2009 (BGBl. I S. 1287); geänd. mWv 1.9.2011 durch VO v. 22.7.2011 (BGBl. I S. 1530); geänd. mWv 1.11.2011 durch VO v. 22.7.2011 (BGBl. I S. 1530); geänd. mWv 26.11.2011 durch G v. 22.11.2011 (BGBl. I S. 2258); geänd. mWv 3.12.2011 durch VO v. 25.11.2011 (BGBl. I S. 2347); geänd. mWv 1.8.2012 durch G v. 1.6. 2012 (BGBl. I S. 1224); geänd. mWv 2.12.2013 durch G v. 29.8.2013 (BGBl. I S. 3484); geänd. mWv 10.5.2014 durch VO v. 6.5.2014 (BGBl. I S. 451); geänd. mWv 1.11.2014 durch VO v. 3.3.2015 (BGBl. I S. 218); geänd. mWv 1.3.2017 durch VO v. 15.2.2017 (BGBl. I S. 162); geänd. mWv 5.8.2017 durch VO v. 1.8.2017 (BGBl. I S. 3066); geänd. mWv 23.1.2019 durch VO v. 14.1.2019 (BGBl. I S. 10); geänd. mWv 9.8.2019 durch VO v. 4.8.2019 (BGBl. I S. 1131); geänd. mWv 4.12.2020 durch VO v. 26.11.2020 (BGBl. I S. 2606).

Die Inhaltsübersicht wurde nichtamtlich an die Änderungen mWv 1.7.2013 durch VO v. 6.6.2013 (BGBl. I S. 1499); mWv 28.9.2013 durch VO v. 23.9.2013 (BGBl. I S. 3707); mWv 5.2.2016 durch G v. 2.2.2016 (BGBl. I S. 130); mWv 1.3.2020 durch G v. 15.8.2019 (BGBl. I S. 1307); mWv 15.7.2021 durch G v. 9.7.2021 (BGBl. I S. 2467) angepasst.

§ 61g[1] **Verwendung im nichtöffentlichen Bereich.** (1) Das Passersatzpapier kann auch im nichtöffentlichen Bereich als Ausweis und Legitimationspapier benutzt werden.

(2) Die Seriennummern dürfen nicht so verwendet werden, dass mit ihrer Hilfe ein Abruf personenbezogener Daten aus Dateisystemen oder eine Verknüpfung von Dateisystemen möglich ist.

(3) Das Passersatzpapier darf weder zum automatischen Abruf personenbezogener Daten noch zur automatischen Speicherung personenbezogener Daten verwendet werden.

(4) [1] Beförderungsunternehmen dürfen personenbezogene Daten aus der maschinenlesbaren Zone des Passersatzes elektronisch nur verarbeiten, soweit sie auf Grund internationaler Abkommen oder Einreisebestimmungen zur Mitwirkung an Kontrolltätigkeiten im internationalen Reiseverkehr und zur Übermittlung personenbezogener Daten verpflichtet sind. [2] Biometrische Daten dürfen nicht ausgelesen werden. [3] Die Daten sind unverzüglich zu löschen, wenn sie für die Erfüllung dieser Pflichten nicht mehr erforderlich sind.

§ 61h[2] **Anwendung der Personalausweisverordnung.** (1) Hinsichtlich des elektronischen Identitätsnachweises gemäß § 78 Absatz 5 des Aufenthaltsgesetzes[3] sind die §§ 1, 2 mit Ausnahme von Satz 1 Nummer 2 Buchstabe e und f, die §§ 3 und 4, 5 Absatz 2, 3 und 4 Satz 1 bis 4, die §§ 10, 13 bis 17, 18 Absatz 1, 2 und 4, § 20 Absatz 1, 3 und 4 Satz 1, die §§ 21 bis 25 Absatz 1, 2 Satz 1, Absatz 3, die §§ 25a und 26 Absatz 1 und 3 sowie die §§ 26a bis 36a der Personalausweisverordnung mit der Maßgabe entsprechend anzuwenden, dass die Ausländerbehörde an die Stelle der Personalausweisbehörde tritt.

(2) Die Nutzung des elektronischen Identitätsnachweises ist ausgeschlossen, wenn die Identität des Ausländers durch die Ausländerbehörde nicht zweifelsfrei festgestellt ist.

Unterabschnitt 2.[4] Führung von Ausländerdateien durch die Ausländerbehörden und die Auslandsvertretungen

§ 62[5] **Dateisystemführungspflicht der Ausländerbehörden.** [1] Die Ausländerbehörden führen zwei Dateisysteme unter den Bezeichnungen „Ausländerdatei A“ und „Ausländerdatei B“. [2] Die Pflicht zur Führung der Ausländerdatei A entfällt, sofern die Speicherung der Daten im Ausländerzentralregister erfolgt.

§ 63[6] **Ausländerdatei A.** (1) In die Ausländerdatei A werden die Daten eines Ausländers aufgenommen,

1. der bei der Ausländerbehörde
   a) die Erteilung oder Verlängerung eines Aufenthaltstitels beantragt oder
   b) einen Asylantrag einreicht,

---

[1] § 61g eingef. mWv 29.6.2009 durch VO v. 15.6.2009 (BGBl. I S. 1287); Abs. 2 und Abs. 4 Satz 1 geänd. mWv 23.1.2019 durch VO v. 14.1.2019 (BGBl. I S. 10).

[2] § 61h neu gef. mWv 1.9.2011 durch VO v. 22.7.2011 (BGBl. I S. 1530); Abs. 1 neu gef. mWv 1.9.2021 durch VO v. 20.8.2021 (BGBl. I S. 3682).

[3] Nr. **565**.

[4] Bish. UAbschnitt 1 wird UAbschnitt 2 mWv 29.6.2009 durch VO v. 15.6.2009 (BGBl. I S. 1287).

[5] § 62 Überschrift und Wortlaut geänd. mWv 23.1.2019 durch VO v. 14.1.2019 (BGBl. I S. 10); Satz 2 angef. mWv 1.11.2022 durch G v. 9.7.2021 (BGBl. I S. 2467).

[6] § 63 Abs. 1 Nr. 2 geänd. mWv 1.9.2011 durch VO v. 22.7.2011 (BGBl. I S. 1530); Abs. 2 geänd. mWv 23.1.2019 durch VO v. 14.1.2019 (BGBl. I S. 10).

2. dessen Aufenthalt der Ausländerbehörde von der Meldebehörde oder einer sonstigen Behörde mitgeteilt wird oder
3. für oder gegen den die Ausländerbehörde eine ausländerrechtliche Maßnahme oder Entscheidung trifft.

(2) Die Daten sind unverzüglich in dem Dateisystem zu speichern, sobald die Ausländerbehörde mit dem Ausländer befasst wird oder ihr eine Mitteilung über den Ausländer zugeht.

§ 64[1)] Datensatz der Ausländerdatei A. (1) In die Ausländerdatei A sind über jeden Ausländer, der in dem Dateisystem geführt wird, folgende Daten aufzunehmen:
1. Familienname,
2. Geburtsname,
3. Vornamen,
4. Tag und Ort mit Angabe des Staates der Geburt,
5. Geschlecht,
6. Doktorgrad,
7. Staatsangehörigkeiten,
8. Aktenzeichen der Ausländerakte,
9. Hinweis auf andere Datensätze, unter denen der Ausländer in dem Dateisystem geführt wird,
10. das Sperrkennwort und die Sperrsumme für die Sperrung oder Entsperrung des elektronischen Identitätsnachweises eines Dokuments nach § 78 Absatz 1 des Aufenthaltsgesetzes[2)] und
11. Angaben zur Ausschaltung und Einschaltung sowie Sperrung und Entsperrung des elektronischen Identitätsnachweises eines Dokuments nach § 78 Absatz 1 des Aufenthaltsgesetzes.

(2) Aufzunehmen sind ferner frühere Namen, abweichende Namensschreibweisen, Aliaspersonalien und andere von dem Ausländer geführte Namen wie Ordens- oder Künstlernamen oder der Familienname nach deutschem Recht, der von dem im Pass eingetragenen Familiennamen abweicht.

(3) Die Ausländerbehörde kann den Datensatz auf die in Absatz 1 genannten Daten beschränken und für die in Absatz 2 genannten Daten jeweils einen zusätzlichen Datensatz nach Maßgabe des Absatzes 1 einrichten.

§ 65[3)] Erweiterter Datensatz. In die Ausländerdatei A sollen, soweit die dafür erforderlichen technischen Einrichtungen bei der Ausländerbehörde vorhanden sind, zusätzlich zu den in § 64 genannten Daten folgende Daten aufgenommen werden:

[1)] § 64 Abs. 1 Nr. 8 geänd., Nr. 9 und 10 angef. mWv 1.9.2011 durch VO v. 22.7.2011 (BGBl. I S. 1530); Abs. 1 Nr. 6 eingef., bish. Nr. 6–10 werden Nr. 7–11 mWv 1.2.2017 durch VO v. 20.12.2016 (BGBl. I S. 3074); Abs. 1 einl. Satzteil und Nr. 9 geänd. mWv 23.1.2019 durch VO v. 14.1.2019 (BGBl. I S. 10).

[2)] Nr. **565**.

[3)] § 65 Nr. 9 Buchst. a und i geänd. mWv 29.1.2013 durch G v. 21.1.2013 (BGBl. I S. 86); Nr. 9 Buchst. d und f geänd. mWv 1.12.2013 durch G v. 28.8.2013 (BGBl. I S. 3474); Nr. 9 geänd., Nr. 10 angef. mWv 6.9.2013 durch G v. 29.8.2013 (BGBl. I S. 3484); Nr. 9 Buchst. j und r geänd. mWv 1.1. 2016, Buchst. u und v geänd. mWv 29.12.2015 durch VO v. 18.12.2015 (BGBl. I S. 2467); Nr. 2, 3 und Nr. 5 Buchst. c geänd. mWv 1.2.2017 durch VO v. 20.12.2016 (BGBl. I S. 3074); Nr. 3a eingef. mWv 20.4.2021 durch G v. 28.3.2021 (BGBl. I S. 591).

600. Verwaltungsgerichtsordnung (VwGO)[1]

In der Fassung der Bekanntmachung vom 19. März 1991[2]

(BGBl. I S. 686)

FNA 340-1

geänd. durch Art. 3 G zur Neuregelung des Asylverfahrens v. 26.6.1992 (BGBl. I S. 1126), Art. 9 G zur Entlastung der Rechtspflege v. 11.1.1993 (BGBl. I S. 50), Art. 5 Fünftes G zur Änd. des G über das Bundesverfassungsgericht v. 2.8.1993 (BGBl. I S. 1442), Art. 7 PlanungsvereinfachungsG v. 17.12.1993 (BGBl. I S. 2123), Art. 7 G zur Änd. des RechtspflegerG und anderer Gesetze v. 24.6.1994 (BGBl. I S. 1374), Art. 9 G zu dem Übereinkommen vom 15. April 1994 zur Errichtung der Welthandelsorganisation und zur Änd. anderer Gesetze v. 30.8.1994 (BGBl. II S. 1438), Art. 7 G zur Vermeidung, Verwertung und Beseitigung von Abfällen v. 27.9.1994 (BGBl. I S. 2705), Art. 27 Einführungs zur Insolvenzordnung v. 5.10.1994 (BGBl. I S. 2911), Art. 2 Abs. 6 MagnetschwebebahnplanungsG v. 23.11. 1994 (BGBl. I S. 3486), Art. 1 Sechstes G zur Änd. der Verwaltungsgerichtsordnung und anderer Gesetze v. 1.11.1996 (BGBl. I S. 1626), Art. 6 Abs. 3 ZivilschutzneuordnungsG v. 25.3.1997 (BGBl. I S. 726), Art. 33 Abs. 2 JustizmitteilungsG v. 18.6.1997 (BGBl. I S. 1430), Art. 8 Bau- und RaumordnungsG 1998 v. 18.8.1997 (BGBl. I S. 2081), Art. 1 G zur Verlagerung des Sitzes des Bundesverwaltungsgerichts von Berlin nach Leipzig v. 21.11.1997 (BGBl. I S. 2742), Art. 2 § 13 Schiedsverfahrens-NeuregelungsG v. 22.12.1997 (BGBl. I S. 3224), Art. 14 G zur Änd. der Bundesrechtsanwaltsordnung, der Patentanwaltsordnung und anderer Gesetze v. 31.8.1998 (BGBl. I S. 2600), BVerfGE v. 27.10.1999 (BGBl.2000 I S. 54), Art. 15 Zweites ZuständigkeitslockerungsG v. 3.5.2000 (BGBl. I S. 632), Art. 2 Abs. 18 ZustellungsreformG v. 25.6.2001 (BGBl. I S. 1206), Art. 14 G zur Neuordnung des Bundesdisziplinarrechts v. 9.7. 2001 (BGBl. I S. 1510), Art. 8 G zur Anpassung der Formvorschriften des Privatrechts und anderer Vorschriften an den modernen Rechtsgeschäftsverkehr v. 13.7.2001 (BGBl. I S. 1542), Art. 1 und 6 G zur Bereinigung des Rechtsmittelrechts im Verwaltungsprozess v. 20.12.2001 (BGBl. I S. 3987), Art. 4 Abs. 26 KostenrechtsmodernisierungsG v. 5.5.2004 (BGBl. I S. 718), Art. 4 EuroparechtsanpassungsG Bau v. 24.6.2004 (BGBl. I S. 1359), Art. 11 Nr. 23 ZuwanderungsG v. 30.7.2004 (BGBl. I S. 1950), Art. 6 Erstes JustizmodernisierungsG v. 24.8.2004 (BGBl. I S. 2198), Art. 8 AnhörungsrügenG v. 9.12.2004 (BGBl. I S. 3220), Art. 2 Siebentes G zur Änderung des SozialgerichtsG v. 9.12.2004 (BGBl. I S. 3302), Art. 6 G zur Vereinfachung und Vereinheitlichung der Verfahrensvorschriften zur Wahl und Berufung ehrenamtlicher Richter v. 21.12.2004 (BGBl. I S. 3599), Art. 2 JustizkommunikationsG v. 22.3.2005 (BGBl. I S. 837), Art. 2 26. G zur Änd. des AbgeordnetenG v. 22.8.2005 (BGBl. I S. 2482 iVm Bek. v. 18.10.2005, BGBl. I S. 3007), Art. 13 G zur Vereinfachung der abfallrechtlichen Überwachung v. 15.7. 2006 (BGBl. I S. 1619), Art. 9 G zur Beschleunigung von Planungsverfahren für Infrastrukturvorhaben v. 9.12.2006 (BGBl. I S. 2833), Art. 3 G zur Erleichterung von Planungsvorhaben für die Innenentwicklung der Städte v. 21.12.2006 (BGBl. I S. 3316), Art. 13 G zur Neuregelung des Rechtsberatungsrechts v. 12.12.2007 (BGBl. I S. 2840, geänd. durch G v. 12.6.2008, BGBl. I S. 1000), § 62 Abs. 11 BeamtenstatusG v. 17.6.2008 (BGBl. I S. 1010), Art. 5 G zur Modernisierung von Verfahren im anwaltlichen und notariellen Berufsrecht, zur Errichtung einer Schlichtungsstelle der Rechtsanwaltschaft sowie zur Änd. sonstiger Vorschriften v. 30.7.2009 (BGBl. I S. 2449), Art. 3 G zur Beschleunigung des Ausbaus der Höchstspannungsnetze v. 21.8.2009 (BGBl. I S. 2870), Art. 9 G zur Umsetzung der DienstleistungsRL in der Justiz und zur Änd. weiterer Vorschriften v. 22.12.2010 (BGBl. I S. 2248), Art. 8 G über den Rechtsschutz bei überlangen Gerichtsverfahren und strafrechtlichen Ermittlungsverfahren v. 24.11.2011 (BGBl. I S. 2302), Art. 2 Abs. 34 G zur Änd. von Vorschriften über Verkündung und Bekanntmachungen sowie der ZPO, des EGZPO und der AO v. 22.12.2011 (BGBl. I S. 3044), Art. 5 Abs. 2 G zur Neuordnung des Kreislaufwirtschafts- und Abfallrechts v. 24.2.2012 (BGBl. I S. 212), Art. 6 G zur Förderung der Mediation und anderer Verfahren der außergerichtlichen Konfliktbeilegung v. 21.7.2012 (BGBl. I S. 1577), Art. 4 G zur Intensivierung des Einsatzes von Videokonferenztechnik in gerichtlichen und staatsanwaltschaftlichen Verfahren v. 25.4.2013 (BGBl. I S. 935), Art. 2 Planfeststellungsverfahren-VereinheitlichungsG v. 31.5.2013 (BGBl. I S. 1388), Art. 4 Zweites G über Maßnahmen zur Beschleunigung des Netzausbaus Elektrizitätsnetze v. 23.7.2013 (BGBl. I S. 2543), Art. 12 G zur Änd. des Prozesskostenhilfe- und Beratungshilferechts v. 31.8.2013 (BGBl. I S. 3533), Art. 5 G zur Förderung des elektronischen Rechtsverkehrs mit den Gerichten v. 10.10.2013 (BGBl. I S. 3786), Art. 13 G zur Durch-

---

[1] Die Änderungen durch G v. 5.7.2017 (BGBl. I S. 2208) treten teilweise erst **mWv 1.1.2026**, die Änderungen durch G v. 12.12.2019 (BGBl. I S. 2652) treten erst **mWv 1.1.2024** und die Änderungen durch G v. 5.10.2021 (BGBl. I S. 4607) treten teilweise erst **mWv 1.1.2026** in Kraft und sind insoweit im Text noch nicht berücksichtigt.

[2] Neubekanntmachung der VwGO v. 21.1.1960 (BGBl. I S. 17) in der ab 1.1.1991 geltenden Fassung.

führung der Verordnung (EU) Nr. 1215/2012 sowie zur Änd. sonstiger Vorschriften v. 8.7.2014 (BGBl. I S. 890), Art. 3 G zur Änd. des BundesministerG und des G über die Rechtsverhältnisse der Parlamentarischen Staatssekretäre v. 17.7.2015 (BGBl. I S. 1322), Art. 171 Zehnte ZuständigkeitsanpassungsVO v. 31.8.2015 (BGBl. I S. 1474), Art. 7 AsylverfahrensbeschleunigungsG v. 20.10.2015 (BGBl. I S. 1722), Art. 3 G zur Änd. von Bestimmungen des Rechts des Energieleitungsbaus v. 21.12.2015 (BGBl. I S. 2490), Art. 7 G zur Änd. des Sachverständigenrechts und zur weiteren Änd. des G über das Verfahren in Familiensachen und in den Angelegenheiten der freiwilligen Gerichtsbarkeit sowie zur Änd. weiterer G v. 11.10.2016 (BGBl. I S. 2222), Art. 3 G zur Einführung von Ausschreibungen für Strom aus erneuerbaren Energien und zu weiteren Änd. des Rechts der erneuerbaren Energien v. 13.10.2016 (BGBl. I S. 2258), Art. 17 G zur Änd. der Bestimmungen zur Stromerzeugung aus Kraft-Wärme-Kopplung und zur Eigenversorgung v. 22.12.2016 (BGBl. I S. 3106), Art. 5 G zur Anpassung des Umwelt-RechtsbehelfsG und anderer Vorschriften an europa- und völkerrechtliche Vorgaben v. 29.5.2017 (BGBl. I S. 1298), Art. 4 Hochwasserschutzgesetz II v. 30.6.2017 (BGBl. I S. 2193), Art. 20 und 21 G zur Einführung der elektronischen Akte in der Justiz und zur weiteren Förderung des elektronischen Rechtsverkehrs v. 5.7.2017 (BGBl. I S. 2208), Art. 11 Abs. 24 eIDAS-DurchführungsG v. 18.7.2017 (BGBl. I S. 2745), Art. 5 Abs. 2 G über die Erweiterung der Medienöffentlichkeit in Gerichtsverfahren v. 8.10. 2017 (BGBl. I S. 3546), Art. 2 16. G zur Änd. des AtomG v. 10.7.2018 (BGBl. I S. 1122 iVm Bek. v. 11.7.2018, BGBl. I S. 1124), Art. 7 G zur Einführung einer zivilprozessualen Musterfeststellungsklage v. 12.7.2018 (BGBl. I S. 1151), Art. 5 Abs. 24 G zur Einführung einer Karte für Unionsbürger und Angehörige des Europäischen Wirtschaftsraums mit Funktion zum elektronischen Identitätsnachweis sowie zur Änd. des PersonalausweisG und weiterer Vorschriften[1] v. 21.6.2019 (BGBl. I S. 846), Art. 4 Zweites G zur besseren Durchsetzung der Ausreisepflicht v. 15.8.2019 (BGBl. I S. 1294), Art. 5 G zur Regelung der Wertgrenze für die Nichtzulassungsbeschwerde in Zivilsachen, zum Ausbau der Spezialisierung bei den Gerichten sowie zur Änd. weiterer prozessrechtl. Vorschriften v. 12.12.2019 (BGBl. I S. 2633), Art. 56 G zur Regelung des Sozialen Entschädigungsrechts v. 12.12.2019 (BGBl. I S. 2652), Art. 5 Abs. 1 G über die Errichtung eines Bundesamts für Auswärtige Angelegenheiten und zur Änd. des G über den Auswärtigen Dienst, des AufenthaltsG und zur Anpassung anderer G an die Errichtung des Bundesamts v. 12.6.2020 (BGBl. I S. 1241), Art. 181 Elfte ZuständigkeitsanpassungsVO v. 19.6.2020 (BGBl. I S. 1328), Art. 1a G zur Änd. des Windenergie-auf-See-G und anderer Vorschriften v. 3.12.2020 (BGBl. I S. 2682), Art. 1 Investitionen-Beschleunigungsgesetz v. 3.12.2020 (BGBl. I S. 2694), Art. 15 Abs. 9 Vormundschafts- und Betreuungsrechts-ReformG v. 4.5.2021 (BGBl. I S. 882), Art. 2 G zur Änd. des BundesbergG und zur Änd. der VwGO v. 14.6.2021 (BGBl. I S. 1760), Art. 14 G zur Fortentwicklung der StrafprozessO und zur Änd. weiterer Vorschriften v. 25.6.2021 (BGBl. I S. 2099), Art. 16 G zur Modernisierung des notariellen Berufsrechts und zur Änd. weiterer Vorschriften v. 25.6.2021 (BGBl. I S. 2154), Art. 20 G zur Neuregelung des Berufsrechts der anwaltlichen und steuerberatenden Berufsausübungsgesellschaften sowie zur Änd. weiterer Vorschriften im Bereich der rechtsberatenden Berufe v. 7.7. 2021 (BGBl. I S. 2363), Art. 3a G zur Umsetzung unionsrechtl. Vorgaben und zur Regelung reiner Wasserstoffnetze im Energiewirtschaftsrecht v. 16.7.2021 (BGBl. I S. 3026), Art. 14, 15 und 16 G zum Ausbau des elektronischen Rechtsverkehrs mit den Gerichten und zur Änd. weiterer Vorschriften v. 5.10. 2021 (BGBl. I S. 4607), Art. 2 G zur Verbesserung der Transparenzregeln für die Mitglieder des Deutschen Bundestages und zur Anhebung des Strafrahmens des § 108e des Strafgesetzbuches v. 8.10.2021 (BGBl. I S. 4650) und Art. 3 Zweites G zur Änd. des Windenergie-auf-See-Gesetzes und anderer Vorschriften v. 20.7.2022 (BGBl. I S. 1325)

Zur VwGO haben die Länder folgende Vorschriften erlassen:

- **Baden-Württemberg:** G zur Ausführung der VwGO v. 14.10.2008 (GBl. S. 343, 356), zuletzt geänd. durch G v. 11.5.2022 (GBl. S. 281)
- **Bayern:** G zur Ausführung der VwGO idF der Bek. v. 20.6.1992 (GVBl. S. 162), zuletzt geänd. durch G v. 22.4.2022 (GVBl. S. 148)
- **Berlin:** G zur Ausführung der VwGO v. 22.2.1977 (GVBl. S. 557), aufgeh. durch G v. 22.1.2021 (GVBl. S. 88)
- **Brandenburg:** Brandenburgisches VerwaltungsgerichtsG idF der Bek. v. 22.11.1996 (GVBl. I S. 317), zuletzt geänd. durch G v. 10.7.2014 (GVBl. I Nr. 37)
- **Bremen:** G zur Ausführung der VwGO v. 15.3.1960 (Brem.GBl. S. 25), zuletzt geänd. durch Bek. v. 20.10.2020 (Brem.GBl. S. 1172)
- **Hamburg:** G zur Ausführung der VwGO v. 29.3.1960 (HmbGVBl. S. 291), zuletzt geänd. durch G v. 8.7.2014 (HmbGVBl. S. 299)
- **Hessen:** Hessisches G zur Ausführung der VwGO idF der Bek. v. 27.10.1997 (GVBl. I S. 381), zuletzt geänd. durch G v. 15.11.2021 (GVBl. S. 718)

---

[1] Die Änd. des Inkrafttretens dieses G durch Art. 154a G v. 20.11.2019 (BGBl. I S. 1626) ist unbeachtlich, da das G bei Erlass des ÄndG bereits in Kraft getreten war.

(3) Wer nicht im Inland wohnt, hat auf Verlangen einen Zustellungsbevollmächtigten zu bestellen.

§ 56a[1] **[Öffentliche Bekanntmachung im Massenverfahren]** (1) [1] Sind gleiche Bekanntgaben an mehr als fünfzig Personen erforderlich, kann das Gericht für das weitere Verfahren die Bekanntgabe durch öffentliche Bekanntmachung anordnen. [2] In dem Beschluß muß bestimmt werden, in welchen Tageszeitungen die Bekanntmachungen veröffentlicht werden; dabei sind Tageszeitungen vorzusehen, die in dem Bereich verbreitet sind, in dem sich die Entscheidung voraussichtlich auswirken wird. [3] Der Beschluß ist den Beteiligten zuzustellen. [4] Die Beteiligten sind darauf hinzuweisen, auf welche Weise die weiteren Bekanntgaben bewirkt werden und wann das Dokument als zugestellt gilt. [5] Der Beschluß ist unanfechtbar. [6] Das Gericht kann den Beschluß jederzeit aufheben; es muß ihn aufheben, wenn die Voraussetzungen des Satzes 1 nicht vorlagen oder nicht mehr vorliegen.

(2) [1] Die öffentliche Bekanntmachung erfolgt durch Aushang an der Gerichtstafel oder durch Veröffentlichung in einem elektronischen Informations- und Kommunikationssystem, das im Gericht öffentlich zugänglich ist und durch Veröffentlichung im Bundesanzeiger sowie in den im Beschluss nach Absatz 1 Satz 2 bestimmten Tageszeitungen. [2] Bei einer Entscheidung genügt die öffentliche Bekanntmachung der Entscheidungsformel und der Rechtsbehelfsbelehrung. [3] Statt des bekannt zu machenden Dokuments kann eine Benachrichtigung öffentlich bekannt gemacht werden, in der angegeben ist, wo das Dokument eingesehen werden kann. [4] Eine Terminbestimmung oder Ladung muss im vollständigen Wortlaut öffentlich bekannt gemacht werden.

(3) [1] Das Dokument gilt als an dem Tage zugestellt, an dem seit dem Tage der Veröffentlichung im Bundesanzeiger zwei Wochen verstrichen sind; darauf ist in jeder Veröffentlichung hinzuweisen. [2] Nach der öffentlichen Bekanntmachung einer Entscheidung können die Beteiligten eine Ausfertigung schriftlich anfordern; darauf ist in der Veröffentlichung gleichfalls hinzuweisen.

§ 57 [Fristen] (1) Der Lauf einer Frist beginnt, soweit nichts anderes bestimmt ist, mit der Zustellung oder, wenn diese nicht vorgeschrieben ist, mit der Eröffnung oder Verkündung.

(2) Für die Fristen gelten die Vorschriften der §§ 222, 224 Abs. 2 und 3, §§ 225 und 226 der Zivilprozeßordnung[2].

§ 58[3] **[Rechtsbehelfsbelehrung]** (1) Die Frist für ein Rechtsmittel oder einen anderen Rechtsbehelf beginnt nur zu laufen, wenn der Beteiligte über den Rechtsbehelf, die Verwaltungsbehörde oder das Gericht, bei denen der Rechtsbehelf anzubringen ist, den Sitz und die einzuhaltende Frist schriftlich oder elektronisch belehrt worden ist.

(2) [1] Ist die Belehrung unterblieben oder unrichtig erteilt, so ist die Einlegung des Rechtsbehelfs nur innerhalb eines Jahres seit Zustellung, Eröffnung oder Verkündung zulässig, außer wenn die Einlegung vor Ablauf der Jahresfrist infolge

---

[1] § 56a Abs. 1 Satz 4 und Abs. 3 Satz 1 erster Halbs. geänd. sowie Abs. 2 neu gef. mWv 1.4.2005 durch G v. 22.3.2005 (BGBl. I S. 837); Abs. 2 Satz 1 geänd. mWv 1.4.2012 durch G v. 22.12.2011 (BGBl. I S. 3044); Abs. 2 Satz 1 geänd., Satz 2 aufgeh., bish. Sätze 3–5 werden Sätze 2–4 mWv 1.1.2022 durch G v. 5.10.2021 (BGBl. I S. 4607).

[2] **Habersack Nr. 100.**

[3] § 58 Abs. 1 und Abs. 2 Satz 1 geänd. mWv 1.4.2005 durch G v. 22.3.2005 (BGBl. I S. 837).

höherer Gewalt unmöglich war oder eine schriftliche oder elektronische Belehrung dahin erfolgt ist, daß ein Rechtsbehelf nicht gegeben sei. [2] § 60 Abs. 2 gilt für den Fall höherer Gewalt entsprechend.

§ 59[1)] *(aufgehoben)*

§ 60[2)] **[Wiedereinsetzung]** (1) Wenn jemand ohne Verschulden verhindert war, eine gesetzliche Frist einzuhalten, so ist ihm auf Antrag Wiedereinsetzung in den vorigen Stand zu gewähren.

(2) [1] Der Antrag ist binnen zwei Wochen nach Wegfall des Hindernisses zu stellen; bei Versäumung der Frist zur Begründung der Berufung, des Antrags auf Zulassung der Berufung, der Revision, der Nichtzulassungsbeschwerde oder der Beschwerde beträgt die Frist einen Monat. [2] Die Tatsachen zur Begründung des Antrags sind bei der Antragstellung oder im Verfahren über den Antrag glaubhaft zu machen. [3] Innerhalb der Antragsfrist ist die versäumte Rechtshandlung nachzuholen. [4] Ist dies geschehen, so kann die Wiedereinsetzung auch ohne Antrag gewährt werden.

(3) Nach einem Jahr seit dem Ende der versäumten Frist ist der Antrag unzulässig, außer wenn der Antrag vor Ablauf der Jahresfrist infolge höherer Gewalt unmöglich war.

(4) Über den Wiedereinsetzungsantrag entscheidet das Gericht, das über die versäumte Rechtshandlung zu befinden hat.

(5) Die Wiedereinsetzung ist unanfechtbar.

§ 61 [Beteiligungsfähigkeit] Fähig, am Verfahren beteiligt zu sein, sind

1. natürliche und juristische Personen,
2. Vereinigungen, soweit ihnen ein Recht zustehen kann,
3. Behörden, sofern das Landesrecht dies bestimmt.

§ 62[3)] **[Prozessfähigkeit]** (1) Fähig zur Vornahme von Verfahrenshandlungen sind

1. die nach bürgerlichem Recht Geschäftsfähigen,
2. die nach bürgerlichem Recht in der Geschäftsfähigkeit Beschränkten, soweit sie durch Vorschriften des bürgerlichen oder öffentlichen Rechts für den Gegenstand des Verfahrens als geschäftsfähig anerkannt sind.

(2) Betrifft ein Einwilligungsvorbehalt nach § 1825 des Bürgerlichen Gesetzbuchs[4)] den Gegenstand des Verfahrens, so ist ein geschäftsfähiger Betreuter nur insoweit zur Vornahme von Verfahrenshandlungen fähig, als er nach den Vorschriften des bürgerlichen Rechts ohne Einwilligung des Betreuers handeln kann oder durch Vorschriften des öffentlichen Rechts als handlungsfähig anerkannt ist.

(3) Für Vereinigungen sowie für Behörden handeln ihre gesetzlichen Vertreter und Vorstände.

(4) §§ 53 bis 58 der Zivilprozeßordnung[5)] gelten entsprechend.

[1)] § 59 aufgeh. mWv 7.6.2013 durch G v. 31.5.2013 (BGBl. I S. 1388).

[2)] § 60 Abs. 2 Satz 1 zweiter Halbs. angef. mWv 1.9.2004 durch G v. 24.8.2004 (BGBl. I S. 2198).

[3)] § 62 Abs. 2 eingef., bish. Abs. 2 und 3 werden Abs. 3 und 4 mWv 1.1.1992 durch G v. 12.9.1990 (BGBl. I S. 2002); Abs. 3 geänd. mWv 1.7.2008 durch G v. 12.12.2007 (BGBl. I S. 2840); Abs. 2 geänd. mWv 1.1.2023 durch G v. 4.5.2021 (BGBl. I S. 882).

[4)] **Habersack Nr. 20.**

[5)] **Habersack Nr. 100.**

830. Gesetz über die Elektrizitäts- und Gasversorgung (Energiewirtschaftsgesetz – EnWG)[1) 2) 3)]

Vom 7. Juli 2005

(BGBl. I S. 1970, ber. S. 3621)

FNA 752-6

geänd. durch Art. 7 G zur Beschleunigung von Planungsverfahren für Infrastrukturvorhaben v. 9.12.2006 (BGBl. I S. 2833), Art. 7 Abs. 14 G zur Stärkung der Selbstverwaltung der Rechtsanwaltschaft v. 26.3. 2007 (BGBl. I S. 358), Art. 2 G zur Bekämpfung von Preismissbrauch im Bereich der Energieversorgung und des Lebensmittelhandels v. 18.12.2007 (BGBl. I S. 2966), Art. 1 G zur Öffnung des Messwesens bei Strom und Gas für Wettbewerb v. 29.8.2008 (BGBl. I S. 1790), Art. 3 G zur Neuregelung des Rechts der Erneuerbaren Energien im Strombereich und zur Änd. damit zusammenhängender Vorschriften v. 25.10. 2008 (BGBl. I S. 2074), Art. 2 G zur Förderung der Kraft-Wärme-Kopplung v. 25.10.2008 (BGBl. I S. 2101), Art. 10 G zur Neuregelung des Rechts des Naturschutzes und der Landschaftspflege v. 29.7.2009 (BGBl. I S. 2542), Art. 2 G zur Beschleunigung des Ausbaus der Höchstspannungsnetze v. 21.8.2009 (BGBl. I S. 2870), Art. 2 G zur Umsetzung der RL des Europäischen Parlaments und des Rates über Endenergieeffizienz und Energiedienstleistungen v. 4.11.2010 (BGBl. I S. 1483), Art. 4 G zur Umsetzung der DienstleistungsRL im EichG sowie im Geräte- und ProduktsicherheitsG und zur Änd. des Verwaltungskostenseo, des EnergiewirtschaftsG und des EnergieleitungsausbauG v. 7.3.2011 (BGBl. I S. 338), Art. 1 G zur Neuregelung energiewirtschaftsrechtlicher Vorschriften v. 26.7.2011 (BGBl. I S. 1554), Art. 8 G zur Neuregelung des Rechtsrahmens für die Förderung der Stromerzeugung aus erneuerbaren Energien v. 28.7.2011 (BGBl. I S. 1634), Art. 2 G über Maßnahmen zur Beschleunigung des Netzausbaus Elektrizitätsnetze v. 28.7.2011 (BGBl. I S. 1690), Art. 22 G über den Rechtsschutz bei überlangen Gerichtsverfahren und strafrechtlichen Ermittlungsverfahren v. 24.11.2011 (BGBl. I S. 2302), Art. 1 Zweites G zur Neuregelung energiewirtschaftsrechtlicher Vorschriften v. 22.12.2011 (BGBl. I S. 3034), Art. 2 Abs. 66 G zur Änd. von Vorschriften über Verkündung und Bekanntmachungen sowie der ZPO, des EGZPO und der AO v. 22.12.2011 (BGBl. I S. 3044), Art. 3 G zur Neufassung des ErdölbevorratungsG, zur Änd. des MineralöldatenG und zur Änd. des EnergiewirtschaftsG v. 16.1.2012 (BGBl. I S. 74), Art. 2 G zur Einrichtung einer Markttransparenzstelle für den Großhandel mit Strom und Gas v. 5.12.2012 (BGBl. I S. 2403), Art. 1, 2 Drittes G zur Neuregelung energiewirtschaftsrechtlicher Vorschriften v. 20.12.2012 (BGBl. I S. 2730, geänd. durch G v. 26.7.2016, BGBl. I S. 1786), Art. 1 ÄndG v. 21.2.2013 (BGBl. I S. 346), Art. 4 Planfeststellungsverfahren-VereinheitlichungsG v. 31.5.2013 (BGBl. I S. 1388, geänd. durch G v. 24.5.2014, BGBl. I S. 538), Art. 5 Abs. 1 Achtes G zur Änd. des GWB v. 26.6.2013 (BGBl. I S. 1738), Art. 2 Zweites G über Maßnahmen zur Beschleunigung des Netzausbaus Elektrizitätsnetze v. 23.7.2013 (BGBl. I S. 2543), Art. 2 Abs. 97 G zur Strukturreform des Gebührenrechts des Bundes v. 7.8.2013 (BGBl. I S. 3154), Art. 3 Abs. 4 G zur Änd. des HGB v. 4.10.2013 (BGBl. I S. 3746), Art. 6 G zur grundlegenden Reform des EEG und zur Änd. weiterer Bestimmungen des Energiewirtschaftsrechts v. 21.7.2014 (BGBl. I S. 1066), Art. 3 IT-SicherheitsG v. 17.7.2015 (BGBl. I S. 1324), Art. 15 BürokratieentlastungsG v. 28.7.2015 (BGBl. I S. 1400), Art. 311 Zehnte ZuständigkeitsanpassungsVO

[1)] **Amtl. Anm.:** Dieses Gesetz dient der Umsetzung der Richtlinie 2003/54/EG des Europäischen Parlaments und des Rates vom 26. Juni 2003 über gemeinsame Vorschriften für den Elektrizitätsbinnenmarkt und zur Aufhebung der Richtlinie 96/92/EG (ABl. EU Nr. L 176 S. 37), der Richtlinie 2003/55/EG des Europäischen Parlaments und des Rates vom 26. Juni 2003 über gemeinsame Vorschriften für den Erdgasbinnenmarkt und zur Aufhebung der Richtlinie 98/30/EG (ABl. EU Nr. L 176 S. 57), der Richtlinie 2004/67/EG des Rates vom 26. April 2004 über Maßnahmen zur Gewährleistung der sicheren Erdgasversorgung (ABl. EU Nr. L 127 S. 92) und der Richtlinie 2006/32/EG des Europäischen Parlaments und des Rates vom 5. April 2006 über Endenergieeffizienz und Energiedienstleistungen und zur Aufhebung der Richtlinie 93/76/EWG des Rates (ABl. EU Nr. L 114 S. 64).

[2)] Verkündet als Art. 1 Zweites G zur Neuregelung des Energiewirtschaftsrechts v. 7.7.2005 (BGBl. I S. 1970); Inkrafttreten gem. Art. 5 Abs. 1 dieses G am 13.7.2005.

[3)] Die Änderungen durch G v. 13.10.2016 (BGBl. I S. 2258) treten teilweise erst **mWv 1.1.2026**, die Änderung durch G v. 10.8.2021 (BGBl. I S. 3436) tritt erst **mWv 1.1.2024**, die Änderungen durch G v. 19.7.2022 (BGBl. I S. 1214) treten teilweise erst **mWv 1.7.2023** in Kraft und sind insoweit im Text noch nicht berücksichtigt.

Die Änderungen durch G v. 8.7.2022 (BGBl. I S. 1054) treten teilweise erst an dem Tag in Kraft, an dem die Europäische Kommission die beihilfenrechtliche Genehmigung erteilt hat, und sind insoweit im Text noch nicht berücksichtigt. Der Tag des Inkrafttretens wurde bisher nicht im BGBl. bekannt gegeben.

v. 31.8.2015 (BGBl. I S. 1474), Art. 2 Erstes G zur Änd. des EnergieverbrauchskennzeichnungsG und zur Änd. weiterer Bestimmungen des Energiewirtschaftsrechts v. 10.12.2015 (BGBl. I S. 2194), Art. 1 G zur Änd. von Bestimmungen des Rechts des Energieleitungsbaus v. 21.12.2015 (BGBl. I S. 2490), Art. 2 Abs. 3 G zur Neuregelung des Kraft-Wärme-KopplungsG v. 21.12.2015 (BGBl. I S. 2498), Art. 9 G zur Umsetzung der RL über alternative Streitbeilegung in Verbraucherangelegenheiten und zur Durchführung der VO über Online-Streitbeilegung in Verbraucherangelegenheiten v. 19.2.2016 (BGBl. I S. 254), Art. 78 Zweites G über die weitere Bereinigung von Bundesrecht v. 8.7.2016 (BGBl. I S. 1594), Art. 1, 11 StrommarktG v. 26.7.2016 (BGBl. I S. 1786), Art. 3 G zur Digitalisierung der Energiewende v. 29.8. 2016 (BGBl. I S. 2034), Art. 6, 25 Abs. 3 G zur Einführung von Ausschreibungen für Strom aus erneuerbaren Energien und zu weiteren Änd. des Rechts der erneuerbaren Energien v. 13.10.2016 (BGBl. I S. 2258), Art. 3 G zur Änd. von Vorschriften zur Bevorratung von Erdöl, zur Erhebung von Mineralöldaten und zur Umstellung auf hochkalorisches Erdgas v. 14.12.2016 (BGBl. I S. 2874), Art. 3 G zur Änd. der Bestimmungen zur Stromerzeugung aus Kraft-Wärme-Kopplung und zur Eigenversorgung v. 22.12.2016 (BGBl. I S. 3106), Art. 1 G zur Änd. der Vorschriften zur Vergabe von Wegenutzungsrechten zur leitungsgebundenen Energieversorgung v. 27.1.2017 (BGBl. I S. 130), Art. 117 G zum Abbau verzichtbarer Anordnungen der Schriftform im Verwaltungsrecht des Bundes v. 29.3.2017 (BGBl. I S. 626), Art. 6 Abs. 36 G zur Reform der strafrechtlichen Vermögensabschöpfung v. 13.4.2017 (BGBl. I S. 872), Art. 13 G zur Anpassung des Umwelt-RechtsbehelfsG und anderer Vorschriften an europa- und völkerrechtliche Vorgaben v. 29.5.2017 (BGBl. I S. 1298), Art. 24 Abs. 28 Zweites FinanzmarktnovellierungsG v. 23.6.2017 (BGBl. I S. 1693), Art. 3 G zur Umsetzung der RL (EU) 2016/1148 des Europäischen Parlaments und des Rates vom 6. Juli 2016 über Maßnahmen zur Gewährleistung eines hohen gemeinsamen Sicherheitsniveaus von Netz- und Informationssystemen in der Union v. 23.6.2017 (BGBl. I S. 1885), Art. 1 NetzentgeltmodernisierungsG v. 17.7.2017 (BGBl. I S. 2503, ber. S. 3343, geänd. durch G v. 17.12.2018, BGBl. I S. 2549), Art. 2 G zur Förderung von Mieterstrom und zur Änd. weiterer Vorschriften des Erneuerbare-Energien-G v. 17.7.2017 (BGBl. I S. 2532), Art. 2 Abs. 6 G zur Modernisierung des Rechts der Umweltverträglichkeitsprüfung v. 20.7.2017 (BGBl. I S. 2808, ber. 2018 S. 472), Art. 3, 14 G zur Änd. des Erneuerbare-Energien-G, des Kraft-Wärme-KopplungsG, des EnergiewirtschaftsG und weiterer energierechtlicher Vorschriften v. 17.12.2018 (BGBl. I S. 2549), Art. 1 G zur Beschleunigung des Energieleitungsausbaus v. 13.5.2019 (BGBl. I S. 706, geänd. durch G v. 21.12.2020, BGBl. I S. 3138, und durch G v. 16.7.2021, BGBl. I S. 3026), Art. 89 Zweites Datenschutz-Anpassungs- und UmsetzungsG EU v. 20.11.2019 (BGBl. I S. 1626), Art. 2 G zur Änd. des G über Energiedienstleistungen und andere Energieeffizienzmaßnahmen v. 20.11.2019 (BGBl. I S. 1719), Art. 5 G zur Änd. von Vorschriften über die außergerichtliche Streitbeilegung in Verbrauchersachen und zur Änd. weiterer Gesetze v. 30.11.2019 (BGBl. I S. 1942), Art. 1 G zur Änd. des EnergiewirtschaftsG zur Umsetzung der RL (EU) 2019/692 des Europäischen Parlamentes und des Rates über gemeinsame Vorschriften für den Erdgasbinnenmarkt v. 5.12.2019 (BGBl. I S. 2002), Art. 5 G zur Änd. des Erneuerbare-Energien-G 2017 und weiterer energierechtlicher Bestimmungen v. 25.5.2020 (BGBl. I S. 1070), Art. 249 Elfte ZuständigkeitsanpassungsVO v. 19.6.2020 (BGBl. I S. 1328), Art. 4 G zur Vereinheitlichung des Energieeinsparrechts für Gebäude und zur Änd. weiterer Gesetze v. 8.8.2020 (BGBl. I S. 1728), Art. 4 KohleausstiegsG v. 8.8.2020 (BGBl. I S. 1818), Art. 1 G zur Änd. des EnergiewirtschaftsG zur marktgestützten Beschaffung von Systemdienstleistungen v. 22.11.2020 (BGBl. I S. 2464), Art. 2 G zur Änd. des Windenergie-auf-See-G und anderer Vorschriften v. 3.12.2020 (BGBl. I S. 2682), Art. 2 G zur Änd. des Erneuerbare-Energien-G und weiterer energierechtlicher Vorschriften v. 21.12.2020 (BGBl. I S. 3138), Art. 2 G zur Änd. des BundesbedarfsplanG und anderer Vorschriften v. 25.2.2021 (BGBl. I S. 298), Art. 3 Zweites G zur Erhöhung der Sicherheit informationstechnischer Systeme v. 18.5.2021 (BGBl. I S. 1122), Art. 1, 2 G zur Umsetzung unionsrechtlicher Vorgaben und zur Regelung reiner Wasserstoffnetze im Energiewirtschaftsrecht v. 16.7.2021 (BGBl. I S. 3026), Art. 24 G zur Umsetzung der DigitalisierungsRL v. 5.7.2021 (BGBl. I S. 3338), Art. 84 PersonengesellschaftsrechtsmodernisierungsG (MoPeG) v. 10.8.2021 (BGBl. I S. 3436), Art. 1 G zur Änd. des EnergiewirtschaftsG zur Einführung von Füllstandsvorgaben für Gasspeicheranlagen sowie zur Änd. von § 246 BauGB v. 26.4.2022 (BGBl. I S. 674), Art. 2 G zur Änd. des EnergiesicherungsG 1975 und anderer energiewirtschaftlicher Vorschriften v. 20.5.2022 (BGBl. I S. 730), Art. 2 G zur Absenkung der Kostenbelastungen durch die EEG-Umlage und zur Weitergabe dieser Absenkung an die Letztverbraucher v. 23.5.2022 (BGBl. I S. 747), Art. 1 G zur Bereithaltung von Ersatzkraftwerken zur Reduzierung des Gasverbrauchs im Stromsektor im Fall einer drohenden Gasmangellage durch Änd. des EnergiewirtschaftsG und weiterer energiewirtschaftlicher Vorschriften v. 8.7.2022 (BGBl. I S. 1054), Art. 1 G zur Änd. des Energiewirtschaftsrechts im Zusammenhang mit dem Klimaschutz-Sofortprogramm und zu Anpassungen im Recht der Endkundenbelieferung v. 19.7.2022 (BGBl. I S. 1214), Art. 5 G zu Sofortmaßnahmen für einen beschleunigten Ausbau der erneuerbaren Energien und weiteren Maßnahmen im Stromsektor v. 20.7.2022 (BGBl. I S. 1237), Art. 4, 5 Zweites G zur Änd. des Windenergie-auf-See-G und anderer Vorschriften v. 20.7.2022 (BGBl. I S. 1325) und Art. 3 G zur Änd. des EnergiesicherungsG und anderer energiewirtschaftlicher Vorschriften v. 8.10.2022 (BGBl. I S. 1726)

Inhaltsübersicht[1)]

Teil 1. Allgemeine Vorschriften

Teil 2. Entflechtung

Abschnitt 1. Gemeinsame Vorschriften für Verteilernetzbetreiber und Transportnetzbetreiber

Abschnitt 2. Entflechtung von Verteilernetzbetreibern und Betreibern von Gasspeicheranlagen

Abschnitt 3. Besondere Entflechtungsvorgaben für Transportnetzbetreiber

---

1) Inhaltsübersicht geänd. mWv 17.12.2006 durch G v. 9.12.2006 (BGBl. I S. 2833); geänd. mWv 22.12.2007 durch G v. 18.12.2007 (BGBl. I S. 2966); geänd. mWv 26.8.2009 durch G v. 21.8.2009 (BGBl. I S. 2870); geänd. mWv 12.3.2011 durch G v. 7.3.2011 (BGBl. I S. 338); geänd. mWv 4.8.2011 durch G v. 26.7.2011 (BGBl. I S. 1554); geänd. mWv 3.12.2011 durch G v. 24.11.2011 (BGBl. I S. 2302); geänd. mWv 12.12.2012 durch G v. 5.12.2012 (BGBl. I S. 2403); geänd. mWv 28.12.2012 durch G v. 20.12.2012 (BGBl. I S. 2730); geänd. mWv 8.9.2015 durch VO v. 31.8.2015 (BGBl. I S. 1474); geänd. mWv 1.1.2016 durch G v. 10.12.2015 (BGBl. I S. 2194); geänd. mWv 15.7.2016 durch G v. 8.7.2016 (BGBl. I S. 1594); geänd. mWv 30.7.2016 durch G v. 26.7.2016 (BGBl. I S. 1786); geänd. mWv 2.9.2016 durch G v. 29.8.2016 (BGBl. I S. 2034); geänd. mWv 1.1.2017 durch G v. 13.10.2016 (BGBl. I S. 2258); geänd. mWv 1.1.2017 durch G v. 14.12.2016 (BGBl. I S. 2874); geänd. mWv 3.2.2017 durch G v. 27.1. 2017 (BGBl. I S. 130); geänd. mWv 22.7.2017 durch G v. 17.7.2017 (BGBl. I S. 2503); geänd. mWv 25.7.2017 durch G v. 17.7.2017 (BGBl. I S. 2532); geänd. mWv 21.12.2018 durch G v. 17.12.2018 (BGBl. I S. 2549); geänd. mWv 17.5.2019 und mWv 1.10.2021 durch G v. 13.5.2019 (BGBl. I S. 706); geänd. mWv 12.12.2019 durch G v. 5.12.2019 (BGBl. I S. 2002); geänd. mWv 14.8.2020 durch G v. 8.8. 2020 (BGBl. I S. 1818); geänd. mWv 27.11.2020 durch G v. 22.11.2020 (BGBl. I S. 2464); geänd. mWv 1.1.2021 (mangels Textübereinstimmung nicht ausführbar) durch G v. 21.12.2020 (BGBl. I S. 3138); geänd. mWv 4.3.2021 durch G v. 25.2.2021 (BGBl. I S. 298); geänd. mWv 27.7.2021 durch G v. 16.7. 2021 (BGBl. I S. 3026); geänd. mWv 30.4.2022 durch G v. 26.4.2022 (BGBl. I S. 674); geänd. mWv 22.5.2022 durch G v. 20.5.2022 (BGBl. I S. 730); geänd. mWv 12.7.2022 durch G v. 8.7.2022 (BGBl. I S. 1054); geänd. mWv 29.7.2022 durch G v. 19.7.2022 (BGBl. I S. 1214); geänd. mWv 1.1.2023 durch G v. 20.7.2022 (BGBl. I S. 1237); geänd. mWv 13.10.2022 durch G v. 8.10.2022 (BGBl. I S. 1726); sie wurde nichtamtlich an die Änderungen durch G v. 28.7.2011 (BGBl. I S. 1690), durch G v. 22.12.2016 (BGBl. I S. 3106) und durch G v. 20.7.2017 (BGBl. I S. 2808) angepasst.

Teil 3a. Füllstandsvorgaben für Gasspeicheranlagen und Gewährleistung der Versorgungssicherheit

Teil 4. Energielieferung an Letztverbraucher

Teil 5. Planfeststellung, Wegenutzung

Teil 6. Sicherheit und Zuverlässigkeit der Energieversorgung

Teil 1. Allgemeine Vorschriften

§ 1[1] Zweck und Ziele des Gesetzes. (1) Zweck des Gesetzes ist eine möglichst sichere, preisgünstige, verbraucherfreundliche, effiziente, umweltverträgliche und treibhausgasneutrale leitungsgebundene Versorgung der Allgemeinheit mit Elektrizität, Gas und Wasserstoff, die zunehmend auf erneuerbaren Energien beruht.

(2) Die Regulierung der Elektrizitäts- und Gasversorgungsnetze dient den Zielen der Sicherstellung eines wirksamen und unverfälschten Wettbewerbs bei der Versorgung mit Elektrizität und Gas und der Sicherung eines langfristig angelegten leistungsfähigen und zuverlässigen Betriebs von Energieversorgungsnetzen.

(3) Zweck dieses Gesetzes ist ferner die Umsetzung und Durchführung des Europäischen Gemeinschaftsrechts auf dem Gebiet der leitungsgebundenen Energieversorgung.

(4) Um den Zweck des Absatzes 1 auf dem Gebiet der leitungsgebundenen Versorgung der Allgemeinheit mit Elektrizität zu erreichen, verfolgt dieses Gesetz insbesondere die Ziele,

1. die freie Preisbildung für Elektrizität durch wettbewerbliche Marktmechanismen zu stärken,
2. den Ausgleich von Angebot und Nachfrage nach Elektrizität an den Strommärkten jederzeit zu ermöglichen,
3. dass Erzeugungsanlagen, Anlagen zur Speicherung elektrischer Energie und Lasten insbesondere möglichst umweltverträglich, netzverträglich, effizient und flexibel in dem Umfang eingesetzt werden, der erforderlich ist, um die Sicherheit und Zuverlässigkeit des Elektrizitätsversorgungssystems zu gewährleisten, und
4. den Elektrizitätsbinnenmarkt zu stärken sowie die Zusammenarbeit insbesondere mit den an das Gebiet der Bundesrepublik Deutschland angrenzenden Staaten

[1] § 1 Abs. 1 geänd. mWv 4.8.2011 durch G v. 26.7.2011 (BGBl. I S. 1554); Überschrift neu gef., Abs. 4 angef. mWv 30.7.2016 durch G v. 26.7.2016 (BGBl. I S. 1786); Abs. 1 geänd. mWv 27.7.2021 durch G v. 16.7.2021 (BGBl. I S. 3026); Abs. 1 geänd. mWv 29.7.2022 durch G v. 19.7.2022 (BGBl. I S. 1214).

sowie mit dem Königreich Norwegen und dem Königreich Schweden zu intensivieren.

§ 1a[1] Grundsätze des Strommarktes. (1) [1] Der Preis für Elektrizität bildet sich nach wettbewerblichen Grundsätzen frei am Markt. [2] Die Höhe der Preise für Elektrizität am Großhandelsmarkt wird regulatorisch nicht beschränkt.

(2) [1] Das Bilanzkreis- und Ausgleichsenergiesystem hat eine zentrale Bedeutung für die Gewährleistung der Elektrizitätsversorgungssicherheit. [2] Daher sollen die Bilanzkreistreue der Bilanzkreisverantwortlichen und eine ordnungsgemäße Bewirtschaftung der Bilanzkreise sichergestellt werden.

(3) [1] Es soll insbesondere auf eine Flexibilisierung von Angebot und Nachfrage hingewirkt werden. [2] Ein Wettbewerb zwischen effizienten und flexiblen Erzeugungsanlagen, Anlagen zur Speicherung elektrischer Energie und Lasten, eine effiziente Kopplung des Wärme- und des Verkehrssektors mit dem Elektrizitätssektor sowie die Integration der Ladeinfrastruktur für Elektromobile in das Elektrizitätsversorgungssystem sollen die Kosten der Energieversorgung verringern, die Transformation zu einem umweltverträglichen, zuverlässigen und bezahlbaren Energieversorgungssystem ermöglichen und die Versorgungssicherheit gewährleisten.

(4) Elektrizitätsversorgungsnetze sollen bedarfsgerecht unter Berücksichtigung des Ausbaus der Stromerzeugung aus erneuerbaren Energien nach § 4 des Erneuerbare-Energien-Gesetzes[2], der Versorgungssicherheit sowie volkswirtschaftlicher Effizienz ausgebaut werden.

(5) Die Transparenz am Strommarkt soll erhöht werden.

(6) [1] Als Beitrag zur Verwirklichung des Elektrizitätsbinnenmarktes sollen eine stärkere Einbindung des Strommarktes in die europäischen Strommärkte und eine stärkere Angleichung der Rahmenbedingungen in den europäischen Strommärkten, insbesondere mit den an das Gebiet der Bundesrepublik Deutschland angrenzenden Staaten sowie dem Königreich Norwegen und dem Königreich Schweden, angestrebt werden. [2] Es sollen die notwendigen Verbindungsleitungen ausgebaut, die Marktkopplung und der grenzüberschreitende Stromhandel gestärkt sowie die Regelenergiemärkte und die vortägigen und untertägigen Spotmärkte stärker integriert werden.

§ 2[3] Aufgaben der Energieversorgungsunternehmen. (1) Energieversorgungsunternehmen sind im Rahmen der Vorschriften dieses Gesetzes zu einer Versorgung im Sinne des § 1 verpflichtet.

(2) Die Verpflichtungen nach dem Erneuerbare-Energien-Gesetz[2] und nach dem Kraft-Wärme-Kopplungsgesetz[4] bleiben vorbehaltlich des § 13, auch in Verbindung mit § 14, unberührt.

---

[1] § 1a eingef. mWv 30.7.2016 durch G v. 26.7.2016 (BGBl. I S. 1786); Abs. 4 geänd. mWv 1.1.2017 durch G v. 22.12.2016 (BGBl. I S. 3106).

[2] **Sartorius ErgBd. Nr. 833.**

[3] § 2 Abs. 2 geänd. mWv 1.11.2008 durch G v. 25.10.2008 (BGBl. I S. 2101).

[4] **Sartorius ErgBd. Nr. 834.**

§ 3[1)] Begriffsbestimmungen. Im Sinne dieses Gesetzes bedeutet

1. Abrechnungsinformationen
Informationen, die üblicherweise in Rechnungen über die Energiebelieferung von Letztverbrauchern zur Ermittlung des Rechnungsbetrages enthalten sind, mit Ausnahme der Zahlungsaufforderung selbst,

1a. Aggregatoren
natürliche oder juristische Personen oder rechtlich unselbständige Organisationseinheiten eines Energieversorgungsunternehmens, die eine Tätigkeit ausüben, bei der Verbrauch oder Erzeugung von elektrischer Energie in Energieanlagen oder in Anlagen zum Verbrauch elektrischer Energie auf einem Elektrizitätsmarkt gebündelt angeboten werden,

1b. Ausgleichsleistungen
Dienstleistungen zur Bereitstellung von Energie, die zur Deckung von Verlusten und für den Ausgleich von Differenzen zwischen Ein- und Ausspeisung benötigt wird, zu denen insbesondere auch Regelenergie gehört,

1c. Ausspeisekapazität
im Gasbereich das maximale Volumen pro Stunde in Normkubikmeter, das an einem Ausspeisepunkt aus einem Netz oder Teilnetz insgesamt ausgespeist und gebucht werden kann,

1d. Ausspeisepunkt
ein Punkt, an dem Gas aus einem Netz oder Teilnetz eines Netzbetreibers entnommen werden kann,

2. Betreiber von Elektrizitätsversorgungsnetzen
natürliche oder juristische Personen oder rechtlich unselbständige Organisationseinheiten eines Energieversorgungsunternehmens, die Betreiber von Übertragungs- oder Elektrizitätsverteilernetzen sind,

3. Betreiber von Elektrizitätsverteilernetzen
natürliche oder juristische Personen oder rechtlich unselbständige Organisationseinheiten eines Energieversorgungsunternehmens, die die Aufgabe der Verteilung von Elektrizität wahrnehmen und verantwortlich sind für den Betrieb, die Wartung sowie erforderlichenfalls den Ausbau des Verteilernetzes

---

1) § 3 Nr. 26a–26c eingef. mWv 9.9.2008 durch G v. 29.8.2008 (BGBl. I S. 1790); Nr. 18a geänd. mWv 1.1.2009 durch G v. 25.10.2008 (BGBl. I S. 2074); Nr. 10, 23, 25 und 29 geänd. mWv 1.11.2008 durch G v. 25.10.2008 (BGBl. I S. 2101); Nr. 19a geänd. mWv 26.8.2009 durch G v. 21.8.2009 (BGBl. I S. 2870); Nr. 5 neu gef., Nr. 10c geänd., Nr. 15a eingef., bish. Nr. 15a wird Nr. 15b, Nr. 16 geänd., Nr. 18 neu gef., Nr. 18a eingef., bish. Nr. 18a wird Nr. 18b, Nr. 19a neu gef., Nr. 24a, b, Nr. 29b eingef., bish. Nr. 29b wird Nr. 29c, Nr. 31c, d, Nr. 33a eingef., Nr. 37 geänd., Nr. 38 neu gef. mWv 4.8.2011 durch G v. 26.7.2011 (BGBl. I S. 1554); Nr. 32 geänd. mWv 5.8.2011 durch G v. 28.7.2011 (BGBl. I S. 1690); Nr. 18b neu gef. mWv 1.8.2014 durch G v. 21.7.2014 (BGBl. I S. 1066); Nr. 18c und 18d eingef., Nr. 25 und 39 geänd., Nr. 40 angef. mWv 30.7.2016 durch G v. 26.7.2016 (BGBl. I S. 1786); Nr. 18b geänd. mWv 1.1.2017 durch G v. 13.10.2016 (BGBl. I S. 2258); Nr. 38a eingef. mWv 22.7.2017 durch G v. 17.7.2017 (BGBl. I S. 2503); Nr. 21a und 24c eingef. mWv 21.12.2018 durch G v. 17.12.2018 (BGBl. I S. 2549); Nr. 24d eingef. mWv 18.11.2017 durch G v. 13.5.2019 (BGBl. I S. 706); Nr. 19c eingef. mWv 12.12.2019 durch G v. 5.12.2019 (BGBl. I S. 2002); Nr. 1 und 1a eingef., bish. Nr. 1–1b werden Nr. 1b–1d, Nr. 6 eingef., bish. Nr. 6–8 werden Nr. 7–9 , bish. Nr. 9 aufgeh., Nr. 10a–10c eingef., bish. Nr. 10a–10c werden Nr. 10d–10f, Nr. 14 geänd., Nr. 15c und 15d eingef., Nr. 16 geänd., Nr. 18b eingef., bish. Nr. 18b–18d werden Nr. 18c–18e, Nr. 19c eingef., bish. Nr. 19c wird Nr. 19d, Nr. 20 geänd., Nr. 20a eingef., Nr. 21 und 23 geänd., Nr. 23a und 24e eingef., Nr. 25 und 27 geänd., Nr. 31 neu gef., Nr. 31a und 31b eingef., bish. Nr. 31a–31d werden Nr. 31c–31f, Nr. 38b, 39a und 39b eingef. mWv 27.7.2021 durch G v. 16.7.2021 (BGBl. I S. 3026); Nr. 26a eingef., bish. Nr. 26a–26c werden Nr. 26b–26d mWv 30.4.2022 durch G v. 26.4.2022 (BGBl. I S. 674); Nr. 35a eingef., Nr. 38 geänd. mWv 29.7.2022 durch G v. 19.7.2022 (BGBl. I S. 1214); Nr. 29c eingef., bish. Nr. 29c wird Nr. 29d mWv 1.1.2023 durch G v. 20.7.2022 (BGBl. I S. 1325); Nr. 9a eingef. mWv 13.10.2022 durch G v. 8.10.2022 (BGBl. I S. 1726).

in einem bestimmten Gebiet und gegebenenfalls der Verbindungsleitungen zu anderen Netzen,

4. Betreiber von Energieversorgungsnetzen
Betreiber von Elektrizitätsversorgungsnetzen oder Gasversorgungsnetzen,

5. Betreiber von Fernleitungsnetzen
Betreiber von Netzen, die Grenz- oder Marktgebietsübergangspunkte aufweisen, die insbesondere die Einbindung großer europäischer Importleitungen in das deutsche Fernleitungsnetz gewährleisten, oder natürliche oder juristische Personen oder rechtlich unselbstständige Organisationseinheiten eines Energieversorgungsunternehmens, die die Aufgabe der Fernleitung von Erdgas wahrnehmen und verantwortlich sind für den Betrieb, die Wartung sowie erforderlichenfalls den Ausbau eines Netzes,
a) das der Anbindung der inländischen Produktion oder von LNG-Anlagen an das deutsche Fernleitungsnetz dient, sofern es sich hierbei nicht um ein vorgelagertes Rohrleitungsnetz im Sinne von Nummer 39 handelt, oder
b) das an Grenz- oder Marktgebietsübergangspunkten Buchungspunkte oder -zonen aufweist, für die Transportkunden Kapazitäten buchen können,

6. Betreiber von Gasspeicheranlagen
natürliche oder juristische Personen oder rechtlich unselbständige Organisationseinheiten eines Energieversorgungsunternehmens, die die Aufgabe der Speicherung von Erdgas wahrnehmen und für den Betrieb einer Gasspeicheranlage verantwortlich sind,

7. Betreiber von Gasversorgungsnetzen
natürliche oder juristische Personen oder rechtlich unselbständige Organisationseinheiten eines Energieversorgungsunternehmens, die Gasversorgungsnetze betreiben,

8. Betreiber von Gasverteilernetzen
natürliche oder juristische Personen oder rechtlich unselbständige Organisationseinheiten eines Energieversorgungsunternehmens, die die Aufgabe der Verteilung von Gas wahrnehmen und verantwortlich sind für den Betrieb, die Wartung sowie erforderlichenfalls den Ausbau des Verteilernetzes in einem bestimmten Gebiet und gegebenenfalls der Verbindungsleitungen zu anderen Netzen,

9. Betreiber von LNG-Anlagen
natürliche oder juristische Personen oder rechtlich unselbständige Organisationseinheiten eines Energieversorgungsunternehmens, die die Aufgabe der Verflüssigung von Erdgas oder der Einfuhr, Entladung und Wiederverdampfung von verflüssigtem Erdgas wahrnehmen und für den Betrieb einer LNG-Anlage verantwortlich sind,

9a. Betreiber technischer Infrastrukturen
natürliche oder juristische Personen, die für den sicheren Betrieb technischer Infrastrukturen verantwortlich sind, wobei technische Infrastrukturen alle Infrastrukturen sind, an denen durch Einwirken eines Elektrizitätsversorgungsnetzes elektromagnetische Beeinflussungen auftreten können; hierzu zählen insbesondere Telekommunikationslinien im Sinne des § 3 Nummer 64 des Telekommunikationsgesetzes[1)], Rohrleitungsanlagen aus leitfähigem Material, Steuer- und Signalleitungen oder Hoch- und Höchstspannungsleitun-

---

[1)] **Sartorius ErgBd. Nr. 920.**

gen innerhalb eines Beeinflussungsbereichs von bis zu 1000 Metern um die beeinflussende Anlage,

10. Betreiber von Übertragungsnetzen
natürliche oder juristische Personen oder rechtlich unselbständige Organisationseinheiten eines Energieversorgungsunternehmens, die die Aufgabe der Übertragung von Elektrizität wahrnehmen und die verantwortlich sind für den Betrieb, die Wartung sowie erforderlichenfalls den Ausbau des Übertragungsnetzes in einem bestimmten Gebiet und gegebenenfalls der Verbindungsleitungen zu anderen Netzen,

10a. Betreiber von Übertragungsnetzen mit Regelzonenverantwortung
die Unternehmen 50Hertz Transmission GmbH, Amprion GmbH, TenneT TSO GmbH und TransnetBW GmbH sowie ihre Rechtsnachfolger,

10b. Betreiber von Wasserstoffnetzen
natürliche oder juristische Personen, die die Aufgabe des Transports oder der Verteilung von Wasserstoff wahrnehmen und verantwortlich sind für den Betrieb, die Wartung sowie erforderlichenfalls den Ausbau des Wasserstoffnetzes,

(Fortsetzung nächstes Blatt)

24d. landseitige Stromversorgung
die mittels einer Standardschnittstelle von Land aus erbrachte Stromversorgung von Seeschiffen oder Binnenschiffen am Liegeplatz,

24e. Landstromanlagen
die Gesamtheit der technischen Infrastruktur aus den technischen Anlagen zur Frequenz- und Spannungsumrichtung, der Standardschnittstelle einschließlich der zugehörigen Verbindungsleitungen, die

a) sich in einem räumlich zusammengehörigen Gebiet in oder an einem Hafen befinden und

b) ausschließlich der landseitigen Stromversorgung von Schiffen dienen,

25. Letztverbraucher
Natürliche oder juristische Personen, die Energie für den eigenen Verbrauch kaufen; auch der Strombezug der Ladepunkte für Elektromobile und der Strombezug für Landstromanlagen steht dem Letztverbrauch im Sinne dieses Gesetzes und den auf Grund dieses Gesetzes erlassenen Verordnungen gleich,

26. LNG-Anlage
eine Kopfstation zur Verflüssigung von Erdgas oder zur Einfuhr, Entladung und Wiederverdampfung von verflüssigtem Erdgas; darin eingeschlossen sind Hilfsdienste und die vorübergehende Speicherung, die für die Wiederverdampfung und die anschließende Einspeisung in das Fernleitungsnetz erforderlich sind, jedoch nicht die zu Speicherzwecken genutzten Teile von LNG-Kopfstationen,

26a. Marktgebietsverantwortlicher
ist die von den Fernleitungsnetzbetreibern mit der Wahrnehmung von Aufgaben des Netzbetriebs beauftragte bestimmte natürliche oder juristische Person, die in einem Marktgebiet Leistungen erbringt, die zur Verwirklichung einer effizienten Abwicklung des Gasnetzzugangs durch eine Person zu erbringen sind,

26b. Messstellenbetreiber
ein Netzbetreiber oder ein Dritter, der die Aufgabe des Messstellenbetriebs wahrnimmt,

26c. Messstellenbetrieb
der Einbau, der Betrieb und die Wartung von Messeinrichtungen,

26d. Messung
die Ab- und Auslesung der Messeinrichtung sowie die Weitergabe der Daten an die Berechtigten,

27. Netzbetreiber
Netz- oder Anlagenbetreiber im Sinne der Nummern 2 bis 5, 7 und 8, 10 und 10a,

28. Netznutzer
natürliche oder juristische Personen, die Energie in ein Elektrizitäts- oder Gasversorgungsnetz einspeisen oder daraus beziehen,

29. Netzpufferung
die Speicherung von Gas durch Verdichtung in Fernleitungs- und Verteilernetzen, ausgenommen sind Einrichtungen, die Betreibern von Fernleitungsnetzen bei der Wahrnehmung ihrer Aufgaben vorbehalten sind,

29a. neue Infrastruktur
eine Infrastruktur, die nach dem 12. Juli 2005 in Betrieb genommen worden ist,

29b. oberste Unternehmensleitung
Vorstand, Geschäftsführung oder ein Gesellschaftsorgan mit vergleichbaren Aufgaben und Befugnissen,

29c. Offshore-Anbindungsleitungen
Anbindungsleitungen im Sinne von § 3 Nummer 5 des Windenergie-auf-See-Gesetzes,

29d. örtliches Verteilernetz
ein Netz, das überwiegend der Belieferung von Letztverbrauchern über örtliche Leitungen, unabhängig von der Druckstufe oder dem Durchmesser der Leitungen, dient; für die Abgrenzung der örtlichen Verteilernetze von den vorgelagerten Netzebenen wird auf das Konzessionsgebiet abgestellt, in dem ein Netz der allgemeinen Versorgung im Sinne des § 18 Abs. 1 und des § 46 Abs. 2 betrieben wird einschließlich von Leitungen, die ein örtliches Verteilernetz mit einem benachbarten örtlichen Verteilernetz verbinden,

30. Regelzone
im Bereich der Elektrizitätsversorgung das Netzgebiet, für dessen Primärregelung, Sekundärregelung und Minutenreserve ein Betreiber von Übertragungsnetzen im Rahmen der Union für die Koordinierung des Transports elektrischer Energie (UCTE) verantwortlich ist,

31. selbstständige Betreiber von grenzüberschreitenden Elektrizitätsverbindungsleitungen
Betreiber von Übertragungsnetzen, die eine oder mehrere grenzüberschreitende Elektrizitätsverbindungsleitungen betreiben, ohne
a) Betreiber von Übertragungsnetzen mit Regelzonenverantwortung zu sein, oder
b) mit einem Betreiber von Übertragungsnetzen mit Regelzonenverantwortung im Sinne des Artikels 3 Absatz 2 der Verordnung (EG) Nr. 139/2004 des Rates vom 20. Januar 2004 über die Kontrolle von Unternehmenszusammenschlüssen (ABl. L 24 vom 29.1.2004, S. 1) verbunden zu sein,

31a. Stromlieferanten
natürliche und juristische Personen, deren Geschäftstätigkeit ganz oder teilweise auf den Vertrieb von Elektrizität zum Zwecke der Belieferung von Letztverbrauchern ausgerichtet ist,

31b. Stromliefervertrag mit dynamischen Tarifen
ein Stromliefervertrag mit einem Letztverbraucher, in dem die Preisschwankungen auf den Spotmärkten, einschließlich der Day-Ahead- und Intraday-Märkte, in Intervallen widergespiegelt werden, die mindestens den Abrechnungsintervallen des jeweiligen Marktes entsprechen,

31c. Teilnetz
im Gasbereich ein Teil des Transportgebiets eines oder mehrerer Netzbetreiber, in dem ein Transportkunde gebuchte Kapazitäten an Ein- und Ausspeisepunkten flexibel nutzen kann,

31d. Transportkunde
im Gasbereich Großhändler, Gaslieferanten einschließlich der Handelsabteilung eines vertikal integrierten Unternehmens und Letztverbraucher,

31e. Transportnetzbetreiber
jeder Betreiber eines Übertragungs- oder Fernleitungsnetzes,

31f. Transportnetz
jedes Übertragungs- oder Fernleitungsnetz,

32. Übertragung
der Transport von Elektrizität über ein Höchstspannungs- und Hochspannungsverbundnetz einschließlich grenzüberschreitender Verbindungsleitun-

6. Anbieter von Lastmanagement und
7. Großhändler oder Lieferanten von Elektrizität.

[2] Zu den bereitzustellenden Informationen zählen insbesondere Stammdaten, Planungsdaten und Echtzeitdaten.

(5) Die Betreiber von Elektrizitätsversorgungsnetzen müssen

1. sicherstellen, dass die Betriebs- und Geschäftsgeheimnisse, die ihnen nach Absatz 4 Satz 1 zur Kenntnis gelangen, ausschließlich so zu den dort genannten Zwecken genutzt werden, dass deren unbefugte Offenbarung ausgeschlossen ist,
2. die nach Absatz 4 erhaltenen Informationen in anonymisierter Form an die Bundesnetzagentur jeweils auf deren Verlangen für die Zwecke des Monitorings nach § 51 übermitteln,
3. neben den nach Nummer 2 zu übermittelnden Informationen an die Bundesnetzagentur jeweils auf deren Verlangen weitere verfügbare und für die Zwecke des Monitorings nach § 51 erforderliche Informationen und Analysen übermitteln, insbesondere verfügbare Informationen und eine gemeinsam von den Betreibern von Übertragungsnetzen in einer von der Bundesnetzagentur zu bestimmenden Form zu erstellende Analyse zu den grenzüberschreitenden Verbindungsleitungen sowie zu Angebot und Nachfrage auf den europäischen Strommärkten, zu der Höhe und der Entwicklung der Gesamtlast in den Elektrizitätsversorgungsnetzen in den vergangenen zehn Jahren im Gebiet der Bundesrepublik Deutschland und zur Sicherheit, Zuverlässigkeit und Leistungsfähigkeit der Energieversorgungsnetze einschließlich des Netzbetriebs,
4. der Bundesnetzagentur jeweils auf deren Verlangen in einer von ihr zu bestimmenden Frist und Form für die Zwecke des Berichts nach § 63 Absatz 3a Informationen und Analysen zu der Mindesterzeugung insbesondere aus thermisch betriebenen Erzeugungsanlagen und aus Anlagen zur Speicherung von elektrischer Energie sowie Informationen und geeignete Analysen zur Entwicklung der Mindesterzeugung übermitteln und
5. der Bundesnetzagentur jeweils jährlich auf deren Verlangen in einer von ihr zu bestimmenden Frist und Form für die Zwecke des Monitorings nach § 51a die Unternehmen und Vereinigungen von Unternehmen nennen, die einen Stromverbrauch von mehr als 20 Gigawattstunden jährlich haben.

(5a) Die Bundesnetzagentur übermittelt die nach Absatz 5 zum Zwecke des Monitorings der Versorgungssicherheit nach § 51 und zur Erfüllung der Berichterstattungspflicht nach § 63 Absatz 2 Satz 1 Nummer 2 erhobenen Daten an das Bundesministerium für Wirtschaft und Energie auf dessen Verlangen.

(6) Die Regulierungsbehörde wird ermächtigt, nach § 29 Absatz 1 Festlegungen zu treffen zur näheren Bestimmung des Kreises der nach Absatz 4 Satz 1 Verpflichteten, zum Inhalt und zur Methodik, zu den Details der Datenweitergabe und zum Datenformat der Bereitstellung an die Betreiber von Elektrizitätsversorgungsnetzen.

(7) Die Regulierungsbehörde, das Bundesministerium für Wirtschaft und Energie sowie die Betreiber von Elektrizitätsversorgungsnetzen sollen anstelle der Abfrage nach den Absätzen 4 und 5 das Marktstammdatenregister nach § 111e nutzen, sobald und soweit ihnen das Marktstammdatenregister den Zugriff auf Daten im Sinne der Absätze 4 und 5 eröffnet.

§ 12a[1)] Szenariorahmen für die Netzentwicklungsplanung. (1) [1]Die Betreiber von Übertragungsnetzen mit Regelzonenverantwortung erarbeiten alle zwei Jahre einen gemeinsamen Szenariorahmen, der Grundlage für die Erarbeitung des Netzentwicklungsplans nach § 12b und des Offshore-Netzentwicklungsplans nach § 17b ist. [2]Der Szenariorahmen umfasst mindestens drei Entwicklungspfade (Szenarien), die für die mindestens nächsten zehn und höchstens 15 Jahre die Bandbreite wahrscheinlicher Entwicklungen im Rahmen der klima- und energiepolitischen Ziele der Bundesregierung abdecken. [3]Drei weitere Szenarien müssen das Jahr 2045 betrachten und eine Bandbreite von wahrscheinlichen Entwicklungen darstellen, welche sich an den gesetzlich festgelegten sowie weiteren klima- und energiepolitischen Zielen der Bundesregierung ausrichten. [4]Für den Szenariorahmen legen die Betreiber von Übertragungsnetzen mit Regelzonenverantwortung angemessene Annahmen für die jeweiligen Szenarien zu Erzeugung, Versorgung, Verbrauch von Strom sowie dessen Austausch mit anderen Ländern sowie zur Spitzenkappung nach § 11 Absatz 2 zu Grunde und berücksichtigen geplante Investitionsvorhaben der europäischen Netzinfrastruktur. [5]Die Verteilernetzbetreiber werden bei der Erstellung des Szenariorahmens angemessen eingebunden.

(2) [1]Die Betreiber von Übertragungsnetzen mit Regelzonenverantwortung legen der Regulierungsbehörde den Entwurf des Szenariorahmens spätestens bis zum 10. Januar eines jeden geraden Kalenderjahres, beginnend mit dem Jahr 2016, vor. [2]Die Regulierungsbehörde macht den Entwurf des Szenariorahmens auf ihrer Internetseite öffentlich bekannt und gibt der Öffentlichkeit, einschließlich tatsächlicher und potenzieller Netznutzer, den nachgelagerten Netzbetreibern, sowie den Trägern öffentlicher Belange Gelegenheit zur Äußerung.

(3) [1]Die Regulierungsbehörde genehmigt den Szenariorahmen unter Berücksichtigung der Ergebnisse der Öffentlichkeitsbeteiligung. [2]Die Regulierungsbehörde kann nähere Bestimmungen zu Inhalt und Verfahren der Erstellung des Szenariorahmens, insbesondere zum Betrachtungszeitraum nach Absatz 1 Satz 2 und 3, treffen. [3]Die Genehmigung ist nicht selbstständig durch Dritte anfechtbar.

§ 12b[2)] Erstellung des Netzentwicklungsplans durch die Betreiber von Übertragungsnetzen. (1) [1]Die Betreiber von Übertragungsnetzen mit Regelzonenverantwortung legen der Regulierungsbehörde auf der Grundlage des Szenariorahmens einen gemeinsamen nationalen Netzentwicklungsplan zur Bestätigung vor. [2]Der gemeinsame nationale Netzentwicklungsplan muss alle wirksamen Maßnahmen zur bedarfsgerechten Optimierung, Verstärkung und zum Ausbau des Netzes enthalten, die spätestens zum Ende der jeweiligen Betrachtungszeiträume

---

[1)] § 12a eingef. mWv 4.8.2011 durch G v. 26.7.2011 (BGBl. I S. 1554); Abs. 1 Satz 1 geänd. mWv 28.12.2012 durch G v. 20.12.2012 (BGBl. I S. 2730); Abs. 1 Sätze 1–3 und Abs. 2 Satz 1 geänd., Abs. 3 Satz 2 angef. mWv 1.1.2016 durch G v. 10.12.2015 (BGBl. I S. 2194); Abs. 1 Satz 4 geänd. mWv 30.7.2016 durch G v. 26.7.2016 (BGBl. I S. 1786); Abs. 1 Sätze 1 und 4, Abs. 2 Satz 1 geänd. mWv 17.5.2019 durch G v. 13.5.2019 (BGBl. I S. 706); Abs. 1 Satz 2 geänd., Satz 3 neu gef., Satz 5 angef., Abs. 2 Satz 2, Abs. 3 Satz 2 geänd., Satz 3 angef. mWv 29.7.2022 durch G v. 19.7.2022 (BGBl. I S. 1214).

[2)] § 12b eingef. mWv 4.8.2011 durch G v. 26.7.2011 (BGBl. I S. 1554); Abs. 1 Sätze 1–3 Nr. 3 Buchst. a, b, Nr. 5 geänd., Abs. 1 Satz 3 Nr. 3 Buchst. c, Nr. 6 angef., Abs. 3 Satz 3 eingef., bish. Satz 3 wird Satz 4, Abs. 5 neu gef. mWv 1.1.2016 durch G v. 10.12.2015 (BGBl. I S. 2194); Abs. 1 Satz 3 eingef., bish. Sätze 3–5 werden Sätze 4–6 mWv 30.7.2016 durch G v. 26.7.2016 (BGBl. I S. 1786); Abs. 1 Satz 4 (lt. BGBl. wohl irrtümlich „Satz 3") Nr. 6 geänd., Nr. 7 angef. mWv 1.1.2017 durch G v. 13.10.2016 (BGBl. I S. 2258); Abs. 1 Sätze 1, 3 und 4 Nr. 7, Satz 5, Abs. 3 Sätze 1, 3 und 4, Abs. 5 geänd. mWv 17.5.2019 durch G v. 13.5.2019 (BGBl. I S. 706); Abs. 1 Sätze 2 und 4 Nr. 7, Satz 5 geänd., Abs. 3a eingef. mWv 29.7.2022 durch G v. 19.7.2022 (BGBl. I S. 1214); Abs. 3a geänd. mWv 13.10.2022 durch G v. 8.10.2022 (BGBl. I S. 1726).

im Sinne des § 12a Absatz 1 für einen sicheren und zuverlässigen Netzbetrieb erforderlich sind. [3]Die Betreiber von Übertragungsnetzen mit Regelzonenverantwortung müssen im Rahmen der Erstellung des Netzentwicklungsplans die Regelungen zur Spitzenkappung nach § 11 Absatz 2 bei der Netzplanung anwenden. [4]Der Netzentwicklungsplan enthält darüber hinaus folgende Angaben:

1. alle Netzausbaumaßnahmen, die in den nächsten drei Jahren ab Feststellung des Netzentwicklungsplans durch die Regulierungsbehörde für einen sicheren und zuverlässigen Netzbetrieb erforderlich sind,
2. einen Zeitplan für alle Netzausbaumaßnahmen sowie
3. a) Netzausbaumaßnahmen als Pilotprojekte für eine verlustarme Übertragung hoher Leistungen über große Entfernungen,
   b) den Einsatz von Hochtemperaturleiterseilen als Pilotprojekt mit einer Bewertung ihrer technischen Durchführbarkeit und Wirtschaftlichkeit sowie
   c) das Ergebnis der Prüfung des Einsatzes von neuen Technologien als Pilotprojekte einschließlich einer Bewertung der technischen Durchführbarkeit und Wirtschaftlichkeit,
4. den Stand der Umsetzung des vorhergehenden Netzentwicklungsplans und im Falle von Verzögerungen, die dafür maßgeblichen Gründe der Verzögerungen,
5. Angaben zur zu verwendenden Übertragungstechnologie,
6. Darlegung der in Betracht kommenden anderweitigen Planungsmöglichkeiten von Netzausbaumaßnahmen,
7. beginnend mit der Vorlage des ersten Entwurfs des Netzentwicklungsplans im Jahr 2018 alle wirksamen Maßnahmen zur bedarfsgerechten Optimierung, Verstärkung und zum Ausbau der Offshore-Anbindungsleitungen in der ausschließlichen Wirtschaftszone und im Küstenmeer einschließlich der Netzanknüpfungspunkte an Land, die bis zum Ende der jeweiligen Betrachtungszeiträume nach § 12a Absatz 1 für einen schrittweisen, bedarfsgerechten und wirtschaftlichen Ausbau sowie einen sicheren und zuverlässigen Betrieb der Offshore-Anbindungsleitungen sowie zum Weitertransport des auf See erzeugten Stroms oder für eine Anbindung von Testfeldern im Sinne des § 3 Nummer 9 des Windenergie-auf-See-Gesetzes (Testfeld-Anbindungsleitungen) erforderlich sind; für die Maßnahmen nach dieser Nummer werden Angaben zum geplanten Zeitpunkt der Fertigstellung vorgesehen; hierbei müssen die Festlegungen des zuletzt bekannt gemachten Flächenentwicklungsplans nach den §§ 4 bis 8 des Windenergie-auf-See-Gesetzes zu Grunde gelegt werden.

[5]Die Betreiber von Übertragungsnetzen mit Regelzonenverantwortung nutzen bei der Erarbeitung des Netzentwicklungsplans eine geeignete und für einen sachkundigen Dritten nachvollziehbare Modellierung des Elektrizitätsversorgungsnetzes. [6]Der Netzentwicklungsplan berücksichtigt den gemeinschaftsweiten Netzentwicklungsplan nach Artikel 8 Absatz 3b der Verordnung (EG) Nr. 714/2009 und vorhandene Offshore-Netzpläne.

(2) [1]Der Netzentwicklungsplan umfasst alle Maßnahmen, die nach den Szenarien des Szenariorahmens erforderlich sind, um die Anforderungen nach Absatz 1 Satz 2 zu erfüllen. [2]Dabei ist dem Erfordernis eines sicheren und zuverlässigen Netzbetriebs in besonderer Weise Rechnung zu tragen.

(3) [1]Die Betreiber von Übertragungsnetzen mit Regelzonenverantwortung veröffentlichen den Entwurf des Netzentwicklungsplans vor Vorlage bei der Regulierungsbehörde auf ihren Internetseiten und geben der Öffentlichkeit, einschließlich tatsächlicher oder potenzieller Netznutzer, den nachgelagerten Netzbetreibern

sowie den Trägern öffentlicher Belange und den Energieaufsichtsbehörden der Länder Gelegenheit zur Äußerung. [2]Dafür stellen sie den Entwurf des Netzentwicklungsplans und alle weiteren erforderlichen Informationen im Internet zur Verfügung. [3]Die Betreiber von Übertragungsnetzen mit Regelzonenverantwortung sollen den Entwurf des Netzentwicklungsplans spätestens bis zum 10. Dezember eines jeden geraden Kalenderjahres, beginnend mit dem Jahr 2016, veröffentlichen. [4]Die Betreiber von Elektrizitätsversorgungsnetzen sind verpflichtet, mit den Betreibern von Übertragungsnetzen mit Regelzonenverantwortung in dem Umfang zusammenzuarbeiten, der erforderlich ist, um eine sachgerechte Erstellung des Netzentwicklungsplans zu gewährleisten; sie sind insbesondere verpflichtet, den Betreibern von Übertragungsnetzen mit Regelzonenverantwortung für die Erstellung des Netzentwicklungsplans notwendige Informationen auf Anforderung unverzüglich zur Verfügung zu stellen.

(3a) Zum Zeitpunkt der Veröffentlichung nach Absatz 3 Satz 1 übermitteln die Betreiber von Übertragungsnetzen der Regulierungsbehörde Angaben dazu, welche Netzausbaumaßnahmen zur Höchstspannungs-Gleichstrom-Übertragung oder welcher länderübergreifende landseitige Teil von Offshore-Anbindungsleitungen ganz oder weit überwiegend in einem Trassenkorridor, der bereits gemäß § 17 des Netzausbaubeschleunigungsgesetzes Übertragungsnetz[1)] in den Bundesnetzplan aufgenommen ist, oder in einem durch Landesplanungen oder nach Landesrecht bestimmten Leitungsverlauf für Erdkabel zur Höchstspannungs-Gleichstrom-Übertragung eines weiteren Vorhabens realisiert werden sollen.

(4) Dem Netzentwicklungsplan ist eine zusammenfassende Erklärung beizufügen über die Art und Weise, wie die Ergebnisse der Beteiligungen nach § 12a Absatz 2 Satz 2 und § 12b Absatz 3 Satz 1 in dem Netzentwicklungsplan berücksichtigt wurden und aus welchen Gründen der Netzentwicklungsplan nach Abwägung mit den geprüften, in Betracht kommenden anderweitigen Planungsmöglichkeiten gewählt wurde.

(5) Die Betreiber von Übertragungsnetzen mit Regelzonenverantwortung legen den konsultierten und überarbeiteten Entwurf des Netzentwicklungsplans der Regulierungsbehörde unverzüglich nach Fertigstellung, jedoch spätestens zehn Monate nach Genehmigung des Szenariorahmens gemäß § 12a Absatz 3 Satz 1, vor.

§ 12c[2)] Prüfung und Bestätigung des Netzentwicklungsplans durch die Regulierungsbehörde. (1) [1]Die Regulierungsbehörde prüft die Übereinstimmung des Netzentwicklungsplans mit den Anforderungen gemäß § 12b Absatz 1, 2 und 4. [2]Sie kann Änderungen des Entwurfs des Netzentwicklungsplans durch die Betreiber von Übertragungsnetzen mit Regelzonenverantwortung verlangen. [3]Die Betreiber von Übertragungsnetzen mit Regelzonenverantwortung stellen der Regulierungsbehörde auf Verlangen die für ihre Prüfungen erforderlichen Infor-

---

[1)] **Sartorius III Nr. 511.**

[2)] § 12c eingef. mWv 4.8.2011 durch G v. 26.7.2011 (BGBl. I S. 1554); Abs. 2 Satz 1 geänd., Satz 2 eingef., bish. Satz 2 wird Satz 3, Abs. 6 geänd. mWv 28.12.2012 durch G v. 20.12.2012 (BGBl. I S. 2730); Überschrift, Abs. 4 Satz 1 neu gef., Abs. 6 eingef., bish. Abs. 6 wird Abs. 7 mWv 1.1.2016 durch G v. 10.12.2015 (BGBl. I S. 2194); Abs. 2 Satz 1, Abs. 3 Satz 5 geänd. mWv 29.7.2017 durch G v. 20.7.2017 (BGBl. I S. 2808); Abs. 1 Sätze 2 und 3, Abs. 2 Satz 3 geänd., Abs. 4 Satz 3 aufgeh., Abs. 5 geänd., Abs. 8 angef. mWv 17.5.2019 durch G v. 13.5.2019 (BGBl. I S. 706); Abs. 2 Satz 1 geänd., Satz 2 neu gef., Satz 3 eingef., bish. Satz 3 wird Satz 4 mWv 4.3.2021 durch G v. 25.2.2021 (BGBl. I S. 298); Abs. 8 neu gef. mWv 27.7.2021 durch G v. 16.7.2021 (BGBl. I S. 3026); Abs. 2a eingef., Abs. 3 Satz 3, Abs. 7 geänd. mWv 29.7.2022 durch G v. 19.7.2022 (BGBl. I S. 1214); Abs. 2a Satz 1 geänd., Satz 2 eingef., bish. Sätze 2–5 werden Sätze 3–6, Satz 7 angef. mWv 13.10.2022 durch G v. 8.10.2022 (BGBl. I S. 1726).

mationen zur Verfügung. [4] Bestehen Zweifel, ob der Netzentwicklungsplan mit dem gemeinschaftsweit geltenden Netzentwicklungsplan in Einklang steht, konsultiert die Regulierungsbehörde die Agentur für die Zusammenarbeit der Energieregulierungsbehörden.

(2) [1] Zur Vorbereitung eines Bedarfsplans nach § 12e erstellt die Regulierungsbehörde frühzeitig während des Verfahrens zur Erstellung des Netzentwicklungsplans nach § 12b einen Umweltbericht, der den Anforderungen des § 40 des Gesetzes über die Umweltverträglichkeitsprüfung[1)] entsprechen muss. [2] Der Umweltbericht nach Satz 1 bezieht den Umweltbericht zum Flächenentwicklungsplan nach § 6 Absatz 4 des Windenergie-auf-See-Gesetzes ein und kann auf zusätzliche oder andere als im Umweltbericht zum Flächenentwicklungsplan nach § 6 Absatz 4 des Windenergie-auf-See-Gesetzes enthaltene erhebliche Umweltauswirkungen beschränkt werden. [3] Der Umweltbericht nach Satz 1 kann sich auf den Bereich des Festlands und des Küstenmeeres beschränken. [4] Die Betreiber von Übertragungsnetzen mit Regelzonenverantwortung stellen der Regulierungsbehörde die hierzu erforderlichen Informationen zur Verfügung.

(2a) [1] Enthält der nach § 12b Absatz 5 vorgelegte Netzentwicklungsplan eine Neubaumaßnahme zur Höchstspannungs-Gleichstrom-Übertragung, die noch nicht im Netzentwicklungsplan bestätigt wurde und für die keine Bündelungsoption nach § 12b Absatz 3a besteht, hat die Regulierungsbehörde anhand von vorhandenen Daten zur großräumigen Raum- und Umweltsituation für diese Maßnahme einen Präferenzraum im Sinne des § 3 Nummer 10 des Netzausbaubeschleunigungsgesetzes Übertragungsnetz[2)] zu ermitteln und dem Umweltbericht zugrunde zu legen. [2] Liegen die Voraussetzungen des Satzes 1 im Fall einer Neubaumaßnahme für den länderübergreifenden landseitigen Teil einer Offshore-Anbindungsleitung vor, kann die Regulierungsbehörde Satz 1 entsprechend anwenden. [3] Die Ermittlung von Präferenzräumen nach Satz 1 hat keine unmittelbare Außenwirkung und ersetzt nicht die Entscheidung über die Zulässigkeit der Netzausbaumaßnahme. [4] Die Ermittlung von Präferenzräumen kann nur im Rahmen des Rechtsbehelfsverfahrens gegen die Zulassungsentscheidung für die jeweilige Netzausbaumaßnahme überprüft werden. [5] Sofern Geodaten über die verbindlichen Festlegungen der Landes- und Regionalplanung benötigt werden, legt die Bundesnetzagentur die Daten des Raumordnungsplan-Monitors des Bundesinstituts für Bau-, Stadt- und Raumforschung zugrunde, die ihr für diesen Zweck zur Verfügung zu stellen sind. [6] Für diese und andere Geodaten gilt § 31 Absatz 4 des Netzausbaubeschleunigungsgesetzes Übertragungsnetz entsprechend. [7] Die Ermittlung von Präferenzräumen stellt keine raumbedeutsame Planung und Maßnahme im Sinne des § 3 Absatz 1 Nummer 6 des Raumordnungsgesetzes[3)] vom 22. Dezember 2008 (BGBl. I S. 2986), das zuletzt durch Artikel 3 des Gesetzes vom 20. Juli 2022 (BGBl. I S. 1353) geändert worden ist, dar.

(3) [1] Nach Abschluss der Prüfung nach Absatz 1 beteiligt die Regulierungsbehörde unverzüglich die Behörden, deren Aufgabenbereich berührt wird, und die Öffentlichkeit. [2] Maßgeblich sind die Bestimmungen des Gesetzes über die Umweltverträglichkeitsprüfung, soweit sich aus den nachfolgenden Vorschriften nicht etwas anderes ergibt. [3] Gegenstand der Beteiligung ist der Entwurf des Netzentwicklungsplans und in den Fällen des § 12e der Umweltbericht. [4] Die Unterlagen für die Strategische Umweltprüfung sowie der Entwurf des Netzentwick-

---

[1)] Nr. **295**.
[2)] **Sartorius III Nr. 511.**
[3)] Nr. **340**.

lungsplans sind für eine Frist von sechs Wochen am Sitz der Regulierungsbehörde auszulegen und darüber hinaus auf ihrer Internetseite öffentlich bekannt zu machen. 5 Die betroffene Öffentlichkeit kann sich zum Entwurf des Netzentwicklungsplans und zum Umweltbericht bis einen Monat nach Ende der Auslegung äußern.

(4) 1 Die Regulierungsbehörde soll den Netzentwicklungsplan unter Berücksichtigung des Ergebnisses der Behörden- und Öffentlichkeitsbeteiligung mit Wirkung für die Betreiber von Übertragungsnetzen spätestens bis zum 31. Dezember eines jeden ungeraden Kalenderjahres, beginnend mit dem Jahr 2017, bestätigen. 2 Die Bestätigung ist nicht selbstständig durch Dritte anfechtbar.

(5) Die Betreiber von Übertragungsnetzen mit Regelzonenverantwortung sind verpflichtet, den entsprechend Absatz 1 Satz 2 geänderten Netzentwicklungsplan der Regulierungsbehörde unverzüglich vorzulegen.

(6) 1 Bei Fortschreibung des Netzentwicklungsplans kann sich die Beteiligung der Öffentlichkeit, einschließlich tatsächlicher und potenzieller Netznutzer, der nachgelagerten Netzbetreiber sowie der Träger öffentlicher Belange nach § 12a Absatz 2, § 12b Absatz 3 und § 12c Absatz 3 auf Änderungen gegenüber dem zuletzt genehmigten Szenariorahmen oder dem zuletzt bestätigten Netzentwicklungsplan beschränken. 2 Ein vollständiges Verfahren nach den §§ 12a bis 12c Absatz 1 bis 5 muss mindestens alle vier Jahre sowie in den Fällen des § 12e Absatz 1 Satz 3 durchgeführt werden.

(7) Die Regulierungsbehörde kann nähere Bestimmungen zu Inhalt und Verfahren der Erstellung des Netzentwicklungsplans sowie zur Ausgestaltung des nach Absatz 3, § 12a Absatz 2 und § 12b Absatz 3 durchzuführenden Verfahrens zur Beteiligung der Öffentlichkeit treffen.

(8) 1 Die Regulierungsbehörde kann bei Bestätigung des Netzentwicklungsplans oder durch gesonderte Entscheidung bestimmen, wer für die Durchführung einer im Netzentwicklungsplan bestätigten Maßnahme als Vorhabenträger ganz oder teilweise verantwortlich ist. 2 Hierbei berücksichtigt die Regulierungsbehörde ausschließlich Belange, die im öffentlichen Interesse eine möglichst zügige, effiziente und umweltschonende Durchführung der Maßnahmen erwarten lassen. 3 Dazu gehören Vorschläge im Netzentwicklungsplan und etwaige Vereinbarungen von Übertragungsnetzbetreibern zur Bestimmung eines oder mehrerer Vorhabenträger; in diesem Fall ist durch die Übertragungsnetzbetreiber darzulegen, dass durch eine solche anteilige Zuweisung eine möglichst zügige und effiziente Durchführung der Maßnahme erreicht werden kann. 4 Darüber hinaus kann sie insbesondere berücksichtigen

1. ob ein Vorhabenträger bereits für ein Vorhaben nach dem Energieleitungsausbaugesetz oder dem Bundesbedarfsplangesetz verantwortlich ist und die bestätigte Maßnahme mit diesem Vorhaben gemeinsam realisiert werden soll,
2. ob durch die Durchführung einer Maßnahme durch einen Vorhabenträger oder durch eine gemeinsame Durchführung der Maßnahme durch mehrere Vorhabenträger die Ziele nach Satz 2 besser erreicht werden können,
3. die personelle, technische und wirtschaftliche Leistungsfähigkeit und Zuverlässigkeit eines Vorhabenträgers,
4. die bisherigen Fortschritte eines Vorhabenträgers bei der Realisierung von Vorhaben nach dem Energieleitungsausbaugesetz und dem Bundesbedarfsplangesetz,
5. in welchem Umfang der Vorhabenträger neben der Durchführung der Maßnahme im Übrigen für Netzausbauvorhaben verantwortlich ist oder sein wird.

[5] Vorhabenträger für im Netzentwicklungsplan bestätigte Leitungen zur Höchstspannungs-Gleichstrom-Übertragung, für welche noch kein Antrag auf Bundesfachplanung nach § 6 Absatz 1 Netzausbaubeschleunigungsgesetz oder in den Fällen des § 5a des Netzausbaubeschleunigungsgesetzes kein Antrag auf Planfeststellungsbeschluss für das Gesamtvorhaben oder Teile davon gestellt wurde, ist im Geltungsbereich des Netzausbaubeschleunigungsgesetzes der Übertragungsnetzbetreiber, in dessen Regelzone der südliche Netzverknüpfungspunkt der Leitung gelegen ist. [6] Vorhabenträger für im Netzentwicklungsplan bestätigte Offshore-Anbindungsleitungen ist entsprechend § 17d Absatz 1 der Übertragungsnetzbetreiber, in dessen Regelzone der landseitige Netzverknüpfungspunkt gelegen ist. [7] Die Bundesnetzagentur kann bei der Bestätigung des Netzentwicklungsplans oder durch gesonderte Entscheidung abweichend von den Sätzen 5 und 6 den Vorhabenträger nach den Sätzen 1 bis 4 bestimmen, um eine möglichst zügige, effiziente und umweltschonende Durchführung der Maßnahmen sicherzustellen.

§ 12d[1)] Umsetzungsbericht der Übertragungsnetzbetreiber und Monitoring durch die Regulierungsbehörde. (1) [1] Die Betreiber von Übertragungsnetzen mit Regelzonenverantwortung legen der Regulierungsbehörde jeweils spätestens bis zum 30. September eines jeden geraden Kalenderjahres, beginnend mit dem Jahr 2018, einen gemeinsamen Umsetzungsbericht vor, den diese prüft. [2] Der Umsetzungsbericht muss folgende Angaben enthalten:

1. Angaben zum Stand der Umsetzung des zuletzt bestätigten Netzentwicklungsplans,
2. im Fall von Verzögerungen der Umsetzung die dafür maßgeblichen Gründe,
3. Angaben zu den Risiken, die Verzögerungen hervorrufen können, und Vorschläge für Maßnahmen, um diese Risiken zu verringern, und
4. Angaben zu Möglichkeiten, um die Umsetzung zu beschleunigen, und Vorschläge für Maßnahmen, um diese Möglichkeiten zu nutzen.

[3] Die Regulierungsbehörde veröffentlicht den Umsetzungsbericht und gibt allen tatsächlichen und potenziellen Netznutzern Gelegenheit zur Äußerung.

(2) [1] Die Regulierungsbehörde führt fortlaufend ein Monitoring über die Planung und den Stand der Umsetzung der Maßnahmen zur Optimierung, zur Verstärkung und zum Ausbau des Übertragungsnetzes durch und informiert hierüber regelmäßig die Öffentlichkeit. [2] Die Betreiber von Übertragungsnetzen und die Behörden stellen der Regulierungsbehörde die für das Monitoring notwendigen Informationen in geeigneter Form zur Verfügung.

§ 12e[2)] Bundesbedarfsplan. (1) [1] Die Regulierungsbehörde übermittelt den Netzentwicklungsplan mindestens alle vier Jahre der Bundesregierung als Entwurf für einen Bundesbedarfsplan. [2] Die Bundesregierung legt den Entwurf des Bundesbedarfsplans mindestens alle vier Jahre dem Bundesgesetzgeber vor. [3] Die Regulie-

[1)] § 12d neu gef. mWv 1.1.2016 durch G v. 10.12.2015 (BGBl. I S. 2194); Überschrift, Abs. 1 Satz 1 geänd., Satz 2 neu gef., Abs. 2 angef. mWv 17.5.2019 durch G v. 13.5.2019 (BGBl. I S. 706).

[2)] § 12e eingef. mWv 4.8.2011 durch G v. 26.7.2011 (BGBl. I S. 1554); Abs. 4 Satz 2 geänd. mWv 5.8. 2011 durch G v. 28.7.2011 (BGBl. I S. 1690); Abs. 1 Satz 1 geänd. mWv 28.12.2012 durch G v. 20.12. 2012 (BGBl. I S. 2730); Abs. 3 Satz 1 geänd. mWv 27.7.2013 durch G v. 23.7.2013 (BGBl. I S. 2543); Abs. 3 aufgeh. mWv 1.8.2014 durch G v. 21.7.2014 (BGBl. I S. 1066); Abs. 1 Sätze 1–3 geänd. mWv 1.1. 2016 durch G v. 10.12.2015 (BGBl. I S. 2194); Abs. 5 Satz 1 geänd. mWv 29.7.2017 durch G v. 20.7. 2017 (BGBl. I S. 2808); Abs. 1 Satz 1 geänd. mWv 4.3.2021 durch G v. 25.2.2021 (BGBl. I S. 298); Abs. 2 Satz 1 geänd. mWv 1.1.2023 durch G v. 20.7.2022 (BGBl. I S. 1325).

rungsbehörde hat auch bei wesentlichen Änderungen des Netzentwicklungsplans gemäß Satz 1 zu verfahren.

(2) [1]Die Regulierungsbehörde kennzeichnet in ihrem Entwurf für einen Bundesbedarfsplan die länderübergreifenden und grenzüberschreitenden Höchstspannungsleitungen sowie die Offshore-Anbindungsleitungen. [2]Dem Entwurf ist eine Begründung beizufügen. [3]Die Vorhaben des Bundesbedarfsplans entsprechen den Zielsetzungen des § 1 dieses Gesetzes.

(3) *(aufgehoben)*

(4) [1]Mit Erlass des Bundesbedarfsplans durch den Bundesgesetzgeber wird für die darin enthaltenen Vorhaben die energiewirtschaftliche Notwendigkeit und der vordringliche Bedarf festgestellt. [2]Die Feststellungen sind für die Betreiber von Übertragungsnetzen sowie für die Planfeststellung und die Plangenehmigung nach den §§ 43 bis 43d und §§ 18 bis 24 des Netzausbaubeschleunigungsgesetzes Übertragungsnetz[1)] verbindlich.

(5) [1]Für die Änderung von Bundesbedarfsplänen gilt § 37 Satz 1 des Gesetzes über die Umweltverträglichkeitsprüfung[2)]. [2]Soweit danach keine Pflicht zur Durchführung einer Strategischen Umweltprüfung besteht, findet § 12c Absatz 2 keine Anwendung.

§ 12f[3)] Herausgabe von Daten. (1) Die Regulierungsbehörde stellt dem Bundesministerium für Wirtschaft und Energie sowie dem Umweltbundesamt Daten, die für digitale Netzberechnungen erforderlich sind, insbesondere Einspeise- und Lastdaten sowie Impedanzen und Kapazitäten von Leitungen und Transformatoren, einschließlich unternehmensbezogener Daten und Betriebs- und Geschäftsgeheimnisse zur Verfügung, soweit dies zur Erfüllung ihrer jeweiligen Aufgaben erforderlich ist.

(2) [1]Die Regulierungsbehörde gibt auf Antrag insbesondere netzknotenpunktscharfe Einspeise- und Lastdaten sowie Informationen zu Impedanzen und Kapazitäten von Leitungen und Transformatoren an Dritte heraus, die die Fachkunde zur Überprüfung der Netzplanung und ein berechtigtes Interesse gegenüber der Regulierungsbehörde nachweisen sowie die vertrauliche Behandlung der Informationen zusichern oder die Berechtigung zum Umgang mit Verschlusssachen mit einem Geheimhaltungsgrad nach § 12g Absatz 4 in Verbindung mit § 4 des Sicherheitsüberprüfungsgesetzes[4)] haben. [2]Die Daten sind in einem standardisierten, elektronisch verarbeitbaren Format zur Verfügung zu stellen. [3]Daten, die Betriebs- und Geschäftsgeheimnisse darstellen, dürfen von der Regulierungsbehörde nicht herausgegeben werden. [4]In diesem Fall hat die Regulierungsbehörde typisierte und anonymisierte Datensätze an den Antragsteller herauszugeben.

§ 12g[5)] Schutz europäisch kritischer Anlagen, Verordnungsermächtigung. (1) [1]Zum Schutz des Übertragungsnetzes bestimmt die Regulierungsbehörde alle zwei Jahre diejenigen Anlagen oder Teile von Anlagen des Übertragungsnetzes, deren Störung oder Zerstörung erhebliche Auswirkungen in mindestens zwei Mitgliedstaaten der Europäischen Union haben kann (europäisch kritische Anlage). [2]Die Bestimmung erfolgt durch Festlegung nach dem Verfahren

---

[1)] **Sartorius III Nr. 511.**

[2)] Nr. **295.**

[3)] § 12f eingef. mWv 4.8.2011 durch G v. 26.7.2011 (BGBl. I S. 1554); Abs. 1 geänd. mWv 1.8.2014 durch G v. 21.7.2014 (BGBl. I S. 1066).

[4)] **Sartorius III Nr. 810.**

[5)] § 12g eingef. mWv 4.8.2011 durch G v. 26.7.2011 (BGBl. I S. 1554).

des § 29. [3] Zur Vorbereitung der Festlegung haben die Betreiber von Übertragungsnetzen der Regulierungsbehörde einen Bericht vorzulegen, in dem Anlagen ihres Netzes, deren Störung oder Zerstörung erhebliche Auswirkungen in mindestens zwei Mitgliedstaaten haben kann, vorgeschlagen werden und dies begründet wird. [4] Der Bericht kann auch von allen Betreibern gemeinsam erstellt und vorgelegt werden.

(2) Betreiber von Übertragungsnetzen haben zum Schutz ihrer gemäß Absatz 1 Satz 1 bestimmten Anlagen Sicherheitspläne zu erstellen sowie Sicherheitsbeauftragte zu bestimmen und der Regulierungsbehörde nachzuweisen.

(3) Die Bundesregierung wird ermächtigt, durch Rechtsverordnung[1)] ohne Zustimmung des Bundesrates Einzelheiten zu dem Verfahren der Festlegung und zum Bericht gemäß Absatz 1 sowie zu den Sicherheitsplänen und Sicherheitsbeauftragten nach Absatz 2 zu regeln.

(4) Die für die Festlegung gemäß Absatz 1 Satz 2 erforderlichen Informationen, der Bericht der Betreiber nach Absatz 1 Satz 3 sowie die Sicherheitspläne nach Absatz 2 sind als Verschlusssache mit dem geeigneten Geheimhaltungsgrad im Sinne von § 4 des Sicherheitsüberprüfungsgesetzes[2)] einzustufen.

§ 12h[3)] Marktgestützte Beschaffung nicht frequenzgebundener Systemdienstleistungen. (1) [1] Betreiber von Übertragungsnetzen mit Regelzonenverantwortung und Betreiber von Elektrizitätsverteilernetzen sind verpflichtet, für ihr jeweiliges Netz in einem transparenten, diskriminierungsfreien und marktgestützten Verfahren folgende Systemdienstleistungen zu beschaffen:

1. Dienstleistungen zur Spannungsregelung,
2. Trägheit der lokalen Netzstabilität,
3. Kurzschlussstrom,
4. dynamische Blindstromstützung,
5. Schwarzstartfähigkeit und
6. Inselbetriebsfähigkeit.

[2] Dabei darf die Beschaffung dieser Systemdienstleistungen nur erfolgen, soweit diese für einen sicheren, zuverlässigen und effizienten Netzbetrieb erforderlich sind.

(2) Betreiber von Elektrizitätsverteilernetzen haben diese Systemdienstleistungen nur zu beschaffen, soweit sie diese in ihrem eigenen Netz benötigen oder die Systemdienstleistungen im Einvernehmen mit den Betreibern von Übertragungsnetzen mit Regelzonenverantwortung beschafft werden.

(3) Die Verpflichtung nach Absatz 1 Satz 1 ist nicht für Systemdienstleistungen aus vollständig integrierten Netzkomponenten anzuwenden.

(4) [1] Die Bundesnetzagentur kann Ausnahmen von der Verpflichtung der marktgestützten Beschaffung von Systemdienstleistungen nach § 29 Absatz 1 festlegen, wenn diese wirtschaftlich nicht effizient ist; sie kann auch einzelne Spannungsebenen ausnehmen. [2] Erstmalig trifft die Bundesnetzagentur Entscheidungen über Ausnahmen bis zum 31. Dezember 2020 ohne Anhörung. [3] Gewährt sie eine

[1)] Siehe die VO zum Schutz von Übertragungsnetzen v. 6.1.2012 (BGBl. I S. 69), geänd. durch VO v. 31.8.2015 (BGBl. I S. 1474).

[2)] **Sartorius III Nr. 810.**

[3)] § 12h eingef. mWv 27.11.2020 durch G v. 22.11.2020 (BGBl. I S. 2464); Abs. 9 Satz 2 eingef., bish. Sätze 2–4 werden Sätze 3–5 mWv 27.7.2021 durch G v. 16.7.2021 (BGBl. I S. 3026).

Ausnahme, überprüft sie ihre Einschätzung spätestens alle drei Jahre und veröffentlicht das Ergebnis.

(5) [1] Soweit die Bundesnetzagentur keine Ausnahmen nach Absatz 4 festlegt, hat sie die Spezifikationen und technischen Anforderungen der transparenten, diskriminierungsfreien und marktgestützten Beschaffung der jeweiligen Systemdienstleistung, vorbehaltlich des Absatzes 4, nach § 29 Absatz 1 festzulegen. [2] Die Spezifikationen und technischen Anforderungen müssen sicherstellen, dass sich alle Marktteilnehmer wirksam und diskriminierungsfrei beteiligen können; dies schließt Anbieter erneuerbarer Energien, Anbieter dezentraler Erzeugung, Anbieter von Laststeuerung und Energiespeicherung sowie Anbieter ein, die in der Aggregierung tätig sind. [3] Die Spezifikationen und technischen Anforderungen sollen sicherstellen, dass die marktgestützte Beschaffung der jeweiligen Systemdienstleistung nicht zu einer Reduzierung der Einspeisung vorrangberechtigter Elektrizität führt. [4] Die Spezifikationen und technischen Anforderungen wirken auf eine größtmögliche Effizienz der Beschaffung und des Netzbetriebs hin.

(6) [1] Statt einer Festlegung nach Absatz 5 kann die Bundesnetzagentur die Betreiber von Übertragungs- und Verteilernetzen auffordern, jeweils gemeinsam Spezifikationen und technische Anforderungen in einem transparenten Verfahren, an dem alle relevanten Netznutzer und Betreiber von Elektrizitätsversorgungsnetzen teilnehmen können, zu erarbeiten oder zu überarbeiten. [2] Diese Spezifikationen und technischen Anforderungen sind der Bundesnetzagentur zur Genehmigung vorzulegen; dabei sind die Anforderungen nach Absatz 5 Satz 2 bis 4 entsprechend anzuwenden. [3] Die Bundesnetzagentur hat von ihr genehmigte Spezifikationen und technische Anforderungen zu veröffentlichen.

(7) Die Verpflichtungen zur marktgestützten Beschaffung von Systemdienstleistungen nach Absatz 1 sind ausgesetzt, bis die Bundesnetzagentur die Spezifikationen und technischen Anforderungen erstmals nach Absatz 5 festgelegt oder nach Absatz 6 genehmigt hat.

(8) Die Betreiber von Elektrizitätsversorgungsnetzen sind verpflichtet, alle erforderlichen Informationen untereinander auszutauschen und sich abzustimmen, damit die Ressourcen optimal genutzt sowie die Netze sicher und effizient betrieben werden und die Marktentwicklung erleichtert wird.

(9) [1] Hat die Bundesnetzagentur für Systemdienstleistungen nach Absatz 1 Satz 1 Nummer 5 eine Ausnahme nach Absatz 4 festgelegt oder, sofern sie von einer Ausnahme abgesehen hat, noch keine Spezifikationen und technischen Anforderungen nach Absatz 5 festgelegt oder nach Absatz 6 genehmigt, sind die Betreiber von Übertragungsnetzen mit Regelzonenverantwortung und die Betreiber von Elektrizitätsverteilernetzen berechtigt, Betreiber von Erzeugungsanlagen oder Anlagen zur Speicherung elektrischer Energie zur Vorhaltung der Schwarzstartfähigkeit ihrer Anlagen zu verpflichten. [2] Die Verpflichtung zur Vorhaltung der Schwarzstartfähigkeit umfasst auch die Durchführung von Schwarzstartversuchen und Betriebsversuchen im Sinne der genehmigten vertraglichen Modalitäten für Anbieter von Systemdienstleistungen zum Netzwiederaufbau nach Artikel 4 Absatz 2 Buchstabe b und Absatz 4 der Verordnung (EU) 2017/2196 der Kommission vom 24. November 2017 zur Festlegung eines Netzkodex über den Notzustand und den Netzwiederaufbau des Übertragungsnetzes (ABl. L 312 vom 28.11.2017, S. 54). [3] Die Verpflichtung der Betreiber der Erzeugungsanlagen oder Anlagen zur Speicherung elektrischer Energie ist erforderlich, sofern andernfalls die Sicherheit oder Zuverlässigkeit des Elektrizitätsversorgungssystems gefährdet wäre. [4] Im Falle der Verpflichtung nach Satz 1 kann der Betreiber der Erzeugungsanlage oder der Anlage zur Speicherung elektrischer Energie eine angemessene Vergütung geltend

machen, die entsprechend § 13c Absatz 1 bestimmt wird. [5] § 13c Absatz 5 ist entsprechend anzuwenden.

§ 13[1)] Systemverantwortung der Betreiber von Übertragungsnetzen.

(1) [1] Sofern die Sicherheit oder Zuverlässigkeit des Elektrizitätsversorgungssystems in der jeweiligen Regelzone gefährdet oder gestört ist, sind die Betreiber der Übertragungsnetze berechtigt und verpflichtet, die Gefährdung oder Störung zu beseitigen durch

1. netzbezogene Maßnahmen, insbesondere durch Netzschaltungen,
2. marktbezogene Maßnahmen, insbesondere durch den Einsatz von Regelenergie, Maßnahmen nach § 13a Absatz 1, vertraglich vereinbarte abschaltbare und zuschaltbare Lasten, Information über Engpässe und das Management von Engpässen sowie
3. zusätzliche Reserven, insbesondere die Netzreserve nach § 13d und die Kapazitätsreserve nach § 13e.

[2] Bei strom- und spannungsbedingten Anpassungen der Wirkleistungserzeugung oder des Wirkleistungsbezugs sind abweichend von Satz 1 von mehreren geeigneten Maßnahmen nach Satz 1 Nummer 2 und 3 die Maßnahmen auszuwählen, die voraussichtlich insgesamt die geringsten Kosten verursachen. [3] Maßnahmen gegenüber Anlagen zur Erzeugung oder Speicherung von elektrischer Energie mit einer Nennleistung unter 100 Kilowatt, die durch einen Netzbetreiber jederzeit fernsteuerbar sind, dürfen die Betreiber von Übertragungsnetzen unabhängig von den Kosten nachrangig ergreifen.

(1a) [1] Im Rahmen der Auswahlentscheidung nach Absatz 1 Satz 2 sind die Verpflichtungen nach § 11 Absatz 1 und 3 des Erneuerbare-Energien-Gesetzes[2)] einzuhalten, indem für Maßnahmen zur Reduzierung der Wirkleistungserzeugung von Anlagen nach § 3 Nummer 1 des Erneuerbare-Energien-Gesetzes kalkulatorische Kosten anzusetzen sind, die anhand eines für alle Anlagen nach § 3 Nummer 1 des Erneuerbare-Energien-Gesetzes einheitlichen kalkulatorischen Preises zu bestimmen sind. [2] Der einheitliche kalkulatorische Preis ist so zu bestimmen, dass die Reduzierung der Wirkleistungserzeugung der Anlagen nach § 3 Nummer 1 des Erneuerbare-Energien-Gesetzes nur erfolgt, wenn dadurch in der Regel ein Vielfaches an Reduzierung von nicht vorrangberechtigter Erzeugung ersetzt werden kann (Mindestfaktor). [3] Der Mindestfaktor nach Satz 2 beträgt mindestens fünf und höchstens fünfzehn; Näheres bestimmt die Bundesnetzagentur nach § 13j Absatz 5 Nummer 2.

(1b) *(aufgehoben)*

(1c) [1] Im Rahmen der Auswahlentscheidung nach Absatz 1 Satz 2 sind bei Maßnahmen zur Erhöhung der Erzeugungsleistung von Anlagen der Netzreserve

---

[1)] § 13 neu gef. mWv 30.7.2016 durch G v. 26.7.2016 (BGBl. I S. 1786); Abs. 6a eingef., Abs. 10 angef. mWv 1.1.2017 durch G v. 13.10.2016 (BGBl. I S. 2258); Abs. 3 Satz 1 geänd. mWv 1.1.2017 durch G v. 22.12.2016 (BGBl. I S. 3106); Abs. 10 Sätze 1 und 2 geänd., Satz 4 angef. mWv 21.12.2018 durch G v. 17.12.2018 (BGBl. I S. 2549); Abs. 1 Nr. 2 geänd., Sätze 2 und 3 angef., Abs. 2 Sätze 1 und 2 geänd., Abs. 3 neu gef., Abs. 6 Satz 1 geänd. mWv 1.10.2021 durch G v. 13.5.2019 (BGBl. I S. 706, geänd. durch G v. 16.7.2021, BGBl. I S. 3026); Abs. 6a Satz 1 neu gef., Satz 2 Nr. 1 geänd., Nr. 2 neu gef., Nr. 3 geänd., Satz 4 neu gef., Satz 7 aufgeh. mWv 27.7.2021, Abs. 1a–1c eingef., Abs. 6a Satz 1 einl. Satzteil, Satz 2 Nr. 1 geänd. mWv 1.10.2021 durch G v. 16.7.2021 (BGBl. I S. 3026); Abs. 1b aufgeh. mWv 12.7.2022 durch G v. 8.7.2022 (BGBl. I S. 1054); Abs. 1b Nr. 1 geänd. (aufgrund der vorhergehenden Änd. nicht ausführbar), Abs. 6b eingef. mWv 29.7.2022 durch G v. 19.7.2022 (BGBl. I S. 1214); Abs. 2 Satz 2 eingef., bish. Satz 2 wird Satz 3 mWv 13.10.2022 durch G v. 8.10.2022 (BGBl. I S. 1726).

[2)] **Sartorius ErgBd. Nr. 833.**

nach § 13d kalkulatorische Kosten anzusetzen, die anhand eines für alle Anlagen einheitlichen kalkulatorischen Preises zu bestimmen sind. [2]Übersteigen die tatsächlichen Kosten die kalkulatorischen Kosten, sind die tatsächlichen Kosten anzusetzen. [3]Der einheitliche kalkulatorische Preis ist so zu bestimmen, dass ein Einsatz der Anlagen der Netzreserve in der Regel nachrangig zu dem Einsatz von Anlagen mit nicht vorrangberechtigter Einspeisung erfolgt und in der Regel nicht zu einer höheren Reduzierung der Wirkleistungserzeugung der Anlagen nach § 3 Nummer 1 des Erneuerbare-Energien-Gesetzes führt als bei einer Auswahlentscheidung nach den tatsächlichen Kosten. [4]Der einheitliche kalkulatorische Preis entspricht mindestens dem höchsten tatsächlichen Preis, der für die Erhöhung der Erzeugungsleistung von Anlagen mit nicht vorrangberechtigter Einspeisung, die nicht zur Netzreserve zählen, regelmäßig aufgewendet wird.

(2) [1]Lässt sich eine Gefährdung oder Störung der Sicherheit oder Zuverlässigkeit des Elektrizitätsversorgungssystems durch Maßnahmen nach Absatz 1 nicht oder nicht rechtzeitig beseitigen, so sind die Betreiber der Übertragungsnetze im Rahmen der Zusammenarbeit nach § 12 Absatz 1 berechtigt und verpflichtet, sämtliche Stromerzeugung, Stromtransite und Strombezüge in ihren Regelzonen den Erfordernissen eines sicheren und zuverlässigen Betriebs des Übertragungsnetzes anzupassen oder diese Anpassung zu verlangen. [2]Soweit die Vorbereitung und Durchführung von Anpassungsmaßnahmen nach Satz 1 die Mitwirkung der Betroffenen erfordert, sind diese verpflichtet, die notwendigen Handlungen vorzunehmen. [3]Bei einer erforderlichen Anpassung von Stromerzeugung und Strombezügen sind insbesondere die betroffenen Betreiber von Elektrizitätsverteilernetzen und Stromhändler – soweit möglich – vorab zu informieren.

(3) [1]Soweit die Einhaltung der in den Absätzen 1 und 2 genannten Verpflichtungen die Beseitigung einer Gefährdung oder Störung verhindern würde, kann ausnahmsweise von ihnen abgewichen werden. [2]Ein solcher Ausnahmefall liegt insbesondere vor, soweit die Betreiber von Übertragungsnetzen zur Gewährleistung der Sicherheit und Zuverlässigkeit des Elektrizitätsversorgungssystems auf die Mindesteinspeisung aus bestimmten Anlagen angewiesen sind und keine technisch gleich wirksame andere Maßnahme verfügbar ist (netztechnisch erforderliches Minimum). [3]Bei Maßnahmen nach den Absätzen 1 und 2 sind die Auswirkungen auf die Sicherheit und Zuverlässigkeit des Gasversorgungssystems auf Grundlage der von den Betreibern der Gasversorgungsnetze nach § 12 Absatz 4 Satz 1 bereitzustellenden Informationen angemessen zu berücksichtigen.

(4) Eine Gefährdung der Sicherheit oder Zuverlässigkeit des Elektrizitätsversorgungssystems in der jeweiligen Regelzone liegt vor, wenn örtliche Ausfälle des Übertragungsnetzes oder kurzfristige Netzengpässe zu besorgen sind oder zu besorgen ist, dass die Haltung von Frequenz, Spannung oder Stabilität durch die Betreiber von Übertragungsnetzen nicht im erforderlichen Maße gewährleistet werden kann.

(5) [1]Im Falle einer Anpassung nach Absatz 2 Satz 1 ruhen bis zur Beseitigung der Gefährdung oder Störung alle hiervon jeweils betroffenen Leistungspflichten. [2]Satz 1 führt grundsätzlich nicht zu einer Aussetzung der Abrechnung der Bilanzkreise durch den Betreiber eines Übertragungsnetzes. [3]Soweit bei Vorliegen der Voraussetzungen nach Absatz 2 Maßnahmen getroffen werden, ist insoweit die Haftung für Vermögensschäden ausgeschlossen. [4]Im Übrigen bleibt § 11 Absatz 3 unberührt. [5]Die Sätze 3 und 4 sind für Entscheidungen des Betreibers von Übertragungsnetzen im Rahmen von § 13b Absatz 5, § 13f Absatz 1 und § 16 Absatz 2a entsprechend anzuwenden.

(6) [1]Die Beschaffung von Ab- oder Zuschaltleistung über vertraglich vereinbarte ab- oder zuschaltbare Lasten nach Absatz 1 Satz 1 Nummer 2 erfolgt durch die Betreiber von Übertragungsnetzen in einem diskriminierungsfreien und transparenten Ausschreibungsverfahren, bei dem die Anforderungen, die die Anbieter von Ab- oder Zuschaltleistung für die Teilnahme erfüllen müssen, soweit dies technisch möglich ist, zu vereinheitlichen sind. [2]Die Betreiber von Übertragungsnetzen haben für die Ausschreibung von Ab- oder Zuschaltleistung aus ab- oder zuschaltbaren Lasten eine gemeinsame Internetplattform einzurichten. [3]Die Einrichtung der Plattform nach Satz 2 ist der Regulierungsbehörde anzuzeigen. [4]Die Betreiber von Übertragungsnetzen sind unter Beachtung ihrer jeweiligen Systemverantwortung verpflichtet, zur Senkung des Aufwandes für Ab- und Zuschaltleistung unter Berücksichtigung der Netzbedingungen zusammenzuarbeiten.

(6a) [1]Die Betreiber von Übertragungsnetzen können mit Betreibern von KWK-Anlagen vertragliche Vereinbarungen zur Reduzierung der Wirkleistungseinspeisung aus der KWK-Anlage und gleichzeitigen bilanziellen Lieferung von elektrischer Energie für die Aufrechterhaltung der Wärmeversorgung nach Absatz 1 Satz 1 Nummer 2 schließen, wenn die KWK-Anlage

1. technisch unter Berücksichtigung ihrer Größe und Lage im Netz geeignet ist, zur Beseitigung von Gefährdungen oder Störungen der Sicherheit oder Zuverlässigkeit des Elektrizitätsversorgungssystems aufgrund von Netzengpässen im Höchstspannungsnetz effizient beizutragen,
2. sich im Zeitpunkt des Vertragsabschlusses innerhalb der Bundesrepublik Deutschland, aber außerhalb der Südregion nach der Anlage 1 des Kohleverstromungsbeendigungsgesetzes[1)] vom 8. August 2020 (BGBl. I S. 1818), das zuletzt durch Artikel 26 Absatz 2 des Gesetzes vom 3. Juni 2021 (BGBl. I S. 1534) geändert worden ist, befindet,
3. vor dem 14. August 2020 in Betrieb genommen worden ist und
4. eine installierte elektrische Leistung von mehr als 500 Kilowatt hat.

[2]In der vertraglichen Vereinbarung nach Satz 1 ist zu regeln, dass

1. die Reduzierung der Wirkleistungseinspeisung und die bilanzielle Lieferung von elektrischer Energie zum Zweck der Aufrechterhaltung der Wärmeversorgung abweichend von § 3 Absatz 1 und 2 des Kraft-Wärme-Kopplungsgesetzes[2)] und als Maßnahme nach Absatz 1 Satz 1 Nummer 2 durchzuführen ist,
2. für die Maßnahme nach Nummer 1 zwischen dem Betreiber des Übertragungsnetzes und dem Betreiber der KWK-Anlage unter Anrechnung der bilanziellen Lieferung elektrischer Energie ein angemessener finanzieller Ausgleich zu leisten ist, der den Betreiber der KWK-Anlage wirtschaftlich weder besser noch schlechter stellt, als er ohne die Maßnahme stünde, dabei ist § 13a Absatz 2 bis 4 entsprechend anzuwenden, und
3. die erforderlichen Kosten für die Investition für die elektrische Wärmeerzeugung, sofern sie nach dem Vertragsschluss entstanden sind, vom Betreiber des Übertragungsnetzes einmalig erstattet werden.

[3]Die Betreiber der Übertragungsnetze müssen sich bei der Auswahl der KWK-Anlagen, mit denen vertragliche Vereinbarungen nach den Sätzen 1 und 2 geschlossen werden, auf die KWK-Anlagen beschränken, die kostengünstig und

---

[1)] **Sartorius III Nr. 340.**
[2)] **Sartorius ErgBd. Nr. 834.**

effizient zur Beseitigung von Netzengpässen beitragen können. [4] Die vertragliche Vereinbarung muss mindestens für fünf Jahre abgeschlossen werden und kann höchstens eine Geltungsdauer bis zum 31. Dezember 2028 haben; sie ist mindestens vier Wochen vor dem Abschluss der Bundesnetzagentur und spätestens vier Wochen nach dem Abschluss den anderen Betreibern von Übertragungsnetzen zu übermitteln. [5] Sie dürfen nur von Übertragungsnetzbetreibern aufgrund von Engpässen im Übertragungsnetz abgeschlossen werden, § 14 Absatz 1 Satz 1 findet insoweit keine Anwendung. [6] Die installierte elektrische Leistung von Wärmeerzeugern, die aufgrund einer vertraglichen Vereinbarung mit den KWK-Anlagen nach den Sätzen 1 und 2 installiert wird, darf 2 Gigawatt nicht überschreiten.

(6b) [1] Um eine Abregelung von Anlagen nach § 3 Nummer 1 des Erneuerbare-Energien-Gesetzes zu vermeiden, nehmen Betreiber von Übertragungsnetzen nach Absatz 6 bis zum 31. Dezember 2030 gemeinsam eine Ausschreibung für den Strombezug von zuschaltbaren Lasten vor. [2] Die Ausschreibung nach Satz 1 erfolgt erstmals zum 1. Juli 2023. [3] Über den Umfang der jeweiligen Ausschreibung aufgrund von Netzengpässen entscheidet der Betreiber von Übertragungsnetzen nach Maßgabe der für den jeweiligen Ausschreibungszeitraum erwarteten Reduktion der Erzeugungsleistung aus erneuerbaren Energien. [4] Teilnahmeberechtigt an Ausschreibungen nach Satz 1 sind zuschaltbare Lasten, sofern

1. für die angebotene Abnahmeleistung innerhalb der letzten zwölf Monate vor Beginn und innerhalb des jeweiligen Ausschreibungszeitraums kein Strombezug an Strommärkten erfolgt,
2. bei Strombezug aus einer verbundenen KWK-Anlage im Fall eines Abrufs deren Stromerzeugung in mindestens dem gleichen Umfang wie der Höhe des Strombezugs der zuschaltbaren Last verringert wird, wobei dem Betreiber der KWK-Anlage die verringerte eigenerzeugte Strommenge bilanziell erstattet wird,
3. die Anlage technisch unter Berücksichtigung ihrer Größe und Lage im Netz geeignet ist, zur Beseitigung von Gefährdungen oder Störungen der Sicherheit oder Zuverlässigkeit des Elektrizitätsversorgungssystems aufgrund von Netzengpässen im Höchstspannungsnetz beizutragen,
4. sich die Anlage innerhalb der Bundesrepublik Deutschland, aber außerhalb der Südregion nach der Anlage 1 des Kohleverstromungsbeendigungsgesetzes vom 8. August 2020 (BGBl. I S. 1818), das zuletzt durch Artikel 13 des Gesetzes vom 16. Juli 2021 (BGBl. I S. 3026) geändert worden ist, befindet,
5. die jederzeitige Verfügbarkeit im Ausschreibungszeitraum gewährleistet wird,
6. die Zuschaltung nach Maßgabe der Ausschreibungsbedingungen und, sobald die Messstelle mit einem intelligenten Messsystem ausgestattet wurde, über ein Smart-Meter-Gateway nach § 2 Satz 1 Nummer 19 des Messstellenbetriebsgesetzes fernsteuerbar ist,
7. das Gebot eine Mindestgröße von 100 Kilowatt aufweist, wobei eine Zusammenlegung kleinerer Lasten durch Dritte zulässig ist, und
8. für die abzunehmende Strommenge ein Gebotspreis in Euro je Megawattstunde abgegeben wird; negative Gebote sind unzulässig.

[5] Die Nichteinhaltung der Bedingungen nach Satz 4 Nummer 1, 2 und 5 wird mit dem Ausschluss von den Ausschreibungen für die Dauer von drei Monaten belegt. [6] Nicht teilnahmeberechtigt sind zuschaltbare Lasten, die unmittelbar oder bilanziell Strom aus Anlagen zur Erzeugung von erneuerbarer Energie beziehen oder innerhalb der letzten zwölf Monate bezogen haben. [7] Für aus dem Netz bezogenen Strom nach Satz 1 werden die Umlagen nach § 17f Absatz 5, nach § 26 Absatz 1 des Kraft-Wärme-Kopplungsgesetzes, nach § 18 Absatz 1 der Abschaltbare-Lasten-

Verordnung sowie nach § 19 Absatz 2 Satz 15 der Stromnetzentgeltverordnung nicht erhoben. [8] Die Bundesnetzagentur kann im Wege einer Festlegung nach § 29 Absatz 1 über eine Reduzierung der Netzentgelte bis auf null für diesen Strombezug sowie über den Ausschreibungszeitraum nach Satz 1 entscheiden. [9] An Ausschreibungen nach Satz 1 können sich Betreiber von Verteilernetzen beteiligen, sofern sie dadurch eine Abregelung von Anlagen nach § 3 Nummer 1 des Erneuerbare-Energien-Gesetzes vermeiden können und nachweisen, dass das Netz weder im erforderlichen Umfang nach dem Stand der Technik optimiert, verstärkt oder ausgebaut werden konnte noch andere geeignete Maßnahmen zur effizienten Beseitigung des Engpasses verfügbar sind. [10] Der Bedarf an Zuschaltungen durch Übertragungsnetzbetreiber geht dem Bedarf in Verteilernetzen voraus. [11] Der Betreiber einer zuschaltbaren Last darf nicht im Sinne des Artikels 3 Absatz 2 der Verordnung (EG) Nr. 139/2004 des Rates vom 20. Januar 2004 über die Kontrolle von Unternehmenszusammenschlüssen (ABl. L 24 vom 29.1.2004, S. 1) mit dem Betreiber eines Verteilernetzes verbunden sein.

(7) [1] Über die Gründe von durchgeführten Anpassungen und Maßnahmen sind die hiervon unmittelbar Betroffenen und die Regulierungsbehörde unverzüglich zu informieren. [2] Auf Verlangen sind die vorgetragenen Gründe zu belegen.

(8) Reichen die Maßnahmen nach Absatz 2 nach Feststellung eines Betreibers von Übertragungsnetzen nicht aus, um eine Versorgungsstörung für lebenswichtigen Bedarf im Sinne des § 1 des Energiesicherungsgesetzes abzuwenden, muss der Betreiber von Übertragungsnetzen unverzüglich die Regulierungsbehörde unterrichten.

(9) [1] Zur Vermeidung schwerwiegender Versorgungsstörungen müssen die Betreiber von Übertragungsnetzen alle zwei Jahre eine Schwachstellenanalyse erarbeiten und auf dieser Grundlage notwendige Maßnahmen treffen. [2] Das Personal in den Steuerstellen ist entsprechend zu unterweisen. [3] Über das Ergebnis der Schwachstellenanalyse und die notwendigen Maßnahmen hat der Betreiber eines Übertragungsnetzes alle zwei Jahre jeweils zum 31. August der Regulierungsbehörde zu berichten.

(10) [1] Die Betreiber von Übertragungsnetzen erstellen jährlich gemeinsam für die nächsten fünf Jahre eine Prognose des Umfangs von Maßnahmen nach den Absätzen 1 und 2, die aufgrund von Netzengpässen notwendig sind, und übermitteln diese jedes Jahr spätestens zum 1. Juli an die Bundesnetzagentur. [2] Die zugrunde liegenden Annahmen, Parameter und Szenarien für die Prognose nach Satz 1 sind der im jeweiligen Jahr erstellten Systemanalyse und den in dem jeweiligen Jahr oder einem Vorjahr erstellten ergänzenden Analysen nach § 3 Absatz 2 der Netzreserveverordnung zu entnehmen. [3] Die Prognose nach Satz 1 enthält eine Schätzung der Kosten. [4] Die Bundesnetzagentur veröffentlicht die Prognose nach Satz 1.

§ 13a[1)] Erzeugungsanpassung und ihr bilanzieller und finanzieller Ausgleich. (1) [1] Betreiber von Anlagen zur Erzeugung oder Speicherung von elektrischer Energie mit einer Nennleistung ab 100 Kilowatt sowie von Anlagen zur Erzeugung oder Speicherung von elektrischer Energie, die durch einen Netz-

[1)] § 13a neu gef. mWv 30.7.2016 durch G v. 26.7.2016 (BGBl. I S. 1786); Überschrift, Abs. 1 neu gef., Abs. 1a eingef., Abs. 2 und 5 neu gef. mWv 1.10.2021 durch G v. 13.5.2019 (BGBl. I S. 706, geänd. durch G v. 21.12.2020, BGBl. I S. 3138); Abs. 2 Satz 3 Nr. 5 geänd. mWv 29.7.2022 durch G v. 19.7. 2022 (BGBl. I S. 1214); Abs. 1a Satz 3, Abs. 2 Satz 5 geänd. mWv 1.1.2023 durch G v. 20.7.2022 (BGBl. I S. 1237).

betreiber jederzeit fernsteuerbar sind, sind verpflichtet, auf Aufforderung durch Betreiber von Übertragungsnetzen die Wirkleistungs- oder Blindleistungserzeugung oder den Wirkleistungsbezug anzupassen oder die Anpassung zu dulden. [2]Eine Anpassung umfasst auch die Aufforderung einer Einspeisung oder eines Bezugs aus Anlagen, die

1. derzeit keine elektrische Energie erzeugen oder beziehen und erforderlichenfalls erst betriebsbereit gemacht werden müssen oder
2. zur Erfüllung der Anforderungen einer Erzeugung oder eines Bezugs eine geplante Revision verschieben müssen.

(1a) [1]Der Bilanzkreisverantwortliche der betroffenen Einspeise- oder Entnahmestelle hat einen Anspruch auf einen bilanziellen Ausgleich der Maßnahme gegen den Übertragungsnetzbetreiber, der den Betreiber der Anlage nach Absatz 1 zur Anpassung aufgefordert oder die Anpassung durchgeführt hat. [2]Der Übertragungsnetzbetreiber hat einen Anspruch gegen den Bilanzkreisverantwortlichen auf Abnahme des bilanziellen Ausgleichs. [3]Ist der Strom nach § 57 des Erneuerbare-Energien-Gesetzes[1)] zu vermarkten, erfolgt der bilanzielle Ausgleich abweichend von Satz 1 mit dem Bilanzkreis, über den der Übertragungsnetzbetreiber die Vermarktung durchführt. [4]Der Übertragungsnetzbetreiber muss den Bilanzkreisverantwortlichen unverzüglich über den geplanten Zeitpunkt, den Umfang und die Dauer der Anpassung unterrichten. [5]Der Übertragungsnetzbetreiber muss den Bilanzkreisverantwortlichen und den Betreiber der Anlage nach Absatz 1 unverzüglich über die tatsächlichen Zeitpunkte, den jeweiligen Umfang, die Dauer und die Gründe der Anpassung unterrichten.

(2) [1]Eine nach Absatz 1 Satz 1 vorgenommene Anpassung ist zwischen dem Betreiber des Übertragungsnetzes und dem Betreiber der Anlage zur Erzeugung oder Speicherung von elektrischer Energie angemessen finanziell auszugleichen. [2]Der finanzielle Ausgleich ist angemessen, wenn er den Betreiber der Anlage unter Anrechnung des bilanziellen Ausgleichs nach Absatz 1a wirtschaftlich weder besser noch schlechter stellt, als er ohne die Maßnahme stünde. [3]Ein angemessener finanzieller Ausgleich nach Satz 1 umfasst folgende Bestandteile, wenn und soweit diese durch die jeweilige Anpassung der Wirkleistungs- oder Blindleistungserzeugung oder des Wirkleistungsbezugs auf Anforderung des Betreibers eines Übertragungsnetzes verursacht worden sind:

1. die notwendigen Auslagen für die tatsächlichen Anpassungen der Erzeugung (Erzeugungsauslagen) oder des Bezugs,
2. den Werteverbrauch der Anlage für die tatsächlichen Anpassungen der Erzeugung oder des Bezugs (anteiligen Werteverbrauch),
3. die nachgewiesenen entgangenen Erlösmöglichkeiten, wenn und soweit diese die Summe der nach den Nummern 1 und 2 zu erstattenden Kosten übersteigen,
4. die notwendigen Auslagen für die Herstellung der Betriebsbereitschaft nach Absatz 1 Satz 2 Nummer 1 oder die Verschiebung einer geplanten Revision nach Absatz 1 Satz 2 Nummer 2 und
5. im Fall der Reduzierung der Wirkleistungserzeugung aus Anlagen nach § 3 Nummer 1 des Erneuerbare-Energien-Gesetzes oder von KWK-Strom im Sinne des § 3 Absatz 2 des Kraft-Wärme-Kopplungsgesetzes[2)] die entgangenen Einnahmen zuzüglich der zusätzlichen Aufwendungen.

[1)] **Sartorius ErgBd. Nr. 833.**
[2)] **Sartorius ErgBd. Nr. 834.**

[4] Ersparte Aufwendungen erstattet der Anlagenbetreiber an den zuständigen Betreiber eines Übertragungsnetzes. [5] Abweichend von Satz 2 ist der bilanzielle Ausgleich nach Absatz 1a nicht anzurechnen, wenn der Strom nach § 57 des Erneuerbare-Energien-Gesetzes zu vermarkten ist.

(3) Grundlage für die Bestimmung des anteiligen Werteverbrauchs nach Absatz 2 Satz 2 Nummer 2 sind die handelsrechtlichen Restwerte und handelsrechtlichen

(Fortsetzung nächstes Blatt)

Netzreserveverordnung als Netzreserve verpflichtet und an das Netz angeschlossen sind,

14. zur Dauer der vertraglichen Verpflichtung bei bestehenden und neu zu errichtenden Anlagen der Kapazitätsreserve,
15. zu der Art, den Kriterien, den Bedingungen, dem Umfang und der Reihenfolge des Einsatzes der Anlagen der Kapazitätsreserve, einschließlich des Einsatzes geeigneter Anlagen der Kapazitätsreserve für die Netzreserve, durch die Betreiber der Übertragungsnetze,
16. zur Sicherstellung, dass die Anlagen der Kapazitätsreserve den Betreibern der Übertragungsnetze im Bedarfsfall für den Einsatz zur Verfügung stehen, sowie zur Vermeidung von Wettbewerbsverzerrungen auf den Strommärkten, einschließlich der Untersagung des Betriebs der Anlage,
17. zu den Anforderungen, die bei Anlagen der Kapazitätsreserve sicherstellen sollen, dass die Anlagen von den Betreibern der Übertragungsnetze im Bedarfsfall eingesetzt werden können, insbesondere für den Fall, dass eine Anlage nicht oder verspätet aktiviert worden ist oder nicht in einem ausreichenden Umfang einspeist, und zu den Anforderungen, die bei neu zu errichtenden Anlagen die Inbetriebnahme sicherstellen sollen, insbesondere für den Fall, dass eine Anlage nicht oder verspätet in Betrieb genommen worden ist,
    a) zu einem Verfahren für Probeabrufe, für einen Funktionstest der Anlagen und für Nachbesserungen in angemessener Frist, um die Betriebsbereitschaft und rechtzeitige Aktivierbarkeit der Anlagen zu gewährleisten, insbesondere
        aa) die Möglichkeit vorzusehen, einen Vertrag mit einem Betreiber einer Anlage bei Vorliegen wichtiger Gründe zu beenden,
        bb) Regelungen zur nachträglichen Beschaffung von Anlagen der Kapazitätsreserve vorzusehen und
        cc) eine Pflicht zu einer Geldzahlung oder zur Reduzierung der Vergütung vorzusehen und deren Höhe und die Voraussetzungen für die Zahlungspflicht zu regeln,
    b) zum Vorgehen bei erfolglosen Probeabrufen, Funktionstests oder Einsätzen, insbesondere
        aa) bei der unterlassenen oder verspäteten Aktivierung einer Anlage oder bei der unterlassenen Inbetriebnahme einer neu errichteten Anlage eine Pflicht zu einer Geldzahlung vorzusehen und deren Höhe und die Voraussetzungen für die Zahlungspflicht zu regeln,
        bb) Kriterien für einen Ausschluss von Bietern bei künftigen Beschaffungen der Kapazitätsreserve zu regeln und
        cc) die Möglichkeit vorzusehen, die im Rahmen des Beschaffungsverfahrens zu zahlende Vergütung nach Ablauf einer angemessenen Frist nicht mehr zu zahlen oder zu verringern und danach die Reserveleistung erneut zu vergeben, oder die Dauer oder Höhe der Vergütung nach Ablauf einer angemessenen Frist zu verringern,
18. zu der Art, der Form und dem Inhalt der Veröffentlichungen der Bekanntmachung von Beschaffungsverfahren, der abgegebenen Gebote und den Ergebnissen der Beschaffungsverfahren,
19. zu den Informationen, die zur Durchführung der Nummern 1 bis 14 zu übermitteln sind, und zum Schutz der in diesem Zusammenhang übermittelten Betriebs- und Geschäftsgeheimnisse,

20. zur Bestimmung, wie der nach § 13e Absatz 5 Satz 5 bis 7 zugrunde zu legende Wert der durchschnittlichen Jahreshöchstlast berechnet wird und worauf er sich bezieht,
21. welche Daten übermittelt werden müssen und wer als Verantwortlicher zur Übermittlung verpflichtet ist,
22. zur Gewährleistung von Datensicherheit und Datenschutz; dies umfasst insbesondere Regelungen zum Schutz personenbezogener Daten im Zusammenhang mit den nach Nummer 18 zu übermittelnden Daten einschließlich Aufklärungs-, Auskunfts- und Löschungspflichten,
23. zu Art und Form der Veröffentlichung und Zustellung von Entscheidungen der Bundesnetzagentur im Anwendungsbereich der Rechtsverordnung nach diesem Absatz, insbesondere eine öffentliche Bekanntmachung vorzusehen.

(2) Das Bundesministerium für Wirtschaft und Energie wird ermächtigt, durch Rechtsverordnung, die nicht der Zustimmung des Bundesrates bedarf, die Bundesnetzagentur zu ermächtigen, im Anwendungsbereich der Kapazitätsreserve zur näheren Bestimmung der Regelungen nach Absatz 1 Nummer 1 bis 20 Festlegungen nach § 29 Absatz 1 zu treffen.

§ 13i[1] **Weitere Verordnungsermächtigungen.** (1) [1]Die Bundesregierung kann zur Verwirklichung einer effizienten Beschaffung und zur Verwirklichung einheitlicher Anforderungen im Sinne von § 13 Absatz 6 Satz 1 in einer Rechtsverordnung[2] ohne Zustimmung des Bundesrates und mit Zustimmung des Bundestages Regeln für ein sich wiederholendes oder für einen bestimmten Zeitraum geltendes Ausschreibungsverfahren zur Beschaffung von Ab- und Zuschaltleistung vorsehen. [2]Die Zustimmung des Bundestages gilt mit Ablauf der sechsten Sitzungswoche nach Zuleitung des Verordnungsentwurfs der Bundesregierung an den Bundestag als erteilt. [3]In der Rechtsverordnung können insbesondere Regelungen getroffen werden

1. zu technischen Anforderungen an Ab- oder Zuschaltleistung aus ab- oder zuschaltbaren Lasten,
2. zu Anforderungen an eine Rahmenvereinbarung, die zur Teilnahme an einem Ausschreibungsverfahren berechtigt,
3. zum Verfahren der Angebotserstellung und der Zuschlagserteilung,
4. zum Abruf der Ab- oder Zuschaltleistung und
5. für einen rückwirkenden Wegfall der Vergütung für ab- oder zuschaltbare Lasten bei vorsätzlicher oder grob fahrlässiger Verletzung der Pflichten nach dieser Rechtsverordnung.

[4]Daneben können in der Rechtsverordnung den Anbietern von Ab- oder Zuschaltleistung aus ab- oder zuschaltbaren Lasten Meldepflichten bezüglich der Verfügbarkeit der Ab- oder Zuschaltleistung gegenüber den Betreibern von Übertragungsnetzen auferlegt werden. [5]Zudem können zivilrechtliche Regelungen für

---

[1] § 13i eingef. mWv 30.7.2016 durch G v. 26.7.2016 (BGBl. I S. 1786); Abs. 2 Satz 4, Abs. 3 Nr. 2 geänd., Nr. 3 angef. mWv 1.1.2017 durch G v. 13.10.2016 (BGBl. I S. 2258); Abs. 2 Satz 6 geänd. mWv 1.1.2017 durch G v. 22.12.2016 (BGBl. I S. 3106); Abs. 3 Nr. 1 Buchst. e und f geänd., Buchst. g angef. mWv 1.10.2021 durch G v. 13.5.2019 (BGBl. I S. 706); Abs. 3 Nr. 3 geänd. mWv 1.1.2021 durch G v. 21.12.2020 (BGBl. I S. 3138); Abs. 2 Satz 6 geänd. mWv 1.1.2023 durch G v. 20.7.2022 (BGBl. I S. 1237).

[2] Siehe die VO zu abschaltbaren Lasten v. 16.8.2016 (BGBl. I S. 1984), zuletzt geänd. durch G v. 20.7.2022 (BGBl. I S. 1237).

den Fall einer vorsätzlichen oder grob fahrlässigen Verletzung der Pflichten nach dieser Rechtsverordnung vorgesehen werden.

(2) [1] Die Bundesregierung kann die Betreiber von Übertragungsnetzen durch Rechtsverordnung[1)] mit Zustimmung des Bundestages verpflichten, Ausschreibungen nach § 13 Absatz 6 Satz 1 für wirtschaftlich und technisch sinnvolle Angebote wiederholend oder für einen bestimmten Zeitraum durchzuführen und auf Grund der Ausschreibungen eingegangene Angebote zum Erwerb von Ab- oder Zuschaltleistung aus ab- oder zuschaltbaren Lasten bis zu einer Gesamtab- oder Zuschaltleistung von jeweils 3 000 Megawatt anzunehmen; die Rechtsverordnung bedarf nicht der Zustimmung des Bundesrates. [2] Die Zustimmung des Bundestages gilt mit Ablauf der sechsten Sitzungswoche nach Zuleitung des Verordnungsentwurfs der Bundesregierung an den Bundestag als erteilt. [3] Als wirtschaftlich sinnvoll gelten Angebote zum Erwerb der Lasten, für die eine Vergütung zu zahlen ist, die die Kosten für die Versorgungsunterbrechungen nicht übersteigt, zu denen es ohne die Nutzung der zu- oder abschaltbaren Lasten kommen könnte. [4] Als technisch sinnvoll gelten Angebote über ab- und zuschaltbare Lasten, durch die Ab- und Zuschaltungen für eine Mindestleistung von 5 Megawatt innerhalb von maximal 15 Minuten herbeigeführt werden können und die geeignet sind, zur Sicherheit und Zuverlässigkeit des Elektrizitätsversorgungssystems in der jeweiligen Regelzone beizutragen. [5] In der Rechtsverordnung können auch näher geregelt werden

1. die technischen Anforderungen an Ab- oder Zuschaltleistung aus ab- oder zuschaltbaren Lasten,
2. die Anforderungen an die Verträge über den Erwerb von Ab- und Zuschaltleistung aus ab- und zuschaltbaren Lasten,
3. Rechte und Pflichten der Vertragsparteien,
4. die Kriterien für wirtschaftliche und technisch sinnvolle Angebote im Sinn der Sätze 3 und 4,
5. Regelungen zur näheren Ausgestaltung von Berichtspflichten der Bundesnetzagentur gegenüber dem Bundesministerium für Wirtschaft und Energie über die Anwendung der Verordnung und
6. die Ausgestaltung und Höhe der Vergütung.

[6] Zahlungen und Aufwendungen der Betreiber von Übertragungsnetzen, die im Zusammenhang mit der Ausschreibung und dem Erwerb von Ab- oder Zuschaltleistung aus ab- oder zuschaltbaren Lasten stehen, gleichen die Betreiber von Übertragungsnetzen über eine finanzielle Verrechnung monatlich untereinander aus, ein Belastungsausgleich erfolgt dabei entsprechend den §§ 26, 28 und 30 des Kraft-Wärme-Kopplungsgesetzes[2)] in der am 31. Dezember 2022 geltenden Fassung; Näheres zum Belastungsausgleich und zu seiner Abwicklung regelt die Rechtsverordnung nach Satz 1. [7] In der Rechtsverordnung nach Satz 1 können dabei auch Bestimmungen vorgesehen werden, dass die Bundesnetzagentur durch Festlegung nach § 29 Absatz 1 Entscheidungen trifft über

1. Einzelheiten der Ermittlung und Verrechnung der Zahlungen und zur Erhebung der Umlage nach Satz 6,
2. die Änderung der vorgegebenen Gesamtabschaltleistung,

[1)] Siehe die VO zu abschaltbaren Lasten v. 16.8.2016 (BGBl. I S. 1984), zuletzt geänd. durch G v. 20.7. 2022 (BGBl. I S. 1237).

[2)] **Sartorius ErgBd. Nr. 834.**

3. die geographische Beschränkung von Ausschreibungen und
4. die Veröffentlichung von Daten zur Schaffung von Markttransparenz.

(3) Die Bundesregierung wird ermächtigt, durch Rechtsverordnungen, die nicht der Zustimmung des Bundesrates bedürfen,

1. Bestimmungen zu treffen
   a) zur näheren Bestimmung des Adressatenkreises nach § 13a Absatz 1 und § 13b Absatz 4 und 5,
   b) zur näheren Bestimmung der Kriterien einer systemrelevanten Anlage nach § 13b Absatz 2 Satz 2,
   c) zu den Kriterien vorläufiger und endgültiger Stilllegungen und zu dem Umgang mit geplanten Stilllegungen von Erzeugungsanlagen nach den §§ 13b und 13c,
   d) zu den Verpflichtungen der Betreiber von Anlagen zur Erzeugung oder Speicherung elektrischer Energie im Sinne von § 13a Absatz 1 und § 13b Absatz 4 und 5,
   e) zu der Vergütung bei geplanten Stilllegungen von Anlagen, abweichend von § 13c, und den Kriterien einer angemessenen Vergütung bei geplanten Stilllegungen von Erzeugungsanlagen nach § 13c,
   f) zum Einsatz von Anlagen in dem Vierjahreszeitraum nach § 13c Absatz 2 sowie
   g) zur Berechnung des finanziellen Ausgleichs nach § 13a Absatz 2 Satz 3 Nummer 5,
2. Regelungen vorzusehen für ein transparentes Verfahren zur Bildung und zur Beschaffung einer Netzreserve aus Anlagen nach § 13d Absatz 1 zum Zwecke der Gewährleistung der Sicherheit und Zuverlässigkeit des Elektrizitätsversorgungssystems, zu den Kriterien einer angemessenen Vergütung, zu den Anforderungen an diese Anlagen sowie zu dem Einsatz der Anlagen in der Netzreserve; hierbei können für die Einbeziehung neu zu errichtender Anlagen auch regionale Kernanteile und Ausschreibungsverfahren vorgesehen werden,
3. Regelungen zu vertraglichen Vereinbarungen nach § 13 Absatz 6a vorzusehen, insbesondere Regelungen für die Auswahl der geeigneten KWK-Anlagen festzulegen.

(4) In Rechtsverordnungen nach Absatz 3 können der Bundesnetzagentur Kompetenzen übertragen werden im Zusammenhang mit der Festlegung des erforderlichen Bedarfs an Netzreserve sowie zum Verfahren und zu möglichen Präqualifikationsbedingungen für den in Absatz 3 Nummer 2 genannten Beschaffungsprozess.

(5) [1] Die Bundesregierung wird ermächtigt, durch Rechtsverordnung, die nicht der Zustimmung des Bundesrates bedarf, Regelungen zur weiteren Einsparung von bis zu 1,5 Millionen Tonnen Kohlendioxid zusätzlich im Jahr 2020 in der Braunkohlewirtschaft nach Maßgabe des § 13g Absatz 8 vorzusehen, wenn und soweit das zur Erreichung der angestrebten Kohlendioxideinsparung in der Braunkohlewirtschaft von 12,5 Millionen Tonnen zusätzlich im Jahr 2020 erforderlich ist. [2] Durch die Regelungen der Verordnung muss sichergestellt werden, dass die zusätzliche Einsparung von 12,5 Millionen Tonnen Kohlendioxid im Jahr 2020 so weit wie möglich erreicht wird, die Betreiber gemeinsam aber insgesamt nicht mehr als 1,5 Millionen Tonnen Kohlendioxid zusätzlich im Jahr 2020 einsparen müssen.

§ 13j[1] Festlegungskompetenzen. (1) [1]Die Regulierungsbehörde wird ermächtigt, nach § 29 Absatz 1 Festlegungen zu treffen zur näheren Bestimmung des Adressatenkreises nach § 13a Absatz 1 Satz 1, zu erforderlichen technischen Anforderungen, die gegenüber den Betreibern betroffener Anlagen aufzustellen sind, zu Methodik und Datenformat der Anforderung durch den Betreiber von Übertragungsnetzen. [2]Zur Bestimmung des finanziellen Ausgleichs nach § 13a Absatz 2 kann die Regulierungsbehörde weitere Vorgaben im Wege einer Festlegung nach § 29 Absatz 1 machen, insbesondere

1. dass sich die Art und Höhe des finanziellen Ausgleichs danach unterscheiden, ob es sich um eine Wirk- oder Blindleistungseinspeisung oder einen Wirkleistungsbezug oder um eine leistungserhöhende oder leistungsreduzierende Maßnahme handelt,
2. zu einer vereinfachten Bestimmung der notwendigen Auslagen für die tatsächlichen Anpassungen der Einspeisung (Erzeugungsauslagen) oder des Bezugs nach § 13a Absatz 2 Satz 2 Nummer 1; der finanzielle Ausgleich nach § 13a Absatz 2 Satz 3 Nummer 1 kann ganz oder teilweise als Pauschale für vergleichbare Kraftwerkstypen ausgestaltet werden, wobei der pauschale finanzielle Ausgleich die individuell zuzurechnenden Kosten im Einzelfall nicht abdecken muss; für die Typisierung sind geeignete technische Kriterien heranzuziehen; die Regulierungsbehörde kann vorsehen, dass in Einzelfällen, in denen der pauschale finanzielle Ausgleich eine unbillige Härte darstellen würde und ein Anlagenbetreiber individuell höhere zurechenbare Auslagen nachweist, die über die pauschale Vergütung hinausgehenden Kosten erstattet werden können,
3. zu der Ermittlung der anrechenbaren Betriebsstunden nach § 13a Absatz 3,
4. zu der Ermittlung und zu dem Nachweis der entgangenen Erlösmöglichkeiten nach § 13a Absatz 2 Satz 3 Nummer 3, wobei zwischen Erzeugungsanlagen und Anlagen zur Speicherung elektrischer Energie unterschieden werden kann,
5. zu der Bemessung der ersparten Erzeugungsaufwendungen nach § 13a Absatz 2 Satz 4 und
6. zu einer vereinfachten Bestimmung der zum Zeitpunkt der Investitionsentscheidung betriebswirtschaftlich geplanten Betriebsstunden nach § 13a Absatz 3; die betriebswirtschaftlich geplanten Betriebsstunden können als Pauschale für vergleichbare Kraftwerkstypen ausgestaltet werden; dabei sind die üblichen Betriebsstunden eines vergleichbaren Kraftwerkstyps zum Zeitpunkt der Investitionsentscheidung zugrunde zu legen.

[3]Die Regulierungsbehörde erhebt bei den Betreibern von Anlagen zur Erzeugung oder Speicherung elektrischer Energie die für die Festlegungen nach Satz 2 und für die Prüfung der angemessenen Vergütung notwendigen Daten einschließlich etwaiger Betriebs- und Geschäftsgeheimnisse. [4]Die Betreiber sind insoweit zur Auskunft verpflichtet. [5]Die Regulierungsbehörde kann Festlegungen nach § 29 Absatz 1 zu dem Umfang, Zeitpunkt und der Form der zu erhebenden und mitzuteilenden Daten, insbesondere zu den zulässigen Datenträgern und Übertragungswegen, treffen.

---

[1] § 13j eingef. mWv 30.7.2016 durch G v. 26.7.2016 (BGBl. I S. 1786); Abs. 5 aufgeh. mWv 22.7.2017 durch G v. 17.7.2017 (BGBl. I S. 2503); Abs. 4 geänd. mWv 21.12.2018 durch G v. 17.12.2018 (BGBl. I S. 2549); Abs. 1 Satz 2 einl. Satzteil, Nr. 1, 2, 4 und 5 geänd., Abs. 2 Nr. 1a eingef., Nr. 2 geänd. mWv 1.10.2021, Abs. 5 und 6 angef. mWv 17.5.2019 durch G v. 13.5.2019 (BGBl. I S. 706); Abs. 7 angef. mWv 27.7.2021 durch G v. 16.7.2021 (BGBl. I S. 3026); Abs. 6 neu gef. mWv 12.7.2022 durch G v. 8.7.2022 (BGBl. I S. 1054).

(2) Die Bundesnetzagentur kann durch Festlegung nach § 29 Absatz 1 nähere Bestimmungen treffen,

1. in welchem Umfang, in welcher Form und innerhalb welcher Frist die Netzbetreiber Maßnahmen nach § 13 Absatz 1 und 2, deren Gründe und die zugrunde liegenden vertraglichen Regelungen der Bundesnetzagentur mitteilen und auf einer gemeinsamen Internetplattform veröffentlichen müssen,

1a. in welchen Verfahren, Fristen und welcher Form die Unterrichtung nach § 13a Absatz 1a Satz 4 und 5 vorzunehmen ist,

2. zu den Kriterien für die nach § 13 Absatz 3 Satz 1 geltenden Ausnahmefälle,
3. zur näheren Ausgestaltung und Abgrenzung der Gründe für Stilllegungen nach § 13b Absatz 1 Satz 1 zweiter Halbsatz,
4. zur Ermittlung der anrechenbaren Betriebsstunden nach § 13c Absatz 1 Satz 3 und Absatz 3 Satz 3 zweiter Halbsatz,
5. zu den Kriterien eines systemrelevanten Gaskraftwerks nach § 13f Absatz 1,
6. zur Form der Ausweisung von systemrelevanten Gaskraftwerken nach § 13f Absatz 1 und zur nachträglichen Anpassung an neuere Erkenntnisse,
7. zur Begründung und Nachweisführung nach § 13f,
8. zur angemessenen Erstattung von Mehrkosten nach § 13f Absatz 2 Satz 2, die auch nach pauschalierten Maßgaben erfolgen kann, und
9. zur näheren Bestimmung der Verpflichteten nach § 13f Absatz 2.

(3) [1] Solange und soweit der Verordnungsgeber nach § 13i Absatz 3 keine abweichenden Regelungen getroffen hat, wird die Regulierungsbehörde ermächtigt, nach § 29 Absatz 1 Festlegungen zu den in § 13i Absatz 3 Nummer 1 genannten Punkten zu treffen. [2] Die Regulierungsbehörde wird darüber hinaus ermächtigt, nach § 29 Absatz 1 Festlegungen zu treffen

1. zu erforderlichen technischen und zeitlichen Anforderungen, die gegenüber den nach § 13a Absatz 1 und § 13b Absatz 1, 4 und 5 betroffenen Betreibern von Erzeugungsanlagen aufzustellen sind,
2. zur Methodik und zum Datenformat der Anforderung durch Betreiber von Übertragungsnetzen,
3. zur Form der Ausweisung nach § 13b Absatz 2 und Absatz 5 Satz 1 sowie zur nachträglichen Anpassung an neuere Erkenntnisse und
4. zur Begründung und Nachweisführung nach den §§ 13b und 13c.

(4) Die Bundesnetzagentur kann den Umfang der Kapazitätsreserve nach Maßgabe der Rechtsverordnung nach § 13h durch Festlegung nach § 29 Absatz 1 anpassen, wenn eine Entscheidung nach § 13e Absatz 5 dies vorsieht oder eine Entscheidung der Europäischen Kommission über die beihilferechtliche Genehmigung der Kapazitätsreserve einen geringeren Umfang vorsieht.

(5) Die Bundesnetzagentur kann durch Festlegungen nach § 29 Absatz 1 insbesondere unter Berücksichtigung der Ziele des § 1 frühestens mit Wirkung zum 1. Oktober 2021 nähere Bestimmungen treffen zu

1. einem abweichenden kalkulatorischen Mindestpreis nach § 13 Absatz 1c Satz 4 in der auf Grund des Artikels 1 Nummer 9 des Gesetzes vom 13. Mai 2019 (BGBl. I S. 706) ab dem 1. Oktober 2021 geltenden Fassung,
2. der Bestimmung der kalkulatorischen Kosten und kalkulatorischen Preise nach § 13 Absatz 1a bis 1c in der auf Grund des Artikels 1 Nummer 9 des Gesetzes vom 13. Mai 2019 (BGBl. I S. 706) ab dem 1. Oktober 2021 geltenden Fassung, einschließlich Vorgaben zur Veröffentlichung durch die Netzbetreiber, und

3. dem bilanziellen Ausgleich nach § 13a Absatz 1a in der auf Grund des Artikels 1 Nummer 10 des Gesetzes vom 13. Mai 2019 (BGBl. I S. 706) ab dem 1. Oktober 2021 geltenden Fassung.

(6) [1] Die Bundesnetzagentur erlässt durch Festlegungen nach § 29 Absatz 1 insbesondere unter Berücksichtigung der Ziele des § 1 nähere Bestimmungen zu dem Mindestfaktor nach § 13 Absatz 1a, wobei dieser nicht weniger als das Fünffache und nicht mehr als das Fünfzehnfache betragen darf. [2] Die Festlegung des Mindestfaktors nach Satz 1 erfolgt im Einvernehmen mit dem Umweltbundesamt.

(7) [1] Die Bundesnetzagentur kann durch Festlegungen nach § 29 Absatz 1 unter besonderer Berücksichtigung der Ziele des § 1 abweichend von § 13 Absatz 6a Satz 5 bestimmen, dass Betreiber eines Elektrizitätsverteilernetzes, an das mindestens 100 000 Kunden unmittelbar oder mittelbar angeschlossen sind, vertragliche Vereinbarungen nach § 13 Absatz 6a unter entsprechender Anwendung der dortigen Vorgaben zur Beseitigung von Engpässen in ihrem Hochspannungsnetz schließen können. [2] Hierzu kann sie nähere Bestimmungen zu Inhalt und Verfahren treffen, insbesondere

1. über Art und Umfang des Nachweises, ob die Anlage nach § 13 Absatz 6a Satz 1 Nummer 1 geeignet ist, zur Beseitigung von Gefährdungen oder Störungen der Sicherheit oder Zuverlässigkeit des Elektrizitätsversorgungssystems aufgrund von Netzengpässen im Hochspannungsnetz des Verteilernetzbetreibers effizient beizutragen,
2. über Ausnahmen von den Vorgaben des § 13 Absatz 6a Satz 1 Nummer 2,
3. über den Nachweis, dass weder das Netz während der Dauer der Vertragslaufzeit im erforderlichen Umfang nach dem Stand der Technik optimiert, verstärkt oder ausgebaut werden kann noch andere geeignete Maßnahmen zur effizienten Beseitigung des Engpasses verfügbar sind,
4. dass der Betreiber des Übertragungsnetzes, in dessen Netz das Elektrizitätsverteilernetz unmittelbar oder mittelbar technisch eingebunden ist, der Vereinbarung zustimmt, wobei die Zustimmung nur aus netztechnischen Gründen verweigert werden kann, und
5. dass der Betreiber der KWK-Anlage nicht im Sinne des Artikels 3 Absatz 2 der Verordnung (EG) Nr. 139/2004 des Rates vom 20. Januar 2004 über die Kontrolle von Unternehmenszusammenschlüssen (ABl. L 24 vom 29.1.2004, S. 1) mit dem Betreiber eines Elektrizitätsverteilernetzes verbunden sein darf.

[3] Die Ermächtigung nach Satz 1 ist darauf beschränkt, dass Netzengpässe im Sinne des § 13 Absatz 6a Satz 1 Nummer 1 und Satz 5 im Hochspannungsnetz auftreten.

§ 13k[1)] *(aufgehoben)*

§ 14[2)] Aufgaben der Betreiber von Elektrizitätsverteilernetzen.

(1) [1] Die §§ 12, 13 bis 13c und die auf Grundlage des § 13i Absatz 3 erlassenen Rechtsverordnungen gelten für Betreiber von Elektrizitätsverteilernetzen im Rah-

---

[1)] § 13k aufgeh. mWv 22.7.2017 durch G v. 17.7.2017 (BGBl. I S. 2503).

[2)] § 14 Abs. 1a geänd. mWv 26.8.2009 durch G v. 21.8.2009 (BGBl. I S. 2870); Abs. 1 Sätze 2 und3 aufgeh., bish. Satz 4 wird Satz 2, Abs. 1a und 1b eingef., bish. Abs. 1a wird Abs. 1c und neu gef. mWv 4.8.2011 durch G v. 26.7.2011 (BGBl. I S. 1554); Abs. 1b Satz 4 neu gef. mWv 1.1.2016 durch G v. 10.12.2015 (BGBl. I S. 2194); Abs. 1 Sätze 1 und 2, Abs. 1c geänd. mWv 30.7.2016 durch G v. 26.7.2016 (BGBl. I S. 1786); Abs. 1b neu gef. mWv 1.1.2017 durch G v. 22.12.2016 (BGBl. I S. 3106); Abs. 1c neu gef. mWv 1.10.2021 durch G v. 13.5.2019 (BGBl. I S. 706); Abs. 1a, 1b und 2 neu gef., Abs. 3 angef. mWv 27.7.2021, Abs. 3 Satz 1 geänd. mWv 1.10.2021 durch G v. 16.7.2021 (BGBl. I S. 3026).

men ihrer Verteilungsaufgaben entsprechend, soweit sie für die Sicherheit und Zuverlässigkeit der Elektrizitätsversorgung in ihrem Netz verantwortlich sind. [2]§ 13 Absatz 9 ist mit der Maßgabe anzuwenden, dass die Betreiber von Elektrizitätsverteilernetzen nur auf Anforderung der Regulierungsbehörde die Schwachstellenanalyse zu erstellen und über das Ergebnis zu berichten haben.

(1a) (weggefallen)

(1b) (weggefallen)

(1c) [1]Die Betreiber von Elektrizitätsverteilernetzen sind verpflichtet, auf Aufforderung eines Betreibers von Übertragungsnetzen oder eines nach Absatz 1 Satz 1 verantwortlichen Betreibers von Elektrizitätsverteilernetzen, in dessen Netz sie unmittelbar oder mittelbar technisch eingebunden sind, nach dessen Vorgaben und den dadurch begründeten Vorgaben eines Betreibers von vorgelagerten Elektrizitätsverteilernetzen in ihrem Elektrizitätsverteilernetz eigene Maßnahmen nach § 13 Absatz 1 und 2 auszuführen; dabei sind die §§ 12 und 13 bis 13c entsprechend anzuwenden. [2]Soweit auf Grund der Aufforderung nach Satz 1 strom- und spannungsbedingte Anpassungen der Wirkleistungserzeugung oder des Wirkleistungsbezugs nach § 13a Absatz 1 durchgeführt werden, hat der Betreiber des Elektrizitätsverteilernetzes einen Anspruch gegen den ihn auffordernden Netzbetreiber auf bilanziellen und finanziellen Ersatz entsprechend den Vorgaben nach Satz 1. [3]Der ihn auffordernde Netzbetreiber hat einen Anspruch auf Abnahme des bilanziellen Ersatzes.

(2) [1]Betreiber von Elektrizitätsverteilernetzen haben in Ergänzung zur Berichtspflicht nach § 14d oder in begründeten Einzelfällen auf Verlangen der Regulierungsbehörde innerhalb von zwei Monaten einen Bericht über den Netzzustand und die Umsetzung der Netzausbauplanung zu erstellen und ihr diesen vorzulegen. [2]Die Regulierungsbehörde kann Vorgaben zu Frist, Form, Inhalt und Art der Übermittlung des Berichts machen. [3]Die Regulierungsbehörde kann den Bericht auf bestimmte Teile des Elektrizitätsverteilernetzes beschränken. [4]Die Regulierungsbehörde kann durch Festlegung nach § 29 Absatz 1 zum Inhalt des Berichts nähere Bestimmungen treffen.

(3) [1]Die Betreiber von Elektrizitätsverteilernetzen haben für ihr Netzgebiet in Zusammenarbeit mit den Betreibern von Fernwärme- und Fernkältesystemen mindestens alle vier Jahre das Potenzial der Fernwärme- und Fernkältesysteme für die Erbringung marktbezogener Maßnahmen nach § 13 Absatz 1 Satz 1 Nummer 2 zu bewerten. [2]Dabei haben sie auch zu prüfen, ob die Nutzung des ermittelten Potenzials gegenüber anderen Lösungen unter Berücksichtigung der Zwecke des § 1 Absatz 1 vorzugswürdig wäre.

§ 14a[1)] Netzorientierte Steuerung von steuerbaren Verbrauchseinrichtungen und steuerbaren Netzanschlüssen; Festlegungskompetenzen.

(1) [1]Die Bundesnetzagentur kann durch Festlegung nach § 29 Absatz 1 bundeseinheitliche Regelungen treffen, nach denen Betreiber von Elektrizitätsverteilernetzen und diejenigen Lieferanten oder Letztverbraucher, mit denen sie Netznutzungsverträge abgeschlossen haben, verpflichtet sind, nach den Vorgaben der Bundesnetzagentur Vereinbarungen über die netzorientierte Steuerung von steuerbaren Verbrauchseinrichtungen oder von Netzanschlüssen mit steuerbaren Verbrauchseinrichtungen (steuerbare Netzanschlüsse) im Gegenzug für Netzentgeltreduzierungen abzuschließen. [2]Dabei kann die netzorientierte Steuerung über

---

[1)] § 14a neu gef. mWv 1.1.2023 durch G v. 20.7.2022 (BGBl. I S. 1237).

wirtschaftliche Anreize, über Vereinbarungen zu Netzanschlussleistungen und über die Steuerung einzelner steuerbarer Verbrauchseinrichtungen erfolgen. [3]Die Festlegung kann insbesondere spezielle Regelungen beinhalten zu:

1. der Vorrangigkeit des Einsatzes wirtschaftlicher Anreize und von Vereinbarungen zu Netzanschlussleistungen gegenüber der Steuerung einzelner Verbrauchseinrichtungen in der netzorientierten Steuerung,
2. der Staffelung des Einsatzes mit direkter Regelung von Verbrauchseinrichtungen oder Netzanschlüssen bei relativ wenigen Anwendungsfällen und zu der verstärkten Verpflichtung zu marktlichen Ansätzen bei steigender Anzahl von Anwendungsfällen in einem solchen Markt,
3. der Verpflichtung des Netzbetreibers, sein Netz im Falle von netzorientierter Steuerung präziser zu überwachen und zu digitalisieren,
4. Definitionen und Voraussetzungen für steuerbare Verbrauchseinrichtungen oder steuerbare Netzanschlüsse,
5. Voraussetzungen der netzorientierten Steuerung durch den Netzbetreiber, etwa durch die Vorgabe von Spannungsebenen, und zur diskriminierungsfreien Umsetzung der netzorientierten Steuerung, insbesondere mittels der Vorgabe maximaler Entnahmeleistungen,
6. Spreizung, Stufung sowie netztopologischer und zeitlicher Granularität wirtschaftlicher Anreize sowie zu Fristen der spätesten Bekanntgabe von Änderungen wirtschaftlicher Anreize, um Fehlanreize im vortägigen Stromhandel zu vermeiden,
7. von einer Rechtsverordnung nach § 18 abweichenden besonderen Regelungen für den Netzanschluss und die Anschlussnutzung, insbesondere zu Anschlusskosten und Baukostenzuschüssen,
8. Methoden für die bundeseinheitliche Ermittlung von Entgelten für den Netzzugang für steuerbare Verbrauchseinrichtungen und steuerbare Netzanschlüsse im Sinne des Satzes 1,
9. Netzzustandsüberwachung und Bilanzierung durch den Netzbetreiber sowie Vorgaben zur Messung.

(2) [1]Bis zur Festlegung bundeseinheitlicher Regelungen nach Absatz 1 haben Betreiber von Elektrizitätsverteilernetzen denjenigen Lieferanten und Letztverbrauchern im Bereich der Niederspannung, mit denen sie Netznutzungsverträge abgeschlossen haben, ein reduziertes Netzentgelt zu berechnen, wenn mit ihnen im Gegenzug die netzorientierte Steuerung von steuerbaren Verbrauchseinrichtungen, die über einen separaten Zählpunkt verfügen, vereinbart wird. [2]Die Bundesnetzagentur kann durch Festlegung nach § 29 Absatz 1 Regelungen zu Definition und Voraussetzungen für steuerbare Verbrauchseinrichtungen, zum Umfang einer Netzentgeltreduzierung nach Satz 1 oder zur Durchführung von Steuerungshandlungen treffen und Netzbetreiber verpflichten, auf Verlangen Vereinbarungen gemäß Satz 1 nach diesen Regelungen anzubieten.

(3) Als steuerbare Verbrauchseinrichtungen im Sinne von Absatz 1 und 2 gelten insbesondere Wärmepumpen, nicht öffentlich-zugängliche Ladepunkte für Elektromobile, Anlagen zur Erzeugung von Kälte oder zur Speicherung elektrischer Energie und Nachtstromspeicherheizungen, solange und soweit die Bundesnetzagentur in einer Festlegung nach Absatz 1 oder 2 nichts anderes vorsieht.

(4) [1]Sobald die Messstelle mit einem intelligenten Messsystem ausgestattet wurde, hat die Steuerung entsprechend den Vorgaben des Messstellenbetriebsgesetzes und der konkretisierenden Technischen Richtlinien und Schutzprofile des Bundes-

amtes für Sicherheit in der Informationstechnik sowie gemäß den Festlegungen der Bundesnetzagentur über ein Smart-Meter-Gateway nach § 2 Satz 1 Nummer 19 des Messstellenbetriebsgesetzes zu erfolgen. [2]Die Bundesnetzagentur kann Bestands- und Übergangsregeln für Vereinbarungen treffen, die vor Inkrafttreten der Festlegungen geschlossen worden sind.

§ 14b[1)] Steuerung von vertraglichen Abschaltvereinbarungen, Verordnungsermächtigung. [1]Soweit und solange es der Vermeidung von Engpässen im vorgelagerten Netz dient, können Betreiber von Gasverteilernetzen an Ausspeisepunkten von Letztverbrauchern, mit denen eine vertragliche Abschaltvereinbarung zum Zweck der Netzentlastung vereinbart ist, ein reduziertes Netzentgelt berechnen. [2]Das reduzierte Netzentgelt muss die Wahrscheinlichkeit der Abschaltung angemessen widerspiegeln. [3]Die Betreiber von Gasverteilernetzen haben sicherzustellen, dass die Möglichkeit von Abschaltvereinbarungen zwischen Netzbetreiber und Letztverbraucher allen Letztverbrauchern diskriminierungsfrei angeboten wird. [4]Die grundsätzliche Pflicht der Betreiber von Gasverteilernetzen, vorrangig nicht unterbrechbare Verträge anzubieten und hierfür feste Bestellleistungen nachzufragen, bleibt hiervon unberührt. [5]Die Bundesregierung wird ermächtigt, durch Rechtsverordnung, die nicht der Zustimmung des Bundesrates bedarf, zur näheren Konkretisierung der Verpflichtung für Betreiber von Gasverteilernetzen und zur Regelung näherer Vorgaben für die vertragliche Gestaltung der Abschaltvereinbarung Bestimmungen zu treffen

1. über Kriterien, für Kapazitätsengpässe in Netzen, die eine Anpassung der Gasausspeisungen zur sicheren und zuverlässigen Gasversorgung durch Anwendung der Abschaltvereinbarung erforderlich macht,
2. über Kriterien für eine Unterversorgung der Netze, die eine Anpassung der Gasausspeisungen zur sicheren und zuverlässigen Gasversorgung durch Anwendung der Abschaltvereinbarung erforderlich macht und
3. für die Bemessung des reduzierten Netzentgelts.

§ 14c[2)] Marktgestützte Beschaffung von Flexibilitätsdienstleistungen im Elektrizitätsverteilernetz; Festlegungskompetenz. (1) [1]Betreiber von Elektrizitätsverteilernetzen, die Flexibilitätsdienstleistungen für ihr Netz beschaffen, um die Effizienz bei Betrieb und Ausbau ihres Verteilernetzes zu verbessern, haben dies in einem transparenten, diskriminierungsfreien und marktgestützten Verfahren durchzuführen. [2]Die §§ 13, 13a, 14 Absatz 1 und 1c sowie § 14a bleiben unberührt. [3]Dienstleistungen nach § 12h sind keine Flexibilitätsdienstleistungen im Sinne des Satzes 1.

(2) [1]Spezifikationen für die Beschaffung von Flexibilitätsdienstleistungen müssen gewährleisten, dass sich alle Marktteilnehmer wirksam und diskriminierungsfrei beteiligen können. [2]Die Betreiber von Elektrizitätsverteilernetzen haben in einem transparenten Verfahren Spezifikationen für die Beschaffung von Flexibilitätsdienstleistungen und für geeignete standardisierte Marktprodukte zu erarbeiten, die von der Bundesnetzagentur zu genehmigen sind.

(3) Abweichend von Absatz 2 kann die Bundesnetzagentur durch Festlegung nach § 29 Absatz 1 Spezifikationen für die Beschaffung von Flexibilitätsdienstleistungen und geeignete standardisierte Marktprodukte vorgeben.

[1)] § 14b eingef. mWv 28.12.2012 durch G v. 20.12.2012 (BGBl. I S. 2730).

[2)] § 14c eingef. mWv 27.7.2021 durch G v. 16.7.2021 (BGBl. I S. 3026); Abs. 1 Satz 2 geänd. mWv 29.7.2022 durch G v. 19.7.2022 (BGBl. I S. 1214).

(9) [1] Betreiber von Elektrizitätsverteilernetzen nach Absatz 8 Satz 1 sind verpflichtet, Daten nach Absatz 4 Satz 1 Nummer 1 und 2 an den vorgelagerten Betreiber von Elektrizitätsverteilernetzen zu übermitteln. [2] Die Betreiber von Elektrizitätsverteilernetzen nach Absatz 1 stimmen sich zumindest innerhalb einer Planungsregion zu den Anforderungen an die zu übermittelnden Daten ab. [3] Dabei haben sie den Betreibern von Elektrizitätsverteilernetzen nach Absatz 8 Satz 1 Gelegenheit zur Stellungnahme zu geben.

(10) Die Errichtung und der Betrieb von Elektrizitätsverteilernetzen mit einer Nennspannung von 110 Kilovolt liegen im überragenden öffentlichen Interesse und dienen der öffentlichen Sicherheit.

§ 14e[1)] Gemeinsame Internetplattform; Festlegungskompetenz.

(1) Betreiber von Elektrizitätsverteilernetzen sind verpflichtet, ab dem 1. Januar 2023 zu den in den folgenden Absätzen genannten Zwecken eine gemeinsame Internetplattform einzurichten und zu betreiben.

(2) Betreiber von Elektrizitätsverteilernetzen haben spätestens ab dem 1. Januar 2024 sicherzustellen, dass Anschlussbegehrende von Anlagen gemäß § 8 Absatz 1 Satz 2 des Erneuerbare-Energien-Gesetzes[2)] sowie Letztverbraucher, einschließlich Anlagen nach § 3 Nummer 15d und 25, über die gemeinsame Internetplattform auf die Internetseite des zuständigen Netzbetreibers gelangen können, um dort Informationen für ein Netzanschlussbegehren nach § 8 des Erneuerbare-Energien-Gesetzes oder die im Rahmen eines Netzanschlusses nach § 18 erforderlichen Informationen zu übermitteln.

(3) Die Beteiligung nach § 14d Absatz 6 hat über die gemeinsame Internetplattform zu erfolgen.

(4) Betreiber von Elektrizitätsverteilernetzen veröffentlichen auf der gemeinsamen Internetplattform mindestens Folgendes:

1. das jeweilige Regionalszenario nach § 14d Absatz 3, spätestens vier Wochen nach Fertigstellung,
2. den jeweiligen Netzausbauplan nach § 14d Absatz 1, spätestens vier Wochen nach Fertigstellung und
3. die Stellungnahmen nach § 14d Absatz 6.

(5) Die Betreiber von Elektrizitätsverteilernetzen haben die Regulierungsbehörde auf die Veröffentlichungen nach Absatz 4 in Textform hinzuweisen.

(6) Die Regulierungsbehörde kann die Übermittlung einer Zusammenfassung der Stellungnahmen nach § 14d Absatz 6 in Textform verlangen.

(7) Die Regulierungsbehörde kann durch Festlegung nach § 29 Absatz 1 nähere Bestimmungen zu den Absätzen 1 bis 5 treffen.

§ 15[3)] Aufgaben der Betreiber von Fernleitungsnetzen. (1) Betreiber von Fernleitungsnetzen haben den Gastransport durch ihr Netz unter Berücksichtigung der Verbindungen mit anderen Netzen zu regeln und mit der Bereitstellung und dem Betrieb ihrer Fernleitungsnetze im nationalen und internationalen Verbund zu einem sicheren und zuverlässigen Gasversorgungssystem in ihrem Netz und damit zu einer sicheren Energieversorgung beizutragen.

---

1) § 14e neu gef. mWv 29.7.2022 durch G v. 19.7.2022 (BGBl. I S. 1214).
2) **Sartorius ErgBd. Nr. 833.**
3) § 15 Abs. 2 Sätze 2 und 3 angef. mWv 28.12.2012 durch G v. 20.12.2012 (BGBl. I S. 2730).

(2) [1] Um zu gewährleisten, dass der Transport und die Speicherung von Erdgas in einer mit dem sicheren und effizienten Betrieb des Verbundnetzes zu vereinbarenden Weise erfolgen kann, haben Betreiber von Fernleitungsnetzen, Speicher- oder LNG-Anlagen jedem anderen Betreiber eines Gasversorgungsnetzes, mit dem die eigenen Fernleitungsnetze oder Anlagen technisch verbunden sind, die notwendigen Informationen bereitzustellen. [2] Betreiber von Übertragungsnetzen sind verpflichtet, Betreibern von Fernleitungsnetzen unverzüglich die Informationen einschließlich etwaiger Betriebs- und Geschäftsgeheimnisse bereitzustellen, die notwendig sind, damit die Fernleitungsnetze sicher und zuverlässig betrieben, gewartet und ausgebaut werden können. [3] Die Betreiber von Fernleitungsnetzen haben sicherzustellen, ihnen nach Satz 2 zur Kenntnis gelangte Betriebs- und Geschäftsgeheimnisse ausschließlich so zu den dort genannten Zwecken zu nutzen, dass deren unbefugte Offenbarung ausgeschlossen ist.

(3) Betreiber von Fernleitungsnetzen haben dauerhaft die Fähigkeit ihrer Netze sicherzustellen, die Nachfrage nach Transportdienstleistungen für Gas zu befriedigen und insbesondere durch entsprechende Transportkapazität und Zuverlässigkeit der Netze zur Versorgungssicherheit beizutragen.

§ 15a[1)] Netzentwicklungsplan der Fernleitungsnetzbetreiber. (1) [1] Die Betreiber von Fernleitungsnetzen haben in jedem geraden Kalenderjahr einen gemeinsamen nationalen Netzentwicklungsplan zu erstellen und der Regulierungsbehörde unverzüglich vorzulegen, erstmals zum 1. April 2016. [2] Dieser muss alle wirksamen Maßnahmen zur bedarfsgerechten Optimierung, Verstärkung und zum bedarfsgerechten Ausbau des Netzes und zur Gewährleistung der Versorgungssicherheit enthalten, die in den nächsten zehn Jahren netztechnisch für einen sicheren und zuverlässigen Netzbetrieb erforderlich sind. [3] Insbesondere ist in den Netzentwicklungsplan aufzunehmen, welche Netzausbaumaßnahmen in den nächsten drei Jahren durchgeführt werden müssen, und ein Zeitplan für die Durchführung aller Netzausbaumaßnahmen. [4] Bei der Erarbeitung des Netzentwicklungsplans legen die Betreiber von Fernleitungsnetzen angemessene Annahmen über die Entwicklung der Gewinnung, der Versorgung, des Verbrauchs von Gas und seinem Austausch mit anderen Ländern zugrunde und berücksichtigen geplante Investitionsvorhaben in die regionale und gemeinschaftsweite Netzinfrastruktur sowie in Bezug auf Gasspeicheranlagen und LNG-Wiederverdampfungsanlagen einschließlich der Auswirkungen denkbarer Störungen der Versorgung sowie der gesetzlich festgelegten klima- und energiepolitischen Ziele der Bundesregierung (Szenariorahmen). [5] Der Netzentwicklungsplan berücksichtigt den gemeinschaftsweiten Netzentwicklungsplan nach Artikel 8 Absatz 3b der Verordnung (EG) Nr. 715/2009. [6] Die Betreiber von Fernleitungsnetzen veröffentlichen den Szenariorahmen und geben der Öffentlichkeit und den nachgelagerten Netzbetreibern Gelegenheit zur Äußerung, sie legen den Entwurf des Szenariorahmens der Regulierungsbehörde vor. [7] Die Regulierungsbehörde bestätigt den Szenariorahmen unter Berücksichtigung der Ergebnisse der Öffentlichkeitsbeteiligung.

(2) [1] Betreiber von Fernleitungsnetzen haben der Öffentlichkeit und den nachgelagerten Netzbetreibern vor der Vorlage des Entwurfs des Netzentwicklungsplans bei der Regulierungsbehörde Gelegenheit zur Äußerung zu geben. [2] Hierzu stellen die Betreiber von Fernleitungsnetzen die erforderlichen Informationen auf

---

[1)] § 15a eingef. mWv 4.8.2011 durch G v. 26.7.2011 (BGBl. I S. 1554); Abs. 1 Satz 1, Abs. 6 Sätze 1 und 2 geänd. mWv 1.1.2016 durch G v. 10.12.2015 (BGBl. I S. 2194); Abs. 3 Satz 3 geänd. mWv 26.11. 2019 durch G v. 20.11.2019 (BGBl. I S. 1626); Abs. 1 Satz 4 geänd. mWv 27.7.2021 durch G v. 16.7. 2021 (BGBl. I S. 3026); Abs. 1 Satz 4 geänd. mWv 29.7.2022 durch G v. 19.7.2022 (BGBl. I S. 1214).

ihrer Internetseite zur Verfügung. [3] Betreiber von Fernleitungsnetzen nutzen bei der Erarbeitung des Netzentwicklungsplans eine geeignete und allgemein nachvollziehbare Modellierung der deutschen Fernleitungsnetze. [4] Dem Netzentwicklungsplan ist eine zusammenfassende Erklärung beizufügen über die Art und Weise, wie die Ergebnisse der Öffentlichkeitsbeteiligung in dem Netzentwicklungsplan berücksichtigt wurden und aus welchen Gründen der Netzentwicklungsplan nach Abwägung mit den geprüften, in Betracht kommenden anderweitigen Planungsmöglichkeiten gewählt wurde. [5] Der aktuelle Netzentwicklungsplan muss den Stand der Umsetzung des vorhergehenden Netzentwicklungsplans enthalten. [6] Haben sich Maßnahmen verzögert, sind die Gründe der Verzögerung anzugeben.

(3) [1] Die Regulierungsbehörde hört zum Entwurf des Netzentwicklungsplans alle tatsächlichen und potenziellen Netznutzer an und veröffentlicht das Ergebnis. [2] Personen und Unternehmen, die den Status potenzieller Netznutzer beanspruchen, müssen diesen Anspruch darlegen. [3] Die Regulierungsbehörde ist befugt, von den Betreibern von Fernleitungsnetzen sämtliche Daten zu verarbeiten, die zur Prüfung erforderlich sind, ob der Netzentwicklungsplan den Anforderungen nach Absatz 1 Satz 2 und 5 sowie nach Absatz 2 entspricht. [4] Bestehen Zweifel, ob der Netzentwicklungsplan mit dem gemeinschaftsweit geltenden Netzentwicklungsplan in Einklang steht, konsultiert die Regulierungsbehörde die Agentur für die Zusammenarbeit der Energieregulierungsbehörden. [5] Die Regulierungsbehörde kann innerhalb von drei Monaten nach Veröffentlichung des Konsultationsergebnisses von den Betreibern von Fernleitungsnetzen Änderungen des Netzentwicklungsplans verlangen, diese sind von den Betreibern von Fernleitungsnetzen innerhalb von drei Monaten umzusetzen. [6] Die Regulierungsbehörde kann bestimmen, welcher Betreiber von Fernleitungsnetzen für die Durchführung einer Maßnahme aus dem Netzentwicklungsplan verantwortlich ist. [7] Verlangt die Regulierungsbehörde keine Änderungen innerhalb der Frist nach Satz 3 und 4, ist der Netzentwicklungsplan für die Betreiber von Fernleitungsnetzen verbindlich.

(4) Betreiber von Gasverteilernetzen sind verpflichtet, mit den Betreibern von Fernleitungsnetzen in dem Umfang zusammenzuarbeiten, der erforderlich ist, um eine sachgerechte Erstellung der Netzentwicklungspläne zu gewährleisten; sie sind insbesondere verpflichtet, den Betreibern von Fernleitungsnetzen für die Erstellung des Netzentwicklungsplans erforderliche Informationen unverzüglich zur Verfügung zu stellen.

(5) Die Regulierungsbehörde kann durch Festlegung nach § 29 Absatz 1 zu Inhalt und Verfahren des Netzentwicklungsplans sowie zur Ausgestaltung der von den Fernleitungsnetzbetreibern durchzuführenden Konsultationsverfahren nähere Bestimmungen treffen.

(6) [1] Nach der erstmaligen Durchführung des Verfahrens nach Absatz 1 und 2 kann sich die Öffentlichkeitsbeteiligung auf Änderungen gegenüber dem zuletzt bestätigten Szenariorahmen oder dem zuletzt veröffentlichten Netzentwicklungsplan beschränken. [2] Ein vollständiges Verfahren muss mindestens alle vier Jahre durchgeführt werden.

§ 15b[1)] Umsetzungsbericht der Fernleitungsnetzbetreiber. [1] Betreiber von Fernleitungsnetzen legen der Regulierungsbehörde in jedem ungeraden Kalenderjahr, erstmals zum 1. April 2017, einen gemeinsamen Umsetzungsbericht vor, den diese prüft. [2] Dieser Bericht muss Angaben zum Stand der Umsetzung des zuletzt

[1)] § 15b eingef. mWv 1.1.2016 durch G v. 10.12.2015 (BGBl. I S. 2194).

veröffentlichten Netzentwicklungsplans und im Falle von Verzögerungen der Umsetzung die dafür maßgeblichen Gründe enthalten. [3] Die Regulierungsbehörde veröffentlicht den Umsetzungsbericht und gibt allen tatsächlichen und potenziellen Netznutzern Gelegenheit zur Äußerung.

§ 16[1)] Systemverantwortung der Betreiber von Fernleitungsnetzen.

(1) Sofern die Sicherheit oder Zuverlässigkeit des Gasversorgungssystems in dem jeweiligen Netz gefährdet oder gestört ist, sind Betreiber von Fernleitungsnetzen berechtigt und verpflichtet, die Gefährdung oder Störung durch

1. netzbezogene Maßnahmen und
2. marktbezogene Maßnahmen, wie insbesondere den Einsatz von Ausgleichsleistungen, vertragliche Regelungen über eine Abschaltung und den Einsatz von Speichern,

zu beseitigen.

(2) [1] Lässt sich eine Gefährdung oder Störung durch Maßnahmen nach Absatz 1 nicht oder nicht rechtzeitig beseitigen, so sind Betreiber von Fernleitungsnetzen im Rahmen der Zusammenarbeit nach § 15 Abs. 1 berechtigt und verpflichtet, sämtliche Gaseinspeisungen, Gastransporte und Gasausspeisungen in ihren Netzen den Erfordernissen eines sicheren und zuverlässigen Betriebs der Netze anzupassen oder diese Anpassung zu verlangen. [2] Soweit die Vorbereitung und Durchführung von Anpassungsmaßnahmen nach Satz 1 die Mitwirkung der Betroffenen erfordert, sind diese verpflichtet, die notwendigen Handlungen vorzunehmen. [3] Bei einer erforderlichen Anpassung von Gaseinspeisungen und Gasausspeisungen sind die betroffenen Betreiber von anderen Fernleitungs- und Gasverteilernetzen und Gashändler soweit möglich vorab zu informieren.

(2a) [1] Bei Maßnahmen nach den Absätzen 1 und 2 sind Auswirkungen auf die Sicherheit und Zuverlässigkeit des Elektrizitätsversorgungssystems auf Grundlage der von den Betreibern von Übertragungsnetzen nach § 15 Absatz 2 bereitzustellenden Informationen angemessen zu berücksichtigen. [2] Der Gasbezug einer Anlage, die als systemrelevantes Gaskraftwerk nach § 13f ausgewiesen ist, darf durch eine Maßnahme nach Absatz 1 nicht eingeschränkt werden, soweit der Betreiber des betroffenen Übertragungsnetzes die weitere Gasversorgung der Anlage gegenüber dem Betreiber des Fernleitungsnetzes anweist. [3] Der Gasbezug einer solchen Anlage darf durch eine Maßnahme nach Absatz 2 nur nachrangig eingeschränkt werden, soweit der Betreiber des betroffenen Übertragungsnetzes die weitere Gasversorgung der Anlage gegenüber dem Betreiber des Fernleitungsnetzes anweist. [4] Eine Anweisung der nachrangigen Einschränkbarkeit systemrelevanter Gaskraftwerke nach Satz 3 ist nur zulässig, wenn der Betreiber des betroffenen Übertragungsnetzes zuvor alle verfügbaren netz- und marktbezogenen Maßnahmen nach § 13 Absatz 1 ausgeschöpft hat und eine Abwägung der Folgen weiterer Anpassungen von Stromeinspeisungen und Stromabnahmen im Rahmen von Maßnahmen nach § 13 Absatz 2 mit den Folgen weiterer Anpassungen von Gaseinspeisungen und Gasausspeisungen im Rahmen von Maßnahmen nach Absatz 2 eine entsprechende Anweisung angemessen erscheinen lassen.

[1)] § 16 Abs. 5 Satz 2 geänd. mWv 1.11.2008 durch G v. 25.10.2008 (BGBl. I S. 2101); Abs. 2a eingef., Abs. 3 Satz 2 geänd. mWv 28.12.2012 durch G v. 20.12.2012 (BGBl. I S. 2730); Abs. 2a Satz 2 geänd., Abs. 3 neu gef. mWv 30.7.2016 durch G v. 26.7.2016 (BGBl. I S. 1786); Abs. 5 aufgeh. mWv 27.7.2021 durch G v. 16.7.2021 (BGBl. I S. 3026); Abs. 4a angef. mWv 22.5.2022 durch G v. 20.5.2022 (BGBl. I S. 730); Abs. 2 Satz 2 eingef., bish. Satz 2 wird Satz 3 mWv 13.10.2022 durch G v. 8.10.2022 (BGBl. I S. 1726).

(3) [1]Im Falle einer Anpassung nach Absatz 2 ruhen bis zur Beseitigung der Gefährdung oder Störung alle hiervon jeweils betroffenen Leistungspflichten. [2]Satz 1 führt nicht zu einer Aussetzung der Abrechnung der Bilanzkreise durch den Marktgebietsverantwortlichen. [3]Soweit bei Vorliegen der Voraussetzungen nach den Absätzen 2 und 2a Maßnahmen getroffen werden, ist insoweit die Haftung für Vermögensschäden ausgeschlossen. [4]Im Übrigen bleibt § 11 Absatz 3 unberührt.

(4) [1]Über die Gründe von durchgeführten Anpassungen und Maßnahmen sind die hiervon unmittelbar Betroffenen und die Regulierungsbehörde unverzüglich zu informieren. [2]Auf Verlangen sind die vorgetragenen Gründe zu belegen.

(4a) Reichen die Maßnahmen nach Absatz 2 nach Feststellung eines Betreibers von Fernleitungsnetzen nicht aus, um eine Versorgungsstörung für lebenswichtigen Bedarf im Sinne des § 1 des Energiesicherungsgesetzes abzuwenden, muss der Betreiber von Fernleitungsnetzen unverzüglich die Regulierungsbehörde unterrichten.

§ 16a Aufgaben der Betreiber von Gasverteilernetzen. [1]Die §§ 15 und 16 Abs. 1 bis 4 gelten für Betreiber von Gasverteilernetzen im Rahmen ihrer Verteilungsaufgaben entsprechend, soweit sie für die Sicherheit und Zuverlässigkeit der Gasversorgung in ihrem Netz verantwortlich sind. [2]§ 16 Abs. 5 ist mit der Maßgabe anzuwenden, dass die Betreiber von Gasverteilernetzen nur auf Anforderung der Regulierungsbehörde eine Schwachstellenanalyse zu erstellen und über das Ergebnis zu berichten haben.

Abschnitt 2. Netzanschluss

§ 17[1)] Netzanschluss, Verordnungsermächtigung. (1) [1]Betreiber von Energieversorgungsnetzen haben Letztverbraucher, gleich- oder nachgelagerte Elektrizitäts- und Gasversorgungsnetze sowie -leitungen, Ladepunkte für Elektromobile, Erzeugungs- und Gasspeicheranlagen sowie Anlagen zur Speicherung elektrischer Energie zu technischen und wirtschaftlichen Bedingungen an ihr Netz anzuschließen, die angemessen, diskriminierungsfrei, transparent und nicht ungünstiger sind, als sie von den Betreibern der Energieversorgungsnetze in vergleichbaren Fällen für Leistungen innerhalb ihres Unternehmens oder gegenüber verbundenen oder assoziierten Unternehmen angewendet werden. [2]Diese Pflicht besteht nicht für Betreiber eines L-Gasversorgungsnetzes hinsichtlich eines Anschlusses an das L-Gasversorgungsnetz, es sei denn, die beantragende Partei weist nach, dass ihr der Anschluss an ein H-Gasversorgungsnetz aus wirtschaftlichen oder technischen Gründen unmöglich oder unzumutbar ist. [3]Hat die beantragende Partei diesen Nachweis erbracht, bleibt der Betreiber des L-Gasversorgungsnetzes berechtigt, den Anschluss an das L-Gasversorgungsnetz unter den Voraussetzungen von Absatz 2 zu verweigern. [4]Die Sätze 2 und 3 sind nicht anzuwenden, wenn der Anschluss bis zum 21. Dezember 2018 beantragt wurde.

[1)] § 17 Abs. 2a eingef. mWv 17.12.2006 durch G v. 9.12.2006 (BGBl. I S. 2833); Abs. 2a Satz 1 geänd. mWv 1.1.2009 durch G v. 25.10.2008 (BGBl. I S. 2074); Abs. 1 geänd. mWv 4.8.2011 durch G v. 26.7.2011 (BGBl. I S. 1554); Abs. 2a Sätze 2–4 eingef., bish. Sätze 2–4 werden Sätze 5–7, Abs. 2b eingef. mWv 5.8.2011 durch G v. 28.7.2011 (BGBl. I S. 1690); Überschrift neu gef., Abs. 2a und 2b aufgeh. mWv 28.12.2012 durch G v. 20.12.2012 (BGBl. I S. 2730); Abs. 1, 2 Sätze 1 und 3 geänd. mWv 30.7.2016 durch G v. 26.7.2016 (BGBl. I S. 1786); Abs. 1 Sätze 2–4 angef., Abs. 2 Satz 1, Abs. 3 Satz 1 Nr. 1 geänd. mWv 21.12.2018 durch G v. 17.12.2018 (BGBl. I S. 2549); Abs. 1 Satz 1 geänd. mWv 27.7.2021 durch G v. 16.7.2021 (BGBl. I S. 3026).

(2) [1] Betreiber von Energieversorgungsnetzen können einen Netzanschluss nach Absatz 1 Satz 1 verweigern, soweit sie nachweisen, dass ihnen die Gewährung des Netzanschlusses aus betriebsbedingten oder sonstigen wirtschaftlichen oder technischen Gründen unter Berücksichtigung des Zwecks des § 1 nicht möglich oder nicht zumutbar ist. [2] Die Ablehnung ist in Textform zu begründen. [3] Auf Verlangen der beantragenden Partei muss die Begründung im Falle eines Kapazitätsmangels auch aussagekräftige Informationen darüber enthalten, welche Maßnahmen und damit verbundene Kosten zum Ausbau des Netzes im Einzelnen erforderlich wären, um den Netzanschluss durchzuführen; die Begründung kann nachgefordert werden. [4] Für die Begründung nach Satz 3 kann ein Entgelt, das die Hälfte der entstandenen Kosten nicht überschreiten darf, verlangt werden, sofern auf die Entstehung von Kosten zuvor hingewiesen worden ist.

(3) [1] Die Bundesregierung wird ermächtigt, durch Rechtsverordnung[1)] mit Zustimmung des Bundesrates

1. Vorschriften über die technischen und wirtschaftlichen Bedingungen für einen Netzanschluss nach Absatz 1 Satz 1 oder Methoden für die Bestimmung dieser Bedingungen zu erlassen und
2. zu regeln, in welchen Fällen und unter welchen Voraussetzungen die Regulierungsbehörde diese Bedingungen oder Methoden festlegen oder auf Antrag des Netzbetreibers genehmigen kann.

[2] Insbesondere können durch Rechtsverordnungen nach Satz 1 unter angemessener Berücksichtigung der Interessen der Betreiber von Energieversorgungsnetzen und der Anschlussnehmer

1. die Bestimmungen der Verträge einheitlich festgesetzt werden,
2. Regelungen über den Vertragsabschluss, den Gegenstand und die Beendigung der Verträge getroffen werden und
3. festgelegt sowie näher bestimmt werden, in welchem Umfang und zu welchen Bedingungen ein Netzanschluss nach Absatz 2 zumutbar ist; dabei kann auch das Interesse der Allgemeinheit an einer möglichst kostengünstigen Struktur der Energieversorgungsnetze berücksichtigt werden.

§ 17a[2)] Bundesfachplan Offshore des Bundesamtes für Seeschifffahrt und Hydrographie. (1) [1] Das Bundesamt für Seeschifffahrt und Hydrographie erstellt in jedem geraden Kalenderjahr, beginnend mit dem Jahr 2016, im Einvernehmen mit der Bundesnetzagentur und in Abstimmung mit dem Bundesamt für Naturschutz und den Küstenländern einen Offshore-Netzplan für die ausschließliche Wirtschaftszone der Bundesrepublik Deutschland (Bundesfachplan Offshore). [2] Der Bundesfachplan Offshore enthält Festlegungen zu:

1. Windenergieanlagen auf See im Sinne des § 3 Nummer 49 des Erneuerbare-Energien-Gesetzes[3)], die in räumlichem Zusammenhang stehen und für Sammelanbindungen geeignet sind,

---

[1)] Siehe die Kraftwerks-NetzanschlussVO v. 26.6.2007 (BGBl. I S. 1187) und die GasnetzzugangsVO v. 3.9.2010 (BGBl. I S. 1261), zuletzt geänd. durch G v. 16.7.2021 (BGBl. I S. 3026).

[2)] § 17a eingef. mWv 28.12.2012 durch G v. 20.12.2012 (BGBl. I S. 2730); Abs. 1 Satz 2 Nr. 1 und 2, Abs. 3 Satz 2 geänd. mWv 1.8.2014 durch G v. 21.7.2014 (BGBl. I S. 1066); Abs. 1 Sätze 1 und 2 Nr. 1, Abs. 4 Satz 2, Abs. 5 Satz 2 geänd. mWv 1.1.2016 durch G v. 10.12.2015 (BGBl. I S. 2194); Abs. 1 Satz 2 Nr. 1 geänd., Abs. 7 angef. mWv 1.1.2017 durch G v. 13.10.2016 (BGBl. I S. 2258); Abs. 2 Sätze 1, 3 und 4, Abs. 3 Satz 1 geänd. mWv 29.7.2017 durch G v. 20.7.2017 (BGBl. I S. 2808).

[3)] **Sartorius ErgBd. Nr. 833.**

2. Trassen oder Trassenkorridoren für Anbindungsleitungen für Windenergieanlagen auf See,
3. den Orten, an denen die Anbindungsleitungen die Grenze zwischen der ausschließlichen Wirtschaftszone und dem Küstenmeer überschreiten,
4. Standorten von Konverterplattformen oder Umspannanlagen,
5. Trassen oder Trassenkorridoren für grenzüberschreitende Stromleitungen,
6. Trassen oder Trassenkorridoren zu oder für mögliche Verbindungen der in den Nummern 1, 2, 4 und 5 genannten Anlagen und Trassen oder Trassenkorridore untereinander,
7. standardisierten Technikvorgaben und Planungsgrundsätzen.

[3] Das Bundesamt für Seeschifffahrt und Hydrographie prüft bei der Erstellung des Bundesfachplans Offshore, ob einer Festlegung nach Satz 2 überwiegende öffentliche oder private Belange entgegenstehen. [4] Es prüft insbesondere

1. die Übereinstimmung mit den Erfordernissen der Raumordnung im Sinne von § 3 Absatz 1 Nummer 1 des Raumordnungsgesetzes[1)] vom 22. Dezember 2008 (BGBl. I S. 2986), das zuletzt durch Artikel 9 des Gesetzes vom 31. Juli 2009 (BGBl. I S. 2585) geändert worden ist,
2. die Abstimmung mit anderen raumbedeutsamen Planungen und Maßnahmen im Sinne von § 3 Absatz 1 Nummer 6 des Raumordnungsgesetzes und
3. etwaige ernsthaft in Betracht kommende Alternativen von Trassen, Trassenkorridoren oder Standorten.

(2) [1] Soweit nicht die Voraussetzungen für eine Ausnahme von der Verpflichtung zur Durchführung einer strategischen Umweltprüfung nach § 37 des Gesetzes über die Umweltverträglichkeitsprüfung[2)] vorliegen, führt das Bundesamt für Seeschifffahrt und Hydrographie unverzüglich nach Einleitung des Verfahrens nach Absatz 1 einen Anhörungstermin durch. [2] In dem Anhörungstermin sollen Gegenstand und Umfang der in Absatz 1 Satz 2 genannten Festlegungen erörtert werden. [3] Insbesondere soll erörtert werden, in welchem Umfang und Detaillierungsgrad Angaben in den Umweltbericht nach § 40 des Gesetzes über die Umweltverträglichkeitsprüfung aufzunehmen sind. [4] Der Anhörungstermin ist zugleich die Besprechung im Sinne des § 39 Absatz 4 Satz 2 des Gesetzes über die Umweltverträglichkeitsprüfung. [5] § 7 Absatz 2 des Netzausbaubeschleunigungsgesetzes Übertragungsnetz[3)] gilt für den Anhörungstermin entsprechend mit der Maßgabe, dass der jeweiligen Ladung geeignete Vorbereitungsunterlagen beizufügen sind und Ladung sowie Übersendung dieser Vorbereitungsunterlagen auch elektronisch erfolgen können. [6] Das Bundesamt für Seeschifffahrt und Hydrographie legt auf Grund der Ergebnisse des Anhörungstermins einen Untersuchungsrahmen für den Bundesfachplan Offshore nach pflichtgemäßem Ermessen fest.

(3) [1] Soweit nicht die Voraussetzungen für eine Ausnahme von der Verpflichtung zur Durchführung einer strategischen Umweltprüfung nach § 37 des Gesetzes über die Umweltverträglichkeitsprüfung vorliegen, erstellt das Bundesamt für Seeschifffahrt und Hydrographie frühzeitig während des Verfahrens zur Erstellung des Bundesfachplans Offshore einen Umweltbericht, der den Anforderungen des § 40 des Gesetzes über die Umweltverträglichkeitsprüfung entsprechen muss. [2] Die Betreiber von Übertragungsnetzen und von Windenergieanlagen auf See stellen

---

[1)] Nr. **340**.
[2)] Nr. **295**.
[3)] **Sartorius III Nr. 511.**

dem Bundesamt für Seeschifffahrt und Hydrographie die hierzu erforderlichen Informationen zur Verfügung.

(4) [1] Das Bundesamt für Seeschifffahrt und Hydrographie beteiligt die Behörden, deren Aufgabenbereich berührt ist, und die Öffentlichkeit zu dem Entwurf des Bundesfachplans Offshore und des Umweltberichts nach den Bestimmungen des Gesetzes über die Umweltverträglichkeitsprüfung. [2] Bei Fortschreibung kann sich die Beteiligung der Öffentlichkeit sowie der Träger öffentlicher Belange auf Änderungen des Bundesfachplans Offshore gegenüber dem zuletzt öffentlich bekannt gemachten Bundesfachplan Offshore beschränken; ein vollständiges Verfahren nach Satz 1 muss mindestens alle vier Jahre durchgeführt werden. [3] Im Übrigen ist § 12c Absatz 3 entsprechend anzuwenden.

(5) [1] Der Bundesfachplan Offshore entfaltet keine Außenwirkungen und ist nicht selbständig durch Dritte anfechtbar. [2] Er ist für die Planfeststellungs- und Genehmigungsverfahren nach den Bestimmungen der Seeanlagenverordnung vom 23. Januar 1997 (BGBl. I S. 57) in der jeweils geltenden Fassung verbindlich.

(6) Die Bundesnetzagentur kann nach Aufnahme einer Leitung in den Bundesnetzplan nach § 17 des Netzausbaubeschleunigungsgesetzes Übertragungsnetz den nach § 17d Absatz 1 anbindungsverpflichteten Übertragungsnetzbetreiber durch Bescheid auffordern, innerhalb einer zu bestimmenden angemessenen Frist den erforderlichen Antrag auf Planfeststellung oder Plangenehmigung der Leitung nach den Bestimmungen der Seeanlagenverordnung zu stellen.

(7) Ab dem 31. Dezember 2017 erstellt das Bundesamt für Seeschifffahrt und Hydrographie keinen Bundesfachplan Offshore mehr.

§ 17b[1)] Offshore-Netzentwicklungsplan. (1) [1] Die Betreiber von Übertragungsnetzen legen der Regulierungsbehörde auf der Grundlage des Szenariorahmens nach § 12a einen gemeinsamen Offshore-Netzentwicklungsplan für die ausschließliche Wirtschaftszone der Bundesrepublik Deutschland und das Küstenmeer bis einschließlich der Netzanknüpfungspunkte an Land zusammen mit dem nationalen Netzentwicklungsplan nach § 12b zur Bestätigung vor. [2] Der gemeinsame nationale Offshore-Netzentwicklungsplan muss unter Berücksichtigung der Festlegungen des jeweils aktuellen Bundesfachplans Offshore im Sinne des § 17a mit einer zeitlichen Staffelung alle wirksamen Maßnahmen zur bedarfsgerechten Optimierung, Verstärkung und zum Ausbau der Offshore-Anbindungsleitungen enthalten, die spätestens zum Ende des Betrachtungszeitraums im Sinne des § 12a Absatz 1 Satz 2 für einen schrittweisen, bedarfsgerechten und wirtschaftlichen Ausbau sowie einen sicheren und zuverlässigen Betrieb der Offshore-Anbindungsleitungen erforderlich sind. [3] Dabei sind insbesondere die in § 4 Nummer 2 des Erneuerbare-Energien-Gesetzes[2)] sowie die in § 1 des Windenergie-auf-See-Gesetzes geregelten Ziele für einen stetigen und kosteneffizienten Ausbau der Windenergie auf See zugrunde zu legen und die Verteilung des Zubaus nach § 27 Absatz 4 des Windenergie-auf-See-Gesetzes zu berücksichtigen.

(2) [1] Der Offshore-Netzentwickungsplan enthält für alle Maßnahmen nach Absatz 1 Satz 2 Angaben zum geplanten Zeitpunkt der Fertigstellung und sieht verbindliche Termine für den Beginn der Umsetzung vor. [2] Dabei legen die

---

[1)] § 17b eingef. mWv 28.12.2012 durch G v. 20.12.2012 (BGBl. I S. 2730); Abs. 2 Satz 3 geänd. mWv 1.8.2014 durch G v. 21.7.2014 (BGBl. I S. 1066); Abs. 1 Sätze 1 und 2 geänd. mWv 1.1.2016 durch G v. 10.12.2015 (BGBl. I S. 2194); Abs. 1 Satz 3 angef., Abs. 3 eingef., bish. Abs. 3 wird Abs. 4, Abs. 5 angef. mWv 1.1.2017 durch G v. 13.10.2016 (BGBl. I S. 2258).

[2)] **Sartorius ErgBd. Nr. 833.**

Betreiber von Übertragungsnetzen die im Szenariorahmen nach § 12a von der Regulierungsbehörde genehmigten Erzeugungskapazitäten zugrunde und berücksichtigen die zu erwartenden Planungs-, Zulassungs- und Errichtungszeiten sowie die am Markt verfügbaren Errichtungskapazitäten. [3] Kriterien für die zeitliche Abfolge der Umsetzung können insbesondere der Realisierungsfortschritt der anzubindenden Windenergieanlagen auf See, die effiziente Nutzung der zu errichtenden Anbindungskapazität, die räumliche Nähe zur Küste sowie die geplante Inbetriebnahme der Netzanknüpfungspunkte sein. [4] Bei der Aufstellung des Offshore-Netzentwicklungsplans berücksichtigen die Betreiber von Übertragungsnetzen weitgehend technische Standardisierungen unter Beibehaltung des technischen Fortschritts. [5] Dem Offshore-Netzentwicklungsplan sind Angaben zum Stand der Umsetzung des vorhergehenden Offshore-Netzentwicklungsplans und im Falle von Verzögerungen die dafür maßgeblichen Gründe der Verzögerung beizufügen. [6] Der Entwurf des Offshore-Netzentwicklungsplans muss im Einklang stehen mit dem Entwurf des Netzentwicklungsplans nach § 12b und hat den gemeinschaftsweiten Netzentwicklungsplan nach Artikel 8 Absatz 3b der Verordnung (EG) Nr. 714/2009 zu berücksichtigen.

(3) Der Offshore-Netzentwicklungsplan enthält Festlegungen, in welchem Umfang die Anbindung von bestehenden Projekten im Sinn des § 26 Absatz 2 des Windenergie-auf-See-Gesetzes ausnahmsweise über einen anderen im Bundesfachplan Offshore nach § 17a festgelegten Cluster gemäß § 17d Absatz 3 erfolgen kann.

(4) § 12b Absatz 3 bis 5 ist entsprechend anzuwenden.

(5) Ab dem 1. Januar 2018 legen die Betreiber von Übertragungsnetzen keinen Offshore-Netzentwicklungsplan mehr vor.

§ 17c[1)] Prüfung und Bestätigung des Offshore-Netzentwicklungsplans durch die Regulierungsbehörde sowie Offshore-Umsetzungsbericht der Übertragungsnetzbetreiber. (1) [1] Die Regulierungsbehörde prüft in Abstimmung mit dem Bundesamt für Seeschifffahrt und Hydrographie die Übereinstimmung des Offshore-Netzentwicklungsplans mit den Anforderungen nach § 17b. [2] Im Übrigen ist § 12c entsprechend anzuwenden. [3] Die Bestätigung des Offshore-Netzentwicklungsplans erfolgt für Maßnahmen nach § 17b Absatz 1 Satz 2, deren geplanter Zeitpunkt der Fertigstellung nach dem Jahr 2025 liegt, unter dem Vorbehalt der entsprechenden Festlegung der jeweiligen Offshore-Anbindungsleitung im Flächenentwicklungsplan nach § 5 des Windenergie-auf-See-Gesetzes.

(2) Die Regulierungsbehörde kann in Abstimmung mit dem Bundesamt für Seeschifffahrt und Hydrographie eine bereits erfolgte Bestätigung des Offshore-Netzentwicklungsplans nach Bekanntmachung der Zuschläge nach § 34 des Windenergie-auf-See-Gesetzes aus dem Gebotstermin vom 1. April 2018 ändern, soweit der anbindungsverpflichtete Übertragungsnetzbetreiber die betreffende Offshore-Anbindungsleitung noch nicht beauftragt hat und die Änderung für eine geordnete und effiziente Nutzung und Auslastung der Offshore-Anbindungsleitung erforderlich ist.

(3) [1] Die Betreiber von Übertragungsnetzen legen der Regulierungsbehörde jeweils spätestens bis zum 30. September eines jeden geraden Kalenderjahres, beginnend mit dem Jahr 2018, einen gemeinsamen Offshore-Umsetzungsbericht

---

[1)] § 17c neu gef. mWv 1.1.2016 durch G v. 10.12.2015 (BGBl. I S. 2194); Abs. 1 Satz 3 angef., Abs. 2 eingef., bish. Abs. 2 wird Abs. 3 und Satz 4 angef. mWv 1.1.2017 durch G v. 13.10.2016 (BGBl. I S. 2258); Abs. 2 geänd. mWv 1.1.2017 durch G v. 22.12.2016 (BGBl. I S. 3106).

vor, den diese in Abstimmung mit dem Bundesamt für Seeschifffahrt und Hydrographie prüft. [2] Dieser Bericht muss Angaben zum Stand der Umsetzung des zuletzt bestätigten Offshore-Netzentwicklungsplans und im Falle von Verzögerungen der Umsetzung die dafür maßgeblichen Gründe enthalten. [3] Die Regulierungsbehörde veröffentlicht den Umsetzungsbericht und gibt allen tatsächlichen und potenziellen Netznutzern Gelegenheit zur Äußerung. [4] Ab dem Jahr 2020 ist kein Offshore-Umsetzungsbericht mehr von den Übertragungsnetzbetreibern vorzulegen.

§ 17d[1)] Umsetzung der Netzentwicklungspläne und des Flächenentwicklungsplans. (1) [1] Betreiber von Übertragungsnetzen, in deren Regelzone die Netzanbindung von Windenergieanlagen auf See erfolgen soll (anbindungsverpflichteter Übertragungsnetzbetreiber), haben die Offshore-Anbindungsleitungen entsprechend den Vorgaben des Offshore-Netzentwicklungsplans und ab dem 1. Januar 2019 entsprechend den Vorgaben des Netzentwicklungsplans und des Flächenentwicklungsplans gemäß § 5 des Windenergie-auf-See-Gesetzes zu errichten und zu betreiben. [2] Sie haben mit der Umsetzung der Netzanbindungen von Windenergieanlagen auf See entsprechend den Vorgaben des Offshore-Netzentwicklungsplans und ab dem 1. Januar 2019 entsprechend den Vorgaben des Netzentwicklungsplans und des Flächenentwicklungsplans gemäß § 5 des Windenergie-auf-See-Gesetzes zu beginnen und die Errichtung der Netzanbindungen von Windenergieanlagen auf See zügig voranzutreiben. [3] Eine Offshore-Anbindungsleitung nach Satz 1 ist ab dem Zeitpunkt der Fertigstellung ein Teil des Energieversorgungsnetzes.

(1a) [1] Es sind alle erforderlichen Maßnahmen zu ergreifen, damit die Offshore-Anbindungsleitungen, die im Flächenentwicklungsplan festgelegt sind, rechtzeitig zum festgelegten Jahr der Inbetriebnahme errichtet werden können. [2] Insbesondere können mehrere Offshore-Anbindungsleitungen in einem Trassenkorridor pro Jahr errichtet werden. [3] Für die Errichtung von Offshore-Anbindungsleitungen können alle technisch geeigneten Verfahren verwendet werden. [4] Im Küstenmeer soll in den Jahren 2024 bis 2030 die Errichtung auch im Zeitraum vom 1. April bis zum 31. Oktober erfolgen, wenn dies mit dem Küstenschutz vereinbar ist.

(1b) [1] Der Betrieb von Offshore-Anbindungsleitungen soll in der Regel nicht dazu führen, dass sich das Sediment im Abstand zur Meeresbodenoberfläche von 20 Zentimetern in der ausschließlichen Wirtschaftszone oder im Abstand von 30 Zentimetern im Küstenmeer um mehr als 2 Kelvin erwärmt. [2] Eine stärkere Erwärmung ist zulässig, wenn sie nicht mehr als zehn Tage pro Jahr andauert oder weniger als 1 Kilometer Länge der Offshore-Anbindungsleitung betrifft. [3] Die Sätze 1 und 2 sind sowohl auf bereits in Betrieb befindliche Offshore-Anbindungsleitungen als auch auf neu zu errichtende Offshore-Anbindungsleitungen anwend-

---

[1)] § 17d neu gef. mWv 1.1.2017 durch G v. 13.10.2016 (BGBl. I S. 2258); Abs. 5 Satz 1 eingef., bish. Sätze 1–3 werden Sätze 2–4, Abs. 6 geänd. mWv 1.1.2017 durch G v. 22.12.2016 (BGBl. I S. 3106); Abs. 6 aufgeh. mWv 1.1.2019 durch G v. 17.7.2017 (BGBl. I S. 2503); Abs. 2 Satz 5 geänd., Satz 10 angef. mWv 17.5.2019 durch G v. 13.5.2019 (BGBl. I S. 706); Abs. 2 Satz 1 neu gef., Satz 5 eingef., bish. Sätze 5–10 werden Sätze 6–11, neuer Satz 7 geänd. mWv 10.12.2020 durch G v. 3.12.2020 (BGBl. I S. 2682); Abs. 2 Satz 2 neu gef., Satz 4 eingef., bish. Sätze 4–11 werden Sätze 5–12, neue Sätze 7, 9 und 12 geänd., Abs. 6–8 neu gef., Abs. 9–11 angef. mWv 27.7.2021 durch G v. 16.7.2021 (BGBl. I S. 3026); Abs. 7 Satz 1 geänd. mWv 29.7.2022, Abs. 2 Satz 2 geänd., Sätze 3, 4 und 6 aufgeh., bish. Sätze 5, 7–12 werden Sätze 3–9, neue Sätze 3–6, 8 und 9, Abs. 3 Satz 1, Abs. 5 Satz 2, Abs. 6 Satz 4, Abs. 7 Satz 2, Abs. 9 Sätze 3 und 5, Abs. 10 Satz 1 Nr. 1 geänd. mWv 1.1.2023 durch G v. 20.7.2022 (BGBl. I S. 1325); Abs. 1a und 1b eingef. mWv 13.10.2022 durch G v. 8.10.2022 (BGBl. I S. 1726).

bar. [4] Auf die parkinternen Seekabel und grenzüberschreitende Kabelsysteme sind die Sätze 1 bis 3 entsprechend anwendbar.

(2) [1] Der anbindungsverpflichtete Übertragungsnetzbetreiber beauftragt die Offshore-Anbindungsleitung so rechtzeitig, dass die Fertigstellungstermine in den im Flächenentwicklungsplan und im Netzentwicklungsplan dafür festgelegten Kalenderjahren einschließlich des Quartals im jeweiligen Kalenderjahr liegen. [2] Der anbindungsverpflichtete Übertragungsnetzbetreiber beauftragt die Offshore-Anbindungsleitung, sobald die anzubindende Fläche im Flächenentwicklungsplan festgelegt ist. [3] Der anbindungsverpflichtete Übertragungsnetzbetreiber hat spätestens nach Auftragsvergabe die Daten der voraussichtlichen Fertigstellungstermine der Offshore-Anbindungsleitung der Regulierungsbehörde bekannt zu machen und auf seiner Internetseite zu veröffentlichen. [4] Nach Bekanntmachung der voraussichtlichen Fertigstellungstermine nach Satz 3 hat der anbindungsverpflichtete Übertragungsnetzbetreiber mit den Betreibern der Windenergieanlage auf See, die gemäß den §§ 20, 21, 34 oder 54 des Windenergie-auf-See-Gesetzes einen Zuschlag erhalten haben, einen Realisierungsfahrplan abzustimmen, der die zeitliche Abfolge für die einzelnen Schritte zur Errichtung der Windenergieanlage auf See und zur Herstellung des Netzanschlusses enthält. [5] Dabei sind die Fristen zur Realisierung der Windenergieanlage auf See gemäß § 81 des Windenergie-auf-See-Gesetzes und die Vorgaben gemäß § 5 Absatz 1 Nummer 4 des Windenergie-auf-See-Gesetzes im Flächenentwicklungsplan zu berücksichtigen. [6] Der anbindungsverpflichtete Übertragungsnetzbetreiber und der Betreiber der Windenergieanlage auf See haben sich regelmäßig über den Fortschritt bei der Errichtung der Windenergieanlage auf See und der Herstellung des Netzanschlusses zu unterrichten; mögliche Verzögerungen oder Abweichungen vom Realisierungsfahrplan sind unverzüglich mitzuteilen. [7] Die bekannt gemachten voraussichtlichen Fertigstellungstermine können nur mit Zustimmung der Regulierungsbehörde im Benehmen mit dem Bundesamt für Seeschifffahrt und Hydrographie geändert werden; die Regulierungsbehörde trifft die Entscheidung nach pflichtgemäßem Ermessen und unter Berücksichtigung der Interessen der Beteiligten und der volkswirtschaftlichen Kosten. [8] 36 Monate vor Eintritt der voraussichtlichen Fertigstellung werden die bekannt gemachten Fertigstellungstermine jeweils verbindlich. [9] Die Sätze 2 und 4 sind nicht auf Testfeld-Anbindungsleitungen anzuwenden.

(3) [1] Betreiber von Windenergieanlagen auf See mit einem Zuschlag nach den §§ 20, 21, 34 oder 54 des Windenergie-auf-See-Gesetzes erhalten ausschließlich eine Kapazität auf der Offshore-Anbindungsleitung, die zur Anbindung des entsprechenden Clusters im Bundesfachplan Offshore nach § 17a oder der entsprechenden Fläche im Flächenentwicklungsplan nach § 5 des Windenergie-auf-See-Gesetzes vorgesehen ist. [2] Ausnahmsweise kann eine Anbindung über einen anderen im Bundesfachplan Offshore nach § 17a festgelegten Cluster erfolgen, sofern dies im Bundesfachplan Offshore und im Offshore-Netzentwicklungsplan ausdrücklich vorgesehen ist und dies für eine geordnete und effiziente Nutzung und Auslastung der Offshore-Anbindungsleitungen erforderlich ist.

(4) [1] Die Regulierungsbehörde kann im Benehmen mit dem Bundesamt für Seeschifffahrt und Hydrographie dem Betreiber einer Windenergieanlage auf See, der über zugewiesene Netzanbindungskapazität verfügt, die Netzanbindungskapazität entziehen und ihm Netzanbindungskapazität auf einer anderen Offshore-Anbindungsleitung zuweisen (Kapazitätsverlagerung), soweit dies einer geordneten und effizienten Nutzung und Auslastung von Offshore-Anbindungsleitungen dient und soweit dem die Bestimmungen des Bundesfachplans Offshore und ab dem

1. Januar 2019 des Netzentwicklungsplans und des Flächenentwicklungsplans gemäß § 5 des Windenergie-auf-See-Gesetzes nicht entgegenstehen. [2]Vor der Entscheidung sind der betroffene Betreiber einer Windenergieanlage auf See und der betroffene anbindungsverpflichtete Übertragungsnetzbetreiber zu hören.

(5) [1]Die zugewiesene Netzanbindungskapazität besteht, soweit und solange ein Planfeststellungsbeschluss oder eine Plangenehmigung für die Windenergieanlagen auf See wirksam ist. [2]Wird ein Zuschlag nach den §§ 20, 21, 34 oder 54 des Windenergie-auf-See-Gesetzes unwirksam, entfällt die zugewiesene Netzanbindungskapazität auf der entsprechenden Offshore-Anbindungsleitung, die zur Anbindung der Fläche vorgesehen ist. [3]Die Regulierungsbehörde teilt dem anbindungsverpflichteten Übertragungsnetzbetreiber unverzüglich die Unwirksamkeit eines Zuschlags mit und ergreift im Benehmen mit dem Bundesamt für Seeschifffahrt und Hydrographie angemessene Maßnahmen für eine geordnete und effiziente Nutzung und Auslastung der betroffenen Offshore-Anbindungsleitung. [4]Vor der Entscheidung ist der betroffene anbindungsverpflichtete Übertragungsnetzbetreiber zu hören.

(6) [1]Anbindungsverpflichtete Übertragungsnetzbetreiber sind gegenüber dem Inhaber einer Genehmigung zum Bau von Windenergieanlagen auf See im Küstenmeer nach dem Bundes-Immissionsschutzgesetz verpflichtet, die Netzanbindung von dem Umspannwerk der Windenergieanlagen auf See bis zu dem technisch und wirtschaftlich günstigsten Verknüpfungspunkt des nächsten Übertragungsnetzes auf die technisch und wirtschaftlich günstigste Art und Weise zu errichten und zu betreiben. [2]Inhaber einer Genehmigung zum Bau von Windenergieanlagen auf See im Küstenmeer nach dem Bundes-Immissionsschutzgesetz haben einen Anspruch auf Anbindung nach Satz 1 nur dann, wenn der auf der Fläche im Küstenmeer erzeugte Strom ausschließlich im Wege der sonstigen Direktvermarktung nach § 21a des Erneuerbare-Energien-Gesetzes[1)] veräußert wird und eine Sicherheit entsprechend § 21 des Windenergie-auf-See-Gesetzes bezogen auf die genehmigte Höhe der zu installierenden Leistung an die Bundesnetzagentur zur Sicherung von Ansprüchen des anbindungsverpflichteten Übertragungsnetzbetreibers nach Absatz 9 geleistet wurde. [3]§ 31 Absatz 3 bis 5 des Erneuerbare-Energien-Gesetzes ist entsprechend anzuwenden. [4]Absatz 2 Satz 3 ist entsprechend für Netzanbindungen nach Satz 1 anzuwenden. [5]Die Anbindungsverpflichtung entfällt, wenn Vorgaben des Flächenentwicklungsplans entgegenstehen oder der anbindungsverpflichtete Übertragungsnetzbetreiber gegenüber der Bundesnetzagentur eine Stellungnahme nach Satz 4 und Absatz 2 Satz 5 abgibt. [6]Eine Netzanbindung nach Satz 1 ist ab dem Zeitpunkt der Fertigstellung ein Teil des Energieversorgungsnetzes.

(7) [1]Nachdem die Bundesnetzagentur auf Antrag des Inhabers der Genehmigung bestätigt hat, dass der Nachweis über eine bestehende Finanzierung für die Errichtung von Windenergieanlagen auf See in dem Umfang der genehmigten Anlagen gegenüber der Bundesnetzagentur erbracht worden ist, beauftragt der anbindungsverpflichtete Übertragungsnetzbetreiber unverzüglich die Netzanbindung nach Absatz 6. [2]Der anbindungsverpflichtete Übertragungsnetzbetreiber hat spätestens nach Auftragsvergabe den voraussichtlichen Fertigstellungstermin der Netzanbindung der Bundesnetzagentur bekannt zu machen und auf seiner Internetseite zu veröffentlichen. [3]Der bekannt gemachte voraussichtliche Fertigstellungstermin kann nur mit Zustimmung der Regulierungsbehörde verschoben werden, dabei trifft die Regulierungsbehörde die Entscheidung nach pflichtgemä-

---

[1)] **Sartorius ErgBd. Nr. 833.**

ßem Ermessen und unter Berücksichtigung der Interessen der Beteiligten und der volkswirtschaftlichen Kosten. [4] 30 Monate vor Eintritt der voraussichtlichen Fertigstellung wird der bekannt gemachte Fertigstellungstermin verbindlich.

(8) [1] Nach Bekanntmachung des voraussichtlichen Fertigstellungstermins nach Absatz 7 Satz 4 hat der anbindungsverpflichtete Übertragungsnetzbetreiber mit dem Inhaber der Genehmigung zum Bau von Windenergieanlagen auf See im Küstenmeer nach dem Bundes-Immissionsschutzgesetz einen Realisierungsfahrplan abzustimmen, der die zeitliche Abfolge für die einzelnen Schritte zur Errichtung der Windenergieanlage auf See und zur Herstellung des Netzanschlusses einschließlich eines Anschlusstermins enthält. [2] Der Inhaber der Genehmigung für die Errichtung der Windenergieanlagen auf See muss

1. spätestens sechs Monate vor dem verbindlichen Fertigstellungstermin gegenüber der Bundesnetzagentur den Nachweis erbringen, dass mit der Errichtung der Windenergieanlagen begonnen worden ist,
2. spätestens zum verbindlichen Fertigstellungstermin gegenüber der Bundesnetzagentur den Nachweis erbringen, dass die technische Betriebsbereitschaft mindestens einer Windenergieanlage auf See einschließlich der zugehörigen parkinternen Verkabelung hergestellt worden ist, und
3. innerhalb von sechs Monaten nach dem verbindlichen Fertigstellungstermin gegenüber der Bundesnetzagentur den Nachweis erbringen, dass die technische Betriebsbereitschaft der Windenergieanlagen auf See insgesamt hergestellt worden ist; diese Anforderung ist erfüllt, wenn die installierte Leistung der betriebsbereiten Anlagen mindestens zu 95 Prozent der genehmigten installierten Leistung entspricht.

[3] Der anbindungsverpflichtete Übertragungsnetzbetreiber und der Betreiber der Windenergieanlage auf See haben sich regelmäßig über den Fortschritt bei der Errichtung der Windenergieanlage auf See und der Herstellung des Netzanschlusses zu unterrichten, dabei sind mögliche Verzögerungen oder Abweichungen vom Realisierungsfahrplan unverzüglich auch der Bundesnetzagentur mitzuteilen.

(9) [1] Der Inhaber der Genehmigung zum Bau von Windenergieanlagen auf See im Küstenmeer nach dem Bundes-Immissionsschutzgesetz muss an den anbindungsverpflichteten Übertragungsnetzbetreiber eine Pönale leisten, wenn er gegen die Fristen nach Absatz 8 Satz 2 verstößt. [2] Die Höhe der Pönale entspricht

1. bei Verstößen gegen Absatz 8 Satz 2 Nummer 1 70 Prozent der nach Absatz 6 Satz 2 zu leistenden Sicherheit,
2. bei Verstößen gegen Absatz 8 Satz 2 Nummer 2 70 Prozent der verbleibenden Sicherheit und
3. bei Verstößen gegen Absatz 8 Satz 2 Nummer 3 dem Wert, der sich aus dem Betrag der verbleibenden Sicherheit multipliziert mit dem Quotienten aus der installierten Leistung der nicht betriebsbereiten Windenergieanlagen und der genehmigten zu installierenden Leistung ergibt.

[3] § 88 des Windenergie-auf-See-Gesetzes ist entsprechend anzuwenden. [4] Unbeschadet der Pönale nach Satz 1 entfällt der Anspruch nach Absatz 6 Satz 1 bei einem Verstoß gegen Absatz 8 Satz 2 Nummer 1. [5] § 81 Absatz 2a des Windenergie-auf-See-Gesetzes ist entsprechend anzuwenden.

(10) [1] Die Regulierungsbehörde kann durch Festlegung nach § 29 Absatz 1 nähere Bestimmungen treffen

1. zur Umsetzung des Netzentwicklungsplans und des Flächenentwicklungsplans gemäß § 5 des Windenergie-auf-See-Gesetzes, zu den erforderlichen Schritten,

die die Betreiber von Übertragungsnetzen zur Erfüllung ihrer Pflichten nach Absatz 1 zu unternehmen haben, und zu deren zeitlicher Abfolge; dies schließt Festlegungen zur Ausschreibung und Vergabe von Anbindungsleitungen, zur Vereinbarung von Realisierungsfahrplänen nach Absatz 2 Satz 4, zur Information der Betreiber der anzubindenden Windenergieanlagen auf See und zu einem Umsetzungszeitplan ein, und

2. zum Verfahren zur Kapazitätsverlagerung nach Absatz 4 und im Fall der Unwirksamkeit des Zuschlags nach Absatz 5; dies schließt Festlegungen zur Art und Ausgestaltung der Verfahren sowie zu möglichen Sicherheitsleistungen oder Garantien ein.

[2] Festlegungen nach Nummer 2 erfolgen im Einvernehmen mit dem Bundesamt für Seeschifffahrt und Hydrographie.

(11) § 65 Absatz 2a ist entsprechend anzuwenden, wenn der anbindungsverpflichtete Übertragungsnetzbetreiber eine Leitung, die entsprechend den Vorgaben des Netzentwicklungsplans und des Flächenentwicklungsplans nach § 5 des Windenergie-auf-See-Gesetzes nach Absatz 1 errichtet werden muss, nicht entsprechend diesen Vorgaben errichtet.

§ 17e[1)] Entschädigung bei Störungen oder Verzögerung der Anbindung von Offshore-Anlagen. (1) [1] Ist die Einspeisung aus einer betriebsbereiten Windenergieanlage auf See länger als zehn aufeinander folgende Tage wegen einer Störung der Netzanbindung nicht möglich, so kann der Betreiber der Windenergieanlage auf See von dem nach § 17d Absatz 1 und 6 anbindungsverpflichteten Übertragungsnetzbetreiber ab dem elften Tag der Störung unabhängig davon, ob der anbindungsverpflichtete Übertragungsnetzbetreiber die Störung zu vertreten hat, für entstandene Vermögensschäden eine Entschädigung in Höhe von 90 Prozent des nach § 19 des Erneuerbare-Energien-Gesetzes[2)] im Fall der Direktvermarktung bestehenden Zahlungsanspruchs abzüglich 0,4 Cent pro Kilowattstunde verlangen. [2] Bei der Ermittlung der Höhe der Entschädigung nach Satz 1 ist für jeden Tag der Störung, für den der Betreiber der Windenergieanlage auf See eine Entschädigung erhält, die durchschnittliche Einspeisung einer vergleichbaren Anlage in dem entsprechenden Zeitraum der Störung zugrunde zu legen. [3] Soweit Störungen der Netzanbindung an mehr als 18 Tagen im Kalenderjahr auftreten, besteht der Anspruch abweichend von Satz 1 unmittelbar ab dem 19. Tag im Kalenderjahr, an dem die Einspeisung auf Grund der Störung der Netzanbindung nicht möglich ist. [4] Soweit der anbindungsverpflichtete Übertragungsnetzbetreiber eine Störung der Netzanbindung vorsätzlich herbeigeführt hat, kann der Betreiber der Windenergieanlage auf See von dem anbindungsverpflichteten Übertragungsnetzbetreiber abweichend von Satz 1 ab dem ersten Tag der Störung die Erfüllung des vollständigen, nach § 19 des Erneuerbare-Energien-Gesetzes im Fall der Direktvermarktung bestehenden Zahlungsanspruchs abzüglich 0,4 Cent pro Kilo-

---

[1)] § 17e eingef. mWv 28.12.2012 durch G v. 20.12.2012 (BGBl. I S. 2730); Abs. 1 Sätze 1, 2, 4 und 6, Abs. 2 Sätze 1, 2, 4, 5 und 6 geänd., Satz 7 angef., Abs. 3 und 6 geänd. mWv 1.8.2014 durch G v. 21.7. 2014 (BGBl. I S. 1066); Abs. 1 Satz 4, Abs. 6 geänd. mWv 1.1.2016 durch G v. 10.12.2015 (BGBl. I S. 2194); Abs. 1 Sätze 1 und 4, Abs. 2 Sätze 1, 2 und 6 geänd., Satz 7 neu gef. mWv 1.1.2017 durch G v. 13.10.2016 (BGBl. I S. 2258); Abs. 3 Satz 2 angef. mWv 1.1.2017 durch G v. 22.12.2016 (BGBl. I S. 3106); Abs. 3a eingef., Abs. 4 geänd. mWv 17.5.2019 durch G v. 13.5.2019 (BGBl. I S. 706); Abs. 2 Satz 1 geänd. mWv 10.12.2020 durch G v. 3.12.2020 (BGBl. I S. 2682); Abs. 1 Sätze 1 und 4, Abs. 2 Satz 2 geänd., Satz 8 angef. mWv 1.1.2021 durch G v. 21.12.2020 (BGBl. I S. 3138); Abs. 1 Satz 1, Abs. 2 Satz 1 geänd. mWv 27.7.2021 durch G v. 16.7.2021 (BGBl. I S. 3026); Abs. 2 Sätze 1 und 6 geänd. mWv 1.1. 2023 durch G v. 20.7.2022 (BGBl. I S. 1325).

[2)] **Sartorius ErgBd. Nr. 833.**

wattstunde verlangen. [5] Darüber hinaus ist eine Inanspruchnahme des anbindungsverpflichteten Übertragungsnetzbetreibers für Vermögensschäden auf Grund einer gestörten Netzanbindung ausgeschlossen. [6] Der Anspruch nach Satz 1 entfällt, soweit der Betreiber der Windenergieanlage auf See die Störung zu vertreten hat.

(2) [1] Ist die Einspeisung aus einer betriebsbereiten Windenergieanlage auf See nicht möglich, weil die Netzanbindung nicht zu dem verbindlichen Fertigstellungstermin nach § 17d Absatz 2 Satz 8 und Absatz 7 Satz 4 fertiggestellt ist, so kann der Betreiber der Windenergieanlage auf See ab dem Zeitpunkt der Herstellung der Betriebsbereitschaft der Windenergieanlage auf See, frühestens jedoch ab dem 91. Tag nach dem verbindlichen Fertigstellungstermin, eine Entschädigung entsprechend Absatz 1 Satz 1 und 2 verlangen. [2] Soweit der anbindungsverpflichtete Übertragungsnetzbetreiber die nicht rechtzeitige Fertigstellung der Netzanbindung vorsätzlich herbeigeführt hat, kann der Betreiber der Windenergieanlage auf See von dem anbindungsverpflichteten Übertragungsnetzbetreiber abweichend von Satz 1 ab dem ersten Tag nach dem verbindlichen Fertigstellungstermin die Erfüllung des vollständigen, nach § 19 des Erneuerbare-Energien-Gesetzes im Fall der Direktvermarktung bestehenden Zahlungsanspruchs abzüglich 0,4 Cent pro Kilowattstunde verlangen. [3] Darüber hinaus ist eine Inanspruchnahme des anbindungsverpflichteten Übertragungsnetzbetreibers für Vermögensschäden auf Grund einer nicht rechtzeitig fertiggestellten Netzanbindung ausgeschlossen. [4] Für den Anspruch auf Entschädigung nach diesem Absatz ist von einer Betriebsbereitschaft der Windenergieanlage auf See im Sinne von Satz 1 auch auszugehen, wenn das Fundament der Windenergieanlage auf See und die für die Windenergieanlage auf See vorgesehene Umspannanlage zur Umwandlung der durch eine Windenergieanlage auf See erzeugten Elektrizität auf eine höhere Spannungsebene errichtet sind und von der Herstellung der tatsächlichen Betriebsbereitschaft zur Schadensminderung abgesehen wurde. [5] Der Betreiber der Windenergieanlage auf See hat sämtliche Zahlungen nach Satz 1 zuzüglich Zinsen zurückzugewähren, soweit die Windenergieanlage auf See nicht innerhalb einer angemessenen, von der Regulierungsbehörde festzusetzenden Frist nach Fertigstellung der Netzanbindung die technische Betriebsbereitschaft tatsächlich hergestellt hat; die §§ 286, 288 und 289 Satz 1 des Bürgerlichen Gesetzbuchs[1)] sind entsprechend anwendbar. [6] Dem verbindlichen Fertigstellungstermin nach § 17d Absatz 2 Satz 8 steht der Fertigstellungstermin aus der unbedingten Netzanbindungszusage gleich, wenn die unbedingte Netzanbindungszusage dem Betreiber der Windenergieanlage auf See bis zum 29. August 2012 erteilt wurde oder dem Betreiber der Windenergieanlage auf See zunächst eine bedingte Netzanbindungszusage erteilt wurde und er bis zum 1. September 2012 die Kriterien für eine unbedingte Netzanbindungszusage nachgewiesen hat. [7] Erhält der Betreiber einer Windenergieanlage auf See erst ab einem Zeitpunkt nach dem verbindlichen Fertigstellungstermin einen Zuschlag nach § 23 oder § 34 des Windenergie-auf-See-Gesetzes, so ist dieser Absatz mit der Maßgabe anzuwenden, dass der Zeitpunkt, ab dem nach § 24 Absatz 1 Nummer 2 oder § 37 Absatz 1 Nummer 1 des Windenergie-auf-See-Gesetzes der Anspruch auf die Marktprämie nach § 19 des Erneuerbare-Energien-Gesetzes frühestens beginnt, dem verbindlichen Fertigstellungstermin gleichsteht. [8] Auf Zuschläge nach § 34 des Windenergie-auf-See-Gesetzes ist Satz 1 in der am 9. Dezember 2020 geltenden Fassung anzuwenden.

(3) [1] Ist die Einspeisung aus einer betriebsbereiten Windenergieanlage auf See an mehr als zehn Tagen im Kalenderjahr wegen betriebsbedingten Wartungsarbei-

---

[1)] **Habersack Nr. 20.**

ten an der Netzanbindung nicht möglich, so kann der Betreiber der Windenergieanlage auf See ab dem elften Tag im Kalenderjahr, an dem die Netzanbindung auf Grund der betriebsbedingten Wartungsarbeiten nicht verfügbar ist, eine Entschädigung entsprechend Absatz 1 Satz 1 in Anspruch nehmen. [2] Bei der Berechnung der Tage nach Satz 1 werden die vollen Stunden, in denen die Wartungsarbeiten vorgenommen werden, zusammengerechnet.

(3a) Die Absätze 1 bis 3 sind für Windenergieanlagen auf See, die in einer Ausschreibung nach Teil 3 des Windenergie-auf-See-Gesetzes bezuschlagt wurden, mit der Maßgabe anzuwenden, dass die Entschädigung 90 Prozent des nach dem Windenergie-auf-See-Gesetz jeweils einschlägigen anzulegenden Werts, mindestens aber 90 Prozent des Monatsmarktwerts im Sinne der Anlage 1 Nummer 2.2.3 des Erneuerbare-Energien-Gesetzes beträgt.

(4) Die Entschädigungszahlungen nach den Absätzen 1 bis 3a einschließlich der Kosten für eine Zwischenfinanzierung sind bei der Ermittlung der Kosten des Netzbetriebs zur Netzentgeltbestimmung nicht zu berücksichtigen.

(5) Auf Vermögensschäden auf Grund einer nicht rechtzeitig fertiggestellten oder gestörten Netzanbindung im Sinne des Absatzes 1 oder des Absatzes 2 ist § 32 Absatz 3 und 4 nicht anzuwenden.

(6) Der Betreiber der Windenergieanlage auf See hat dem anbindungsverpflichteten Übertragungsnetzbetreiber mit dem Tag, zu dem die Entschädigungspflicht des anbindungsverpflichteten Übertragungsnetzbetreibers nach Absatz 1 oder Absatz 2 dem Grunde nach beginnt, mitzuteilen, ob er die Entschädigung nach den Absätzen 1 bis 2 begehrt oder ob die Berücksichtigung der im Sinne des Absatzes 1 oder des Absatzes 2 verzögerten oder gestörten Einspeisung nach § 50 Absatz 4 Satz 1 des Erneuerbare-Energien-Gesetzes erfolgen soll.

§ 17f[1)] Belastungsausgleich. (1) [1] Soweit sich aus den nachfolgenden Absätzen oder einer Rechtsverordnung nichts anderes ergibt, werden den Übertragungsnetzbetreibern nach den Vorgaben des Energiefinanzierungsgesetzes die Kosten erstattet

1. für Entschädigungszahlungen nach § 17e,
2. für Maßnahmen aus einem der Bundesnetzagentur vorgelegten Schadensminderungskonzept nach Absatz 3 Satz 2 und 3,
3. nach § 17d Absatz 1 und 6,
4. nach den §§ 17a und 17b,
5. nach § 12b Absatz 1 Satz 3 Nummer 7 und
6. für den Flächenentwicklungsplan nach § 5 des Windenergie-auf-See-Gesetzes.

[2] Zu den nach Satz 1 Nummer 1 erstattungsfähigen Kosten zählen auch die Kosten für eine Zwischenfinanzierung der Entschädigungszahlungen. [3] Von den nach

---

[1)] § 17f eingef. mWv 28.12.2012 durch G v. 20.12.2012 (BGBl. I S. 2730); Abs. 2 Satz 4 geänd. mWv 1.8.2014 durch G v. 21.7.2014 (BGBl. I S. 1066); Abs. 1 Satz 3 geänd. mWv 1.1.2016 durch G v. 21.12. 2015 (BGBl. I S. 2498); Abs. 1 Satz 1 geänd. mWv 1.1.2017 durch G v. 13.10.2016 (BGBl. I S. 2258); Abs. 1 Satz 3 geänd. mWv 1.1.2017 durch G v. 22.12.2016 (BGBl. I S. 3106); Abs. 1 Satz 1 geänd., Satz 2 eingef., bish. Sätze 2 und 3 werden Sätze 3 und 4, neuer Satz 3, Abs. 4 und 5 Satz 1 geänd. mWv 1.1.2019 durch G v. 17.7.2017 (BGBl. I S. 2503, geänd. durch G v. 17.12.2018, BGBl. I S. 2549); Abs. 1 Satz 4 angef. mWv 1.1.2018 bis 31.12.2018, Abs. 1 Satz 4 (bis 31.12.2018 Satz 3) geänd., Abs. 5 Satz 2 neu gef. mWv 1.1.2019 durch G v. 17.12.2018 (BGBl. I S. 2549); Abs. 1 Satz 2, Abs. 5 Satz 1 geänd., Satz 3 neu gef. mWv 27.7.2021 durch G v. 16.7.2021 (BGBl. I S. 3026); Abs. 1, 2 Sätze 1 und 2 neu gef. Satz 3 eingef., bish. Sätze 3 und 4 werden Sätze 4 und 5, Abs. 3 Satz 4, Abs. 4 neu gef., Abs. 5–7 aufgeh. mWv 1.1.2023 durch G v. 20.7.2022 (BGBl. I S. 1237).

Satz 1 Nummer 1 erstattungsfähigen Kosten sind anlässlich des Schadensereignisses nach § 17e erhaltene Vertragsstrafen, Versicherungsleistungen oder sonstige Leistungen Dritter abzuziehen.

(2) [1] Soweit der anbindungsverpflichtete Übertragungsnetzbetreiber die Störung der Netzanbindung im Sinn von § 17e Absatz 1 oder die nicht rechtzeitige Fertigstellung der Anbindungsleistung im Sinn von § 17e Absatz 2 verursacht hat, werden die Kosten nach Absatz 1 Satz 1 nach den Vorgaben des Energiefinanzierungsgesetzes im Fall einer

1. vorsätzlichen Verursachung nicht erstattet,
2. fahrlässigen Verursachung nach Abzug eines Eigenanteils erstattet.

[2] Der Eigenanteil nach Satz 1 Nummer 2 darf bei der Ermittlung der Netzentgelte nicht berücksichtigt werden. [3] Er beträgt pro Kalenderjahr

1. 20 Prozent für Kosten bis zu einer Höhe von 200 Millionen Euro,
2. 15 Prozent für Kosten, die 200 Millionen übersteigen, bis zu einer Höhe von 400 Millionen Euro,
3. 10 Prozent für Kosten, die 400 Millionen übersteigen, bis zu einer Höhe von 600 Millionen Euro,
4. 5 Prozent für Kosten, die 600 Millionen übersteigen, bis zu einer Höhe von 1000 Millionen Euro.

[4] Bei fahrlässig, jedoch nicht grob fahrlässig verursachten Schäden ist der Eigenanteil des anbindungsverpflichteten Übertragungsnetzbetreibers nach Satz 2 auf 17,5 Millionen Euro je Schadensereignis begrenzt. [5] Soweit der Betreiber einer Windenergieanlage auf See einen Schaden auf Grund der nicht rechtzeitigen Herstellung oder der Störung der Netzanbindung erleidet, wird vermutet, dass zumindest grobe Fahrlässigkeit des anbindungsverpflichteten Übertragungsnetzbetreibers vorliegt.

(3) [1] Der anbindungsverpflichtete Übertragungsnetzbetreiber hat alle möglichen und zumutbaren Maßnahmen zu ergreifen, um einen Schadenseintritt zu verhindern, den eingetretenen Schaden unverzüglich zu beseitigen und weitere Schäden abzuwenden oder zu mindern. [2] Der anbindungsverpflichtete Übertragungsnetzbetreiber hat bei Schadenseintritt unverzüglich der Bundesnetzagentur ein Konzept mit den geplanten Schadensminderungsmaßnahmen nach Satz 1 vorzulegen und dieses bis zur vollständigen Beseitigung des eingetretenen Schadens regelmäßig zu aktualisieren. [3] Die Bundesnetzagentur kann bis zur vollständigen Beseitigung des eingetretenen Schadens Änderungen am Schadensminderungskonzept nach Satz 2 verlangen. [4] Eine Erstattung der Kosten nach Absatz 1 findet nur statt, soweit der anbindungsverpflichtete Übertragungsnetzbetreiber nachweist, dass er alle möglichen zumutbaren Schadensminderungsmaßnahmen nach Satz 1 ergriffen hat. [5] Der anbindungsverpflichtete Übertragungsnetzbetreiber hat den Schadenseintritt, das der Bundesnetzagentur vorgelegte Schadensminderungskonzept nach Satz 2 und die ergriffenen Schadensminderungsmaßnahmen zu dokumentieren und darüber auf seiner Internetseite zu informieren.

(4) [1] Der rechnerische Anteil an der zur Erstattung der Kosten nach Absatz 1 nach § 12 Absatz 1 des Energiefinanzierungsgesetzes erhobenen Umlage, der auf die Kosten nach Absatz 1 Satz 1 Nummer 1 entfällt, darf höchstens 0,25 Cent pro Kilowattstunde betragen. [2] Entschädigungszahlungen nach § 17e, die wegen einer Überschreitung des zulässigen Höchstwerts nach Satz 1 in einem Kalenderjahr nicht erstattet werden können, werden einschließlich der Kosten des betroffenen

anbindungsverpflichteten Übertragungsnetzbetreibers für eine Zwischenfinanzierung in den folgenden Kalenderjahren erstattet.

§ 17g[1] Haftung für Sachschäden an Windenergieanlagen auf See. [1]Die Haftung des anbindungsverpflichteten Übertragungsnetzbetreibers gegenüber Betreibern von Windenergieanlagen auf See für nicht vorsätzlich verursachte Sachschäden ist je Schadensereignis insgesamt begrenzt auf 100 Millionen Euro. [2]Übersteigt die Summe der Einzelschäden bei einem Schadensereignis die Höchstgrenze nach Satz 1, so wird der Schadensersatz in dem Verhältnis gekürzt, in dem die Summe aller Schadensersatzansprüche zur Höchstgrenze steht.

§ 17h[2] Abschluss von Versicherungen. [1]Anbindungsverpflichtete Übertragungsnetzbetreiber sollen Versicherungen zur Deckung von Vermögens- und Sachschäden, die beim Betreiber von Offshore-Anlagen auf Grund einer nicht rechtzeitig fertiggestellten oder gestörten Anbindung der Offshore-Anlage an das Übertragungsnetz des anbindungsverpflichteten Übertragungsnetzbetreibers entstehen, abschließen. [2]Der Abschluss einer Versicherung nach Satz 1 ist der Regulierungsbehörde nachzuweisen.

§ 17i[3] Evaluierung. [1]Das Bundesministerium für Wirtschaft und Energie überprüft im Einvernehmen mit dem Bundesministerium der Justiz und für Verbraucherschutz bis zum 31. Dezember 2015 die praktische Anwendung und die Angemessenheit der §§ 17e bis 17h. [2]Die Evaluierung umfasst insbesondere die erfolgten Entschädigungszahlungen an Betreiber von Windenergieanlagen auf See, den Eigenanteil der anbindungsverpflichteten Übertragungsnetzbetreiber an Entschädigungszahlungen, die Maßnahmen und Anreize zur Minderung eventueller Schäden und zur Kostenkontrolle, das Verfahren zum Belastungsausgleich, die Höhe des Aufschlags auf die Netzentgelte für Letztverbraucher für Strombezüge aus dem Netz der allgemeinen Versorgung und den Abschluss von Versicherungen.

§ 17j[4] Verordnungsermächtigung. [1]Das Bundesministerium für Wirtschaft und Energie wird ermächtigt, im Einvernehmen mit dem Bundesministerium der Justiz und für Verbraucherschutz, durch Rechtsverordnung ohne Zustimmung des Bundesrates die nähere Ausgestaltung der Methode des Belastungsausgleichs nach § 17f sowie der Wälzung der dem Belastungsausgleich unterliegenden Kosten auf Letztverbraucher und ihre Durchführung sowie die Haftung des anbindungsverpflichteten Übertragungsnetzbetreibers und Vorgaben an Versicherungen nach § 17h zu regeln. [2]Durch Rechtsverordnung nach Satz 1 können insbesondere Regelungen getroffen werden

1. zur Ermittlung der Höhe der Ausgleichsbeträge; dies schließt Regelungen ein
   a) zu Kriterien für eine Prognose der zu erwartenden Kosten für das folgende Kalenderjahr,
   b) zu dem Ausgleich des Saldos aus tatsächlichen und prognostizierten Kosten,

---

[1] § 17g eingef. mWv 28.12.2012 durch G v. 20.12.2012 (BGBl. I S. 2730); Überschrift, Satz 1 geänd. mWv 1.8.2014 durch G v. 21.7.2014 (BGBl. I S. 1066).

[2] § 17h eingef. mWv 28.12.2012 durch G v. 20.12.2012 (BGBl. I S. 2730).

[3] § 17i eingef. mWv 28.12.2012 durch G v. 20.12.2012 (BGBl. I S. 2730); Sätze 1 und 2 geänd. mWv 1.8.2014 durch G v. 21.7.2014 (BGBl. I S. 1066).

[4] § 17j eingef. mWv 28.12.2012 durch G v. 20.12.2012 (BGBl. I S. 2730); Satz 1 geänd. mWv 1.8. 2014 durch G v. 21.7.2014 (BGBl. I S. 1066); Satz 1 geänd. mWv 17.5.2019 durch G v. 13.5.2019 (BGBl. I S. 706).

c) zur Verwaltung der Ausgleichsbeträge durch die Übertragungsnetzbetreiber sowie

d) zur Übermittlung der erforderlichen Daten;

2. zur Schaffung und Verwaltung einer Liquiditätsreserve durch die Übertragungsnetzbetreiber;
3. zur Wälzung der dem Belastungsausgleich nach § 17f unterliegenden Kosten der Übertragungsnetzbetreiber auf Letztverbraucher; dies schließt Regelungen zu Höchstgrenzen der für den Belastungsausgleich erforderlichen Aufschläge auf die Netzentgelte der Letztverbraucher ein;
4. zur Verteilung der Kostenbelastung zwischen Netzbetreibern; dies schließt insbesondere Regelungen zur Zwischenfinanzierung und zur Verteilung derjenigen Kosten ein, die im laufenden Kalenderjahr auf Grund einer Überschreitung der Prognose oder einer zulässigen Höchstgrenze nicht berücksichtigt werden können;
5. zu näheren Anforderungen an Schadensminderungsmaßnahmen einschließlich Regelungen zur Zumutbarkeit dieser Maßnahmen und zur Tragung der aus ihnen resultierenden Kosten;

(Fortsetzung nächstes Blatt)

§ 20a[1] **Lieferantenwechsel.** (1) Bei einem Lieferantenwechsel hat der neue Lieferant dem Letztverbraucher unverzüglich in Textform zu bestätigen, ob und zu welchem Termin er eine vom Letztverbraucher gewünschte Belieferung aufnehmen kann.

(2) [1] Das Verfahren für den Wechsel des Lieferanten oder des Aggregators darf drei Wochen, gerechnet ab dem Zeitpunkt des Zugangs der Anmeldung zur Netznutzung durch den neuen Lieferanten bei dem Netzbetreiber, an dessen Netz die Entnahmestelle angeschlossen ist, nicht überschreiten. [2] Der Netzbetreiber ist verpflichtet, den Zeitpunkt des Zugangs zu dokumentieren. [3] Eine von Satz 1 abweichende längere Verfahrensdauer ist nur zulässig, soweit die Anmeldung zur Netznutzung sich auf einen weiter in der Zukunft liegenden Liefertermin bezieht. [4] Ab dem 1. Januar 2026 muss der technische Vorgang des Stromlieferantenwechsels binnen 24 Stunden vollzogen und an jedem Werktag möglich sein.

(3) Der Lieferantenwechsel oder der Wechsel des Aggregators dürfen für den Letztverbraucher mit keinen zusätzlichen Kosten verbunden sein.

(4) [1] Erfolgt der Lieferantenwechsel nicht innerhalb der in Absatz 2 vorgesehenen Frist, so kann der Letztverbraucher von dem Lieferanten oder dem Netzbetreiber, der die Verzögerung zu vertreten hat, Schadensersatz nach den §§ 249 ff. des Bürgerlichen Gesetzbuchs[2] verlangen. [2] Der Lieferant oder der Netzbetreiber trägt die Beweislast, dass er die Verzögerung nicht zu vertreten hat. [3] Nimmt der bisherige Lieferant die Abmeldung von der Belieferung nicht unverzüglich nach Vertragsbeendigung vor oder gibt er auf Nachfrage des Netzbetreibers die Entnahmestelle bei Vertragsbeendigung nicht frei, kann der Letztverbraucher vom Energielieferanten Schadensersatz nach Maßgabe des Satzes 1 verlangen.

§ 21[3] **Bedingungen und Entgelte für den Netzzugang.** (1) Die Bedingungen und Entgelte für den Netzzugang müssen angemessen, diskriminierungsfrei, transparent und dürfen nicht ungünstiger sein, als sie von den Betreibern der Energieversorgungsnetze in vergleichbaren Fällen für Leistungen innerhalb ihres Unternehmens oder gegenüber verbundenen oder assoziierten Unternehmen angewendet und tatsächlich oder kalkulatorisch in Rechnung gestellt werden.

(2) [1] Die Entgelte werden auf der Grundlage der Kosten einer Betriebsführung, die denen eines effizienten und strukturell vergleichbaren Netzbetreibers entsprechen müssen, unter Berücksichtigung von Anreizen für eine effiziente Leistungserbringung und einer angemessenen, wettbewerbsfähigen und risikoangepassten Verzinsung des eingesetzten Kapitals gebildet, soweit in einer Rechtsverordnung nach § 24 nicht eine Abweichung von der kostenorientierten Entgeltbildung bestimmt ist. [2] Soweit die Entgelte kostenorientiert gebildet werden, dürfen Kosten und Kostenbestandteile, die sich ihrem Umfang nach im Wettbewerb nicht einstellen würden, nicht berücksichtigt werden. [3] Die notwendigen Investitionen in die Netze müssen so vorgenommen werden können, dass die Lebensfähigkeit der Netze gewährleistet ist.

(3) [1] Betreiber von Energieversorgungsnetzen sind verpflichtet, die für ihr Netz geltenden Netzentgelte auf ihren Internetseiten zu veröffentlichen und auf Anfrage

---

[1] § 20a eingef. mWv 4.8.2011 durch G v. 26.7.2011 (BGBl. I S. 1554); Abs. 2 Satz 1 geänd., Satz 4 angef., Abs. 3 geänd. mWv 27.7.2021 durch G v. 16.7.2021 (BGBl. I S. 3026); Abs. 4 Satz 3 angef. mWv 29.7.2022 durch G v. 19.7.2022 (BGBl. I S. 1214).

[2] **Habersack Nr. 20.**

[3] § 21 Abs. 2 Satz 3 angef., Abs. 3 neu gef., Abs. 4 aufgeh. mWv 27.7.2021 durch G v. 16.7.2021 (BGBl. I S. 3026).

jedermann unverzüglich in Textform mitzuteilen. [2] Die Veröffentlichung der geltenden Netzentgelte hat in einem Format zu erfolgen, das eine automatisierte Auslesung der veröffentlichten Daten ermöglicht.

§ 21a[1)] Regulierungsvorgaben für Anreize für eine effiziente Leistungserbringung; Verordnungsermächtigung. (1) Soweit eine kostenorientierte Entgeltbildung im Sinne des § 21 Abs. 2 Satz 1 erfolgt, können nach Maßgabe einer Rechtsverordnung nach Absatz 6 Satz 1 Nr. 1 Netzzugangsentgelte der Betreiber von Energieversorgungsnetzen abweichend von der Entgeltbildung nach § 21 Abs. 2 bis 4 auch durch eine Methode bestimmt werden, die Anreize für eine effiziente Leistungserbringung setzt (Anreizregulierung).

(2) [1] Die Anreizregulierung beinhaltet die Vorgabe von Obergrenzen, die in der Regel für die Höhe der Netzzugangsentgelte oder die Gesamterlöse aus Netzzugangsentgelten gebildet werden, für eine Regulierungsperiode unter Berücksichtigung von Effizienzvorgaben. [2] Die Obergrenzen und Effizienzvorgaben sind auf einzelne Netzbetreiber oder auf Gruppen von Netzbetreibern sowie entweder auf das gesamte Elektrizitäts- oder Gasversorgungsnetz, auf Teile des Netzes oder auf die einzelnen Netz- und Umspannebenen bezogen. [3] Dabei sind Obergrenzen mindestens für den Beginn und das Ende der Regulierungsperiode vorzusehen. [4] Vorgaben für Gruppen von Netzbetreibern setzen voraus, dass die Netzbetreiber objektiv strukturell vergleichbar sind.

(3) [1] Die Regulierungsperiode darf zwei Jahre nicht unterschreiten und fünf Jahre nicht überschreiten. [2] Die Vorgaben können eine zeitliche Staffelung der Entwicklung der Obergrenzen innerhalb einer Regulierungsperiode vorsehen. [3] Die Vorgaben bleiben für eine Regulierungsperiode unverändert, sofern nicht Änderungen staatlich veranlasster Mehrbelastungen auf Grund von Abgaben oder der Abnahme- und Vergütungspflichten nach dem Erneuerbare-Energien-Gesetz[2)] und dem Kraft-Wärme-Kopplungsgesetz[3)] oder anderer, nicht vom Netzbetreiber zu vertretender, Umstände eintreten. [4] Falls Obergrenzen für Netzzugangsentgelte gesetzt werden, sind bei den Vorgaben die Auswirkungen jährlich schwankender Verbrauchsmengen auf die Gesamterlöse der Netzbetreiber (Mengeneffekte) zu berücksichtigen.

(4) [1] Bei der Ermittlung von Obergrenzen sind die durch den jeweiligen Netzbetreiber beeinflussbaren Kostenanteile und die von ihm nicht beeinflussbaren Kostenanteile zu unterscheiden. [2] Der nicht beeinflussbare Kostenanteil an dem Gesamtentgelt wird nach § 21 Abs. 2 ermittelt; hierzu zählen insbesondere Kostenanteile, die auf nicht zurechenbaren strukturellen Unterschieden der Versorgungsgebiete, auf gesetzlichen Abnahme- und Vergütungspflichten, Konzessionsabgaben und Betriebssteuern beruhen. [3] Ferner gelten Mehrkosten für die Errichtung, den Betrieb oder die Änderung eines Erdkabels, das nach § 43 Absatz 1 Satz 1 Nummer 2 und Absatz 2 Satz 1 Nummer 2 planfestgestellt worden ist, gegenüber

---

[1)] § 21a Abs. 4 Satz 3 eingef., bish. Satz 3–6 werden Satz 5–7, Abs. 7 angef. mWv 17.12.2006 durch G v. 9.12.2006 (BGBl. I S. 2833); Abs. 4 Satz 3 geänd. mWv 26.8.2009 durch G v. 21.8.2009 (BGBl. I S. 2870); Abs. 5 Satz 2 geänd. mWv 4.8.2011 durch G v. 26.7.2011 (BGBl. I S. 1554); Abs. 4 Satz 7, Abs. 5 Satz 1, Abs. 6 Satz 2 Nr. 5 geänd. mWv 30.12.2011 durch G v. 22.12.2011 (BGBl. I S. 3034); Abs. 4 Satz 3 geänd. mWv 31.12.2015 durch G v. 21.12.2015 (BGBl. I S. 2490); Abs. 6 Satz 2 Nr. 8 geänd. mWv 30.7. 2016 durch G v. 26.7.2016 (BGBl. I S. 1786); Abs. 4 Satz 3 geänd. mWv 17.5.2019 durch G v. 13.5.2019 (BGBl. I S. 706); Überschrift geänd., Abs. 5a eingef., Abs. 6 Satz 1 Nr. 2, Satz 2 Nr. 9 und 10 geänd., Nr. 11 und 12 angef. mWv 27.7.2021 durch G v. 16.7.2021 (BGBl. I S. 3026); Abs. 5a Satz 5 geänd. mWv 1.1.2023 durch G v. 20.7.2022 (BGBl. I S. 1237).

[2)] **Sartorius ErgBd. Nr. 833.**

[3)] **Sartorius ErgBd. Nr. 834.**

einer Freileitung bei der Ermittlung von Obergrenzen nach Satz 1 als nicht beeinflussbare Kostenanteile. [4] Soweit sich Vorgaben auf Gruppen von Netzbetreibern beziehen, gelten die Netzbetreiber als strukturell vergleichbar, die unter Berücksichtigung struktureller Unterschiede einer Gruppe zugeordnet worden sind. [5] Der beeinflussbare Kostenanteil wird nach § 21 Abs. 2 bis 4 zu Beginn einer Regulierungsperiode ermittelt. [6] Effizienzvorgaben sind nur auf den beeinflussbaren Kostenanteil zu beziehen. [7] Die Vorgaben für die Entwicklung oder Festlegung der Obergrenze innerhalb einer Regulierungsperiode müssen den Ausgleich der allgemeinen Geldentwertung unter Berücksichtigung eines generellen sektoralen Produktivitätsfaktors vorsehen.

(5) [1] Die Effizienzvorgaben für eine Regulierungsperiode werden durch Bestimmung unternehmensindividueller oder gruppenspezifischer Effizienzziele auf Grundlage eines Effizienzvergleichs unter Berücksichtigung insbesondere der bestehenden Effizienz des jeweiligen Netzbetriebs, objektiver struktureller Unterschiede, der inflationsbereinigten Produktivitätsentwicklung, der Versorgungsqualität und auf diese bezogener Qualitätsvorgaben sowie gesetzlicher Regelungen bestimmt. [2] Qualitätsvorgaben werden auf der Grundlage einer Bewertung von Zuverlässigkeitskenngrößen oder Netzleistungsfähigkeitskenngrößen ermittelt, bei der auch Strukturunterschiede zu berücksichtigen sind. [3] Bei einem Verstoß gegen Qualitätsvorgaben können auch die Obergrenzen zur Bestimmung der Netzzugangsentgelte für ein Energieversorgungsunternehmen gesenkt werden. [4] Die Effizienzvorgaben müssen so gestaltet und über die Regulierungsperiode verteilt sein, dass der betroffene Netzbetreiber oder die betroffene Gruppe von Netzbetreibern die Vorgaben unter Nutzung der ihm oder ihnen möglichen und zumutbaren Maßnahmen erreichen und übertreffen kann. [5] Die Methode zur Ermittlung von Effizienzvorgaben muss so gestaltet sein, dass eine geringfügige Änderung einzelner Parameter der zugrunde gelegten Methode nicht zu einer, insbesondere im Vergleich zur Bedeutung, überproportionalen Änderung der Vorgaben führt.

(5a) [1] Neben den Vorgaben nach Absatz 5 können auch Regelungen zur Verringerung von Kosten für das Engpassmanagement in den Übertragungsnetzen und hierauf bezogene Referenzwerte vorgesehen werden. [2] Referenzwerte können auf der Grundlage von Kosten für das Engpassmanagement ermittelt werden. [3] Bei Unter- oder Überschreitung der Referenzwerte können auch die Obergrenzen zur Bestimmung der Netzzugangsentgelte für ein Energieversorgungsunternehmen angepasst werden. [4] Dabei können auch gemeinsame Anreize für alle Betreiber von Übertragungsnetzen mit Regelzonenverantwortung vorgesehen werden und Vorgaben für eine Aufteilung der Abweichungen von einem Referenzwert erfolgen. [5] Eine Aufteilung nach Satz 4 kann nach den §§ 26, 28 und 30 des Kraft-Wärme-Kopplungsgesetzes in der am 31. Dezember 2022 geltenden Fassung erfolgen.

(6) [1] Die Bundesregierung wird ermächtigt, durch Rechtsverordnung[1)] mit Zustimmung des Bundesrates

1. zu bestimmen, ob und ab welchem Zeitpunkt Netzzugangsentgelte im Wege einer Anreizregulierung bestimmt werden,
2. die nähere Ausgestaltung der Methode einer Anreizregulierung nach den Absätzen 1 bis 5a und ihrer Durchführung zu regeln sowie

---

[1)] Siehe die AnreizregulierungsVO (ARegV) v. 29.10.2007 (BGBl. I S. 2529), zuletzt geänd. durch G v. 20.7.2022 (BGBl. I S. 1237) und die WasserstoffnetzentgeltVO v. 23.11.2021 (BGBl. I S. 4955).

3. zu regeln, in welchen Fällen und unter welchen Voraussetzungen die Regulierungsbehörde im Rahmen der Durchführung der Methoden Festlegungen treffen und Maßnahmen des Netzbetreibers genehmigen kann.

[2] Insbesondere können durch Rechtsverordnung nach Satz 1

1. Regelungen zur Festlegung der für eine Gruppenbildung relevanten Strukturkriterien und über deren Bedeutung für die Ausgestaltung von Effizienzvorgaben getroffen werden,
2. Anforderungen an eine Gruppenbildung einschließlich der dabei zu berücksichtigenden objektiven strukturellen Umstände gestellt werden, wobei für Betreiber von Übertragungsnetzen gesonderte Vorgaben vorzusehen sind,
3. Mindest- und Höchstgrenzen für Effizienz- und Qualitätsvorgaben vorgesehen und Regelungen für den Fall einer Unter- oder Überschreitung sowie Regelungen für die Ausgestaltung dieser Vorgaben einschließlich des Entwicklungspfades getroffen werden,
4. Regelungen getroffen werden, unter welchen Voraussetzungen die Obergrenze innerhalb einer Regulierungsperiode auf Antrag des betroffenen Netzbetreibers von der Regulierungsbehörde abweichend vom Entwicklungspfad angepasst werden kann,
5. Regelungen zum Verfahren bei der Berücksichtigung der Inflationsrate unter Einbeziehung der Besonderheiten der Einstandspreisentwicklung und des Produktivitätsfortschritts in der Netzwirtschaft getroffen werden,
6. nähere Anforderungen an die Zuverlässigkeit einer Methode zur Ermittlung von Effizienzvorgaben gestellt werden,
7. Regelungen getroffen werden, welche Kostenanteile dauerhaft oder vorübergehend als nicht beeinflussbare Kostenanteile gelten,
8. Regelungen getroffen werden, die eine Begünstigung von Investitionen vorsehen, die unter Berücksichtigung des Zwecks des § 1 zur Verbesserung der Versorgungssicherheit dienen,
9. Regelungen für die Bestimmung von Zuverlässigkeitskenngrößen für den Netzbetrieb unter Berücksichtigung der Informationen nach § 51 und deren Auswirkungen auf die Regulierungsvorgaben getroffen werden, wobei auch Senkungen der Obergrenzen zur Bestimmung der Netzzugangsentgelte vorgesehen werden können,
10. Regelungen zur Erhebung der für die Durchführung einer Anreizregulierung erforderlichen Daten durch die Regulierungsbehörde getroffen werden,
11. Regelungen zur angemessenen Berücksichtigung eines Zeitversatzes zwischen dem Anschluss von Anlagen nach dem Erneuerbare-Energien-Gesetz und dem Ausbau der Verteilernetze im Effizienzvergleich getroffen werden und
12. Regelungen zur Referenzwertermittlung bezogen auf die Verringerung von Kosten für Engpassmanagement sowie zur näheren Ausgestaltung der Kostenbeteiligung der Betreiber von Übertragungsnetzen mit Regelzonenverantwortung bei Über- und Unterschreitung dieser Referenzwerte einschließlich des Entwicklungspfades, wobei auch Anpassungen der Obergrenzen durch Erhöhungen oder Senkungen vorgesehen werden können, getroffen werden.

(7) In der Rechtsverordnung nach Absatz 6 Satz 1 sind nähere Regelungen für die Berechnung der Mehrkosten von Erdkabeln nach Absatz 4 Satz 3 zu treffen.

Vorschriften des Energiesicherungsgesetzes 1975 vom 20. Dezember 1974 (BGBl. I S. 3681), das zuletzt durch Artikel 86 des Gesetzes vom 10. August 2021 (BGBl. I S. 3436) geändert worden ist, sowie die Vorschriften der Gassicherungsverordnung vom 26. April 1982 (BGBl. I S. 517), die zuletzt durch Artikel 3 Absatz 48 des Gesetzes vom 7. Juli 2005 (BGBl. I S. 1970) geändert worden ist, in der jeweils geltenden Fassung, bleiben hiervon unberührt.

(4) [1]Der Marktgebietsverantwortliche hat die nach § 35c Absatz 2 physisch erworbenen Gasmengen spätestens ab dem 1. Januar eines Jahres bis zum Ende des Speicherjahres gleichmäßig zu veräußern. [2]Der Marktgebietsverantwortliche hat das Bundesministerium für Wirtschaft und Klimaschutz sowie die Bundesnetzagentur mindestens zwei Wochen vor dem Beginn der Veräußerungen nach Satz 1 schriftlich oder elektronisch zu informieren. [3]Satz 1 gilt nicht, wenn zu erwarten ist, dass die Füllstandsvorgaben nach § 35b Absatz 1 oder nach der Rechtsverordnung nach § 35b Absatz 3 in der Folgeperiode nicht ohne Maßnahmen nach § 35c Absatz 2 gewährleistet werden können oder das Bundesministerium für Wirtschaft und Klimaschutz im Einvernehmen mit der Bundesnetzagentur der Veräußerung widersprochen hat. [4]Absatz 1 bleibt unberührt.

§ 35e[1)] Umlage der Kosten des Marktgebietsverantwortlichen; Finanzierung. [1]Die dem Marktgebietsverantwortlichen im Zusammenhang mit seinen Aufgaben zur Sicherstellung der Versorgungssicherheit entstehenden Kosten werden diskriminierungsfrei und in einem transparenten Verfahren auf die Bilanzkreisverantwortlichen im Marktgebiet umgelegt. [2]Hierzu hat der Marktgebietsverantwortliche die Kosten und Erlöse, die im Rahmen der ergriffenen Maßnahmen nach diesem Teil, insbesondere nach den §§ 35c und 35d, entstehen, transparent und für Dritte nachvollziehbar zu ermitteln. [3]Die Kosten und Erlöse sind zu saldieren. [4]Der Marktgebietsverantwortliche ist berechtigt, von den Bilanzkreisverantwortlichen Abschlagszahlungen zur Deckung der voraussichtlichen Kosten zu verlangen. [5]Die Einzelheiten genehmigt die Bundesnetzagentur im Einvernehmen mit dem Bundesministerium für Wirtschaft und Klimaschutz und dem Bundesministerium der Finanzen nach § 29 Absatz 1; dem Marktgebietsverantwortlichen ist Gelegenheit zur Stellungnahme zu geben.

§ 35f[1)] Evaluierung. [1]Das Bundesministerium für Wirtschaft und Klimaschutz bewertet bis zum 15. Dezember 2022 die Umsetzung der Vorschriften dieses Teils und evaluiert bis zum 1. April 2023 die Vorschriften dieses Teils und deren Auswirkungen. [2]Die Berichte sind unverzüglich dem Deutschen Bundestag vorzulegen.

§ 35g[1)] Inkrafttreten, Außerkrafttreten. [1]Die gesetzlichen Regelungen zur Einführung von Füllstandsvorgaben für Gasspeicheranlagen treten am Tag nach der Verkündung[2)] in Kraft. [2]Sie treten am 1. April 2025 außer Kraft.

§ 35h[3)] Außerbetriebnahme und Stilllegung von Gasspeichern.

(1) [1]Der Betreiber einer Gasspeicheranlage im Sinne des § 35a Absatz 2 ist verpflichtet, der Bundesnetzagentur eine vorläufige oder endgültige Außerbetriebnahme oder Stilllegung einer Gasspeicheranlage, von Teilen einer Gasspeicher-

---

[1)] §§ 35e–35g eingef. mWv 30.4.2022–31.3.2025 durch G v. 26.4.2022 (BGBl. I S. 674).

[2)] Verkündet am 29.4.2022.

[3)] § 35h eingef. mWv 22.5.2022 durch G v. 20.5.2022 (BGBl. I S. 730); Abs. 6 und 7 angef. mWv 13.10.2022 durch G v. 8.10.2022 (BGBl. I S. 1726).

anlage oder des betreffenden Netzanschlusses am Fernleitungsnetz mindestens zwölf Monate im Voraus anzuzeigen. 2 Der Betreiber einer Gasspeicheranlage hat die Gründe hierfür anzugeben.

(2) 1 Die vorläufige oder endgültige Außerbetriebnahme oder Stilllegung einer Gasspeicheranlage, von Teilen einer Gasspeicheranlage oder des betreffenden Netzanschlusses am Fernleitungsnetz bedarf der vorherigen Genehmigung durch die Bundesnetzagentur. 2 Der Betreiber einer Gasspeicheranlage hat im Rahmen seines Antrags nach Satz 1 anzugeben und nachzuweisen, ob und inwieweit die Stilllegung aus rechtlichen, technischen oder betriebswirtschaftlichen Gründen erfolgt. 3 Im Rahmen des Genehmigungsverfahrens hat die Bundesnetzagentur den Fernleitungsnetzbetreiber, an dessen Netz die Gasspeicheranlage angeschlossen ist, anzuhören.

(3) 1 Die Genehmigung kann nur erteilt werden, wenn hiervon keine nachteiligen Auswirkungen auf die Versorgungssicherheit der Bundesrepublik Deutschland oder der Europäischen Union ausgehen oder wenn der Weiterbetrieb technisch nicht möglich ist. 2 Nur unerhebliche nachteilige Auswirkungen auf die Versorgungssicherheit der Bundesrepublik Deutschland oder der Europäischen Union sind im Rahmen des Satzes 1 unbeachtlich. 3 Der Betreiber einer Gasspeicheranlage hat im Rahmen der ihm zur Verfügung stehenden Möglichkeiten den Nachweis für das Vorliegen der Genehmigungsvoraussetzungen zu erbringen.

(4) 1 Wird die Genehmigung versagt, so bleibt der Betreiber einer Gasspeicheranlage zum Betrieb nach § 11 Absatz 1 Satz 1 verpflichtet. 2 Der Betreiber einer Gasspeicheranlage kann die vorläufige oder endgültige Außerbetriebnahme oder Stilllegung frühestens wieder nach Ablauf von 24 Monaten beantragen. 3 Überträgt der Betreiber einer Gasspeicheranlage den Betrieb einem Dritten, so ist er so lange zum Weiterbetrieb verpflichtet, bis der Dritte in der Lage ist, den Betrieb im Sinne des § 11 Absatz 1 Satz 1 ohne zeitliche Unterbrechung fortzuführen. 4 Kann der Betreiber einer Gasspeicheranlage den Betrieb im Sinne des § 11 Absatz 1 Satz 1 selbst nicht mehr gewährleisten, so hat er unverzüglich durch geeignete Maßnahmen, wie etwa eine Betriebsübertragung auf Dritte oder die Erbringung der Betriebsführung als Dienstleistung für einen Dritten oder durch einen Dritten, den Weiterbetrieb zu gewährleisten. 5 Bleiben Maßnahmen nach Satz 4 erfolglos, kann die Bundesnetzagentur im Einzelfall die zur Sicherstellung des Weiterbetriebs erforderlichen Maßnahmen gegenüber dem Betreiber einer Gasspeicheranlage treffen. 6 Tragen Dritte zum sicheren Betrieb der Gasspeicheranlage bei und ist der Weiterbetrieb ohne sie nicht möglich, so gilt die Befugnis nach Satz 5 auch gegenüber diesen Dritten.

(5) 1 Soweit bei Vorhaben nach § 2 Absatz 2 Satz 1 Nummer 1 und 2 des Bundesberggesetzes[1)] vom 13. August 1980 (BGBl. I S. 1310), das zuletzt durch Artikel 1 des Gesetzes vom 14. Juni 2021 (BGBl. I S. 1760) geändert worden ist, zur Abwehr dringender Gefahren für Leib und Leben oder eines Umweltschadens im Sinne des § 2 Nummer 1 des Umweltschadensgesetzes[2)] in der Fassung der Bekanntmachung vom 5. März 2021 (BGBl. I S. 346) oder zur weiteren dauerhaften Aufrechterhaltung der Funktionsfähigkeit eine vorläufige oder endgültige Außerbetriebnahme oder Stilllegung aufgrund einer Anordnung der zuständigen Behörde nach § 142 des Bundesberggesetzes notwendig ist, kann die zuständige Behörde abweichend von den Absätzen 1 bis 3 eine entsprechende Anordnung treffen. 2 Die zuständige Behörde konsultiert vor ihrer Anordnung die Bundes-

---

[1)] **Sartorius III Nr. 460.**
[2)] **Sartorius III Nr. 310.**

netzagentur. [3] Satz 2 gilt nicht, wenn aufgrund von Gefahr in Verzug eine sofortige Anordnung notwendig ist; in diesem Fall wird die Bundesnetzagentur unverzüglich von der zuständigen Behörde über die Anordnung in Kenntnis gesetzt. [4] Der Betreiber einer Gasspeicheranlage ist verpflichtet, nach einer Anordnung nach Satz 1 den Speicher oder die Einrichtung unverzüglich wieder in einen betriebsbereiten Zustand zu versetzen, soweit dies technisch möglich ist.

(6) [1] Der Betreiber einer Gasspeicheranlage kann bei der Bundesnetzagentur eine Entschädigung für den Fall einer anderweitig nicht ausgleichbaren, unbilligen wirtschaftlichen Härte, die ihm infolge der Genehmigungsversagung nach Absatz 4 entstanden ist, beantragen. [2] Im Rahmen des Antrags hat der Betreiber einer Gasspeicheranlage insbesondere Folgendes darzulegen:

1. die Gründe, aus denen sich für ihn eine unbillige wirtschaftliche Härte aus der Versagung der Genehmigung nach Absatz 4 ergibt,
2. Art und Umfang der voraussichtlichen Kosten für den Unterhalt und Weiterbetrieb der Gasspeicheranlage, für die eine Entschädigung verlangt wird, und
3. die Gründe dafür, dass die unter Nummer 2 genannten Positionen nicht anderweitig ausgeglichen werden konnen.

[3] Über den Antrag nach Satz 1 entscheidet die Bundesnetzagentur nach § 29 Absatz 1 im Einvernehmen mit dem Bundesministerium für Wirtschaft und Klimaschutz nach billigem Ermessen. [4] Zur Leistung der Entschädigung ist der Bund verpflichtet. [5] Die Entschädigung soll in Form von Wochen-, Monats- oder Jahresbeträgen für die Dauer des voraussichtlichen Weiterbetriebs der Anlage festgesetzt werden. [6] Sie muss insgesamt zur Abwendung unbilliger wirtschaftlicher Härten erforderlich sein und darf die Summe der voraussichtlich notwendigen Kosten der Unterhaltung und des Weiterbetriebs der Anlage im relevanten Zeitraum abzüglich der voraussichtlich erzielbaren Einnahmen und sonstiger Ausgleichszahlungen nicht überschreiten. [7] Der Betreiber ist verpflichtet, Nachweis über die Verwendung erhaltener Entschädigungszahlungen zu führen und diese mindestens einmal jährlich abzurechnen. [8] Die Bundesnetzagentur kann Vorgaben zu Inhalt und Format der erforderlichen Nachweise machen. [9] Überzahlungen, denen keine tatsächlich angefallenen notwendigen Kosten, die nicht anderweitig ausgeglichen werden konnten, gegenüberstehen, sind zurückzuerstatten. [10] Eine Erhöhung der Entschädigung findet auf Antrag des Betreibers nur statt, wenn andernfalls eine unbillige wirtschaftliche Härte einträte.

(7) [1] Die Umstellung einer Gasspeicheranlage von L-Gas auf H-Gas, sofern diese Umstellung nicht nach § 19a durch den Betreiber eines Fernleitungsnetzes veranlasst worden ist, oder die Reduzierung von L-Gas-Speicherkapazitäten in einer Gasspeicheranlage bedarf der Genehmigung der Bundesnetzagentur im Einvernehmen mit dem Bundesministerium für Wirtschaft und Klimaschutz. [2] Die Genehmigung nach Satz 1 darf nur versagt werden, wenn die Umstellung der Gasspeicheranlage oder die Reduzierung der L-Gas-Speicherkapazitäten zu einer Einschränkung der Versorgungssicherheit mit L-Gas führen würde. [3] Im Rahmen der Prüfung sind die Fernleitungsnetzbetreiber, an deren Netz die Gasspeicheranlage angeschlossen ist, anzuhören. [4] Die Versagung ist zu befristen. [5] Nach Ablauf der Frist, spätestens jedoch nach 24 Monaten, kann der Betreiber einer Gasspeicheranlage einen erneuten Antrag stellen.

Teil 4. Energielieferung an Letztverbraucher

§ 36[1)] Grundversorgungspflicht. (1) [1] Energieversorgungsunternehmen haben für Netzgebiete, in denen sie die Grundversorgung von Haushaltskunden durchführen, Allgemeine Bedingungen und Allgemeine Preise für die Versorgung in Niederspannung oder Niederdruck öffentlich bekannt zu geben und im Internet zu veröffentlichen und zu diesen Bedingungen und Preisen jeden Haushaltskunden zu versorgen. [2] Energieversorgungsunternehmen dürfen bei den Allgemeinen Bedingungen und Allgemeinen Preisen nicht nach dem Zeitpunkt des Zustandekommens des Grundversorgungsvertrages unterscheiden. [3] Die Veröffentlichungen im Internet müssen einfach auffindbar sein und unmissverständlich verdeutlichen, dass es sich um die Preise und Bedingungen der Belieferung in der Grundversorgung handelt. [4] Die Pflicht zur Grundversorgung besteht nicht, wenn die Versorgung für das Energieversorgungsunternehmen aus wirtschaftlichen Gründen nicht zumutbar ist. [5] Die Pflicht zur Grundversorgung besteht zudem nicht für die Dauer von drei Monaten seit dem Beginn einer Ersatzversorgung nach § 38 Absatz 1, sofern der Haushaltskunde bereits zuvor an der betroffenen Entnahmestelle beliefert wurde und die Entnahmestelle dem bisherigen Lieferanten aufgrund einer Kündigung des Netznutzungs- oder Bilanzkreisvertrages nicht mehr zugeordnet werden konnte. [6] Ein konkludenter Vertragsschluss durch Entnahme von Energie ist für die betroffene Entnahmestelle für diesen Zeitraum ausgeschlossen.

(2) [1] Grundversorger nach Absatz 1 ist jeweils das Energieversorgungsunternehmen, das die meisten Haushaltskunden in einem Netzgebiet der allgemeinen Versorgung beliefert. [2] Betreiber von Energieversorgungsnetzen der allgemeinen Versorgung nach § 18 Abs. 1 sind verpflichtet, alle drei Jahre jeweils zum 1. Juli, erstmals zum 1. Juli 2006, nach Maßgabe des Satzes 1 den Grundversorger für die nächsten drei Kalenderjahre festzustellen sowie dies bis zum 30. September des Jahres im Internet zu veröffentlichen und der nach Landesrecht zuständigen Behörde schriftlich mitzuteilen. [3] Die nach Landesrecht zuständige Behörde kann die zur Sicherstellung einer ordnungsgemäßen Durchführung des Verfahrens nach den Sätzen 1 und 2 erforderlichen Maßnahmen treffen. [4] Über Einwände gegen das Ergebnis der Feststellungen nach Satz 2, die bis zum 31. Oktober des jeweiligen Jahres bei der nach Landesrecht zuständigen Behörde einzulegen sind, entscheidet diese nach Maßgabe der Sätze 1 und 2. [5] Stellt der Grundversorger nach Satz 1 seine Geschäftstätigkeit ein, so gelten die Sätze 2 und 3 entsprechend.

(3) Im Falle eines Wechsels des Grundversorgers infolge einer Feststellung nach Absatz 2 gelten die von Haushaltskunden mit dem bisherigen Grundversorger auf der Grundlage des Absatzes 1 geschlossenen Energielieferverträge zu den im Zeitpunkt des Wechsels geltenden Bedingungen und Preisen fort.

(4) Die Absätze 1 bis 3 gelten nicht für geschlossene Verteilernetze.

§ 37[2)] Ausnahmen von der Grundversorgungspflicht. (1) [1] Wer zur Deckung des Eigenbedarfs eine Anlage zur Erzeugung von Energie betreibt oder sich

---

[1)] § 36 Abs. 2 Satz 3 eingef., bish. Sätze 3 und 4 werden Sätze 4 und 5 mWv 12.11.2010 durch G v. 4.11.2010 (BGBl. I S. 1483); Abs. 4 angef. mWv 4.8.2011 durch G v. 26.7.2011 (BGBl. I S. 1554); Abs. 1 Satz 2 eingef., bish. Satz 2 wird Satz 3 mWv 27.7.2021 durch G v. 16.7.2021 (BGBl. I S. 3026); Abs. 1 Satz 2 eingef., bish. Sätze 2 und 3 werden Sätze 3 und 4, Sätze 5 und 6 angef. mWv 29.7.2022 durch G v. 19.7.2022 (BGBl. I S. 1214).

[2)] § 37 Abs. 3 Satz 1 geänd. mWv 17.12.2006 durch G v. 9.12.2006 (BGBl. I S. 2833); Abs. 3 Satz 1 geänd. mWv 8.9.2015 durch VO v. 31.8.2015 (BGBl. I S. 1474); Abs. 1 neu gef., Abs. 2 Sätze 1 und 2, Abs. 3 Sätze 1 und 2 geänd. mWv 30.7.2016 durch G v. 26.7.2016 (BGBl. I S. 1786).

von einem Dritten versorgen lässt, hat keinen Anspruch auf eine Grundversorgung zu dem Allgemeinen Preis nach § 36 Absatz 1 Satz 1. ²Er kann aber eine Grundversorgung durch eine Zusatz- und Reserveversorgung in dem Umfang und zu den Bedingungen verlangen, die für den Grundversorger wirtschaftlich zumutbar sind. ³Satz 1 gilt nicht für Eigenanlagen, die ausschließlich der Sicherstellung des Energiebedarfs bei Aussetzen der öffentlichen Energieversorgung dienen, wenn sie außerhalb ihrer eigentlichen Bestimmung nicht mehr als 15 Stunden monatlich zur Erprobung betrieben werden.

(2) ¹Reserveversorgung ist für den Grundversorger im Sinne des Absatzes 1 Satz 2 nur zumutbar, wenn sie den laufend durch Eigenanlagen gedeckten Bedarf für den gesamten Haushalt umfasst und ein fester, von der jeweils gebrauchten Energiemenge unabhängiger angemessener Leistungspreis mindestens für die Dauer eines Jahres bezahlt wird. ²Hierbei ist von der Möglichkeit gleichzeitiger Inbetriebnahme sämtlicher an das Leitungsnetz im Grundversorgungsgebiet nach § 36 Absatz 1 Satz 1 angeschlossener Reserveanschlüsse auszugehen und der normale, im gesamten Niederspannungs- oder Niederdruckleitungsnetz des Grundversorgungsgebietes vorhandene Ausgleich der Einzelbelastungen zugrunde zu legen.

(3) ¹Das Bundesministerium für Wirtschaft und Energie kann durch Rechtsverordnung mit Zustimmung des Bundesrates regeln, in welchem Umfang und zu welchen Bedingungen eine Grundversorgung nach Absatz 1 Satz 2 wirtschaftlich zumutbar ist. ²Dabei sind die Interessen der Energieversorgungsunternehmen und der Haushaltskunden unter Beachtung des Zwecks des § 1 angemessen zu berücksichtigen.

§ 38[1)] Ersatzversorgung mit Energie. (1) ¹Sofern Letztverbraucher über das Energieversorgungsnetz der allgemeinen Versorgung in Niederspannung oder Niederdruck Energie beziehen, ohne dass dieser Bezug einer Lieferung oder einem bestimmten Liefervertrag zugeordnet werden kann, gilt die Energie als von dem Unternehmen geliefert, das nach § 36 Abs. 1 berechtigt und verpflichtet ist. ²Die Bestimmungen dieses Teils gelten für dieses Rechtsverhältnis mit der Maßgabe, dass der Grundversorger berechtigt ist, für diese Energielieferung gesonderte Allgemeine Preise zu veröffentlichen und für die Energielieferung in Rechnung zu stellen. ³In den Fällen des § 36 Absatz 1 Satz 5 besteht ein Anspruch des Haushaltskunden auf Ersatzversorgung.

(2) ¹Sofern ein Grundversorger für Haushaltskunden höhere Allgemeine Preise der Ersatzversorgung ausweist, hat er bei deren Bemessung die Sätze 2 und 3 zu beachten. ²Wird von der Möglichkeit nach Satz 1 Gebrauch gemacht, hat der Grundversorger die bei der Ermittlung der Allgemeinen Preise der Ersatzversorgung für Haushaltskunden berücksichtigten Beschaffungskosten gesondert auszuweisen. ³Die Beschaffungskosten der Ersatzversorgung dürfen kalkulatorisch nicht höher angesetzt werden als sie sich für den Grundversorger im Falle einer kurzfristigen Beschaffung der für die durch ihn durchgeführten Ersatzversorgung erforderlichen Energiemengen über Börsenprodukte ergeben würden.

(3) ¹Der Grundversorger ist unter Beachtung der gesetzlichen Bestimmungen berechtigt, die Allgemeinen Preise der Ersatzversorgung jeweils zum ersten und zum 15. Tag eines Kalendermonats neu zu ermitteln und ohne Einhaltung einer Frist anzupassen. ²Die Änderung wird nach Veröffentlichung auf der Internetseite

---

1) § 38 Abs. 1 Satz 3 neu gef., Abs. 2 und 3 eingef., bish. Abs. 2 wird Abs. 4 mWv 29.7.2022 durch G v. 19.7.2022 (BGBl. I S. 1214).

des Grundversorgers wirksam. [3]Der Grundversorger ist verpflichtet, auf seiner Internetseite die Allgemeinen Preise der Ersatzversorgung der mindestens letzten sechs Monate vorzuhalten.

(4) [1]Das Rechtsverhältnis nach Absatz 1 endet, wenn die Energielieferung auf der Grundlage eines Energieliefervertrages des Kunden erfolgt, spätestens aber drei Monate nach Beginn der Ersatzenergieversorgung. [2]Das Energieversorgungsunternehmen kann den Energieverbrauch, der auf die nach Absatz 1 bezogenen Energiemengen entfällt, auf Grund einer rechnerischen Abgrenzung schätzen und den ermittelten anteiligen Verbrauch in Rechnung stellen.

§ 39[1)] Allgemeine Preise und Versorgungsbedingungen. (1) [1]Das Bundesministerium für Wirtschaft und Energie kann im Einvernehmen mit dem Bundesministerium *für*[2)] Justiz und für Verbraucherschutz durch Rechtsverordnung mit Zustimmung des Bundesrates die Gestaltung der Allgemeinen Preise nach § 36 Abs. 1 und § 38 Abs. 1 des Grundversorgers unter Berücksichtigung des § 1 Abs. 1 regeln. [2]Es kann dabei Bestimmungen über Inhalt und Aufbau der Allgemeinen Preise treffen sowie die tariflichen Rechte und Pflichten der Elektrizitätsversorgungsunternehmen und ihrer Kunden regeln.

(2) [1]Das Bundesministerium für Wirtschaft und Energie kann im Einvernehmen mit dem Bundesministerium *für*[2)] Justiz und für Verbraucherschutz durch Rechtsverordnung mit Zustimmung des Bundesrates die allgemeinen Bedingungen für die Belieferung von Haushaltskunden in Niederspannung oder Niederdruck mit Energie im Rahmen der Grund- oder Ersatzversorgung angemessen gestalten und dabei die Bestimmungen der Verträge einheitlich festsetzen und Regelungen über den Vertragsabschluss, den Gegenstand und die Beendigung der Verträge treffen sowie Rechte und Pflichten der Vertragspartner festlegen. [2]Hierbei sind die beiderseitigen Interessen angemessen zu berücksichtigen. [3]Die Sätze 1 und 2 gelten entsprechend für Bedingungen öffentlich-rechtlich gestalteter Versorgungsverhältnisse mit Ausnahme der Regelung des Verwaltungsverfahrens.

§ 40[3)] Inhalt von Strom- und Gasrechnungen; Festlegungskompetenz.

(1) [1]Rechnungen für Energielieferungen an Letztverbraucher müssen einfach und verständlich sein. [2]Sie sind dem Letztverbraucher auf dessen Wunsch verständlich und unentgeltlich zu erläutern. [3]Der Rechnungsbetrag und das Datum der Fälligkeit des Rechnungsbetrages müssen deutlich erkennbar und hervorgehoben sein.

(2) [1]Energielieferanten sind verpflichtet, in ihren Rechnungen für Energielieferungen an Letztverbraucher gesondert auszuweisen

1. ihren Namen, ihre ladungsfähige Anschrift und das zuständige Registergericht sowie Angaben, die eine unverzügliche telefonische und elektronische Kontaktaufnahme ermöglichen, einschließlich der Adresse der elektronischen Post und einer Telefonnummer der Kunden-Hotline,
2. die belieferte Verbrauchsstelle des Letztverbrauchers einschließlich der zur Bezeichnung der Entnahmestelle verwendeten Identifikationsnummer,

---

[1)] § 39 Abs. 1 Satz 1, Abs. 2 Satz 1 geänd. mWv 17.12.2006 durch G v. 9.12.2006 (BGBl. I S. 2833); Abs. 1 Satz 1, Abs. 2 Satz 1 geänd. mWv 8.9.2015 durch VO v. 31.8.2015 (BGBl. I S. 1474).

[2)] Richtig wohl: „der".

[3)] § 40 neu gef. mWv 27.7.2021 durch G v. 16.7.2021 (BGBl. I S. 3026); Abs. 3 Nr. 3 geänd. mWv 1.1.2023 durch G v. 20.7.2022 (BGBl. I S. 1237); Abs. 3 Nr. 5 geänd. mWv 13.10.2022 durch G v. 8.10.2022 (BGBl. I S. 1726).

3. die Vertragsdauer und die geltenden Preise,
4. den nächstmöglichen Kündigungstermin und die Kündigungsfrist,
5. den zuständigen Messstellenbetreiber sowie die für die Belieferung maßgebliche Identifikationsnummer und die Codenummer des Netzbetreibers,
6. bei einer Verbrauchsabrechnung den Anfangszählerstand und den Endzählerstand des abgerechneten Zeitraums, den ermittelten Verbrauch im Abrechnungszeitraum sowie die Art, wie der Zählerstand ermittelt wurde,
7. den auch in grafischer Form dargestellten Vergleich des ermittelten Verbrauchs zu dem Verbrauch des vergleichbaren Vorjahreszeitraums,
8. den auch in grafischer Form dargestellten Vergleich des eigenen Jahresverbrauchs zu dem Jahresverbrauch von Vergleichskundengruppen,
9. die Rechte der Letztverbraucher im Hinblick auf Streitbeilegungsverfahren, die ihnen im Streitfall zur Verfügung stehen, einschließlich der für Verbraucherbeschwerden nach § 111b einzurichtenden Schlichtungsstelle und deren Anschrift,
10. die Kontaktdaten des Verbraucherservice der Bundesnetzagentur für den Bereich Elektrizität und Gas,
11. Informationen über Kontaktstellen, darunter Internetadressen, zur Beratung in Energieangelegenheiten,
12. Hinweise zu der Verfügbarkeit und den Möglichkeiten eines Lieferantenwechsels sowie Informationen über mit einem Vertrauenszeichen versehene Preisvergleichsinstrumente für Vertragsangebote der Stromlieferanten nach § 41c sowie
13. die einschlägige Tarif- oder Produktbezeichnung sowie den Hinweis, ob die Belieferung im Rahmen der Grundversorgung oder außerhalb der Grundversorgung erfolgt ist.

[2] Wenn der Energielieferant den Letztverbraucher im Vorjahreszeitraum nicht beliefert hat, ist der vormalige Energielieferant verpflichtet, dem neuen Energielieferanten den Verbrauch des vergleichbaren Vorjahreszeitraums mitzuteilen.

(3) Energielieferanten sind verpflichtet, in den Rechnungen folgende Belastungen gesondert auszuweisen, soweit sie Kalkulationsbestandteile der in die Rechnung einfließenden Preise sind:

1. die Stromsteuer nach § 3 des Stromsteuergesetzes vom 24. März 1999 (BGBl. I S. 378; 2000 I S. 147) oder die Energiesteuer nach § 2 des Energiesteuergesetzes vom 15. Juli 2006 (BGBl. I S. 1534; 2008 I S. 660, 1007) in der jeweils geltenden Fassung,
2. die Konzessionsabgabe nach Maßgabe des § 4 Absatz 1 und 2 der Konzessionsabgabenverordnung vom 9. Januar 1992 (BGBl. I S. 12, 407), die zuletzt durch Artikel 3 Absatz 4 der Verordnung vom 1. November 2006 (BGBl. I S. 2477) geändert worden ist,
3. jeweils gesondert die Umlagen und Aufschläge nach § 12 Absatz 1 des Energiefinanzierungsgesetzes, § 19 Absatz 2 der Stromnetzentgeltverordnung und § 18 der Verordnung zu abschaltbaren Lasten vom 28. Dezember 2012 (BGBl. I S. 2998) in der jeweils geltenden Fassung,
4. jeweils gesondert die Netzentgelte und, soweit sie Gegenstand des Liefervertrages sind, die Entgelte des Messstellenbetreibers oder des Betreibers von Energieversorgungsnetzen für den Messstellenbetrieb und die Messung,
5. bei Gasrechnungen bis zum 31. Dezember 2025 die Kosten in Cent pro Kilowattstunde für den Erwerb von Emissionszertifikaten nach dem Brennstoff-

emissionshandelsgesetz[1] vom 12. Dezember 2019 (BGBl. I S. 2728) in der jeweils geltenden Fassung, die Umlegung saldierter Kosten nach § 35e sowie die saldierte Preisanpassung aufgrund einer Rechtsverordnung nach § 26 Absatz 1 des Energiesicherungsgesetzes.

(4) Energielieferanten haben für Letztverbraucher die für die Forderungen maßgeblichen Berechnungsfaktoren in Rechnungen vollständig und in allgemein verständlicher Form unter Verwendung standardisierter Begriffe und Definitionen auszuweisen.

(5) Die Bundesnetzagentur kann Entscheidungen über die Konkretisierung des Mindestinhalts von Rechnungen nach den Absätzen 1 bis 3 sowie Näheres zum standardisierten Format nach Absatz 4 durch Festlegung nach § 29 Absatz 1 gegenüber den Energielieferanten treffen.

§ 40a[2] Verbrauchsermittlung für Strom- und Gasrechnungen.

(1) [1] Der Energielieferant ist berechtigt, zur Ermittlung des Verbrauchs nach § 40 Absatz 2 Satz 1 Nummer 6 für die Zwecke der Abrechnung

1. die Ablesewerte oder rechtmäßig ermittelte Ersatzwerte zu verwenden, die er vom Messstellenbetreiber oder Netzbetreiber erhalten hat,
2. die Messeinrichtung selbst abzulesen oder
3. die Ablesung der Messeinrichtung vom Letztverbraucher mittels eines Systems der regelmäßigen Selbstablesung und Übermittlung der Ablesewerte durch den Letztverbraucher zu verlangen, sofern keine Fernübermittlung der Verbrauchsdaten erfolgt.

[2] Haushaltskunden können einer Selbstablesung im Einzelfall widersprechen, wenn sie ihnen nicht zumutbar ist. [3] Der Energielieferant hat bei einem berechtigten Widerspruch nach Satz 2 eine eigene Ablesung der Messeinrichtung nach Satz 1 Nummer 2 vorzunehmen und darf hierfür kein gesondertes Entgelt verlangen. [4] Bei einer Messung mit einem intelligenten Messsystem nach § 2 Satz 1 Nummer 7 des Messstellenbetriebsgesetzes und bei registrierender Lastgangmessung sind die Werte nach Satz 1 Nummer 1 vorrangig zu verwenden. [5] Der Energielieferant hat in der Rechnung anzugeben, wie ein von ihm verwendeter Zählerstand ermittelt wurde.

(2) [1] Soweit ein Letztverbraucher für einen bestimmten Abrechnungszeitraum trotz entsprechender Verpflichtung keine Ablesedaten übermittelt hat oder der Energielieferant aus anderen Gründen, die er nicht zu vertreten hat, den tatsächlichen Verbrauch nicht ermitteln kann, dürfen die Abrechnung oder die Abrechnungsinformation auf einer Verbrauchsschätzung beruhen, die unter angemessener Berücksichtigung der tatsächlichen Verhältnisse zu erfolgen hat. [2] In diesem Fall hat der Energielieferant den geschätzten Verbrauch unter ausdrücklichem und optisch besonders hervorgehobenem Hinweis auf die erfolgte Verbrauchsabschätzung und den einschlägigen Grund für deren Zulässigkeit sowie die der Schätzung zugrunde gelegten Faktoren in der Rechnung anzugeben und auf Wunsch des Letztverbrauchers in Textform und unentgeltlich zu erläutern.

§ 40b[2] Rechnungs- und Informationszeiträume. (1) [1] Energielieferanten sind verpflichtet, den Energieverbrauch nach ihrer Wahl in Zeitabschnitten ab-

---

[1] **Sartorius III Nr. 335.**

[2] §§ 40a und 40b eingef. mWv 27.7.2021 durch G v. 16.7.2021 (BGBl. I S. 3026).

zurechnen, die ein Jahr nicht überschreiten dürfen, ohne hierfür ein Entgelt in Rechnung zu stellen. [2] Sie sind verpflichtet, allen Letztverbrauchern anzubieten

1. eine monatliche, vierteljährliche oder halbjährliche Abrechnung,
2. die unentgeltliche elektronische Übermittlung der Abrechnungen und Abrechnungsinformationen sowie
3. mindestens einmal jährlich die unentgeltliche Übermittlung der Abrechnungen und Abrechnungsinformationen in Papierform.

[3] Sofern der Letztverbraucher keinen Abrechnungszeitraum bestimmt, bleibt es bei der Wahl des Zeitraums durch den Energielieferanten. [4] Im Falle einer Beendigung des Lieferverhältnisses sind Energielieferanten zur unentgeltlichen Erstellung einer Abschlussrechnung verpflichtet. [5] Auf Wunsch des Letztverbrauchers sind Abrechnungen oder Abrechnungsinformationen elektronisch zu übermitteln.

(2) Energielieferanten haben Letztverbrauchern, bei denen keine Fernübermittlung der Verbrauchsdaten erfolgt und die sich für eine elektronische Übermittlung nach Absatz 1 Satz 2 Nummer 2 entschieden haben, Abrechnungsinformationen mindestens alle sechs Monate oder auf Verlangen einmal alle drei Monate unentgeltlich zur Verfügung zu stellen.

(3) Energielieferanten haben Letztverbrauchern, bei denen eine Fernübermittlung der Verbrauchsdaten erfolgt, eine monatliche Abrechnungsinformation unentgeltlich zur Verfügung zu stellen, dabei kann dies über das Internet oder andere geeignete elektronische Medien erfolgen.

(4) Abrechnungsinformationen erfolgen auf Grundlage des nach § 40a ermittelten Verbrauchs.

(5) [1] Energielieferanten sind auf Verlangen eines von ihnen belieferten Letztverbrauchers verpflichtet, ergänzende Informationen zu dessen Verbrauchshistorie, soweit verfügbar, dem Letztverbraucher selbst und zusätzlich auch einem vom Letztverbraucher benannten Dritten zur Verfügung zu stellen. [2] Die ergänzenden Informationen müssen kumulierte Daten mindestens für die vorangegangenen drei Jahre umfassen, längstens für den Zeitraum seit Beginn des Energieliefervertrages, und den Intervallen der Abrechnungsinformationen entsprechen.

§ 40c[1)] Zeitpunkt und Fälligkeit von Strom- und Gasrechnungen.

(1) Rechnungsbeträge und Abschläge werden zu dem von dem Energielieferanten angegebenen Zeitpunkt, frühestens jedoch zwei Wochen nach Zugang der Zahlungsaufforderung fällig.

(2) [1] Energielieferanten sind verpflichtet, dem Letztverbraucher die Rechnung spätestens sechs Wochen nach Beendigung des abzurechnenden Zeitraums und eine Abschlussrechnung spätestens sechs Wochen nach Beendigung des Lieferverhältnisses zur Verfügung zu stellen. [2] Erfolgt eine Stromabrechnung nach § 40b Absatz 1 monatlich, beträgt die Frist für diese Abrechnung drei Wochen.

(3) [1] Ergibt sich aus der Abrechnung ein Guthaben für den Letztverbraucher, ist dieses von dem Energielieferanten vollständig mit der nächsten Abschlagszahlung zu verrechnen oder binnen zwei Wochen auszuzahlen. [2] Guthaben, die aus einer Abschlussrechnung folgen, sind binnen zwei Wochen auszuzahlen.

[1)] § 40c eingef. mWv 27.7.2021 durch G v. 16.7.2021 (BGBl. I S. 3026).

§ 41[1)] Energielieferverträge mit Letztverbrauchern. (1) [1] Verträge über die Belieferung von Letztverbrauchern mit Energie müssen einfach und verständlich sein. [2] Die Verträge müssen insbesondere Angaben enthalten über

1. den Namen und die Anschrift des Energielieferanten,
2. die belieferte Verbrauchsstelle des Letztverbrauchers einschließlich der zur Bezeichnung der Entnahmestelle verwendeten Identifikationsnummer,
3. den Vertragsbeginn, die Vertragsdauer sowie die Bedingungen für eine Verlängerung und Beendigung des Vertrags,
4. zu erbringende Leistungen einschließlich damit gebündelter Produkte oder Leistungen sowie angebotener Wartungsdienste, wobei insbesondere anzugeben ist, ob der Messstellenbetrieb und hierfür anfallende Entgelte von den vertraglichen Leistungen umfasst sind,
5. die Preise, Preisanpassung, Kündigungstermine und Kündigungsfristen sowie das Rücktrittsrecht des Kunden,
6. die einschlägige Tarif- bzw. Produktbezeichnung sowie den Hinweis, ob die Belieferung im Rahmen der Grundversorgung oder außerhalb der Grundversorgung erfolgt ist,
7. den Zeitpunkt der Abrechnungen und die Zahlungsweise,
8. Haftungs- und Entschädigungsregelungen bei Nichteinhaltung vertraglich vereinbarter Leistungen, wozu auch ungenaue oder verspätete Abrechnungen zählen,
9. den unentgeltlichen und zügigen Lieferantenwechsel,
10. die Art und Weise, wie aktuelle Informationen über die geltenden Tarife, Wartungsentgelte und gebündelte Produkte oder Leistungen erhältlich sind,
11. Informationen über die Rechte der Letztverbraucher im Hinblick auf Verbraucherbeschwerden und Streitbeilegungsverfahren, die ihnen im Streitfall zur Verfügung stehen, einschließlich der für Verbraucherbeschwerden nach § 111b einzurichtenden Schlichtungsstelle mit deren Anschrift und Webseite, und Informationen über die Verpflichtung des Energielieferanten zur Teilnahme am Schlichtungsverfahren sowie
12. die Kontaktdaten des Verbraucherservice der Bundesnetzagentur für den Bereich Elektrizität und Gas.

[3] Die Informationspflichten nach den Artikeln 246 und 246a des Einführungsgesetzes zum Bürgerlichen Gesetzbuche[2)] bleiben unberührt.

(2) [1] Den Letztverbrauchern sind vor Vertragsschluss verschiedene Zahlungsmöglichkeiten anzubieten. [2] Unterschiede bei Zahlungsarten oder Vorauszahlungssystemen müssen objektiv, diskriminierungsfrei und verhältnismäßig sein. [3] Letztverbrauchern in Rechnung gestellte Kosten für die Nutzung der unterschiedlichen Zahlungsarten oder Vorauszahlungssysteme dürfen die unmittelbaren Kosten, die dem Zahlungsempfänger für die Nutzung der jeweiligen Zahlungsart oder eines Vorauszahlungssystems entstehen, nicht übersteigen.

(3) Energielieferanten sind verpflichtet, in an Letztverbraucher gerichtetem Werbematerial sowie auf ihrer Internetseite allgemeine Informationen zu den Bestimmungen nach Absatz 1 Satz 2 anzugeben.

[1)] § 41 neu gef. mWv 27.7.2021 durch G v. 16.7.2021 (BGBl. I S. 3026); Abs. 6 geänd. mWv 28.5. 2022 durch G v. 23.5.2022 (BGBl. I S. 747); Abs. 6 geänd. mWv 13.10.2022 durch G v. 8.10.2022 (BGBl. I S. 1726).

[2)] **Habersack Nr. 21.**

(4) [1]Den Letztverbrauchern ist innerhalb einer angemessenen Frist nach dem Vertragsschluss eine knappe, leicht verständliche und klar gekennzeichnete Zusammenfassung der wichtigsten Vertragsbedingungen zur Verfügung zu stellen. [2]Die Zusammenfassung hat insbesondere zu enthalten

1. die Kontaktdaten des Energielieferanten,
2. die Verbrauchsstelle,
3. geltende Preise,
4. den voraussichtlichen Belieferungsbeginn,
5. die Kündigungsfrist sowie
6. etwaige Bonusvereinbarungen und Mindestvertragslaufzeiten.

(5) [1]Energielieferanten, die sich im Vertrag das Recht vorbehalten haben, die Vertragsbedingungen einseitig zu ändern, haben Letztverbraucher rechtzeitig, in jedem Fall vor Ablauf einer Abrechnungsperiode, auf einfache und verständliche Weise über die beabsichtigte Ausübung eines Rechts auf Änderung der Preise oder sonstiger Vertragsbedingungen und über die Rechte der Letztverbraucher zur Vertragsbeendigung zu unterrichten. [2]Über Preisänderungen ist spätestens zwei Wochen, bei Haushaltskunden spätestens einen Monat, vor Eintritt der beabsichtigten Änderung zu unterrichten. [3]Die Unterrichtung hat unmittelbar zu erfolgen sowie auf verständliche und einfache Weise unter Hinweis auf Anlass, Voraussetzungen und Umfang der Preisänderungen. [4]Übt der Energielieferant ein Recht zur Änderung der Preise oder sonstigen Vertragsbedingungen aus, kann der Letztverbraucher den Vertrag ohne Einhaltung einer Frist zum Zeitpunkt des Wirksamwerdens der Änderungen kündigen, ohne dass vom Energielieferanten hierfür ein gesondertes Entgelt verlangt werden darf. [5]Eine Änderung der Vertragsbedingungen liegt auch bei einer Anpassung der vertraglichen Leistungen vor.

(6) Bei unveränderter Weitergabe von umsatzsteuerlichen Mehr- oder Minderbelastungen, die sich aus einer gesetzlichen Änderung der geltenden Umsatzsteuersätze ergeben sowie bei unveränderter Weitergabe von Minderbelastungen aufgrund einer Absenkung des Saldos der Kalkulationsbestandteile nach § 40 Absatz 3 Nummer 3 oder Nummer 5, bedarf es keiner Unterrichtung nach Absatz 5 Satz 1 und 2; dabei entsteht kein außerordentliches Kündigungsrecht nach Absatz 5 Satz 4.

(7) [1]Stromlieferverträge dürfen keine vertraglichen Regelungen enthalten, die dem Letztverbraucher den Erwerb oder die Veräußerung von Stromdienstleistungen, die nicht Vertragsgegenstand sind, von einem anderen oder an ein anderes Elektrizitätsversorgungsunternehmen untersagen. [2]Stromdienstleistungen nach Satz 1 umfassen auch vertragliche Vereinbarungen über eine Aggregierung. [3]Letztverbraucher sind verpflichtet, ihren Stromlieferanten den Abschluss einer vertraglichen Vereinbarung mit einem Dritten über eine Aggregierung unverzüglich mitzuteilen.

§ 41a[1)] Lastvariable, tageszeitabhängige oder dynamische und sonstige Stromtarife. (1) [1]Stromlieferanten haben, soweit technisch machbar und wirtschaftlich zumutbar, für Letztverbraucher von Elektrizität einen Tarif anzubieten, der einen Anreiz zu Energieeinsparung oder Steuerung des Energieverbrauchs setzt. [2]Tarife im Sinne von Satz 1 sind insbesondere lastvariable oder tageszeitabhängige Tarife. [3]Stromlieferanten haben daneben für Haushaltskunden mindestens einen Tarif anzubieten, für den die Datenaufzeichnung und -übermittlung auf

[1)] § 41a eingef. mWv 27.7.2021 durch G v. 16.7.2021 (BGBl. I S. 3026).

die Mitteilung der innerhalb eines bestimmten Zeitraums verbrauchten Gesamtstrommenge begrenzt bleibt.

(2) [1]Stromlieferanten, die zum 31. Dezember eines Jahres mehr als 200 000 Letztverbraucher beliefern, sind im Folgejahr verpflichtet, den Abschluss eines Stromliefervertrages mit dynamischen Tarifen für Letztverbraucher anzubieten, die über ein intelligentes Messsystem im Sinne des Messstellenbetriebsgesetzes verfügen. [2]Die Stromlieferanten haben die Letztverbraucher über die Kosten sowie die Vor- und Nachteile des Vertrags nach Satz 1 umfassend zu unterrichten sowie Informationen über den Einbau eines intelligenten Messsystems im Sinne des Messstellenbetriebsgesetzes anzubieten. [3]Die Verpflichtung nach Satz 1 gilt ab dem 1. Januar 2022 für alle Stromlieferanten, die zum 31. Dezember eines Jahres mehr als 100 000 Letztverbraucher beliefern, und ab dem 1. Januar 2025 für alle Stromlieferanten, die bis zum 31. Dezember eines Jahres mehr als 50 000 Letztverbraucher beliefern.

§ 41b[1)] Energielieferverträge mit Haushaltskunden außerhalb der Grundversorgung; Verordnungsermächtigung. (1) [1]Energielieferverträge mit Haushaltskunden außerhalb der Grundversorgung und deren Kündigung durch den Energielieferanten bedürfen der Textform. [2]Der Energielieferant hat dem Haushaltskunden dessen Kündigung innerhalb einer Woche nach Zugang unter Angabe des Vertragsendes in Textform zu bestätigen.

(2) [1]Haushaltskunden sind vier Wochen vor einer geplanten Versorgungsunterbrechung wegen Nichtzahlung in geeigneter Weise über Möglichkeiten zur Vermeidung der Versorgungsunterbrechung zu informieren, die für den Haushaltskunden keine Mehrkosten verursachen. [2]Dazu können gehören

1. Hilfsangebote zur Abwendung einer Versorgungsunterbrechung wegen Nichtzahlung,
2. Vorauszahlungssysteme,
3. Informationen zu Energieaudits,
4. Informationen zu Energieberatungsdiensten,
5. alternative Zahlungspläne verbunden mit einer Stundungsvereinbarung,
6. Hinweis auf staatliche Unterstützungsmöglichkeiten der sozialen Mindestsicherung oder
7. eine Schuldnerberatung.

[3]Die Informationen müssen deutlich und leicht verständlich die Maßnahme selbst sowie die Konsequenzen aufzeigen.

(3) [1]Wird eine Voraus- oder Abschlagszahlung vereinbart, muss sich diese nach dem Verbrauch des vorhergehenden Abrechnungszeitraums oder dem durchschnittlichen Verbrauch vergleichbarer Kunden richten. [2]Macht der Haushaltskunde glaubhaft, dass sein Verbrauch erheblich geringer ist, so ist dies bei der Bemessung angemessen zu berücksichtigen. [3]Eine bei Vertragsabschluss vereinbarte Voraus- oder Abschlagszahlung wird bei der Belieferung von Haushaltskunden nicht vor Beginn der Lieferung fällig.

(4) Bei einer Unterrichtung nach § 41 Absatz 5 Satz 1 ist bei Stromlieferverträgen mit Haushaltskunden außerhalb der Grundversorgung darauf hinzuweisen, in welchem Umfang sich der Versorgeranteil geändert hat.

[1)] § 41b eingef. mWv 27.7.2021 durch G v. 16.7.2021 (BGBl. I S. 3026); Abs. 4 eingef., bish. Abs. 4 und 5 werden Abs. 5 und 6, Abs. 7 angef. mWv 29.7.2022 durch G v. 19.7.2022 (BGBl. I S. 1214).

(5) [1]Haushaltskunden sind im Falle eines Wohnsitzwechsels zu einer außerordentlichen Kündigung ihres bisherigen Liefervertrages unter Einhaltung einer Kündigungsfrist von sechs Wochen berechtigt. [2]Die Kündigung kann mit Wirkung zum Zeitpunkt des Auszugs oder mit Wirkung zu einem späteren Zeitpunkt erklärt werden. [3]Die Sätze 1 und 2 sind nicht anzuwenden, wenn der bisherige Energielieferant dem Haushaltskunden binnen zwei Wochen nach Erhalt der Kündigung in Textform eine Fortsetzung des Liefervertrages an dessen neuem Wohnsitz zu den bisherigen Vertragsbedingungen anbietet und die Belieferung an der neuen Entnahmestelle möglich ist. [4]Zu diesem Zwecke hat der Haushaltskunde in seiner außerordentlichen Kündigung seine zukünftige Anschrift oder eine zur Bezeichnung seiner zukünftigen Entnahmestelle verwendete Identifikationsnummer mitzuteilen.

(6) [1]Das Bundesministerium für Wirtschaft und Energie kann im Einvernehmen mit dem Bundesministerium der Justiz und für Verbraucherschutz durch Rechtsverordnung mit Zustimmung des Bundesrates

1. nähere Regelungen für die Belieferung von Haushaltskunden mit Energie außerhalb der Grundversorgung treffen,
2. die Bestimmungen der Verträge einheitlich festsetzen und insbesondere Regelungen über den Vertragsabschluss, den Gegenstand und die Beendigung der Verträge treffen sowie
3. Rechte und Pflichten der Vertragspartner festlegen.

[2]Hierbei sind die beiderseitigen Interessen angemessen zu berücksichtigen. [3]Die jeweils in Anhang I der Richtlinie (EU) 2019/944 und der Richtlinie 2009/73/EG vorgesehenen Maßnahmen sind zu beachten.

(7) Die Bundesregierung wird ermächtigt, durch Rechtsverordnung mit Zustimmung des Bundesrates den Mindestbetrag des Anspruchs zu bestimmen, den ein Haushaltskunde gegenüber dem Energielieferanten auf Schadensersatz wegen einer vertragswidrigen Beendigung der Belieferung geltend machen kann.

§ 41c[1)] Vergleichsinstrumente bei Energielieferungen. (1) Die Bundesnetzagentur stellt nach den Absätzen 3 und 4 sicher, dass Haushaltskunden und Kleinstunternehmen, die einen voraussichtlichen Jahresverbrauch von weniger als 100 000 Kilowattstunden haben, unentgeltlich Zugang zu mindestens einem unabhängigen Vergleichsinstrument haben, mit dem sie verschiedene Stromlieferanten und deren Angebote, einschließlich der Angebote für Verträge mit dynamischen Stromtarifen, in Bezug auf die Preise und die Vertragsbedingungen vergleichen und beurteilen können.

(2) Das Vergleichsinstrument nach Absatz 1 muss

1. unabhängig von den Energielieferanten und -erzeugern betrieben werden und sicherstellen, dass die Energielieferanten bei den Suchergebnissen gleichbehandelt werden;
2. die Inhaber und Betreiber des Vergleichsinstruments sowie dessen Finanzierung und eventuelle Kontrolleure eindeutig offenlegen;
3. klare und objektive Kriterien enthalten, auf die sich der Vergleich stützt, und diese offenlegen;
4. eine leicht verständliche und eindeutige Sprache verwenden sowie barrierefrei zugänglich sein;

---

1) § 41c eingef. mWv 27.7.2021 durch G v. 16.7.2021 (BGBl. I S. 3026).

5. korrekte und aktuelle Informationen bereitstellen und den Zeitpunkt der letzten Aktualisierung angeben;
6. allen Energielieferanten offenstehen und eine breite Palette an Angeboten umfassen, die den Gesamtmarkt abdeckt; falls die angebotenen Informationen keine vollständige Marktübersicht darstellen, ist eine eindeutige diesbezügliche Erklärung auszugeben, bevor die Ergebnisse angezeigt werden;
7. ein wirksames Verfahren für die Meldung falscher Informationen zu veröffentlichten Angeboten und weiteren Angaben und deren zügiger Korrektur vorsehen;
8. unentgeltlich Preise, Tarife und Vertragsbedingungen von den verschiedenen Angeboten verschiedener Stromlieferanten vergleichen, die Kunden zur Verfügung stehen;
9. den Schutz personenbezogener Daten gewährleisten.

(3) [1] Vergleichsinstrumente, die den Anforderungen nach Absatz 2 entsprechen, erhalten auf Antrag des Anbieters des Vergleichsinstruments von der Bundesnetzagentur ein Vertrauenszeichen. [2] Die Bundesnetzagentur überprüft die fortlaufende Erfüllung der Voraussetzungen und entzieht das Vertrauenszeichen bei gravierenden Verstößen, denen innerhalb einer angemessenen Frist nicht abgeholfen wird. [3] Die Bundesnetzagentur kann die Vergabe des Vertrauenszeichens nach Satz 1 und die Überprüfung und die Entziehung nach Satz 2 an einen geeigneten Dritten übertragen; dabei ist die Bundesnetzagentur berechtigt, den beliehenen Dritten im Weisungswege zur rechtmäßigen Aufgabenerfüllung anzuhalten. [4] Falls derartige Vergleichsinstrumente im Markt nicht angeboten werden oder ein Vertrauenszeichen hierfür nicht beantragt wurde, schreibt die Bundesnetzagentur die Leistung aus.

(4) Die Bundesnetzagentur kann Absatz 3 analog auch auf Vergleichsinstrumente anwenden, die den Vergleich von verschiedenen Energielieferanten und deren Angeboten in Bezug auf die Preise und die Vertragsbedingungen für die Lieferung von Erdgas an Haushaltskunden und Kleinstunternehmen betreffen, um sicherzustellen, dass Haushaltskunden und Kleinstunternehmen unentgeltlich Zugang zu mindestens einem solchen unabhängigen Vergleichsinstrument haben.

(5) [1] Dritte dürfen Informationen, die von Energielieferanten veröffentlicht werden, zur Bereitstellung unabhängiger Vergleichsinstrumente nutzen. [2] Energielieferanten müssen eine kostenlose Nutzung unmittelbar angebotsrelevanter Informationen in offenen Datenformaten ermöglichen.

§ 41d[1)] Erbringung von Dienstleistungen außerhalb bestehender Liefer- oder Bezugsverträge; Festlegungskompetenz. (1) [1] Großhändler und Lieferanten von Elektrizität sowie betroffene Bilanzkreisverantwortliche haben es Betreibern einer Erzeugungsanlage und Letztverbrauchern, sofern deren Stromeinspeisung und Stromentnahme jeweils durch eine Zählerstandsgangmessung im Sinne des § 2 Satz 2 Nummer 27 des Messstellenbetriebsgesetzes oder durch eine viertelstündige registrierende Leistungsmessung gemessen wird, auf Verlangen gegen angemessenes Entgelt zu ermöglichen, Dienstleistungen hinsichtlich von Mehr- oder Mindererzeugung sowie von Mehr- oder Minderverbrauch elektrischer Arbeit unabhängig von einem bestehenden Liefer- oder Bezugsvertrag gegenüber Dritten und über einen anderen Bilanzkreis zu erbringen. [2] Ein Entgelt ist angemessen, wenn es den Großhändler und Lieferanten von Elektrizität und

1) § 41d eingef. mWv 27.7.2021 durch G v. 16.7.2021 (BGBl. I S. 3026).

den Bilanzkreisverantwortlichen, dessen Bilanzkreis die Einspeise- oder Entnahmestelle des Betreibers einer Erzeugungsanlage oder des Letztverbrauchers zugeordnet ist, wirtschaftlich so stellt, wie sie ohne die Erbringung der Dienstleistungen durch Betreiber einer Erzeugungsanlage oder den Letztverbraucher stünden.

(2) [1] Ein vertraglicher Ausschluss der Rechte nach Absatz 1 Satz 1 ist unwirksam. [2] Wird von den Rechten nach Absatz 1 Satz 1 im Rahmen eines Vertragsverhältnisses erstmalig Gebrauch gemacht, ist ein Großhändler oder Lieferant von Elektrizität berechtigt, den Liefer- oder Bezugsvertrag außerordentlich mit einer Frist von drei Kalendermonaten zum Monatsende zu kündigen. [3] Das außerordentliche Kündigungsrecht nach Satz 2 ist ausgeschlossen, sofern eine Belieferung von Haushaltskunden erfolgt.

(3) Die Bundesnetzagentur ist berechtigt, durch Festlegung nach § 29 Absatz 1 die in den Absätzen 1 und 2 geregelten Rechte und Pflichten, auch in Bezug auf die Einbeziehung eines Aggregators, näher zu konkretisieren, insbesondere

1. zum Austausch erforderlicher Informationen,
2. zur Bilanzierung der Energiemengen, wobei sie insbesondere festlegen kann, dass durch Dienstleistungen im Sinne von Absatz 1 Satz 1 verursachte Bilanzkreisabweichungen bilanziell auszugleichen sind,
3. zu technischen und administrativen Anforderungen oder Verfahren und
4. zum angemessenen Entgelt nach Absatz 1 Satz 2, wobei sie insbesondere festlegen kann, dass ein Entgelt angemessen ist, wenn es auch einen administrativen Aufwand umfasst.

§ 41e[1)] Verträge zwischen Aggregatoren und Betreibern einer Erzeugungsanlage oder Letztverbrauchern. (1) [1] Verträge zwischen Aggregatoren und Betreibern einer Erzeugungsanlage oder Letztverbrauchern über Dienstleistungen hinsichtlich von Mehr- oder Mindererzeugung sowie von Mehr- oder Minderverbrauch elektrischer Arbeit nach § 41d Absatz 1 Satz 1 bedürfen der Textform. [2] Der Aggregator hat den Betreiber der Erzeugungsanlage oder Letztverbraucher vor Vertragsschluss umfassend über die Bedingungen zu informieren, die sich aus einem Vertragsschluss nach § 41d Absatz 1 ergeben.

(2) Letztverbraucher haben das Recht, von dem Aggregator auf Verlangen mindestens einmal in jedem Abrechnungszeitrum unentgeltlich alle sie betreffenden Laststeuerungsdaten oder Daten über die gelieferte und verkaufte Energie zu erhalten.

§ 42[2)] Stromkennzeichnung, Transparenz der Stromrechnungen, Verordnungsermächtigung. (1) Stromlieferanten sind verpflichtet, in oder als Anlage zu ihren Rechnungen an Letztverbraucher und in an diese gerichtetem

---

[1)] § 41e eingef. mWv 27.7.2021 durch G v. 16.7.2021 (BGBl. I S. 3026).

[2)] § 42 neu gef. mWv 4.8.2011 durch G v. 26.7.2011 (BGBl. I S. 1554); Abs. 8 Satz 2 geänd. mWv 28.12.2012 durch G v. 20.12.2012 (BGBl. I S. 2730); Abs. 5 Nr. 1 geänd. mWv 1.8.2014 durch G v. 21.7. 2014 (BGBl. I S. 1066); Abs. 1 Nr. 1, Abs. 5 Satz 1 Nr. 2 geänd., Satz 2 angef. mWv 1.1.2017 durch G v. 13.10.2016 (BGBl. I S. 2258); Abs. 1 Nr. 1, Abs. 5 Satz 2 geänd. mWv 25.7.2017 durch G v. 17.7.2017 (BGBl. I S. 2532); Abs. 1 Nr. 1, Abs. 3 Satz 1 geänd., Satz 2 eingef., bish. Satz 2 wird Satz 3, Abs. 7 Satz 2 neu gef., Abs. 8 geänd. mWv 27.7.2021 durch G v. 16.7.2021 (BGBl. I S. 3026); Abs. 1 einl. Satzteil, Nr. 1 und 2 geänd., Nr. 3 angef., Abs. 3 Sätze 1 und 2 (mangels Textübereinstimmung teilweise nicht ausführbar) geänd., Abs. 3a eingef., Abs. 5 Satz 1 einl. Satzteil, Nr. 2, Satz 2, Abs. 7 Satz 1 geänd., Sätze 3 und 4 eingef., bish. Sätze 3 und 4 werden Sätze 5 und 6, Abs. 8 Satz 1 geänd. mWv 1.1.2023 durch G v. 20.7. 2022 (BGBl. I S. 1237).

Werbematerial sowie auf ihrer Website für den Verkauf von Elektrizität anzugeben:

1. den Anteil der einzelnen Energieträger (Kernkraft, Kohle, Erdgas und sonstige fossile Energieträger, Mieterstrom, gefördert nach dem EEG[1]), erneuerbare Energien mit Herkunftsnachweis, nicht gefördert nach dem EEG) an dem Gesamtenergieträgermix, den der Lieferant im Land des Liefervertrags im letzten oder vorletzten Jahr verwendet hat; spätestens ab 1. November eines Jahres sind jeweils die Werte des vorangegangenen Kalenderjahres anzugeben;
2. Informationen über die Umweltauswirkungen zumindest in Bezug auf Kohlendioxidemissionen (CO_2-Emissionen) und radioaktiven Abfall, die auf den in Nummer 1 genannten Gesamtenergieträgermix zur Stromerzeugung zurückzuführen sind;
3. hinsichtlich der erneuerbaren Energien mit Herkunftsnachweis, nicht gefördert nach dem EEG, die Information, in welchen Staaten die den entwerteten Herkunftsnachweisen zugrunde liegende Strommenge erzeugt worden ist und deren Anteil an der Liefermenge erneuerbarer Energien mit Herkunftsnachweis.

(2) Die Informationen zu Energieträgermix und Umweltauswirkungen sind mit den entsprechenden Durchschnittswerten der Stromerzeugung in Deutschland zu ergänzen und verbraucherfreundlich und in angemessener Größe in grafisch visualisierter Form darzustellen.

(3) [1] Sofern ein Stromlieferant im Rahmen des Verkaufs an Letztverbraucher eine Produktdifferenzierung mit unterschiedlichem Energieträgermix vornimmt, gelten für diese Produkte sowie für den verbleibenden Energieträgermix die Absätze 1 und 2 entsprechend mit der Maßgabe, dass zusätzlich zu den Energieträgern nach Absatz 1 Nummer 1 der Anteil der erneuerbaren Energien, gefördert nach dem EEG, als Energieträger anzugeben ist. [2] Stromlieferanten, die keine Produktdifferenzierung mit unterschiedlichen Energieträgermixen vornehmen, weisen den Gesamtenergieträgermix unter Einbeziehung des Anteils der *„erneuerbaren Energien, finanziert aus der EEG-Umlage"*[2] als „Unternehmensverkaufsmix" aus. [3] Die Verpflichtungen nach den Absätzen 1 und 2 bleiben davon unberührt.

(3a) Die Anteile der nach Absatz 3 anzugebenden Energieträger mit Ausnahme des Anteils für Strom aus erneuerbaren Energien, gefördert nach dem EEG, sind entsprechend anteilig für den jeweiligen Letztverbraucher um den Anteil des Stroms aus erneuerbaren Energien, gefördert nach dem EEG, an der Stromerzeugung in Deutschland zu reduzieren.

(4) [1] Bei Strommengen, die nicht eindeutig erzeugungsseitig einem der in Absatz 1 Nummer 1 genannten Energieträger zugeordnet werden können, ist der ENTSO-E-Energieträgermix für Deutschland unter Abzug der nach Absatz 5 Nummer 1 und 2 auszuweisenden Anteile an Strom aus erneuerbaren Energien zu Grunde zu legen. [2] Soweit mit angemessenem Aufwand möglich, ist der ENTSO-E-Mix vor seiner Anwendung so weit zu bereinigen, dass auch sonstige Doppelzählungen von Strommengen vermieden werden. [3] Zudem ist die Zusammensetzung des nach Satz 1 und 2 berechneten Energieträgermixes aufgeschlüsselt nach den in Absatz 1 Nummer 1 genannten Kategorien zu benennen.

---

[1] **Sartorius ErgBd. Nr. 833.**

[2] Nach der Änd. durch G v. 20.7.2022 (BGBl. I S. 1237) jetzt wohl richtig: „erneuerbaren Energien, gefördert nach dem EEG".

(5) [1] Eine Verwendung von Strom aus erneuerbaren Energien zum Zweck der Stromkennzeichnung nach Absatz 1 Nummer 1 und Absatz 3 liegt nur vor, wenn der Stromlieferant

1. Herkunftsnachweise für Strom aus erneuerbaren Energien verwendet, die durch die zuständige Behörde nach § 79 Absatz 4 des Erneuerbare-Energien-Gesetzes entwertet wurden,
2. Strom, der nach dem EEG gefördert wird, unter Beachtung der Vorschriften des Erneuerbare-Energien-Gesetzes ausweist oder
3. Strom aus erneuerbaren Energien als Anteil des nach Absatz 4 berechneten Energieträgermixes nach Maßgabe des Absatz 4 ausweist.

[2] Stromlieferanten sind berechtigt, für den Anteil von Strom aus erneuerbaren Energien, gefördert nach dem EEG, unter Beachtung der Vorschriften des Erneuerbare-Energien-Gesetzes in der Stromkennzeichnung auszuweisen, in welchem Umfang dieser Stromanteil in regionalem Zusammenhang zum Stromverbrauch erzeugt worden ist, wenn Regionalnachweise durch die zuständige Behörde nach § 79a Absatz 4 des Erneuerbare-Energien-Gesetzes entwertet wurden.

(6) Erzeuger und Vorlieferanten von Strom haben im Rahmen ihrer Lieferbeziehungen den nach Absatz 1 Verpflichteten auf Anforderung die Daten so zur Verfügung zu stellen, dass diese ihren Informationspflichten genügen können.

(7) [1] Stromlieferanten sind verpflichtet, einmal jährlich zur Überprüfung der Richtigkeit der Stromkennzeichnung die nach den Absätzen 1 bis 4 gegenüber den Letztverbrauchern anzugebenden Daten sowie die der Stromkennzeichnung zugrunde liegenden Strommengen der Bundesnetzagentur zu melden. [2] Die Bundesnetzagentur übermittelt die Daten zum Zwecke der Überprüfung des Anteils an erneuerbaren Energien einschließlich unternehmensbezogener Daten und Betriebs- und Geschäftsgeheimnissen an das Umweltbundesamt. [3] Das Umweltbundesamt ist befugt, die Richtigkeit der Stromkennzeichnung zu überprüfen, soweit diese die Ausweisung von Strom aus erneuerbaren Energien betrifft. [4] Im Fall einer Unrichtigkeit dieses Teils der Stromkennzeichnung kann das Umweltbundesamt gegenüber dem betreffenden Stromlieferanten die erforderlichen Maßnahmen zur Sicherstellung der Richtigkeit der Stromkennzeichnung anordnen. [5] Die Bundesnetzagentur kann Vorgaben zum Format, Umfang und Meldezeitpunkt machen. [6] Stellt sie Formularvorlagen bereit, sind die Daten in dieser Form elektronisch zu übermitteln.

(8) [1] Das Bundesministerium für Wirtschaft und Klimaschutz wird ermächtigt, im Einvernehmen mit dem Bundesministerium für Umwelt, Naturschutz, nukleare Sicherheit und Verbraucherschutz durch Rechtsverordnung, die nicht der Zustimmung des Bundesrates bedarf, Vorgaben zur Darstellung der Informationen nach den Absätzen 1 bis 4, insbesondere für eine bundesweit vergleichbare Darstellung, und zur Bestimmung des Energieträgermixes für Strom, der nicht eindeutig erzeugungsseitig zugeordnet werden kann, abweichend von Absatz 4 sowie die Methoden zur Erhebung und Weitergabe von Daten zur Bereitstellung der Informationen nach den Absätzen 1 bis 4 festzulegen. [2] Solange eine Rechtsverordnung nicht erlassen wurde, ist die Bundesnetzagentur berechtigt, die Vorgaben nach Satz 1 durch Festlegung nach § 29 Absatz 1 zu bestimmen.

§ 42a[1] Mieterstromverträge. (1) Für die Belieferung von Letztverbrauchern mit Mieterstrom im Sinn von § 21 Absatz 3 des Erneuerbare-Energien-Gesetzes[2] sind vorbehaltlich der Absätze 2 bis 4 die Vorschriften dieses Gesetzes anzuwenden.

(2) [1] Ein Vertrag über die Belieferung von Letztverbrauchern mit Mieterstrom (Mieterstromvertrag) darf nicht Bestandteil eines Vertrags über die Miete von Wohnräumen sein. [2] Bei einem Verstoß gegen dieses Verbot ist der Mieterstromvertrag nichtig. [3] Die §§ 814 und 817 Satz 2 des Bürgerlichen Gesetzbuchs[3] sind nicht anzuwenden. [4] Sofern der Mieter dem Vermieter Wertersatz für den gelieferten Strom zu leisten hat, beträgt der Wert höchstens 75 Prozent des in dem jeweiligen Netzgebiet geltenden Grundversorgungstarifs, auf Basis des Grund- und Arbeitspreises, und nicht mehr als der im Mieterstromvertrag vereinbarte Preis. [5] Satz 1 gilt nicht

1. für Mietverhältnisse nach § 549 Absatz 2 Nummer 1 und 2 des Bürgerlichen Gesetzbuchs in der am 1. Juni 2015 gültigen Fassung,
2. für Mietverhältnisse, auf die die Ausnahmen des § 11 Absatz 1 Nummer 2 der Heizkostenverordnung[4] in der Fassung der Bekanntmachung vom 5. Oktober 2009 (BGBl. I S. 3250) Anwendung finden.

[6] Der Mieterstromvertrag muss die umfassende Versorgung des Letztverbrauchers mit Strom auch für die Zeiten vorsehen, in denen kein Mieterstrom geliefert werden kann. [7] Bei einer Beendigung des Vertrags über die Miete von Wohnräumen endet der Mieterstromvertrag, ohne dass es einer ausdrücklichen Kündigung bedarf, mit der Rückgabe der Wohnung.

(3) [1] Bei einem Mieterstromvertrag ist eine die andere Vertragspartei länger als ein Jahr bindende Laufzeit des Vertrags unwirksam. [2] Die stillschweigende Verlängerung des Vertragsverhältnisses um mehr als ein Jahr oder eine längere Kündigungsfrist als drei Monate vor Ablauf der zunächst vorgesehenen oder stillschweigend verlängerten Vertragsdauer sind unwirksam. [3] Eine Bestimmung, durch die das Kündigungsrecht während der Dauer des Mietverhältnisses ausgeschlossen oder beschränkt wird, ist unwirksam.

(4) [1] Der für den Mieterstrom und den zusätzlichen Strombezug nach Absatz 2 Satz 6 zu zahlende Preis darf 90 Prozent des in dem jeweiligen Netzgebiet geltenden Grundversorgungstarifs, auf Basis des Grund- und Arbeitspreises, nicht übersteigen. [2] Wird der Höchstpreis nach Satz 1 überschritten, erfolgt eine Herabsetzung auf den Preis, der diesem Höchstpreis entspricht.

(5) [1] Im Fall der Belieferung von Letztverbrauchern mit Mieterstrom nach § 21 Absatz 3 des Erneuerbare-Energien-Gesetzes ist § 42 Absatz 3a nur für den Teil des gelieferten Stroms anzuwenden, der nicht über den Mieterstromzuschlag nach § 21 Absatz 3 des Erneuerbare-Energien-Gesetzes gefördert wird. [2] Der in einem Kalenderjahr gelieferte und mit dem Mieterstromzuschlag nach § 21 Absatz 3 des Erneuerbare-Energien-Gesetzes geförderte Strom ist zu Zwecken der Stromkennzeichnung auf die jeweiligen Letztverbraucher nach dem Verhältnis ihrer Jahresstromverbräuche zu verteilen und den Letztverbrauchern entsprechend auszuwei-

---

[1] § 42a eingef. mWv 25.7.2017 durch G v. 17.7.2017 (BGBl. I S. 2532); Abs. 5 angef. mWv 1.1.2023 durch G v. 20.7.2022 (BGBl. I S. 1237).

[2] **Sartorius ErgBd. Nr. 833.**

[3] **Habersack Nr. 20.**

[4] **Sartorius ErgBd. Nr. 832b.**

sen. [3]Der Strom nach Satz 2 ist als Mieterstrom, gefördert nach dem EEG, zu kennzeichnen.

Teil 5. Planfeststellung, Wegenutzung

§ 43[1)] Erfordernis der Planfeststellung. (1) [1]Die Errichtung und der Betrieb sowie die Änderung von folgenden Anlagen bedürfen der Planfeststellung durch die nach Landesrecht zuständige Behörde:

1. Hochspannungsfreileitungen, ausgenommen Bahnstromfernleitungen, mit einer Nennspannung von 110 Kilovolt oder mehr,
2. Hochspannungsleitungen, die zur Netzanbindung von Windenergieanlagen auf See im Sinne des § 3 Nummer 49 des Erneuerbare-Energien-Gesetzes[2)] im Küstenmeer als Seekabel und landeinwärts als Freileitung oder Erdkabel bis zu dem technisch und wirtschaftlich günstigsten Verknüpfungspunkt des nächsten Übertragungs- oder Verteilernetzes verlegt werden sollen, mit Ausnahme von Nebeneinrichtungen zu Offshore-Anbindungsleitungen,
3. grenzüberschreitende Gleichstrom Hochspannungsleitungen, die nicht unter Nummer 2 fallen und die im Küstenmeer als Seekabel verlegt werden sollen, sowie deren Fortführung landeinwärts als Freileitung oder Erdkabel bis zu dem technisch und wirtschaftlich günstigsten Verknüpfungspunkt des nächsten Übertragungs- oder Verteilernetzes,
4. Hochspannungsleitungen nach § 2 Absatz 5 und 6 des Bundesbedarfsplangesetzes[3)],
5. Gasversorgungsleitungen mit einem Durchmesser von mehr als 300 Millimetern und
6. Anbindungsleitungen von LNG-Anlagen an das Fernleitungsnetz mit einem Durchmesser von mehr als 300 Millimetern.

[2]Leitungen nach § 2 Absatz 1 des Netzausbaubeschleunigungsgesetzes Übertragungsnetz[4)] bleiben unberührt.

(2) [1]Auf Antrag des Trägers des Vorhabens können durch Planfeststellung durch die nach Landesrecht zuständige Behörde zugelassen werden:

1. die für den Betrieb von Energieleitungen notwendigen Anlagen, insbesondere Konverterstationen, Phasenschieber, Verdichterstationen, Umspannanlagen und Netzverknüpfungspunkte, die auch in das Planfeststellungsverfahren für die Energieleitung integriert werden können, einschließlich Nebeneinrichtungen zu Offshore-Anbindungsleitungen; dabei ist eine nachträgliche Integration in die Entscheidung zur Planfeststellung durch Planergänzungsverfahren möglich, solange die Entscheidung zur Planfeststellung gilt,
2. die Errichtung und der Betrieb sowie die Änderung eines Erdkabels für Hochspannungsleitungen mit einer Nennspannung von 110 Kilovolt im Küstenbereich von Nord- und Ostsee, die in einem 20 Kilometer breiten Korridor, der längs der Küstenlinie landeinwärts verläuft, verlegt werden sollen; Küstenlinie ist die in der Seegrenzkarte Nummer 2920 „Deutsche Nordseeküste und angren-

---

1) § 43 neu gef. mWv 17.5.2019 durch G v. 13.5.2019 (BGBl. I S. 706); Abs. 1 Satz 1 Nr. 2, Abs. 2 Satz 1 Nr. 1 geänd. mWv 1.1.2023 durch G v. 20.7.2022 (BGBl. I S. 1325); Abs. 2 Satz 1 Nr. 1 geänd. mWv 13.10.2022 durch G v. 8.10.2022 (BGBl. I S. 1726).

2) **Sartorius ErgBd. Nr. 833.**

3) **Sartorius III Nr. 512.**

4) **Sartorius III Nr. 511.**

zende Gewässer“, Ausgabe 1994, XII, und in der Seegrenzkarte Nummer 2921 „Deutsche Ostseeküste und angrenzende Gewässer“, Ausgabe 1994, XII, des Bundesamtes für Seeschifffahrt und Hydrographie jeweils im Maßstab 1 : 375 000 dargestellte Küstenlinie,[1)]

3. die Errichtung und der Betrieb sowie die Änderung eines Erdkabels mit einer Nennspannung von 110 Kilovolt oder mehr zur Anbindung von Kraftwerken oder Pumpspeicherkraftwerken an das Elektrizitätsversorgungsnetz,
4. die Errichtung und der Betrieb sowie die Änderung eines sonstigen Erdkabels für Hochspannungsleitungen mit einer Nennspannung von 110 Kilovolt oder weniger, ausgenommen Bahnstromfernleitungen,
5. die Errichtung und der Betrieb sowie die Änderung einer Freileitung mit einer Nennspannung von unter 110 Kilovolt oder einer Bahnstromfernleitung, sofern diese Leitungen mit einer Leitung nach Absatz 1 Satz 1 Nummer 1, 2 oder 3 auf einem Mehrfachgestänge geführt werden und in das Planfeststellungsverfahren für diese Leitung integriert werden; Gleiches gilt für Erdkabel mit einer Nennspannung von unter 110 Kilovolt, sofern diese im räumlichen und zeitlichen Zusammenhang mit der Baumaßnahme eines Erdkabels nach Absatz 1 Satz 1 Nummer 2 bis 4 oder nach den Nummern 2 bis 4 mit verlegt werden,
6. Leerrohre, die im räumlichen und zeitlichen Zusammenhang mit der Baumaßnahme eines Erdkabels nach Absatz 1 Satz 1 Nummer 2 bis 4 oder nach den Nummern 2 bis 4 mit verlegt werden,
7. die Errichtung und der Betrieb sowie die Änderung von Energiekopplungsanlagen und
8. die Errichtung und der Betrieb sowie die Änderung von Großspeicheranlagen mit einer Nennleistung ab 50 Megawatt, soweit sie nicht § 126 des Bundesberggesetzes[2)] unterfallen.

[2]Satz 1 ist für Erdkabel auch bei Abschnittsbildung anzuwenden, wenn die Erdverkabelung in unmittelbarem Zusammenhang mit dem beantragten Abschnitt einer Freileitung steht.

(3) Bei der Planfeststellung sind die von dem Vorhaben berührten öffentlichen und privaten Belange im Rahmen der Abwägung zu berücksichtigen.

(4) Für das Planfeststellungsverfahren sind die §§ 72 bis 78 des Verwaltungsverfahrensgesetzes[3)] nach Maßgabe dieses Gesetzes anzuwenden.

(5) Die Maßgaben sind entsprechend anzuwenden, soweit das Verfahren landesrechtlich durch ein Verwaltungsverfahrensgesetz geregelt ist.

§ 43a[4) 5)] Anhörungsverfahren. Für das Anhörungsverfahren gilt § 73 des Verwaltungsverfahrensgesetzes[3)] mit folgenden Maßgaben:

[1)] **Amtlicher Hinweis:** Zu beziehen beim Bundesamt für Seeschifffahrt und Hydrographie, Bernhard-Nocht-Straße 78, 20359 Hamburg und in der Deutschen Nationalbibliothek archivmäßig gesichert niedergelegt.

[2)] **Sartorius III Nr. 460.**

[3)] Nr. **100**.

[4)] § 43a eingef. mWv 17.12.2006 durch G v. 9.12.2006 (BGBl. I S. 2833); Nr. 2 geänd. mWv 1.3.2010 durch G v. 29.7.2009 (BGBl. I S. 2542); Nr. 5 geänd. mWv 5.8.2011 durch G v. 28.7.2011 (BGBl. I S. 1690); Nr. 1 neu gef., Nr. 2–4 aufgeh., bish. Nr. 5 und 6 werden Nr. 2 und 3 und neu gef., Nr. 7 aufgeh. mWv 1.6.2015 durch G v. 31.5.2013 (BGBl. I S. 1388, geänd. durch G v. 24.5.2014, BGBl. I S. 538); Nr. 3 geänd. mWv 2.6.2017 durch G v. 29.5.2017 (BGBl. I S. 1298); Nr. 3 geänd. mWv 29.7. 2017 durch G v. 20.7.2017 (BGBl. I S. 2808, ber. 2018 S. 472); Nr. 2 eingef., bish. Nr. 2 und 3 werden →

1. Der Plan ist gemäß § 73 Absatz 2 des Verwaltungsverfahrensgesetzes innerhalb von zwei Wochen nach Zugang auszulegen.
2. Die Einwendungen und Stellungnahmen sind dem Vorhabenträger und den von ihm Beauftragten zur Verfügung zu stellen, um eine Erwiderung zu ermöglichen; datenschutzrechtliche Bestimmungen sind zu beachten; auf Verlangen des Einwenders sollen dessen Name und Anschrift unkenntlich gemacht werden, wenn diese zur ordnungsgemäßen Durchführung des Verfahrens nicht erforderlich sind; auf diese Möglichkeit ist in der öffentlichen Bekanntmachung hinzuweisen.
3. [1] Die Anhörungsbehörde kann auf eine Erörterung im Sinne des § 73 Absatz 6 des Verwaltungsverfahrensgesetzes und des § 18 Absatz 1 Satz 4 des Gesetzes über die Umweltverträglichkeitsprüfung[1)] verzichten. [2] Ein Erörterungstermin findet nicht statt, wenn
   a) Einwendungen gegen das Vorhaben nicht oder nicht rechtzeitig erhoben worden sind,
   b) die rechtzeitig erhobenen Einwendungen zurückgenommen worden sind,
   c) ausschließlich Einwendungen erhoben worden sind, die auf privatrechtlichen Titeln beruhen, oder
   d) alle Einwender auf einen Erörterungstermin verzichten.

   [3] Findet keine Erörterung statt, so hat die Anhörungsbehörde ihre Stellungnahme innerhalb von sechs Wochen nach Ablauf der Einwendungsfrist abzugeben und sie der Planfeststellungsbehörde zusammen mit den sonstigen in § 73 Absatz 9 des Verwaltungsverfahrensgesetzes aufgeführten Unterlagen zuzuleiten.
4. Soll ein ausgelegter Plan geändert werden, so kann im Regelfall von der Erörterung im Sinne des § 73 Absatz 6 des Verwaltungsverfahrensgesetzes und des § 18 Absatz 1 Satz 4 des Gesetzes über die Umweltverträglichkeitsprüfung abgesehen werden.

§ 43b[2)] Planfeststellungsbeschluss, Plangenehmigung. (1) Für Planfeststellungsbeschluss und Plangenehmigung gelten die §§ 73 und 74 des Verwaltungsverfahrensgesetzes[3)] mit folgenden Maßgaben:
1. Bei Planfeststellungen für Vorhaben im Sinne des § 43 Absatz 1 Satz 1 wird
   a) für ein bis zum 31. Dezember 2010 beantragtes Vorhaben für die Errichtung und den Betrieb sowie die Änderung von Hochspannungsfreileitungen oder Gasversorgungsleitungen, das der im Hinblick auf die Gewährleistung der

(Fortsetzung der Anm. von voriger Seite)
Nr. 3 und 4 mWv 17.5.2019 durch G v. 13.5.2019 (BGBl. I S. 706); Nr. 3 neu gef. mWv 13.10.2022 durch G v. 8.10.2022 (BGBl. I S. 1726).

[5)] Beachte zur Anwendung von § 43a hinsichtlich der Zulassung einer Anlage nach § 2 LNGG v. 24.5.2022 (BGBl. I S. 802), geänd. durch G v. 8.10.2022 (BGBl. I S. 1726) die Maßgaben gem. § 8 LNGG v. 24.5.2022 (BGBl. I S. 802), geänd. durch G v. 8.10.2022 (BGBl. I S. 1726) iVm § 13 LNGG v. 24.5.2022 (BGBl. I S. 802), geänd. durch G v. 8.10.2022 (BGBl. I S. 1726).

[1)] Nr. **295**.

[2)] § 43b eingef. mWv 17.12.2006 durch G v. 9.12.2006 (BGBl. I S. 2833); Nr. 1 Satz 1 neu gef. mWv 26.8.2009 durch G v. 21.8.2009 (BGBl. I S. 2870); einl. Satzteil, Nr. 1 Satz 1 abschl. Satzteil geänd., Sätze 2–5 aufgeh., Nr. 2 und 3 aufgeh., bish. Nr. 4 wird Nr. 2, Nr. 5 aufgeh. mWv 1.6.2015 durch G v. 31.5.2013 (BGBl. I S. 1388, geänd. durch G v. 24.5.2014, BGBl. I S. 538); Nr. 1 abschl. Satzteil geänd. mWv 29.7.2017 durch G v. 20.7.2017 (BGBl. I S. 2808); Nr. 1 einl. Satzteil geänd. mWv 17.5.2019 durch G v. 13.5.2019 (BGBl. I S. 706); Abs. 2 angef. mWv 13.10.2022 durch G v. 8.10.2022 (BGBl. I S. 1726).

[3)] Nr. **100**.

Versorgungssicherheit dringlichen Verhinderung oder Beseitigung längerfristiger Übertragungs-, Transport- oder Verteilungsengpässe dient,

b) für ein Vorhaben, das in der Anlage zum Energieleitungsausbaugesetz[1] vom 21. August 2009 (BGBl. I S. 2870) in der jeweils geltenden Fassung aufgeführt ist,

die Öffentlichkeit einschließlich der Vereinigungen im Sinne von § 73 Absatz 4 Satz 5 des Verwaltungsverfahrensgesetzes ausschließlich entsprechend § 18 Absatz 2 des Gesetzes über die Umweltverträglichkeitsprüfung[2] mit der Maßgabe einbezogen, dass die Gelegenheit zur Äußerung einschließlich Einwendungen und Stellungnahmen innerhalb eines Monats nach der Einreichung des vollständigen Plans für eine Frist von sechs Wochen zu gewähren ist.

2. Verfahren zur Planfeststellung oder Plangenehmigung bei Vorhaben, deren Auswirkungen über das Gebiet eines Landes hinausgehen, sind zwischen den zuständigen Behörden der beteiligten Länder abzustimmen.

(2) ¹Die nach Landesrecht zuständige Behörde soll einen Planfeststellungsbeschluss in den Fällen des § 43 Absatz 1 Satz 1 Nummer 2 und 4 für Offshore-Anbindungsleitungen nach Eingang der Unterlagen innerhalb von zwölf Monaten fassen. ²Die nach Landesrecht zuständige Behörde kann die Frist um drei Monate verlängern, wenn dies wegen der Schwierigkeit der Prüfung oder aus Gründen, die dem Antragsteller zuzurechnen sind, erforderlich ist. ³Die Fristverlängerung soll gegenüber dem Antragsteller begründet werden.

§ 43c[3] Rechtswirkungen der Planfeststellung und Plangenehmigung.

Für die Rechtswirkungen der Planfeststellung und Plangenehmigung gilt § 75 des Verwaltungsverfahrensgesetzes[4] mit folgenden Maßgaben:

1. Wird mit der Durchführung des Plans nicht innerhalb von zehn Jahren nach Eintritt der Unanfechtbarkeit begonnen, so tritt er außer Kraft, es sei denn, er wird vorher auf Antrag des Trägers des Vorhabens von der Planfeststellungsbehörde um höchstens fünf Jahre verlängert.
2. Vor der Entscheidung nach Nummer 1 ist eine auf den Antrag begrenzte Anhörung nach den für die Planfeststellung oder für die Plangenehmigung vorgeschriebenen Verfahren durchzuführen.
3. Für die Zustellung und Auslegung sowie die Anfechtung der Entscheidung über die Verlängerung sind die Bestimmungen über den Planfeststellungsbeschluss entsprechend anzuwenden.

§ 43d[5] Planänderung vor Fertigstellung des Vorhabens. ¹Für die Planergänzung und das ergänzende Verfahren im Sinne des § 75 Abs. 1a Satz 2 des Verwaltungsverfahrensgesetzes[4] und für die Planänderung vor Fertigstellung des Vorhabens gilt § 76 des Verwaltungsverfahrensgesetzes mit der Maßgabe, dass im Falle des § 76 Abs. 1 des Verwaltungsverfahrensgesetzes von einer Erörterung im Sinne des § 73 Abs. 6 des Verwaltungsverfahrensgesetzes und des § 18 Absatz 1

---

[1] **Sartorius III Nr. 510.**

[2] Nr. **295**.

[3] § 43c eingef. mWv 17.12.2006 durch G v. 9.12.2006 (BGBl. I S. 2833); Nr. 4 aufgeh. mWv 1.6.2015 durch G v. 31.5.2013 (BGBl. I S. 1388, geänd. durch G v. 24.5.2014, BGBl. I S. 538).

[4] Nr. **100**.

[5] § 43d eingef. mWv 17.12.2006 durch G v. 9.12.2006 (BGBl. I S. 2833); Satz 1 geänd. mWv 2.6.2017 durch G v. 29.5.2017 (BGBl. I S. 1298); Satz 1 geänd. mWv 29.7.2017 durch G v. 20.7.2017 (BGBl. I S. 2808, ber. 2018 S. 472).

Satz 4 des Gesetzes über die Umweltverträglichkeitsprüfung[1)] abgesehen werden kann. [2] Im Übrigen gelten für das neue Verfahren die Vorschriften dieses Gesetzes.

§ 43e[2)] Rechtsbehelfe. (1) [1] Die Anfechtungsklage gegen einen Planfeststellungsbeschluss oder eine Plangenehmigung hat keine aufschiebende Wirkung. [2] Der Antrag auf Anordnung der aufschiebenden Wirkung der Anfechtungsklage gegen einen Planfeststellungsbeschluss oder eine Plangenehmigung nach § 80 Abs. 5 Satz 1 der Verwaltungsgerichtsordnung[3)] kann nur innerhalb eines Monats nach der Zustellung des Planfeststellungsbeschlusses oder der Plangenehmigung gestellt und begründet werden. [3] Darauf ist in der Rechtsbehelfsbelehrung hinzuweisen. [4] § 58 der Verwaltungsgerichtsordnung gilt entsprechend.

(2) [1] Treten später Tatsachen ein, die die Anordnung der aufschiebenden Wirkung rechtfertigen, so kann der durch den Planfeststellungsbeschluss oder die Plangenehmigung Beschwerte einen hierauf gestützten Antrag nach § 80 Abs. 5 Satz 1 der Verwaltungsgerichtsordnung innerhalb einer Frist von einem Monat stellen und begründen. [2] Die Frist beginnt mit dem Zeitpunkt, in dem der Beschwerte von den Tatsachen Kenntnis erlangt.

(3) [1] Der Kläger hat innerhalb einer Frist von sechs Wochen die zur Begründung seiner Klage dienenden Tatsachen und Beweismittel anzugeben. [2] § 87b Abs. 3 der Verwaltungsgerichtsordnung gilt entsprechend.

(4) [1] Für Energieleitungen, die nach § 43 Absatz 1 Satz 1 Nummer 2 planfestgestellt werden, sowie für Anlagen, die für den Betrieb dieser Energieleitungen notwendig sind und die nach § 43 Absatz 2 Satz 1 Nummer 1 planfestgestellt werden, ist § 50 Absatz 1 Nummer 6 der Verwaltungsgerichtsordnung anzuwenden. [2] § 50 Absatz 1 Nummer 6 der Verwaltungsgerichtsordnung ist auch anzuwenden für auf diese Energieleitungen und auf für deren Betrieb notwendige Anlagen bezogene Zulassungen des vorzeitigen Baubeginns und Anzeigeverfahren sowie für Genehmigungen nach dem Bundes-Immissionsschutzgesetz[4)] für Anlagen, die für den Betrieb dieser Energieleitungen notwendig sind.

§ 43f[5)] Änderungen im Anzeigeverfahren. (1) [1] Unwesentliche Änderungen oder Erweiterungen können anstelle des Planfeststellungsverfahrens durch ein Anzeigeverfahren zugelassen werden. [2] Eine Änderung oder Erweiterung ist nur dann unwesentlich, wenn

1. nach dem Gesetz über die Umweltverträglichkeitsprüfung[1)] oder nach Absatz 2 hierfür keine Umweltverträglichkeitsprüfung durchzuführen ist,
2. andere öffentliche Belange nicht berührt sind oder die erforderlichen behördlichen Entscheidungen vorliegen und sie dem Plan nicht entgegenstehen und
3. Rechte anderer nicht beeinträchtigt werden oder mit den vom Plan Betroffenen entsprechende Vereinbarungen getroffen werden.

[1)] Nr. **295**.

[2)] § 43e eingef. mWv 17.12.2006 durch G v. 9.12.2006 (BGBl. I S. 2833); Abs. 1 Satz 1 geänd., Abs. 4 aufgeh. mWv 1.6.2015 durch G v. 31.5.2013 (BGBl. I S. 1388, geänd. durch G v. 24.5.2014, BGBl. I S. 538); Abs. 4 angef. mWv 10.12.2020 durch G v. 3.12.2020 (BGBl. I S. 2682).

[3)] Nr. **600**.

[4)] Nr. **296**.

[5)] § 43f neu gef. mWv 17.5.2019 durch G v. 13.5.2019 (BGBl. I S. 706); Abs. 2 Satz 2, Abs. 3 geänd. mWv 4.3.2021 durch G v. 25.2.2021 (BGBl. I S. 298); Abs. 2 Satz 3 eingef., bish. Sätze 3 und 4 werden Sätze 4 und 5, Abs. 3 Satz 2 angef. mWv 29.7.2022 durch G v. 19.7.2022 (BGBl. I S. 1214); Abs. 2 Satz 1 Nr. 1 neu gef., Nr. 2 und 3 geänd., Nr. 4 angef., Sätze 2–5, Abs. 4 Satz 5 und Abs. 5 geänd. mWv 13.10. 2022 durch G v. 8.10.2022 (BGBl. I S. 1726).

(2) [1]Abweichend von den Vorschriften des Gesetzes über die Umweltverträglichkeitsprüfung ist eine Umweltverträglichkeitsprüfung für die Änderung oder Erweiterung nicht durchzuführen bei

1. Änderungen oder Erweiterungen von Gasversorgungsleitungen zur Ermöglichung des Transports von Wasserstoff nach § 43l Absatz 4,
2. Umbeseilungen,
3. Zubeseilungen oder
4. standortnahen Maständerungen.

[2]Satz 1 Nummer 2 und 3 ist nur anzuwenden, wenn die nach Landesrecht zuständige Behörde feststellt, dass die Vorgaben der §§ 3, 3a und 4 der Verordnung über elektromagnetische Felder[1)] und die Vorgaben der Technischen Anleitung zum Schutz gegen Lärm vom 26. August 1998 (GMBl S. 503) in der jeweils geltenden Fassung eingehalten sind. [3]Einer Feststellung, dass die Vorgaben der Technischen Anleitung zum Schutz gegen Lärm vom 26. August 1998 (GMBl S. 503) in der jeweils geltenden Fassung eingehalten sind, bedarf es nicht bei Änderungen, welche nicht zu Änderungen der Beurteilungspegel im Sinne der Technischen Anleitung zum Schutz gegen Lärm in der jeweils geltenden Fassung führen. [4]Satz 1 Nummer 2 bis 4 ist ferner jeweils nur anzuwenden, sofern einzeln oder im Zusammenwirken mit anderen Vorhaben eine erhebliche Beeinträchtigung eines Natura 2000-Gebiets oder eines bedeutenden Brut- oder Rastgebiets geschützter Vogelarten nicht zu erwarten ist. [5]Satz 1 Nummer 2 bis 4 ist bei Höchstspannungsfreileitungen mit einer Nennspannung von 220 Kilovolt oder mehr ferner nur anzuwenden, wenn die Zubeseilung eine Länge von höchstens 15 Kilometern hat, oder die standortnahen Maständerungen oder die bei einer Umbeseilung erforderlichen Masterhöhungen räumlich zusammenhängend auf einer Länge von höchstens 15 Kilometern erfolgen.

(3) [1]Abweichend von Absatz 1 Satz 2 Nummer 2 kann eine Änderung oder Erweiterung auch dann im Anzeigeverfahren zugelassen werden, wenn die nach Landesrecht zuständige Behörde im Einvernehmen mit der zuständigen Immissionsschutzbehörde feststellt, dass die Vorgaben nach den §§ 3, 3a und 4 der Verordnung über elektromagnetische Felder und die Vorgaben der Technischen Anleitung zum Schutz gegen Lärm vom 26. August 1998 (GMBl S. 503) in der jeweils geltenden Fassung eingehalten sind, und wenn weitere öffentliche Belange nicht berührt sind oder die hierfür erforderlichen behördlichen Entscheidungen vorliegen und sie dem Plan nicht entgegenstehen. [2]Absatz 2 Satz 3 ist entsprechend anzuwenden.

(4) [1]Der Vorhabenträger zeigt gegenüber der nach Landesrecht zuständigen Behörde die von ihm geplante Maßnahme an. [2]Der Anzeige sind in ausreichender Weise Erläuterungen beizufügen, aus denen sich ergibt, dass die geplante Änderung oder Erweiterung den Voraussetzungen der Absätze 1 bis 3 genügt. [3]Insbesondere bedarf es einer Darstellung zu den zu erwartenden Umweltauswirkungen. [4]Die nach Landesrecht zuständige Behörde entscheidet innerhalb eines Monats, ob anstelle des Anzeigeverfahrens ein Plangenehmigungs- oder Planfeststellungsverfahren durchzuführen ist oder die Maßnahme von einem förmlichen Verfahren freigestellt ist. [5]Prüfgegenstand ist nur die jeweils angezeigte Änderung oder Erweiterung; im Falle des Absatzes 2 Satz 1 Nummer 1 bedarf es keiner Prüfung der dinglichen Rechte anderer; im Fall der standortnahen Maständerung bleibt es unabhängig von den Vorgaben der §§ 3, 3a und 4 der Verordnung über

[1)] **Sartorius ErgBd. Nr. 296/26.**

elektromagnetische Felder und den Vorgaben der Technischen Anleitung zum Schutz gegen Lärm vom 26. August 1998 (GMBl S. 503) in der jeweils geltenden Fassung beim Anzeigeverfahren. [6]Die Entscheidung ist dem Vorhabenträger bekannt zu machen.

(5) Für die Zwecke des § 43 und dieses Paragrafen sind die Begriffsbestimmungen des § 3 Nummer 1 des Netzausbaubeschleunigungsgesetzes Übertragungsnetz[1)] entsprechend anzuwenden.

§ 43g[2)] Projektmanager. (1) Die nach Landesrecht zuständige Behörde kann einen Dritten, der als Verwaltungshelfer beschäftigt werden kann, auf Vorschlag oder mit Zustimmung des Trägers des Vorhabens und auf dessen Kosten mit der Vorbereitung und Durchführung von Verfahrensschritten beauftragen wie

1. der Erstellung von Verfahrensleitplänen unter Bestimmung von Verfahrensabschnitten und Zwischenterminen,
2. der Fristenkontrolle,
3. der Koordinierung von erforderlichen Sachverständigengutachten,
4. dem Qualitätsmanagement der Anträge und Unterlagen der Vorhabenträger,
5. der Koordinierung der Enteignungs- und Entschädigungsverfahren nach den §§ 45 und 45a,
6. dem Entwurf eines Anhörungsberichtes,
7. der ersten Auswertung der eingereichten Stellungnahmen,
8. der organisatorischen Vorbereitung eines Erörterungstermins,
9. der Leitung des Erörterungstermins und
10. dem Entwurf von Entscheidungen.

(2) [1]Die nach Landesrecht zuständige Behörde soll im Falle einer Beauftragung des Projektmanagers mit diesem vereinbaren, dass die Zahlungspflicht unmittelbar zwischen Vorhabenträger und Projektmanager entsteht und eine Abrechnung zwischen diesen erfolgt; Voraussetzung ist, dass der Vorhabenträger einer solchen zugestimmt hat. [2]Der Projektmanager ist verpflichtet, die Abrechnungsunterlagen ebenfalls der zuständigen Behörde zu übermitteln. [3]Die zuständige Behörde prüft, ob die vom Projektmanager abgerechneten Leistungen dem jeweiligen Auftrag entsprechen, und teilt dem Vorhabenträger das Ergebnis dieser Prüfung unverzüglich mit.

(3) Die Entscheidung über den Planfeststellungsantrag liegt allein bei der zuständigen Behörde.

§ 43h[3)] Ausbau des Hochspannungsnetzes. [1]Hochspannungsleitungen auf neuen Trassen mit einer Nennspannung von 110 Kilovolt oder weniger sind als Erdkabel auszuführen, soweit die Gesamtkosten für Errichtung und Betrieb des Erdkabels die Gesamtkosten der technisch vergleichbaren Freileitung den Faktor 2,75 nicht überschreiten und naturschutzfachliche Belange nicht entgegenstehen; die für die Zulassung des Vorhabens zuständige Behörde kann auf Antrag des Vorhabenträgers die Errichtung als Freileitung zulassen, wenn öffentliche Interessen nicht entgegenstehen. [2]Soll der Neubau einer Hochspannungsleitung weit

---

[1)] **Sartorius III Nr. 511.**

[2)] § 43g neu gef. mWv 29.7.2022 durch G v. 19.7.2022 (BGBl. I S. 1214).

[3)] § 43h eingef. mWv 5.8.2011 durch G v. 28.7.2011 (BGBl. I S. 1690); Satz 2 angef. mWv 17.5.2019 durch G v. 13.5.2019 (BGBl. I S. 706).

überwiegend in oder unmittelbar neben einer Bestandstrasse durchgeführt werden, handelt es sich nicht um eine neue Trasse im Sinne des Satzes 1.

§ 43i[1)] Überwachung. (1) [1]Die für die Zulassung des Vorhabens zuständige Behörde hat durch geeignete Überwachungsmaßnahmen sicherzustellen, dass das Vorhaben im Einklang mit den umweltbezogenen Bestimmungen des Planfeststellungsbeschlusses oder der Plangenehmigung durchgeführt wird; dies gilt insbesondere für Bestimmungen zu umweltbezogenen Merkmalen des Vorhabens, dem Standort des Vorhabens, für Maßnahmen, mit denen erhebliche nachteilige Umweltauswirkungen ausgeschlossen, vermindert oder ausgeglichen werden sollen, für bodenschonende Maßnahmen sowie für Ersatzmaßnahmen bei Eingriffen in Natur und Landschaft. [2]Die Überwachung nach diesem Absatz kann dem Vorhabenträger aufgegeben werden. [3]Bereits bestehende Überwachungsmechanismen, Daten und Informationsquellen können für die Überwachungsmaßnahmen genutzt werden.

(2) Die für die Zulassung des Vorhabens zuständige Behörde kann die erforderlichen Maßnahmen treffen, um sicherzustellen, dass das Vorhaben im Einklang mit den umweltbezogenen Bestimmungen des Planfeststellungsbeschlusses oder der Plangenehmigung durchgeführt wird.

(3) § 28 des Gesetzes über die Umweltverträglichkeitsprüfung[2)] ist nicht anzuwenden.

§ 43j[3)] Leerrohre für Hochspannungsleitungen. [1]Bei Vorhaben im Sinne von § 43 Absatz 1 Satz 1 Nummer 2 bis 4 oder Absatz 2 Satz 1 Nummer 2 bis 4 können Leerrohre nach § 43 Absatz 2 Satz 1 Nummer 6 in ein Planfeststellungsverfahren einbezogen werden, wenn

1. die Leerrohre im räumlichen und zeitlichen Zusammenhang mit der Baumaßnahme eines Erdkabels verlegt werden und
2. die zuständige Behörde anhand der Umstände des Einzelfalls davon ausgehen kann, dass die Leerrohre innerhalb von 15 Jahren nach der Planfeststellung zur Durchführung einer Stromleitung im Sinne von § 43 Absatz 1 Satz 1 Nummer 2 bis 4 oder Absatz 2 Satz 1 Nummer 2 bis 4 genutzt werden.

[2]Gegenstand des Planfeststellungsverfahrens und des Planfeststellungsbeschlusses sind die Verlegung der Leerrohre, die spätere Durchführung der Stromleitung und deren anschließender Betrieb. [3]Für die Nutzung der Leerrohre zur Durchführung einer Stromleitung und zu deren anschließendem Betrieb bedarf es keines weiteren Genehmigungsverfahrens, wenn mit der Durchführung der Stromleitung innerhalb der Frist des § 43c Nummer 1 begonnen wird und sich die im Planfeststellungsverfahren zugrunde gelegten Merkmale des Vorhabens nicht geändert haben. [4]Die Einbeziehung von Leerrohren nach Satz 1 kann auf einzelne Abschnitte des betroffenen Vorhabens beschränkt werden.

§ 43k[4)] Zurverfügungstellung von Geodaten. [1]Soweit für die Planfeststellung, die Plangenehmigung oder das Anzeigeverfahren Geodaten, die bei einer Behörde oder einem Dritten zur Erfüllung öffentlicher Aufgaben vorhanden sind,

---

[1)] § 43i eingef. mWv 29.7.2017 durch G v. 20.7.2017 (BGBl. I S. 2808); Abs. 1 Satz 1 geänd. mWv 17.5.2019 durch G v. 13.5.2019 (BGBl. I S. 706).

[2)] Nr. **295**.

[3)] § 43j eingef. mWv 17.5.2019 durch G v. 13.5.2019 (BGBl. I S. 706).

[4)] § 43k eingef. mWv 17.5.2019 durch G v. 13.5.2019 (BGBl. I S. 706).

benötigt werden, sind diese Daten auf Verlangen dem Vorhabenträger, den von ihm Beauftragten oder den zuständigen Planfeststellungsbehörden der Länder für die Zwecke der Planfeststellung, der Plangenehmigung oder des Anzeigeverfahrens zur Verfügung zu stellen. [2]Der Betreiber von Einheiten Kritischer Infrastrukturen im Sinne von § 2 Absatz 5 der Verordnung zur Bestimmung Kritischer Infrastrukturen nach dem BSI-Gesetz[1)] kann die Herausgabe von Geodaten verweigern, wenn diese Daten besonders schutzbedürftig sind. [3]Der Betreiber kann in diesem Fall die Geodaten über ein geeignetes Verfahren zur Verfügung stellen, wenn ihm die Datenhoheit über seine Geodaten garantiert wird. [4]Die §§ 8 und 9 des Umweltinformationsgesetzes[2)] und entsprechende Regelungen des Landesrechts bleiben unberührt.

§ 43l[3)] Regelungen zum Auf- und Ausbau von Wasserstoffnetzen.

(1) [1]Der Begriff der Gasversorgungsleitung in Teil 5 dieses Gesetzes umfasst auch Wasserstoffnetze. [2]Die Errichtung von Wasserstoffleitungen liegt bis zum 31. Dezember 2025 im überragenden öffentlichen Interesse.

(2) [1]Die Errichtung und der Betrieb sowie die Änderung von Wasserstoffleitungen einschließlich der Anbindungsleitungen von Anlandungsterminals für Wasserstoff mit einem Durchmesser von mehr als 300 Millimetern bedürfen der Planfeststellung durch die nach Landesrecht für Verfahren nach § 43 Absatz 1 Satz 1 Nummer 5 zuständige Behörde. [2]Anlage 1 Nummer 19.2 des Gesetzes über die Umweltverträglichkeitsprüfung[4)] ist auf Wasserstoffnetze entsprechend anzuwenden.

(3) [1]Auf Antrag des Trägers des Vorhabens kann die nach Landesrecht für Verfahren nach § 43 Absatz 1 Satz 1 Nummer 5 zuständige Behörde die Errichtung und den Betrieb sowie die Änderung von Wasserstoffleitungen einschließlich der Anbindungsleitungen von Anlandungsterminals für Wasserstoff mit einem Durchmesser von 300 Millimeter oder weniger durch Planfeststellung zulassen. [2]§ 43 Absatz 2 Satz 1 Nummer 1 bleibt unberührt.

(4) [1]Behördliche Zulassungen für die Errichtung, die Änderung und den Betrieb einer Gasversorgungsleitung für Erdgas einschließlich der für den Betrieb notwendigen Anlagen, soweit sie in ein Planfeststellungsverfahren integriert wurden und keine nach dem Bundes-Immissionsschutzgesetz genehmigungsbedürftigen Anlagen sind, gelten auch als Zulassung für den Transport von Wasserstoff. [2]Das Gleiche ist für Gasversorgungsleitungen für Erdgas anzuwenden, für die zum Zeitpunkt der Errichtung ein Anzeigenvorbehalt bestand. [3]Die §§ 49 und 113c bleiben unberührt. [4]Für erforderliche Änderungen oder Erweiterungen von Gasversorgungsleitungen zur Ermöglichung des Transports von Wasserstoff bleibt § 43f unberührt.

(5) Absatz 4 ist entsprechend anzuwenden auf behördliche Zulassungen und Anzeigenvorbehalte für Gas-, Wasserstoff- und Produktleitungen auf Grundlage eines anderen Gesetzes.

(6) Die anlagenbezogenen Regelungen des Bundes-Immissionsschutzgesetzes bleiben unberührt.

[1)] **Sartorius III Nr. 710b.**

[2)] Nr. **294**.

[3)] § 43l eingef. mWv 27.7.2021 durch G v. 16.7.2021 (BGBl. I S. 3026); Abs. 1 Satz 2 angef. mWv 29.7.2022 durch G v. 19.7.2022 (BGBl. I S. 1214); Abs. 4 Satz 5 aufgeh. mWv 13.10.2022 durch G v. 8.10.2022 (BGBl. I S. 1726).

[4)] Nr. **295**.

(7) Der in § 35 Absatz 1 Nummer 3 des Baugesetzbuches[1)] verwendete Begriff des Gases sowie der in § 1 Nummer 14 der Raumordnungsverordnung[2)] genannte Begriff der Gasleitungen umfassen auch Wasserstoffnetze.

(8) Die Absätze 1 bis 7 sind entsprechend anzuwenden für Maßnahmen bei Errichtung und Betrieb sowie bei Änderungen und Erweiterungen von Gasversorgungsleitungen einschließlich der Anbindungsleitungen von LNG-Terminals sowie Nebenanlagen, die der Vorbereitung auf einen Transport von Wasserstoff dienen.

§ 44[3) 4)] Vorarbeiten. (1) Eigentümer und sonstige Nutzungsberechtigte haben zur Vorbereitung der Planung und der Baudurchführung eines Vorhabens oder von Unterhaltungsmaßnahmen notwendige Vermessungen, Boden- und Grundwasseruntersuchungen einschließlich der vorübergehenden Anbringung von Markierungszeichen, bauvorbereitende Maßnahmen zur bodenschonenden Bauausführung, Kampfmitteluntersuchungen und archäologische Voruntersuchungen einschließlich erforderlicher Bergungsmaßnahmen sowie sonstige Vorarbeiten durch den Träger des Vorhabens oder von ihm Beauftragte zu dulden.

(2) [1] Die Absicht, solche Arbeiten auszuführen, ist dem Eigentümer oder sonstigen Nutzungsberechtigten mindestens zwei Wochen vor dem vorgesehenen Zeitpunkt unmittelbar oder durch ortsübliche Bekanntmachung in den Gemeinden, in denen die Vorarbeiten durchzuführen sind, durch den Träger des Vorhabens bekannt zu geben. [2] Auf Antrag des Trägers des Vorhabens soll die Planfeststellungsbehörde die Duldung der Vorarbeiten anordnen. [3] Eine durch Allgemeinverfügung erlassene Duldungsanordnung ist öffentlich bekannt zu geben.

(3) [1] Entstehen durch eine Maßnahme nach Absatz 1 einem Eigentümer oder sonstigen Nutzungsberechtigten unmittelbare Vermögensnachteile, so hat der Träger des Vorhabens eine angemessene Entschädigung in Geld zu leisten. [2] Kommt eine Einigung über die Geldentschädigung nicht zustande, so setzt die nach Landesrecht zuständige Behörde auf Antrag des Trägers des Vorhabens oder des Berechtigten die Entschädigung fest. [3] Vor der Entscheidung sind die Beteiligten zu hören.

(4) [1] Ein Rechtsbehelf gegen eine Duldungsanordnung nach Absatz 2 Satz 2 einschließlich damit verbundener Vollstreckungsmaßnahmen nach dem Verwaltungsvollstreckungsgesetz hat keine aufschiebende Wirkung. [2] Der Antrag auf Anordnung der aufschiebenden Wirkung des Rechtsbehelfs nach § 80 Absatz 5 Satz 1 der Verwaltungsgerichtsordnung[5)] gegen eine Duldungsanordnung kann nur innerhalb eines Monats nach der Zustellung oder Bekanntgabe der Duldungsanordnung gestellt und begründet werden. [3] Darauf ist in der Rechtsbehelfsbelehrung hinzuweisen. [4] § 58 der Verwaltungsgerichtsordnung ist entsprechend anzuwenden.

[1)] Nr. **300**.

[2)] Nr. **340a**.

[3)] § 44 neu gef. mWv 17.12.2006 durch G v. 9.12.2006 (BGBl. I S. 2833); Abs. 1 Satz 1 geänd. mWv 17.5.2019 durch G v. 13.5.2019 (BGBl. I S. 706); Abs. 1 bish. Satz 1 geänd., Satz 2 aufgeh., Abs. 2 Sätze 2 und 3, Abs. 4 angef. mWv 29.7.2022 durch G v. 19.7.2022 (BGBl. I S. 1214).

[4)] Beachte zur Anwendung von § 44 hinsichtlich der Zulassung einer Anlage nach § 2 LNGG v. 24.5.2022 (BGBl. I S. 802), geänd. durch G v. 8.10.2022 (BGBl. I S. 1726) die Maßgaben gem. § 8 LNGG v. 24.5.2022 (BGBl. I S. 802), geänd. durch G v. 8.10.2022 (BGBl. I S. 1726) iVm § 13 LNGG v. 24.5.2022 (BGBl. I S. 802), geänd. durch G v. 8.10.2022 (BGBl. I S. 1726).

[5)] Nr. **600**.

§ 44a[1] **Veränderungssperre, Vorkaufsrecht.** (1) [1]Vom Beginn der Auslegung der Pläne im Planfeststellungsverfahren oder von dem Zeitpunkt an, zu dem den Betroffenen Gelegenheit gegeben wird, den Plan einzusehen, dürfen auf den vom Plan betroffenen Flächen bis zu ihrer Inanspruchnahme wesentlich wertsteigernde oder die geplante Baumaßnahmen erheblich erschwerende Veränderungen nicht vorgenommen werden (Veränderungssperre). [2]Veränderungen, die in rechtlich zulässiger Weise vorher begonnen worden sind, Unterhaltungsarbeiten und die Fortführung einer bisher ausgeübten Nutzung werden davon nicht berührt. [3]Unzulässige Veränderungen bleiben bei Anordnungen nach § 74 Abs. 2 Satz 2 des Verwaltungsverfahrensgesetzes[2] und im Entschädigungsverfahren unberücksichtigt.

(2) [1]Dauert die Veränderungssperre über vier Jahre, im Falle von Hochspannungsleitungen über fünf Jahre, können die Eigentümer für die dadurch entstandenen Vermögensnachteile Entschädigung verlangen. [2]Sie können ferner die Vereinbarung einer beschränkt persönlichen Dienstbarkeit für die vom Plan betroffenen Flächen verlangen, wenn es ihnen mit Rücksicht auf die Veränderungssperre wirtschaftlich nicht zuzumuten ist, die Grundstücke in der bisherigen oder einer anderen zulässigen Art zu benutzen. [3]Kommt keine Vereinbarung nach Satz 2 zustande, so können die Eigentümer die entsprechende Beschränkung des Eigentums an den Flächen verlangen. [4]Im Übrigen gilt § 45.

(3) In den Fällen des Absatzes 1 Satz 1 steht dem Träger des Vorhabens an den betroffenen Flächen ein Vorkaufsrecht zu.

§ 44b[3] [4] **Vorzeitige Besitzeinweisung.** (1) [1]Ist der sofortige Beginn von Bauarbeiten geboten und weigert sich der Eigentümer oder Besitzer, den Besitz eines für den Bau, die Änderung oder Betriebsänderung von Hochspannungsfreileitungen, Erdkabeln oder Gasversorgungsleitungen im Sinne des § 43 benötigten Grundstücks durch Vereinbarung unter Vorbehalt aller Entschädigungsansprüche zu überlassen, so hat die Enteignungsbehörde den Träger des Vorhabens auf Antrag nach Feststellung des Plans oder Erteilung der Plangenehmigung in den Besitz einzuweisen. [2]Der Planfeststellungsbeschluss oder die Plangenehmigung müssen vollziehbar sein. [3]Weiterer Voraussetzungen bedarf es nicht.

(1a) [1]Der Träger des Vorhabens kann verlangen, dass nach Abschluss des Anhörungsverfahrens gemäß § 43a eine vorzeitige Besitzeinweisung durchgeführt wird. [2]In diesem Fall ist der nach dem Verfahrensstand zu erwartende Planfeststellungsbeschluss dem vorzeitigen Besitzeinweisungsverfahren zugrunde zu legen. [3]Der Besitzeinweisungsbeschluss ist mit der aufschiebenden Bedingung zu erlassen, dass sein Ergebnis durch den Planfeststellungsbeschluss bestätigt wird. [4]Anderenfalls ist das vorzeitige Besitzeinweisungsverfahren auf der Grundlage des ergangenen Planfeststellungsbeschlusses zu ergänzen.

(2) [1]Die Enteignungsbehörde hat spätestens sechs Wochen nach Eingang des Antrags auf Besitzeinweisung mit den Beteiligten mündlich zu verhandeln. [2]Hier-

---

[1] § 44a eingef. mWv 17.12.2006 durch G v. 9.12.2006 (BGBl. I S. 2833); Abs. 2 Satz 1 geänd. mWv 4.3.2021 durch G v. 25.2.2021 (BGBl. I S. 298).

[2] Nr. **100**.

[3] § 44b eingef. mWv 17.12.2006 durch G v. 9.12.2006 (BGBl. I S. 2833); Abs. 1a eingef. mWv 5.8.2011 durch G v. 28.7.2011 (BGBl. I S. 1690).

[4] Beachte zur Anwendung von § 44b hinsichtlich der Zulassung einer Anlage nach § 2 LNGG v. 24.5.2022 (BGBl. I S. 802), geänd. durch G v. 8.10.2022 (BGBl. I S. 1726) die Maßgaben gem. § 8 LNGG v. 24.5.2022 (BGBl. I S. 802), geänd. durch G v. 8.10.2022 (BGBl. I S. 1726) iVm § 13 LNGG v. 24.5.2022 (BGBl. I S. 802), geänd. durch G v. 8.10.2022 (BGBl. I S. 1726).

zu sind der Antragsteller und die Betroffenen zu laden. [3]Dabei ist den Betroffenen der Antrag auf Besitzeinweisung mitzuteilen. [4]Die Ladungsfrist beträgt drei Wochen. [5]Mit der Ladung sind die Betroffenen aufzufordern, etwaige Einwendungen gegen den Antrag vor der mündlichen Verhandlung bei der Enteignungsbehörde einzureichen. [6]Die Betroffenen sind außerdem darauf hinzuweisen, dass auch bei Nichterscheinen über den Antrag auf Besitzeinweisung und andere im Verfahren zu erledigende Anträge entschieden werden kann.

(3) [1]Soweit der Zustand des Grundstücks von Bedeutung ist, hat die Enteignungsbehörde diesen bis zum Beginn der mündlichen Verhandlung in einer Niederschrift festzustellen oder durch einen Sachverständigen ermitteln zu lassen. [2]Den Beteiligten ist eine Abschrift der Niederschrift oder des Ermittlungsergebnisses zu übersenden.

(4) [1]Der Beschluss über die Besitzeinweisung ist dem Antragsteller und den Betroffenen spätestens zwei Wochen nach der mündlichen Verhandlung zuzustellen. [2]Die Besitzeinweisung wird in dem von der Enteignungsbehörde bezeichneten Zeitpunkt wirksam. [3]Dieser Zeitpunkt soll auf höchstens zwei Wochen nach Zustellung der Anordnung über die vorzeitige Besitzeinweisung an den unmittelbaren Besitzer festgesetzt werden. [4]Durch die Besitzeinweisung wird dem Besitzer der Besitz entzogen und der Träger des Vorhabens Besitzer. [5]Der Träger des Vorhabens darf auf dem Grundstück das im Antrag auf Besitzeinweisung bezeichnete Bauvorhaben durchführen und die dafür erforderlichen Maßnahmen treffen.

(5) [1]Der Träger des Vorhabens hat für die durch die vorzeitige Besitzeinweisung entstehenden Vermögensnachteile Entschädigung zu leisten, soweit die Nachteile nicht durch die Verzinsung der Geldentschädigung für die Entziehung oder Beschränkung des Eigentums oder eines anderen Rechts ausgeglichen werden. [2]Art und Höhe der Entschädigung sind von der Enteignungsbehörde in einem Beschluss festzusetzen.

(6) [1]Wird der festgestellte Plan oder die Plangenehmigung aufgehoben, so sind auch die vorzeitige Besitzeinweisung aufzuheben und der vorherige Besitzer wieder in den Besitz einzuweisen. [2]Der Träger des Vorhabens hat für alle durch die Besitzeinweisung entstandenen besonderen Nachteile Entschädigung zu leisten.

(7) [1]Ein Rechtsbehelf gegen eine vorzeitige Besitzeinweisung hat keine aufschiebende Wirkung. [2]Der Antrag auf Anordnung der aufschiebenden Wirkung nach § 80 Abs. 5 Satz 1 der Verwaltungsgerichtsordnung[1)] kann nur innerhalb eines Monats nach der Zustellung des Besitzeinweisungsbeschlusses gestellt und begründet werden.

§ 44c[2)] [3)] Zulassung des vorzeitigen Baubeginns. (1) [1]In einem Planfeststellungs- oder Plangenehmigungsverfahren soll die für die Feststellung des Plans oder für die Erteilung der Plangenehmigung zuständige Behörde vorläufig zulassen, dass

[1)] Nr. **600**.

[2)] § 44c eingef. mWv 17.5.2019 durch G v. 13.5.2019 (BGBl. I S. 706); Abs. 1 Satz 1 einl. Satzteil geänd. mWv 4.3.2021 durch G v. 25.2.2021 (BGBl. I S. 298); Abs. 1 Satz 1 einl. Satzteil, Nr. 3 geänd., Nr. 4 aufgeh., bish. Nr. 5 wird Nr. 4, Abs. 2 Satz 1 geänd., Abs. 4 neu gef. mWv 29.7.2022 durch G v. 19.7.2022 (BGBl. I S. 1214); Abs. 1 Satz 1 Nr. 1 und 4 Buchst. b geänd., Satz 2 eingef., bish. Sätze 2–4 werden Sätze 3–5, Abs. 2 Satz 2 geänd. mWv 13.10.2022 durch G v. 8.10.2022 (BGBl. I S. 1726).

[3)] Beachte zur Anwendung von § 44c hinsichtlich der Zulassung einer Anlage nach § 2 LNGG v. 24.5. 2022 (BGBl. I S. 802), geänd. durch G v. 8.10.2022 (BGBl. I S. 1726) die Maßgaben gem. § 8 LNGG v. 24.5.2022 (BGBl. I S. 802), geänd. durch G v. 8.10.2022 (BGBl. I S. 1726) iVm § 13 LNGG v. 24.5.2022 (BGBl. I S. 802), geänd. durch G v. 8.10.2022 (BGBl. I S. 1726).

bereits vor Feststellung des Plans oder der Erteilung der Plangenehmigung in Teilen mit der Errichtung oder Änderung eines Vorhabens im Sinne des § 43 Absatz 1 Satz 1 Nummer 1 bis 6 und Absatz 2 einschließlich der Vorarbeiten begonnen wird, wenn

1. unter Berücksichtigung der Stellungnahmen der Träger öffentlicher Belange einschließlich der Gebietskörperschaften bei einer summarischen Prüfung mit einer Entscheidung im Planfeststellungs- oder Plangenehmigungsverfahren zugunsten des Vorhabenträgers gerechnet werden kann,
2. der Vorhabenträger ein berechtigtes oder ein öffentliches Interesse an der Zulassung des vorzeitigen Baubeginns darlegt,
3. der Vorhabenträger nur Maßnahmen durchführt, die reversibel sind und
4. der Vorhabenträger sich verpflichtet,
   a) alle Schäden zu ersetzen, die bis zur Entscheidung im Planfeststellungs- oder Plangenehmigungsverfahren durch die Maßnahmen verursacht worden sind, und
   b) sofern kein Planfeststellungsbeschluss oder keine Plangenehmigung erfolgt, einen im Wesentlichen gleichartigen Zustand herzustellen.

[2] Maßnahmen sind reversibel gemäß Satz 1 Nummer 3, wenn ein im Wesentlichen gleichartiger Zustand hergestellt werden kann und die hierfür notwendigen Maßnahmen in einem angemessenen Zeitraum umgesetzt werden können. [3] Ausnahmsweise können irreversible Maßnahmen zugelassen werden, wenn sie nur wirtschaftliche Schäden verursachen und für diese Schäden eine Entschädigung in Geld geleistet wird. [4] Die Zulassung des vorzeitigen Baubeginns erfolgt auf Antrag des Vorhabenträgers und unter dem Vorbehalt des Widerrufs. [5] § 44 bleibt unberührt.

(2) [1] Die für die Feststellung des Plans oder für die Erteilung der Plangenehmigung zuständige Behörde kann die Leistung einer Sicherheit verlangen, soweit dies erforderlich ist, um die Erfüllung der Verpflichtungen des Vorhabenträgers nach Absatz 1 Satz 1 Nummer 4 sowie Absatz 1 Satz 2 zu sichern. [2] Soweit die zugelassenen Maßnahmen durch die Planfeststellung oder Plangenehmigung für unzulässig erklärt sind, ordnet die Behörde gegenüber dem Träger des Vorhabens an, einen im Wesentlichen gleichartigen Zustand herzustellen. [3] Dies gilt auch, wenn der Antrag auf Planfeststellung oder Plangenehmigung zurückgenommen wurde.

(3) Die Entscheidung über die Zulassung des vorzeitigen Baubeginns ist den anliegenden Gemeinden und den Beteiligten zuzustellen.

(4) [1] Ein Rechtsbehelf gegen die Zulassung des vorzeitigen Baubeginns einschließlich damit verbundener Vollstreckungsmaßnahmen nach dem Verwaltungsvollstreckungsgesetz hat keine aufschiebende Wirkung. [2] Der Antrag auf Anordnung der aufschiebenden Wirkung des Rechtsbehelfs nach § 80 Absatz 5 Satz 1 der Verwaltungsgerichtsordnung[1)] gegen die Zulassung des vorzeitigen Baubeginns kann nur innerhalb eines Monats nach der Zustellung oder Bekanntgabe der Zulassung des vorzeitigen Baubeginns gestellt und begründet werden. [3] Darauf ist in der Rechtsbehelfsbelehrung hinzuweisen. [4] § 58 der Verwaltungsgerichtsordnung ist entsprechend anzuwenden.

[1)] Nr. **600**.

§ 45[1)] Enteignung. (1) Die Entziehung oder die Beschränkung von Grundeigentum oder von Rechten am Grundeigentum im Wege der Enteignung ist zulässig, soweit sie zur Durchführung

1. eines Vorhabens nach § 43 oder § 43b Nr. 1, für das der Plan festgestellt oder genehmigt ist, oder
2. eines sonstigen Vorhabens zum Zwecke der Energieversorgung

erforderlich ist.

(2) [1]Einer weiteren Feststellung der Zulässigkeit der Enteignung bedarf es in den Fällen des Absatzes 1 Nummer 1 nicht; der festgestellte oder genehmigte Plan ist dem Enteignungsverfahren zugrunde zu legen und für die Enteignungsbehörde bindend. [2]Hat sich ein Beteiligter mit der Übertragung oder Beschränkung des Eigentums oder eines anderen Rechtes schriftlich einverstanden erklärt, kann das Entschädigungsverfahren unmittelbar durchgeführt werden. [3]Die Zulässigkeit der Enteignung in den Fällen des Absatzes 1 Nr. 2 stellt die nach Landesrecht zuständige Behörde fest.

(3) Das Enteignungsverfahren wird durch Landesrecht geregelt.

§ 45a[2)] Entschädigungsverfahren. Soweit der Vorhabenträger auf Grund eines Planfeststellungsbeschlusses oder einer Plangenehmigung verpflichtet ist, eine Entschädigung in Geld zu leisten, und über die Höhe der Entschädigung keine Einigung zwischen dem Betroffenen und dem Träger des Vorhabens zustande kommt, entscheidet auf Antrag eines der Beteiligten die nach Landesrecht zuständige Behörde; für das Verfahren und den Rechtsweg gelten die Enteignungsgesetze der Länder entsprechend.

§ 45b[3)] Parallelführung von Planfeststellungs- und Enteignungsverfahren. [1]Der Träger des Vorhabens kann verlangen, dass nach Abschluss der Anhörung ein vorzeitiges Enteignungsverfahren durchgeführt wird. [2]Dabei ist der nach dem Verfahrensstand zu erwartende Planfeststellungsbeschluss dem Enteignungsverfahren zugrunde zu legen. [3]Der Enteignungsbeschluss ist mit der aufschiebenden Bedingung zu erlassen, dass sein Ergebnis durch den Planfeststellungsbeschluss bestätigt wird. [4]Anderenfalls ist das Enteignungsverfahren auf der Grundlage des ergangenen Planfeststellungsbeschlusses zu ergänzen.

§ 46[4)] Wegenutzungsverträge. (1) [1]Gemeinden haben ihre öffentlichen Verkehrswege für die Verlegung und den Betrieb von Leitungen, einschließlich Fernwirkleitungen zur Netzsteuerung und Zubehör, zur unmittelbaren Versorgung von Letztverbrauchern im Gemeindegebiet diskriminierungsfrei durch Vertrag zur Verfügung zu stellen. [2]Unbeschadet ihrer Verpflichtungen nach Satz 1 können die Gemeinden den Abschluss von Verträgen ablehnen, solange das Energieversorgungsunternehmen die Zahlung von Konzessionsabgaben in Höhe der Höchstsätze nach § 48 Absatz 2 verweigert und eine Einigung über die Höhe der Konzessionsabgaben noch nicht erzielt ist.

(2) [1]Verträge von Energieversorgungsunternehmen mit Gemeinden über die Nutzung öffentlicher Verkehrswege für die Verlegung und den Betrieb von Lei-

---

[1)] § 45 neu gef. mWv 17.12.2006 durch G v. 9.12.2006 (BGBl. I S. 2833); Abs. 2 Satz 1 geänd. mWv 4.8.2011 durch G v. 26.7.2011 (BGBl. I S. 1554); Abs. 1 Nr. 1 geänd. mWv 1.6.2015 durch G v. 31.5. 2013 (BGBl. I S. 1388, geänd. durch G v. 24.5.2014, BGBl. I S. 538).

[2)] § 45a eingef. mWv 17.12.2006 durch G v. 9.12.2006 (BGBl. I S. 2833).

[3)] § 45b eingef. mWv 5.8.2011 durch G v. 28.7.2011 (BGBl. I S. 1690).

[4)] § 46 neu gef. mWv 3.2.2017 durch G v. 27.1.2017 (BGBl. I S. 130).

tungen, die zu einem Energieversorgungsnetz der allgemeinen Versorgung im Gemeindegebiet gehören, dürfen höchstens für eine Laufzeit von 20 Jahren abgeschlossen werden. [2] Werden solche Verträge nach ihrem Ablauf nicht verlängert, so ist der bisher Nutzungsberechtigte verpflichtet, seine für den Betrieb der Netze der allgemeinen Versorgung im Gemeindegebiet notwendigen Verteilungsanlagen dem neuen Energieversorgungsunternehmen gegen Zahlung einer wirtschaftlich angemessenen Vergütung zu übereignen. [3] Das neue Energieversorgungsunternehmen kann statt der Übereignung verlangen, dass ihm der Besitz hieran eingeräumt

(Fortsetzung nächstes Blatt)

6. die Einzelheiten des Verfahrens zur Anerkennung von Sachverständigen, die bei der Prüfung der Energieanlagen tätig werden, sowie der Anzeige der vorübergehenden Tätigkeit von Sachverständigen aus anderen Mitgliedstaaten der Europäischen Union oder eines Vertragsstaates des Abkommens über den Europäischen Wirtschaftsraum zu bestimmen;
7. Anforderungen sowie Meldepflichten festzulegen, die Sachverständige nach Nummer 6 und die Stellen, denen sie angehören, erfüllen müssen, insbesondere zur Gewährleistung ihrer fachlichen Qualifikation, Unabhängigkeit und Zuverlässigkeit;
8. Anforderungen an die technische und betriebliche Flexibilität neuer Anlagen zur Erzeugung von Energie zu treffen;
9. Rechte und Pflichten der Betreiber von Elektrizitätsversorgungsnetzen und der Betreiber von Energieanlagen für den Fall festzulegen, dass an das jeweilige Elektrizitätsversorgungsnetz angeschlossene Energieanlagen nicht den Anforderungen einer nach Nummer 3 erlassenen Rechtsverordnung entsprechen, und dabei insbesondere vorzusehen, dass diese Energieanlagen vom Elektrizitätsversorgungsnetz zu trennen sind, und festzulegen, unter welchen Bedingungen sie wieder in Betrieb genommen werden können, sowie Regelungen zur Erstattung der dem Betreiber von Elektrizitätsversorgungsnetzen durch die Netztrennung und die etwaige Wiederherstellung des Anschlusses entstandenen Kosten durch den Betreiber der Energieanlage zu treffen.

[2] Die Regelungen des Erneuerbare-Energien-Gesetzes[1)] und des Kraft-Wärme-Kopplungsgesetzes[2)] bleiben davon unberührt. [3] In einer nach Satz 1 Nummer 3 und 9 bis einschließlich 30. Juni 2023 erlassenen Rechtsverordnung kann vorgesehen werden, dass die Regelungen bereits frühestens mit Wirkung vom 29. Juli 2022 in Kraft treten.

(4a) [1] Das Bundesministerium für Wirtschaft und Energie wird ermächtigt, durch Rechtsverordnung mit Zustimmung des Bundesrates einen Ausschuss zur Beratung in Fragen der technischen Sicherheit von Gasversorgungsnetzen und Gas-Direktleitungen einschließlich der dem Leitungsbetrieb dienenden Anlagen einzusetzen. [2] Diesem Ausschuss kann insbesondere die Aufgabe übertragen werden, vorzuschlagen, welches Anforderungsprofil Sachverständige, die die technische Sicherheit dieser Energieanlagen prüfen, erfüllen müssen, um den in einer Verordnung nach Absatz 4 festgelegten Anforderungen zu genügen. [3] Das Bundesministerium für Wirtschaft und Energie kann das Anforderungsprofil im Bundesanzeiger veröffentlichen. [4] In den Ausschuss sind sachverständige Personen zu berufen, insbesondere aus dem Kreis

1. der Sachverständigen, die bei der Prüfung der Energieanlagen tätig werden,
2. der Stellen, denen Sachverständige nach Nummer 1 angehören,
3. der zuständigen Behörden und
4. der Betreiber von Energieanlagen.

(5) Die nach Landesrecht zuständige Behörde kann im Einzelfall die zur Sicherstellung der Anforderungen an die technische Sicherheit von Energieanlagen erforderlichen Maßnahmen treffen.

(6) [1] Die Betreiber von Energieanlagen haben auf Verlangen der nach Landesrecht zuständigen Behörde Auskünfte über technische und wirtschaftliche Verhält-

---

[1)] **Sartorius ErgBd. Nr. 833.**
[2)] **Sartorius ErgBd. Nr. 834.**

nisse zu geben, die zur Wahrnehmung der Aufgaben nach Absatz 5 erforderlich sind. [2]Der Auskunftspflichtige kann die Auskunft auf solche Fragen verweigern, deren Beantwortung ihn selbst oder einen der in § 383 Abs. 1 Nr. 1 bis 3 der Zivilprozessordnung[1)] bezeichneten Angehörigen der Gefahr strafrechtlicher Verfolgung oder eines Verfahrens nach dem Gesetz über Ordnungswidrigkeiten[2)] aussetzen würde.

(7) Die von der nach Landesrecht zuständigen Behörde mit der Aufsicht beauftragten Personen sind berechtigt, Betriebsgrundstücke, Geschäftsräume und Einrichtungen der Betreiber von Energieanlagen zu betreten, dort Prüfungen vorzunehmen sowie die geschäftlichen und betrieblichen Unterlagen der Betreiber von Energieanlagen einzusehen, soweit dies zur Wahrnehmung der Aufgaben nach Absatz 5 erforderlich ist.

§ 49a[3)] Elektromagnetische Beeinflussung. (1) [1]Besteht die Gefahr, dass der Ausbau oder die Ertüchtigung, Umbeseilungen oder Zubeseilungen oder Änderungen des Betriebskonzepts eines Übertragungsnetzes technische Infrastrukturen elektromagnetisch beeinflussen können, so hat der Betreiber technischer Infrastrukturen

1. dem verantwortlichen Übertragungsnetzbetreiber auf dessen Anfrage unverzüglich Auskunft zu erteilen über
   a) den Standort der technischen Infrastrukturen,
   b) die technischen Eigenschaften der technischen Infrastrukturen und
   c) getroffene technische Vorkehrungen zur Vermeidung einer elektromagnetischen Beeinflussung und
2. Messungen des verantwortlichen Übertragungsnetzbetreibers zu dulden.

[2]Zur Ermittlung der potenziell von der elektromagnetischen Beeinflussung betroffenen Betreiber technischer Infrastrukturen genügt eine Anfrage und die Nachweisführung durch den Übertragungsnetzbetreiber unter Verwendung von Informationssystemen zur Leitungsrecherche, die allen Betreibern technischer Infrastrukturen für die Eintragung eigener Infrastrukturen und für die Auskunft über fremde Infrastrukturen diskriminierungsfrei zugänglich sind. [3]Zusätzlich hat der Übertragungsnetzbetreiber Maßnahmen nach Satz 1 im Bundesanzeiger zu veröffentlichen und die betroffenen Gemeinden zu informieren. [4]Betroffene Gemeinden sind solche, auf deren Gebiet eine elektromagnetische Beeinflussung oder Maßnahmen nach Satz 1 wirksam werden können. [5]Den Betreibern technischer Infrastrukturen ist die Gelegenheit zu geben, sich innerhalb von zwei Wochen ab Veröffentlichung oder Information als betroffener Betreiber technischer Infrastrukturen bei der Gemeinde zu melden. [6]Der Übertragungsnetzbetreiber hat die so ermittelten Betreiber technischer Infrastrukturen über den Ausbau oder die Ertüchtigung, über Umbeseilungen oder Zubeseilungen sowie über Änderungen des Betriebskonzepts eines Übertragungsnetzes zu informieren.

(2) Der verantwortliche Übertragungsnetzbetreiber hat dem betroffenen Betreiber technischer Infrastrukturen auf dessen Nachfrage unverzüglich Auskunft zu erteilen über alle für die Beurteilung der elektromagnetischen Beeinflussung nötigen technischen, betrieblichen und organisatorischen Parameter.

[1)] **Habersack Nr. 100.**
[2)] **Habersack Nr. 94.**
[3)] § 49a eingef. mWv 13.10.2022 durch G v. 8.10.2022 (BGBl. I S. 1726).

(3) [1] Werden durch den Ausbau oder die Ertüchtigung, durch Umbeseilungen oder Zubeseilungen oder durch Änderungen des Betriebskonzepts eines Übertragungsnetzes technische Infrastrukturen erstmals oder stärker elektromagnetisch beeinflusst, so haben der Übertragungsnetzbetreiber und der betroffene Betreiber technischer Infrastrukturen

1. Maßnahmen zur Reduzierung und Sicherung der auftretenden Beeinflussung zu prüfen,
2. die technisch und wirtschaftlich vorzugswürdige Lösung gemeinsam zu bestimmen und
3. die gemeinsam bestimmte Lösung in ihrem jeweiligen Verantwortungsbereich unverzüglich umzusetzen.

[2] Wenn neue oder weitergehende technische Schutzmaßnahmen an den beeinflussten technischen Infrastrukturen erforderlich sind oder die Maßnahmen an den beeinflussten technischen Infrastrukturen den Maßnahmen am Übertragungsnetz wegen der Dauer der Umsetzung oder wegen der Wirtschaftlichkeit vorzuziehen sind, hat der Übertragungsnetzbetreiber dem Betreiber technischer Infrastrukturen die notwendigen Kosten für die betrieblichen, organisatorischen und technischen Schutzmaßnahmen einschließlich der notwendigen Kosten für Unterhaltung und Betrieb für eine Dauer, die der zu erwartenden Nutzungsdauer der technischen Schutzmaßnahme entspricht, im Wege einer einmaligen Ersatzzahlung zu erstatten. [3] Auf die zu erstattenden Kosten ist ein Aufschlag in Höhe von 5 Prozent zu gewähren, wenn der Betreiber technischer Infrastrukturen binnen sechs Monaten nach Anfrage durch den Übertragungsnetzbetreiber in Textform gegenüber diesem die unbedingte Freigabe zur Inbetriebnahme der Maßnahmen nach Satz 1 erklärt. [4] Ein weitergehender Ersatzanspruch gegen den Übertragungsnetzbetreiber ist ausgeschlossen. [5] Wird erst nach der Durchführung einer Maßnahme zum Ausbau oder zur Ertüchtigung, zu Umbeseilungen oder Zubeseilungen oder zur Änderung des Betriebskonzepts eines Übertragungsnetzes bekannt, dass durch die Maßnahme die technischen Infrastrukturen elektromagnetisch beeinflusst werden, bleiben die Rechte und Pflichten des Betreibers technischer Infrastrukturen unberührt.

(4) [1] Besteht Uneinigkeit zwischen dem Übertragungsnetzbetreiber und dem betroffenen Betreiber technischer Infrastrukturen über das Ausmaß der elektromagnetischen Beeinflussung oder über die technisch und wirtschaftlich vorzugswürdige Lösung der zu ergreifenden Schutzmaßnahmen nach Absatz 3 Satz 1 oder über die für die Schutzmaßnahmen und für deren Unterhaltung und Betrieb notwendigen Kosten, so ist über die offenen Streitfragen spätestens sechs Monate nach Beginn der Uneinigkeit ein Gutachten eines unabhängigen technischen Sachverständigen auf Kosten des Übertragungsnetzbetreibers einzuholen. [2] Der unabhängige technische Sachverständige soll im Einvernehmen von dem Übertragungsnetzbetreiber und dem Betreiber technischer Infrastrukturen bestimmt werden. [3] Kann kein Einvernehmen erzielt werden, schlägt der Übertragungsnetzbetreiber drei unabhängige technische Sachverständige vor und der Betreiber technischer Infrastrukturen benennt binnen zwei Wochen ab Übermittlung des Vorschlags in Textform einen dieser Sachverständigen für die Klärung.

(5) [1] Haben sich der Übertragungsnetzbetreiber und der Betreiber technischer Infrastrukturen darüber geeinigt, ob und welche Schutzmaßnahmen die technisch und wirtschaftlich vorzugswürdige Lösung darstellen, so haben sie unverzüglich die Durchführung der erforderlichen technischen Schutzmaßnahmen sicherzustellen, auch durch vorübergehende Schutzmaßnahmen betrieblicher oder organisato-

rischer Art. [2]Besteht zwischen dem Übertragungsnetzbetreiber und dem Betreiber technischer Infrastrukturen kein Einvernehmen, so erstreckt sich das Gutachten des technischen Sachverständigen auch auf die Frage, ob und welche Schutzmaßnahmen technisch und wirtschaftlich vorzugswürdig sind und welche Kosten bei der Bemessung des Ersatzanspruches nach Absatz 3 Satz 2 als notwendig zu berücksichtigen sind. [3]In diesem Fall haben der Übertragungsnetzbetreiber und der Betreiber technischer Infrastrukturen unverzüglich nach dem Vorliegen des Sachverständigengutachtens die Umsetzung der erforderlichen Schutzmaßnahmen sicherzustellen, auch durch vorübergehende Schutzmaßnahmen betrieblicher oder organisatorischer Art.

(6) Für die Zwecke dieses Paragrafen sind die Begriffsbestimmungen des § 3 Nummer 1 des Netzausbaubeschleunigungsgesetzes Übertragungsnetz[1)] entsprechend anzuwenden.

§ 49b[2)] Temporäre Höherauslastung. (1) [1]Dürfen Betreiber von Anlagen, die nach § 13b Absatz 4 und 5, nach § 13d und nach Maßgabe der Netzreserveverordnung in der Netzreserve vorgehalten werden und die kein Erdgas zur Erzeugung elektrischer Energie einsetzen, aufgrund einer Rechtsverordnung nach § 50a befristet am Strommarkt teilnehmen, ist während dieses Zeitraums eine betriebliche Höherauslastung des Höchstspannungsnetzes ohne vorherige Genehmigung zulässig (temporäre Höherauslastung). [2]Die Höherauslastung im Sinne dieser Vorschrift ist die Erhöhung der Stromtragfähigkeit ohne Erhöhung der zulässigen Betriebsspannung. [3]Maßnahmen, die für eine temporäre Höherauslastung erforderlich sind und die unter Beibehaltung der Masten lediglich die Auslastung der Leitung anpassen und keine oder allenfalls geringfügige und punktuelle bauliche Änderungen erfordern, sind zulässig. [4]§ 4 Absatz 1 und 2 der Verordnung über elektromagnetische Felder[3)] in der Fassung der Bekanntmachung vom 14. August 2013 (BGBl. I S. 3266) ist bei Änderungen von Niederfrequenzanlagen, die durch den Beginn oder die Beendigung der temporären Höherauslastung bedingt sind, nicht anzuwenden.

(2) [1]Der zuständigen Behörde ist die temporäre Höherauslastung vor deren Beginn anzuzeigen. [2]Der Anzeige ist ein Nachweis über die Einhaltung der Anforderungen an die magnetische Flussdichte nach den §§ 3 und 3a der Verordnung über elektromagnetische Felder beizufügen. [3]Anzeige und Nachweis ersetzen die Anzeige nach § 7 Absatz 2 der Verordnung über elektromagnetische Felder. [4]Die Beendigung der temporären Höherauslastung ist der zuständigen Behörde ebenfalls anzuzeigen.

(3) [1]Durch eine temporäre Höherauslastung verursachte oder verstärkte elektromagnetische Beeinflussungen technischer Infrastrukturen hat der Betreiber technischer Infrastrukturen zu dulden. [2]Der Übertragungsnetzbetreiber hat die betroffenen Betreiber technischer Infrastrukturen rechtzeitig über eine geplante temporäre Höherauslastung und über den voraussichtlichen Beginn der temporären Höherauslastung zu informieren und die Betreiber aufzufordern, die wegen der temporären Höherauslastung erforderlichen Schutz- und Sicherungsmaßnahmen im Verantwortungsbereich des Betreibers technischer Infrastrukturen zu ergreifen. [3]Zur Ermittlung der potenziell von der elektromagnetischen Beeinflussung betroffenen Betreiber technischer Infrastrukturen genügt eine Anfrage

---

1) **Sartorius III Nr. 511.**
2) § 49b eingef. mWv 13.10.2022 durch G v. 8.10.2022 (BGBl. I S. 1726).
3) **Sartorius ErgBd. Nr. 296/26.**

und die Nachweisführung durch den Übertragungsnetzbetreiber unter Verwendung von Informationssystemen zur Leitungsrecherche, die allen Betreibern technischer Infrastrukturen für die Eintragung eigener Infrastrukturen und für die Auskunft über fremde Infrastrukturen diskriminierungsfrei zugänglich sind. [4] Über den tatsächlichen Beginn der temporären Höherauslastung hat der Übertragungsnetzbetreiber die betroffenen Betreiber technischer Infrastrukturen mindestens zwei Wochen vor dem voraussichtlichen Beginn der temporären Höherauslastung zu informieren, es sei denn, dass in der Information nach Satz 2 ein konkreter Zeitpunkt für den Beginn der temporären Höherauslastung genannt wurde und diese Information mindestens vier Wochen und nicht länger als zehn Wochen vor dem Beginn der temporären Höherauslastung erfolgt ist. [5] Der Übertragungsnetzbetreiber hat den Betreiber technischer Infrastrukturen unverzüglich nach Beendigung der temporären Höherauslastung zu informieren.

(4) [1] Der Betreiber technischer Infrastrukturen hat den Übertragungsnetzbetreiber unverzüglich nach Umsetzung der wegen der temporären Höherauslastung erforderlichen Schutz- und Sicherungsmaßnahmen nach Absatz 3 Satz 2 über die hinreichende Wirksamkeit der Maßnahmen insbesondere zur Sicherstellung des Personenschutzes zu informieren. [2] Der Übertragungsnetzbetreiber hat dem Betreiber technischer Infrastrukturen die notwendigen Kosten, die diesem wegen der aufgrund der temporären Höherauslastung ergriffenen betrieblichen, organisatorischen und technischen Schutzmaßnahmen entstanden sind, einschließlich der notwendigen Kosten für Unterhaltung und Betrieb zu erstatten. [3] § 49a Absatz 2 ist entsprechend anzuwenden.

(5) [1] Der Übertragungsnetzbetreiber hat die Höherauslastung im Bundesanzeiger zu veröffentlichen und die betroffenen Gemeinden über die temporäre Höherauslastung zu informieren. [2] Die Veröffentlichung und die Information müssen mindestens Angaben über den voraussichtlichen Beginn, das voraussichtliche Ende, den voraussichtlichen Umfang sowie die voraussichtlich betroffenen Leitungen beinhalten. [3] Betroffene Gemeinden sind solche, auf deren Gebiet eine elektromagnetische Beeinflussung nach Absatz 3 Satz 1 oder Schutz- und Sicherungsmaßnahmen nach Absatz 4 Satz 1 wirksam werden können.

(6) Die Zulassung einer dauerhaften Höherauslastung nach den gesetzlichen Vorschriften bleibt von der Zulässigkeit der temporären Höherauslastung unberührt.

(7) Zuständige Behörde im Sinne des Absatzes 2 ist die zuständige Immissionsschutzbehörde.

§ 50[1] Vorratshaltung zur Sicherung der Energieversorgung. Das Bundesministerium für Wirtschaft und Energie wird ermächtigt, zur Sicherung der Energieversorgung durch Rechtsverordnung ohne Zustimmung des Bundesrates

1. Vorschriften zu erlassen über die Verpflichtung von Energieversorgungsunternehmen sowie solcher Eigenerzeuger von Elektrizität, deren Kraftwerke eine elektrische Nennleistung von mindestens 100 Megawatt aufweisen, für ihre Anlagen zur Erzeugung von
   a) Elektrizität ständig diejenigen Mengen an Mineralöl, Kohle oder sonstigen fossilen Brennstoffen,
   b) Gas aus Flüssiggas ständig diejenigen Mengen an Flüssiggas

[1] § 50 einl. Satzteil geänd. mWv 17.12.2006 durch G v. 9.12.2006 (BGBl. I S. 2833); einl. Satzteil geänd. mWv 8.9.2015 durch VO v. 31.8.2015 (BGBl. I S. 1474); einl. Satzteil, Nr. 1 abschl. Satzteil geänd. mWv 12.7.2022 durch G v. 8.7.2022 (BGBl. I S. 1054).

als Vorrat zu halten, die erforderlich sind, um bei Betrieb der Anlage zur Erzeugung elektrischer Energie mit der maximal möglichen Nettonennleistung bis zu 60 Tage ihre Abgabeverpflichtungen an Elektrizität oder Gas erfüllen oder ihren eigenen Bedarf an Elektrizität decken zu können,

2. Vorschriften zu erlassen über die Freistellung von einer solchen Vorratspflicht und die zeitlich begrenzte Freigabe von Vorratsmengen, soweit dies erforderlich ist, um betriebliche Schwierigkeiten zu vermeiden oder die Brennstoffversorgung aufrechtzuerhalten,
3. den für die Berechnung der Vorratsmengen maßgeblichen Zeitraum zu verlängern, soweit dies erforderlich ist, um die Vorratspflicht an Rechtsakte der Europäischen Gemeinschaften über Mindestvorräte fossiler Brennstoffe anzupassen.

§ 50a[1)] Maßnahmen zur Ausweitung des Stromerzeugungsangebots, befristete Teilnahme am Strommarkt von Anlagen aus der Netzreserve; Verordnungsermächtigung. (1) [1]Die Bundesregierung kann nach Ausrufung der Alarmstufe oder Notfallstufe nach Artikel 8 Absatz 2 Buchstabe b und Artikel 11 Absatz 1 der Verordnung (EU) 2017/1938 des Europäischen Parlaments und des Rates vom 25. Oktober 2017 über Maßnahmen zur Gewährleistung der sicheren Gasversorgung und zur Aufhebung der Verordnung (EU) Nr. 994/2010 (ABl. L 280 vom 28.10.2017, S. 1), die durch die Delegierte Verordnung (EU) 2022/517 (ABl. L 104 vom 1.4.2022, S. 53) geändert worden ist, in Verbindung mit dem Notfallplan Gas des Bundesministeriums für Wirtschaft und Energie vom September 2019, der auf der Internetseite des Bundesministeriums für Wirtschaft und Klimaschutz veröffentlicht ist, durch Rechtsverordnung ohne Zustimmung des Bundesrates zulassen, dass die Betreiber solcher Anlagen, die nach § 13b Absatz 4 und 5 und § 13d sowie nach Maßgabe der Netzreserveverordnung in der Netzreserve vorgehalten werden und die kein Erdgas zur Erzeugung elektrischer Energie einsetzen, befristet am Strommarkt teilnehmen. [2]In der Rechtsverordnung nach Satz 1 ist zugleich der Zeitraum für die befristete Teilnahme am Strommarkt nach Satz 1 festzulegen, die längstens bis zum Ablauf des 31. März 2024 zulässig ist.

(2) Die befristete Teilnahme am Strommarkt nach Absatz 1 ist durch den Anlagenbetreiber mindestens fünf Werktage vor Beginn gegenüber der Bundesnetzagentur und dem Betreiber des Übertragungsnetzes mit Regelzonenverantwortung, in dessen Regelzone sich die Anlage befindet, anzuzeigen.

(3) [1]Während der befristeten Teilnahme am Strommarkt nach Absatz 1 darf der Betreiber
1. die elektrische Leistung oder Arbeit und die thermische Leistung der Anlage ganz oder teilweise veräußern und
2. Kohle verfeuern.

[2]Der Betreiber der Anlage ist insoweit von den Beschränkungen des § 13c Absatz 2 Satz 1, Absatz 4 Satz 1, des § 13d Absatz 3 und des § 7 Absatz 1 der Netzreserveverordnung und von dem Verbot der Kohleverfeuerung nach § 51 Absatz 1 Satz 1 des Kohleverstromungsbeendigungsgesetzes[2)] ausgenommen. [3]§ 13b Absatz 4 und 5 sowie § 13d sind entsprechend anzuwenden.

(4) [1]Endgültige Stilllegungen von Anlagen, für die nach § 51 Absatz 1 und 2 Nummer 1 Buchstabe c und d des Kohleverstromungsbeendigungsgesetzes in den

[1)] § 50a eingef. mWv 12.7.2022–31.3.2024 durch G v. 8.7.2022 (BGBl. I S. 1054).
[2)] **Sartorius III Nr. 340.**

Jahren 2022 und 2023 ein Verbot der Kohleverfeuerung wirksam wird, sind bis zum 31. März 2024 verboten, soweit ein Weiterbetrieb technisch und rechtlich möglich ist. [2] Anlagen nach Satz 1 werden durch die Betreiber von Übertragungsnetzen ab dem Zeitpunkt, zu dem das Verbot der Kohleverfeuerung wirksam wird, in entsprechender Anwendung von § 13d zum Zweck der Vorsorge vor einer möglichen Gefährdung der Gasversorgung in der Netzreserve vorgehalten. [3] § 13b Absatz 4 Satz 4, § 13b Absatz 5 Satz 11, die §§ 13c und 13d und die Netzreserveverordnung sind entsprechend anzuwenden. [4] Auf die Anlagen nach Satz 1 sind die Absätze 1 bis 3 sowie die §§ 50b und 50c ebenfalls anwendbar. [5] Das Verbot der Kohleverfeuerung nach § 51 des Kohleverstromungsbeendigungsgesetzes ist für eine Anlage unwirksam, solange sie nach Satz 2 in der Netzreserve vorgehalten wird.

(5) [1] Vorläufige und endgültige Stilllegungen von Anlagen, die am 12. Juli 2022 nach § 13b Absatz 4 und 5 und § 13d sowie nach Maßgabe der Netzreserveverordnung in der Netzreserve vorgehalten werden, sind bis zum 31. März 2024 verboten, soweit ein Weiterbetrieb rechtlich und technisch möglich ist. [2] § 13b Absatz 4 Satz 4, Absatz 5 Satz 11, die §§ 13c und 13d und die Netzreserveverordnung sind entsprechend anzuwenden.

§ 50b[1)] Maßnahmen zur Ausweitung des Stromerzeugungsangebots, Pflicht zur Betriebsbereitschaft und Brennstoffbevorratung für die befristete Teilnahme am Strommarkt von Anlagen aus der Netzreserve.

(1) Der Betreiber einer Anlage, die nach § 13b Absatz 4 und 5 und § 13d sowie nach Maßgabe der Netzreserveverordnung in der Netzreserve vorgehalten wird, muss die Anlage während des Zeitraums, in dem die Frühwarnstufe, Alarmstufe oder Notfallstufe nach Artikel 8 Absatz 2 Buchstabe b und Artikel 11 Absatz 1 der Verordnung (EU) 2017/1938 des Europäischen Parlaments und des Rates vom 25. Oktober 2017 über Maßnahmen zur Gewährleistung der sicheren Gasversorgung und zur Aufhebung der Verordnung (EU) Nr. 994/2010 (ABl. L 280 vom 28.10.2017, S. 1), die durch die Delegierte Verordnung (EU) 2022/517 (ABl. L 104 vom 1.4.2022, S. 53) geändert worden ist, in Verbindung mit dem Notfallplan Gas des Bundesministeriums für Wirtschaft und Energie vom September 2019, der auf der Internetseite des Bundesministeriums für Wirtschaft und Klimaschutz veröffentlicht ist, ausgerufen ist, frühestens aber ab dem 1. November 2022 für die befristete Teilnahme am Strommarkt im Dauerbetrieb betriebsbereit halten.

(2) Zur Einhaltung der Verpflichtung zur Betriebsbereitschaft der Anlage nach Absatz 1 muss der Betreiber insbesondere

1. jeweils zum 1. November der Jahre 2022 und 2023 und jeweils zum 1. Februar der Jahre 2023 und 2024 Brennstoffvorräte in einem Umfang bereithalten, die es ermöglichen,
   a) bei Einsatz von Kohle zur Erzeugung elektrischer Energie für 30 Kalendertage die Abgabeverpflichtungen an Elektrizität bei Betrieb der Anlage mit der maximal möglichen Nettonennleistung zu decken oder
   b) bei Einsatz von Mineralöl zur Erzeugung elektrischer Energie für zehn Kalendertage die Abgabeverpflichtung an Elektrizität bei Betrieb der Anlage mit der maximal möglichen Nettonennleistung zu decken,

---

1) § 50b eingef. mWv 12.7.2022–31.3.2024 durch G v. 8.7.2022 (BGBl. I S. 1054); Abs. 4 Sätze 3 und 4 angef. mWv 13.10.2022 durch G v. 8.10.2022 (BGBl. I S. 1726).

2. die Brennstoffversorgung für einen Dauerbetrieb auch bei einer befristeten Teilnahme am Strommarkt nach § 50a sicherstellen und
3. der Bundesnetzagentur und dem Betreiber des Übertragungsnetzes mit Regelzonenverantwortung ab dem 1. November 2022 monatlich nachweisen, dass die Verpflichtungen nach den Nummern 1 und 2 eingehalten werden.

(3) [1] Die Brennstoffvorräte nach Absatz 2 Nummer 1 müssen am Standort der Anlage gelagert werden. [2] Die Lagerung an einem anderen Lagerort ist zulässig, wenn

1. es sich hierbei um ein ergänzendes Lager zu dem Lager am Standort der Anlage handelt und
2. der Transport der weiteren Brennstoffvorräte zu dem Standort der Anlage innerhalb von zehn Kalendertagen gewährleistet ist.

[3] Ist die Einhaltung der Anforderungen an Bevorratung und Lagerung nach Satz 1 und Absatz 2 Nummer 1 für den Betreiber der Erzeugungsanlage im Einzelfall unmöglich, kann die Bundesnetzagentur auf Antrag zulassen, dass die Verpflichtung zur Betriebsbereitschaft als erfüllt gilt, wenn der Betreiber der Erzeugungsanlage in jedem Kalendermonat nachweist, dass die vorhandenen Lagerkapazitäten vollständig mit Brennstoffen befüllt sind.

(4) [1] Die Verpflichtung zur Betriebsbereitschaft der Anlage nach Absatz 1 umfasst auch, dass die Anlage während der befristeten Teilnahme am Strommarkt in einem Zustand erhalten wird, der eine Anforderung zur weiteren Vorhaltung der Betriebsbereitschaft nach § 13b Absatz 4 sowie für Anforderungen für Anpassungen der Einspeisung durch die Übertragungsnetzbetreiber nach § 13 Absatz 1 und 2 und § 13a Absatz 1 jederzeit während der befristeten Teilnahme am Strommarkt ermöglicht. [2] Dies ist auch anzuwenden für die Zeit nach der befristeten Teilnahme am Strommarkt, wenn die Anlage weiterhin in der Netzreserve vorgehalten wird. [3] Absatz 2 Nummer 1 und Absatz 3 sind für eine Anlage während der Dauer der befristeten Teilnahme am Strommarkt nicht anzuwenden. [4] Der jeweilige Betreiber des Übertragungsnetzes mit Regelzonenverantwortung ist in den Fällen des Satzes 3 berechtigt, gegenüber dem Betreiber einer Anlage Vorgaben zur Brennstoffbevorratung zu machen, sofern dies für die Sicherheit oder Zuverlässigkeit des Elektrizitätsversorgungsnetzes erforderlich ist.

(5) [1] Die Absätze 1 bis 3 sind auch für Betreiber von Anlagen anzuwenden, die erst ab dem 1. November 2022 in der Netzreserve vorgehalten werden. [2] § 13c Absatz 3 Satz 1 Nummer 2 ist für Maßnahmen, die zur Herstellung oder Aufrechterhaltung der Betriebsbereitschaft der Anlage vor dem 1. November 2022 vorgenommen werden, entsprechend anzuwenden.

(6) [1] Der Betreiber einer Anlage, die nach § 13b Absatz 4 und 5 und nach § 13d sowie nach Maßgabe der Netzreserveverordnung in der Netzreserve vorgehalten wird und die vor dem 1. Januar 1970 in Betrieb genommen wurde, kann dem Betreiber des Übertragungsnetzes mit Regelzonenverantwortung, in dessen Regelzone sich die Anlage befindet, und der Bundesnetzagentur bis zum 9. August 2022 anzeigen, dass er von den Regelungen nach den Absätzen 1 bis 3 ausgenommen werden möchte. [2] Eine befristete Teilnahme am Strommarkt nach § 50a ist nach einer Anzeige nach Satz 1 ausgeschlossen und § 50a Absatz 5 ist nicht anwendbar.

§ 50c[1)] Maßnahmen zur Ausweitung des Stromerzeugungsangebots, Ende der befristeten Teilnahme am Strommarkt und ergänzende Regelungen zur Kostenerstattung. (1) Die befristete Teilnahme am Strommarkt endet spätestens zu dem in der Rechtsverordnung nach § 50a Absatz 1 Satz 2 festgelegten Datum.

(2) [1]Der Anlagenbetreiber kann die befristete Teilnahme am Strommarkt für eine Anlage vorzeitig beenden. [2]Der Anlagenbetreiber hat den Zeitpunkt der vorzeitigen Beendigung gegenüber der Bundesnetzagentur und dem Betreiber des Übertragungsnetzes mit Regelzonenverantwortung, in dessen Regelzone sich die Anlage befindet, unter Einhaltung einer Frist von vier Wochen vor der Beendigung anzuzeigen. [3]Nach einer vorzeitigen Beendigung ist eine erneute befristete Teilnahme dieser Anlage am Strommarkt ausgeschlossen. [4]Wird durch Rechtsverordnung nach § 50a Absatz 1 Satz 1 und 2 ein weiterer Zeitraum zur befristeten Teilnahme am Strommarkt bestimmt, darf der Betreiber der Anlage abweichend von Satz 3 auch in diesem weiteren Zeitraum befristet am Strommarkt teilnehmen.

(3) [1]Mit der Beendigung oder der vorzeitigen Beendigung der befristeten Teilnahme am Strommarkt gelten wieder die Rechte und Pflichten, die aufgrund der Vorhaltung in der Netzreserve gemäß § 13c Absatz 2 Satz 1, Absatz 4 Satz 1, § 13d Absatz 3 und § 7 der Netzreserveverordnung bestehen. [2]Dies gilt nur, wenn die Anlage noch als systemrelevant ausgewiesen ist. [3]Sofern die Systemrelevanz einer Anlage am 31. März 2024 im Fall einer angezeigten endgültigen Stilllegung nicht mehr ausgewiesen ist, hat der Betreiber die Anlage endgültig stillzulegen.

(4) [1]Die befristete Teilnahme am Strommarkt nach § 50a wird bei der Bestimmung des Zeitpunktes für die Ermittlung der Rückerstattung investiver Vorteile nach § 13c Absatz 4 Satz 3 im Fall einer endgültigen Stilllegung und nach § 13c Absatz 2 Satz 3 im Fall einer vorläufigen Stilllegung nicht berücksichtigt. [2]Wiederherstellungskosten, die nach dem 1. Juni 2022 entstanden sind, können zeitanteilig der Netzreserve und dem Zeitraum der befristeten Teilnahme am Strommarkt zugeordnet und erstattet werden. [3]Im Übrigen findet während der befristeten Teilnahme am Strommarkt keine Kostenerstattung nach § 13c sowie nach § 9 Absatz 2 und § 10 der Netzreserveverordnung statt.

§ 50d[2)] Maßnahmen zur Ausweitung des Stromerzeugungsangebots, befristete Versorgungsreserve Braunkohle; Verordnungsermächtigung *(noch nicht in Kraft)*

§ 50e[3)] Verordnungsermächtigung zu Maßnahmen zur Ausweitung des Stromerzeugungsangebots und Festlegungskompetenz der Bundesnetzagentur. (1) Die Bundesregierung wird ermächtigt, durch Rechtsverordnung, die nicht der Zustimmung des Bundesrates bedarf, nähere Bestimmungen zu erlassen über Einzelheiten des Verfahrens zur befristeten Teilnahme am Strommarkt von Anlagen aus der Netzreserve nach den §§ 50a bis 50c und zur befristeten Versorgungsreserve Braunkohle nach § 50d.

(2) Die Bundesnetzagentur kann durch Festlegungen nach § 29 Absatz 1 nähere Bestimmungen zu den Nachweisen nach § 50b Absatz 2 Nummer 3 erlassen.

---

1) § 50c eingef. mWv 12.7.2022–31.3.2024 durch G v. 8.7.2022 (BGBl. I S. 1054).
2) § 50d eingef. mit noch nicht bestimmtem Inkrafttreten durch G v. 8.7.2022 (BGBl. I S. 1054).
3) § 50e eingef. mWv 12.7.2022–31.3.2024 durch G v. 8.7.2022 (BGBl. I S. 1054).

§ 50f[1] Verordnungsermächtigung für Maßnahmen zur Reduzierung der Gasverstromung zur reaktiven und befristeten Gaseinsparung. (1) [1]Die Bundesregierung kann nach Ausrufung der Alarmstufe oder Notfallstufe nach Artikel 8 Absatz 2 Buchstabe b und Artikel 11 Absatz 1 der Verordnung (EU) 2017/1938 des Europäischen Parlaments und des Rates vom 25. Oktober 2017 über Maßnahmen zur Gewährleistung der sicheren Gasversorgung und zur Aufhebung der Verordnung (EU) Nr. 994/2010 (ABl. L 280 vom 28.10.2017, S. 1), die durch die Delegierte Verordnung (EU) 2022/517 (ABl. L 104 vom 1.4.2022, S. 53) geändert worden ist, in Verbindung mit dem Notfallplan Gas des Bundesministeriums für Wirtschaft und Energie vom September 2019, der auf der Internetseite des Bundesministeriums für Wirtschaft und Klimaschutz veröffentlicht ist, durch Rechtsverordnung ohne Zustimmung des Bundesrates Regelungen zur Verringerung oder zum vollständigen Ausschluss der Erzeugung elektrischer Energie durch den Einsatz von Erdgas für einen Zeitraum von längstens neun Monaten erlassen. [2]Insbesondere können durch Rechtsverordnung Regelungen getroffen werden

1. zu den Anlagen, auf die die Rechtsverordnung anzuwenden ist; hierfür kann auf die Größe der Anlage und zu deren Ermittlung insbesondere auf die elektrische Nettonennleistung der Anlagen zur Erzeugung elektrischer Energie durch den Einsatz von Erdgas abgestellt werden,
2. zur rechtlichen Begrenzung oder zum rechtlichen Ausschluss des Betriebs der Anlagen, in denen elektrische Energie durch den Einsatz von Erdgas erzeugt wird,
3. zur Sicherstellung, dass die Anlagen, auf die die Rechtsverordnung nach Satz 1 anzuwenden ist, auf Anforderung der Betreiber von Übertragungsnetzen für Maßnahmen nach § 13 zur Verfügung stehen,

(Fortsetzung nächstes Blatt)

[1] § 50f eingef. mWv 12.7.2022–31.3.2024 durch G v. 8.7.2022 (BGBl. I S. 1054).

eingenommenen Abgaben. [2]Soweit erforderlich, werden Gebühren- und Beitragssätze in den Verordnungen nach § 91 Abs. 8 und § 92 Abs. 3 für die Zukunft angepasst.

Abschnitt 5. Sanktionen, Bußgeldverfahren

§ 94[1)] **Zwangsgeld.** [1]Die Regulierungsbehörde kann ihre Anordnungen nach den für die Vollstreckung von Verwaltungsmaßnahmen geltenden Vorschriften durchsetzen. [2]Sie kann auch Zwangsmittel gegen juristische Personen des öffentlichen Rechts anwenden. [3]Die Höhe des Zwangsgeldes beträgt mindestens 1 000 Euro und höchstens zehn Millionen Euro.

§ 95[2)] **Bußgeldvorschriften.** (1) Ordnungswidrig handelt, wer vorsätzlich oder fahrlässig

1. ohne Genehmigung nach § 4 Abs. 1 ein Energieversorgungsnetz betreibt,

1a. ohne eine Zertifizierung nach § 4a Absatz 1 Satz 1 ein Transportnetz betreibt,

1b. entgegen § 4c Satz 1 oder Satz 2 die Regulierungsbehörde nicht, nicht richtig, nicht vollstandig oder nicht rechtzeitig unterrichtet,

1c. entgegen § 5 Absatz 1 Satz 1 erster Halbsatz, § 13b Absatz 1 Satz 1 erster Halbsatz oder § 113c Absatz 3 Satz 1 eine Anzeige nicht, nicht richtig, nicht vollständig oder nicht rechtzeitig erstattet,

1d. entgegen § 5 Absatz 2 Satz 3 die Tätigkeit beendet,

2. entgegen § 5 Absatz 3 Satz 1 eine Information nicht, nicht richtig, nicht vollständig oder nicht rechtzeitig vornimmt,

2a. entgegen § 11 Absatz 1a oder 1b den Katalog von Sicherheitsanforderungen nicht, nicht richtig, nicht vollständig oder nicht rechtzeitig einhält,

2b. entgegen § 11 Absatz 1c eine Meldung nicht, nicht richtig, nicht vollständig oder nicht rechtzeitig vornimmt,

3. einer vollziehbaren Anordnung nach
   a) § 5 Absatz 4 Satz 3 oder Absatz 5 Satz 1, § 12c Absatz 1 Satz 2, § 15a Absatz 3 Satz 5, § 65 Abs. 1 oder 2 oder § 69 Absatz 7 Satz 1, Absatz 8 Satz 1 oder Absatz 11 Satz 1 oder Satz 2 oder
   b) § 30 Abs. 2 zuwiderhandelt,

---

1) § 94 Satz 2 eingef., bish. Satz 2 wird Satz 3 mWv 27.7.2021 durch G v. 16.7.2021 (BGBl. I S. 3026).

2) § 95 Abs. 1 Nr. 5 Buchst. b geänd. mWv 1.11.2008 durch G v. 25.10.2008 (BGBl. I S. 2101); Abs. 1 Nr. 1a–1d, 2a und 3a eingef., Nr. 3 Buchst. a, Abs. 1a und 2 Satz 1 geänd. mWv 4.8.2011 durch G v. 26.7.2011 (BGBl. I S. 1554); Abs. 1 Nr. 1b neu gef., Nr. 1c, 1d und 2a aufgeh., Nr. 3 Buchst. a geänd., Nr. 3a neu gef., Nr. 3b 3d angef., Abs. 1a geänd. mWv 1.4.2012 durch G v. 16.1.2012 (BGBl. I S. 74); Abs. 1 Nr. 3 Buchst. a geänd., Abs. 1a neu gef., Abs. 1b–1d eingef., Abs. 2 Satz 1 geänd. mWv 12.12. 2012 durch G v. 5.12.2012 (BGBl. I S. 2403); Abs. 1 Nr. 3e und 3f angef., Abs. 2 Satz 1 geänd. mWv 28.12.2012 durch G v. 20.12.2012 (BGBl. I S. 2730); Abs. 1 Nr. 3e und 3f geänd., Nr. 3g–3i eingef., Nr. 5 Buchst. b und c geänd., Buchst. d und e angef., Abs. 1a Nr. 2 neu gef., Abs. 2 Satz 1 geänd. mWv 30.7. 2016 durch G v. 26.7.2016 (BGBl. I S. 1786); Abs. 1 Nr. 2a und 2b eingef., Abs. 5 neu gef. mWv 30.6. 2017 durch G v. 23.6.2017 (BGBl. I S. 1885); Abs. 2 Sätze 3–5 angef., Abs. 4 Satz 2 geänd. mWv 22.7. 2017 durch G v. 17.7.2017 (BGBl. I S. 2503); Abs. 2 Satz 3 geänd. mWv 21.12.2018 durch G v. 17.12. 2018 (BGBl. I S. 2549); Abs. 1e eingef., Abs. 2 Satz 3 neu gef., Satz 4 eingef., bish. Sätze 4 und 5 werden Sätze 5 und 6 mWv 14.8.2020 durch G v. 8.8.2020 (BGBl. I S. 1818); Abs. 1 Nr. 2 geänd., Nr. 3e aufgeh. mWv 27.7.2021 durch G v. 16.7.2021 (BGBl. I S. 3026); Abs. 1 Nr. 5 Buchst. d eingef., bish. Buchst. d und e werden Buchst. e und f, Abs. 2 Satz 1 geänd. mWv 12.7.2022 durch G v. 8.7.2022 (BGBl. I S. 1054); Abs. 1 Nr. 1c, 1d und 2 neu gef., Nr. 3 Buchst. a, Abs. 2 Sätze 1, 3, 4 Nr. 1 und 2 geänd. mWv 29.7.2022 durch G v. 19.7.2022 (BGBl. I S. 1214); Abs. 2 Satz 4 Nr. 2 geänd. mWv 1.1.2023 durch G v. 20.7.2022 (BGBl. I S. 1237).

3a. entgegen § 5a Absatz 1 Satz 1 *dort genannten*[1] Daten nicht, nicht richtig, nicht vollständig oder nicht rechtzeitig übermittelt,

3b. entgegen § 12b Absatz 5, § 12c Absatz 5 oder § 15a Absatz 1 Satz 1 einen Entwurf oder einen Netzentwicklungsplan nicht oder nicht rechtzeitig vorlegt,

3c. entgegen § 12g Absatz 1 Satz 3 in Verbindung mit einer Rechtsverordnung nach Absatz 3 einen Bericht nicht, nicht richtig, nicht vollständig oder nicht rechtzeitig vorlegt,

3d. entgegen § 12g Absatz 2 in Verbindung mit einer Rechtsverordnung nach Absatz 3 einen Sicherheitsplan nicht, nicht richtig, nicht vollständig oder nicht rechtzeitig erstellt oder einen Sicherheitsbeauftragten nicht oder nicht rechtzeitig bestimmt,

3e. *(aufgehoben)*

3f. entgegen § 13b Absatz 1 Satz 2 oder Absatz 5 Satz 1 eine dort genannte Anlage stilllegt,

3g. entgegen § 13e Absatz 4 Satz 1 Nummer 1 Erzeugungsleistung oder Erzeugungsarbeit veräußert,

3h. entgegen § 13e Absatz 4 Satz 1 Nummer 2 oder § 13g Absatz 1 Satz 1 oder 3 eine dort genannte Anlage nicht oder nicht rechtzeitig stilllegt,

3i. entgegen § 13g Absatz 4Satz 1 Strom erzeugt,

4. entgegen § 30 Abs. 1 Satz 1 eine Marktstellung missbraucht oder

5. einer Rechtsverordnung nach
   a) § 17 Abs. 3 Satz 1 Nr. 1, § 24 Satz 1 Nr. 1 oder § 27 Satz 5, soweit die Rechtsverordnung Verpflichtungen zur Mitteilung, Geheimhaltung, Mitwirkung oder Veröffentlichung enthält,
   b) § 17 Abs. 3 Satz 1 Nr. 2, § 21a Abs. 6 Satz 1 Nr. 3, § 24 Satz 1 Nr. 2 oder 3 oder § 29 Abs. 3,
   c) § 49 Abs. 4 oder § 50,
   d) § 50f Absatz 1,
   e) § 111f Nummer 1 bis 3, 5 bis 7, 10 oder Nummer 14 Buchstabe b oder
   f) § 111f Nummer 8 Buchstabe a oder Buchstabe b, Nummer 9 oder Nummer 13

   oder einer vollziehbaren Anordnung auf Grund einer solchen Rechtsverordnung zuwiderhandelt, soweit die Rechtsverordnung für einen bestimmten Tatbestand auf diese Bußgeldvorschrift verweist.

(1a) Ordnungswidrig handelt, wer vorsätzlich oder leichtfertig

1. entgegen § 5b Absatz 1 Satz 1 oder Absatz 2 eine andere Person in Kenntnis setzt oder
2. entgegen § 12 Absatz 5 Satz 1 Nummer 2 oder Nummer 3 eine dort genannte Information nicht, nicht richtig, nicht vollständig oder nicht rechtzeitig übermittelt.

(1b) Ordnungswidrig handelt, wer entgegen Artikel 5 in Verbindung mit Artikel 2 Nummer 2 Buchstabe a der Verordnung (EU) Nr. 1227/2011 des Europäischen Parlaments und des Rates vom 25. Oktober 2011 über die Integrität und Transparenz des Energiegroßhandelsmarkts (ABl. L 326 vom 8.12.2011, S. 1) eine Marktmanipulation auf einem Energiegroßhandelsmarkt vornimmt.

---

[1] Wortlaut amtlich.

(1c) Ordnungswidrig handelt, wer gegen die Verordnung (EU) Nr. 1227/2011 verstößt, indem er vorsätzlich oder leichtfertig

1. als Person nach Artikel 3 Absatz 2 Buchstabe e
   a) entgegen Artikel 3 Absatz 1 Buchstabe b eine Insiderinformation an Dritte weitergibt oder
   b) entgegen Artikel 3 Absatz 1 Buchstabe c einer anderen Person empfiehlt oder sie dazu verleitet, ein Energiegroßhandelsprodukt zu erwerben oder zu veräußern,
2. entgegen Artikel 4 Absatz 1 Satz 1 eine Insiderinformation nicht, nicht richtig, nicht vollständig oder nicht unverzüglich nach Kenntniserlangung bekannt gibt,
3. entgegen Artikel 4 Absatz 2 Satz 2 eine Insiderinformation nicht, nicht richtig, nicht vollständig oder nicht rechtzeitig übermittelt,
4. entgegen Artikel 4 Absatz 3 Satz 1 die Bekanntgabe einer Insiderinformation nicht sicherstellt,
5. entgegen Artikel 4 Absatz 3 Satz 2 nicht dafür sorgt, dass eine Insiderinformation bekannt gegeben wird,
6. entgegen Artikel 5 in Verbindung mit Artikel 2 Nummer 2 Buchstabe b Satz 1 eine Marktmanipulation auf einem Energiegroßhandelsmarkt vornimmt,
7. entgegen Artikel 8 Absatz 1 Satz 1 in Verbindung mit einer Verordnung nach Artikel 8 Absatz 2 Satz 1 eine dort genannte Aufzeichnung nicht, nicht richtig, nicht vollständig oder nicht rechtzeitig übermittelt,
8. entgegen Artikel 8 Absatz 5 Satz 1 in Verbindung mit einer Verordnung nach Artikel 8 Absatz 6 Satz 1 eine dort genannte Information nicht, nicht richtig, nicht vollständig oder nicht rechtzeitig übermittelt oder
9. entgegen Artikel 15 Absatz 1 die Bundesnetzagentur als nationale Regulierungsbehörde nicht, nicht richtig, nicht vollständig oder nicht rechtzeitig informiert.

(1d) Ordnungswidrig handelt, wer gegen die Verordnung (EU) Nr. 1227/2011 verstößt, indem er vorsätzlich oder fahrlässig

1. entgegen Artikel 9 Absatz 1 Satz 1 sich nicht oder nicht rechtzeitig bei der Bundesnetzagentur registrieren lässt oder
2. entgegen Artikel 9 Absatz 1 Satz 2 sich bei mehr als einer nationalen Regulierungsbehörde registrieren lässt.

(1e) Ordnungswidrig handelt, wer gegen die Verordnung (EU) 2019/943 des Europäischen Parlaments und des Rates verstößt, indem er vorsätzlich oder fahrlässig die den Marktteilnehmern zur Verfügung zu stellende Verbindungskapazität zwischen Gebotszonen über das nach Artikel 15 Absatz 2 und Artikel 16 Absatz 3, 4, 8 und 9 der Verordnung (EU) 2019/943 des Europäischen Parlaments und des Rates vorgesehene Maß hinaus einschränkt.

(2) [1]Die Ordnungswidrigkeit kann in den Fällen des Absatzes 1 Nummer 3f bis 3i mit einer Geldbuße bis zu fünf Millionen Euro, in den Fällen des Absatzes 1 Nummer 1a, 1d, 3 Buchstabe b, Nummer 4 und 5 Buchstabe b, der Absätze 1b und 1c Nummer 2 und 6 mit einer Geldbuße bis zu einer Million Euro, über diesen Betrag hinaus bis zur dreifachen Höhe des durch die Zuwiderhandlung erlangten Mehrerlöses, in den Fällen des Absatzes 1 Nummer 5 Buchstabe f mit einer Geldbuße bis zu dreihunderttausend Euro, in den Fällen des Absatzes 1 Nummer 2 und 5 Buchstabe e mit einer Geldbuße bis zu fünfzigtausend Euro, in den Fällen des Absatzes 1 Nr. 5 Buchstabe a sowie des Absatzes 1a Nummer 2 und des Absatzes 1c Nummer 7 und 8 mit einer Geldbuße bis zu zehntausend Euro

und in den übrigen Fällen mit einer Geldbuße bis zu hunderttausend Euro geahndet werden. [2] Die Höhe des Mehrerlöses kann geschätzt werden. [3] Gegenüber einem Transportnetzbetreiber oder gegenüber einem vertikal integrierten Unternehmen kann über Satz 1 hinaus in Fällen des Absatzes 1 Nummer 3 Buchstabe b und des Absatzes 1e eine höhere Geldbuße verhängt werden. [4] Diese darf

1. in Fällen des Absatzes 1 Nummer 3 Buchstabe b 10 Prozent des Gesamtumsatzes, den der Transportnetzbetreiber oder das vertikal integrierte Unternehmen in dem der Behördenentscheidung vorausgegangenen Geschäftsjahr weltweit erzielt hat, nicht übersteigen oder
2. in Fällen des Absatzes 1e 10 Prozent des Gesamtumsatzes, den der Transportnetzbetreiber oder das vertikal integrierte Unternehmen in dem der Behördenentscheidung vorausgegangenen Geschäftsjahr weltweit erzielt hat, abzüglich der Umlagen nach § 12 des Energiefinanzierungsgesetzes nicht übersteigen.

[5] Die Höhe des Gesamtumsatzes kann geschätzt werden. [6] Ein durch die Zuwiderhandlung erlangter Mehrerlös bleibt unberücksichtigt.

(3) Die Regulierungsbehörde kann allgemeine Verwaltungsgrundsätze über die Ausübung ihres Ermessens bei der Bemessung der Geldbuße festlegen.

(4) [1] Die Verjährung der Verfolgung von Ordnungswidrigkeiten nach Absatz 1 richtet sich nach den Vorschriften des Gesetzes über Ordnungswidrigkeiten[1)]. [2] Die Verfolgung der Ordnungswidrigkeiten nach Absatz 1 Nummer 3 Buchstabe b und Nummer 4 und 5 verjährt in fünf Jahren.

(5) Verwaltungsbehörde im Sinne des § 36 Absatz 1 Nummer 1 des Gesetzes über Ordnungswidrigkeiten ist in den Fällen des Absatzes 1 Nummer 2b das Bundesamt für Sicherheit in der Informationstechnik, im Übrigen die nach § 54 zuständige Behörde.

§ 95a[2)] Strafvorschriften. (1) Mit Freiheitsstrafe bis zu fünf Jahren oder mit Geldstrafe wird bestraft, wer eine in § 95 Absatz 1b oder Absatz 1c Nummer 6 bezeichnete vorsätzliche Handlung begeht und dadurch auf den Preis eines Energiegroßhandelsprodukts einwirkt.

(2) Ebenso wird bestraft, wer gegen die Verordnung (EU) Nr. 1227/2011 des Europäischen Parlaments und des Rates vom 25. Oktober 2011 über die Integrität und Transparenz des Energiegroßhandelsmarkts (ABl. L 326 vom 8.12.2011, S. 1) verstößt, indem er

1. entgegen Artikel 3 Absatz 1 Buchstabe a eine Insiderinformation nutzt oder
2. als Person nach Artikel 3 Absatz 2 Buchstabe a, b, c oder Buchstabe d oder Absatz 5
   a) entgegen Artikel 3 Absatz 1 Buchstabe b eine Insiderinformation an Dritte weitergibt oder
   b) entgegen Artikel 3 Absatz 1 Buchstabe c einer anderen Person empfiehlt oder sie dazu verleitet, ein Energiegroßhandelsprodukt zu erwerben oder zu veräußern.

[1)] **Habersack Nr. 94.**
[2)] § 95a eingef. mWv 12.12.2012 durch G v. 5.12.2012 (BGBl. I S. 2403).

nach Satz 1 zur Kenntnis gelangten Daten, die Betriebs- und Geschäftsgeheimnisse enthalten, nur in anonymisierter Form veröffentlichen. [5]Die Bundesnetzagentur darf Daten, die geeignet sind, die Sicherheit oder Zuverlässigkeit des Elektrizitätsversorgungssystems oder die Sicherheit und Ordnung zu gefährden, oder die europäische kritische Anlagen betreffen, nur im Einvernehmen mit den Betreibern der Übertragungsnetze veröffentlichen; Absatz 4 Satz 1 bleibt hiervon unberührt.

(3) [1]Die Bundesnetzagentur soll die in Absatz 1 Satz 2 und 3 genannten Daten in einer für die Gebotszone der Bundesrepublik Deutschland aggregierten Form und in deutscher Sprache unter Berücksichtigung der in der Transparenzverordnung festgelegten Zeitpunkte veröffentlichen, soweit dies jeweils technisch möglich ist. [2]Die Art der Veröffentlichung der Daten soll in einer für die Öffentlichkeit verständlichen Darstellung und in leicht zugänglichen Formaten erfolgen, um die Öffentlichkeit besser in die Lage zu versetzen, die Informationen des Strommarktes und die Wirkungszusammenhänge nachvollziehen zu können. [3]Die Daten müssen frei zugänglich sein und von den Nutzern gespeichert werden können.

(4) Die Bundesnetzagentur wird ermächtigt, wenn die nach den Nummern 1 und 3 zu übermittelnden Daten für den Zweck der nationalen Informationsplattform erforderlich sind und soweit diese Daten bei den Betreibern der Elektrizitätsversorgungsnetze vorliegen, Festlegungen nach § 29 Absatz 1 zu treffen insbesondere

1. zur Übermittlung von Daten und zu der Form der Übermittlung durch die Betreiber von Elektrizitätsversorgungsnetzen,
2. zu den Zeitpunkten der Übermittlung der Daten unter Berücksichtigung der in der Transparenzverordnung festgelegten Zeitpunkte sowie
3. zur Übermittlung von Daten zu Erzeugungseinheiten mit einer installierten Erzeugungskapazität zwischen 10 Megawatt und 100 Megawatt.

§ 111e[1)] Marktstammdatenregister. (1) [1]Die Bundesnetzagentur errichtet und betreibt ein elektronisches Verzeichnis mit energiewirtschaftlichen Daten (Marktstammdatenregister). [2]Das Marktstammdatenregister dient dazu,

1. die Verfügbarkeit und Qualität der energiewirtschaftlichen Daten zur Unterstützung des Zwecks und der Ziele nach § 1 für die im Energieversorgungssystem handelnden Personen sowie für die zuständigen Behörden zur Wahrnehmung ihrer gesetzlichen Aufgaben zu verbessern,
2. den Aufwand zur Erfüllung von Meldepflichten zu verringern und

2a. die Prozesse der Energieversorgung durchgängig zu digitalisieren und dafür insbesondere den Netzanschluss und den Anlagenbetrieb im Hinblick auf Energievermarktung, Förderung, Abrechnung und die Besteuerung auf eine einheitliche Datenbasis zu stellen,

3. die Transformation des Energieversorgungssystems gegenüber der Öffentlichkeit transparent darzustellen.

[3]Die Bundesnetzagentur stellt durch fortlaufende Weiterentwicklung sicher, dass das Marktstammdatenregister jederzeit dem Stand der digitalen Technik und den Nutzungsgewohnheiten in Onlinesystemen entspricht.

[1)] § 111e eingef. mWv 30.7.2016 durch G v. 26.7.2016 (BGBl. I S. 1786); Abs. 3 neu gef. mWv 26.11. 2019 durch G v. 20.11.2019 (BGBl. I S. 1626); Abs. 1 Satz 2 Nr. 2 geänd., Nr. 2a eingef., Satz 3 angef., Abs. 6 neu gef. mWv 1.1.2021 durch G v. 21.12.2020 (BGBl. I S. 3138); Abs. 2 Nr. 2 Buchst. a geänd. mWv 27.7.2021 durch G v. 16.7.2021 (BGBl. I S. 3026); Abs. 7 angef. mWv 1.1.2023 durch G v. 20.7. 2022 (BGBl. I S. 1237).

(2) Das Marktstammdatenregister umfasst folgende Daten über die Unternehmen und Anlagen der Elektrizitäts- und Gaswirtschaft:

1. in der Elektrizitätswirtschaft insbesondere Daten über
   a) Anlagen zur Erzeugung und Speicherung von elektrischer Energie sowie deren Betreiber,
   b) Betreiber von Elektrizitätsversorgungsnetzen und
   c) Bilanzkreisverantwortliche und
2. in der Gaswirtschaft insbesondere Daten über
   a) Gasproduktionsanlagen und Gasspeicheranlagen sowie deren Betreiber,
   b) Betreiber von Gasversorgungsnetzen,
   c) Marktgebietsverantwortliche und
   d) Bilanzkreisverantwortliche.

(3) Die Bundesnetzagentur muss bei der Errichtung und bei dem Betrieb des Marktstammdatenregisters

1. europarechtliche und nationale Regelungen hinsichtlich der Vertraulichkeit, des Datenschutzes und der Datensicherheit beachten sowie
2. die erforderlichen technischen und organisatorischen Maßnahmen zur Sicherstellung von Datenschutz und Datensicherheit ergreifen, und zwar
   a) unter Beachtung der Artikel 24, 25 und 32 der Verordnung (EU) 2016/679[1] des Europäischen Parlaments und des Rates vom 27. April 2016 zum Schutz natürlicher Personen bei der Verarbeitung personenbezogener Daten, zum freien Datenverkehr und zur Aufhebung der Richtlinie 95/46/EG (Datenschutz-Grundverordnung) (ABl. L 119 vom 4.5.2016, S. 1; L 314 vom 22.11. 2016, S. 72; L 127 vom 23.5.2018, S. 2) in der jeweils geltenden Fassung und
   b) unter Berücksichtigung der einschlägigen Standards und Empfehlungen des Bundesamtes für Sicherheit in der Informationstechnik.

(4) [1] Die Bundesnetzagentur muss in einem nach der Rechtsverordnung nach § 111f Nummer 8 Buchstabe c zu bestimmenden Umfang Behörden den Zugang zum Marktstammdatenregister eröffnen, soweit diese Behörden die gespeicherten Daten zur Erfüllung ihrer jeweiligen Aufgaben benötigen. [2] Daten, die im Marktstammdatenregister erfasst sind, sollen von Organisationseinheiten in Behörden, die für die Überwachung und den Vollzug energierechtlicher Bestimmungen zuständig sind oder Daten zu energiestatistischen Zwecken benötigen, nicht erneut erhoben werden, soweit

1. die organisatorischen und technischen Voraussetzungen für den Zugriff auf das Marktstammdatenregister gewährleistet sind,
2. nicht zur Umsetzung europäischen Rechts eine eigenständige Datenerhebung erforderlich ist und
3. die jeweils benötigten Daten nach Maßgabe der Rechtsverordnung nach § 111f vollständig und richtig an das Marktstammdatenregister übermittelt worden sind.

(5) Die Bundesnetzagentur nimmt ihre Aufgaben und Befugnisse nach den Absätzen 1 bis 4 sowie nach der Rechtsverordnung nach § 111f nur im öffentlichen Interesse wahr.

---

[1] Nr. **246**.

(6) [1]Die Bundesnetzagentur berichtet der Bundesregierung erstmals zum 31. Dezember 2022 und danach alle zwei Jahre über den aktuellen Stand und Fortschritt des Marktstammdatenregisters. [2]Im Bericht ist insbesondere darauf einzugehen, wie das Marktstammdatenregister technisch weiterentwickelt wurde, wie die Nutzung des Registers und der registrierten Daten zur Erfüllung von Meldepflichten beigetragen haben, wie durch die Digitalisierung die Prozesse der Energieversorgung vereinfacht wurden und welche organisatorischen und technischen Maßnahmen zur Verbesserung der öffentlichen Datenverfügbarkeit getroffen wurden.

(7) Die Übertragungsnetzbetreiber erstatten der Bundesnetzagentur die Sachmittel für den Betrieb, die Erhaltung und die Weiterentwicklung des Registers, soweit diese von der Bundesnetzagentur für externe Dienstleistungen zu entrichten sind, als Gesamtschuldner.

§ 111f[1)] Verordnungsermächtigung zum Marktstammdatenregister.

Zur näheren Ausgestaltung des Marktstammdatenregisters wird das Bundesministerium für Wirtschaft und Energie ermächtigt, durch Rechtsverordnung[2)] ohne Zustimmung des Bundesrates zu regeln:

1. zur Umsetzung des § 111e Absatz 2 die registrierungspflichtigen Personen und die zu erfassenden Energieanlagen,
2. welche weiteren Personen registriert und welche weiteren Anlagen zur Erreichung der Zwecke nach § 111e Absatz 1 erfasst werden müssen oder können; dies sind insbesondere:
   a) Personen:
      aa) Betreiber von geschlossenen Verteilernetzen,
      bb) Direktvermarktungsunternehmer nach § 3 Nummer 17 des Erneuerbare-Energien-Gesetzes[3)],
      cc) Strom- und Gaslieferanten, die Letztverbraucher beliefern,
      dd) Messstellenbetreiber,
      ee) Marktteilnehmer nach Artikel 2 Nummer 7 der Verordnung (EU) Nr. 1227/2011 des Europäischen Parlaments und des Rates über die Integrität und Transparenz des Energiegroßhandelsmarkts,
      ff) Betreiber von organisierten Marktplätzen nach Artikel 2 Nummer 4 der Durchführungsverordnung (EU) Nr. 1348/2014 der Kommission vom 17. Dezember 2014 über die Datenmeldung gemäß Artikel 8 Absatz 2 und 6 der Verordnung (EU) Nr. 1227/2011 des Europäischen Parlaments und des Rates über die Integrität und Transparenz des Energiegroßhandelsmarkts (ABl. L 363 vom 18.12.2014, S. 121),
   b) Anlagen, wobei auch ihre Betreiber zur Registrierung verpflichtet werden können:
      aa) energiewirtschaftlich relevante Energieverbrauchsanlagen,
      bb) Netzersatzanlagen,

[1)] § 111f eingef. mWv 30.7.2016 durch G v. 26.7.2016 (BGBl. I S. 1786); Nr. 7a eingef. mWv 1.1.2017 durch G v. 22.12.2016 (BGBl. I S. 3106); Nr. 6 einl. Satzteil, Buchst. a, Nr. 7 Buchst. c, Nr. 10 geänd. mWv 26.11.2019 durch G v. 20.11.2019 (BGBl. I S. 1626); Nr. 2 Buchst. a Doppelbuchst. bb geänd., Nr. 11 Buchst. d Doppelbuchst. aa und bb aufgeh., bish. Doppelbuchst. cc–ff werden Doppelbuchst. aa–dd mWv 1.1.2023 durch G v. 20.7.2022 (BGBl. I S. 1237).

[2)] Siehe die Biomassestrom-NachhaltigkeitsVO v. 2.12.2021 (BGBl. I S. 5126), geänd. durch VO v. 14.6.2022 (BGBl. I S. 927).

[3)] **Sartorius ErgBd. Nr. 833.**

cc) Ladepunkte für Elektromobile,

3. die Erfassung öffentlich-rechtlicher Zulassungen für Anlagen und die Registrierung ihrer Inhaber,
4. die Registrierung von Behörden, die energiewirtschaftliche Daten zur Erfüllung ihrer jeweiligen Aufgaben benötigen,
5. die Voraussetzungen und den Umfang einer freiwilligen Registrierung von Personen, die nicht nach den Nummern 1 bis 3 hierzu verpflichtet sind,
6. welche Daten übermittelt werden müssen und wer zur Übermittlung verpflichtet ist, wobei mindestens folgende Daten zu übermitteln sind, soweit diese nicht bereits der Bundesnetzagentur vorliegen; in diesen Fällen kann eine Speicherung der Daten im Marktstammdatenregister ohne ihre Übermittlung geregelt werden:
   a) der Name des Übermittelnden, seine Anschrift, seine Telefonnummer und seine E-Mail-Adresse,
   b) der Standort der Anlage,
   c) die genutzten Energieträger,
   d) die installierte Leistung der Anlage,
   e) technische Eigenschaften der Anlage,
   f) Daten zum Energieversorgungsnetz, an das die Anlage angeschlossen ist,
7. das Verfahren der Datenübermittlung einschließlich
   a) Anforderungen an die Art, die Formate und den Umfang der zu übermittelnden Daten,
   b) der anzuwendenden Fristen und Übergangfristen,
   c) Regelungen zur Übernahme der Verantwortung für die Richtigkeit der Daten in Fällen, in denen nach Nummer 6 zweiter Halbsatz die Daten ohne ihre vorherige Übermittlung im Marktstammdatenregister gespeichert werden,

7a. die Überprüfung der im Marktstammdatenregister gespeicherten Daten einschließlich der hierzu erforderlichen Mitwirkungspflichten von Personen nach Nummer 1 und 2,

8. die Nutzung des Marktstammdatenregisters einschließlich der Möglichkeit zum automatisierten Abruf von Daten durch
   a) die zur Registrierung verpflichteten Personen einschließlich ihrer Rechte, bestimmte Daten einzusehen und diese zu bestimmten Zwecken zu nutzen,
   b) freiwillig registrierte Personen,
   c) Behörden einschließlich
      aa) ihrer Befugnis, bestimmte Daten einzusehen und zum Abgleich mit eigenen Registern und Datensätzen oder sonst zur Erfüllung ihrer Aufgaben zu nutzen,
      bb) der Regelung, welche Behörden in den Anwendungsbereich des § 111e Absatz 4 fallen, sowie bei Behörden nach § 111e Absatz 4 Satz 2 die Rechte der Dateninhaber, die Übermittlung von Daten an diese Behörden zu verweigern, wenn die Voraussetzungen des § 111e Absatz 4 Satz 2 erfüllt sind; hierfür sind angemessene Übergangsfristen vorzusehen, die es den betroffenen Behörden erlauben, ihrerseits die organisatorischen und technischen Maßnahmen zur Anpassung eigener Prozesse, Register und Datenbanken zu ergreifen,

9. die Art und den Umfang der Veröffentlichung der im Marktstammdatenregister gespeicherten Daten unter Beachtung datenschutzrechtlicher Anforderungen, der Anforderungen an die Sicherheit und Zuverlässigkeit des Energieversorgungssystems sowie unter Wahrung von Betriebs- und Geschäftsgeheimnissen,
10. die Pflichten der für die Übermittlung der Daten Verantwortlichen, die im Marktstammdatenregister gespeicherten Daten bei Änderungen zu aktualisieren,
11. die Rechtsfolgen in Fällen der Nichteinhaltung von Verpflichtungen auf Grund einer Rechtsverordnung nach den Nummern 1, 2, 3, 6 und 7; dies umfasst insbesondere Regelungen, wonach die Inanspruchnahme einzelner oder sämtlicher der folgenden Förderungen und Begünstigungen die Datenübermittlung an das Marktstammdatenregister voraussetzt, wenn und soweit die betreffenden Bestimmungen dies zulassen, wobei angemessene Übergangsfristen vorzusehen sind:
    a) die finanzielle Förderung nach § 19 des Erneuerbare-Energien-Gesetzes,
    b) die Zahlung des Zuschlags nach § 7 des Kraft-Wärme-Kopplungsgesetzes[1)],
    c) die Zahlung vermiedener Netznutzungsentgelte nach § 18 der Stromnetzentgeltverordnung,
    d) Begünstigungen
        aa) nach § 19 Absatz 2 und 3 der Stromnetzentgeltverordnung,
        bb) nach den §§ 20 und 20a der Gasnetzentgeltverordnung und nach § 35 der Gasnetzzugangsverordnung,
        cc) nach den §§ 3, 3a, 44, 46, 47, 53a und 53b des Energiesteuergesetzes sowie
        dd) nach § 9 des Stromsteuergesetzes,
12. nähere Vorgaben zu den Folgen fehlerhafter Eintragungen einschließlich Regelungen über Aufgaben und Befugnisse der Bundesnetzagentur zur Sicherung der Datenqualität,
13. nähere Vorgaben zur Gewährleistung von Datensicherheit und Datenschutz; dies umfasst insbesondere Regelungen zum Schutz personenbezogener Daten im Zusammenhang mit den nach Nummer 6 zu übermittelnden Daten einschließlich Aufklärungs-, Auskunfts- und Löschungspflichten,
14. die Ermächtigung der Bundesnetzagentur, durch Festlegung nach § 29 Absatz 1 unter Beachtung der Zwecke des § 111e Absatz 1 sowie der Anforderungen des Datenschutzes zu regeln:
    a) Definitionen der registrierungspflichtigen Personen sowie der zu übermittelnden Daten,
    b) weitere zu übermittelnde Daten, einschließlich der hierzu Verpflichteten,
    c) dass abweichend von einer Rechtsverordnung nach Nummer 3 oder einer Festlegung nach Buchstabe a bestimmte Daten nicht mehr zu übermitteln sind oder bestimmte Personen, Einrichtungen oder öffentlich-rechtliche Zulassungen nicht mehr registriert werden müssen, soweit diese nicht länger zur Erreichung der Ziele nach § 111e Absatz 1 Satz 2 erforderlich sind; hiervon ausgenommen sind die nach Nummer 6 zweiter Halbsatz mindestens zu übermittelnden Daten.

[1)] **Sartorius ErgBd. Nr. 834.**

Teil 10. Evaluierung, Schlussvorschriften

§ 112 Evaluierungsbericht. [1]Die Bundesregierung hat den gesetzgebenden Körperschaften bis zum 1. Juli 2007 einen Bericht über die Erfahrungen und Ergebnisse mit der Regulierung vorzulegen (Evaluierungsbericht). [2]Sofern sich aus dem Bericht die Notwendigkeit von gesetzgeberischen Maßnahmen ergibt, soll die Bundesregierung einen Vorschlag machen. [3]Der Bericht soll insbesondere

1. Vorschläge für Methoden der Netzregulierung enthalten, die Anreize zur Steigerung der Effizienz des Netzbetriebs setzen,
2. Auswirkungen der Regelungen dieses Gesetzes auf die Umweltverträglichkeit der Energieversorgung darlegen,
3. Auswirkungen der Netzregulierung sowie der Regelungen nach Teil 4 auf die Letztverbraucher untersuchen,
4. eine Prüfung beinhalten, ob für die Planung des Verteilernetzausbaus die Aufnahme einer Ermächtigung zum Erlass einer Rechtsverordnung notwendig wird um sicherzustellen, dass nachfragesteuernde und effizienzsteigernde Maßnahmen angemessen beachtet werden,
5. die Bedingungen der Beschaffung und des Einsatzes von Ausgleichsenergie darstellen sowie gegebenenfalls Vorschläge zur Verbesserung des Beschaffungsverfahrens, insbesondere der gemeinsamen regelzonenübergreifenden Ausschreibung, und zu einer möglichen Zusammenarbeit der Betreiber von Übertragungsnetzen zur weiteren Verringerung des Aufwandes für Regelenergie machen,
6. die Möglichkeit der Einführung eines einheitlichen Marktgebiets bei Gasversorgungsnetzen erörtern und Vorschläge zur Entwicklung eines netzübergreifenden Regelzonenmodells bei Elektrizitätsversorgungsnetzen prüfen sowie
7. den Wettbewerb bei Gasspeichern und die Netzzugangsbedingungen für Anlagen zur Erzeugung von Biogas prüfen.

§ 112a Bericht der Bundesnetzagentur zur Einführung einer Anreizregulierung. (1) [1]Die Bundesnetzagentur hat der Bundesregierung bis zum 1. Juli 2006 einen Bericht zur Einführung der Anreizregulierung nach § 21a vorzulegen. [2]Dieser Bericht hat ein Konzept zur Durchführung einer Anreizregulierung zu enthalten, das im Rahmen der gesetzlichen Vorgaben umsetzbar ist. [3]Zur Vorbereitung und zur Erstellung des Berichts stehen der Bundesnetzagentur die Ermittlungsbefugnisse nach diesem Gesetz zu.

(2) [1]Die Bundesnetzagentur soll den Bericht unter Beteiligung der Länder, der Wissenschaft und der betroffenen Wirtschaftskreise erstellen sowie die internationalen Erfahrungen mit Anreizregulierungssystemen berücksichtigen. [2]Sie gibt den betroffenen Wirtschaftskreisen nach der Erstellung eines Berichtsentwurfs Gelegenheit zur Stellungnahme; sie veröffentlicht die erhaltenen Stellungnahmen im Internet. [3]Unterlagen der betroffenen Wirtschaftskreise zur Entwicklung einer Methodik der Anreizregulierung sowie der Stellungnahme nach Satz 2 sind von den Regelungen nach § 69 Abs. 1 Satz 1 Nr. 1 und 3 sowie Satz 2 ausgenommen.

(3) [1]Die Bundesnetzagentur hat der Bundesregierung zwei Jahre nach der erstmaligen Bestimmung von Netzzugangsentgelten im Wege einer Anreizregulierung nach § 21a einen Bericht über die Erfahrungen damit vorzulegen. [2]Die Bundesregierung hat den Bericht binnen dreier Monate an den Deutschen Bundestag weiterzuleiten; sie kann ihm eine Stellungnahme hinzufügen.

§ 112b[1)] Berichte des Bundesministeriums für Wirtschaft und Energie sowie der Bundesnetzagentur zur Evaluierung der Wasserstoffnetzregulierung. (1) [1] Das Bundesministerium für Wirtschaft und Energie veröffentlicht bis zum 31. Dezember 2022 ein Konzept zum weiteren Aufbau des deutschen Wasserstoffnetzes. [2] Das Konzept soll im Lichte sich entwickelnder unionsrechtlicher Grundlagen vor dem Hintergrund des Ziels einer Anpassung des regulatorischen Rahmens zur gemeinsamen Regulierung und Finanzierung der Gas- und der Wasserstoffnetze Überlegungen zu einer Transformation von Gasnetzen zu Wasserstoffnetzen einschließlich einer schrittweise integrierten Systemplanung beinhalten.

(2) [1] Die Bundesnetzagentur hat der Bundesregierung bis zum 30. Juni 2025 einen Bericht über die Erfahrungen und Ergebnisse mit der Regulierung von Wasserstoffnetzen sowie Vorschläge zu deren weiterer Ausgestaltung vorzulegen. [2] In diesem Bericht ist darauf einzugehen, welche Erfahrungen mit der Regulierung von Gasversorgungsnetzen im Hinblick auf die Beimischung von Wasserstoff gesammelt wurden und insbesondere welche Auswirkungen auf die Netzentgelte sich hieraus ergeben haben.

§ 113 Laufende Wegenutzungsverträge. Laufende Wegenutzungsverträge, einschließlich der vereinbarten Konzessionsabgaben, bleiben unbeschadet ihrer Änderung durch die §§ 36, 46 und 48 im Übrigen unberührt.

§ 113a[1)] Überleitung von Wegenutzungsrechten auf Wasserstoffleitungen. (1) [1] Ist nach bestehenden Gestattungsverträgen, beschränkt persönlichen Dienstbarkeiten oder sonstigen Vereinbarungen, die keine Eintragung einer beschränkt persönlichen Dienstbarkeit vorsehen, für Grundstücke, die Errichtung und der Betrieb von Gasversorgungsleitungen gestattet, so sind diese im Zweifel so auszulegen, dass von ihnen auch die Errichtung und der Betrieb der Leitungen zum Transport von Wasserstoff umfasst ist. [2] Dies umfasst auch die Begriffe „Gasleitung", „Ferngasleitung" oder „Erdgasleitung".

(2) Solange zugunsten der Betreiber von Energieversorgungsnetzen Wegenutzungsverträge im Sinne des § 46 für Gasleitungen einschließlich Fernwirkleitungen zur Netzsteuerung und Zubehör bestehen, gelten diese auch für Transport und Verteilung von Wasserstoff bis zum Ende ihrer vereinbarten Laufzeit fort.

(3) Werden die Voraussetzungen nach Absatz 2 Satz 1 nicht mehr erfüllt, haben die Gemeinden dem Betreiber des Wasserstoffnetzes ihre öffentlichen Verkehrswege auf Basis von Wegenutzungsverträgen nach § 46 zur Verfügung zu stellen, die für einzelne oder alle Gase im Sinne dieses Gesetzes gelten, einschließlich der Gestattungen nach § 46 Absatz 1 Satz 1 für Wasserstoffleitungen, und deren Bedingungen nicht schlechter sein dürfen als die der Verträge nach Absatz 2 Satz 1.

§ 113b[1)] Umstellung von Erdgasleitungen im Netzentwicklungsplan Gas der Fernleitungsnetzbetreiber. [1] Fernleitungsnetzbetreiber können im Rahmen des Netzentwicklungsplans Gas gemäß § 15a Gasversorgungsleitungen kenntlich machen, die perspektivisch auf eine Wasserstoffnutzung umgestellt werden könnten. [2] Es ist darzulegen, dass im Zeitpunkt einer Umstellung solcher Leitungen auf Wasserstoff sichergestellt ist, dass das verbleibende Fernleitungsnetz die dem Szenariorahmen zugrunde gelegten Kapazitätsbedarfe erfüllen kann; hierfür kann der

[1)] §§ 112b, 113a und 113b eingef. mWv 27.7.2021 durch G v. 16.7.2021 (BGBl. I S. 3026).

Netzentwicklungsplan Gas zusätzliche Ausbaumaßnahmen des Erdgasnetzes in einem geringfügigen Umfang ausweisen. [3]Die Entscheidung nach § 15a Absatz 3 Satz 5 kann mit Nebenbestimmungen verbunden werden, soweit dies erforderlich ist, um zu gewährleisten, dass die Vorgaben des Satzes 2 erfüllt werden.

§ 113c[1)] Übergangsregelungen zu Sicherheitsanforderungen; Anzeigepflicht und Verfahren zur Prüfung von Umstellungsvorhaben. (1) Für Wasserstoffleitungen, die für einen maximal zulässigen Betriebsdruck von mehr als 16 Bar ausgelegt sind, ist die Gashochdruckleitungsverordnung vom 18. Mai 2011 (BGBl. I S. 928), die zuletzt durch Artikel 24 des Gesetzes vom 13. Mai 2019 (BGBl. I S. 706) geändert worden ist, entsprechend anzuwenden.

(2) [1]Bis zum Erlass von technischen Regeln für Wasserstoffanlagen ist § 49 Absatz 2 entsprechend anzuwenden, wobei die technischen Regeln des Deutschen Vereins des Gas- und Wasserfaches e.V. auf Wasserstoffanlagen unter Beachtung der spezifischen Eigenschaften des Wasserstoffes sinngemäß anzuwenden sind. [2]Die zuständige Behörde kann die Einhaltung der technischen Anforderungen nach § 49 Absatz 1 regelmäßig überprüfen. [3]§ 49 Absatz 5 bis 7 bleibt unberührt.

(3) [1]Die Umstellung einer Leitung für den Transport von Erdgas auf den Transport von Wasserstoff ist der zuständigen Behörde mindestens acht Wochen vor dem geplanten Beginn der Umstellung unter Beifügung aller für die Beurteilung der Sicherheit erforderlichen Unterlagen schriftlich oder durch Übermittlung in elektronischer Form anzuzeigen und zu beschreiben. [2]Der Anzeige ist die gutachterliche Äußerung eines Sachverständigen beizufügen, aus der hervorgeht, dass die angegebene Beschaffenheit der genutzten Leitung den Anforderungen des § 49 Absatz 1 entspricht. [3]Die zuständige Behörde kann die geplante Umstellung innerhalb einer Frist von acht Wochen beanstanden, wenn die angegebene Beschaffenheit der zu nutzenden Leitung nicht den Anforderungen des § 49 Absatz 1 entspricht. [4]Die Frist beginnt, sobald die vollständigen Unterlagen und die gutachterliche Äußerung der zuständigen Behörde vorliegen.

§ 114 Wirksamwerden der Entflechtungsbestimmungen. [1]Auf Rechnungslegung und interne Buchführung findet § 10 erstmals zu Beginn des jeweils ersten vollständigen Geschäftsjahres nach Inkrafttreten dieses Gesetzes Anwendung. [2]Bis dahin sind die §§ 9 und 9a des Energiewirtschaftsgesetzes vom 24. April 1998 (BGBl. I S. 730), das zuletzt durch Artikel 1 des Gesetzes vom 20. Mai 2003 (BGBl. I S. 686) geändert worden ist, weiter anzuwenden.

§ 115[2)] Bestehende Verträge. (1) [1]Bestehende Verträge über den Netzanschluss an und den Netzzugang zu den Energieversorgungsnetzen mit einer Laufzeit bis zum Ablauf von sechs Monaten nach Inkrafttreten dieses Gesetzes bleiben unberührt. [2]Verträge mit einer längeren Laufzeit sind spätestens sechs Monate nach Inkrafttreten einer zu diesem Gesetz nach den §§ 17, 18 oder 24 erlassenen Rechtsverordnung an die jeweils entsprechenden Vorschriften dieses Gesetzes und die jeweilige Rechtsverordnung nach Maßgabe dieser Rechtsverordnung anzupassen, soweit eine Vertragspartei dies verlangt. [3]§ 19 Absatz 1 in Verbindung mit Absatz 2 Nummer 1 des Gesetzes gegen Wettbewerbsbeschränkungen[3)] findet nach Maßgabe des § 111 Anwendung.

[1)] § 113c eingef. mWv 27.7.2021 durch G v. 16.7.2021 (BGBl. I S. 3026).
[2)] § 115 Abs. 1 Satz 3 geänd. mWv 30.6.2013 durch G v. 26.6.2013 (BGBl. I S. 1738).
[3)] **Habersack Nr. 74.**

(1a) Abweichend von Absatz 1 Satz 2 sind die dort genannten Verträge hinsichtlich der Entgelte, soweit diese nach § 23a zu genehmigen sind, unabhängig von einem Verlangen einer Vertragspartei anzupassen.

(2) [1] Bestehende Verträge über die Belieferung von Letztverbrauchern mit Energie im Rahmen der bis zum Inkrafttreten dieses Gesetzes bestehenden allgemeinen Versorgungspflicht mit einer Laufzeit bis zum Ablauf von sechs Monaten nach Inkrafttreten dieses Gesetzes bleiben unberührt. [2] Bis dahin gelten die Voraussetzungen des § 310 Abs. 2 des Bürgerlichen Gesetzbuchs[1)] als erfüllt, sofern die bestehenden Verträge im Zeitpunkt des Inkrafttretens dieses Gesetzes diese Voraussetzungen erfüllt haben. [3] Verträge mit einer längeren Laufzeit sind spätestens sechs Monate nach Inkrafttreten einer zu diesem Gesetz nach § 39 oder § 41 erlassenen Rechtsverordnung an die jeweils entsprechenden Vorschriften dieses Gesetzes und die jeweilige Rechtsverordnung nach Maßgabe dieser Rechtsverordnung anzupassen.

(3) [1] Bestehende Verträge über die Belieferung von Haushaltskunden mit Energie außerhalb der bis zum Inkrafttreten dieses Gesetzes bestehenden allgemeinen Versorgungspflicht mit einer Restlaufzeit von zwölf Monaten nach Inkrafttreten dieses Gesetzes bleiben unberührt. [2] Bis dahin gelten die Voraussetzungen des § 310 Abs. 2 des Bürgerlichen Gesetzbuchs als erfüllt, sofern die bestehenden Verträge im Zeitpunkt des Inkrafttretens dieses Gesetzes diese Voraussetzungen erfüllt haben. [3] Verträge mit einer längeren Laufzeit sind spätestens zwölf Monate nach Inkrafttreten einer zu diesem Gesetz nach § 39 oder § 41 erlassenen Rechtsverordnung an die entsprechenden Vorschriften dieses Gesetzes und die jeweilige Rechtsverordnung nach Maßgabe dieser Rechtsverordnung anzupassen. [4] Sonstige bestehende Lieferverträge bleiben im Übrigen unberührt.

§ 116 Bisherige Tarifkundenverträge. [1] Unbeschadet des § 115 sind die §§ 10 und 11 des Energiewirtschaftsgesetzes vom 24. April 1998 (BGBl. I S. 730), das zuletzt durch Artikel 126 der Verordnung vom 25. November 2003 (BGBl. I S. 2304) geändert worden ist, sowie die Verordnung über Allgemeine Bedingungen für die Elektrizitätsversorgung von Tarifkunden vom 21. Juni 1979 (BGBl. I S. 684), zuletzt geändert durch Artikel 17 des Gesetzes vom 9. Dezember 2004 (BGBl. I S. 3214), und die Verordnung über Allgemeine Bedingungen für die Gasversorgung von Tarifkunden vom 21. Juni 1979 (BGBl. I S. 676), zuletzt geändert durch Artikel 18 des Gesetzes vom 9. Dezember 2004 (BGBl. I S. 3214), auf bestehende Tarifkundenverträge, die nicht mit Haushaltskunden im Sinne dieses Gesetzes abgeschlossen worden sind, bis zur Beendigung der bestehenden Verträge weiter anzuwenden. [2] Bei Änderungen dieser Verträge und bei deren Neuabschluss gelten die Bestimmungen dieses Gesetzes sowie der auf Grund dieses Gesetzes erlassenen Rechtsverordnungen.

§ 117 Konzessionsabgaben für die Wasserversorgung. Für die Belieferung von Letztverbrauchern im Rahmen der öffentlichen Wasserversorgung gilt § 48 entsprechend.

[1)] **Habersack Nr. 20.**

§ 117a[1] **Regelung bei Stromeinspeisung in geringem Umfang.** [1] Betreiber

1. von Anlagen im Sinne des § 3 Nummer 1 des Erneuerbare-Energien-Gesetzes[2] mit einer elektrischen Leistung von bis zu 500 Kilowatt oder
2. von Anlagen im Sinne des § 2 Nummer 14 des Kraft-Wärme-Kopplungsgesetzes[3] mit einer elektrischen Leistung von bis zu 500 Kilowatt,

die nur deswegen als Energieversorgungsunternehmen gelten, weil sie Elektrizität nach den Vorschriften des Erneuerbare-Energien-Gesetzes oder des Kraft-Wärme-Kopplungsgesetzes in ein Netz einspeisen oder im Sinne des § 3 Nummer 16 direkt vermarkten, sind hinsichtlich dieser Anlagen von den Bestimmungen des § 10 Abs. 1 ausgenommen. [2] Mehrere Anlagen zur Erzeugung von Strom aus solarer Strahlungsenergie gelten unabhängig von den Eigentumsverhältnissen und ausschließlich zum Zweck der Ermittlung der elektrischen Leistung im Sinne des Satzes 1 Nummer 1 als eine Anlage, wenn sie sich auf demselben Grundstück oder sonst in unmittelbarer räumlicher Nähe befinden und innerhalb von zwölf aufeinanderfolgenden Kalendermonaten in Betrieb genommen worden sind. [3] Satz 1 gilt nicht, wenn der Betreiber ein vertikal integriertes Unternehmen ist oder im Sinne des § 3 Nr. 38 mit einem solchen verbunden ist. [4] Bilanzierungs-, Prüfungs- und Veröffentlichungspflichten aus sonstigen Vorschriften bleiben unberührt. [5] Mehrere Anlagen im Sinne des Satzes 1 Nr. 1 und 2, die unmittelbar an einem Standort miteinander verbunden sind, gelten als eine Anlage, wobei die jeweilige elektrische Leistung zusammenzurechnen ist.

§ 117b[4] **Verwaltungsvorschriften.** Die Bundesregierung erlässt mit Zustimmung des Bundesrates allgemeine Verwaltungsvorschriften über die Durchführung der Verfahren nach den §§ 43 bis 43d sowie 43f und 43g, insbesondere über

1. die Vorbereitung des Verfahrens,
2. den behördlichen Dialog mit dem Vorhabenträger und der Öffentlichkeit,
3. die Festlegung des Prüfungsrahmens,
4. den Inhalt und die Form der Planunterlagen,
5. die Einfachheit, Zweckmäßigkeit und Zügigkeit der Verfahrensabläufe und der vorzunehmenden Prüfungen,
6. die Durchführung des Anhörungsverfahrens,
7. die Einbeziehung der Umweltverträglichkeitsprüfung in das Verfahren,
8. die Beteiligung anderer Behörden und
9. die Bekanntgabe der Entscheidung.

§ 118[5] **Übergangsregelungen.** (1) (weggefallen)

---

[1] § 117a eingef. mWv 26.8.2009 durch G v. 21.8.2009 (BGBl. I S. 2870); Satz 1 abschl. Satzteil geänd., Satz 2 eingef., bish. Sätze 2–4 werden Sätze 3–5 mWv 1.1.2012 durch G v. 28.7.2011 (BGBl. I S. 1634); Satz 1 Nr. 1, abschl. Satzteil geänd. mWv 1.8.2014 durch G v. 21.7.2014 (BGBl. I S. 1066); Satz 1 Nr. 2 geänd. mWv 1.1.2016 durch G v. 21.12.2015 (BGBl. I S. 2498); Satz 1 Nr. 1, abschl. Satzteil geänd. mWv 1.1.2017 durch G v. 13.10.2016 (BGBl. I S. 2258).

[2] **Sartorius ErgBd. Nr. 833.**

[3] **Sartorius ErgBd. Nr. 834.**

[4] § 117b eingef. mWv 5.8.2011 durch G v. 28.7.2011 (BGBl. I S. 1690).

[5] § 118 Abs. 7 und 8 angef. mWv 17.12.2006 durch G v. 9.12.2006 (BGBl. I S. 2833); Abs. 7 geänd. mWv 1.1.2009 durch G v. 25.10.2008 (BGBl. I S. 2074); Abs. 1–4 aufgeh., bish. Abs. 5–8 werden Abs. 1–4 mWv 1.11.2008 durch G v. 25.10.2008 (BGBl. I S. 2101); Abs. 5–7 angef. mWv 26.8.2009 durch G v. 21.8.2009 (BGBl. I S. 2870); Abs. 4 Satz 2 angef., Abs. 7 neu gef., Abs. 8–11 angef. mWv 4.8.2011 durch G v. 26.7.2011 (BGBl. I S. 1554); Abs. 3 aufgeh., bish. Abs. 4–11 werden Abs. 3–10, Abs. 11 →

(2) (weggefallen)

(3) (weggefallen)

(4) (weggefallen)

(5) (weggefallen)

(6) [1] Nach dem 31. Dezember 2008 neu errichtete Anlagen zur Speicherung elektrischer Energie, die ab 4. August 2011,[1)] innerhalb von 15 Jahren in Betrieb genommen werden, sind für einen Zeitraum von 20 Jahren ab Inbetriebnahme hinsichtlich des Bezugs der zu speichernden elektrischen Energie von den Entgelten für den Netzzugang freigestellt. [2] Pumpspeicherkraftwerke, deren elektrische Pump- oder Turbinenleistung nachweislich um mindestens 7,5 Prozent oder deren speicherbare Energiemenge nachweislich um mindestens 5 Prozent nach dem 4. August 2011 erhöht wurden, sind für einen Zeitraum von zehn Jahren ab Inbetriebnahme hinsichtlich des Bezugs der zu speichernden elektrischen Energie von den Entgelten für den Netzzugang freigestellt. [3] Die Freistellung nach Satz 1 wird nur gewährt, wenn die elektrische Energie zur Speicherung in einem elektrischen, chemischen, mechanischen oder physikalischen Stromspeicher aus einem Transport- oder Verteilernetz entnommen und die zur Ausspeisung zurückgewonnene elektrische Energie zeitlich verzögert wieder in dasselbe Netz eingespeist wird. [4] Die Freistellung nach Satz 2 setzt voraus, dass auf Grund vorliegender oder prognostizierter Verbrauchsdaten oder auf Grund technischer oder vertraglicher Gegebenheiten offensichtlich ist, dass der Höchstlastbeitrag der Anlage vorhersehbar erheblich von der zeitgleichen Jahreshöchstlast aller Entnahmen aus dieser Netz- oder Umspannebene abweicht. [5] Sie erfolgt durch Genehmigung in entsprechender Anwendung der verfahrensrechtlichen Vorgaben nach § 19 Absatz 2 Satz 3 bis 5 und 8 bis 10 der Stromnetzentgeltverordnung. [6] Als Inbetriebnahme gilt der erstmalige Bezug von elektrischer Energie für den Probebetrieb, bei bestehenden Pumpspeicherkraftwerken der erstmalige Bezug nach Abschluss der Maßnahme zur Erhöhung der elektrischen Pump- oder Turbinenleistung und der

(Fortsetzung der Anm. von voriger Seite)
angef. mWv 5.8.2011 durch G v. 28.7.2011 (BGBl. I S. 1690); Abs. 9 Satz 2 geänd. mWv 1.4.2012 durch G v. 22.12.2011 (BGBl. I S. 3044); Abs. 6 Satz 2 geänd., Satz 3 neu gef., Abs. 12 angef. mWv 28.12.2012 durch G v. 20.12.2012 (BGBl. I S. 2730); Abs. 2 neu gef. mWv 5.3.2013 durch G v. 21.2.2013 (BGBl. I S. 346); Abs. 13 angef. mWv 10.10.2013 durch G v. 4.10.2013 (BGBl. I S. 3746); Abs. 9 aufgeh., Abs. 12 geänd., Abs. 13 und 14 eingef., bish. Abs. 13 wird Abs. 15 mWv 1.8.2014 durch G v. 21.7.2014 (BGBl. I S. 1066); Abs. 16 und 17 angef. mWv 1.1.2016 durch G v. 10.12.2015 (BGBl. I S. 2194); Abs. 9 neu gef., Abs. 18 angef. mWv 30.7.2016 durch G v. 26.7.2016 (BGBl. I S. 1786); Abs. 16 neu gef., Abs. 19 angef. mWv 19.10.2016, Abs. 13 Sätze 1 und 2, Abs. 14 geänd., Abs. 20–22 angef. mWv 1.1.2017 durch G v. 13.10.2016 (BGBl. I S. 2258); Abs. 23 (in BGBl. wohl irrtümlich „Abs. 20") angef. mWv 3.2.2017 durch G v. 27.1.2017 (BGBl. I S. 130); Abs. 18 Satz 1 Nr. 1 und 2 geänd., Nr. 3 aufgeh., Abs. 20–22 neu gef., Abs. 23 und 24 angef. mWv 22.7.2017 durch G v. 17.7.2017 (BGBl. I S. 2503); Abs. 25 angef. mWv 21.12.2018 durch G v. 17.12.2018 (BGBl. I S. 2549); Abs. 5 Sätze 1 und 2 geänd., Abs. 26 angef. mWv 17.5.2019, Abs. 25a eingef. mWv 1.10.2021 durch G v. 13.5.2019 (BGBl. I S. 706); Abs. 6 Satz 7 neu gef. mWv 17.5.2019, Abs. 18 aufgeh. mWv 26.11.2019 durch G v. 20.11.2019 (BGBl. I S. 1719); Abs. 27 angef. mWv 12.12.2019 durch G v. 5.12.2019 (BGBl. I S. 2002); Abs. 25 Satz 1 einl. Satzteil geänd. mWv 29.5.2020 durch G v. 25.5.2020 (BGBl. I S. 1070); Abs. 1–5 neu gef., Abs. 6 Sätze 9–11 angef., Abs. 7–11, 13, 14, 16, 17 und 19 neu gef., Abs. 22 Satz 3, Abs. 28–34 angef. mWv 27.7.2021 durch G v. 16.7.2021 (BGBl. I S. 3026); Abs. 35 angef. mWv 1.8.2022 durch G v. 5.7.2021 (BGBl. I S. 3338); Abs. 36 angef. mWv 30.4.2022 durch G v. 26.4.2022 (BGBl. I S. 674); Abs. 37–40 angef. mWv 28.5.2022 durch G v. 23.5.2022 (BGBl. I S. 747); Abs. 46 angef. mWv 12.7.2022 durch G v. 8.7.2022 (BGBl. I S. 1054); Abs. 22 Satz 1 geänd., Abs. 41–45 angef. mWv 29.7.2022 durch G v. 19.7.2022 (BGBl. I S. 1214); Abs. 47 angef. mWv 1.1.2023 durch G v. 20.7.2022 (BGBl. I S. 1325); Abs. 46a–46c angef. mWv 13.10.2022 durch G v. 8.10.2022 (BGBl. I S. 1726).

[1)] Zeichensetzung amtlich.

speicherbaren Energiemenge. [7]Die Sätze 2 und 3 sind nicht für Anlagen anzuwenden, in denen durch Wasserelektrolyse Wasserstoff erzeugt oder in denen Gas oder Biogas durch wasserelektrolytisch erzeugten Wasserstoff und anschließende Methanisierung hergestellt worden ist. [8]Diese Anlagen sind zudem von den Einspeiseentgelten in das Gasnetz, an das sie angeschlossen sind, befreit. [9]Die Betreiber von Übertragungsnetzen haben ab dem 1. Januar 2023 nachgelagerten Betreibern von Elektrizitätsverteilernetzen entgangene Erlöse zu erstatten, die aus der Freistellung von den Entgelten für den Netzzugang von Anlagen nach Satz 7 resultieren, soweit sie durch Wasserelektrolyse Wasserstoff erzeugen. [10]Satz 9 ist für nach dem 1. Januar 2023 neu errichtete Anlagen nur anzuwenden, wenn der zuständige Betreiber von Übertragungsnetzen dem Anschluss der Anlage an das Verteilernetz zugestimmt hat. [11]§ 19 Absatz 2 Satz 14 und 15 der Stromnetzentgeltverordnung ist für die Zahlungen nach Satz 9 entsprechend anzuwenden.

(7) (weggefallen)

(8) (weggefallen)

(9) (weggefallen)

(10) (weggefallen)

(11) (weggefallen)

(12) Auf Windenergieanlagen auf See, die bis zum 29. August 2012 eine unbedingte oder eine bedingte Netzanbindungszusage erhalten haben und im Falle der bedingten Netzanbindungszusage spätestens zum 1. September 2012 die Voraussetzungen für eine unbedingte Netzanbindungszusage nachgewiesen haben, ist § 17 Absatz 2a und 2b in der bis zum 28. Dezember 2012 geltenden Fassung anzuwenden.

(13) (weggefallen)

(14) (weggefallen)

(15) Für § 6c in der durch das Gesetz zur Änderung des Handelsgesetzbuchs vom 4. Oktober 2013 (BGBl. I S. 3746) geänderten Fassung gilt Artikel 70 Absatz 3 des Einführungsgesetzes zum Handelsgesetzbuch[1)] entsprechend.

(16) (weggefallen)

(17) (weggefallen)

(18) *(aufgehoben)*

(19) (weggefallen)

(20) [1]Der Offshore-Netzentwicklungsplan für das Zieljahr 2025 enthält alle Maßnahmen, die erforderlich sind, um einen hinreichenden Wettbewerb unter den bestehenden Projekten im Rahmen der Ausschreibung nach § 26 des Windenergie-auf-See-Gesetzes zu gewährleisten. [2]Der Offshore-Netzentwicklungsplan für das Zieljahr 2025 soll für die Ostsee die zur Erreichung der in § 27 Absatz 3 und 4 des Windenergie-auf-See-Gesetzes festgelegten Menge erforderlichen Maßnahmen mit einer geplanten Fertigstellung ab dem Jahr 2021 vorsehen, jedoch eine Übertragungskapazität von 750 Megawatt insgesamt nicht überschreiten. [3]Der Offshore-Netzentwicklungsplan für das Zieljahr 2025 soll für die Nordsee die zur Erreichung der Verteilung nach § 27 Absatz 4 des Windenergie-auf-See-Gesetzes erforderlichen Maßnahmen mit einer geplanten Fertigstellung ab dem Jahr 2022 vorsehen.

[1)] **Habersack Nr. 50a.**

(21) Für Windenergieanlagen auf See, die eine unbedingte Netzanbindungszusage nach Absatz 12 oder eine Kapazitätszuweisung nach § 17d Absatz 3 Satz 1 in der am 31. Dezember 2016 geltenden Fassung erhalten haben, sind die §§ 17d und 17e in der am 31. Dezember 2016 geltenden Fassung anzuwenden.

(22) [1] § 13 Absatz 6a ist nach dem 30. Juni 2023 nicht mehr anzuwenden. [2] Zuvor nach § 13 Absatz 6a geschlossene Verträge laufen bis zum Ende der vereinbarten Vertragslaufzeit weiter. [3] Nach § 13 Absatz 6a in der Fassung bis zum 27. Juli 2021 geschlossene Verträge laufen bis zum Ende der vereinbarten Vertragslaufzeit weiter.

(23) § 47 ist auf Verfahren zur Vergabe von Wegenutzungsrechten zur leitungsgebundenen Energieversorgung, in denen am 3. Februar 2017 von der Gemeinde bereits Auswahlkriterien samt Gewichtung im Sinne des § 46 Absatz 4 Satz 4 bekannt gegeben wurden, mit der Maßgabe anwendbar, dass die in § 47 Absatz 2 Satz 1 bis 3 genannten Fristen mit Zugang einer Aufforderung zur Rüge beim jeweiligen Unternehmen beginnen.

(24) § 17f Absatz 5 Satz 2 darf erst nach der beihilferechtlichen Genehmigung durch die Europäische Kommission und für die Dauer der Genehmigung angewendet werden.

(25) [1] Stromerzeugungsanlagen im Sinne der Verordnung (EU) 2016/631 sind als bestehend anzusehen, sofern sie bis zum 31. Dezember 2020 in Betrieb genommen wurden und für sie vor dem 27. April 2019

1. eine Baugenehmigung oder eine Genehmigung nach dem Bundes-Immissionsschutzgesetz[1)] erteilt wurde oder
2. der Anschluss an das Netz begehrt wurde und eine Baugenehmigung oder eine Genehmigung nach dem Bundes-Immissionsschutzgesetz nicht erforderlich ist.

[2] Der Betreiber der Anlage kann auf die Einstufung als Bestandsanlage verzichten. [3] Der Verzicht ist schriftlich gegenüber dem Netzbetreiber zu erklären.

(25a) [1] Auf Maßnahmen nach § 13 Absatz 1, die vor dem 1. Oktober 2021 durchgeführt worden sind, ist § 13a in der bis zum 30. September 2021 geltenden Fassung anzuwenden. [2] Für Anlagen nach § 3 Nummer 1 des Erneuerbare-Energien-Gesetzes[2)], die nach dem am 31. Dezember 2011 geltenden Inbetriebnahmebegriff nach dem Erneuerbare-Energien-Gesetz vor dem 1. Januar 2012 in Betrieb genommen worden sind, und für KWK-Anlagen, die vor dem 1. Januar 2012 in Betrieb genommen worden sind, ist § 13a Absatz 2 Satz 3 Nummer 5 mit der Maßgabe anzuwenden, dass für die Bestimmung des angemessenen finanziellen Ausgleichs 100 Prozent der entgangenen Einnahmen anzusetzen sind.

(26) Bis zum 31. Dezember 2023 ist in dem Netzentwicklungsplan nach § 12b höchstens eine Testfeld-Anbindungsleitung mit einer Anschlusskapazität von höchstens 300 Megawatt erforderlich.

(27) Auf Anträge nach § 28a Absatz 3 Satz 1, die vor dem 12. Dezember 2019 bei der Regulierungsbehörde eingegangen sind, sind die bis zum Ablauf des 11. Dezember 2019 geltenden Vorschriften weiter anzuwenden.

(28) Die Verpflichtung nach § 14c Absatz 1 ist für die jeweilige Flexibilitätsdienstleistung ausgesetzt, bis die Bundesnetzagentur hierfür erstmals Spezifikationen nach § 14c Absatz 2 genehmigt oder nach § 14c Absatz 3 festgelegt hat.

[1)] Nr. **296**.
[2)] **Sartorius ErgBd. Nr. 833.**

(29) Bis zur erstmaligen Erstellung der Netzausbaupläne nach § 14d ab dem Jahr 2022 kann die Regulierungsbehörde von den nach § 14d verpflichteten Betreibern von Elektrizitätsverteilernetzen Netzausbaupläne nach § 14d Absatz 1 und 3 verlangen.

(30) Die Bundesnetzagentur soll eine Festlegung nach § 41d Absatz 3 erstmalig bis zum 31. Dezember 2022 erlassen.

(31) Die bundesweit einheitliche Festlegung von Methoden zur Bestimmung des Qualitätselements nach § 54 Absatz 3 Satz 3 Nummer 4 ist erstmals zum 1. Januar 2024 durchzuführen.

(32) § 6b Absatz 3 sowie die §§ 28k und 28l in der ab dem 27. Juli 2021 geltenden Fassung sind erstmals auf Jahresabschlüsse sowie Tätigkeitsabschlüsse für das nach dem 31. Dezember 2020 beginnende Geschäftsjahr anzuwenden.

(33) [1] Für besondere netztechnische Betriebsmittel, für die bis zum 30. November 2020 ein Vergabeverfahren begonnen wurde, ist § 11 Absatz 3 in der bis zum 27. Juli 2021 geltenden Fassung anzuwenden. [2] Satz 1 ist auch anzuwenden, wenn ein bereits vor dem 30. November 2020 begonnenes Vergabeverfahren aufgrund rechtskräftiger Entscheidung nach dem 30. November 2020 neu durchgeführt werden muss.

(34) [1] Ladepunkte, die von Betreibern von Elektrizitätsverteilernetzen bereits vor dem 27. Juli 2021 entwickelt, verwaltet oder betrieben worden sind, gelten bis zum 31. Dezember 2023 als aufgrund eines regionalen Marktversagens im Sinne von § 7c Absatz 2 Satz 1 genehmigt. [2] Betreiber von Elektrizitätsverteilernetzen haben ihre Tätigkeiten in Bezug auf diese Ladepunkte der Bundesnetzagentur in Textform bis zum 31. Dezember 2023 anzuzeigen und bis zum 31. Dezember 2023 einzustellen, wenn nicht die Bundesnetzagentur zuvor eine Genehmigung nach § 7c Absatz 2 erteilt hat. [3] Der Zugang zu diesen Ladepunkten ist Dritten zu angemessenen und diskriminierungsfreien Bedingungen zu gewähren.

(35) [1] § 6b Absatz 4 und § 6c Absatz 1 und 2 in der ab dem 1. August 2022 geltenden Fassung sind erstmals auf Rechnungslegungsunterlagen für das nach dem 31. Dezember 2021 beginnende Geschäftsjahr anzuwenden. [2] Die in Satz 1 bezeichneten Vorschriften in der bis einschließlich 31. Juli 2022 geltenden Fassung sind letztmals anzuwenden auf Rechnungslegungsunterlagen für das vor dem 1. Januar 2022 beginnende Geschäftsjahr.

(36) [1] § 35b Absatz 6 ist auf Nutzungsverträge zwischen Betreibern und Nutzern von Gasspeicheranlagen, die vor dem 30. April 2022 geschlossen wurden und keine Bestimmungen nach § 35b Absatz 6 enthalten, erst nach dem 14. Juli 2022 anzuwenden. [2] Stimmt der Nutzer der Gasspeicheranlage der Aufnahme von Bestimmungen nach § 35b Absatz 6 in den Vertrag bis zum 1. Juli 2022 nicht zu, kann der Betreiber den Vertrag ohne Einhaltung einer Frist kündigen.

(37) [1] Grundversorger sind verpflichtet, zum 1. Juli 2022 ihre Allgemeinen Preise für die Versorgung in Niederspannung nach § 36 Absatz 1 Satz 1 und für die Ersatzversorgung in Niederspannung nach § 38 Absatz 1 Satz 2 vor Umsatzsteuer um den Betrag zu mindern, um den die Umlage nach § 60 Absatz 1 des Erneuerbare-Energien-Gesetzes gemäß § 60 Absatz 1a des Erneuerbare-Energien-Gesetzes zum 1. Juli 2022 gesenkt wird. [2] § 41 Absatz 6 ist anzuwenden. [3] Eine öffentliche Bekanntmachung ist nicht erforderlich; es genügt eine Veröffentlichung auf der Internetseite des Grundversorgers.

(38) [1] Soweit die Umlage nach § 60 Absatz 1 des Erneuerbare-Energien-Gesetzes in die Kalkulation der Preise von Stromlieferverträgen außerhalb der Grundversorgung einfließt und dem Energielieferanten ein Recht zu einer Preisände-

rung, das den Fall einer Änderung dieser Umlage umfasst, zusteht, ist der Energielieferant verpflichtet, für diese Stromlieferverträge zum 1. Juli 2022 die Preise vor Umsatzsteuer um den Betrag zu mindern, um den die Umlage nach § 60 Absatz 1 des Erneuerbare-Energien-Gesetzes gemäß § 60 Absatz 1a des Erneuerbare-Energien-Gesetzes für den betreffenden Letztverbraucher zum 1. Juli 2022 gesenkt wird. [2] § 41 Absatz 6 ist anzuwenden. [3] Es wird vermutet, dass die Umlage nach § 60 Absatz 1 des Erneuerbare-Energien-Gesetzes in die Kalkulation der Preise eingeflossen ist, es sei denn, der Stromlieferant weist nach, dass dies nicht erfolgt ist.

(39) [1] Bei Stromlieferverträgen außerhalb der Grundversorgung, die nicht unter Absatz 38 fallen, ist der Energielieferant verpflichtet, die Preise vor Umsatzsteuer für den Zeitraum vom 1. Juli 2022 bis zum 31. Dezember 2022 um den Betrag pro Kilowattstunde zu mindern, um den die Umlage nach § 60 Absatz 1 des Erneuerbare-Energien-Gesetzes gemäß § 60 Absatz 1a des Erneuerbare-Energien-Gesetzes für den betreffenden Letztverbraucher zum 1. Juli 2022 gesenkt wird, sofern

1. die Umlage nach § 60 Absatz 1 des Erneuerbare-Energien-Gesetzes ein Kalkulationsbestandteil dieser Preise ist und
2. die Stromlieferverträge vor dem 23. Februar 2022 geschlossen worden sind.

[2] § 41 Absatz 6 ist entsprechend anzuwenden. [3] Es wird vermutet, dass die Umlage nach § 60 Absatz 1 des Erneuerbare-Energien-Gesetzes gemäß Satz 1 Nummer 1 Kalkulationsbestandteil ist, es sei denn, der Stromlieferant weist nach, dass dies nicht erfolgt ist. [4] Endet ein Stromliefervertrag vor dem 31. Dezember 2022, endet die Verpflichtung nach Satz 1 zu dem Zeitpunkt, an dem der bisherige Stromliefervertrag endet.

(40) [1] Sofern in den Fällen der Absätze 37 bis 39 zum 1. Juli 2022 keine Verbrauchsermittlung erfolgt, wird der für den ab dem 1. Juli 2022 geltenden Preis maßgebliche Verbrauch zeitanteilig berechnet, dabei sind jahreszeitliche Verbrauchsschwankungen auf der Grundlage der maßgeblichen Erfahrungswerte angemessen zu berücksichtigen. [2] Der Betrag, um den sich die Stromrechnung nach den Absätzen 37 bis 39 gemindert hat, ist durch den Energielieferanten in den Stromrechnungen transparent auszuweisen. [3] Eine zeitgleiche Preisanpassung aus einem anderen Grund in Verbindung mit einer Preisanpassung nach den Absätzen 37 bis 39 zum 1. Juli 2022 ist nicht zulässig; im Übrigen bleiben vertragliche Rechte der Energielieferanten zu Preisanpassungen unberührt.

(41) Bei der Prüfung und der Bestätigung des Netzentwicklungsplans nach den §§ 12b und 12c, der sich an die Genehmigung des am 10. Januar 2022 von den Betreibern von Übertragungsnetzen mit Regelzonenverantwortung vorgelegten Szenariorahmens anschließt, werden die erweiterten Betrachtungszeiträume im Sinne des § 12a Absatz 1 einbezogen.

(42) [1] § 10c Absatz 4 Satz 1 ist für die übrigen Beschäftigten des Unabhängigen Transportnetzbetreibers mit der Maßgabe anzuwenden, dass Beteiligungen an Unternehmensteilen des vertikal integrierten Unternehmens, die vor dem 3. März 2012 erworben wurden, bis zum Ablauf des 30. September 2025 zu veräußern sind. [2] Für Beteiligungen an Unternehmensteilen des vertikal integrierten Unternehmens im Sinne des § 3 Nummer 38, die ab dem 3. März 2012 durch die übrigen Beschäftigten erworben wurden und die solche Unternehmensteile betreffen, die erst mit Inkrafttreten der Anpassung von § 3 Nummer 38 am 29. Juli 2022 der Begriffsbestimmung des § 3 Nummer 38 unterfallen, ist die Frist zur Veräußerung nach Satz 1 entsprechend anzuwenden.

(43) § 13 Absatz 6b Satz 7 darf erst nach der beihilferechtlichen Genehmigung durch die Europäische Kommission und nur für die Dauer der Genehmigung angewendet werden.

(44) Grundversorger sind verpflichtet, die Allgemeinen Bedingungen und Allgemeinen Preise ihrer Grundversorgungsverträge, die am 28. Juli 2022 bestanden haben, spätestens bis zum 1. November 2022 an die ab dem 29. Juli 2022 geltenden Vorgaben nach § 36 anzupassen.

(45) § 21b Absatz 1 in der ab dem 29. Juli 2022 geltenden Fassung ist anzuwenden auf Jahresabschlüsse, Tätigkeitsabschlüsse und Konzernabschlüsse, die sich jeweils auf Geschäftsjahre mit einem nach dem 30. Dezember 2022 liegenden Abschlussstichtag beziehen.

(46) [1] Die Regulierungsbehörde kann für Unternehmen, die im Zusammenhang mit erheblich reduzierten Gesamtimportmengen nach Deutschland ihre Produktion aufgrund einer Verminderung ihres Gasbezuges reduzieren, durch Festlegung nach § 29 Absatz 1 bestimmen, dass für das Kalenderjahr 2022 ein Anspruch auf Weitergeltung der Vereinbarung individueller Netzentgelte nach § 19 Absatz 2 Satz 2 bis 4 der Stromnetzentgeltverordnung besteht, sofern

1. eine solche Vereinbarung bis zum 30. September 2021 bei der Regulierungsbehörde angezeigt worden und die angezeigte Vereinbarung rechtmäßig ist,
2. die Voraussetzungen für diese Vereinbarung im Kalenderjahr 2021 erfüllt worden sind und
3. die Alarmstufe oder Notfallstufe nach Artikel 8 Absatz 2 Buchstabe b und Artikel 11 Absatz 1 der Verordnung (EU) 2017/1938 des Europäischen Parlaments und des Rates vom 25. Oktober 2017 über Maßnahmen zur Gewährleistung der sicheren Gasversorgung und zur Aufhebung der Verordnung (EU) Nr. 994/2010 (ABl. L 280 vom 28.10.2017, S. 1), die durch die Delegierte Verordnung (EU) 2022/517 (ABl. L 104 vom 1.4.2022, S. 53) geändert worden ist, in Verbindung mit dem Notfallplan Gas des Bundesministeriums für Wirtschaft und Energie vom September 2019, der auf der Internetseite des Bundesministeriums für Wirtschaft und Klimaschutz veröffentlicht ist, ausgerufen worden ist.

[2] Wird im Fall einer Festlegung nach Satz 1 der Anspruch geltend gemacht, ist für die tatsächliche Erfüllung der Voraussetzungen eines solchen individuellen Netzentgeltes auf das Kalenderjahr 2021 abzustellen. [3] Die Regulierungsbehörde kann in der Festlegung nach Satz 1 insbesondere auch vorgeben, wie Unternehmen eine Verminderung ihres Gasbezugs als Voraussetzung zur Weitergeltung der Vereinbarung individueller Netzentgelte nachzuweisen haben.

(46a) [1] Um die Flexibilisierung der Netznutzung zu fördern, kann die Regulierungsbehörde durch Festlegung nach § 29 Absatz 1 für den Zeitraum bis zum 31. Dezember 2023 Regelungen zu den Sonderfällen der Netznutzung und den Voraussetzungen für die Vereinbarung individueller Entgelte für den Netzzugang treffen, die von einer Rechtsverordnung nach § 24 abweichen oder eine Rechtsverordnung nach § 24 ergänzen. [2] Im Rahmen einer Festlegung nach Satz 1 kann die Regulierungsbehörde insbesondere

1. die Methoden zur Ermittlung sachgerechter individueller Netzentgelte näher ausgestalten und
2. die Voraussetzungen anpassen oder ergänzen, unter denen im Einzelfall individuelle Entgelte für den Netzzugang vorgesehen werden können.

[3] Voraussetzungen nach Satz 2 Nummer 2 können insbesondere auch auf eine von den Unternehmen bei ihrem Strombezug zu erreichende Benutzungsstundenzahl bezogen sein sowie Vorgaben dazu sein, wie bei der Bemessung oder Ermittlung einer erforderlichen Benutzungsstundenzahl eine Teilnahme von Unternehmen am Regelleistungsmarkt oder eine Reduzierung ihres Strombezugs bei einer in der Festlegung bestimmten Preishöhe am börslichen Großhandelsmarkt für Strom zu berücksichtigen ist. [4] Sofern eine Vereinbarung über individuelle Netzentgelte bis zum 30. September 2021 oder bis zum 30. September 2022 bei der Regulierungsbehörde angezeigt wurde, die angezeigte Vereinbarung rechtmäßig ist und die Voraussetzungen der Vereinbarung im Jahr 2021 oder 2022 erfüllt worden sind, darf die Regulierungsbehörde nicht zu Lasten der betroffenen Unternehmen von den Voraussetzungen abweichen. [5] Sonstige Festlegungsbefugnisse, die sich für die Regulierungsbehörde aus einer Rechtsverordnung nach § 24 ergeben, bleiben unberührt.

(46b) Abweichend von § 23a Absatz 3 Satz 1 können Entgelte für den Zugang zu im Jahr 2022 oder im Jahr 2023 neu errichtete oder neu zu errichtende LNG-Anlagen von dem Betreiber dieser Anlagen auch weniger als sechs Monate vor dem Zeitpunkt, zu dem die Entgelte wirksam werden sollen, beantragt werden, sofern die Regulierungsbehörde das Verfahren nach § 23a voraussichtlich in weniger als sechs Monaten abschließen kann und die Regulierungsbehörde den Betreiber darüber schriftlich oder elektronisch informiert.

(46c) Auf Planfeststellungsverfahren von Offshore-Anbindungsleitungen nach § 43 Absatz 1 Satz 1 Nummer 2 und 4, für die der Antrag auf Planfeststellung vor dem 13. Oktober 2022 gestellt wurde, ist § 43b Absatz 2 nicht anzuwenden.

(47) Auf Zuschläge, die in den Jahren 2021 und 2022 nach § 23 des Windenergie-auf-See-Gesetzes in der Fassung vom 10. Dezember 2020 erteilt wurden, ist das Energiewirtschaftsgesetz in der am 31. Dezember 2022 geltenden Fassung anzuwenden.

§ 118a[1)] Regulatorische Rahmenbedingungen für LNG-Anlagen; Verordnungsermächtigung und Subdelegation. [1] Das Bundesministerium für Wirtschaft und Klimaschutz wird ermächtigt, durch Rechtsverordnung, die nicht der Zustimmung des Bundesrates bedarf, Regelungen zu erlassen zu

1. den Rechten und Pflichten eines Betreibers von ortsfesten oder ortsungebundenen LNG-Anlagen,
2. den Bedingungen für den Zugang zu ortsfesten oder ortsungebundenen LNG-Anlagen, den Methoden zur Bestimmung dieser Bedingungen, den Methoden zur Bestimmung der Entgelte für den Zugang zu ortsfesten oder ortsungebundenen LNG-Anlagen,
3. der Ermittlung der Kosten des Anlagenbetriebs und
4. der Anwendbarkeit der Anreizregulierung nach § 21a.

[2] Das Bundesministerium für Wirtschaft und Klimaschutz kann die Ermächtigung nach Satz 1 durch Rechtsverordnung auf die Bundesnetzagentur übertragen. [3] Die Sätze 1 und 2 treten mit Ablauf des 31. Dezember 2027 außer Kraft.

§ 118b[2)] *(aufgehoben)*

[1)] § 118a eingef. mWv 13.10.2022 durch G v. 8.10.2022 (BGBl. I S. 1726).
[2)] § 118b aufgeh. mWv 27.7.2021 durch G v. 16.7.2021 (BGBl. I S. 3026).

§ 119[1] Verordnungsermächtigung für das Forschungs- und Entwicklungsprogramm „Schaufenster intelligente Energie – Digitale Agenda für die Energiewende". (1) [1] Die Bundesregierung wird ermächtigt, durch Rechtsverordnung ohne Zustimmung des Bundesrates für Teilnehmer an dem von der Bundesregierung geförderten Forschungs- und Entwicklungsprogramm „Schaufenster intelligente Energie – Digitale Agenda für die Energiewende" Regelungen zu treffen, die von den in Absatz 2 Nummer 1 bis 3 genannten Vorschriften abweichen oder Zahlungen im Rahmen dieser Vorschriften erstatten. [2] Die Regelungen dürfen in folgenden Fällen getroffen werden:

1. im Fall von Maßnahmen zur Gewährleistung der Sicherheit oder Zuverlässigkeit des Elektrizitätsversorgungssystems nach § 13 Absatz 1 bis 2 und § 14 Absatz 1,

(Fortsetzung nächstes Blatt)

[1] § 119 angef. mWv 1.1.2017 durch G v. 22.12.2016 (BGBl. I S. 3106); Abs. 1 Satz 2 Nr. 1 und 2 geänd., Abs. 1a eingef. mWv 1.10.2021 durch G v. 13.5.2019 (BGBl. I S. 706); Abs. 4 Nr. 5 geänd. mWv 29.7.2022 durch G v. 19.7.2022 (BGBl. I S. 1214).

845. Gesetz zur Ordnung des Wasserhaushalts (Wasserhaushaltsgesetz – WHG) [1) 2) 3) 4)]

Vom 31. Juli 2009
(BGBl. I S. 2585)

FNA 753-13

geänd. durch Art. 12 G zur Umsetzung der DienstleistungsRL auf dem Gebiet des Umweltrechts sowie zur Änd. umweltrechtlicher Vorschriften v. 11.8.2010 (BGBl. I S. 1163), Art. 1 G zur Umsetzung der Meeresstrategie-RahmenRL sowie zur Änd. des WaStrG und des KrW-/AbfG v. 6.10.2011 (BGBl. I S. 1986), Art. 2 Abs. 67 G zur Änd. von Vorschriften über Verkündung und Bekanntmachungen sowie der ZPO, des EGZPO und der AO v. 22.12.2011 (BGBl. I S. 3044), Art. 5 Abs. 9 G zur Neuordnung des Kreislaufwirtschafts- und Abfallrechts v. 24.2.2012 (BGBl. I S. 212), Art. 3 G zur Anpassung des BauproduktenG und weiterer Rechtsvorschriften an die VO (EU) Nr. 305/2011 zur Festlegung harmonisierter Bedingungen für die Vermarktung von Bauprodukten v. 5.12.2012 (BGBl. I S. 2449), Art. 6 G zur Änd. des Umwelt-RechtsbehelfsG und anderer umweltrechtlicher Vorschriften v. 21.1.2013 (BGBl. I S. 95), Art. 2 G zur Umsetzung der RL über Industrieemissionen v. 8.4.2013 (BGBl. I S. 734), Art. 2 Abs. 100, Art. 4 Abs. 76 G zur Strukturreform des Gebührenrechts des Bundes v. 7.8.2013 (BGBl. I S. 3154, geänd. durch G v. 18.7.2016, BGBl. I S. 1666), Art. 2 G zur Änd. des UmweltstatistikG und des WasserhaushaltsG v. 15.11.2014 (BGBl. I S. 1724), Art. 320 Zehnte ZuständigkeitsanpassungsVO v. 31.8. 2015 (BGBl. I S. 1474), Art. 1 G zur Änd. des WasserhaushaltsG zur Einführung von Grundsätzen für die Kosten von Wasserdienstleistungen und Wassernutzungen sowie zur Änd. des AbwasserabgabenG v. 11.4. 2016 (BGBl. I S. 745), Art. 12 WSV-ZuständigkeitsanpassungsG v. 24.5.2016 (BGBl. I S. 1217), Art. 4 Abs. 73 G zur Aktualisierung der Strukturreform des Gebührenrechts des Bundes v. 18.7.2016 (BGBl. I S. 1666), Art. 3 G zur Änd. berg-, umweltschadens- und wasserrechtlicher Vorschriften zur Umsetzung der RL 2013/30/EU über die Sicherheit von Offshore-Erdöl- und -Erdgasaktivitäten v. 21.7.2016 (BGBl. I S. 1764), Art. 4 G zur Änd. des UmweltstatistikG, des HochbaustatistikG sowie bestimmter

---

[1)] **Amtl. Anm.:** Dieses Gesetz dient der Umsetzung der
- Richtlinie 80/68/EWG des Rates vom 17. Dezember 1979 über den Schutz des Grundwassers gegen Verschmutzung durch bestimmte gefährliche Stoffe (ABl. L 20 vom 26.1.1980, S. 43), die durch die Richtlinie 2000/60/EG (ABl. L 327 vom 22.12.2000, S. 1) geändert worden ist,
- Richtlinie 91/271/EWG des Rates vom 21. Mai 1991 über die Behandlung von kommunalem Abwasser (ABl. L 135 vom 30.5.1991, S. 40), die zuletzt durch die Verordnung (EG) Nr. 1137/2008 (ABl. L 311 vom 21.11.2008, S. 1) geändert worden ist,
- Richtlinie 2000/60/EG des Europäischen Parlaments und des Rates vom 23. Oktober 2000 zur Schaffung eines Ordnungsrahmens für Maßnahmen der Gemeinschaft im Bereich der Wasserpolitik (ABl. L 327 vom 22.12.2000, S. 1), die zuletzt durch die Richtlinie 2008/105/EG (ABl. L 348 vom 24.12.2008, S. 84) geändert worden ist,
- Richtlinie 2004/35/EG des Europäischen Parlaments und des Rates vom 21. April 2004 über Umwelthaftung zur Vermeidung und Sanierung von Umweltschäden (ABl. L 143 vom 30.4.2004, S. 56), die durch die Richtlinie 2006/21/EG (ABl. L 102 vom 11.4.2006, S. 15) geändert worden ist,
- Richtlinie 2006/11/EG des Europäischen Parlaments und des Rates vom 15. Februar 2006 betreffend die Verschmutzung infolge der Ableitung bestimmter gefährlicher Stoffe in die Gewässer der Gemeinschaft (ABl. L 64 vom 4.3.2006, S. 52),
- Richtlinie 2006/118/EG des Europäischen Parlaments und des Rates vom 12. Dezember 2006 zum Schutz des Grundwassers vor Verschmutzung und Verschlechterung (ABl. L 372 vom 27.12.2006, S. 19, L 53 vom 22.2.2007, S. 30, L 139 vom 31.5.2007, S. 39),
- Richtlinie 2007/60/EG des Europäischen Parlaments und des Rates vom 23. Oktober 2007 über die Bewertung und das Management von Hochwasserrisiken (ABl. L 288 vom 6.11.2007, S. 27).

[2)] **Amtl. Anm.:** Die Verpflichtungen aus der Richtlinie 98/34/EG des Europäischen Parlaments und des Rates vom 22. Juni 1998 über ein Informationsverfahren auf dem Gebiet der Normen und technischen Vorschriften und der Vorschriften für die Dienste der Informationsgesellschaft (ABl. L 204 vom 21.7.1998, S. 37), die zuletzt durch die Richtlinie 2006/96/EG (ABl. L 363 vom 20.12.2006, S. 81) geändert worden ist, sind beachtet worden.

[3)] Verkündet als Art. 1 des G zur Neuregelung des Wasserrechts v. 31.7.2009 (BGBl. I S. 2585); Inkrafttreten gem. Art. 24 Abs. 2 Satz 1 dieses G am 1.3.2010 mit Ausnahme der §§ 23, 48 Abs. 1 Satz 2 und Abs. 2 Satz 3, § 57 Abs. 2, § 58 Abs. 1 Satz 2, § 61 Abs. 3, § 62 Abs. 4 und 7 Satz 2 und § 63 Abs. 2 Satz 2, die gem. Art. 24 Abs. 1 bereits am 7.8.2009 in Kraft getreten sind.

[4)] Zu abweichendem Landesrecht siehe:

immissionsschutz- und wasserrechtlicher Vorschriften v. 26.7.2016 (BGBl. I S. 1839), Art. 1 G zur Änd. wasser- und naturschutzrechtlicher Vorschriften zur Untersagung und zur Risikominimierung bei den Verfahren der Fracking-Technologie v. 4.8.2016 (BGBl. I S. 1972), Art. 122 G zum Abbau verzichtbarer Anordnungen der Schriftform im Verwaltungsrecht des Bundes v. 29.3.2017 (BGBl. I S. 626), Art. 1 HochwasserschutzG II v. 30.6.2017 (BGBl. I S. 2193), Art. 1 G zur Einführung einer wasserrechtlichen Genehmigung für Behandlungsanlagen für Deponiesickerwasser, zur Änd. der Vorschriften zur Eignungsfeststellung für Anlagen zum Lagern, Abfüllen oder Umschlagen wassergefährdender Stoffe und zur Änd. des Bundes-ImmissionsschutzG v. 18.7.2017 (BGBl. I S. 2771), Art. 2 G zur Beschränkung des marinen Geo-Engineerings v. 4.12.2018 (BGBl. I S. 2254), Art. 253 Elfte ZuständigkeitsanpassungsVO v. 19.6. 2020 (BGBl. I S. 1328), Art. 1 Erstes G zur Änd. des WasserhaushaltsG v. 19.6.2020 (BGBl. I S. 1408), Art. 2 G über den wasserwirtschaftlichen Ausbau an Bundeswasserstraßen zur Erreichung der Bewirtschaftungsziele der WasserrahmenRL v. 2.6.2021 (BGBl. I S. 1295), Art. 3 G zur Umsetzung von Vorgaben der EinwegkunststoffRL und der AbfallrahmenRL im VerpackungsG und in anderen Gesetzen v. 9.6.2021 (BGBl. I S. 1699), Art. 2 G zur Umsetzung von Vorgaben der RL (EU) 2018/2001 für Zulassungsverfahren nach dem Bundes-ImmissionsschutzG, dem WasserhaushaltsG und dem BundeswasserstraßenG v. 18.8.2021 (BGBl. I S. 3901) und Art. 12 G zu Sofortmaßnahmen für einen beschleunigten Ausbau der erneuerbaren Energien und weiteren Maßnahmen im Stromsektor v. 20.7.2022 (BGBl. I S. 1237)

Zum WHG wurden ua folgende Vorschriften erlassen:

- Abwasserverordnung – AbwV **(Sartorius ErgBd. Nr. 845a)**
- VO über Anlagen zum Umgang mit wassergefährdenden Stoffen – AwSV v. 18.4.2017 (BGBl. I S. 905), geänd. durch VO v. 19.6.2020 (BGBl. I S. 1328)
- Grundwasserverordnung – GrwV **(Sartorius ErgBd. Nr. 845b)**
- Oberflächengewässerverordnung – OGewV v. 20.6.2016 (BGBl. I S. 1373), zuletzt geänd. durch G v. 9.12.2020 (BGBl. I S. 2873)
- Industriekläranlagen-Zulassungs- und Überwachungsverordnung – IZÜV v. 2.5.2013 (BGBl. I S. 973, 1011, ber. S. 3756), zuletzt geänd. durch G v. 9.12.2020 (BGBl. I S. 2873)
- Deponieverordnung – DepV **(Sartorius ErgBd. Nr. 298h)**
- VO über Anlagen zur biologischen Behandlung von Abfällen – 30. BImSchV **(Sartorius ErgBd. Nr. 296/30)**

Zum WHG haben die Länder folgende Vorschriften erlassen:

- **Baden-Württemberg:** WasserG v. 3.12.2013 (GBl. S. 389), zuletzt geänd. durch G v. 17.12.2020 (GBl. S. 1233)
- **Bayern:** WasserG v. 25.2.2010 (GVBl. S. 66, 130), zuletzt geänd. durch G v. 9.11.2021 (GVBl. S. 608)
- **Berlin:** WasserG idF der Bek. v. 17.6.2005 (GVBl. S. 357, ber. 2006 S. 248, 2007 S. 48), zuletzt geänd. durch G v. 25.9.2019 (GVBl. S. 612)
- **Brandenburg:** WasserG idF der Bek. v. 2.3.2012 (GVBl. I Nr. 20), zuletzt geänd. durch G v. 4.12.2017 (GVBl. I Nr. 28)
- **Bremen:** WasserG v. 12.4.2011 (Brem.GBl. S. 262), zuletzt geänd. durch G v. 24.11.2020 (Brem.GBl. S. 1486)
- **Hamburg:** WasserG idF der Bek. v. 29.3.2005 (HmbGVBl. S. 97), zuletzt geänd. durch G v. 4.12.2012 (HmbGVBl. S. 510)
- **Hessen:** WasserG v. 14.12.2010 (GVBl. I S. 548), zuletzt geänd. durch G v. 30.9.2021 (GVBl. S. 602)
- **Mecklenburg-Vorpommern:** WasserG v. 30.11.1992 (GVOBl. M-V S. 669), zuletzt geänd. durch G v. 8.6.2021 (GVOBl. M-V S. 866)
- **Niedersachsen:** WasserG v. 19.2.2010 (Nds. GVBl. S. 64), zuletzt geänd. durch G v. 22.9.2022 (Nds. GVBl. S. 578)
- **Nordrhein-Westfalen:** LandeswasserG idF der Bek. v. 25.6.1995 (GV. NRW. S. 926), zuletzt geänd. durch G v. 17.12.2021 (GV. NRW. S. 1470)
- **Rheinland-Pfalz:** LandeswasserG v. 14.7.2015 (GVBl. S. 127), zuletzt geänd. durch G v. 8.4.2022 (GVBl. S. 118)
- **Saarland:** WasserG idF der Bek. v. 30.7.2004 (Amtsbl. S. 1994), zuletzt geänd. durch G v. 8.12.2021 (Amtsbl. I S. 2629)
- **Sachsen:** WasserG v. 12.7.2013 (SächsGVBl. S. 503), zuletzt geänd. durch G v. 9.2.2022 (SächsGVBl. S. 144)
- **Sachsen-Anhalt:** WasserG v. 16.3.2011 (GVBl. LSA S. 492), zuletzt geänd. durch G v. 7.7.2020 (GVBl. LSA S. 372)
- **Schleswig-Holstein:** LandeswasserG v. 13.11.2019 (GVOBl. Schl.-H. S. 425, 426), zuletzt geänd. durch G v. 3.5.2022 (GVOBl. Schl.-H. S. 562)
- **Thüringen:** WasserG v. 28.5.2019 (GVBl. S. 74), geänd. durch G v. 11.6.2020 (GVBl. S. 277)

---

§ 35 Wasserkraftnutzung. (1) Die Nutzung von Wasserkraft darf nur zugelassen werden, wenn auch geeignete Maßnahmen zum Schutz der Fischpopulation ergriffen werden.

(2) Entsprechen vorhandene Wasserkraftnutzungen nicht den Anforderungen nach Absatz 1, so sind die erforderlichen Maßnahmen innerhalb angemessener Fristen durchzuführen.

(3) [1] Die zuständige Behörde prüft, ob an Staustufen und sonstigen Querverbauungen, die am 1. März 2010 bestehen und deren Rückbau zur Erreichung der Bewirtschaftungsziele nach Maßgabe der §§ 27 bis 31 auch langfristig nicht vorgesehen ist, eine Wasserkraftnutzung nach den Standortgegebenheiten möglich ist. [2] Das Ergebnis der Prüfung wird der Öffentlichkeit in geeigneter Weise zugänglich gemacht.

§ 36[1)] Anlagen in, an, über und unter oberirdischen Gewässern.

(1) [1] Anlagen in, an, über und unter oberirdischen Gewässern sind so zu errichten, zu betreiben, zu unterhalten und stillzulegen, dass keine schädlichen Gewässerveränderungen zu erwarten sind und die Gewässerunterhaltung nicht mehr erschwert wird, als es den Umständen nach unvermeidbar ist. [2] Anlagen im Sinne von Satz 1 sind insbesondere

1. bauliche Anlagen wie Gebäude, Brücken, Stege, Unterführungen, Hafenanlagen und Anlegestellen,
2. Leitungsanlagen,
3. Fähren.

[3] Im Übrigen gelten die landesrechtlichen Vorschriften.

(2) [1] Stauanlagen und Stauhaltungsdämme sind nach den allgemein anerkannten Regeln der Technik zu errichten, zu betreiben und zu unterhalten; die Anforderungen an den Hochwasserschutz müssen gewahrt sein. [2] Wer Stauanlagen und Stauhaltungsdämme betreibt, hat ihren ordnungsgemäßen Zustand und Betrieb auf eigene Kosten zu überwachen (Eigenüberwachung). [3] Entsprechen vorhandene Stauanlagen oder Stauhaltungsdämme nicht den vorstehenden Anforderungen, so kann die zuständige Behörde die Durchführung der erforderlichen Maßnahmen innerhalb angemessener Fristen anordnen.

(3) Eine Solaranlage darf nicht errichtet und betrieben werden

1. in und über einem oberirdischen Gewässer, das kein künstliches oder erheblich verändertes Gewässer ist, und
2. in und über einem künstlichen oder erheblich veränderten Gewässer, wenn ausgehend von der Linie des Mittelwasserstandes
   a) die Anlage mehr als 15 Prozent der Gewässerfläche bedeckt oder
   b) der Abstand zum Ufer weniger als 40 Meter beträgt.

§ 37 Wasserabfluss. (1) [1] Der natürliche Ablauf wild abfließenden Wassers auf ein tiefer liegendes Grundstück darf nicht zum Nachteil eines höher liegenden Grundstücks behindert werden. [2] Der natürliche Ablauf wild abfließenden Wassers darf nicht zum Nachteil eines tiefer liegenden Grundstücks verstärkt oder auf andere Weise verändert werden.

[1)] § 36 Abs. 2 angef. mWv 5.1.2018 durch G v. 30.6.2017 (BGBl. I S. 2193); Abs. 3 angef. mWv 1.1.2023 durch G v. 20.7.2022 (BGBl. I S. 1237).

(2) [1] Eigentümer oder Nutzungsberechtigte von Grundstücken, auf denen der natürliche Ablauf wild abfließenden Wassers zum Nachteil eines höher liegenden Grundstücks behindert oder zum Nachteil eines tiefer liegenden Grundstücks verstärkt oder auf andere Weise verändert wird, haben die Beseitigung des Hindernisses oder der eingetretenen Veränderung durch die Eigentümer oder Nutzungsberechtigten der benachteiligten Grundstücke zu dulden. [2] Satz 1 gilt nur, soweit die zur Duldung Verpflichteten die Behinderung, Verstärkung oder sonstige Veränderung des Wasserabflusses nicht zu vertreten haben und die Beseitigung vorher angekündigt wurde. [3] Der Eigentümer des Grundstücks, auf dem das Hindernis oder die Veränderung entstanden ist, kann das Hindernis oder die eingetretene Veränderung auf seine Kosten auch selbst beseitigen.

(3) [1] Aus Gründen des Wohls der Allgemeinheit, insbesondere der Wasserwirtschaft, der Landeskultur und des öffentlichen Verkehrs, kann die zuständige Behörde Abweichungen von den Absätzen 1 und 2 zulassen. [2] Soweit dadurch das Eigentum unzumutbar beschränkt wird, ist eine Entschädigung zu leisten.

(4) Die Absätze 1 bis 3 gelten auch für wild abfließendes Wasser, das nicht aus Quellen stammt.

§ 38[1)] Gewässerrandstreifen. (1) Gewässerrandstreifen dienen der Erhaltung und Verbesserung der ökologischen Funktionen oberirdischer Gewässer, der Wasserspeicherung, der Sicherung des Wasserabflusses sowie der Verminderung von Stoffeinträgen aus diffusen Quellen.

(2) [1] Der Gewässerrandstreifen umfasst das Ufer und den Bereich, der an das Gewässer landseits der Linie des Mittelwasserstandes angrenzt. [2] Der Gewässerrandstreifen bemisst sich ab der Linie des Mittelwasserstandes, bei Gewässern mit ausgeprägter Böschungsoberkante ab der Böschungsoberkante.

(3) [1] Der Gewässerrandstreifen ist im Außenbereich fünf Meter breit. [2] Die zuständige Behörde kann für Gewässer oder Gewässerabschnitte

1. Gewässerrandstreifen im Außenbereich aufheben,
2. im Außenbereich die Breite des Gewässerrandstreifens abweichend von Satz 1 festsetzen,
3. innerhalb der im Zusammenhang bebauten Ortsteile Gewässerrandstreifen mit einer angemessenen Breite festsetzen.

[3] Die Länder können von den Sätzen 1 und 2 abweichende Regelungen erlassen.

(4) [1] Eigentümer und Nutzungsberechtigte sollen Gewässerrandstreifen im Hinblick auf ihre Funktionen nach Absatz 1 erhalten. [2] Im Gewässerrandstreifen ist verboten:

1. die Umwandlung von Grünland in Ackerland,
2. das Entfernen von standortgerechten Bäumen und Sträuchern, ausgenommen die Entnahme im Rahmen einer ordnungsgemäßen Forstwirtschaft, sowie das Neuanpflanzen von nicht standortgerechten Bäumen und Sträuchern,
3. der Umgang mit wassergefährdenden Stoffen, ausgenommen die Anwendung von Pflanzenschutzmitteln und Düngemitteln, soweit durch Landesrecht nichts anderes bestimmt ist, und der Umgang mit wassergefährdenden Stoffen in und im Zusammenhang mit zugelassenen Anlagen,
4. die nicht nur zeitweise Ablagerung von Gegenständen, die den Wasserabfluss behindern können oder die fortgeschwemmt werden können.

---

1) § 38 Abs. 5 Satz 3 angef. mWv 31.8.2021 durch G v. 18.8.2021 (BGBl. I S. 3901).

[3] Zulässig sind Maßnahmen, die zur Gefahrenabwehr notwendig sind. [4] Satz 2 Nummer 1 und 2 gilt nicht für Maßnahmen des Gewässerausbaus sowie der Gewässer- und Deichunterhaltung.

(5) [1] Die zuständige Behörde kann von einem Verbot nach Absatz 4 Satz 2 eine widerrufliche Befreiung erteilen, wenn überwiegende Gründe des Wohls der Allgemeinheit die Maßnahme erfordern oder das Verbot im Einzelfall zu einer unbilligen Härte führt. [2] Die Befreiung kann aus Gründen des Wohls der Allgemeinheit auch nachträglich mit Nebenbestimmungen versehen werden, insbesondere um zu gewährleisten, dass der Gewässerrandstreifen die in Absatz 1 genannten Funktionen erfüllt. [3] Für die Erteilung der Befreiung gilt § 11a Absatz 4 und 5 entsprechend, wenn die Befreiung für ein Vorhaben zur Erzeugung von Energie aus erneuerbaren Quellen erforderlich ist.

§ 38a[1)] Landwirtschaftlich genutzte Flächen mit Hangneigung an Gewässern. (1) [1] Eigentümer und Nutzungsberechtigte haben auf landwirtschaftlich genutzten Flächen, die an Gewässer angrenzen und innerhalb eines Abstandes von 20 Metern zur Böschungsoberkante eine Hangneigung zum Gewässer von durchschnittlich mindestens 5 Prozent aufweisen, innerhalb eines Abstandes von 5 Metern landseits zur Böschungsoberkante des Gewässers eine geschlossene, ganzjährig begrünte Pflanzendecke zu erhalten oder herzustellen. [2] Bei Gewässern ohne ausgeprägte Böschungsoberkante ist die Linie des Mittelwasserstandes maßgeblich. [3] Eine Bodenbearbeitung zur Erneuerung des Pflanzenbewuchses darf einmal innerhalb von Fünfjahreszeiträumen durchgeführt werden. [4] Der erste Fünfjahreszeitraum beginnt mit Ablauf des 30. Juni 2020.

(2) [1] Weitergehende Rechtsvorschriften der Länder bleiben unberührt. [2] Abweichend von Absatz 1 Satz 1 und 2 gilt die Linie des Mittelwasserstandes, sofern das Landesrecht diesen Bezugspunkt vorsieht und schädliche Gewässerveränderungen vermieden werden.

§ 39 Gewässerunterhaltung. (1) [1] Die Unterhaltung eines oberirdischen Gewässers umfasst seine Pflege und Entwicklung als öffentlich-rechtliche Verpflichtung (Unterhaltungslast). [2] Zur Gewässerunterhaltung gehören insbesondere:

1. die Erhaltung des Gewässerbettes, auch zur Sicherung eines ordnungsgemäßen Wasserabflusses,
2. die Erhaltung der Ufer, insbesondere durch Erhaltung und Neuanpflanzung einer standortgerechten Ufervegetation, sowie die Freihaltung der Ufer für den Wasserabfluss,
3. die Erhaltung der Schiffbarkeit von schiffbaren Gewässern mit Ausnahme der besonderen Zufahrten zu Häfen und Schiffsanlegestellen,
4. die Erhaltung und Förderung der ökologischen Funktionsfähigkeit des Gewässers insbesondere als Lebensraum von wild lebenden Tieren und Pflanzen,
5. die Erhaltung des Gewässers in einem Zustand, der hinsichtlich der Abführung oder Rückhaltung von Wasser, Geschiebe, Schwebstoffen und Eis den wasserwirtschaftlichen Bedürfnissen entspricht.

(2) [1] Die Gewässerunterhaltung muss sich an den Bewirtschaftungszielen nach Maßgabe der §§ 27 bis 31 ausrichten und darf die Erreichung dieser Ziele nicht gefährden. [2] Sie muss den Anforderungen entsprechen, die im Maßnahmenprogramm nach § 82 an die Gewässerunterhaltung gestellt sind. [3] Bei der Unterhal-

---

1) § 38a eingef. mWv 30.6.2020 durch G v. 19.6.2020 (BGBl. I S. 1408).

tung ist der Erhaltung der Leistungs- und Funktionsfähigkeit des Naturhaushalts Rechnung zu tragen; Bild und Erholungswert der Gewässerlandschaft sind zu berücksichtigen.

(3) Die Absätze 1 und 2 gelten auch für die Unterhaltung ausgebauter Gewässer, soweit nicht in einem Planfeststellungsbeschluss oder einer Plangenehmigung nach § 68 etwas anderes bestimmt ist.

§ 40 Träger der Unterhaltungslast. (1) [1] Die Unterhaltung oberirdischer Gewässer obliegt den Eigentümern der Gewässer, soweit sie nicht nach landesrechtlichen Vorschriften Aufgabe von Gebietskörperschaften, Wasser- und Bodenverbänden[1)], gemeindlichen Zweckverbänden oder sonstigen Körperschaften des öffentlichen Rechts ist. [2] Ist der Gewässereigentümer Träger der Unterhaltungslast, sind die Anlieger sowie diejenigen Eigentümer von Grundstücken und Anlagen, die aus der Unterhaltung Vorteile haben oder die Unterhaltung erschweren, verpflichtet, sich an den Kosten der Unterhaltung zu beteiligen. [3] Ist eine Körperschaft nach Satz 1 unterhaltungspflichtig, können die Länder bestimmen, inwieweit die Gewässereigentümer, die in Satz 2 genannten Personen, andere Personen, die aus der Unterhaltung Vorteile haben, oder sonstige Eigentümer von Grundstücken im Einzugsgebiet verpflichtet sind, sich an den Kosten der Unterhaltung zu beteiligen.

(2) Die Unterhaltungslast kann mit Zustimmung der zuständigen Behörde auf einen Dritten übertragen werden.

(3) [1] Ist ein Hindernis für den Wasserabfluss oder für die Schifffahrt oder eine andere Beeinträchtigung, die Unterhaltungsmaßnahmen nach § 39 erforderlich macht, von einer anderen als der unterhaltungspflichtigen Person verursacht worden, so soll die zuständige Behörde die andere Person zur Beseitigung verpflichten. [2] Hat die unterhaltungspflichtige Person das Hindernis oder die andere Beeinträchtigung beseitigt, so hat ihr die andere Person die Kosten zu erstatten, soweit die Arbeiten erforderlich waren und die Kosten angemessen sind.

(4) [1] Erfüllt der Träger der Unterhaltungslast seine Verpflichtungen nicht, so sind die erforderlichen Unterhaltungsarbeiten auf seine Kosten durch das Land oder, sofern das Landesrecht dies bestimmt, durch eine andere öffentlich-rechtliche Körperschaft im Sinne des Absatzes 1 Satz 1 durchzuführen. [2] Satz 1 gilt nicht, soweit eine öffentlich-rechtliche Körperschaft Träger der Unterhaltungslast ist.

§ 41 Besondere Pflichten bei der Gewässerunterhaltung. (1) [1] Soweit es zur ordnungsgemäßen Unterhaltung eines oberirdischen Gewässers erforderlich ist, haben

1. die Gewässereigentümer Unterhaltungsmaßnahmen am Gewässer zu dulden;
2. die Anlieger und Hinterlieger zu dulden, dass die zur Unterhaltung verpflichtete Person oder ihre Beauftragten die Grundstücke betreten, vorübergehend benutzen und aus ihnen Bestandteile für die Unterhaltung entnehmen, wenn diese anderweitig nur mit unverhältnismäßig hohen Kosten beschafft werden können; Hinterlieger sind die Eigentümer der an Anliegergrundstücke angrenzenden Grundstücke und die zur Nutzung dieser Grundstücke Berechtigten;
3. die Anlieger zu dulden, dass die zur Unterhaltung verpflichtete Person die Ufer bepflanzt;

[1)] Siehe das WasserverbandsG v. 12.2.1991 (BGBl. I S. 405), geänd. durch G v. 15.5.2002 (BGBl. I S. 1578).

4. die Inhaber von Rechten und Befugnissen an Gewässern zu dulden, dass die Benutzung vorübergehend behindert oder unterbrochen wird.

[2] Die zur Unterhaltung verpflichtete Person hat der duldungspflichtigen Person die beabsichtigten Maßnahmen rechtzeitig vorher anzukündigen. [3] Weitergehende Rechtsvorschriften der Länder bleiben unberührt.

(2) Die nach Absatz 1 Verpflichteten haben Handlungen zu unterlassen, die die Unterhaltung unmöglich machen oder wesentlich erschweren würden.

(3) Die Anlieger können verpflichtet werden, die Ufergrundstücke in erforderlicher Breite so zu bewirtschaften, dass die Unterhaltung nicht beeinträchtigt wird.

(4) Entstehen durch Handlungen nach Absatz 1 Satz 1 Nummer 1 bis 3 Schäden, so hat der Geschädigte gegen die zur Unterhaltung verpflichtete Person Anspruch auf Schadenersatz.

§ 42 Behördliche Entscheidungen zur Gewässerunterhaltung. (1) Die zuständige Behörde kann

1. die nach § 39 erforderlichen Unterhaltungsmaßnahmen sowie die Pflichten nach § 41 Absatz 1 bis 3 näher festlegen,
2. anordnen, dass Unterhaltungsmaßnahmen nicht durchzuführen sind, soweit dies notwendig ist, um die Bewirtschaftungsziele zu erreichen.

(2) Die zuständige Behörde hat in den Fällen des § 40 Absatz 1 Satz 2 und 3 und Absatz 3 Satz 2 den Umfang der Kostenbeteiligung oder -erstattung festzusetzen, wenn die Beteiligten sich hierüber nicht einigen können.

(Fortsetzung nächstes Blatt)

880. Gesetz über Naturschutz und Landschaftspflege (Bundesnaturschutzgesetz – BNatSchG)[1) 2) 3)]

Vom 29. Juli 2009

(BGBl. I S. 2542)

FNA 791-9

geänd. durch Art. 3 G über Maßnahmen zur Beschleunigung des Netzausbaus Elektrizitätsnetze v. 28.7. 2011 (BGBl. I S. 1690), Art. 2 G zur Umsetzung der Meeresstrategie-RahmenRL sowie zur Änd. des WaStrG und des KrW-/AbfG v. 6.10.2011 (BGBl. I S. 1986), Art. 2 45. StrafrechtsänderungsG zur Umsetzung der RL des Europäischen Parlaments und des Rates über den strafrechtlichen Schutz der Umwelt v. 6.12.2011 (BGBl. I S. 2557), Art. 5 Pflanzenschutz-NeuordnungsG v. 6.2.2012 (BGBl. I S. 148), Art. 7 G zur Änd. des Umwelt-RechtsbehelfsG und anderer umweltrechtlicher Vorschriften v. 21.1.2013 (BGBl. I S. 95), Art. 2 Abs. 24 G zur Modernisierung des Außenwirtschaftsrechts v. 6.6.2013 (BGBl. I S. 1482), Art. 2 Abs. 124, Art. 4 Abs. 100 G zur Strukturreform des Gebührenrechts des Bundes v. 7.8.2013 (BGBl. I S. 3154, geänd. durch G v. 18.7.2016, BGBl. I S. 1666), Art. 421 Zehnte ZuständigkeitsanpassungsVO v. 31.8.2015 (BGBl. I S. 1474), Art. 4 Abs. 96 G zur Aktualisierung der Strukturreform des Gebührenrechts des Bundes v. 18.7.2016 (BGBl. I S. 1666), Art. 2 G zur Änd. wasser- und naturschutzrechtlicher Vorschriften zur Untersagung und zur Risikominimierung bei den Verfahren der Fracking Technologie v. 4.8.2016 (BGBl. I S. 1972), Art. 19 G zur Einführung von Ausschreibungen für Strom aus erneuerbaren Energien und zu weiteren Änd. des Rechts der erneuerbaren Energien v. 13.10.2016 (BGBl. I S. 2258), Art. 4 G zur Anpassung des Umwelt-RechtsbehelfsG und anderer Vorschriften an europa- und völkerrechtliche Vorgaben v. 29.5.2017 (BGBl. I S. 1298), Art. 3 HochwasserschutzG II v. 30.6.2017 (BGBl. I S. 2193), Art. 7 G zur effektiveren und praxistauglicheren Ausgestaltung des Strafverfahrens v. 17.8. 2017 (BGBl. I S. 3202), Art. 1 G zur Durchführung der VO (EU) Nr. 1143/2014 über invasive gebietsfremde Arten v. 8.9.2017 (BGBl. I S. 3370), Art. 1 ÄndG v. 15.9.2017 (BGBl. I S. 3434), Art. 8 G zur Beschleunigung des Energieleitungsausbaus v. 13.5.2019 (BGBl. I S. 706), Art. 1 Zweites ÄndG v. 4.3.2020 (BGBl. I S. 440), Art. 290 Elfte ZuständigkeitsanpassungsVO v. 19.6.2020 (BGBl. I S. 1328), Art. 5 G zur Änd. des UmweltschadensG, des UmweltinformationsG und weiterer umweltrechtlicher Vorschriften v. 25.2.2021 (BGBl. I S. 306), Art. 10 KitafinanzhilfenänderungsG v. 25.6.2021 (BGBl. I S. 2020), Art. 114 PersonengesellschaftsrechtsmodernisierungsG (MoPeG) v. 10.8.2021 (BGBl. I S. 3436), Art. 1 G zum Schutz der Insektenvielfalt in Deutschland und zur Änd. weiterer Vorschriften v. 18.8.2021 (BGBl. I S. 3908) und Art. 1 Viertes ÄndG v. 20.7.2022 (BGBl. I S. 1362, ber. S. 1436)

Zur Ausführung und Durchführung des BNatSchG haben die **Länder** ua folgende Vorschriften erlassen:

- **Baden-Württemberg:** NaturschutzG v. 23.6.2015 (GBl. S. 585), zuletzt geänd. durch G v. 17.12.2020 (GBl. S. 1233)
- **Bayern:** Bayerisches NaturschutzG v. 23.2.2011 (GVBl. S. 82), zuletzt geänd. durch G v. 23.6.2021 (GVBl. S. 352)
- **Berlin:** Berliner NaturschutzG v. 29.5.2013 (GVBl. S. 140), zuletzt geänd. durch G v. 27.9.2021 (GVBl. S. 1166)

[1)] Verkündet als Art. 1 G zur Neuregelung des Rechts des Naturschutzes und der Landschaftspflege v. 29.7.2009 (BGBl. I S. 2542); Inkrafttreten gem. Art. 27 dieses G am 1.3.2010.

[2)] **Amtl. Anm. zum MantelG:** Dieses Gesetz dient der Umsetzung der

- Richtlinie 79/409/EWG des Rates vom 2. April 1979 über die Erhaltung der wildlebenden Vogelarten (ABl. L 103 vom 25.4.1979, S. 1), die zuletzt durch die Richtlinie 2008/102/EG (ABl. L 323 vom 3.12. 2008, S. 31) geändert worden ist,
- Richtlinie 83/129/EWG des Rates vom 28. März 1983 betreffend die Einfuhr in die Mitgliedstaaten von Fellen bestimmter Jungrobben und Waren daraus (ABl. L 91 vom 9. 4.1983, S. 30), die zuletzt durch die Richtlinie 89/370/EWG (ABl. L 163 vom 14.6.1989, S. 37) geändert worden ist,
- Richtlinie 92/43/EWG des Rates vom 21. Mai 1992 zur Erhaltung der natürlichen Lebensräume sowie der wildlebenden Tiere und Pflanzen (ABl. L 206 vom 22.7.1992, S. 7), die zuletzt durch die Richtlinie 2006/105/EG (ABl. L 363 vom 20.12.2006, S. 368) geändert worden ist,
- Richtlinie 1999/22/EG des Rates vom 29. März 1999 über die Haltung von Wildtieren in Zoos (ABl. L 94 vom 9.4.1999, S. 24).

[3)] Die Änderung durch G v. 10.8.2021 (BGBl. I S. 3436) tritt erst **mWv 1.1.2024**, die Änderungen durch G v. 18.8.2021 (BGBl. I S. 3908) treten teilweise erst **mit noch nicht bestimmtem Datum**, die Änderungen durch G v. 20.7.2022 (BGBl. I S. 1362) treten teilweise erst **mWv 1.2.2023** in Kraft und sind insoweit im Text noch nicht berücksichtigt.

– **Brandenburg:** Brandenburgisches NaturschutzausführungsG v. 21.1.2013 (GVBl. I Nr. 3, ber. Nr. 21), zuletzt geänd. durch G v. 25.9.2020 (GVBl. I Nr. 28)
– **Bremen:** Bremisches G über Naturschutz und Landschaftspflege v. 27.4.2010 (Brem.GBl. S. 315), zuletzt geänd. durch G v. 1.3.2022 (Brem.GBl. S. 149)
– **Hamburg:** Hamburgisches AusführungsG des BundesnaturschutzG v. 11.5.2010 (HmbGVBl. S. 350), zuletzt geänd. durch G v. 24.1.2020 (HmbGVBl. S. 92)
– **Hessen:** Hessisches NaturschutzG v. 20.12.2010 (GVBl. I S. 629), zuletzt geänd. durch G v. 7.5.2020 (GVBl. S. 318)
– **Mecklenburg-Vorpommern:** NaturschutzausführungsG v. 23.2.2010 (GVOBl. M-V S. 66), zuletzt geänd. durch G v. 5.7.2018 (GVOBl. M-V S. 221)
– **Niedersachsen:** Nds. AusführungsG zum Bundesnaturschutzgesetz v. 19.2.2010 (Nds. GVBl. S. 104), zuletzt geänd. durch G v. 22.9.2022 (Nds. GVBl. S. 578)
– **Nordrhein-Westfalen:** LandschaftsG idF der Bek. v. 21.7.2000 (GV. NRW. S. 568), zuletzt geänd. durch G v. 1.2.2022 (GV. NRW. S. 139)
– **Rheinland-Pfalz:** LandesnaturschutzG v. 6.10.2015 (GVBl. S. 283), zuletzt geänd. durch G v. 26.6.2020 (GVBl. S. 287)
– **Saarland:** Saarländisches NaturschutzG v. 5.4.2006 (Amtsbl. S. 726), zuletzt geänd. durch G v. 8.12.2021 (Amtsbl. I S. 2629)
– **Sachsen:** Sächsisches NaturschutzG v. 6.6.2013 (SächsGVBl. S. 451), zuletzt geänd. durch G v. 9.2.2021 (SächsGVBl. S. 243)
– **Sachsen-Anhalt:** NaturschutzG des Landes Sachsen-Anhalt v. 10.12.2010 (GVBl. LSA S. 569), zuletzt geänd. durch G v. 28.10.2019 (GVBl. LSA S. 346)
– **Schleswig-Holstein:** LandesnaturschutzG v. 24.2.2010 (GVOBl. Schl.-H. S. 301, ber. S. 486), zuletzt geänd. durch G v. 2.2.2022 (GVOBl. Schl.-H. S. 91)
– **Thüringen:** Thüringer NaturschutzG v. 30.7.2019 (GVBl. S. 323), geänd. durch G v. 30.7.2019 (GVBl. S. 323).

Inhaltsübersicht[1)]

(Fortsetzung nächstes Blatt)

[1)] Inhaltsübersicht geänd. mWv 5.2.2012 durch G v. 28.7.2011 (BGBl. I S. 1690); geänd. mWv 13.6.2012 durch G v. 6.12.2011 (BGBl. I S. 2557); geänd. mWv 1.10.2021 durch G v. 18.7.2016 (BGBl. I S. 1666); geänd. mWv 16.9.2017 durch G v. 8.9.2017 (BGBl. I S. 3370); geänd. mWv 29.9.2017 durch G v. 15.9.2017 (BGBl. I S. 3434); geänd. mWv 13.3.2020 durch G v. 4.3.2020 (BGBl. I S. 440); geänd. mWv 1.3.2022 durch G v. 18.8.2021 (BGBl. I S. 3908); geänd. mWv 29.7.2022 durch G v. 20.7.2022 (BGBl. I S. 1362).

1. dass und zu welchem Zeitpunkt Maßnahmen im Sinne von Satz 1 der für Naturschutz und Landschaftspflege zuständigen Behörde anzuzeigen sind,
2. welche Unterlagen bei dieser Anzeige vorzulegen sind,
3. dass die Behörde die Durchführung der Maßnahme zeitlich befristen, anderweitig beschränken oder auf Antrag den Zeitraum für die Durchführung der Maßnahme auf insgesamt bis zu 15 Jahre verlängern kann.

(10c) [1] Die Bundesregierung wird ermächtigt durch Rechtsverordnung mit Zustimmung des Bundesrates

1. die Anlage 1 zu ändern, insbesondere sie um Anforderungen an die Habitatpotentialanalyse und um weitere artspezifische Schutzmaßnahmen zu ergänzen sowie sie an den Stand von Wissenschaft und Technik anzupassen,
2. die Anlage 2 zu ändern, insbesondere weitere Festlegungen zur Höhe der in § 45d Absatz 2 genannten Zahlung und zum Verfahren ihrer Erhebung zu treffen.

[2] Die Rechtsverordnungen sind dem Bundestag zuzuleiten. [3] Die Zuleitung erfolgt vor der Zuleitung an den Bundesrat. [4] Die Rechtsverordnungen können durch Beschluss des Bundestages geändert oder abgelehnt werden. [5] Der Beschluss des Bundestages wird der Bundesregierung zugeleitet. [6] Hat sich der Bundestag nach Ablauf von fünf Sitzungswochen seit Eingang der Rechtsverordnung nicht mit ihr befasst, so wird die unveränderte Rechtsverordnung dem Bundesrat zugeleitet. [7] Eine Rechtsverordnung zur Konkretisierung der Anforderungen an die Habitatpotentialanalyse nach Satz 1 Nummer 1 ist dem Bundestag bis zum 31. Dezember 2022 zuzuleiten.

(11) Die Bundesregierung erlässt mit Zustimmung des Bundesrates zur Durchführung dieses Gesetzes allgemeine Verwaltungsvorschriften, insbesondere über

1. die Voraussetzungen und Bedingungen, unter denen von einer Verträglichkeit von Plänen und Projekten im Sinne von § 34 Absatz 1 auszugehen ist,
2. die Voraussetzungen und Bedingungen für Abweichungsentscheidungen im Sinne von § 34 Absatz 3 und
3. die zur Sicherung des Zusammenhangs des Netzes „Natura 2000" notwendigen Maßnahmen im Sinne des § 34 Absatz 5.

§ 55[1)] Durchführung gemeinschaftsrechtlicher oder internationaler Vorschriften; Ermächtigung zum Erlass von Rechtsverordnungen. (1) Rechtsverordnungen nach § 54 können auch zur Durchführung von Rechtsakten des Rates oder der Kommission der Europäischen Gemeinschaften auf dem Gebiet des Artenschutzes oder zur Erfüllung von internationalen Artenschutzübereinkommen erlassen werden.

(2) Das Bundesministerium für Umwelt, Naturschutz und nukleare Sicherheit wird ermächtigt, durch Rechtsverordnung mit Zustimmung des Bundesrates Verweisungen auf Vorschriften in Rechtsakten der Europäischen Gemeinschaft in diesem Gesetz oder in Rechtsverordnungen auf Grund des § 54 zu ändern, soweit Änderungen dieser Rechtsakte es erfordern.

[1)] § 55 Abs. 2 geänd. mWv 8.9.2015 durch VO v. 31.8.2015 (BGBl. I S. 1474); Abs. 2 geänd. mWv 27.6.2020 durch VO v. 19.6.2020 (BGBl. I S. 1328).

Kapitel 6. Meeresnaturschutz

§ 56[1)] **Geltungs- und Anwendungsbereich.** (1) Die Vorschriften dieses Gesetzes gelten auch im Bereich der Küstengewässer sowie mit Ausnahme des Kapitels 2 nach Maßgabe des Seerechtsübereinkommens der Vereinten Nationen vom 10. Dezember 1982 (BGBl. 1994 II S. 1798, 1799; 1995 II S. 602) und der nachfolgenden Bestimmungen ferner im Bereich der deutschen ausschließlichen Wirtschaftszone und des Festlandsockels.

(2) In den in Absatz 1 genannten Meeresbereichen kann die Erklärung von Gebieten zu geschützten Teilen von Natur und Landschaft im Sinne des § 20 Absatz 2 auch dazu dienen, zusammenhängende und repräsentative Netze geschützter Meeresgebiete im Sinne des Artikels 13 Absatz 4 der Richtlinie 2008/56/EG aufzubauen.

(3) Auf die Errichtung und den Betrieb von Windenergieanlagen in der deutschen ausschließlichen Wirtschaftszone, die vor dem 1. Januar 2017 genehmigt worden sind, oder die auf Grundlage eines Zuschlags nach § 34 des Windenergie-auf-See-Gesetzes zugelassen werden, ist § 15 nicht anzuwenden.

(4) [1]Die Ersatzzahlung für Eingriffe im Bereich der ausschließlichen Wirtschaftszone und des Festlandsockels ist als zweckgebundene Abgabe an den Bund zu leisten. [2]Die Mittel werden vom Bundesministerium für Umwelt, Naturschutz und nukleare Sicherheit bewirtschaftet. [3]Das Bundesministerium für Umwelt, Naturschutz und nukleare Sicherheit kann Einnahmen aus Ersatzzahlungen zur Verwendung nach seinen Vorgaben an eine der Aufsicht des Bundes unterstehende Einrichtung oder eine vom Bund beherrschte Gesellschaft oder Stiftung weiterleiten.

§ 56a[2)] **Bevorratung von Kompensationsmaßnahmen.** (1) [1]Die Bevorratung vorgezogener Ausgleichs- und Ersatzmaßnahmen im Sinne von § 16 bedarf im Bereich der deutschen ausschließlichen Wirtschaftszone und des Festlandsockels der schriftlichen Zustimmung durch das Bundesamt für Naturschutz. [2]Die Zustimmung ist vor Durchführung der zu bevorratenden Ausgleichs- und Ersatzmaßnahme auf Antrag zu erteilen, soweit die Maßnahme

1. geeignet ist, die Anerkennungsvoraussetzungen des § 16 Absatz 1 Nummer 1 bis 3 und 5 zu erfüllen und
2. im jeweiligen Raum den Zielen des Naturschutzes und der Landschaftspflege sowie den Erfordernissen und Maßnahmen zur Umsetzung dieser Ziele nicht widerspricht.

[3]Die Verortung von vorgezogenen Ausgleichs- und Ersatzmaßnahmen erfolgt im Benehmen mit den Behörden, deren Aufgabenbereich berührt ist. [4]Das Bundes-

(Fortsetzung nächstes Blatt)

[1)] § 56 Abs. 2 eingef., bish. Abs. 2 wird Abs. 3 mWv 14.10.2011 durch G v. 6.10.2011 (BGBl. I S. 1986); Abs. 3 neu gef., Abs. 4 angef. mWv 1.1.2017 durch G v. 13.10.2016 (BGBl. I S. 2258); Abs. 4 Sätze 2 und 3 geänd. mWv 27.6.2020 durch VO v. 19.6.2020 (BGBl. I S. 1328).

[2)] § 56a eingef. mWv 29.9.2017 durch G v. 15.9.2017 (BGBl. I S. 3434).

über die Erhaltung der wildlebenden Vogelarten (ABl. L 20 vom 26.1.2010, S. 7) aufgeführt ist, tötet oder seine Entwicklungsformen zerstört,

1a. entgegen § 44 Absatz 1 Nummer 1 Entwicklungsformen eines wild lebenden Tieres, das in Artikel 4 Absatz 2 oder Anhang I der Richtlinie 2009/147/EG aufgeführt ist, aus der Natur entnimmt,

2. entgegen § 44 Absatz 2 Satz 1 Nummer 1 ein Tier oder eine Pflanze in Besitz oder Gewahrsam nimmt, in Besitz oder Gewahrsam hat oder be- oder verarbeitet, das oder die
   a) einer streng geschützten Art angehört, die in Anhang IV der Richtlinie 92/43/EWG des Rates vom 21. Mai 1992 zur Erhaltung der natürlichen Lebensräume sowie der wildlebenden Tiere und Pflanzen (ABl. L 206 vom 22.7.1992, S. 7), die zuletzt durch die Richtlinie 2006/105/EG (ABl. L 363 vom 20.12.2006, S. 368) geändert worden ist, aufgeführt ist oder
   b) einer besonders geschützten Art angehört, die in Artikel 4 Absatz 2 oder Anhang I der Richtlinie 2009/147/EG aufgeführt ist, oder

3. eine in § 69 Absatz 2 Nummer 1 bis 4, Absatz 3 Nummer 21, Absatz 4 Nummer 1 oder Absatz 5 bezeichnete vorsätzliche Handlung gewerbs- oder gewohnheitsmäßig begeht.

(2) Ebenso wird bestraft, wer entgegen Artikel 8 Absatz 5 in Verbindung mit Absatz 1 der Verordnung (EG) Nr. 338/97 ein Exemplar einer in Anhang B genannten Art

1. verkauft, kauft, zum Verkauf oder Kauf anbietet oder zu Verkaufszwecken vorrätig hält oder befördert oder
2. zu kommerziellen Zwecken erwirbt, zur Schau stellt oder verwendet.

(3) Erkennt der Täter in den Fällen des Absatzes 1 Nummer 1, 1a oder Nummer 2 oder des Absatzes 2 leichtfertig nicht, dass sich die Handlung auf ein Tier oder eine Pflanze einer dort genannten Art bezieht, so ist die Strafe Freiheitsstrafe bis zu zwei Jahren oder Geldstrafe.

(4) Handelt der Täter in den Fällen des Absatzes 1 Nummer 1 leichtfertig, so ist die Strafe Freiheitsstrafe bis zu einem Jahr oder Geldstrafe.

(5) Die Tat ist nicht nach Absatz 1 Nummer 1, 1a oder Nummer 2, Absatz 2, 3 oder Absatz 4 strafbar, wenn die Handlung eine unerhebliche Menge der Exemplare betrifft und unerhebliche Auswirkungen auf den Erhaltungszustand der Art hat.

§ 72[1] Einziehung. [1] Ist eine Ordnungswidrigkeit nach § 69 Absatz 1 bis 6 oder eine Straftat nach § 71 oder § 71a begangen worden, so können

1. Gegenstände, auf die sich die Straftat oder die Ordnungswidrigkeit bezieht, und
2. Gegenstände, die zu ihrer Begehung oder Vorbereitung gebraucht worden oder bestimmt gewesen sind,

eingezogen werden. [2] § 23 des Gesetzes über Ordnungswidrigkeiten[2] und § 74a des Strafgesetzbuches[3] sind anzuwenden.

---

[1] § 72 Satz 1 einl. Satzteil geänd. mWv 13.6.2012 durch G v. 6.12.2011 (BGBl. I S. 2557); Satz 1 einl. Satzteil geänd. mWv 16.9.2017 durch G v. 8.9.2017 (BGBl. I S. 3370).

[2] **Habersack Nr. 94.**

[3] **Habersack Nr. 85.**

§ 73[1)] Befugnisse der Zollbehörden. [1] Die zuständigen Verwaltungsbehörden und die Staatsanwaltschaft können im Rahmen ihrer Zuständigkeit zur Aufklärung von Straftaten oder Ordnungswidrigkeiten nach diesem Gesetz Ermittlungen auch durch die Hauptzollämter oder die Behörden des Zollfahndungsdienstes und deren Beamte vornehmen lassen. [2] § 21 Absatz 2 bis 4 des Außenwirtschaftsgesetzes gilt entsprechend.

Kapitel 11. Übergangs- und Überleitungsvorschrift

§ 74[2)] Übergangs- und Überleitungsregelungen; Evaluierung. (1) Vor dem 1. März 2010 begonnene Verfahren zur Anerkennung von Vereinen sind zu Ende zu führen

1. durch das Bundesministerium für Umwelt, Naturschutz und nukleare Sicherheit nach § 59 des Bundesnaturschutzgesetzes in der bis zum 28. Februar 2010 geltenden Fassung,
2. durch die zuständigen Behörden der Länder nach den im Rahmen von § 60 Absatz 1 und 3 des Bundesnaturschutzgesetzes in der bis zum 28. Februar 2010 geltenden Fassung erlassenen Vorschriften des Landesrechts.

(2) [1] Vor dem 3. April 2002 begonnene Verwaltungsverfahren sind nach § 29 des Bundesnaturschutzgesetzes in der bis zu diesem Tag geltenden Fassung zu Ende zu führen. [2] Vor dem 1. März 2010 begonnene Verwaltungsverfahren sind nach § 58 des Bundesnaturschutzgesetzes in der bis zu diesem Tag geltenden Fassung zu Ende zu führen.

(3) Die §§ 63 und 64 gelten auch für Vereine, die nach § 29 des Bundesnaturschutzgesetzes in der bis zum 3. April 2002 geltenden Fassung oder nach § 59 oder im Rahmen von § 60 Absatz 1 und 3 des Bundesnaturschutzgesetzes in der bis zum 1. März 2010 geltenden Fassung vom Bund oder den Ländern anerkannt worden sind.

(4) § 45b Absatz 1 bis 6 sind nicht anzuwenden auf bereits genehmigte Vorhaben zur Errichtung und zum Betrieb von Windenergieanlagen an Land sowie auf solche Vorhaben,

1. die vor dem 1. Februar 2024 bei der zuständigen Behörde beantragt wurden oder
2. bei denen vor dem 1. Februar 2024 die Unterrichtung über die voraussichtlich beizubringenden Unterlagen nach § 2a der Verordnung über das Genehmigungsverfahren[3)] in der Fassung der Bekanntmachung vom 29. Mai 1992 (BGBl. I S. 1001), die zuletzt durch Artikel 2 der Verordnung vom 11. November 2020 (BGBl. I S. 2428) geändert worden ist, erfolgt ist.

(5) Abweichend von Absatz 4 ist § 45b Absatz 1 bis 6 bereits vor dem in Absatz 4 genannten Tag anzuwenden, wenn der Träger eines Vorhabens dies verlangt.

(6) [1] Das Bundesministerium für Umwelt, Naturschutz, nukleare Sicherheit und Verbraucherschutz prüft gemeinsam mit dem Bundesministerium für Wirtschaft und Klimaschutz unter Einbeziehung der maßgeblich betroffenen Verbände die Einführung einer probabilistischen Methode zur Berechnung der Kollisionswahr-

---

[1)] § 73 Satz 2 geänd. mWv 1.9.2013 durch G v. 6.6.2013 (BGBl. I S. 1482).

[2)] § 74 Abs. 1 Nr. 1 geänd. mWv 8.9.2015 durch VO v. 31.8.2015 (BGBl. I S. 1474); Abs. 1 Nr. 1 geänd. mWv 27.6.2020 durch VO v. 19.6.2020 (BGBl. I S. 1328); Überschrift geänd., Abs. 4–6 angef. mWv 29.7.2022 durch G v. 20.7.2022 (BGBl. I S. 1362, ber. S. 1436).

[3)] Nr. **296b**.

scheinlichkeit und legt dem Bundeskabinett hierzu bis zum 30. Juni 2023 einen Bericht zur Einführung der Methode oder einen Vorschlag zur Anpassung dieses Gesetzes oder eine Rechtsverordnung zur Einführung der Methode nach Maßgabe von § 54 Absatz 10c Nummer 1 vor. [2]Das Bundesministerium für Umwelt, Naturschutz, nukleare Sicherheit und Verbraucherschutz evaluiert gemeinsam mit dem Bundesministerium für Wirtschaft und Klimaschutz die in den §§ 45b bis 45d enthaltenen Bestimmungen über einen Zeitraum von zwei Jahren ab dem 29. Juli 2022 und danach alle drei Jahre.

Anlage 1[1)]
(zu § 45b Absatz 1 bis 5)

Abschnitt 1. Bereiche zur Prüfung bei kollisionsgefährdeten Brutvogelarten

Brutvogelarten	Nahbereich*	Zentraler Prüfbereich*	Erweiterter Prüfbereich*
Seeadler *Haliaeetus albicilla*	500	2 000	5 000
Fischadler *Pandion haliaetus*	500	1 000	3 000
Schreiadler *Clanga pomarina*	1 500	3 000	5 000
Steinadler *Aquila chrysaetos*	1 000	3 000	5 000
Wiesenweihe[1] *Circus pygargus*	400	500	2 500
Kornweihe *Circus cyaneus*	400	500	2 500
Rohrweihe[1] *Circus aeruginosus*	400	500	2 500
Rotmilan *Milvus milvus*	500	1 200	3 500
Schwarzmilan *Milvus migrans*	500	1 000	2 500
Wanderfalke *Falco peregrinus*	500	1 000	2 500
Baumfalke *Falco subbuteo*	350	450	2 000
Wespenbussard *Pernis apivorus*	500	1 000	2 000
Weißstorch *Ciconia ciconia*	500	1 000	2 000
Sumpfohreule *Asio flammeus*	500	1 000	2 500
Uhu[1] *Bubo bubo*	500	1 000	2 500

* Abstände in Metern, gemessen vom Mastfußmittelpunkt

[1] Rohrweihe, Wiesenweihe und Uhu sind nur dann kollisionsgefährdet, wenn die Höhe der Rotorunterkante in Küstennähe (bis 100 Kilometer) weniger als 30 m, im weiteren Flachland weniger als 50 m oder in hügeligem Gelände weniger als 80 m beträgt. Dies gilt, mit Ausnahme der Rohrweihe, nicht für den Nahbereich.

[1)] Anl. 1 angef. mWv 29.7.2022 durch G v. 20.7.2022 (BGBl. I S. 1362).

Abschnitt 2. Schutzmaßnahmen

Zur Vermeidung der Tötung oder Verletzung von Exemplaren europäischer Vogelarten nach Abschnitt 1 durch Windenergieanlagen sind insbesondere nachfolgend aufgeführte Schutzmaßnahmen fachlich anerkannt:

Schutzmaßnahme	Beschreibung/Wirksamkeit
Kleinräumige Standortwahl (Micro-Siting)	**Beschreibung:** Im Einzelfall kann durch die Verlagerung von Windenergieanlagen die Konfliktintensität verringert werden, beispielsweise durch ein Herausrücken der Windenergieanlagen aus besonders kritischen Bereichen einer Vogelart oder durch das Freihalten von Flugrouten zu essentiellen Nahrungshabitaten. **Wirksamkeit:** Vermeidung bzw. Verminderung des Eintritts von Verbotstatbeständen oder des Umfangs von Schutzmaßnahmen. Für alle Arten der Tabelle in Abschnitt 1 wirksam.
Antikollisionssystem	**Beschreibung:** Auf Basis automatisierter kamera- und/oder radarbasierter Detektion der Zielart muss das System in der Lage sein, bei Annäherung der Zielart rechtzeitig bei Unterschreitung einer vorab artspezifisch festgelegten Entfernung zur Windenergieanlage per Signal die Rotordrehgeschwindigkeit bis zum „Trudelbetrieb" zu verringern. **Wirksamkeit:** Nach dem derzeitigen Stand der Wissenschaft und Technik kommt die Maßnahme in Deutschland derzeit nur für den Rotmilan in Frage, für den ein nachweislich wirksames, kamerabasiertes System zur Verfügung steht. Grundsätzlich erscheint es möglich, die Anwendung von Antikollisionssystemen zukünftig auch für weitere kollisionsgefährdete Großvögel, wie Seeadler, Fischadler, Schreiadler, Schwarzmilan und Weißstorch, einzusetzen. Antikollisionssysteme, deren Wirksamkeit noch nicht belegt ist, können im Einzelfall im Testbetrieb angeordnet werden, wenn begleitende Maßnahmen zur Erfolgskontrolle angeordnet werden.
Abschaltung bei landwirtschaftlichen Bewirtschaftungsereignissen	**Beschreibung:** Vorübergehende Abschaltung im Falle der Grünlandmahd und Ernte von Feldfrüchten sowie des Pflügens zwischen 1. April und 31. August auf Flächen, die in weniger als 250 Metern Entfernung vom Mastfußmittelpunkt einer Windenergieanlage gelegen sind. Bei Windparks sind in Bezug auf die Ausgestaltung der Maßnahme gegebenenfalls die diesbezüglichen Besonderheiten zu berücksichtigen. Die Abschaltmaßnahmen erfolgen von Beginn des Bewirtschaftungsereignisses bis mindestens 24 Stunden nach Beendigung des Bewirtschaftungsereignisses jeweils von Sonnenaufgang bis Sonnenuntergang. Bei für den Artenschutz besonders konfliktträchtigen Standorten mit drei Brutvorkommen oder, bei besonders gefährdeten Vogelarten, mit zwei Brutvorkommen ist für mindestens 48 Stunden nach Beendigung des Bewirtschaftungsereignisses jeweils von Sonnenaufgang bis Sonnenuntergang abzuschalten. Die Maßnahme ist unter Berücksichtigung von artspezifischen Verhaltensmustern anzuordnen, insbesondere des von der Windgeschwindigkeit abhängigen Flugverhaltens beim Rotmilan. **Wirksamkeit:** Die Abschaltung bei Bewirtschaftungsereignissen trägt regelmäßig zur Senkung des Kollisionsrisikos bei und bringt eine übergreifende Vorteilswirkung mit sich. Durch die Abschaltung der Windenergieanlage während und kurz nach dem Bewirtschaftungsereignis wird eine wirksame Reduktion des temporär deutlich erhöhten Kollisionsrisikos erreicht. Die Maßnahme ist insbesondere für Rotmilan und Schwarzmilan, Rohrweihe, Schreiadler sowie den Weißstorch wirksam.
Anlage von attraktiven Ausweichnahrungshabitaten	**Beschreibung:** Die Anlage von attraktiven Ausweichnahrungshabitaten wie zum Beispiel Feuchtland oder Nahrungsgewässern oder die Umstellung auf langfristig extensiv bewirtschaftete Ablenkflächen ist artspezifisch in ausreichend großem Umfang vorzunehmen. Über die Eignung und die Ausgestaltung der Fläche durch artspezifische Maßnahmen muss im Einzelfall entschieden werden. Eine vertragliche Sicherung zu Nutzungsbeschränkungen und/oder Bearbeitungsauflagen ist nachzuweisen. Die Umsetzung der Maßnahmen ist für die gesamte Betriebsdauer der Windenergieanlage durch vertragliche Vereinbarungen zwischen dem Vorhabenträger und den Flächenbewirtschaftern und -eigentümern si-

Für handschriftliche Notizen

Für handschriftliche Notizen

Für handschriftliche Notizen

Für handschriftliche Notizen